LES
GRANDS ÉCRIVAINS
DE LA FRANCE

NOUVELLES ÉDITIONS

PUBLIÉES SOUS LA DIRECTION

DE M. AD. REGNIER

Membre de l'Institut

OEUVRES

DU

CARDINAL DE RETZ

TOME IV

PARIS. — TYPOGRAPHIE LAHURE
Rue de Fleurus, 9

ŒUVRES

DU CARDINAL

DE RETZ

NOUVELLE ÉDITION

REVUE SUR LES AUTOGRAPHES
ET SUR LES PLUS ANCIENNES IMPRESSIONS

ET AUGMENTÉE

de morceaux inédits, des variantes, de notices, de notes, d'un lexique des mots
et locutions remarquables, d'un portrait, de fac-simile, etc.

PAR MM. A. FEILLET ET J. GOURDAULT

TOME QUATRIÈME

PARIS
LIBRAIRIE HACHETTE ET Cie
BOULEVARD SAINT-GERMAIN, 79

1876

AVERTISSEMENT.

Ce tome IV contient la suite et la fin de la *seconde partie* des *Mémoires de Retz*, et correspond aux pages 1944—2686 du manuscrit original, écrit désormais, jusqu'à la fin, de la main du Cardinal. La constitution du texte nous oblige encore à quelques observations.

En premier lieu, ce manuscrit autographe, dont nous continuons, pour la raison dite dans l'*Avertissement* du tome III, à donner très-exactement le fac-simile, présente, à partir d'ici, une rédaction encore moins nette que ce qui précède, plus embarrassée de tâtonnements, de ratures, d'inadvertances : il est évident que Retz a négligé ou n'a pas eu le temps de revoir cette partie de son récit, comme il paraît en avoir revu le commencement; certaines mentions marginales ne laissent aucun doute à cet égard : elles sont, à côté du texte, comme de véritables pierres d'attente [1].

[1]. Voyez, entre autres, le mot *Gergeau*, p. 166, note 1; et encore p. 338, note 6; p. 345, note 5, etc.

AVERTISSEMENT.

En second lieu, l'importante copie R, qui avait tous les caractères d'une mise au net, faite sous la dictée ou, tout au moins, sous la surveillance de l'auteur, nous manque ici : elle finit avec notre tome III. La suite en a-t-elle été perdue, ou le travail de transcription n'a-t-il jamais été achevé? Après examen attentif de la partie de l'autographe qui nous occupe, nous penchons fort pour cette dernière hypothèse.

Notre principal moyen de contrôle a donc été, pour ce volume, la copie Caffarelli. Celle-ci nous donne le vrai texte de l'auteur en maint endroit où il a été altéré dans les éditions antérieures à la nôtre; plus d'une fois, elle nous a aidé à déchiffrer des mots presque illisibles. En outre, il arrive parfois, au début de notre tome IV, par exemple, qu'elle reproduit une rédaction qui souvent s'écarte beaucoup de celle du manuscrit autographe, mais que, çà et là, on retrouve partiellement sous les ratures de l'auteur, et qui paraît bien être aussi son œuvre, retouchée peut-être, en certains passages, par un réviseur autorisé, ou du moins bien informé, sans doute Caumartin[1].

Quant au manuscrit H et aux éditions que nous nommons anciennes, ces textes diffèrent désormais beaucoup moins de notre original que dans nos trois premiers tomes; seulement, vers la fin, les lacunes abondent dans lesdites éditions.

---

1. Voyez notamment, ci-après, p. 2, note 1; p. 4, note 4; p. 7, notes 1 et 8; p. 8, note 4; p. 9, note 1; p. 13, note 6; p. 35, note 6; p. 36, note 5; p. 37, note 10; p. 42, note 8, etc. — Voyez, en outre, ce qui est dit dans le nº VIII de l'*Appendice* du tome II, p. 645-647.

AVERTISSEMENT.

Dans tout mon travail d'annotation, soit philologique, soit historique, j'ai été soutenu, comme précédemment, par l'assistance aussi attentive qu'expérimentée du directeur de la collection, M. Ad. Regnier ; et, pour la révision et la constitution du texte, j'ai eu, outre son concours, celui de deux collaborateurs qui n'en sont plus à faire leurs preuves : M. Henri Regnier et M. Coster. Un devoir dont j'aime à m'acquitter m'oblige de dire que M. Henri Regnier a recollationné le manuscrit, à partir du tome III, avec une infatigable patience, rétabli fort souvent, de la manière la plus heureuse, le vrai texte, et déchiffré, dans la difficile écriture du Cardinal, bien des mots que jusqu'ici l'on avait omis ou mal lus. Il a même réussi à retrouver sous les ratures la plupart des premiers jets et tâtonnements, dont quelques-uns n'ont pas été inutiles pour éclaircir le texte définitif ; cela nous a d'ailleurs donné le moyen de pousser aussi loin qu'il était possible l'exactitude de notre fac-simile. Je dois aussi des remercîments à M. Tamizey de Larroque, qui a bien voulu lire une épreuve, et me suggérer plus d'une amélioration pour le commentaire.

Jules Gourdault.

Au dernier moment, nous apprenons une nouvelle qui nous consterne et qui nous afflige profondément. M. Coster, que, dans cette page même, nous remercions de nous avoir si bien aidés, vient d'être enlevé, après une courte et douloureuse maladie, à sa jeune famille, à ses amis, à ses travaux. Il laisse à tous ceux qu'il a secondés dans cette *Collection des grands écrivains de la France*, et surtout à notre directeur, qui avait pour lui autant d'affection que d'estime, de très-vifs et très-justes regrets. Dans sa coopération diligente et zélée, si précieuse pour les révisions, collations de textes, vérifications de tout genre, il montrait, avec un bon vouloir toujours prêt à toute tâche utile, quelque pénible qu'elle fût, cette exactitude à la fois intelligente et consciencieuse que très-peu d'hommes apprécient ce qu'elle vaut, faute de savoir sans doute tout ce qu'elle suppose de bonnes qualités de caractère et d'esprit.

MÉMOIRES
DU
CARDINAL DE RETZ.

SECONDE PARTIE. (Suite.)

Je[1] vous supplie très-humblement de ne vous pas étonner[2] si, dans la suite de cette narration, vous ne trouvez pas la même exactitude que j'ai observée jusqu'ici, en ce qui regarde les assemblées du Parle-

---

1. Le commencement de notre tome IV correspond à la page 1944 du tome III du manuscrit autographe, qui est séparée de ce qui précède par un tiers de page et une page entière laissés en blanc. — Voyez ce que, pour la suite des *Mémoires*, à partir d'ici, l'*Avertissement* placé en tête de ce volume dit du manuscrit autographe, des copies R, Caf. et H, et des anciennes éditions.

2. Le texte de ces premières pages est, dans l'original, très-raturé et très-confus : voyez particulièrement ci-après, p. 4, note 4. Ici *ne vous pas étonner* est en interligne, sur un tâtonnement biffé : *me pardon[ner] de n'av[oir] pas;* après *si*, est effacé *cette;* plus loin, dans la même phrase, les mots : *vous ne trouvez pas la même exactitude que j'ai observée jusqu'ici*, et *assemblées du Parlement*, se trouvent, soit en interligne, soit à la marge, et mêlés à des mots raturés : *ce qui que y..., jusques sur.... dates de ce qui se fit* (Retz a oublié d'effacer *fit*, il avait mis d'abord *s'est passé*) *au Parlement depuis la majorité, qui fut le 7 du mois de septembre* (voyez,

ment[1]. La cour s'étant éloignée de Paris aussitôt après la majorité, qui fut le 7 du mois de septembre, pour aller en Berri et en Poitou, et[2] M. le duc d'Orléans y agissant également entre la Reine et Monsieur le Prince[3], le théâtre du Palais se trouva ainsi beaucoup moins rempli qu'il n'avoit accoutumé; et l'on peut dire que, depuis le jour de la majorité, qui fut, comme je viens de dire, le 7 de septembre, jusques à l'ouverture de la Saint-Martin suivante[4], qui fut le 20 de novembre, il n'y eut aucune scène considérable que celles du[5] 7 et du 14 d'octobre, dans lesquelles Monsieur dit à la Compa-

quatre lignes plus loin, ces dix derniers mots, que le Cardinal n'a pas biffés ici, mais a rattachés par un signe de renvoi à la phrase suivante) *de l'année* 1651, *parce que*.

1. Le ms. Caf. a de plus ici ces mots : « parce qu'il y eut beaucoup de séances où les matières ne furent, à proprement parler, que retouchées ou, tout au plus, rebattues. »

2. Ici quatre lignes et demie de tâtonnements effacés, où nous distinguons ces mots : *M. le duc d'Orléans y.... demeuré.... de l'état.... que.... dans la suite que les choses se trouvèrent se trouvèrent.* — Omer Talon rapporte (p. 447) que la Reine conduisit d'abord le jeune roi à Fontainebleau (le 26 septembre), et que là on tint conseil pour savoir si l'on devait aller en Champagne faire le siége de Stenay, ou descendre vers le Berry et la Guienne. « La Reine étoit du premier avis, parce que, ce faisant, elle s'approchoit du cardinal Mazarin, duquel elle desiroit le retour avec chaleur et impatience féminine; » mais Châteauneuf et Villeroy firent prévaloir l'autre avis, « le Roi y ayant incliné, tout jeune qu'il étoit, et l'ayant trouvé le plus raisonnable. » Voyez ci-après, p 5 et p. 14 et 15.

3. Les mots : *le duc d'Orléans y agissant également entre la Reine et Monsieur le Prince*, sont partie en interligne, partie à la marge. A la ligne suivante, *théâtre du* semble à moitié biffé. — D'après Montglat (p. 256), ce fut le Coadjuteur qui persuada au duc d'Orléans, fort indécis, comme de coutume, de ne point suivre la cour, « de crainte de perdre, par son absence, l'ascendant qu'il avoit sur lui. »

4. C'est-à-dire, comme nous l'avons dit souvent, à la rentrée du Parlement après les vacations : voyez au tome II, p. 64, note 2. et p. 95, note 1.

5. *Celles du*, en interligne; *la*, biffé après *et*, qui suit.

gnie que le Roi lui[1] avoit envoyé un plein pouvoir pour traiter avec Monsieur le Prince, et qu'il avoit nommé, pour le suivre et le servir dans cette négociation, MM. d'Aligre[2] et de la Marguerie[3], conseillers d'État, et MM. de Mesme[4], Mainardeau et Cumont[5], du Parlement. Cette députation n'eut point de lieu, parce que Monsieur le Prince, à qui M. le duc d'Orléans avoit offert[6] d'aller conférer avec lui à Richelieu, avoit refusé la proposition comme captieuse du côté de la cour et faite à dessein pour ralentir[7] l'ardeur de ceux qui s'enga-

1. *Lui* est écrit deux fois, la seconde en interligne.
2. Étienne d'Aligre (Retz écrit *d'Haligre*), né en 1592, conseiller d'État (1635), directeur des finances (1653), garde des sceaux (1672), puis chancelier (1674), mort en 1677.
3. Laisné de la Marguerie (ailleurs *la Margrie*), ancien maître des requêtes et premier président du parlement de Provence, nommé conseiller d'État le 28 avril 1635, mourut à Paris le 3 octobre 1656 : voyez la *Gazette* du 7. — Dans l'*État de la France de* 1661, nous trouvons un autre Laisné de la Marguerie, avec le prénom de *Louis*, parmi les huit conseillers d'État servant au semestre de janvier. La *Gazette* du 30 novembre 1680 nous apprend que ce dernier, ci-devant premier président du parlement de Bourgogne, venait de mourir à Paris, âgé de soixante-cinq ans.
4. Jean-Antoine de Mesmes, qui succéda en 1651, comme président à mortier, à son frère Henry (voyez au tome I, p. 197 note 4), et mourut en 1673. — Pour Mainardeau ou Menardeau, qui suit, voyez au tome III, p. 205 et note 6.
5. De la première chambre des Enquêtes, « le plus ancien des Enquêtes, dit Omer Talon (p. 476), mais qui n'étoit appelé le doyen parce qu'il étoit huguenot.... Ledit sieur de Cumont étoit notoirement de la domesticité de Monsieur le Prince. » Sa famille était alliée à celle des Gondi : voyez le *P. Anselme*, tome III, p. 892. — Omer Talon (p. 448) ajoute à ces négociateurs le maréchal de l'Hospital.
6. Retz a biffé *proposé*, devant *offert ;* et, plus loin, *l'* devant *avoit ;* puis un premier *la*, après *refusé*.
7. Après *ralentir*, on lit, dans l'interligne, *ses*, suivi de quelques autres lettres, que nous ne pouvons déchiffrer de manière à leur donner du sens.

geoient[1] avec lui[2]. Il étoit arrivé à Bordeaux le 12, l'on en eut nouvelle[3] le 26 à Paris, et ce même jour le Roi partit pour Fontainebleau[4], où il ne séjourna que deux

1. S'ingéroient. (1837-1866.)
2. Voyez les *Mémoires d'Omer Talon* (p. 447 et 448), et ceux *de la Rochefoucauld* (p. 304-306). — On sait que la ville de Richelieu, où le feu Cardinal s'était fait construire un château, est située dans l'arrondissement de Chinon (Indre-et-Loire).
3. La nouvelle. (1843-1866.)
4. Ce passage, qui termine la page 1945, et commence la suivante, est d'une écriture très-embrouillée. Ce qui en rend surtout la lecture difficile et nous empêche de répondre ici absolument de notre texte, c'est que Retz a biffé par mégarde ou, au contraire, a oublié de biffer certains mots. *Où il ne séjourna que deux ou trois jours*, et *Leurs Majestés marchèrent* est en interligne; il y avait d'abord : *d'où il alla sans perdre un moment un moment*. La phrase : *M. de Chateauneuf.... de se former*, se trouve moitié à la marge de droite, moitié à la marge inférieure. A la page suivante, après *déclarés*, on lit, sous les ratures, *d'abord*, et en interligne, *sans balan-[cer]*; les mots : *pour leur service*, sont aussi au-dessus de la ligne; *ils rasèrent avec beaucoup de joie la grosse* est partie en interligne, partie à la marge de gauche; on distingue au-dessous ces mots effacés : *que avec beaucoup avec ce qui.... de la grosse*. L'auteur avait écrit d'abord à la fin de ce passage si confus : *La grosse tour se rendit sans coup férir, et elle fut démolie en même temps*; il a changé la construction, mais omis toute liaison entre *tour* et *se rendit*. La phrase : *Palluau.... défendu par Persan*, est à la marge de droite. — Le texte du ms. Caf. se rapproche beaucoup du nôtre en cet endroit : « Leurs Majestés marchèrent, sans perdre un moment, à Bourges, quoiqu'elles n'eussent que fort peu de troupes. Les habitants se déclarèrent, sans balancer, pour leur service. Ils rasèrent avec beaucoup de joie la grosse tour, qui se rendit sans coup férir. Le Roi, qui marcha à Poitiers, laissa Palluau, avec trois mille hommes, pour bloquer Mouron. » — Entre *Fontainebleau* et la phrase *Monsieur le Prince crut* (15 lignes plus loin), il y a dans le ms. H six lacunes indiquées par des blancs. Les éditions anciennes ont des omissions, des déplacements, des altérations évidentes, qui marquent aussi l'état d'illisible confusion qu'offraient la source ou les sources d'où elles sortent. Les textes de 1837-1866 continuent, après *Fontainebleau*, par ces mots : « où il sut, ce soir-là, qu'en faisant avancer la cour jusqu'à Bourges, elle en chasseroit les par-

ou trois jours. M. de Châteauneuf et M. le maréchal de Villeroi pressèrent la Reine au dernier point de ne pas donner le temps au parti des Princes[1] de se former.

Leurs Majestés*marchèrent à Bourges[2]. Elles en chassèrent M. le prince de Conti avec toute sorte de facilité ; les habitants s'étant déclarés pour leur service, ils rasèrent, avec beaucoup de joie, la grosse tour, [qui] se rendit sans coup férir. Palluau fut laissé, avec trois ou quatre mille hommes, au blocus de Mouron, défendu par Persan[3] ; et M. le prince de Conti et Mme de Longueville se retirèrent[4] à Bordeaux en grande diligence. M. de Nemours les accompagna dans ce voyage, dans le cours duquel il s'attacha à Mme de Longueville plus que Mme de Châtillon et M. de la Rochefoucauld ne l'eussent souhaité[5]. Monsieur le Prince crut qu'il avoit engagé dans son parti M. de Longueville[6], dans la conférence qu'il eut avec lui à Trie[7] : ce qui n'eut pourtant aucun effet, M. de Longueville étant de-

---

tisans de M. le Prince. M. de Châteauneuf, etc. » Ils commencent ainsi l'alinéa suivant : « La cour s'étant donc avancée de Bourges à Poitiers, et les principaux habitants s'étant déclarés pour le Roi, tout (*altération de « tour »*) se rendit sans coup férir. Palluau, etc. »

1. Du Prince. (1837-1866.)
2. La cour, après s'être arrêtée successivement à Fontainebleau, à Montargis, à Gien, à Aubigny et à la Chapelle-d'Angillon, s'était rendue à Bourges le 7 octobre, puis en était partie le 25, pour arriver, dit Montglat (p. 257), la veille de la Toussaint à Poitiers, où elle devait demeurer jusqu'au 6 février.
3. Montrond résista près d'une année et ne capitula qu'à la fin d'août 1652. — Sur le marquis de Persan, voyez au tome III, p. 287, note 7.
4. *Gagne (gagnèrent)* a été biffé devant *se retirèrent*.
5. Sur cette liaison de Mme de Longueville et du duc de Nemours, voyez les *Mémoires de la Rochefoucauld*, p. 353 et note 4.
6. Après *M. de Longueville*, un mot : *durant* (?), a été biffé.
7. Sur cette entrevue de Trie, voyez au tome III, p. 530 et note 7.

meuré en repos[1] à Rouen. Le mouvement que les troupes commandées par M. le comte de Tavannes[2], du côté de Stenai, donnèrent[3] par l'ordre de Monsieur le Prince, aussitôt qu'il eut quitté la cour, ne fut guère plus considérable, le comte de Grampré, qui[4] avoit quitté, par son mouvement, le service de Monsieur le Prince, leur ayant donné une même[5] crainte auprès de Villefranche, et une autre auprès de Givet.

La désertion de Marsin[6] dans la Catalogne fut, en récompense, d'un très-grand poids. Il commandoit dans cette province lorsque Monsieur le Prince fut arrêté. Comme on le connoissoit pour être son serviteur très-particulier, l'on ne jugea pas à la cour qu'il fût à propos d'y prendre confiance ; l'on envoya ordre à l'intendant

1. Au-dessus de *repos*, il y a quatre lettres, non effacées, peut-être *place*, peut-être le commencement du mot *paisible* (voyez ci-après la leçon du ms. Caf.). Les éditions de 1837-1866 n'ont rien entre *demeuré* et *Rouen*. — Voici le texte du ms. Caf. : « M. de Longueville étoit demeuré depuis paisible dans son gouvernement. Le mouvement que les régiments de Condé, de Conty et d'Anguyen se donnèrent du côté de Stenay ne fut pas d'une grande considération, parce que le comte de Tavannes, qui les commandoit, en perdit une partie auprès de Villefranche, et une autre auprès de Givez, où il fut attaqué par M. le comte de Grandpré, qui avoit quitté tout fraîchement le parti de Monsieur le Prince. » — Sur les démarches faites par les Frondeurs pour engager le duc de Longueville dans le mouvement, voyez les *Mémoires* de sa fille, la duchesse de Nemours, p. 654.

2. Voyez au tome III, p. 29 et note 1, et les *Mémoires du comte de Tavannes*, édition de M. Moreau, p. 100 et suivantes.

3. Entre *Stenai* et *donnèrent*, est biffé *sc*.

4. Après *qui*, quelques lettres biffées. — Sur le comte de Grandpré, voyez au tome III, p. 28 et note 5.

5. *Même* est en interligne et suivi du mot : *considérable*, biffé, et de quelques lettres non raturées, mais illisibles ; *et une autre auprès de Givet* est à la marge.

6. Sur le comte de Marsin ou Marchin, voyez au tome III, p. 287 et note 4.

de se saisir de sa personne[1]. Il fut remis en liberté[2] aussitôt après celle de Monsieur le Prince, et fut rétabli même dans son emploi. Quand Monsieur le Prince se retira de la cour après sa prison, et qu'il[3] prit le chemin de Guienne, la Reine pensa à gagner Marsin et elle lui envoya les patentes de vice-roi de Catalogne, qu'il avoit passionnément souhaitées, en y[4] ajoutant toutes les promesses imaginables pour l'avenir. Comme il avoit été averti à temps de la sortie et de la marche [de][5] Monsieur le Prince[6], il appréhenda le même traitement qu'il avoit reçu l'autre fois. Il quitta la Catalogne devant qu'il eût reçu les offres de la Reine[7]; et il se jeta dans le Languedoc avec Baltasar[8],

---

1. Comme il faisoit profession publique d'être son serviteur très-particulier, la cour ne crut pas y pouvoir prendre confiance. Elle envoya l'ordre à l'intendant de s'assurer de sa personne, ce qui fut exécuté. (Ms. Caf.)

2. *Ap[rès]* est effacé devant *aussitôt*, puis *il* devant *fut rétabli*.

3. *Qu'il* est en interligne, et *la* est biffé, devant *Guienne*.

4. *En y* est en interligne, sur *à quoi elle*, biffé; à la suite, il y avait d'abord *ajouta*, que Retz a corrigé en *ajoutant*.

5. Après *sortie*, Retz a effacé *de M*ʳ, au-dessous d'un *de* et de quelques lettres biffés en interligne. A la ligne suivante, *ne crut pas* est raturé devant *appréhenda*.

6. Le mot *il* et une ligne et demie de tâtonnements illisibles sont biffés après *Monsieur le Prince*.

7. *Devant qu'il eût reçu les offres de la Reine* est à la marge. — Voyez sur la conduite de Marsin, en cette occurrence, les *Mémoires de Montglat*, p. 255.

8. Ce nom est très-mal écrit dans l'autographe; les précédents éditeurs l'ont défiguré en *Baltons*. Notre leçon est indubitable; c'est aussi celle du ms. Caf. — Jean-Balthazar de Simeren, originaire de Transylvanie, colonel au service de la France depuis 1644. Voyez les *Mémoires de la Rochefoucauld*, p. 328, note 4, et ceux de Balthazar lui-même, intitulés *Histoire de la guerre de Guyenne*, et publiés par M. Moreau dans la bibliothèque elzévirienne, à la suite de ceux de Tavannes, que nous venons de citer. On voit, dans ces Mémoires de Balthazar (p. 300 et 301), que, dans la marche

Lussan[1], Mont-Pouillan[2], la Marcousse[3], et ce qu'il put débaucher de ses troupes. Cette défection donna un merveilleux avantage aux Espagnols dans cette province, et l'on peut dire qu'elle en[4] a coûté la perte à la France.

Monsieur le Prince ne s'endormoit pas du côté de Guienne. Il engagea toute la noblesse dans son parti. Le vieux maréchal de la Force[5] se déclara même pour lui; et le comte Daugnon[6], gouverneur de Brouage[7], qui tenoit toute sa fortune du duc de Brezé, crut être obligé

du prince de Condé de Saintonge en Guienne, Balthazar faisait, comme il dit, l'arrière-garde.

1. Probablement Roger d'Esparbez, comte de Lussan, troisième fils du maréchal François d'Esparbez de Lussan. Nous trouvons dans la *Table de la Gazette* un « sieur de Lussan, aide de camp et capitaine au régiment de Harcourt, » blessé au siége de Lérida (13 décembre 1646); et un comte de Lussan, volontaire, qui se distingue au passage de l'Escaut (6 septembre 1651).

2. Armand de Caumont, marquis de Montpouillan, né en 1615, lieutenant général en 1655, mort, en 1701, en Hollande. Son père était Henri de Caumont, second fils du vieux maréchal de la Force qui est nommé quelques lignes plus loin. L'*Histoire de la guerre de Guyenne* que nous venons de citer parle (p. 302) du régiment de Montpouillan et de celui de la Marcousse.

3. *La* a été substitué à *le* devant *Marcousse*, qui a été biffé, puis récrit. — Les troupes de ces officiers, qui formaient un total de trois cents chevaux et de mille fantassins, furent le meilleur noyau de l'armée du prince de Condé, dont la masse se composait de levées faites à la hâte et un peu au hasard.

4. *En* est en interligne, à la suite d'un autre *en*, effacé; puis un mot : *cousté* ou *causé*, a été biffé, devant *coûté*. — Le ms. Caf. termine ainsi la phrase : « aux Espagnols, et elle causa à la France la perte de la Catalogne, au grand regret de tous les bons François. »

5. Il mourut le 10 mai de l'année suivante : voyez aux *Mémoires de la Rochefoucauld*, la note 4 de la page 205.

6. Voyez au tome III, p. 68 et note 1. Ici et aux mentions suivantes Retz écrit *d'Augnon*.

7. (Hiers-) Brouage, petit port de la basse Saintonge (Charente-Inférieure), fortifié par Charles IX, puis par Richelieu.

d'en témoigner sa reconnoissance à Madame la Princesse, qui étoit sœur[1] de son bienfaiteur.

L'on n'oublia pas de rechercher l'appui des étrangers. Lesné[2] fut envoyé en Espagne, où il conclut le traité de Monsieur le Prince avec le Roi Catholique, et Monsieur l'Archiduc[3], qui commandoit dans le Pays-Bas et qui venoit de prendre Bergues-Saint-Winox[4], faisoit[5] de son côté des préparatifs[6] qui coûtèrent dans la suite Dunkerque et Gravelines[7] à la France, et qui obligèrent, dès ce temps-là, la cour à tenir[8] sur la frontière une partie des troupes, qui eussent été d'ailleurs très-nécessaires en Guienne. Ces nuées ne firent pas tout le mal, au moins

---

1. *Sœur* est à la marge, pour remplacer le mot *fille*, biffé dans le texte. Le ms. Caf. ajoute à *sœur* : « et héritière ». — On sait que la femme du grand Condé était fille du maréchal de Maillé-Brezé, mort en 1650. Sur Armand de Maillé-Brezé, duc de Fronsac, fils du maréchal, et « bienfaiteur » de Daugnon, voyez au tome I, p. 239 et note 1.

2. Pierre Lesné, l'Esnet, ou, comme on imprime le plus souvent, Lenet, procureur général au parlement de Dijon, conseiller d'État depuis 1645, fut conseiller-ministre de Condé pendant la Fronde, et son agent et négociateur le plus actif. Le traité de Madrid, dont parle ici Retz, fut signé le 6 novembre 1651 : voyez les *Mémoires de la Rochefoucauld*, p. 300 et note 7.

3. Voyez, au tome II, p. 63, note 6, où il faut lire, pour la date de la mort, 1662 au lieu de 1648.

4. *Et qui venoit de prendre Bergues-Saint-Winox* est à la marge. — Bergues-Saint-Vinox, aujourd'hui chef-lieu de canton du département du Nord, fut rendu, le 4 octobre, au marquis Sfondrato par Beloy, qui en était gouverneur : voyez les *Mémoires de Montglat*, p. 253.

5. Il y avait d'abord *fit*, et, deux lignes plus bas, *obligeoient*. *Fit* est la leçon du ms. H ; *y fit*, celle du ms. Caf. Une ligne plus haut, *avoit* est biffé entre *qui* et *venoit*.

6. Des propositions. (1837-1866.)

7. Gravelines (Nord) fut pris par les Espagnols le 18 mai 1652 ; et Dunkerque, le 16 septembre 1653.

8. Après *tenir*, il y a *des troup[es]*, biffé ; plus loin, à la suite d'*eussent*, le participe *été* est ajouté à la marge.

pour le[1] dedans du Royaume, que leur grosseur et leur noirceur en pouvoient faire appréhender. Monsieur le Prince ne fut pas servi, dans ses levées, comme sa qualité et sa personne le méritoient. Le[2] maréchal de la Force n'en usa pas, en son particulier, d'une manière qui fût conforme au reste de sa vie[3]. Les tours de la Rochelle, qui étoient entre les mains du comte Daugnon, ne tinrent que fort peu de temps contre M. le comte d'Harcourt, qui commandoit l'armée du Roi[4]. Les Espagnols, auxquels il remit Bourg[5], place voisine de Bordeaux, entre les mains, ne le secoururent[6] qu'assez foiblement[7]. Monsieur le Prince ne put faire d'autres conquêtes que celle d'Agen et celle[8] de Saintes. Il fut obligé de lever le siége de Cognac[9] ; et le plus grand capitaine du monde, sans exception[10], connut, ou plutôt

1. *Pour le* est en interligne, au-dessus d'*au*, effacé.
2. Ici il y a *mares*[*chal*], biffé. Le ms. Caf. place ces deux phrases : « Le maréchal.... l'armée du Roi », plus bas, après *foiblement*.
3. Conforme aux premières actions de sa vie. Il prit beaucoup d'argent, il fit peu d'hommes. Les tours, etc. (Ms. Caf.)
4. Retz a écrit ici *de Harcour*. — Voyez les *Mémoires de la Rochefoucauld*, p. 312-315, et ceux *de Montglat*, p. 257 et 258. — Après *Roi*, il y a deux lignes effacées : « Il avoit déjà été (*ce mot en interligne*) obligé par M^r le Prince (*sic*) de lever le siége de Cognac. »
5. Bourg-sur-Gironde ; voyez au tome III, p. 71 et note 2.
6. Bourg, pour place de sûreté, ne le secoururent. (Ms. Caf.)
7. Cette phrase : *Les Espagnols.... qu'assez foiblement*, se trouve ajoutée à la marge supérieure du manuscrit autographe ; les mots : *place voisine de Bordeaux*, sont en interligne dans cette addition, et, après *les mains*, il y a quatre mots : *pour place de sûreté*, biffés. A la phrase suivante, *fit* a été effacé entre *Prince* et *ne*. Le texte de l'édition de 1859, 1866 est : « les Espagnols, entre les mains desquels il remit, etc. »
8. Ce second *celle* est omis dans les éditions de 1843-1866.
9. Le 15 novembre. Voyez les *Mémoires de la Rochefoucauld*, p. 310-312.
10. Dans le ms. Caf., *sans contredit*. Dans l'original, *sans excep-*

SECONDE PARTIE. [Octobre-novembre 1651]

fit connoître, dans toutes ces occasions, que la valeur la plus héroïque et la capacité la plus extraordinaire ne soutiennent qu'avec beaucoup de difficulté les nouvelles troupes contre les vieilles[1].

Comme je me suis fixé, dès le commencement de cet ouvrage, à[2] ne m'arrêter proprement que sur ce que j'ai connu par moi-même[3], je ne touche ce qui s'est passé en Guienne, dans ces premiers mouvements de Monsieur le Prince, que très-légèrement, et[4] purement autant que la connoissance vous en est nécessaire, par le rapport et la liaison qu'elle a à ce que j'ai présentement à vous raconter de ce que je voyois à Paris, et de ce que je pénétrois de la cour.

tion est à la marge; à la ligne suivante, *le cours* a été biffé après *toutes.*

1. « Les victorieux, dit Mme de Motteville (tome III, p. 462), ne sont pas toujours invincibles. » — « Le prince de Condé, écrit d'autre part Montglat (p. 258), toujours invincible jusqu'ici, se trouvoit bien empêché : il n'osoit tenir ferme devant le comte d'Harcourt, qui le battoit en toutes rencontres; et par là il connut la différence qu'il y avoit entre combattre contre les ennemis de l'État, à la tête de vieilles troupes aguerries, ou de tirer l'épée contre son Roi avec de nouvelles levées qui s'enfuyoient d'abord. » — Après *vieilles*, il y a deux lignes et demie biffées : *Je ne* (en interligne sur *n'ai*) *touche* (il y avait d'abord *touché*) *que fort légèrement à ce qui s'est passé dans le.... cours de cette guerre.* Voyez le commencement de l'alinéa suivant.

2. *A* en interligne, sur *de*, biffé; plus loin, devant *connu*, est effacé *vu et;* à la suite, Retz avait d'abord écrit : *je ne veux que toucher fort légère[ment]*; puis *en Guienne* est au-dessus de la ligne, ainsi qu'après *ces*, le mot *premier*, pour *premiers* (il y avait d'abord *ce premier mouvement*); *ces* est précédé de *le cours*, effacé.

3. Voyez au tome III, p. 60 et 61. Au tome I, p. 80 et 81, notre auteur ne parle que de la sincérité qu'il se propose d'apporter dans tout son récit.

4. Après *et*, on lit *simplement*, effacé; puis, à la marge : *et* (répété) *purement*, écrit au-dessous de ces deux mots : *simplem[ent] seulement*, biffés. A la suite d'*autant*, qui vient après, il y a trois

Il me semble que j'ai déjà marqué ci-dessus[1] que la cour[2] s'avança de Bourges à Poitiers, pour être en état de remédier de plus près aux démarches de Monsieur le Prince. Comme elle vit qu'il ne donnoit pas dans le panneau[3] qu'elle lui avoit tendu, par le moyen d'une négociation pour laquelle elle prétendoit, quoiqu'à faux à mon opinion[4], avoir gagné Gourville[5], elle ne garda plus aucune mesure à son égard ; et elle envoya une déclaration contre lui au Parlement, par laquelle elle le déclaroit criminel de lèse-majesté[6], et cætera.

Voici, à mon sens, le moment fatal et décisif de la révolution[7]. Il y a très-peu de gens qui en aient connu

lignes raturées : *qu'il est nécessaire de.... pour vous mieux faire entendre comprendre la liaison et le rapport* ; plus loin, après *qu'elle a*, est biffé *avec* ; après *à ce que*, qui suit, Retz avait d'abord écrit ces mots, récrits plus loin : *je voyois à Paris et*.

1. Plus haut, dans notre texte (p. 5) et dans le texte incomplet de la copie H, il n'est question que de Bourges, et non de Poitiers ; mais, dans la copie Caf., dans plusieurs éditions anciennes et dans celles de 1837-1866, il est parlé des deux villes : voyez p. 4, note 4.

2. *Cour* est en interligne, sur *Roi*, biffé, et *le* a été corrigé en *la*.

3. Après *panneau*, un mot : *d'une*, a été effacé.

4. *Quoiqu'à faux à mon opinion* est à la marge.

5. Sur Gourville, voyez au tome III, p. 71 et note 1.

6. Cette déclaration, datée de Bourges, le 8 octobre (*Omer Talon*, p. 448), déclarait criminels de lèse-majesté, dit Gui Joli (p. 64) : « MM. les princes de Condé et de Conti, Madame la Princesse et Mme la duchesse de Longueville, les ducs de Nemours et de la Rochefoucauld, et tous ceux qui les assisteroient, si, dans un mois, ils ne reconnoissoient leurs fautes et ne rentroient dans leur devoir. M. le duc d'Orléans empêcha pendant quinze jours que cette déclaration ne fût vérifiée, sous différents prétextes, où il fut secondé vivement par les amis de Monsieur le Prince, qui formoient tous les jours de nouveaux incidents. » Voyez ci-après, p. 53-56.

7. Résolution. (1859, 1866.) — Le ms. Caf. continue ainsi : « Tout le monde le conçut, mais chacun se l'est voulu figurer à sa mode. Les uns se sont imaginé que le mystère, etc. »

SECONDE PARTIE. [Octobre-novembre 1651]

la véritable[1] importance. Chacun s'en est voulu former une imaginaire[2]. Les uns se sont figuré[3] que le mystère de ce temps-là consista dans les cabales qu'ils se persuadent avoir été faites dans la cour, pour et contre le voyage du Roi. Il n'y a rien de plus faux : il se fit d'un concert uniforme de tout le monde. La Reine brûloit d'impatience d'être libre, et en lieu où elle pût rappeler Monsieur le Cardinal quand il lui plairoit. Les sous-ministres[4] la fortifièrent par toutes leurs lettres dans la même pensée. Monsieur souhaitoit plus que personne l'éloignement de la cour, parce que sa pensée naturelle et dominante lui faisoit toujours trouver une douceur sensible à tout ce qui pouvoit diminuer les devoirs journaliers auxquels la présence du Roi l'engageoit. M. de Châteauneuf joignoit au desir[5] qu'il avoit de rendre, par un nouvel éclat, Monsieur le Prince encore plus irréconciliable à la cour[6], la vue de se gagner l'esprit de la Reine dans le cours d'un voyage dans lequel[7] l'absence du Cardinal et l'éloignement des sous-ministres lui[8] donnoit lieu d'espérer qu'il se pourroit rendre encore et plus agréable et plus nécessaire. Monsieur le Premier

1. *La véritable*, en interligne.
2. Une imagination. (1837-1866.)
3. Dans l'autographe, *figurés*, avec accord irrégulier.
4. Voyez au tome III, p. 365 et note 1.
5. *Desir* est en interligne, sur un mot biffé; après *Châteauneuf*, qui précède, Retz a effacé les mots : *et M^r le Villeroi* (sic); à la suite, il avait d'abord écrit, au pluriel, *joignoient* et *avoient;* à la ligne suivante, devant *par*, il a biffé *M^r le Prince irréconciliable;* puis *de*, après ce même *par;* plus loin, *gagner* est en interligne, au-dessus de trois mots effacés : *rendre encore de*.
6. Le ms. Caf. ajoute ici : *en le poussant et en l'aigrissant*, puis *peu à peu*, après *gagner*.
7. *Dans lequel* est au-dessus de la ligne, sur *où*, biffé; et, de même, *l'absence*, au-dessus de *l'éloignement*, mot que l'auteur a effacé et qu'il a récrit plus loin, à la suite de *l'ab[sence]*, également biffé.
8. Après *lui*, il y a *fa[isoit]*, effacé; à la suite, Retz avait écrit

Président y concourut de son mieux, et parce qu'il le crut très-utile au service[1], et parce que la hauteur avec laquelle M. de Châteauneuf le traitoit lui étoit devenue insupportable. M. de la Vieuville ne fut[2] pas fâché, à ce qui me parut, de n'être pas trop éclairé, dans les premiers jours, de la fonction de la surintendance ; et Bordeaux[3], qui étoit son confident principal, me fit[4] un discours qui me marqua[5] même de l'impatience que le Roi fût déjà hors de Paris. Celle des Frondeurs n'étoit pas moindre, et parce qu'ils voyoient la nécessité qu'il y avoit effectivement à ne pas laisser établir Monsieur le Prince au delà de la Loire, et parce qu'ils[6] se tenoient beaucoup plus assurés de l'esprit de Monsieur lorsque la cour étoit éloignée[7], que quand il[8] en étoit proche.

d'abord *donneroit*, et, plus loin, *rendroit;* il a corrigé ce dernier mot en *rendre*, et mis *pourroit* en interligne.

1. Le crut utile au service du Roi. (1837-1866.)

2. *Ne fut* est en interligne, sur *n'étoit,* effacé; ensuite *demeurer* est biffé devant *n'être pas;* puis *surintendance* est en interligne, au-dessus de *charge,* effacé. — Sur la Vieuville, voyez au tome III, p. 245 et note 5.

3. Voyez au tome III, p. 521 et note 3. — M. Tamizey de Larroque nous avertit, au sujet de cette note 3 à laquelle nous renvoyons, qu'il faut distinguer l'intendant des finances Guillaume de Bordeaux, de son fils l'ambassadeur, Antoine de Bordeaux, sieur de Génitoy, qui fut nommé, lui aussi, en 1658 (*Gazette* du 12 octobre), à une charge d'intendant des finances, quand le nombre de ces charges fut réduit de douze à quatre, puis devint chancelier de la Reine en 1660, année de sa mort. On ne doit confondre ni l'un ni l'autre avec Louis de Bordeaux, d'une autre famille, conseiller au grand conseil, qui prenait le titre de sieur de Moncontour, et dont le père fut receveur général de Tours.

4. Retz avait mis d'abord *me dit;* il a biffé ce dernier mot et l'a remplacé par *fit.*

5. Qui me fit juger qu'il en avoit. (Ms. Caf.)

6. Quelques lettres biffées, après *qu'ils.*

7. On lit ici, en interligne, *de la cour,* non biffé, par mégarde.

8. Que quand elle. (1837-1866.) — Avant *il,* dans l'autographe, il y a effectivement *elle,* mais biffé.

SECONDE PARTIE. [Octobre-novembre 1651]

Voilà ce qui me parut de la disposition de tout le monde, sans exception, à l'égard du voyage du Roi, et [1] je ne comprends pas sur quoi l'on a pu fonder cette diversité d'avis que l'on a prétendu et même écrit, ce me semble, avoir été dans le Conseil sur ce sujet [2].

Vous voyez donc qu'il n'y eut aucun mystère au départ du Roi : mais, en récompense, il y en eut beaucoup dans les suites de ce départ, parce que chacun y trouva tout le contraire de ce qu'il s'en étoit imaginé. La Reine y rencontra plus d'embarras, sans comparaison, qu'elle n'en avoit à Paris, par les obstacles que M. de Châteauneuf [3] mettoit au rappel de Monsieur le Cardinal [4]. Les sous-ministres eurent des frayeurs mortelles que l'habitude et la nécessité n'établissent à la fin, dans l'esprit de la Reine, et assiégée par Mr de Villeroi, par le commandeur de Jars, et lassée de leurs avis, M. de Châteauneuf, qui, de [5] son côté, ne trouva pas le fondement

1. La conjonction *et* n'est pas dans les éditions de 1837-1866, qui, à la ligne suivante, ont *faire*, au lieu de *fonder*.

2. Il y a ici, dans l'autographe, seize lignes effacées; nous déchiffrons sous les ratures : *Ce qui me surprend le plus est qu'un homme de qualité, qui m'a dit avoir vu des Mémoires.... de M. le maréchal du Plessi, m'a dit qu'il avoit y avoir lu quelque chose d'approchant : ce que je ne puis concevoir, c'est qu'un homme de cette qualité et qui enfin avoit un rôle, quoiqu'il ne fût pas des plus considérables, se soit avisé de faire un conte de cette nature, dans lequel je vous proteste qu'il n'y a pas un mot de vérité. Il ne faut pas s'étonner, après cela, des fables que les historiens vulgaires nous débitent quelquefois avec tant d'apparat* [a].

3. Après *M. de Châteauneuf*, il y a deux lignes biffées : *aidé de M^r le maréchal de Villeroi, quoique couvertement* (sic), *aportoit*.

4. Sans comparaison, au moins pour ce qui étoit du cabinet, qu'elle n'en avoit à Paris, parce que M. de Châteauneuf, qui se croyoit plus nécessaire, gardoit moins de mesure dans les obstacles qu'il formoit au rappel, au moins présent, du Cardinal. (Ms. Caf.)

5. Ce passage est fort mal écrit dans l'original. *Qui de* a été biffé,

« L'édition de 1859, 1866 porte en note : « avec autant d'aplomb. »

qu'il avoit cru[1] aux espérances dont il s'étoit flatté lui-même[2] à cet égard, parce que la Reine demeura toujours dans un concert très-étroit avec le Cardinal et avec tous ceux qui étoient véritablement attachés à ses intérêts. Monsieur[3] devint, en fort peu de temps, moins sensible au plaisir de la liberté que l'absence de la cour lui donnoit, qu'aux affres[4] qu'il prit, même assez subitement, des bruits qui se répandirent des négociations souterraines qu'il croyoit[5] encore plus dangereuses, par la raison de l'éloignement. M. de la Vieuville, qui craignoit plus que personne le retour du Mazarin, me dit, quinze jours après le départ du Roi, que nous avions tous été des dupes de ne nous y être pas

par inadvertance évidemment; les mots précédents : *et assiégée.... avis*, ont été ajoutés à la marge d'en haut. Les éditions de 1837-1866 omettent beaucoup de mots et portent : « n'établissent à la fin, dans l'esprit de la Reine, M. de Villeroi. M. de Châteauneuf. de son côté, etc. » Après *Villeroi*, le ms. H ajoute ces mots, mal lus et déplacés : *lassé de leur avis*.

1. Le ms. Caf. a ici cette variante : « à la fin M. de Châteauneuf dans l'esprit de la Reine, dénuée, au moins éloignée de leurs conseils, et assiégée par M. le maréchal de Villeroy, le commandeur de Jar, et M. de Châteauneuf, de son côté, ne trouva pas tant de fondement qu'il avoit cru. »

2. Après *même*, est biffé : *sur ce su[jet?]* ; puis, après *égard*, qui suit : *M*r *le duc d'Orléans*.

3. Après *Monsieur*, il y a une ligne effacée : *sentit moins vivement la satisfaction de*; les mots : *devint, en fort peu de temps, moins sensible au plaisir*, ont été ajoutés à la marge (*peu* biffé, puis récrit; *moins* en interligne, sur *plus* raturé); à la ligne suivante, après *cour*, il y a encore un *que* biffé.

4. Avant *affres*, qui est devenu *offres* dans le ms. H, et *effrois* dans les éditions de 1837-1866, Retz avait d'abord écrit : *que les affres*; il a effacé les deux derniers mots et corrigé *que* en *qu'aux*; ensuite *même* est en interligne, sur *de*, biffé.

5. *Croyoit*, en interligne, sur *se* et quelques autres lettres biffées. Plus loin, *la raison de* est également en interligne, au-dessus de *l'absence*, raturé.

SECONDE PARTIE. [Octobre-novembre 1651] 17

opposés. J'en convins en mon nom et en celui de tous les Frondeurs. J'en conviens encore aujourd'hui de bonne foi[1], et que cette faute fut une des plus lourdes que chacun pût faire, dans cette conjoncture, en son particulier : je dis chacun de ceux qui ne desiroient pas le rappel de M. le cardinal Mazarin; car il est vrai que ceux qui étoient dans ses intérêts jouoient le droit du jeu[2]. Ce qui nous la fit faire fut l'inclination naturelle que tous les hommes ont à chercher plutôt[3] le soulagement présent dans ce qui leur fait peine qu'à prévenir[4] ce qui leur en doit faire un jour. J'y donnai, de ma part, comme tous les autres, et l'exemple ne fait pas que j'en aie moins de honte. Notre bévue fut d'autant plus grande, que nous en avions prévu les inconvénients, qui[5] étoient, dans la vérité, non pas seulement visibles, mais palpables, et qu'imprudemment nous prîmes le[6] parti de courre les

---

1. *De bonne foi*, à la marge.
2. Retz a déjà employé cette expression au tome II, p. 241. — Dans le ms. H et quelques-unes des premières éditions : *jouoient le droit jeu.*
3. *Plutôt* est au-dessus de la ligne.
4. Que prévenir. (1837-1866.)
5. Ce membre de phrase : *qui étoient.... mais palpables*, est écrit à la marge et suivi de ces deux mots : *et imprudemment*. Comme, à la suite, Retz a maintenu dans son texte ce tour : *et que nous prîmes le parti*, on se demande s'il faut effacer seulement le second *et*, ou *et que*. La leçon du ms. Caf. nous engage à garder le *que*; on y lit : « et que nous prîmes très-imprudemment le parti de courre la (*sic*) risque des plus grands pour éviter celle des plus petits. » Le ms. H omet *imprudemment*, ou plutôt y substitue, parce que le copiste sans doute n'a pu déchiffrer le mot, *et impardonnables* après *palpables;* les éditions de 1837-1866 omettent l'adverbe et ont *détour*, au lieu de *parti*.
6. *Prîmes* (prismes) *le* est en interligne, sur *pr* et quelques autres lettres biffés; *parti* est au-dessus de *détour*, effacé; et, à la fin de la phrase, *plus petits* a été écrit au-dessus de *moindres*, également raturé.

plus grands pour éviter les plus petits. Il y avoit, sans comparaison, moins de péril pour nous à laisser respirer[1] et fortifier Monsieur le Prince dans la Guienne, qu'à mettre la Reine, comme nous faisions, en pleine liberté de rappeler son favori. Cette faute est l'une de celles qui m'a obligé de vous dire, ce me semble, quelquefois[2] que la source la plus ordinaire des manquements des hommes est qu'ils s'affectent trop[3] du présent et qu'ils ne s'affectent pas assez de l'avenir. Nous ne fûmes pas longtemps sans connoître et sans sentir que les fautes capitales qui se commettent, dans les partis[4] qui sont opposés à l'autorité royale, les déconcertent si absolument, qu'elles[5] imposent presque toujours [à] ceux qui y ont eu leur poste une nécessité de faillir, quelque conduite qu'ils puissent suivre. Je m'explique.

Monsieur, ayant[6] proprement mis la Reine en liberté

1. Après *respirer*, est effacé *M^r*.
2. *Quelquefois* est en interligne, pour remplacer *plus d'une fois*, biffé. Nous avons revu les trois précédents volumes des *Mémoires* sans y retrouver la réflexion que fait ici Retz; l'avait-il exprimée de vive voix, au cours de ses conversations avec la personne à qui il s'adresse dans son récit? Rapprochez d'une phrase de la page précédente, lignes 7-11.
3. *S'affectent trop* est en interligne, sur ces mots effacés : *comptent pour trop le*; à la suite, *ne s'affectent pas assez de* est, de même, en interligne, sur *comptent pour trop peu*, également raturé; après *l'avenir*, il y a, de plus, trois lignes et demie biffées et récrites, en grande partie, plus loin : *Vous avez vu que.... que l'on...., nous ne demeurâmes pas longtemps sans connoître et sentir*.
4. Dans les pas. (1837-1866.)
5. *Qu'elles* corrige *qu'ils*; *imposent* est en interligne, sur *mettent*, raturé; plus loin, Retz avait d'abord écrit : *qui y ont eu le plus de part*; les mots : *eu* et *poste* (moins le *p* initial), sont en interligne; après *nécessité*, il y a deux lignes biffées : *impossible* (en interligne, que Retz a oublié d'effacer).... *de ne.... plus de faillir faillir.... de la nécessité*; le verbe *suivre*, qui finit la phrase, est au-dessus de *prendre*, également biffé.
6. Après *ayant*, on lit, dans l'original, *fait la faute*, effacé.

SECONDE PARTIE. [Octobre-novembre 1651] 19

de rappeler le cardinal Mazarin[1], ne pouvoit plus prendre que trois partis, dont l'un étoit[2] de consentir à son retour, l'autre de s'y opposer de concert avec Monsieur le Prince, et le troisième[3] de faire un tiers parti dans l'État. Le premier étoit honteux, après les engagements publics qu'il avoit pris. Le second étoit peu sûr, par la raison des négociations continuelles que les subdivisions qui étoient dans le parti de Monsieur le Prince rendoient aussi journalières qu'inévitables[4]. Le troisième étoit dangereux pour l'État et impraticable même de la part de Monsieur, parce qu'il étoit au-dessus de son génie[5].

M. de Châteauneuf, se trouvant avec la cour hors de Paris, ne pouvoit que flatter la Reine par l'espérance du rétablissement[6] de son ministre[7], ou s'opposer à ce rétablissement par les obstacles qu'il y pouvoit former par le cabinet. L'un étoit ruineux, parce que l'état où étoient les affaires faisoit voir ces espérances trop proches, pour espérer que l'on les pût rendre illusoires. L'autre étoit chimérique, vu l'humeur et l'opiniâtreté de la Reine.

1. Le ms. Caf. a de plus ici ces mots : « par la facilité qu'il apporta au voyage de Berry et de Poitou ».
2. Que trois partis : l'un étoit. (1837-1866.) Dans l'original, *dont* est en interligne.
3. Retz, ici et cinq lignes plus bas, a écrit *le 3*.
4. Dans le ms. Caf., les mots : *par la considération* (au lieu de *raison*) *des négociations continuelles que*, puis *qui étoient*, puis encore *rendoient aussi journalières qu'inévitables*, ont été raturés, et une autre main a corrigé ainsi tout ce qui suit *sûr :* « vu même qu'il y avoit déjà des subdivisions dans le parti des Princes et des gens qui avoient des relations avec le Cardinal et qui entretenoient des commerces et des négociations avec lui : ce qui étoit inévitable. »
5. Dangereux pour l'État, au moins dans l'opinion de Monsieur, et impraticable même de sa part, qui n'avoit ni ne se sentoit un génie capable de le soutenir. (Ms. Caf.)
6. *Rétablissement*, en interligne, sur *retour*, biffé.
7. Rapprochez des *Mémoires de Montglat*, p. 259.

Quelle conduite pouvois-je prendre, en mon particulier, qui[1] pût être sage et judicieuse ? Il falloit nécessairement ou que je servisse la Reine selon son désir, pour le retour du Cardinal, ou que je m'y opposasse avec Monsieur, ou que je me ménageasse[2] entre les deux. Il falloit, de plus, ou que je m'accommodasse avec Monsieur le Prince, ou que je demeurasse brouillé avec lui. Et quelle sûreté pouvois-je trouver dans tous ces partis ? Ma[3] déclaration pour la Reine m'eût perdu irrémissiblement[4], dans le Parlement, dans le peuple et dans[5] l'esprit de Monsieur : sur[6] quoi je n'aurois eu pour garantie que la bonne foi du Mazarin. Ma déclaration pour Monsieur devoit, selon toutes les règles du monde, m'attirer, un quart d'heure après, la révocation de ma nomination au cardinalat. Pouvois-je demeurer en rupture avec Monsieur le Prince, dans le temps que Monsieur feroit la guerre au Roi conjointement avec lui ? Pouvois-je me raccommoder avec Monsieur le Prince, au moment que la Reine me déclaroit qu'elle ne[7] se résolvoit

1. Après *qui*, Retz avait écrit d'abord, puis il a raturé : *fût (fust) bonne.*
2. Que je m'engageasse. (1837-1866.)
3. Après *Ma*, il y a *complaisa*[*nce*], biffé.
4. Cet adverbe, qui nous parait être la leçon la plus probable, et que donnent ici, comme nous, le ms. H et toutes les anciennes éditions, est très-mal écrit dans l'original : la fin est plutôt *misserblement* (sic), devant quoi Retz semble avoir corrigé quelques lettres en *irre* ou *ire*. Le mot qu'il avait voulu écrire d'abord devait commencer par un *c* ou une *s*, qu'il a oublié d'effacer. — La leçon du ms. Caf. est : « m'eût perdu, non pas seulement dans le Parlement, non pas seulement dans le peuple, mais encore dans l'esprit de Monsieur. »
5. M'eût perdu, non-seulement dans le Parlement, mais dans le peuple et dans, etc. (1837-1866.)
6. *Et* biffé, devant *sur*.
7. Quelques lettres effacées, après *ne*. — Dans le ms. Caf. : *qu'elle ne me laissoit.*

SECONDE PARTIE. [Octobre-novembre 1651]

à me laisser la nomination que sur la parole que je lui donnois que je ne me raccommoderois pas[1] ? Le séjour du Roi à Paris eût tenu la Reine dans des égards qui eussent levé beaucoup[2] de ces inconvéni[ents] et qui eussent[3] adouci les autres. Nous contribuâmes à son éloignement, au lieu de mettre les obstacles presque imperceptibles qui étoient, en plus d'une manière[4], dans nos mains. Il en arriva ce qui arrive toujours à ceux qui manquent de certains moments[5] qui sont capitaux et décisifs dans les affaires. Comme nous ne voyions[6] plus de bon parti à prendre, nous prîmes tous, à notre mode, ce qui nous parut le moins mauvais dans chacun : ce qui produit toujours deux mauvais effets, dont l'un est que ce composé, pour ainsi dire, d'esprit[7] et de vues est toujours confus et brouillé, et l'autre qu'il n'y a jamais[8] que la pure fortune qui le démêle[9]. J'expliquerai cela,

1. Voyez les *Mémoires de Gui Joli*, p. 63.
2. *Beaucoup*, en interligne, au-dessus de *en partie*, effacé.
3. Devant *eussent*, est biffé *les;* puis, après ce verbe, *tous;* ensuite *adoucis* a été corrigé en *adouci;* plus loin, *presque*, devant *imperceptibles*, est ajouté en interligne.
4. *En plus d'une manière* est à la marge.
5. *De certains moments*, en interligne, sur *les plus*, raturé. A la ligne précédente, après *toujours*, sont effacées trois lignes, dans lesquelles on déchiffre ces mots : *à.... lorsque.... l'on est dans cet état.... fait.... de ces fautes capitales desquelles....* — Rapprochez de ce qui est dit au tome II, p. 94 et 95.
6. Retz a-t-il écrit *voiions*, ou, en omettant, comme on faisait souvent alors, l'*i* de l'imparfait, *voions*? Un pâté rend la lecture douteuse, mais *voions* est plus probable.
7. La seconde syllabe du mot *esprit* est au-dessus de la ligne; Retz avait mis d'abord *expédients*.
8. *Jamais*, en interligne, sur *plus*, effacé; deux lignes plus loin, *quand* est biffé après *il s'agit*.
9. Dont l'un est que ce composé, pour ainsi parler, de vues différentes, et même opposées, est toujours très-confus et très-brouillé, et l'autre, que cette confusion est d'une nature qu'elle ne peut jamais être démêlée que par la fortune. (Ms. Caf.)

et je l'appliquerai au détail duquel il s'agit, après que je vous aurai rendu compte de quelques faits assez[1] curieux et assez remarquables de ce temps-là.

La Reine, qui avoit toujours eu dans l'esprit de rétablir M. le cardinal Mazarin, commença à ne se plus tant contraindre sur ce qui regardoit son retour, dès qu'elle se sentit en liberté ; et MM. de Châteauneuf et de Villeroi connurent, aussitôt que la cour fut arrivée à Poitiers, que les[2] espérances qu'ils avoient conçues ne se trouveroient pas, au moins par l'événement, bien fondées. Les succès que M. le comte d'Harcourt[3] avoit en Guienne, la conduite du parlement de Paris, qui ne vouloit point du Cardinal, mais qui défendoit[4], sous peine de la vie, les levées que Monsieur le Prince faisoit pour s'opposer à son retour[5], la division publique et déclarée qui étoit, dans la maison de Monsieur, entre les serviteurs de Monsieur le Prince et mes amis, donnoient du courage à ceux qui étoient dans les intérêts du Ministre auprès de la Reine. Elle n'en avoit que trop, par elle-même, en tout ce qui étoit de son goût. Hocquincourt, qui fit un

1. *Assez*, à la marge.
2. *Les* est en interligne, sur *lespérances* (sic) ; plus loin, il y a *conçue* (*conceue*), au singulier.
3. Ici, comme plus haut (p. 10, note 4), Retz a écrit *de Harcour*.
4. Qui ne vouloit point, à la vérité, du Cardinal, mais qui se croyoit obligé de défendre. (Ms. Caf.) — Dans cette variante, les mots : *à la vérité*, ont été ajoutés en interligne, d'une autre main, et de même : *se croyoit obligé de défendre*, qui remplace *défendoit*, biffé.
5. Le 7 octobre, le Parlement donna un arrêt, « sur la requête du procureur général, portant défenses à toutes personnes de faire aucune levée de gens de guerre dans le Royaume, sinon en vertu de lettres patentes du Roi..., à peine d'être déclarés criminels de lèse-majesté, avec ordre aux gouverneurs des provinces et des places de se saisir des contrevenants. Cet arrêt étoit assurément contre Monsieur le Prince, quoiqu'il n'y fût pas nommé. » (*Mémoires de Gui Joli*, p. 63.)

SECONDE PARTIE. [Octobre-novembre 1651]　23

voyage secret à Brusle¹, fit voir au Cardinal un état de huit mille hommes prêts à le prendre sur la frontière et à l'amener en triomphe jusques à Poitiers. Je sais, d'un homme qui étoit présent à la conversation², que rien ne le toucha plus sensiblement que l'imagination de voir une armée avec son écharpe (car Hocquincourt avoit pris³ la verte en son nom⁴), et que cette foiblesse fut remarquée de tout le monde. La Reine ne quitta pas la voie de la⁵ négociation, dans le moment même qu'elle projetoit de prendre celle des armes. Gourville alloit et venoit du côté de Monsieur le Prince⁶. Bartet⁷ vint à Paris pour gagner M. de Bouillon, M. de Turenne et moi. Cette scène est assez curieuse pour s'y arrêter un peu plus longtemps.

Je vous ai déjà dit⁸ que MM. de Bouillon et de Turenne étoient séparés de Monsieur le Prince, ils vivoient l'un

---

1. Sur Brühl, voyez au tome III, p. 284 et note 5.
2. A la communication. (1837-1866.) — Après le *que* qui suit, est biffé, dans l'original, *rien ne lui p...*, et après l'autre *que*, un peu plus loin : *la propositi[on]*.
3. Hocquincourt lui proposoit de prendre. (Ms. Caf.)
4. « A cette époque, où les armées ne portaient point d'uniforme, où la cocarde n'était pas encore inventée, l'écharpe seule les distinguait. On en vit de cinq couleurs différentes paraître dans ces luttes : l'écharpe blanche pour les troupes royales, l'écharpe isabelle pour les troupes des Princes, l'écharpe bleue pour celles du duc d'Orléans, l'écharpe rouge pour les Espagnols, enfin l'écharpe verte pour les troupes du cardinal Mazarin.... Ces écharpes étaient généralement de la couleur des livrées. » (*Souvenirs du règne de Louis XIV*, par M. le comte de Cosnac, tome I, p. 317.)
5. *Ne quitta pas la voie de la* est en interligne ; il y avait d'abord : *ne* (un verbe illisible) *pas les négociations*.
6. Sur les relations nouées à cette époque avec le prince de Condé par Gourville, voyez les *Mémoires* de ce dernier, p. 497.
7. Sur Bartet, ou Bertet, comme Retz écrit souvent, voyez au tome III, p. 319 et note 2.
8. Voyez au tome III, p. 536-538.

et l'autre d'une manière[1] fort retirée dans Paris; et, à la réserve de leurs amis particuliers, peu de gens les voyoient. J'étois de ce nombre, et comme j'en connoissois, pour le moins autant que personne, le mérite et le poids, je n'oubliai rien et pour le faire[2] connoître et peser à Monsieur, et pour obliger les deux frères à entrer dans ses intérêts. L'aversion naturelle qu'il avoit pour l'aîné, sans savoir trop pourquoi, l'empêcha de faire ce qu'il se devoit à soi-même en ce rencontre; et le mépris[3] que le cadet avoit pour lui, sachant très-bien pourquoi[4], n'aida pas au succès de ma négociation. Celle de Bartet, qui arriva justement à Paris dans cette conjoncture, se trouva commune[5] entre M. de Bouillon et moi, par le rencontre[6] de Madame la Palatine, qui étoit elle-même notre amie commune, et à laquelle Bartet avoit ordre de s'adresser directement.

Elle nous assembla chez elle[7], entre minuit et une heure, et elle nous présenta Bartet, qui, après un torrent d'expressions gasconnes, nous dit que la Reine, qui étoit résolue de rappeler[8] M. le cardinal Mazarin[9], n'avoit pas voulu exécuter sa résolution sans prendre nos avis, et caetera. M. de Bouillon, qui me jura une heure après, en présence de Madame la Palatine, qu'il n'avoit encore jusque-là reçu aucune proposition, au moins for-

1. *D'une manière* est en interligne; après *fort*, qui suit, il y a un mot : *peu* (?), biffé.
2. Deux lettres biffées après *faire*.
3. Dans le ms. Caf. : « le peu de confiance », au-dessus des mots : *le mépris*, biffés.
4. *Sachant très-bien pourquoi* est à la marge.
5. Ici *pa*[*r*?], biffé.
6. Par la rencontre. (1843-1866.)
7. Après *chez elle*, est biffé à.
8. D'appeler. (1859, 1866.)
9. *Ne* est effacé, après *Mazarin*; il y avait d'abord : *ne l'avoit pas*.

mée, de la part de la cour, me parut embarrassé; mais il s'en démêla à sa manière, c'est-à-dire en homme qui savoit, mieux qu'aucun que j'aie jamais connu, parler le plus quand il disoit le moins. M. de Turenne, qui étoit plus laconique et, dans le vrai, beaucoup plus franc[1], se tourna de mon côté et il me dit : « Je crois que M. Bartet va tirer par le manteau tous les gens à manteau noir[2] qu'il trouve dans la rue, pour leur demander leur opinion sur le retour de Monsieur le Cardinal; car je ne vois pas qu'il y ait plus de raison de la demander[3] à Monsieur mon frère et à moi qu'à tous ceux qui ont passé aujourd'hui sur le Pont-Neuf. — Il y en a beaucoup moins à moi, lui répondis-je; car il y a des gens qui ont passé aujourd'hui sur le Pont-Neuf, qui pourroient donner leur avis sur cette matière, et la Reine sait bien que je n'y puis jamais entrer. » Bartet me repartit brusquement et sans balancer : « Et votre chapeau, Monsieur, que deviendra-t-il ? — Ce qu'il pourra, lui dis-je[4]. — Et que donnerez-vous à la Reine pour ce chapeau ? ajouta-t-il. — Ce que je lui ai dit[5] cent et cent fois, lui répondis-je. Je ne m'accommoderai point[6] avec Monsieur

---

1. Rapprochez du portrait que Retz a tracé de Turenne, au tome II, p. 179.

2. A manteaux noirs. (1837-1866.) — Les bourgeois notables et les gens de robe portaient alors le manteau noir. Retz écrit, plus loin (éd. Ch., tome IV, p. 117), à propos de l'assemblée des partisans du Roi au Palais-Royal, le 24 septembre 1652 : « Elle fut composée de quatre ou cinq cents bourgeois, dont il n'y en avoit pas soixante qui eussent des manteaux noirs. »

3. De le demander. (1859, 1866.)

4. Votre chapeau, Monsieur ? — Qui deviendra ce qu'il pourra. (1837-1866.) — Notre leçon est celle de l'original, des copies H et Caf. et de toutes les anciennes éditions. — Retz écrit, en un seul mot, *deviendratil, adioustatil*.

5. Ce que je lui ai déjà dit. (1843-1866.)

6. Je ne me raccommoderai point. (1837-1866.) — *Ne* et *l'a*

le Prince si l'on ne révoque point ma nomination; je m'y accommoderai demain et je prendrai l'écharpe isabelle[1] si l'on continue seulement à m'en menacer. » La conversation s'échauffa, et nous en sortîmes toutefois assez bien, MM. de Bouillon ayant remarqué, comme moi, que l'ordre de Bartet étoit de se contenter de ce que j'avois dit mille fois à la Reine sur ce sujet, en cas qu'il n'en pût tirer davantage.

Pour ce qui étoit de M. de Bouillon et de M. de Turenne, la confabulation fut bien plus longue; je dis confabulation[2], parce qu'il n'y avoit rien de plus ridicule que de voir un petit Basque[3], homme de rien, entreprendre[4] de persuader à deux des plus grands hommes du monde de faire la plus signalée de toutes les sottises, qui étoit de se déclarer pour la cour, devant que d'y avoir pris aucune mesure. Ils ne le crurent pas; ils en prirent de bonnes bientôt après. L'on promit à M. de Turenne le commandement des armées, et l'on assura à M. de Bouillon la récompense immense qu'il a tirée depuis pour Sedan[5]. Ils eurent la bonté pour moi de me confier[6]

---

initial d'*accommoderai* sont en interligne, dans l'autographe; Retz avait d'abord écrit : *je m'accommoderai.*

1. Voyez ci-dessus, la note 4 de la page 23.
2. L'Académie (1694) dit que le mot *confabulation* ne s'emploie qu'en plaisanterie.
3. On a vu ci-dessus (tome III, note 2 de la page 319) que Bartet était Basque.
4. Ici, *voul[oir]*, biffé.
5. *Depuis* est en interligne; après *Sedan*, est biffé : *comme il est à propos.* — Le duc de Bouillon fut récompensé, selon l'expression d'alors, de sa principauté de Sedan par le don des comtés d'Auvergne et d'Évreux et des duchés de Château-Thierry et d'Albret. Il obtint en outre, pour lui et ses descendants, le rang de prince étranger, à la cour de France.
6. Ils eurent assez d'estime et de confiance en moi pour me confier (*sic*). (Ms. Caf.)

leur accommodement, quoique je fusse de parti contraire[1], et il se rencontra, par l'événement, que cette confiance leur valut leur liberté.

Monsieur, qui fut averti[2] qu'ils alloient servir le Roi et qu'ils devoient sortir de Paris à tel jour et à telle heure, me dit, comme je revenois de leur dire adieu, qu'il les falloit arrêter et qu'il en alloit donner l'ordre au vicomte[3] d'Hostel, capitaine de ses gardes. Jugez, je vous supplie, en quel embarras je me trouvai, en faisant réflexion, d'un côté, sur le juste sujet que l'on auroit de croire que j'avois[4] trahi le secret de mes amis, et, de l'autre, sur le moyen dont je me pourrois servir pour empêcher Monsieur d'exécuter ce qu'il venoit de résoudre. Je combattis d'abord la vérité de l'avis que l'on lui avoit donné. Je lui représentai les inconvénients d'offenser, sur[5] des soupçons, des gens de cette qualité[6] et de ce mérite; et comme je vis et qu'il croyoit son avis très-sûr, comme il l'étoit en effet, et qu'il persistoit dans son dessein[7], je changeai de ton, et je ne songeai plus qu'à gagner du temps pour leur donner à eux-mêmes celui de s'évader. La fortune favorisa mon intention. Le vicomte d'Hostel, que l'on chercha, ne se trouva point; Monsieur s'amusa à une médaille que Bruneau[8] lui apporta tout à propos, et j'eus le temps de mander à M. de

1. *Quoique je fusse de parti contraire* est à la marge; *je*, au-dessus de la ligne.
2. Quelques lettres : *par f...*, biffées après *averti*.
3. *D'Autel* a été effacé, dans l'autographe, devant *d'Hostel*. — Voyez au tome III, p. 117, note 2.
4. *J'aurois* a été biffé, devant *j'avois*.
5. *Sur* est écrit une seconde fois, en interligne.
6. De cette opinion. (1859, 1866.)
7. *Dessein* a été raturé, puis récrit; un peu après, *plus* est à la marge.
8. Bibliothécaire du duc d'Orléans : voyez au tome III, p. 107 et note 1.

Turenne, par Varennes[1], qui me tomba sous la main comme par miracle, de se sauver sans y perdre un moment. Le vicomte d'Hostel manqua[2] les deux frères de deux ou trois heures ; le chagrin de Monsieur n'en dura guère davantage. Je lui dis la chose comme elle s'étoit passée, cinq ou six jours après, l'ayant trouvé en bonne humeur. Il ne m'en voulut point de mal ; il eut même la bonté de me dire que si je m'en fusse ouvert à lui, dans le temps, il eût préféré à son intérêt[3] celui que j'y avois, sans comparaison plus considérable, par la raison du secret qui m'avoit été confié, et cette aventure[4] ne nuisit pas, comme vous pouvez croire, à serrer la vieille amitié[5] qui étoit entre M. de Turenne et moi.

Vous avez déjà vu[6], en plus d'un endroit de cette histoire, que celle que M. de la Rochefoucauld avoit[7]

1. Il est plusieurs fois question de M. de Varenne dans le *Choix de Mazarinades*, tome II, p. 201-218. « Il servit, dit M. Moreau, dans toutes les campagnes de Turenne, en qualité de lieutenant général. »

2. Après *manqua*, quelques lettres biffées.

3. Il y avait d'abord *ses intérêts*, que Retz a corrigé en *son intérêt*.

4. Et cet avantage. (1837-1866.) — Dans l'autographe, *ne nuisit pas, comme vous pouvez croire*, est en interligne ; au-dessus de *ne nu....* est *n'aida*, effacé ; et le reste de la phrase est écrit parmi des mots qui, sauf ceux que nous imprimons en italique et qui, dans l'original, sont en interligne, ont été raturés : « contribua encore.... de plus près *de* nœuds plus étroitement (Retz avait d'abord écrit *étroits*) ceux.... déjà très (ces deux mots sous quelques lettres également biffées) grande entre Mrs de Bouillon et moi *presque* dès longtemps *notre en*. Il. »

5. Il y avait d'abord : *l'amitié* ; l'adjectif *vieille* est à la marge ; après *serrer*, qui précède, le ms. Caf. ajoute : *d'un nœud plus étroit*.

6. *Vous avez déjà vu* a été substitué à : *Je vous ai déjà dit* ; le mot *vu* est en interligne.

7. Devant *avoit*, est biffé *av* ; puis, à la ligne suivante, *en*, devant *Voici* ; plus loin, *qui mérite de n'être* est en interligne sur *en ce temps-là*, raturé, et *pas omise* est à la marge, ainsi que *M{r}*, qui commence la phrase suivante.

pour moi n'étoit pas si bien confirmée[1]. Voici une marque que j'en reçus, qui mérite de n'être pas omise. M. Talon[2], qui est présentement secrétaire du cabinet, et qui étoit[3], dès ce temps-là, attaché aux intérêts du Cardinal, entra un matin dans ma chambre comme j'étois au lit; et, après m'avoir fait un compliment et s'être nommé (car je ne le connoissois pas seulement de visage), il me dit que bien qu'il ne fût pas dans mes intérêts, il ne pouvoit s'empêcher de m'avertir du péril où j'étois; que l'horreur qu'il avoit pour les mauvaises actions et le respect qu'il avoit pour ma personne l'obligeoit[4] à me dire que Gourville et la Roche-Cochon, domestique de M. de la Rochefoucauld, et major de Damvilliers[5], avoient failli à m'assassiner la veille, sur le

---

1. Nous n'avons pas besoin de rappeler ici, en particulier, la preuve étrange d'amitié que le duc donna à Retz dans la fameuse séance du 21 août 1651, et qui est racontée au tome III, p. 493 et 494.

2. Ce Talon (Claude) était, dit Gui Joli (p. 64), « intendant des places frontières, » et avait avec Retz « quelque habitude. » Nous voyons, dans la *Gazette* du 29 avril 1653, qu'il fut, l'année suivante, commissaire général de l'armée du Roi en Champagne. Dans la *Bibliothèque historique de la France* du P. le Long (n° 28828), est mentionné un procès-verbal qu'il fit, en qualité d'intendant des finances dans l'Artois, en 1661, avec Courtin, sur le règlement des frontières de cette province. La *Gazette* du 29 septembre 1674 le nomme, avec le titre d'intendant et celui de secrétaire du cabinet que lui donne ici Retz, comme s'étant distingué, à la levée du siège d'Oudenarde, « par de très-bons ordres qu'il fit exécuter avec un grand zèle pour le service du Roi. »

3. Après *étoit*, est biffé *atta[ché]*; et, deux lignes plus loin, *sur ce qu'il*, après *compliment*.

4. L'obligeoient. (1843-1866.) — A la suite, *Gourville* est en interligne, dans l'original; *et* a été ajouté après coup.

5. Et le major de Damvilliers. (1837-1866.) — Dans Gui Joli (p. 64), le nom de ce major se lit: *la Roche-Corbon*; dans le ms. H, *la Roche-Courbon*; plusieurs des éditions anciennes ont l'une ou l'autre de ces deux leçons; la plupart portent, à la fin de la

quai qui¹ est vis-à-vis du Petit-Bourbon². Je remerciai, comme vous pouvez juger, M. Talon, pour qui effectivement je conserverai jusques au dernier soupir une tendre reconnoissance ; mais l'habitude que j'avois à recevoir³ des avis de cette nature fit que je n'y fis pas toute la réflexion que je devois et au nom et au mérite de celui qui me le donnoit, et que je ne laissai pas d'aller le lendemain au soir chez Mme de Pommereux⁴, seul dans mon carrosse⁵, et sans autre [suite] que celle de deux pages et de trois ou quatre laquais.

M. Talon revint chez moi, le lendemain au matin, et⁶, après qu'il m'eut témoigné de l'étonnement du peu d'attention que j'avois fait⁷ sur son premier avis, il ajouta que ces Messieurs m'avoient encore manqué, d'un quart d'heure, la veille, auprès des Blancs-Manteaux⁸,

phrase, *Pont-Bourbon*, au lieu de *Petit-Bourbon*. — Dans le ms. Caf., on lit à la marge ce renvoi, se rapportant à Damvilliers : « dont ce duc étoit gouverneur sous M. le prince de Conti. » C'était, non pas le duc de la Rochefoucauld, mais son beau-frère, le marquis de Sillery, qui était gouverneur de Damvilliers.

1. Quelques lettres : *vi a l*, biffées après *qui*; le verbe *est*, qui suit, est écrit en interligne.

2. Voyez ci-après, p. 31 et note 6. — Le Petit-Bourbon était, au temps de Retz, ce qui restait de l'hôtel ainsi nommé, où avaient demeuré les ducs de Bourbon. Parmi les bâtiments conservés se voyait une tour, en partie rasée, qui était près de la rivière. Il y avait aussi une grande galerie, où furent tenus les états en 1614 et 1615 ; plus tard, elle servit de théâtre, et fut accordée, en 1658, à la troupe de Molière, qui l'abandonna deux ans après. Louis XIV fit démolir le Petit-Bourbon en 1665.

3. *Recevoir* est en interligne.

4. Voyez tome I, p. 179, note 4. Ici et plus bas, Retz écrit *Pommereu*.

5. *Dans mon carrosse* est aussi au-dessus de la ligne ; plus loin, un mot, évidemment *suite*, est sauté après *autre*.

6. *Il me dit* est raturé après *et*.

7. *Fait* est en interligne, sur *témoigné*, biffé.

8. Couvent et église, voisins de la rue Vieille-du-Temple, et qui

sur les neuf heures du soir, qui étoit justement l'heure que j'étois sorti de chez Mme de Pommereux[1]. Ce second avis, qui me parut plus particularisé que l'autre, me tira de mon assoupissement. Je me tins sur mes gardes ; je marchai en état de n'être pas surpris[2]. Je m'informai, par M. Talon même, de tout le détail ; je fis arrêter et interroger la Roche-Cochon[3], qui déposa[4], devant le lieutenant criminel, que M. de la Rochefoucauld lui avoit commandé de m'enlever et de me mener à Damvilliers ; qu'il avoit pris, pour cet effet, soixante hommes choisis de la garnison de cette place ; qu'il les avoit fait entrer dans Paris séparément ; que lui et Gourville, ayant remarqué[5] que je revenois tous les soirs de l'hôtel de Chevreuse, entre minuit et une heure, avec dix ou douze gentilshommes seulement, en deux carrosses, avoient posté leurs gens sous la voûte de l'arcade qui est vis-à-vis du Petit-Bourbon[6], que comme

tiraient leur nom d'un ordre de religieux mendiants qui furent remplacés, à la fin du treizième siècle, par les Guillemites, lesquels furent, au commencement du dix-septième siècle, réunis aux Bénédictins.

1. Après *Mme de Pommereux*, Retz avait d'abord écrit : *Cette pa...*, sans doute *particularité* : voyez la suite de la phrase.

2. D'après Gui Joli (p. 64), le Coadjuteur « se fit bien accompagner toutes les nuits en allant à l'hôtel de Chevreuse (rue Saint-Thomas-du-Louvre), d'où il ne retournoit chez lui que par la rue Saint-Honoré, au lieu de prendre le quai des Galeries du Louvre. »

3. Sous prétexte que c'était un homme de Monsieur le Prince, venu à Paris pour lever des troupes, malgré la défense du Parlement. La Roche-Cochon (ou la Roche-Corbon), qui avait réussi à quitter Paris, après l'échec de la tentative d'enlèvement, fut, nous dit Gui Joli (p. 65), rattrapé à Chartres, et amené à la Bastille avec deux de ses gens.

4. Il y a quelques lettres biffées devant *déposa*.

5. Dans l'original : *aiants remarqué* ; plus bas, *voulte*, pour *voûte*.

6. « Sous l'arcade d'un petit pont qui est sur le bord de la ri-

ils avoient vu que je n'avois[1] pas pris le chemin du quai un tel jour, ils m'étoient allés attendre, le lendemain, auprès des Blancs-Manteaux, où ils m'avoient encore manqué, parce que celui qui étoit en garde à la porte du logis de Mme de Pommereux, pour observer quand j'en sortirois, s'étoit amusé à boire dans un cabaret prochain[2]. Voilà la déposition de la Roche-Cochon, dont le lieutenant criminel fit voir l'original à Monsieur, en ma[3] présence. Vous croyez[4] aisément qu'il ne m'eût pas été difficile, après un aveu de cette nature, de le faire rouer, et que si il eût été appliqué à la question, il eût peut-être confessé quelque chose de plus que le dessein de l'enlèvement. Le comte de Pas, frère de M. de Feuquières et de celui qui porte aujourd'hui le même nom[5], à qui j'avois une obligation considérable, vint me conjurer de lui donner la vie : je

vière, au bout de la rue des Poulies, proche le Petit-Bourbon, » dit Gui Joli, p. 64. — L'ancienne rue des Poulies se terminait à la rue Saint-Honoré et au coin de la rue des Fossés-Saint-Germain-l'Auxerrois.

1. *N'avois* est en interligne, au-dessus de *n'estois*, effacé ; à la suite de *pas*, il y a *pa*[*ssé?*], également effacé.
2. *Dans un cabaret prochain* a été ajouté en interligne, d'une autre main. — Voyez le récit détaillé de Gourville, aux pages 499 et 500 de ses *Mémoires*.
3. *Ma* corrige *sa*.
4. Vous croirez. (1837-1866.)
5. Il s'agit dans cette phrase des trois fils de Manassès de Pas, marquis de Feuquières et d'Anne Arnaud. Celui que Retz appelle « M. de Feuquières » était le fils aîné, Isaac, marquis de Feuquières, lieutenant général, mort, en 1688, ambassadeur extraordinaire en Espagne, après avoir été vice-roi de l'Amérique. Le second fils, le « comte de Pas », au temps où nous sommes, était Charles, mestre de camp et maréchal des camps et armées du Roi, mort en 1653, à l'âge de trente-trois ans. Le troisième, « celui qui porte aujourd'hui le même nom », était Henri, qui fut, comme son frère Charles, maréchal de camp. — Quelques mots biffés : *me vint conjurer*, après *le même nom*.

SECONDE PARTIE. [Septembre-novembre 1651] 33

la lui accordai, et¹ j'obligeai Monsieur de commander au lieutenant criminel de cesser la procédure ; et comme il me disoit qu'il falloit au moins la pousser jusques à la question, pour en tirer au moins la vérité toute entière, je lui répondis, en présence de tout ce qui étoit dans le cabinet de Luxembourg : « Il est si beau, si honnête² et si extraordinaire, Monsieur, à des gens qui font une entreprise de cette nature, d'hasarder³ de la manquer et de se perdre eux-mêmes par une action aussi difficile⁴ qu'est celle d'enlever un homme qui ne va pas la nuit sans être accompagné, et de le conduire à soixante lieues de Paris, au travers du Royaume⁵ : il est si beau, dis-je, d'hasarder cela plutôt que de se résoudre à l'assassiner, qu'il vaut mieux, à mon sens, ne pas pénétrer plus avant, de peur que nous ne trouvions quelque chose qui dépare une générosité qui honore notre siècle. » Tout le monde se prit à rire, et peut-être que vous en ferez de même. La vérité est que je voulus témoigner ma reconnoissance au comte de Pas, qui m'avoit obligé, deux ou trois mois auparavant, sensiblement, en me renvoyant pour rien tout le bétail⁶ de

1. Ici *et* est écrit au-dessus d'*il*, et suivi de *je*, biffés.
2. *Si honnête* est en interligne.
3. *D'hasarder* (sic), dans l'original, et de même, cinq lignes plus loin : voyez au tome III, p. 406, note 4, et p. 462, note 5. — A la ligne suivante, *eux-mêmes* est en interligne, d'une autre main.
4. Après *difficile*, il y a *que*, biffé.
5. Le ms. H et les éditions anciennes omettent *de Paris*, et donnent, les unes, ainsi que le ms. H : *à soixante lieues hors du Royaume* ; les autres : *à soixante lieues du Royaume*.
6. Dans l'autographe, *tous* (sic) *le bestial* (sic) ; *bestial* a été corrigé en *bestail*, d'une autre encre. — Tout ce fragment de phrase, *en me renvoyant pour rien.... les vingt-quatre heures*, est écrit d'une autre main, les trois premiers mots en interligne, le reste en marge. Le pluriel *les*, se rapportant au mot collectif *bétail*, a été corrigé postérieurement, d'une encre plus pâle, en *l'*, qui est la leçon du

Commerci, qui étoit à lui, de bonne guerre[1], parce qu'il les avoit repris après les vingt-quatre heures[2], et que j'appréhendai[3] que si la chose alloit plus loin et que l'on perçât[4] la vérité de l'assassinat, qui n'étoit déjà que trop clair, je ne pusse plus tirer des mains du Parlement ce malheureux gentilhomme. Je fis cesser les poursuites, par[5] les instances que j'en fis au lieutenant criminel, et je suppliai Monsieur de faire transférer, de son autorité, à la Bastille, le prisonnier, qu'il ne voulut point, à toutes fins, remettre en liberté, quoique je l'en pressasse[6]. Il se la donna lui-même cinq ou six mois après, s'étant sauvé de la Bastille, où il étoit, à la vérité, très-négligemment gardé[7]. Un gentilhomme qui

ms. H et de plusieurs des éditions anciennes; le ms. Caf. donne : *l'avoit repris sur les ennemis.*

1. Et de bonne guerre. (1859, 1866.)

2. Nous avons consulté sur ce passage M. l'intendant général Charles Robert, membre de l'Institut, et il nous a donné l'explication suivante : « Il me parait probable que tout objet perdu pendant le combat, mais repris dans le délai de vingt-quatre heures, était considéré comme n'ayant pas cessé d'appartenir à l'armée : on ne voyait sans doute là qu'un épisode, non définitif, de la lutte. Le troupeau de Commercy était aux mains de l'ennemi depuis plus de vingt-quatre heures; en le reprenant, le comte de Pas en était devenu légitime propriétaire, tout comme il l'eût été d'un troupeau réuni par l'adversaire. Il pouvait donc le conserver ou le vendre. »

3. Que j'appréhendois. (1837-1866.)

4. Au-dessus de *perceast*, écrit de la main de Retz et non effacé, il y a, d'une autre main : *pénétrât*; à la ligne suivante, *déjà* a été biffé à moitié, puis récrit au-dessous, d'une autre main.

5. Deux fois *par*, effacé la première.

6. *Quoique je l'en pressasse* est à la marge. Les éditions de 1837-1866, au lieu de *pressasse*, ont *priasse*.

7. Suivant Gui Joli (p. 65), le prisonnier « trouva le moyen de se sauver par la muraille, où il fit un trou : en quoi il fut apparemment autorisé par la connivence du sieur de la Louvière, fils du sieur de Broussel, gouverneur de la Bastille, qui étoit, dans ce temps-là, plus attaché aux intérêts de Monsieur le Prince qu'à ceux du Coadjuteur. »

est à moi et qui s'appelle Malcler¹, ayant pris avec lui la Forêt, lieutenant de la Provôté², arrêta Gourville à Mont-Léri³, où il passoit pour aller à la cour, avec laquelle M. de la Rochefoucauld avoit toujours des négociations souterraines ; il y parut en cette occasion, car Gourville⁴ ne fut pas⁵ trois ou quatre heures entre les mains des archers, qu'il n'arrivât un ordre du Premier Président pour le relâcher.

Il faut avouer que je ne me sauvois de cette entreprise que par une espèce de miracle. Le jour que je fus manqué sur le quai⁶, j'allai chez M. de Caumartin et je lui dis que j'étois si las de marcher toujours dans

1. Voyez, au tome III, la note 4 de la page 304.
2. Au-dessus de *la Provosté*, biffé, il y a, d'une autre main, *prévôt de l'Isle;* le *de* a été corrigé en *du*.
3. Les souvenirs de Retz ne paraissent pas ici bien précis. Gourville, d'accord en cela avec Gui Joli (p. 65), raconte dans ses *Mémoires* (p. 500 et 501) qu'il fut effectivement arrêté, à la suite de la tentative d'enlèvement ci-dessus racontée, mais sur la route de Poitiers, au sortir de la poste de Chaunay, où il avait pris des chevaux. Un peu plus tard, à Paris, au retour d'un autre voyage qu'il avait fait vers le cardinal Mazarin, il fut épié par des gens armés, ayant mission de l'appréhender ; mais une méprise qu'il leur avait ménagée le sauva, et il réussit à quitter Paris pour gagner Bordeaux (*ibidem*, p. 503). Gui Joli (p. 65) rapporte, sans doute d'après ce que Retz lui-même lui en avait dit, que Gourville, cette fois, « fut sur le point d'être arrêté par la Forêt et par l'écuyer du Coadjuteur, qui le suivoient de près à la campagne, » mais qu' « ils en furent empêchés par un ordre de Monsieur le Premier Président. »
4. *Gourville* est écrit, d'une autre main, au-dessous d'*il*, biffé.
5. Ce qui suit *ne fut pas* a été ajouté par Retz à la marge ; il avait d'abord mis : *deux*, qui a été biffé et remplacé par *trois ou 4* (sic), *trois ou* d'une autre main. Au-dessus du mot *un* qui précède *ordre*, on lit : *Monsieur*, d'une autre main aussi ; on a sans doute voulu mettre : *de Monsieur le Premier Président*.
6. Voyez ci-dessus, p. 29 et 30. — *M. de* est écrit d'une autre main, au-dessus de la ligne. Après *Caumartin*, le ms. Caf. ajoute : « pour aller ensemble chez la princesse Palatine », et, à la marge :

les rues avec deux ou trois carrosses pleins de gentilshommes et de mousquetons[1], que je le priois de me mettre dans le sien et de me mener[2], sans livrée, à l'hôtel de Chevreuse[3], où je voulois aller de bonne heure, quoique je fisse état de demeurer à souper. M. de Caumartin en fit beaucoup de difficulté, à cause du[4] péril auquel j'étois continuellement exposé ; et il n'y consentit que sur[5] la parole que je lui donnai qu'il ne se chargeroit point de moi au retour, et que mes gens me reviendroient prendre, le soir, à l'hôtel de Chevreuse, à leur ordinaire. Je me mis donc dans le fond de son carrosse, les rideaux à demi tirés, et je me souviens qu'ayant vu sur le quai des gens à[6] collets de bufre[7], il me dit : « Voilà peut-être qui est à votre

« où nous avions quelque chose d'important à traiter. » On voit, par une liste d'adresses des membres du parlement de Paris, publiée par M. le comte de Cosnac (d'après les *Manuscrits de Dubuisson Aubenay*, bibliothèque Mazarine, n° 2786, tome VII), à l'*Appendice* du tome I de ses *Souvenirs du règne de Louis XIV* (p. 449), que le conseiller Caumartin demeurait « près l'Échelle (*patibulaire*) du Temple, » au coin de la rue du Temple et de celle des Vieilles-Haudriettes. Pour le logement de la princesse Palatine, voyez au tome III, p. 322, note 1.

1. Avec deux ou trois carrosses, l'un de gentilshommes et l'autre de mousquetons. (1843-1866.) — *Cinq ou six*, pour *deux ou trois*, dans le ms. H et toutes les anciennes éditions.

2. Après *mener*, a été biffé : *sans apparat et*.

3. Voyez au tome II, p. 487 et note 6.

4. *A cause du*, en interligne, d'une autre main, au-dessus des deux mots : *pour le*, dont le premier seul est effacé. Devant *à cause du*, il y a *sur*, écrit par l'auteur et biffé.

5. Ici le texte a été ainsi corrigé, d'une autre main, dans le ms. Caf. : « M. de Caumartin me fit une remontrance d'ami sur le péril où je m'exposois continuellement, et il ne consentit à me mener que sur, etc. »

6. *Gens à* est en interligne, de la main de Retz.

7. Telle est bien l'orthographe de l'original. La forme provençale du mot *buffle* est, d'après M. Littré, *brufe, brufol*.

intention[1]. » Je n'y fis[2] aucune réflexion. Je passai tout le soir à l'hôtel de Chevreuse ; et, par hasard, je ne[3] trouvai auprès de moi, lorsque j'en sortis, que neuf gentilshommes, qui étoit[4] justement un nombre très-propre à me faire assassiner. Mme de Rhodes, qui avoit ce soir-là un carrosse de deuil[5] tout neuf, voyant qu'il[6] pleuvoit, me pria de la mettre dans le mien, parce que le sien la barbouilleroit. Je m'en défendis en[7] lui faisant la guerre de sa délicatesse. Mlle de Chevreuse courut jusque sur le degré[8] après moi, pour m'y obliger, et voilà ce qui me sauva la vie, parce que je passai par la rue Saint-Honoré pour aller à l'hôtel de Brissac[9], où Mme de Rhodes logeoit, et qu'ainsi j'évitai le quai où l'on m'attendoit[10]. Ajoutez cette cir-

---

1. Dans l'original, cette phrase a été corrigée, d'une autre main, d'abord, par des additions entre les mots, en : « voilà peut-être ce qui est là à votre intention » ; puis en : « voilà peut-être des gens qui sont là à votre intention. » Pour cette seconde correction, on a biffé *ce* et *est*, et écrit au-dessus de la ligne : *des gens* et *sont*.

2. Retz avait voulu d'abord écrire *fais*.

3. Après *ne*, est biffé *me ;* plus loin, *auprès de moi* est en interligne.

4. Qui étoient. (1843-1866.)

5. Un « carrosse qui étoit drapé, » dit Gui Joli, p. 64.

6. Dans l'autographe, *qu'ils*, avec l'*s* biffée.

7. Retz, après *en*, a effacé *me mocq[uant]* ; et *l'affaire*, après *faisant*.

8. Jusque sur les degrés. (1837-1866.)

9. « Au coin de la rue d'Orléans. » (*Gui Joli*, p. 64.) — La rue d'Orléans-Saint-Honoré, ainsi nommée maintenant encore, va de la rue Saint-Honoré à celle des Deux-Écus.

10. Tout ce passage, depuis *Mme de Rhodes, qui....* jusqu'à *l'on m'attendoit*, est effacé dans le ms. Caf., et remplacé par les trois phrases suivantes, qui sont écrites à la marge, d'une autre main : « Il se rencontra, par un bonheur extrême et une providence de Dieu toute visible, que deux personnes de nos amis avoient soupé en ce lieu et s'en retournoient en chaise. Comme on voloit beaucoup à Paris en ce temps-là, ils me prièrent de vouloir passer par

constance¹ à celle des Blancs-Manteaux et à celle d'une générosité aussi extraordinaire que celle de M. Talon, qui, étant dans des intérêts directement contraires aux miens, eut la probité de me donner l'avis de l'entreprise : ajoutez, dis-je, à ces deux circonstances celle que je vous viens de raconter de Mme de Rhodes, et vous avouerez que les hommes ne sont pas les maîtres de la vie des hommes. Je reviens à ce que je vous ai tantôt promis des suites qu'eut le voyage du Roi.

Je vous disois, ce me semble², que voyant, comme nous le vîmes³ clairement, en moins de quinze jours, que nous n'avions plus de parti à prendre, après la faute que nous avions faite, qui n'eût des inconvénients terribles, nous tombâmes, comme il arrive toujours en pareil cas⁴, dans le plus dangereux de tous, qui est de n'en point⁵ prendre de décisif et de prendre quelque

---

la rue Saint-Honoré, afin de les escorter une partie du chemin, et de ne pas prendre celui du quai. Voilà ce qui m'empêcha de passer par la route où Cochon et ses gens m'attendoient pour m'attaquer, et ce qui me sauva la vie. » — Cette variante, ainsi que celles que nous avons relevées au commencement de ce récit (p. 35, note 6, et p. 36, note 5), pourrait bien être, ce nous semble, de Caumartin, que le Coadjuteur, comme lui-même nous l'apprend plus haut, eut pour compagnon dans cette course nocturne. Voyez l'*Appendice* au tome II, n° viii, p. 645-647. On comprend que Caumartin, quoique n'ayant pas poussé bien loin la révision suivie du tome II du manuscrit Caffarelli, ait retouché çà et là certains endroits, ce récit, par exemple, où il est témoin et acteur.

1. Le mot *circonstance*, sans être effacé dans le texte de l'autographe, est écrit une seconde fois en interligne, d'une autre main.

2. Voyez ci-dessus, p. 21.

3. Comme nous le voyons. (1837-1866.)

4. *Comme il arrive toujours en pareil cas* est à la marge, de la main de l'auteur; plus haut, après *tombâmes*, il y a *dans le plus*, biffé, puis récrit pour prendre place après *cas*.

5. *N'en point* est en interligne, et de même *quelque chose*, un peu plus loin.

SECONDE PARTIE. [Septembre-novembre 1651] 39

chose de chacun[1]. Monsieur ne prit point les armes avec Monsieur le Prince, et il crut, par cette raison, faire beaucoup pour la cour. Il se déclara, dans Paris et dans le Parlement, contre le retour du Mazarin, et il s'imagina, par cette considération, qu'il contentoit le public. M. de Châteauneuf[2] conserva quelque temps, à Poitiers, l'espérance de pouvoir amuser la Reine, par l'espérance qu'il lui donnoit à elle-même du rétablissement de son ministre, dans telle et telle conjoncture qu'il croyoit éloignée. Comme il connut et que l'impatience de la Reine et que l'empressement même du Cardinal[3] approchoient ces conjonctures beaucoup plus qu'il ne se l'étoit imaginé, il prit le parti de la sincérité et[4] il s'opposa directement au retour, avec cette sorte de liberté qui est toujours[5] aussi inutile qu'elle est odieuse, toutes les fois[6] que l'on ne l'emploie qu'au défaut du succès de l'artifice. Le Parlement, qui se sentoit trop engagé à l'exclusion[7] du Mazarin pour en souffrir le rétablissement, éclatoit avec fureur[8] aux moindres apparences

1. De chanceux. (1837-1866.) — La leçon de l'original, *de chacun*, est aussi celle du ms. H et de toutes les éditions anciennes ; dans le ms. Caf., *d'un chacun*.

2. Après *Châteauneuf*, il y a une ligne biffée : *espéra demeura quelque temps dans l'espé*[rance].

3. Après *Cardinal*, est biffé *les*. Retz ensuite avait d'abord écrit *approchoit* au singulier, leçon conservée par les éditions de 1837-1866.

4. *Et* est en interligne.

5. Après *toujours*, est biffé : *odieuse et ;* puis *qu'odie*[use], après *inutile*.

6. *Toutes les fois* est en interligne, au-dessus de *quand*, effacé ; on lit ensuite, dans le texte, ces autres mots, également biffés : *l'on s'aperçoit*.

7. *L'exclusion*, quoique non biffé, est écrit une seconde fois, en interligne, d'une autre main ; comme, plus haut, *trop*, au-dessus du même adverbe, biffé.

8. *Contre* est effacé après *fureur* ; et, à la phrase suivante, *d'un autre côté*, après *Comme*.

qu'il en voyoit. Comme, d'autre part, il ne vouloit rien faire qui fût contraire aux formes et qui choquât l'autorité royale, il rompoit[1] lui-même toutes les mesures que l'on pouvoit prendre pour empêcher ce rétablissement. Je le voulois, en mon particulier, moins que personne; mais, comme je voulois aussi peu le raccommodement avec Monsieur le Prince, pour les raisons que vous avez vues ci-dessus[2], je ne laissois pas d'y contribuer, malgré moi, par une conduite[3] qui, quoique judicieuse dans le moment parce qu'elle étoit[4] nécessaire, étoit inexcusable dans son principe, qui étoit d'avoir fait une de ces fautes capitales après lesquelles l'on ne peut plus rien faire qui soit sage. Voilà ce qui nous[5] perdit, à la fin, les uns et les autres, comme vous l'allez voir par la suite.

Monsieur[6], qui étoit l'homme du monde qui aimoit le mieux à se donner à lui-même des raisons qui l'empêchassent de se résoudre, s'étoit toujours voulu persuader que la Reine ne porteroit jamais jusques à l'effet l'intention, qu'il confessoit qu'elle avoit[7] et qu'elle auroit toujours, de faire revenir à la cour M. le cardinal

1. Il rompit. (1837-1866.) — Entre *il* et *rompoit*, il y a une ligne effacée, où nous déchiffrons : *il se.... au moins que.*
2. Voyez p. 20 et 21.
3. Devant *qui* est biffé *et*.
4. *Étoit*, répété en interligne, d'une autre main ; à la ligne suivante, *dans* est écrit, de la main de Retz, au-dessus de *par*, effacé.
5. Il y a deux lettres biffées après *nous;* puis *tous* l'est après *perdit*.
6. Devant *Monsieur*, il y a quatre lignes et demie de tâtonnements, raturées : *Le Parlement s'étant assemblé à la Saint-Martin de cette année, les M*r *le Premier Président quand M*r *ne put plus douter que la Reine.* Après *Monsieur*, sont encore effacés ces mots, récrits plus loin : *s'étoit toujours voulu persuader.*
7. Après *avoit*, est biffé *toujou*[rs].

SECONDE PARTIE. [Septembre-novembre 1651] 41

Mazarin. Quand[1] il ne fut plus en son pouvoir de se tromper soi-même[2], il crut que l'unique remède seroit[3] d'embarrasser la Reine sans la désespérer; et je remarquai, en cette occasion, ce que j'ai encore observé en plusieurs autres, qui est que les hommes ont une pente merveilleuse à s'imaginer qu'ils amuseront[4] les autres par les mêmes moyens par lesquels ils sentent qu'ils peuvent être eux-mêmes amusés. Monsieur n'agissoit jamais que[5] quand il étoit pressé, et Fremont l'appeloit l'interlocutoire[6] incarné. De tous les moyens que l'on pouvoit prendre pour le presser, le plus efficace et le plus infaillible étoit celui de la peur; et il se[7] sentoit, par la règle des contraires, une pente naturelle à ne point agir quand il n'avoit point de frayeur. Le même tempérament qui produit cette inclination fait celle que l'on a[8] à ne se point résoudre lorsque l'on se trouve embarrassé. Il jugea de la Reine par lui-même; et je me souviens qu'un[9] jour je lui représentois qu'il étoit judicieux et même nécessaire de changer de conduite, selon la différence des esprits auxquels l'on avoit

1. Après *quand*, est raturé : *il ne put plus*.
2. *Soi* est en interligne, sur *lui*, effacé.
3. *Seroit* est précédé de *ser[oit] au moins*, biffé, et suivi des mots : *d'animer le Parlement*, biffés aussi.
4. Devant *amuseront*, est effacé *peu*; Retz vouloit peut-être écrire : *peuvent amuser*. A la ligne suivante, *se* biffé, après *ils*.
5. Devant *quand*, Retz a biffé, pour le récrire plus loin : *pressé*.
6. Sur cette expression, voyez, au tome III, la note 2 de la page 147. — Sur Fremont, voyez *ibidem*, p. 153 et note 9.
7. *Se* est écrit au-dessus d'un autre *se*, effacé.
8. Après *que l'on a*, il y a quelques tâtonnements biffés : *après ensuite de au*; les deux derniers mots : *de au*, sont enchevêtrés l'un dans l'autre.
9. Retz a corrigé *que* en *qu'un*; viennent ensuite ces mots, biffés : *comme je lui représentois que son génie*; et au-dessous :... *se servit* ou *servoit* (?).

à faire[1], et qu'il me répondit ces propres mots : « Abus ! tout le monde pense également ; mais il y a des gens qui cachent mieux leurs pensées les uns que les autres. »

La première[2] réflexion que je fis sur ces paroles fut que la plus grande imperfection des hommes est la complaisance qu'ils trouvent à se persuader que les autres ne sont pas exempts des défauts qu'ils se reconnoissent à eux-mêmes. Monsieur[3] se trompa, dans ce rencontre, encore plus qu'en aucun autre ; car la hardiesse de la Reine fit qu'elle n'eut pas besoin du désespoir, où Monsieur ne la vouloit pas jeter, pour se porter à l'exécution[4] de la résolution que Monsieur voulut arrêter ; et cette même hardiesse perça encore tous les embarras par lesquels il prétendoit de la traverser. Il vouloit toujours se figurer qu'en ne se joignant pas[5] à Monsieur le Prince, et en négociant[6] toujours, tantôt par M. Danville[7], tantôt par Sommeri[8], qu'il envoya à la

---

1. Affaire. (1837-1866.)
2. *Première* a été ajouté à la marge ; à la ligne suivante, *imperfection* est en interligne, sur *défauts*, biffé ; Retz avait d'abord écrit : *que les plus grands défauts.*
3. Après *Monsieur*, est effacé *trouva.*
4. Devant *l'exécution*, on lit : *la résolution*, biffé ; un peu plus loin, après *Monsieur*, le verbe *voulut* semble être à moitié raturé ; et, à la suite, *arrêter* est à la marge, pour remplacer *traverser*, qui, biffé ici, revient à la fin de la phrase. Après *embarras*, est encore effacé : *qu'il affectoit.*
5. Dans l'original, entre *ne* et *se*, a été biffé *joign*[ant].
6. Qu'on ne songeait pas à Monsieur le Prince, et qu'en négociant. (1837-1866.) — Retz avait d'abord écrit : *et en parlant toujours de négocier.*
7. Sur le duc d'Anville, voyez au tome I, p. 184, note 4.
8. Le ms. H porte *Caumont*; les éditions anciennes, *Caumont, Couvon,* ou *Laumont*; celles de 1837-1866, *Cominges.* La leçon du ms. Caf. est *Sommery*, et il nous paraît à peu près hors de doute que c'est la bonne. Ce nom propre est très-mal écrit dans l'autographe : on peut lire *Commin* ou *Sommin*, plutôt encore *Common* ou *Sommon,*

SECONDE PARTIE. [Septembre-novembre 1651] 43

cour, il amuseroit la Reine, qu'il[1] croyoit pouvoir être retenue par l'appréhension qu'elle avoit de sa déclaration. Il vouloit s'imaginer qu'en[2] animant le Parlement contre le retour du Ministre, comme il faisoit publiquement, il ne donneroit[3] à la cour que de ces sortes d'appréhensions qui sont plus capables de retenir que de précipiter. Comme il parloit fort bien, il nous[4] fit un beau plan sur cela, au président de Bellièvre et à moi, dans le cabinet des livres, dont nous[5] ne demeurâmes toutefois nullement persuadés. Nous le combattîmes par une infinité de raisons ; mais il détruisit toutes les nôtres par une seule que j'ai touchée ci-dessus[6], en nous disant : « Nous avons fait la sottise de laisser sortir de Paris[7] la Reine, nous ne saurions plus faire que des fautes ; nous ne saurions plus prendre de bon parti, il

mais la fin est si mal tracée qu'elle peut aussi être *eri*. Pour lire *Comminges*, il faudrait supposer que Retz, ce qu'il ne fait jamais, a abrégé le nom propre. — Le nom de *Sommeri*, ou plutôt *Saumery*, est ici parfaitement à sa place. François de Johanne de la Carre, seigneur de Saumery, était premier gentilhomme de la chambre du duc d'Orléans, et avait pour collègue dans cette charge le duc d'Anville, nommé ici avec lui. Il était en outre capitaine des chasses de Gaston pour son comté de Blois et capitaine de son château et parc de Chambord : il a ces derniers titres dans l'*État de* 1649. Il mourut en 1661. Voyez les *Mémoires de Saint-Simon* (édition de 1856-1858), tome II, p. 331-333 ; et les notes rectificatives de M. le marquis de Saumery, tome II, p. 452-455, et tome VII, p. 448 et 449.

1. Deux lettres biffées après *qu'il*.

2. *Qu'en* est en interligne, au-dessus de ces tâtonnements : *que si qu*.

3. *Donneroit*, en interligne, au-dessus de *feroit*, effacé.

4. *Nous* est aussi en interligne, sur *me*, biffé ; un peu plus loin, *au président de Bellièvre et à moi* est à la marge.

5. *Nous*, au-dessus de la ligne, sur *je*, biffé ; Retz avait écrit d'abord : *je ne demeurai*, et la fin de *demeurasmes* a été ajoutée par lui en interligne.

6. Voyez p. 18. — 7. *Paris* est en interligne.

faut aller au jour la journée; et, cela supposé, il n'y a à faire¹ que ce que je vous dis. » Ce fut en cet endroit où je lui proposai le tiers parti que l'on m'a tant reproché depuis et que je n'avois imaginé que l'avant-veille. En voici le projet.

Je puis dire, avec vérité et sans vanité, que, dès que je vis la Reine hors de Paris avec une armée, je ne doutai presque plus de l'infaillibilité du rétablissement du Cardinal, parce que je ne crus pas que la foiblesse de Monsieur, les contre-temps² du Parlement, les négociations inséparables des différentes cabales qui partageoient le parti des Princes, pussent tenir longtemps contre l'opiniâtreté de la Reine et contre³ le poids de l'autorité royale. Je ne crois pas me louer en disant que j'eus cette vue d'assez bonne heure, parce que je conviens de bonne foi que, ne l'ayant eue que depuis que⁴ le Roi fut à Poitiers, je ne la pris que beaucoup trop tard. Je vous ai dit, ci-devant, qu'il ne s'est jamais fait une faute si lourde que celle que nous fîmes quand nous ne nous opposâmes pas au voyage⁵; et elle l'est d'autant plus, qu'il n'y avoit rien de si aisé à voir que ce qui nous en arriveroit; et ce pas de clerc, que nous fîmes tous sans exception, à l'envi l'un de l'autre, est un de ceux qui m'a obligé de vous dire quelquefois que toutes les fautes ne sont pas humaines, parce qu'il y en a de si grossières⁶ que des gens qui ont le sens commun ne les⁷ pourroient pas faire.

1. Il n'y a rien à faire. (1843-1866.)
2. Le contre-temps. (1837-1866.)
3. De la Reine, contre. (*Ibidem.*) — Un peu plus haut, après *tenir*, il y a, dans l'original, con[tre], biffé.
4. *Que* est en interligne.
5. Voyez ci-dessus, p. 16 et 17. — 6. Si graves. (1837-1866.)
7. *Les*, en interligne. — Dans le ms. Caf., la phrase se termine

SECONDE PARTIE. [Septembre-novembre 1651] 45

Comme[1] j'eus vu, pesé et senti la conséquence de celle dont il s'agit, je pensai, en mon particulier, aux moyens[2] de la réparer ; et après avoir fait toutes les réflexions que vous venez de voir répandues dans les feuilles précédentes, sur l'état des choses, je n'y trouvai que deux issues[3], dont l'une fut celle de laquelle je vous ai parlé ci-dessus, qui étoit du goût et du génie de Monsieur, et à laquelle il avoit donné d'abord, et de lui-même. Elle me pouvoit être bonne, en mon particulier, parce qu'enfin Monsieur, ne se déclarant point pour Monsieur le Prince et entretenant[4] la cour par des négociations, me donnoit toujours lieu de gagner temps[5] et de faire venir mon chapeau. Mais ce parti ne me paroissoit honnête qu'autant qu'il se seroit rendu absolument nécessaire, parce qu'il ne se pouvoit, vu l'avantage qu'il donneroit peut-être, par l'événement, au Cardinal, qu'il ne fût très-suspect[6] à tous ceux qui étoient dans les intérêts de ce que l'on appeloit le public. Je ne voulois nullement perdre ce public ; et cette considération[7],

---

par ces mots, écrits en marge : « si la Providence ne l'avoit ainsi déterminé ».

1. Après *Comme*, Retz a biffé : *j'eus sen*[*ti*], puis mis *j'eus* au-dessus de la ligne.
2. Au moyen. (1837-1866.) — Plus loin, *y* (*i*) est biffé, dans l'autographe, entre *après* et *avoir*.
3. Que deux vues. (1837-1866.)
4. Après *entretenant*, est effacé : *toujours*.
5. Gagner du temps. (1837-1866.)
6. Ce passage est fort altéré dans le ms. H et dans les anciennes éditions ; on n'avait pas compris le tour : « qu'il ne se pouvoit.... qu'il ne fût. »
7. *Considération* est au-dessus de la ligne, sur *appréhension*, raturé ; au-dessus d'*aux*, qui suit, Retz a biffé, également en interligne, les tâtonnements, enchevêtrés, *toutes* et *consi*; il avait d'abord voulu écrire : *aux considérations*; puis : *à toutes les autres*; il a oublié d'effacer *les*.

jointe aux autres que je vous ai marquées ci-dessus[1], faisoit que je n'étois pas satisfait d'une conduite dont l'apparence n'étoit pas bonne et dont le succès d'ailleurs étoit fort incertain.

L'autre issue que je m'imaginai étoit plus grande, plus noble, plus élevée; et ce fut celle aussi à laquelle je me fermai sans balancer. Ce fut de faire en sorte que Monsieur formât[2] publiquement un tiers parti, séparé de celui de Monsieur le Prince, et composé de Paris et de la plupart des grandes villes du Royaume, qui avoient beaucoup de disposition au mouvement, et dans une partie desquelles j'avois de bonnes correspondances. Le comte de Fuensaldagne, qui croyoit qu'il n'y avoit que la[3] défiance où j'étois de la mauvaise volonté de Monsieur le Prince contre moi qui me fît garder des ménagements avec la cour, m'avoit envoyé don Anthonio de la Crusca pour me faire des propositions qui m'avoient donné[4] la première vue du projet dont je vous parle; car il m'avoit offert de faire un traité secret par lequel il m'assisteroit d'argent[5], et par lequel toutefois il ne m'obligeroit à rien de toutes les choses qui pouvoient faire juger que j'eusse correspondance avec Espagne[6]. L'idée que je me formai sur cela et sur beaucoup d'autres circonstances qui concoururent, en ce temps-là,

---

1. Voyez p. 18-21.
2. Après *formât*, on lit : *un tiers*, biffé.
3. Quelques lettres effacées, entre *la* et *défiance*.
4. Qui me donnèrent. (1837-1866.) — Retz avait d'abord écrit : *me donnèrent*; il a changé *me* en *ma*, ajouté *voient* au-dessus de la ligne et effacé *rent*.
5. Il m'assuroit d'argent. (1837-1866.) — *M'assureroit* a été corrigé en *m'assisteroit*, dans l'autographe. — Le ms. Caf. a notre leçon, mais continue ainsi, après *d'argent* : « sans toutefois m'obliger ».
6. Avec l'Espagne. (1837-1866.)

fut[1] de proposer à Monsieur qu'il déclarât publiquement dans le Parlement que, voyant que la Reine étoit résolue à rétablir le cardinal Mazarin dans le ministère, il étoit résolu, de son côté, à s'y opposer par toutes les voies que sa naissance et les engagements publics lui permettoient; qu'il ne seroit ni de sa prudence, ni de sa gloire de se contenter des remontrances du Parlement, que la Reine éluderoit au commencement et mépriseroit à la fin, cependant que le Cardinal faisoit des troupes pour entrer en France et pour se rendre maître de la personne du Roi, comme il l'étoit déjà de l'esprit[2] de la Reine; que, comme oncle du Roi, il se croyoit obligé de dire à la Compagnie qu'il étoit de sa justice de se joindre à lui, dans une occasion où il ne s'agissoit, à proprement parler, que[3] de la manutention de ses arrêts et des déclarations qui étoient dues à ses instances; qu'il ne seroit pas moins de sa sagesse, parce qu'elle n'ignoroit pas[4] que toute la ville conspireroit avec lui à un dessein si nécessaire au bien de l'État; qu'il n'avoit pas voulu s'expliquer si ouvertement avec elle devant s'être mis[5] en état de les pouvoir assurer du succès par l'ordre qu'il avoit déjà mis aux affaires; qu'il avoit tant d'argent, qu'il étoit déjà assuré de tant et tant de places, et cætera; sur le tout, que ce qui devoit tou-

1. Devant *fut*, on lit : *firent que je*, biffé; et après *fut*, il y a *donc*, également biffé.
2. *L'esprit*, en interligne, sur *celui*, effacé.
3. *Que*, au-dessus de la ligne. Le ms. H et quelques-unes des premières éditions ont ainsi modifié cet endroit : « que de maintenir ses arrêts et faire une déclaration qui étoit due ».
4. Parce que n'ignorant pas. (1837.) — Parce qu'il n'ignoroit pas. (1843-1866.)
5. Devant de s'être mise. (1837.) — Avant de s'être mise. (1843.) — Devant que de s'être mise. (1859, 1866.) — *Que de* est biffé, après *devant*, dans l'original.

cher la Compagnie plus que quoi que ce soit et lui faire [1] même [2] embrasser avec joie l'heureuse nécessité où elle se voyoit de travailler avec lui au bien de l'État, étoit l'engagement public qu'il prenoit, dès ce moment, avec elle, et de n'avoir jamais aucune intelligence avec les ennemis de l'État, et de n'entendre jamais [3], directement ni indirectement, à aucune négociation qui ne fût proposée en plein Parlement, les chambres assemblées ; qu'au reste, il désavouoit tout ce que Monsieur le Prince avoit fait et faisoit avec les Espagnols ; et que, par cette raison et par celle des négociations fréquentes et suspectes [4] de tous ceux de son parti, il n'y vouloit avoir aucune communication que celle que l'honnêteté requéroit à l'égard d'un prince de son mérite. Voilà ce que je proposai à Monsieur, et ce que j'appuyai de [5] toutes les raisons qui lui pouvoient faire voir la possibilité de la pratique, de laquelle je suis encore très-persuadé. Je lui exagérai tous les inconvénients de la conduite contraire, et je lui prédis [6] tout ce qu'il vit depuis de celle du Parlement, qui, au moment qu'il donneroit des arrêts contre le Cardinal, déclareroit criminels de lèse-majesté ceux qui s'opposeroient [7] à son retour.

Monsieur demeura ferme dans sa résolution, soit [8] qu'il craignît, comme il disoit [9], l'union des grandes villes,

1. La faire. (1837-1866.)
2. *Même*, en interligne, sur *agréer* (?), biffé.
3. Après *jamais*, est effacé *ni;* puis *une* après *indirectement*.
4. *Qui* est biffé, après *suspectes*.
5. Devant *toutes*, est effacé *la*.
6. *Que*, raturé à la suite de *prédis*.
7. Retz avait mis d'abord ce verbe et les deux précédents à l'imparfait : *donnoit, déclaroit, s'opposoient ;* il a changé, après coup, les imparfaits en conditionnels.
8. Une lettre biffée avant *soit*.
9. Comme il le disoit. (1837-1866.)

qui pouvoit, à la vérité, devenir dangereuse à l'État[1], soit qu'il[2] appréhendât que Monsieur le Prince ne se raccommodât avec la cour contre lui, à quoi toutefois je lui avois marqué plus d'un remède, soit, et c'est ce qui me parut, que le fardeau fût trop pesant pour lui. Il est vrai qu'il étoit au-dessus de sa portée, et que, par cette raison, j'eus tort de l'en presser. Il est vrai, de plus, que l'union des grandes villes, en l'humeur où elles étoient, pouvoit avoir de grandes suites. J'en eus scrupule[3], parce que, dans la vérité, j'ai toujours appréhendé ce qui[4] pouvoit faire effectivement du mal à l'État, et Caumartin ne put jamais être de cet avis par cette considération[5]. Ce qui m'y emporta, et[6], si je l'ose dire, et contre mon inclination, et contre mes maximes[7], fut la confusion où nous allions tomber en prenant l'autre chemin, et le ridicule d'une conduite par laquelle il me sembloit que nous allions tous combattre à la façon des anciens Andabates[8].

1. L'union des grandes villes, laquelle toutefois, étant ménagée et dirigée par un fils de France et par les parlements, ne pouvoit être d'un préjudice permanent à l'État. (Ms. Caf.)
2. Deux lettres raturées après *qu'il;* et, deux lignes plus loin, *que*, biffé, après *soit*.
3. J'en eus le scrupule. (1837-1866.)
4. Après *qui*, est effacé *y* (i); puis *à l'État* est en interligne; après *Caumartin*, qui suit, il y a *n'en put*, biffé.
5. Cette phrase et la précédente : « Il est vrai, etc. », sont omises par le ms. Caf.
6. Les éditions de 1837-1866 omettent cet *et*, dont la phrase, en effet, se passerait bien.
7. Mes manières. (1837-1866.) — Dans l'original, la fin du mot pourrait être *ieres*, mais il semble que la lettre qui suit *ma* soit plutôt *x* que *n*. Après *fut*, qui suit, il y a un mot effacé : *l'état;* à la ligne suivante, *par laquelle* est écrit au-dessus d'*où*, biffé, et *il* corrige *je*.
8. *Andaba[tes]* est biffé une fois, dans l'original. Le ms. H a changé ce mot en *Attrebaltes*. — Le sens est : à tâtons, à la manière

La dernière[1] conversation que j'eus, sur ce détail, avec Monsieur, dans la grande allée des Tuileries, fut assez curieuse, et, par l'événement, presque prophétique[2]. Je lui dis : « Que deviendrez-vous, Monsieur, quand Monsieur le Prince sera raccommodé à la cour, ou poussé[3] en Espagne ? quand le Parlement donnera des arrêts contre le Cardinal[4] et déclarera criminels ceux qui s'opposeront à son retour ? quand vous ne pourrez plus, avec honneur et sûreté, être ni Mazarin ni Frondeur ? » Monsieur me répondit : « Je serai fils de France, vous deviendrez cardinal et vous demeurerez coadjuteur. » Je lui repartis, sans balancer, comme par un enthousiasme[5] : « Vous serez fils de France à Blois[6], et je serai cardinal au bois de Vincennes. » Monsieur

des gladiateurs antiques nommés *Andabates*, qui combattaient à cheval, les yeux bandés. C'est au moins là le sens qu'on donne le plus ordinairement à ce mot latin ; c'est, en particulier, celui qu'il a dans saint Jérôme[a], à qui Retz paraît avoir ici emprunté sa comparaison.

1. *Dernière* est en interligne.
2. *Et, par l'événement, presque profétique* (sic) est à la marge.
3. Ou passé. (1837-1866.)
4. *Cardinal*, en interligne, sur *Mazarin*, biffé. — Après le *quand*, de la ligne suivante, est effacé *l'on*.
5. Par enthousiasme. (1837-1866.) — *Enthousiasme*, fureur prophétique ou poétique, est employé de même avec *un* dans cet exemple : « Les poëtes ne font bien des vers que lorsqu'un enthousiasme les transporte » (*Dictionnaire de Furetière*, 1690), et au pluriel dans celui-ci : « Il lui prend des enthousiasmes » (*Dictionnaire de l'Académie*, 1694).
6. *Blois* est en interligne, au-dessus d'*Orléans*, biffé. — Cette parole de Retz se vérifia, en ce qui touche Gaston d'Orléans, au mois d'octobre de l'année suivante, lors de la rentrée du Roi à Paris. L'autre pronostic, celui qui concerne Retz lui-même, s'accomplit également, deux mois plus tard, en décembre 1652.

[a] Clausis.... oculis, Andabatarum more, pugnare. (*Adversus Jovinianum*, liv. I, 36.) — More Andabatarum, gladium in tenebris ventilans. (*Adversus Helvidium*, 3.)

SECONDE PARTIE. [Septembre-novembre 1651]

ne s'ébranla point, quoi que je lui pusse dire, et il fallut se réduire au parti de brousser à l'aveugle[1], de jour à jour[2] : c'est le nom que Patru[3] donnoit à notre manière d'agir. Je vous en expliquerai le détail, après que je vous aurai rendu compte d'un embarras très-fâcheux[4] que j'eus en ce temps-là.

Bertet, qui, comme vous avez[5] déjà vu, étoit venu à Paris pour négocier avec MM. de Bouillon[6] et avec moi, avoit aussi eu ordre de la Reine de voir Mme de Chevreuse, et d'essayer de lui persuader de s'attacher encore plus intimement à elle qu'elle n'avoit fait jusque-là. Il la trouva dans une disposition très-favorable pour[7] sa négociation. Laigue[8] étoit rempli et de plus[9] l'homme du monde le plus changeant de son naturel. Il y avoit déjà quelque temps que Mlle de Chevreuse m'avoit averti qu'il disoit tous les jours à Madame sa mère qu'il falloit finir, que tout étoit en confusion, que nous ne sa-

---

1. *Brousser à l'aveugle*, c'est-à-dire aller au hasard, à travers bois, par buissons et broussailles (brosses). Le *Dictionnaire de Trévoux* cite, en ce sens, des exemples de *brosser*, empruntés à Vaugelas, neutralement : « Brosser à travers les buissons ; » et à Théophile, activement : « Il travaille sans cesse à brosser les forêts. »
2. De jour en jour. (1859, 1866.) — Un peu plus loin, *le nom* est en interligne, dans l'original, au-dessus d'*ainsi*, biffé.
3. Sur Olivier Patru, voyez au tome III, p. 331 et note 3.
4. *Très* est en interligne, sur *assez*, effacé.
5. Comme vous l'avez. (1837-1866.)
6. MM. de Bouillon, c'est-à-dire le duc de Bouillon et son frère Turenne.
7. *Pour* est écrit deux fois et biffé la première.
8. Sur *Laigue*, voyez au tome II, p. 6, note 10. — *Rempli*, absolument, au sens métaphorique de « rassasié, ne prétendant à rien de plus, en ayant assez. » Voyez, dans le *Dictionnaire de M. Littré*, l'article REMPLI, 1° et 7°. — Dans les éditions de 1837-1866, on a supposé qu'il y avait une lacune après *rempli* et suppléé, soit entre crochets (1859, 1866), soit même sans crochets (1837 et 1843) : *de lui*.
9. *De plus*, en interligne.

vions tous où nous allions. Bertet, qui étoit vif, pénétrant et insolent, s'étant aperçu du foible, en prit le défaut habilement; il menaça, il promit[1], enfin il engagea Mme de Chevreuse à lui promettre qu'elle ne seroit contraire en rien au retour de Monsieur le Cardinal, et qu'en cas qu'elle ne me pût gagner sur cet article, elle feroit tous ses efforts pour empêcher que M. de Noirmoutier[2], qui étoit gouverneur de Charleville et du Mont-Olympe, ne demeurât pas[3] dans mes intérêts, quoiqu'il tînt ces deux places de moi. Noirmoutier se laissa corrompre par elle[4], sous des espérances qu'elle lui donna de la part de la cour; et quand je le voulus obliger à offrir son service à Monsieur, lorsque le Cardinal entra avec ses troupes dans le Royaume, il me déclara qu'il étoit au Roi; qu'en tout ce qui me seroit personnel, il passeroit toujours par-dessus toute sorte de considération[5]; mais que, dans la conjoncture présente, où il s'agissoit d'un démêlé de Monsieur avec la cour, il ne pouvoit manquer à son devoir. Vous pouvez juger du ressentiment que j'eus de cette action. J'éclatai contre lui avec fureur, et au point que, quoique j'allasse tous les jours[6] chez Mlle de Chevreuse, qui se déclara ouvertement contre Madame sa mère en cette occasion, je ne saluois[7] ni lui ni Laigue, et ne parlois presque

1. Mme de Motteville, parlant du rôle de Bartet en cette occasion, le représente (tome III, p. 450) comme « grand débiteur de paroles fabuleuses. »

2. Sur Louis de la Trémoille, marquis, puis duc de Noirmoutiers, voyez, au tome II, la note 1 de la page 76, et p. 594-596. — Sur Charleville et le Mont-Olympe, voyez, au tome II, la note 1 de la page 594.

3. Ce *pas* superflu est bien dans l'autographe.

4. Après *elle*, a été biffé : *et da[ns]*.

5. Toutes sortes de considérations. (1837-1866.)

6. Après *jours*, est effacé *ch*.

7. Je ne saluai. (1837-1866.)

pas à Mme de Chevreuse. Je reprends la suite de mon discours.

La Saint-Martin de l'année 1651 ayant ouvert le Parlement, il députa MM. Doujat et Baron[1] vers M. le duc d'Orléans, qui étoit à Limours, pour le prier de venir prendre sa place au sujet d'une déclaration que le Roi avoit envoyée au Parquet, dès le 8 du mois d'octobre, par laquelle il déclaroit Monsieur le Prince criminel de lèse-majesté[2].

Monsieur vint au palais le 20 de novembre, et Monsieur le Premier Président, ayant exagéré, même avec emphase[3], tout ce qui se passoit en Guienne, conclut par la nécessité qu'il y avoit de procéder à l'enregistrement de la déclaration, pour obéir aux très-justes volontés du Roi : ce fut son expression. Monsieur, qui, comme vous avez vu ci-dessus, avoit pris sa résolution, répondit au Premier Président que ce n'étoit pas une affaire à précipiter ; qu'il falloit[4] se donner du temps pour travailler à l'accommodement ; qu'il s'y appliquoit de tout son pouvoir ; que M. Danville étoit en chemin pour lui apporter des nouvelles de la cour ; qu'il étoit étrange que l'on pressât une déclaration contre un prince du sang, et que l'on ne songeât pas seulement aux préparatifs[5] que le cardinal Mazarin faisoit pour entrer à main armée dans le Royaume.

1. Sur Doujat, voyez au tome III, p. 479 et note 3. Baron était conseiller en la quatrième des Enquêtes. Omer Talon (p. 448) dit que ce fut Menardeau qui fut député avec Doujat.
2. Voyez ci-dessus, p. 12, et note 6.
3. *Emphase* (dans l'autographe *empfase*) est biffé une fois. Il y a une lettre effacée après ce mot ; deux ensuite, après *Guienne* ; une encore, plus loin, devant *obéir*.
4. Après *qu'il falloit*, est raturé : travailler à l'accommo[dement], qui est récrit plus loin.
5 Au préparatif. (1837-1866.)

Je vous ennuierois fort inutilement, si[1] je m'attachois au détail de ce qui se passa dans les assemblées des chambres, qui commencèrent, comme je viens de vous le dire, le 20 de novembre, puisque celles[2] du 23, du 24, du 28 de ce mois, et du 1er* et du 2 de décembre[3], ne furent, à proprement parler, employées qu'à une[4] répétition continuelle de la nécessité de l'enregistrement de la déclaration, que Monsieur le Premier Président pressoit au nom du Roi, et des raisons différentes que Monsieur[5] alléguoit pour obliger la Compagnie à le différer. Tantôt il attendoit le retour d'un gentilhomme qu'il avoit envoyé à la cour pour négocier[6] ; tantôt il assuroit que M. Danville devoit arriver de la cour, au premier jour[7], avec des radoucissements ; tantôt il incidentoit sur la forme que l'on devoit garder lorsqu'il s'agissoit de condamner un prince du sang ; tantôt il soutenoit que le préalable nécessaire[8] de toutes choses étoit de songer à se précautionner contre le retour du

---

1. Un *j* biffé après *si ;* et, plus bas, *depuis*, devant *qui commencèrent*. Les mots suivants : *comme je viens de vous le dire*, sont ajoutés en marge.

2. Après *celles*, est effacé *et*, au-dessus de la ligne ; plus loin, devant *du* 1er, il y a *et*, en interligne ; puis après *et du* 2, ont été biffés les mots : *et du* 4.

3. Voyez, sur ces assemblées, les *Mémoires d'Omer Talon*, p. 452 et suivantes.

4. Un mot : *continuation* (?), effacé après *une ;* et trois lettres, à la ligne suivante, devant *l'enregistrement*.

5. Devant *alléguoit*, est biffé *apportoit* ; et *le faire différer*, à la suite de *pour ;* puis *prétex*[*toit*], devant *attendoit*.

6. Ce gentilhomme était le sieur de Verderonne : voyez *Omer Talon*, p. 450.

7. Le ms. Caf. abrége ainsi ce passage : « .... qu'il avoit envoyé à la cour ; tantôt M. Danville en devoit arriver au premier jour. » Dans l'original, *au* est effacé après *arriver*.

8. *Nécessaire* est à la marge.

SECONDE PARTIE. [Décembre 1651]

Cardinal[1]; tantôt il produisoit des lettres de Monsieur le Prince, adressées au Roi et au Parlement même, et par lesquelles il demandoit à se justifier[2]. Comme il vit et que le Parlement ne vouloit pas même souffrir que l'on lût ses lettres, parce qu'elles venoient d'un prince qui avoit les[3] armes à la main contre son Roi[4], et que ce même esprit portoit le gros de la Compagnie à l'enregistrement[5], il quitta la partie, et il envoya M. de Choisi[6] au Parlement, le 4, pour le prier de ne le point attendre pour la[7] délibération[8] qui concernoit la déclaration, parce qu'il avoit résolu de n'y point assister. L'on opina; et il passa de six-vingts voix[9], après qu'il y eut eu trois ou quatre avis différents, plus en la forme qu'en la substance, à faire lire, publier et registrer[10] au

1. On lit dans le *Mémoire de ce qui s'est passé au parlement de Paris en l'année 1651*, etc. (bibliothèque de l'Arsenal, in-folio, fonds de l'Histoire de France, 197, folio 1), que quelqu'un de la Compagnie dit que le retour du Cardinal était « une chimère dont on se vouloit servir pour émouvoir les esprits, » et que Mazarin représentait « le moine bourru[a] : » sur quoi tout le monde se mit à rire, « et le sobriquet lui est demeuré. »
2. Voyez *Omer Talon*, p. 451.
3. *Ma* est effacé entre *les* et *armes*.
4. Contre le Roi. (1837-1866.)
5. Après *l'enregistrement*, deux lignes de tâtonnements, biffées : *de la déclaration portée* (?) (ce mot en interligne) *contre lui et contre et adhéroit quand.... Mr*.
6. La partie, il envoya M. de Choisy. (1837-1866.) — Sur Jean de Choisy, chancelier du duc d'Orléans, voyez au tome I, p. 261, et au tome II, p. 86 et note 2.
7. Pour sa. (1837-1866.)
8. Après *délibération*, est effacé : *qui.... devo[it]*.
9. *De six-vingt* (sic) *voix* est à la marge; *après*, qui suit, est biffé, puis récrit.
10. Et enregistrer. (1843-1866.)

[a] « On appelle à Paris *moine bourru*, un fantôme imaginaire dont on fait peur aux petits enfants. » (*Dictionnaire de l'Académie*, 1694.)

greffe la déclaration, pour être exécutée selon sa forme et teneur.

Ce qui consterna Monsieur fut que Croissi[1] ayant proposé[2], à la fin de l'assemblée, de prendre jour pour délibérer sur le retour du cardinal Mazarin, dont personne ne doutoit plus, ne fut presque pas écouté. Monsieur m'en parla le soir[3], et il me dit qu'il étoit résolu de faire agir le peuple pour éveiller le Parlement; et je lui répondis ces propres paroles : « Le Parlement, Monsieur, ne s'éveillera que trop en paroles contre le Cardinal; mais il s'endormira trop en effet. Considérez[4], s'il vous plaît, ajoutai-je, que quand M. de Croissi a parlé, il étoit midi sonné, et que tout le monde vouloit dîner[5]. » Monsieur ne prit que pour une raillerie ce que je lui disois tout de bon et comme je le pensois, et il commanda à Ornane[6], maître de sa garde-robe, de faire faire une manière d'émotion par le Maillart[7], duquel je vous ai parlé dans le second volume de cet ouvrage[8]. Ce misérable mena, pour mieux couvrir son jeu, vingt ou

1. Fouquet de Croissy : voyez, au tome II, p. 354 et note 4; et, au tome III, p. 132, et note 6.
2. *Proposé* est en interligne, sur *voulu*, biffé; et de même *de*, un peu plus loin, sur *faire*, effacé devant *prendre*.
3. M'en parla le jour. (1837 et 1843.) — Ce jour. (1859, 1866.)
4. Mais il s'endormira trop sur les précautions. En effet, considérez. (Ms. H et quelques-unes des premières éditions.)
5. Rapprochez de ce que Retz a dit au tome II, p. 31.
6. Sur Ornane (Ornano, 1837-1866), voyez, au tome III, la note 4 de la page 99.
7. *Le Maillart*, en interligne, sur *ce* et quelques autres lettres, biffés; viennent ensuite deux lignes effacées : *qui avoit été à lui et qui étoit une manière de séditieux à gages. Il mena.*
8. *Duquel je vous ai parlé dans le 2 volume de cet ouvrage* est à la marge. — Dont je vous ai parlé. (1837-1866.) — Voyez, au tome III, p. 444 et 447; à la page 444, il le nomme « criailleur à gages, » qualification analogue à celle qu'il a supprimée ici, comme nous l'avons dit dans la note précédente.

trente gueux criailler[1] à Monsieur[2]. Ils allèrent de là chez Monsieur le Premier Président[3], qui leur fit ouvrir sa porte, et les menaça, avec son intrépidité ordinaire, de les faire pendre.

L'on donna, le 7, arrêt en pleine assemblée de chambres pour empêcher, à l'avenir, ces insolences; mais l'on ne laissa pas de faire réflexion sur[4] la nécessité de lever les prétextes[5] qui y donnoient lieu, et l'on s'assembla,

Le 9[6], pour délibérer touchant les bruits qui couroient[7] du prochain retour de Monsieur le Cardinal. Monsieur

---

1. Dans l'original, après *criallier* (sic), il n'y a point *à*, mais un *d*, suivi d'une sorte de pâté qui peut être aussi bien un *e* qu'un *a*. Ce gribouillage termine la ligne; peut-être est-ce le commencement de *devant*.

2. A la porte de chez Monsieur. (Ms. Caf.)

3. *M*r *le* 1 *Président*, dans l'autographe. — Cette échauffourée eut lieu le 6 décembre, jour de saint Nicolas. « Plusieurs coquins, dit Omer Talon (p. 452), s'assemblèrent dans la rue de Tournon, entrèrent dans le palais d'Orléans, et lorsque M. le duc d'Orléans sortit, ils lui demandèrent la paix ou la diminution des impôts. Ledit seigneur leur répondit qu'il ne se mêloit point d'affaires, et qu'il falloit s'adresser à M. le Premier Président : de sorte qu'ils s'attroupèrent et parurent à la porte dudit sieur premier président, lequel fit ouvrir toutes les portes de son logis (*cour du Palais*), où ils firent quelque insolence de paroles, l'appelant Mazarin et le menaçant de le poignarder. » Talon ajoute que le marquis de la Vieuville, sortant de chez Molé, fut poursuivi dans son carrosse à coups de pierres, et que, le même jour, les colporteurs qui publiaient par la ville la déclaration ci-dessus mentionnée contre Condé furent battus en quelques endroits écartés et contraints de se taire. Voyez aussi *Mme de Motteville*, tome III, p. 457 et 458, et la *Muze historique*, p. 185 et 186.

4. *Sur* est en interligne, au-dessus d'un *a* biffé, suivi de *lever*, biffé également.

5. Des prétextes. (1837-1866.)

6. Le 9 est ainsi à la ligne, bien qu'il n'y ait, dans l'original, ni point ni virgule après *s'assembla* : voyez p. 58, ligne 21 et note 9.

7. Le bruit qui couroit. (1837-1866.)

ayant dit qu'ils n'étoient que trop vrais[1], le Premier Président essaya d'éluder, par la proposition qu'il fit[2] de mander les gens du Roi, et de faire lire les informations qui, suivant les arrêts précédents, devoient avoir été faites contre le Cardinal. M. Talon représenta qu'il ne s'agissoit point de ces informations; que, le Cardinal ayant été condamné par une déclaration du Roi, il ne falloit point chercher d'autre preuve ; et[3] que, s'il falloit informer, ce ne pouvoit être que contre les contraventions à cette déclaration. Il conclut à députer vers[4] Sa Majesté pour l'informer des bruits qui couroient de ce retour, et pour la supplier de confirmer la parole royale qu'Elle[5] avoit donnée, sur ce sujet, à tous ses peuples. Il ajouta que défenses seroient faites[6] à tous les gouverneurs de provinces et de places de donner passage au Cardinal, et que tous les parlements seroient avertis de cet arrêt et exhortés d'en donner un pareil[7]. Après ces conclusions, l'on commença à opiner; mais, la délibération n'ayant pu se consommer, et Monsieur s'étant trouvé mal[8], le dimanche au soir, l'assemblée fut remise au[9] mercredi 13. Elle produisit[10], presque tout d'une voix, l'arrêt conforme aux conclusions, qui portoient, outre ce que je vous en ai dit ci-dessus, que le Roi seroit supplié

1. Qu'il n'étoit que trop vrai. (1837-1866.)
2. Ces mots : *essaya d'éluder par la proposition qu'il fit*, ont été biffés (sauf *d'éluder*, laissé par inadvertance), puis récrits.
3. *Et* est en interligne. — 4. Après *vers*, est biffé : *le R[oi]*.
5. Il y avait d'abord *qu'il*, que Retz a corrigé en *qu'elle*.
6. Défense seroit faite. (1837-1866.)
7. Voyez *Talon*, p. 453 et 454.
8. D'une attaque de goutte à la main : voyez *Talon*, p. 454.
9. *Au* est à la marge, et *mercredi* commence une ligne. Retz, par une erreur qu'il corrige lui-même plus loin (p. 69), a écrit 15, au lieu de 13 ; on voit qu'il a hésité, car, après *remise*, qui précède, sont biffés ces mots : *au lundi 15 mercredi 15*.
10. Après *produisit*, est effacé : *l'arrêt*.

SECONDE PARTIE. [Décembre 1651]

de donner part au Pape et aux autres princes étrangers des raisons qui l'avoient obligé à éloigner le Cardinal de sa personne et de ses conseils [1].

Il y eut, ce jour-là [2], un intermède qui vous fera connoître que ce n'étoit pas sans raison que j'avois prévu la difficulté du personnage que j'aurois [3] à jouer, dans la conduite que nous prenions. Machaut [4] Fleuri, serviteur passionné de Monsieur le Prince, ayant dit en opinant que le trouble de l'État n'étoit causé que par des gens qui vouloient à toute force emporter [5] le chapeau de cardinal, je l'interrompis pour lui répondre que j'étois si accoutumé à en voir dans ma maison [6], qu'apparemment je n'étois pas assez ébloui de sa couleur pour faire, en sa considération, tout le [7] mal dont il m'accusoit. Comme

1. « .... L'arrêt portoit, dit Omer Talon (p. 455), que le Roi seroit prié *d'écrire au nonce du Pape* et à ses ambassadeurs résidant près des princes étrangers : lesquels termes sont ineptes, *d'écrire au nonce*, le Roi n'écrivant jamais aux ambassadeurs des princes qui sont en sa cour, mais leur faisant savoir sa volonté par ses ministres ; mais cela y fut ajouté parce que l'ambassadeur résidant à Rome, qui est le commandeur de Valencey, étoit des amis du cardinal Mazarin, et que le nonce du Pape étant en France, nommé M. Bagni, promit d'informer le Pape de tout ce qui se passoit ici ponctuellement. »

2. *Ce jour-là* est en interligne ; après *un intermède,* qui suit, est biffé : *dans cette sur,* et quelques autres lettres.

3. *J'aurois* a été effacé une fois ; plus haut, après *sans,* il y a *fa[ire?],* biffé.

4. Après *Machaut,* sont biffés les mots : *conseiller aux ; Fleuri,* qui suit, est peu lisible. — Sur Machaut ou Machault, voyez au tome III, p. 368, où il est dit en note que la terre de Fleury lui appartenait. Le ms. H et les anciennes éditions appliquent ces noms propres à deux personnes : « Machaut et Fleuri, serviteurs passionnés. »

5. *Emporter,* en interligne, sur *obtenir,* raturé.

6. La maison de Gondi comptait déjà deux cardinaux, qui avaient été successivement évêques de Paris, savoir : Pierre de Gondi, cardinal en 1587, et Henri de Gondi, en 1618.

7. *Tout le,* en interligne, au-dessus des mêmes mots, biffés; après *mal,* est effacé *qu'il.*

60 MÉMOIRES DU CARDINAL DE RETZ.

l'on ne [1] doit jamais interrompre [2] les avis, il s'éleva une fort grande clameur en faveur de Machaut. Je suppliai la Compagnie [3] d'excuser ma chaleur [4], « laquelle toutefois, ajoutai-je, ne procède pas, pour cette fois [5], de défaut de mépris. »

Quelqu'un ayant dit aussi, en opinant, qu'il falloit procéder à l'égard du Cardinal comme l'on avoit procédé autrefois à l'égard de l'amiral de Coligni [6], c'est-à-dire mettre sa tête à prix, je me levai, aussi bien que tous les autres conseillers clercs, parce qu'il est défendu [7] par les canons aux ecclésiastiques d'assister aux délibérations dans lesquelles il y a eu avis [8] ouvert à la mort [9].

1. *Ne* est aussi au-dessus de la ligne, sur le même mot et deux lettres raturés; après *Comme*, qui précède, est effacé : *il n'est pas per[mis?]*.
2. Il y a *dans*, biffé, devant *les avis*.
3. Après *Compagnie*, trois lignes de tâtonnements ont été raturées : *de m'excuser si l'émotion naturelle que j'avois avec le je.... m'avoit porté plus loin ma chaleur*.
4. Ma colère. (1837-1866.) — A la fin de la phrase, *mépris* est devenu *respect* dans la plupart des anciennes éditions; le ms. H et quelques-unes des premières omettent *de défaut*.
5. Devant *pour cette fois*, est biffé *en*.
6. L'auteur de cet avis fut Nicolas Camus, sieur de Pontcarré, conseiller en la seconde chambre des Enquêtes, mort en 1660, qui figure dans le recueil manuscrit des *Portraits de Messieurs du Parlement* (p. 42). Il est question de sa famille dans *Tallemant des Réaux*, tome IV, p. 146 et 152; voyez aussi Moréri (édition de 1759, tome III, p. 114). D'après Talon (p. 454), Camus dit « qu'il avoit vu autrefois l'arrêt rendu contre l'amiral Coligny, lequel ayant été condamné par contumace, la cour ajouta que récompense seroit donnée à ceux qui le représenteroient en justice. » Talon ajoute (p. 460) que cet arrêt « a été tiré des registres, ou, quoi que ce soit, rayé et bâtonné, et ne se trouve que dans l'*Histoire de M. de Thou*, en l'année 1569, p. 593, tome second, in-folio. »
7. *Est défendu*, en interligne, au-dessus de *n'est pas permis*, biffé. A la suite, Retz avait commencé à écrire *aux*, qu'il a corrigé en *par*.
8. Il y a un avis. (1837.) — Il y avoit avis. (1843-1866.)
9. On lit dans le *Dictionnaire de Jurisprudence* de l'*Encyclopédie*

Le 18, Messieurs des Enquêtes[1] allèrent, par députés, à la Grande Chambre pour demander l'assemblée, sur une lettre que M. le cardinal Mazarin avoit[2] écrite à M. d'Elbeuf, en lui demandant conseil touchant son retour en France[3]. Monsieur le Premier Président avoua[4] la lettre; il dit que M. d'Elbeuf la lui avoit envoyée; qu'il avoit, en même temps, dépêché au Roi pour lui en rendre compte et faire voir la conséquence; et[5] qu'il attendoit la réponse de son envoyé, après laquelle il promettoit[6] d'assembler la Compagnie, si il ne plaisoit à Sa Majesté de lui donner satisfaction. Les Enquêtes ne se contentèrent pas de cette parole de Monsieur le Premier Président; elles renvoyèrent[7], le lendemain, qui fut le 19[8], leurs députés à la Grande Chambre, et l'on fut obligé d'assembler,

---

méthodique, à l'article *Conseillers-clercs* : « Les Conseillers-clercs ne vont point à la Tournelle, ils n'instruisent point les procès criminels et n'assistent point à leur jugement : cet usage est fort ancien ; car on voit au registre du Parlement de l'an 1475 une protestation faite, le 23 août, par les gens d'Église, sur ce qu'étant présents à la prononciation du jugement du connétable Saint-Pol, qui fut fait à la Bastille, *quod non erant per modum consilii, auxilii, autoritatis, consensus seu appunctamenti.* »

1. Après *Enquêtes*, il y a *se*, biffé.
2. *Avoit* est en interligne, et précédé de *par laquelle*, effacé; à la ligne suivante, *touchant son* est également en interligne, après *sur son*, biffé.
3. Le duc d'Elbeuf était gouverneur de Picardie.
4. Adressa. (1837-1866.) — Dans quelques-unes des premières éditions, *adoucit*.
5. *Et*, en interligne.
6. Prétendoit. (1837-1866.)
7. Elles envoyèrent. (1859, 1866.)
8. Omer Talon raconte (p. 455) que le mardi soir, 19 décembre, il reçut la visite du Coadjuteur, « avec lequel, dit-il, j'avois eu autrefois grande familiarité et confiance, mais laquelle j'avois perdue depuis qu'il s'étoit emporté.... contre le service du Roi. Le dessein de sa visite fut de me persuader que le péril étoit

Le 20[1], après y avoir invité M. le duc d'Orléans. Le Premier Président ayant dit à la Compagnie que le sujet de l'assemblée étoit la lettre dont j'ai parlé ci-dessus et un voyage que M. de Navailles[2] avoit fait vers M. d'Elbeuf, les gens du Roi furent mandés, qui, par la bouche de M. Talon, conclurent à ce qu'en exécution de l'arrêt d'un tel jour et an[3], les députés du Parlement se rendissent au plus tôt vers le Roi, pour l'informer de ce qui se passe sur la frontière[4]; que Sa Majesté fût suppliée d'écrire à l'électeur de Cologne[5], pour faire sortir le cardinal Mazarin de ses terres et seigneuries; que M. le duc d'Orléans fût prié d'envoyer au Roi,

grand, que le cardinal Mazarin étoit sur le point d'entrer dans le Royaume, que la Reine l'en avoit averti, et l'avoit voulu engager de consentir à ce retour depuis trois jours; qu'il avoit répondu à la Reine, par le gentilhomme qu'elle lui avoit envoyé, qu'il s'étoit réconcilié avec le cardinal Mazarin, parce que Sa Majesté l'avoit ainsi voulu, pour lui procurer toutes sortes de bons offices, mais non pas pour consentir à son retour, lequel ne pouvoit produire qu'un mauvais effet, et pernicieux à l'État. Ensuite il m'entretint des maux qui pouvoient être appréhendés, à l'effet que, m'échauffant en la matière, je portasse des conclusions, le lendemain, qui fussent rudes; car son dessein étoit d'autoriser M. le duc d'Orléans à lever des troupes pour s'opposer au retour du cardinal Mazarin, et engager le Parlement dans un tiers parti. » Voyez ci-dessus, p. 46.

1. Voyez ci-dessus, p. 57 et note 6.
2. *Noailles*, dans le ms. H et toutes les anciennes éditions. — Philippe de Montault de Bénac, duc de Navailles, dont la femme fut dame d'honneur d'Anne d'Autriche, était alors gouverneur de Bapaume, comme il nous dit lui-même dans ses *Mémoires* (édition de M. Moreau, 1861, p. 58, à l'année 1650). Un moment disgracié (1664), il devint maréchal de France en 1675 et mourut en 1684. Dans la circonstance dont parle ici Retz, Navailles avait été envoyé par Mazarin au duc d'Elbeuf.
3. De l'arrêt donné tel jour et an. (1837-1866.)
4. De ce qui se passoit vers la frontière. (*Ibidem*.)
5. Maximilien-Henri de Bavière-Leuchtenberg : voyez, au tome III, la note 5 de la page 284.

en son nom, à cette même fin, comme aussi¹ au maréchal d'Hocquincourt et autres commandants de troupes, pour leur donner avis du dessein que le cardinal de Mazarin² avoit de rentrer en France ; que quelques conseillers de la cour fussent nommés pour se transporter sur la frontière, et pour dresser des procès-verbaux de ce qui se passeroit à l'égard de ce retour; qu'il fût fait défenses³ aux maires et échevins des villes de lui donner passage, ni lieu d'assemblée à aucunes troupes⁴ qui le dussent favoriser, ni retraite à aucun de ses parents, ni domestiques; que le sieur de Navailles fût ajourné à comparoir en personne à ladite cour, pour rendre compte du commerce qu'il entretenoit avec lui, et⁵ que l'on publieroit monitoire⁶ pour être informé de la vérité de ces commerces⁷. Voilà le gros des conclusions conformément auxquelles l'arrêt fut donné⁸.

Vous croyez sans doute que le cardinal Mazarin est foudroyé par le Parlement, en voyant que les gens du Roi même forment et enflamment les⁹ exhalaisons qui produisent un aussi grand tonnerre? Nullement. Au

1. Et même aussi. (1837-1866.)
2. *De Mazarin* (sic), dans l'original. Plus loin, entre *que* et *quelques*, est biffé : *l'on.... nomm[ast]*.
3. Défense. (1843-1866.)
4. Ni lieu d'assembler aucunes troupes. (1837-1866.)
5. *Et* a été biffé, puis récrit.
6. Un monitoire. (1837-1866.)
7. Ce membre de phrase : *et que l'on publieroit.... de ces commerces*, est à la marge dans l'autographe.
8. Voyez les *Mémoires d'Omer Talon* (p. 456), qui ajoute que ses conclusions furent agréées par toute la Compagnie, encore que quelques-uns « les eussent desirées plus aigres. » L'arrêt fut donné le 29 décembre. Voyez, dans le *Choix de Mazarinades* (tome II, p. 314-339), la pièce intitulée : *Les Sentiments d'un fidèle sujet du Roi sur l'arrêt du Parlement du 29ᵉ décembre*.
9. Au lieu d'*enflamment les*, Retz avait écrit d'abord, *échauffent les*, qu'il a biffé.

même instant que¹ l'on donnoit cet arrêt, avec une chaleur qui alloit jusques à la fureur, un conseiller ayant dit que les gens de guerre qui s'assembloient sur la frontière, pour le service du Mazarin, se moqueroient de toutes les défenses² du Parlement si elles ne leur étoient signifiées par des huissiers³ qui eussent de bons mousquets et de bonnes piques, ce conseiller, dis-je, du nom duquel je ne me ressouviens pas, mais qui, comme vous voyez, ne parloit pas de trop mauvais sens, fut repoussé par un soulèvement général de toutes les voix, comme si il eût avancé la plus forte⁴ impertinence du monde; et toute la Compagnie s'écria, même avec véhémence⁵, que le licenciement des gens de guerre n'appartenoit qu'à Sa Majesté.

Je vous supplie d'accorder, si il vous est possible, cette tendresse de cœur pour l'autorité du Roi, avec l'arrêt qui, au même moment, défend à toutes les villes de donner⁶ passage à celui que cette même autorité veut rétablir. Ce qui est de merveilleux est que ce qui paroît⁷ un prodige aux siècles à venir ne se sent pas⁸ dans les temps, et que ceux même que j'ai vus⁹ depuis raisonner sur cette matière, comme je fais à l'heure qu'il est, eussent juré, dans les instants dont je vous

1. Après *que*, est effacé : *cet arrêt.*
2. *Défenses* est en interligne, au-dessus de *délibérations*, biffé.
3. Devant *huissiers*, est effacé : *troupes.*
4. Après *forte*, Retz a écrit et oublié de biffer *et.*
5. *Véhémence* est en interligne, et il y a devant ce mot une ligne et un mot biffés : *co (courroux?) violence (?) que le nom du Roi qu'il n'appartenoit;* un peu plus loin, devant *gens de guerre*, est encore effacé *troup[es].*
6. Entre *donner* et *passage*, est biffé : *aucun.* A la ligne suivante, *veut* est en interligne, au-dessus du même mot effacé.
7. Ce qui paroîtra. (1843-1866.)
8. *Même* est biffé, après *pas.*
9. *Vu*, sans accord, dans l'autographe.

parle, qu'il n'y avoit rien de contradictoire entre[1] la restriction et entre l'arrêt. Ce que j'ai vu dans nos troubles m'a expliqué[2], en plus d'une occasion, ce que je n'avois pu concevoir auparavant dans les histoires. L'on y trouve des faits si opposés les uns[3] aux autres, qu'ils en sont incroyables; mais l'expérience nous fait connoître que tout ce qui est incroyable n'est pas faux[4].

Vous verrez encore des preuves de cette vérité dans les suites de ce qui se passa au Parlement, que je reprendrai après vous avoir entretenu de quelques circonstances qui regardent la cour.

Il y eut, en ce temps-là[5], contestation dans le cabinet sur la manière dont la cour se devoit conduire à l'égard du Parlement, les uns soutenant qu'il le falloit ménager avec soin, et les autres prétendant[6] qu'il étoit plus à propos de l'abandonner à lui-même : ce fut le mot dont Brachet[7] se servit, en parlant à la Reine. Il lui avoit été inspiré et dicté par Mainardeau-Champré[8],

---

1. *L'arrêt*, biffé, après ce premier *entre*.
2. Après *m'a expliqué*, est effacé : *ce que je*, récrit un peu plus loin.
3. *Les*, biffé, après *les uns*; plus bas, *nous*, devant *fait*, a été ajouté à la marge.
4. C'est qu'en effet l'embarras de la Compagnie était grand. On voit dans le *Mémoire de ce qui s'est passé au parlement de Paris en l'année* 1651 (manuscrit déjà cité de la bibliothèque de l'Arsenal), que, dans une séance précédente, le président de Mesmes, faisant ressortir les périls de la situation, remontrait « qu'il ne falloit pas moins de prudence à la Compagnie pour séparer l'autorité royale d'avec le cardinal Mazarin, que d'adresse à celui lequel perça de sa flèche un serpent qui, ayant entouré son fils de ses replis, étoit sur le point de le dévorer; » et il ajouta : « Oui, Messieurs, il ne faut nous flatter, c'est armer contre le Roi que d'armer sans sa permission. »
5. *En ce temps-là* est en interligne.
6. Soutenoient.... prétendoient. (1837-1866.)
7. Sur Brachet, voyez au tome III, p. 409 et note 5.
8. Le *Tableau du Parlement*, cité par M. Chéruel dans une des

conseiller de la Grande Chambre et homme de bon sens, qui lui avoit donné charge de dire à la Reine, de sa part, que le mieux qu'elle pouvoit faire étoit de laisser tomber, à Paris[1], toutes choses dans la confusion, qui sert toujours au rétablissement de l'autorité royale, quand elle vient jusques à un certain point; qu'il falloit, pour cet effet, commander à Monsieur le Président[2] d'aller faire sa charge de garde des sceaux à la cour[3], d'y appeler M. de la Vieuville avec tout ce qui avoit trait aux finances, d'y[4] faire venir le Grand Conseil, et cætera.

Cet avis, qui étoit fondé[5] sur les indispositions que l'on croyoit qu'un abandonnement de cet éclat produiroit, dans une ville où l'on ne peut désavouer que tous[6] les établissements ordinaires n'aient un enchaînement, même très-serré, les uns avec les autres : cet avis, dis-je, fut combattu, avec beaucoup de force, par tous[7]

notes du *Journal d'Ormesson* (tome I, p. 487), dit de Mesnardeau-Champré : « Très-capable, foible, opiniâtre, sûr, intéressé et dévoué à la cour. » Mme de Motteville en fait l'éloge (tome III, p. 255 et 256). Il figure souvent dans la *Bibliographie des Mazarinades*. MM. Paulin Paris et Chéruel lui donnent le prénom de *Claride*; M. Moreau, celui de *François*.

1. De laisser à Paris. (1837-1866.) — *A Paris* est à la marge; *toutes*, qui suit, est en interligne, après un *les* biffé; *la*, devant *confusion*, est aussi au-dessus de la ligne, sur *le me[sme?]*, raturé; *sert* est au-dessus d'*est*, également effacé.

2. A Monsieur le Premier Président. (1837-1866.)

3. Cette charge, Molé ne l'avait, jusqu'alors, presque pas exercée, et il n'avait assisté à aucun conseil, le Roi ayant quitté Paris trois jours après sa nomination.

4. *D'y* (*d'i*), devant *faire venir*, est en interligne, sur les deux mêmes lettres biffées, et *venir* est écrit au-dessus d'un autre *venir*, également biffé.

5. Au-dessus de *fondé*, est effacé *précisément* (?); à la suite, entre *les* et *indispositions*, il y a une ligne et quelques mots raturés : *méconte[ntements] indispositions qu'un dérangement* (?) *de cet*.

6. *Tous*, en interligne, au-dessus de *tout*, biffé.

7. *Tous* est ici encore en interligne.

ceux qui appréhendoient que les ennemis du Cardinal ne se servissent utilement, contre ses intérêts, de la foiblesse de M. le président le Bailleul[1], qui, par l'absence du Premier Président, demeuroit à la tête du Parlement, et de la nouvelle aigreur[2] qu'un éclat comme celui-là produiroit encore dans l'esprit des peuples[3]. Le Cardinal balança longtemps entre les raisons qui appuyoient l'un et l'autre parti, quoique la Reine, qui, par son goût, croyoit toujours que le plus aigre[4] étoit le meilleur, se fût déclarée d'abord pour le premier. Ce qui décida, à ce que le maréchal de la Ferté[5] m'a dit depuis, fut le sentiment de M. de Senneterre, qui écrivit fortement au Cardinal pour l'appuyer, et qui lui[6] fit même peur[7] des expressions, fort souvent trop fortes, du Premier Président, lesquelles faisoient quelquefois, ajoutoit Senneterre, plus de mal que ses intentions ne pouvoient jamais faire de bien. Cela étoit trop exagéré. Enfin le Premier Prési-

1. De M. le président Bailleul. (1859, 1866.) — « Le Bailleul, second président (voyez au tome III, p. 85 et note 4), bon serviteur du Roi, écrit Omer Talon (p. 457), mais homme foible et sans vigueur. » Le recueil manuscrit des *Portraits du Parlement* représente le Bailleul (p. 15) comme un homme « doux et d'humeur facile, s'acquérant par sa facilité beaucoup d'amis dans le Palais et à la cour, où il en cherche volontiers. »

2. *Nouvelle aigreur* est à la marge; Retz avait mis d'abord : *de l'aigreur qu'une.*

3. Du peuple. (1837-1866.) — Le ms. Caf. donne, par méprise sans doute : *dans l'esprit dans les peuples.*

4. Le plus aisé. (1837-1866.) — La leçon de l'original : *aigre*, est aussi celle des ms. H et Caf. et de toutes les anciennes éditions.

5. La Ferté-Imbault, voyez au tome III, p. 298 et note 4. Retz a écrit, suivant sa coutume : *Lafferté.* — Sur Senneterre, marquis de la Ferté-Nabert, voyez au tome III, p. 28 et note 2.

6. Après *lui*, on lit, dans l'original, *représenta même*, biffé.

7. M. de Senneterre, qui convint pourtant qu'il étoit bon de tirer de Paris le Premier Président, qui en écrivit fortement au Cardinal et qui lui fit même peur (Ms. Caf.)

dent sortit de Paris, par ordre exprès du Roi[1], et il ne prit pas même congé du Parlement, à quoi il fut porté par M. de Champlâtreux[2], assez contre son inclination. M. de Champlâtreux eut raison, parce qu'enfin il eût pu courre fortune, dans l'émotion qu'un spectacle[3] comme celui-là eût pu produire. Je lui allai dire adieu, la veille de son départ, et il me dit ces propres paroles : « Je m'en vas[4] à la cour, et je dirai la vérité ; après quoi il faudra obéir au Roi[5]. » Je suis persuadé qu'il le fit effectivement comme il le dit. Je reviens à ce qui se passa au Parlement.

Le 29 décembre, les gens du Roi entrèrent dans la Grande Chambre. Ils présentèrent une lettre de cachet du Roi qui portoit injonction à la Compagnie de différer[6] l'envoi des députés qui avoient été nommés, par l'arrêt du 13[7], pour aller trouver le Roi, parce qu'il leur avoit plus que suffisamment expliqué autrefois[8] son in-

1. Dans l'édition de 1859, 1866 : « du feu Roi », leçon qui ne pourrait se trouver que dans un manuscrit revisé après 1715.
2. Le fils du premier président Molé : voyez au tome III, p. 179 et note 4.
3. *Spectacle* est en interligne, après *qu'une*, corrigé en *qu'un*, au-dessus de *déclaration*, biffé ; à la suite, au lieu de *celui-là*, que nous donnons dans notre texte, l'original a conservé, par un oubli de Retz, *celle-là*, au féminin.
4. Je m'en vais. (1859, 1866.)
5. Molé partit « à l'impourvu, » comme dit Talon (p. 458), le mercredi 27 décembre (*Muze historique*, p. 192), emmenant avec lui la chancellerie, le quartier des maîtres des requêtes et les finances. Il ne resta que les directeurs d'Aligre et Morangis, et quelques intendants : « dont le bourgeois en parut triste, » écrit Loret (*ibidem*). Quant à Molé (*Talon*, p. 457), il « ne fut pas marri d'avoir une honnête excuse pour quitter Paris ; » on a vu (p. 57 et note 3) que la place, pour lui, commençait à n'être plus tenable.
6. Après *différer*, il y a *l'arrêt du*, biffé.
7. L'arrêt du 13, conforme aux conclusions du 9 : voyez ci-dessus, p. 57-59.
8. *Autrefois* est en interligne.

tention. M. Talon ajouta qu'il étoit obligé, par le devoir de sa charge, de représenter l'émotion qu'une telle députation pourroit causer dans un temps aussi trouble[1]. « Vous voyez, continua-t-il, tout le Royaume branle[2]; et voilà encore une lettre du parlement de Rouen qui vous écrit qu'il a donné l'arrêt contre le cardinal Mazarin, conforme au vôtre du 13. »

M. le duc d'Orléans prit la parole ensuite. Il dit que le cardinal Mazarin étoit arrivé le 25 à Sedan[3]; que les maréchaux d'Hocquincourt et de la Ferté l'alloient joindre avec une armée pour le conduire à la cour, et[4] qu'il étoit temps de s'opposer à ses desseins[5], desquels l'on ne pouvoit plus douter. Je ne vous puis exprimer à quel point alla le soulèvement des esprits. L'on eut peine à attendre que les gens du Roi eussent pris leurs conclusions, qui furent à faire partir incessamment les députés pour aller trouver le Roi[6], à déclarer[7], dès à présent, le cardinal Mazarin et ses adhérents criminels de lèse-majesté; à enjoindre aux communes de leur courre sus, à défendre[8] aux maires et échevins des villes de leur donner passage; à vendre sa bibliothèque

1. Dans un temps aussi troublé. (1837-1866.)
2. Après *continua-t-il*, est biffé : *que le parlement de Rou[en]*. — Tout le royaume branler (1837-1866).
3. Sur tous les préliminaires et préalables du retour armé de Mazarin, voyez les *Mémoires du maréchal du Plessis-Praslin*, p. 425-429.
4. *Et*, en interligne.
5. De s'opposer à ces derniers. (1837-1866.)
6. Après *le Roi*, il y a deux lignes biffées : *et le remercier de la parole* (ces deux derniers mots au-dessus de la ligne) *qu'il avoit donnée à.... de...*; plus loin, *et ses adhérents* est en interligne; puis *et* biffé, devant *à enjoindre*.
7. Et déclarer. (1837-1866.)
8. *A défendre* est en interligne; *à*, au-dessus d'*et*, biffé. Les éditions de 1837-1866 portent : *et défendre*.

et tous ses meubles[1]. L'arrêt ajouta que l'on prendroit préférablement[2], sur le prix, la somme de cent cinquante mille livres pour être données[3] à celui qui représenteroit ledit Cardinal vif ou mort[4]. A cette parole[5], tous les ecclésiastiques se levèrent, pour la raison que j'ai marquée dans une pareille occasion[6].

Vous vous imaginez sans doute que les affaires sont bien aigries, et vous en serez encore bien plus per-

1. Gui Joli (p. 68) dit que cette mesure ne laissa pas d'inquiéter Mazarin, « qui savoit que, dans son pays, un arrêt de cette nature n'auroit pas été longtemps sans être exécuté. » On trouvera dans le *Choix de Mazarinades* (tome II, p. 397-405) une pièce curieuse de Marigny, intitulée *Tarif du prix dont on est convenu.... pour récompenser ceux qui délivreront la France du Mazarin....* (20 juillet 1652), laquelle se termine ainsi : « Et afin que l'on ne doute point de la certitude de la récompense, on sera averti que les sommes portées par ce mémoire sont entre les mains de M. le comte de Fontrailles, demeurant rue d'Anjou près des Enfants-Rouges, qui les délivrera ou en deniers comptants ou par lettres de change payables à Venise, Amsterdam ou Hambourg, au choix dudit exécuteur, qui doit s'assurer que, pourvu qu'il fasse bien son devoir, on ne le chicanera pas sur la récompense ; au contraire, il sera gratifié du change, en cas qu'il veuille recevoir la somme hors de Paris. » Voyez les *Mémoires d'Omer Talon*, p. 460, et, dans le *Journal des savants* (1854, p. 465 et 466), un passage d'un article de V. Cousin sur les *Carnets de Mazarin*.

2. L'édition de 1859, 1866 a *préalablement*, au lieu de *préférablement*.

3. Dans l'autographe : *de 150 millivre* (sic) *pour être données*.

4. Mazarin était entré en France le 30 décembre, et avait d'abord été coucher à Rethel, « où il fut reçu par les habitants avec grands honneurs, » dit Talon (p. 458). Le 4 janvier, il écrivait à la Reine une lettre datée d'Épernay ; le 7, une autre, datée d'Arcis-sur-Aube ; et le 11, une autre de Pont-sur-Yonne : voyez ci-après, p. 71, et le recueil de M. Ravenel : *Lettres de Mazarin à la Reine*, p. 474-483.

5. Après *parole*, Retz a biffé *nous*.

6. Que j'ai marquée ci-dessus, qu'ils ne peuvent être présents à une condamnation de mort. (Ms. H et plusieurs des premières éditions.) — Voyez ci-dessus, p. 60 et note 9.

suadée quand je vous aurai dit que le 2 de janvier suivant*, c'est-à-dire le 2 de janvier 1652, l'on donna encore, sur les conclusions des gens du Roi et sur l'avis que l'on eut que le Cardinal avoit déjà passé[1] Épernai[2], l'on donna, dis-je, un second[3] arrêt par lequel il fut ordonné, de plus, que l'on inviteroit tous les autres parlements à donner un arrêt pareil à celui du 29 décembre ; que l'on envoiroit deux conseillers, avec les quatre qui avoient été nommés, sur les rivières[4], avec ordre d'armer les communes, et que les troupes de M. le duc d'Orléans seroient commandées pour s'opposer à la marche du Cardinal, et que les ordres seroient envoyés pour leur subsistance. N'est-il pas vrai qu'il y avoit[5] apparence, après ces conclusions et après cet arrêt[6], que le Parlement vouloit la guerre ? Nullement.

Un conseiller ayant dit que le premier pas, pour cette subsistance, étoit d'avoir de l'argent et d'en[7] prendre dans les parties casuelles ce qui y étoit du droit annuel[8],

1. Dans l'original, il y a *pas*, sans trait d'union, à la fin de la page, et à la page suivante : *passé*.
2. Épernay, ville de Champagne, sur la Marne ; elle fut comprise dans les compensations territoriales accordées, en 1651, au duc de Bouillon, en échange de sa principauté de Sedan, qu'il avait cédée au Roi en 1642.
3. *Second* est en interligne, sur le chiffre 2, biffé.
4. Sur les frontières. (Ms. H et plusieurs des premières éditions.) — Nous avons vu ci-dessus (p. 70, note 4) que plusieurs lettres de Mazarin sont datées de lieux situés sur les rivières : Épernay (sur Marne), Arcis-sur-Aube, Pont-sur-Yonne.
5. Retz avait d'abord mis *qu'il y a* (*i a*) ; on voit qu'il a corrigé *a* en *avoit*.
6. Ces arrêts. (1837-1866.)
7. *Et d'en*, se trouve répété dans l'original.
8. On appelait *parties casuelles* les droits et revenus éventuels et le bureau même où ils étaient perçus. Le *droit annuel* se nommait autrement *la Paulette;* « on le paye tous les ans aux parties casuelles, dit Furetière, pour conserver à ses héritiers une charge

fut rebuté avec indignation et avec clameur; et[1] la même Compagnie, qui venoit d'ordonner la marche des troupes de Monsieur pour[2] s'opposer à celle du Roi, traita la proposition de prendre ses deniers avec la même religion et le même scrupule[3] qu'elle eût pu avoir dans la plus grande tranquillité du Royaume. Je dis[4], à la levée du Parlement, à Monsieur qu'il voyoit que je ne lui avois pas menti quand je lui avois tant répété que l'on ne faisoit jamais bien la guerre civile avec les conclusions des gens du Roi[5]. Il dut[6] s'en apercevoir, quoique d'une autre manière,

Le lendemain[7] 11; car le Parlement s'étant assemblé et le marquis de Sablonière[8], maistre de camp du régiment de Valois[9], étant entré et ayant dit à Monsieur que le Coudrai-Geniers[10], qui étoit l'un des

qu'on possède, faute duquel payement elle est vacante au profit du Roi. »

1. Il y a *toute*, biffé, après *et*; le mot *même*, qui suit, est en interligne.

2. Devant *s'opposer*, est effacé : *combattre*; puis, après *à*, il y a bien le singulier *celle*, se rapportant à *marche*; le pluriel à *celles* (*aux troupes*) semblerait peut-être préférable.

3. Après *scrupule*, Retz avait écrit d'abord *que si*; il a biffé *si*, et corrigé *que* en *qu'elle*.

4. Après *je dis*, est biffé : *le soir*.

5. C'est dans le même sens que notre auteur a dit précédemment (tome II, p. 205) : « Les Compagnies, qui sont établies pour le repos, ne peuvent jamais être propres au mouvement. »

6. Devant *il dut*, Retz a effacé : *mais il étoit de caractère de*; et de même, après *apercevoir*, les deux mots : *encore mieux*, précédés d'un autre, illisible.

7. *Lendemain*, en interligne. — Les éditions de 1837-1866 omettent, après *lendemain*, le chiffre 11, vraie date de cette séance (voyez *Talon*, p. 460), et le remplacent, entre crochets, par 3 janvier.

8. Voyez au tome III, p. 298 et note 7.

9. Voyez ci-après, p. 107, note 2.

10. « Jacques du Coudray de Geniers ou Geniez, conseiller en la première chambre des Enquêtes, demeurant, dit la liste d'adresses

SECONDE PARTIE. [Janvier 1652] 73

commissaires pour armer les communes, avoit été tué, et que Bitaut¹, qui étoit l'autre, étoit prisonnier des ennemis, la commotion fut si générale² dans tous les esprits, qu'elle n'eût pu être plus grande quand il se seroit agi de³ l'assassinat du monde le plus noir et le plus horrible, médité et exécuté en pleine paix⁴. Je me souviens que Bachaumont⁵, qui étoit ce jour-là der-

déjà citée, à l'Égout de Saint-Paul. » Le recueil manuscrit de *Portraits* (p. 32) le représente comme un homme « assez fier, avec quelque opinion de lui-même; a de l'esprit, adroit, assez peu attaché à sa profession, de qui on ne doit pas craindre une lâcheté.... A épousé une de Bordeaux, fille de l'intendant; aimant ses divertissements, autant que les gouttes, dont il est universellement travaillé, le peuvent permettre. »

1. Retz avait écrit d'abord *Bitaud;* il a biffé le *d* et mis un *t* au-dessus. — Sur François Bitaut, conseiller en la troisième chambre des Enquêtes, voyez au tome III, p. 128, note 8. Il demeurait « rue du Foing. »

2. Après *si générale*, Retz a répété et biffé : *et si générale;* à la ligne suivante, après *plus*, il y a encore *gen*, corrigé en *gr*, et biffé.

3. *Du a été* corrigé en *de*.

4. C'est à Pont-sur-Yonne qu'eut lieu cette nouvelle application de la devise *cedant arma togæ*. Les deux délégués du Parlement, pénétrés de la valeur de leur mandat, entreprirent d'instrumenter, à l'entrée du pont, contre le maréchal d'Hocquincourt et ses gendarmes, prêts à passer. Après quelques moments d'attente, la cavalerie chargea les conseillers en train de verbaliser. Geniers ne fut pas tué, mais parvint à se sauver : voyez les *Mémoires de Gui Joli* (p. 68), ceux d'*Omer Talon* (p. 460 et 461), et une lettre de la *Muze historique* (p. 201), où Loret dit :

> On n'a jamais vu dans l'histoire
> De si fréquents coups d'écritoire.

5. François le Coigneux, sieur de Bachaumont, fils du président Jacques le Coigneux (voyez au tome II, p. 66, note 2). Il était conseiller en la quatrième chambre des Enquêtes, et demeurait « rue Saint-François-aux-Marais, près la Fontaine. » Après la Fronde, il quitta la robe et mena la vie d'épicurien et de lettré, avec Chapelle, en compagnie duquel il fit et écrivit le fameux *Voyage* dit *de Chapelle et Bachaumont*. Retz a déjà parlé de lui au tome II, p. 493.

rière moi, me dit à l'oreille, en se moquant de ses confrères : « Je vas[1] acquérir une merveilleuse réputation; car j'opinerai à écarteler M. d'Hocquincourt, qui a été assez insolent pour charger des gens qui arment les communes contre lui. » La colère que le Parlement eut de cette prévarication de M. d'Hocquincourt, et contre laquelle il décréta en forme, fut cause, à mon opinion, que l'on ne refusa pas l'audience à un gentilhomme de Monsieur le Prince[2], qui apportoit une lettre et une requête de sa part; car je ne vois pas par quelle[3] autre raison l'on eût pu recevoir ce paquet envoyé au Parlement après l'enregistrement de la déclaration, puisque ce même Parlement avoit refusé de voir une lettre et une remontrance de Monsieur le Prince[4], de cette même nature, le 2 de décembre, qui étoit un temps dans lequel il n'y avoit encore[5] aucune procédure en forme qui eût été faite contre lui dans la Compagnie.

Je fis remarquer cette circonstance, le soir du 11[6], à M. Talon, qui avoit conclu lui-même à entendre l'envoyé; et il me répondit ces propres mots : « Nous ne savons plus tous ce que nous faisons; nous sommes hors des grandes règles. » Il ne laissa pas d'insister, dans ses conclusions, à ce que l'on ne touchât point aux deniers du Roi, qu'il maintint devoir être sacrés, quoi qu'il pût

---

1. Trois lettres biffées après *vas*.
2. Le sieur *de Sales*, dit Talon (p. 460); *de la Sale*, dit Gui Joli (p. 67). — A la ligne précédente, devant l'*audience*, il y a *une*, substitué à *de*, et biffé.
3. Retz avait mis d'abord *qu'il*; le mot *autre*, qui suit, est à la marge; puis *eût* en interligne, à la suite et au-dessus de deux autres *eust*, effacés; après *recevoir*, il y a trois lettres biffées.
4. *De Monsieur le Prince* est ajouté à la marge.
5. Après *encore*, est biffé *rien*; trois lignes plus bas, *conclu* est précédé d'*été* (*esté*) et suivi d'*à*, biffés.
6. Le soir de ce 11. (Ms. Caf.)

SECONDE PARTIE. [Janvier 1652]

arriver¹. Jugez, je vous supplie, comme cela se pouvoit accorder avec l'autre partie des conclusions qu'il avoit données, deux ou trois [jours] devant, par lesquelles il armoit les communes et faisoit marcher les troupes pour s'opposer à celles du Roi². J'ai admiré, mille fois en ma vie, le peu de sens de ces malheureux gazetiers qui ont écrit l'histoire de ce temps-là. Je n'en ai pas³ vu un seul qui ait seulement fait une réflexion légère sur ces contradictions, qui en sont pourtant les pièces les plus curieuses et les plus remarquables⁴. Je ne pouvois concevoir, dès ce temps-là, celles que je remarquois dans la conduite de M. Talon⁵, parce qu'il étoit assurément homme d'un esprit ferme et d'un jugement solide, et je crus quelquefois qu'elles étoient affectées. Je me souviens que je perdis cette pensée, après y avoir fait de grandes réflexions, et que j'eus des raisons, du détail desquelles je n'ai pas la mémoire assez fraîche, pour demeurer persuadé qu'il étoit emporté, comme tous les autres⁶, par les torrents qui courent, dans ces sortes de temps, avec

---

1. Le duc d'Orléans, qui faisait des levées, avait bien de la peine à se procurer de l'argent, comme l'atteste la *Muze de Loret* (p. 198). Fallait-il prendre les deniers des recettes publiques? Où trouver, dans ce cas, l'argent nécessaire au payement des rentes de la ville et des gages des compagnies, montant ensemble à plus de quinze millions de livres par an? Grave question qui fut vivemen débattue, et « fut occasion de refroidissement à plusieurs : » voyez les *Mémoires d'Omer Talon*, p. 461.

2. Talon n'avoue nullement, dans ce qu'il rapporte lui-même de ses conclusions, qu'il soit allé aussi loin que le dit ici Retz.

3. Le mot *pas* est en interligne, et de même, un peu plus loin, *une*, devant *réflexion*, au-dessus de *re*, biffé; à la fin de la phrase, à la suite de *remarquables*, il y a une ligne et demie effacée : *elles auroient beaucoup moins étonné si le le spectacle* (?).

4. Rapprochez de ce que Retz a écrit au tome III, p. 353-355.

5. *De M. de Talon* (sic), dans l'original.

6. *Comme tous les autres* est en interligne.

une impétuosité qui agitoit[1] les hommes, en un même moment, de différents côtés[2].

Voilà justement ce qui arriva à M. Talon dans la délibération de laquelle nous parlons ; car, après qu'il eut conclu à faire entrer[3] l'envoyé de Monsieur le Prince et à lire sa lettre et sa requête[4], il ajouta qu'il falloit envoyer l'un et l'autre au Roi et n'y[5] point délibérer que l'on n'eût sa réponse. La lettre de Monsieur le Prince au Parlement n'étoit qu'un offre[6] qu'il faisoit à la Compagnie de sa personne et de ses armes contre l'ennemi commun ; et la requête[7] tendoit à ce qu'il fût sursis à l'exécution de la déclaration qui avoit été registrée contre lui, jusques à ce que les déclarations et arrêts rendus contre le Cardinal eussent eu leur plein et entier effet[8]. L'on ne

1. Retz, ce semble, avait d'abord écrit *agite*. — Le ms. Caf. termine ainsi la phrase : « qui courent, dans ces sortes de temps, avec impétuosité, qui aveuglent les hommes en les agitant. » — Les éditions de 1837-1866 ont, à la fin : *de différentes sortes*, pour *de différents côtés* ; et, un peu avant, *mouvement*, au lieu de *moment*.

2. La *Muze de Loret* (p. 199) dépeint d'une façon fort plaisante le désarroi causé dans le Parlement par la nouvelle du retour de Mazarin « en grand équipage : »

> Tel qui disoit : « Faut qu'on l'assomme ! »
> Dit à présent : « Qu'il est bon homme ! »
> Tel qui disoit : « le Mascarin !
> Le Mazarin ! le Nazarin ! »
> Avec un ton de révérence
> Dit maintenant : « Son Éminence ! »
> . . . .
> O les âmes foibles et vaines,
> O les fragilités humaines !

3. *Faire entrer* est à la marge, pour remplacer deux mots biffés dans le texte : *entendre* et *recevoir*, dont le second est en interligne.

4. Monsieur le Prince et à lire sa requête. (1843-1866.)

5. *Ne* a été corrigé en *n'y* (*ni*).

6. L'original a bien ainsi *un offre*, au masculin.

7. Et sa requête. (1837-1866.)

8. *Jusques à ce que.... entier effet* se trouve à la marge.

SECONDE PARTIE. [Janvier 1652] 77

put achever la délibération, quoique l'on eût opiné jusques à trois heures après midi. Elle fut consommée le lendemain, qui fut

Le 12, et[1] arrêt fut donné, par lequel il fut dit que l'on redemanderoit M. Bitaut, et M. Geniers, qui n'étoit que prisonnier[2], à M. d'Hocquincourt; et qu'en cas de refus, on rendoit[3] responsable lui et toute sa postérité[4] de tout ce qui leur pourroit arriver; que la déclaration et arrêts[5] contre le Cardinal seroient exécutés; que défenses seroient faites[6] à tous les sujets du Roi de reconnoître le maréchal d'Hocquincourt et autres qui assistent le Cardinal, en qualité de commandants de troupes de Sa Majesté, et qu'il[7] seroit sursis à l'exécution de la déclaration et arrêts rendus contre Monsieur le Prince, jusques à ce que la déclaration et arrêts rendus contre le Cardinal aient été entièrement exécutés[8].

Ce qui se passa au Parlement le 16 et le 19 de janvier[9] n'est d'aucune considération. M. de Nemours[10], qui

1. Entre *et* et *arrêt*, a été biffé : *l'arrêt*.
2. C'est Bitault (le nom est écrit ainsi à cet endroit) qui était prisonnier : voyez la note 4 de la page 73. Il fut enfermé dans la tour de Loches, dit la *Muze historique*, p. 210, et rendu à la liberté au commencement de février.
3. On rendroit. (1837-1866.) — Il y a, dans l'original, entre *responsable* et *lui*, un *de*, laissé évidemment par inadvertance.
4. Parenté. (1837-1866.)
5. Les mots *et arrêts* sont en interligne.
6. Que défense seroit faite. (1837-1866.) — Les mêmes éditions ont, plus loin, *assistoient*, au lieu d'*assistent*.
7. *Qu'il* a été substitué à *que;* et *seroit sursis à l'exécution de* est à la marge; puis, à la ligne suivante, *soit* (?) *sursis* a été effacé, après *Prince*.
8. Le manuscrit 197 de l'Arsenal, déjà cité, contient (folios 15-18) de longs détails sur cette séance, du 12 janvier 1652, du parlement de Paris.
9. Retz, ce semble, avait voulu corriger *janvier* en *février*.
10. Voyez au tome I, p. 236 et note 1.

revenoit de Bordeaux et qui passoit en Flandres pour en ramener les troupes que les Espagnols donnoient à Monsieur le Prince¹, arriva à Paris le soir du 19. Il est nécessaire de reprendre un peu de plus haut le détail de ce qui² concerne cette marche de M. de Nemours, qui donna à Monsieur beaucoup d'ombrage.

Je vous ai déjà dit, ce me semble³, que M. le duc d'Orléans étoit cruellement embarrassé, cinq ou six fois par jour⁴, parce qu'il étoit persuadé que tout étoit à l'aventure et qu'il étoit même impossible de faire bien. Il y avoit des moments où il prenoit de cette sorte de courage que le désespoir produit; et c'étoit dans ces moments où il disoit que le pis qui lui pouvoit arriver seroit d'être en repos à Blois⁵; mais Madame, qui n'estimoit pas ce repos pour lui, troubloit souvent la douceur des idées qu'il s'en⁶ formoit, et lui donnoit, par conséquent, des appréhensions fréquentes des inconvénients qu'il ne craignoit déjà que trop naturellement⁷. La constitution où étoient les affaires n'aidoit pas à lui donner de la hardiesse; car, outre qu'il marchoit toujours sur

1. Ces troupes étaient sous le commandement du baron de Clinchamp.

2. Après *ce qui*, est biffé : *rega[rde]* ; après le *qui* de la ligne suivante, sont encore biffées quelques lettres : *nuisit* (?).

3. *Ce me semble* est en interligne. — Voyez ci-dessus, p. 40-44.

4. *Cinq ou six fois par jour* est à la marge, en remplacement des mêmes mots biffés dans le texte ; à la ligne suivante, *qui* est corrigé en *qu'il* ; puis *même* est effacé dans le texte et récrit en interligne.

5. Voyez ci-dessus, p. 50 et note 6.

6. Quelques lettres : *donn*, ont été biffées après *s'en* ; à la ligne suivante, entre *des*, qui corrige *de*, et *inconvénients*, on lit *toutes les*, effacé.

7. Qu'il ne craignoit que trop de son naturel. (Ms. Caf.) — Dans l'autographe, *La*, qui suit, est précédé de *Les*, effacé ; plus loin, *lui donner de la hardiesse* est en interligne ; Retz avait mis d'abord : *le rassurer*.

des précipices, les allures qu'il étoit obligé d'y suivre et d'y prendre étoient d'une nature à faire glisser les gens qui eussent été les plus fermes et les plus assurés. Comme il ne pouvoit oublier le Jeudi saint[1], et qu'il craignoit d'ailleurs extrêmement[2] la dépendance dans laquelle il croyoit qu'il tomberoit infailliblement, si il s'unissoit absolument avec Monsieur le Prince, il se contraignoit lui-même, dans toutes ses démarches, à un point qu'il forçoit, dix[3] fois par jour, les plus naturelles; et dans le temps qu'il espéroit encore que[4] l'on pourroit traverser le retour de Monsieur le Cardinal par d'autres moyens que ceux de la guerre civile, il s'accoutuma si bien à garder les mesures qui étoient convenables à cette disposition[5], que quand il fut obligé de les changer, il tomba dans une conduite hétéroclite et toute pareille à celle du Parlement.

Vous avez déjà vu, en[6] plusieurs occasions[7], que

1. Voyez au tome III, p. 289, le récit des événements de la semaine sainte de 1651, des actes d'autorité que fit alors la Reine contre le gré et au grand déplaisir de Monsieur. Retz a déjà désigné cette époque par les mots de *Jeudi saint*, au même tome, p. 532. Dans la note qui se rapporte à ce dernier passage, il s'est glissé une erreur : Pâques, en 1651, tombait non au 5, mais au 9 avril, et le jeudi saint au 6, non au 2.

2. *Extrêmement* est en interligne, au-dessus des mots : *au dernier point*, biffés. Il y a, à la ligne suivante, après *qu'il*, trois lignes et demie, effacées : *seroit infailliblement.... demeureroit (?) il seroit uni tout à fait avec M^r le Prince si*.

3. *Dix* est en interligne, au-dessus de *six* et *vin[gt]*, enchevêtrés l'un dans l'autre et biffés; puis *par* est au-dessus de *le*, également biffé.

4. Après *que*, est effacé : *M. le Cardinal*.

5. *A cette disposition* est à la marge; avant *convenables*, qui précède, Retz avait d'abord écrit *n'étoient pas*; il a ensuite biffé *n'* et *pas*.

6. *En* est en interligne.

7. Voyez ci-dessus, p. 63-65 et p. 71 et 72.

cette Compagnie, dans une même séance, commandoit
à des troupes de marcher et leur[1] défendoit, en même
temps, de pourvoir à leur subsistance ; qu'elle armoit
les peuples[2] contre les gens de guerre, qui avoient leur
commission[3] et leur ordre en bonne forme de la cour,
et qu'elle éclatoit, au même moment, contre ceux qui
proposoient que l'on licenciât ces gens de guerre ; qu'elle
enjoignoit aux communes de courre sus[4] aux généraux
des armes du Roi qui assisteroient[5] le Mazarin, et qu'elle
défendoit au même instant, sur peine de la vie, de faire
aucune levée sans commission expresse de Sa Majesté[6].
Monsieur, qui[7] se figuroit qu'en demeurant uni avec le
Parlement, il fronderoit le Mazarin sans dépendance de
Monsieur le Prince, se laissa couler[8] par cette jonction
encore plus aisément dans la pente où il ne tomboit déjà
que trop naturellement par son irrésolution. Elle l'obligeoit à tenir des[9] deux côtés toutes les fois qu'il avoit

1. *Leur*, et *en même temps*, qui suit, sont au-dessus de la ligne ; *en*
a été biffé, puis récrit.
2. Le peuple. (1837-1866.)
3. A la suite de *commission*, est effacé : *en bonne fo[rme]* ; *bonne*
à la marge ; un peu plus loin, *ordre* est en interligne sur le même
mot biffé.
4. De courir sus. (1837-1866.)
5. Des armées du Roi qui soutenoient. (1837-1866.) — Dans l'o-
riginal, *des* est écrit deux fois et biffé la première.
6. « Messieurs les présidents s'élevèrent fort, dit Omer Talon
(p. 461), contre les propositions qui avoient été faites de prendre
les deniers publics, soutenant qu'il n'y avoit point de cas auquel le
Parlement pût ordonner que des troupes seroient levées ; qu'il n'y
en pouvoit avoir en France que pour ou contre le service du Roi ;
qu'en cette occasion le Parlement étoit obligé de conserver l'autorité royale, de se rendre médiateur plutôt que partisan, etc. »
7. Après *qui*, est effacé *cro[ioit]*.
8. *Laissa couler* est à la marge, pour remplacer *trouva*, biffé dans
le texte.
9. *Ces* corrigé en *des*.

lieu de le faire¹. Ce qui étoit de son inclination lui devint nécessaire par son union avec une compagnie qui² n'agissoit jamais que sur le fondement d'accorder les ordonnances royaux³ avec la guerre civile⁴. Ce ridicule est en quelque manière couvert dans les temps, à l'égard du Parlement, par la majesté d'un grand corps, que la plupart des gens croient infaillible; il paroît toujours de bonne heure dans les particuliers, quels qu'ils soient⁵, fils de France ou princes du sang. Je le disois tous les jours à Monsieur, qui en convenoit, et puis revenoit toujours à me dire en sifflant⁶ : « Qu'y a-t-il de mieux à faire ? » Je crois que ce mot servit de refrain, plus de cinquante fois, à tout ce qui se dit dans une conversation que j'eus avec lui le jour que M. de Nemours arriva à Paris. Monsieur me témoignant beaucoup de chagrin⁷ de ce que les troupes qu'il alloit querir en Flandres fortifieroient⁸ trop Monsieur le Prince, « qui

1. Qu'il y avoit lieu à le faire. (1843-1866.)
2. Deux lettres biffées après *qui*.
3. Tel est bien le texte de l'original. Ce féminin archaïque : *royaux*, est à la marge. Quelques-unes des premières éditions l'ont changé en *royales;* celles de 1837-1866 l'ont omis. Voyez, dans le *Dictionnaire de M. Littré*, les remarques qui suivent l'article LETTRE.
4. Après *civile*, il y a quatre lignes biffées : *Ce galimathias* (sic), *qui est très-difficile à concevoir à ceux qui n'ont pas.... les.... est déguisé et et couvert presque couvert à l'égard du Parlement*. Parmi ces mots, *très*, puis *est déguisé et* sont en interligne; *presque couvert* est à la marge. — Un peu plus loin, les mots du texte : *à l'égard du Parlement*, sont aussi à la marge.
5. Retz a écrit : *quelqu'ils soit* (sic).
6. Dans l'autographe, *chifflant*. Nous savons déjà que notre auteur écrit tantôt *siffler* et tantôt *chiffler* : voyez, au tome II, p. 20, et au tome III, p. 154, 392 et 405. — Dans *Qu'y a-t-il*, qui suit, la particule *y* (i) a été ajoutée après coup, et, un peu plus loin, il y a *affaire* pour *à faire*.
7. *Chagrin*, en interligne, sur trois lettres biffées.
8. Fortifioient. (1837-1866.)

s'en servira après, ajouta-t-il, à ses fins et comme il lui plaira, » je lui dis[1] que j'étois au désespoir de le voir dans un état où rien ne lui pouvoit donner de la joie, et où tout le pouvoit et le devoit affliger. « Si Monsieur le Prince est battu, lui disois-je, que ferez-vous avec le Parlement, qui attendroit les conclusions des gens[2] du Roi quand le Cardinal seroit[3] avec une armée à la porte de la Grande Chambre ? Que ferez-vous si Monsieur le Prince est victorieux, puisque vous êtes déjà en défiance de quatre mille hommes que l'on est sur le point de lui amener ? »

Quoique j'eusse été très-fâché, et par la raison de[4] l'engagement que j'avois sur ce point avec la Reine, et par celle même de mon intérêt particulier, qu'il se fût uni intimement avec Monsieur le Prince, avec lequel d'ailleurs il ne pouvoit s'unir sans se soumettre, même avec honte, vu[5] l'inégalité des génies, je n'eusse pas laissé de souhaiter qu'il n'eût pas la foiblesse, et d'envie et de crainte, qu'il avoit à son égard, parce qu'il me sembloit qu'il y[6] avoit des tempéraments à prendre, par lesquels il pouvoit faire servir Monsieur le Prince à ses fins, sans lui donner tous les avantages qu'il en appréhendoit. Je conviens que ces tempéraments étoient difficiles dans l'exécution, et, par conséquent, qu'ils étoient impossibles à Monsieur, qui ne reconnoissoit presque

---

1. *Dis* est en interligne, sur *représentai*, biffé.

2. *Des gens*, à la marge. — 3. Sera. (1837-1866.)

4. Au lieu de *par la raison de*, Retz avait écrit d'abord, puis a biffé : *à cause de*; il a mis *par la* en interligne, et *raison de* à la marge ; deux lignes plus bas, devant : *par celle même*, on lit encore : *à cause*, effacé, et *même* est en interligne.

5. Il y a bien ainsi, dans l'autographe, *vu*, sans accord, conformément à l'usage actuel.

6. La particule *y* (i), qui termine une page de l'original, est répétée à la suivante ; un peu plus loin, *fins* est biffé, puis récrit.

jamais de différence entre le difficile et l'impossible. Il est incroyable quelle peine j'eus à lui persuader que la bonne conduite vouloit qu'il fît ses efforts à ce que le Parlement ne se déclarât pas contre ces troupes auxiliaires qui devoient venir à Monsieur le Prince. Je lui représentai avec force toutes les raisons qui l'obligeoient à ne les pas opprimer, dans la conjoncture où étoient les affaires, et à ne pas accoutumer la Compagnie à condamner les pas qui se faisoient contre le Mazarin [1].

Je convenois [2] qu'il falloit blâmer publiquement l'union avec les étrangers pour soutenir la gageure; mais je soutenois qu'il falloit, en même temps, éluder les délibérations que l'on voudroit faire sur ce sujet; et j'en proposois [3] les moyens, qui, par les diversions qui étoient naturelles et par les foiblesses du président le Bailleul [4], eussent été même comme imperceptibles. Monsieur demeura très-longtemps ferme à [5] laisser aller la chose dans son cours, « parce que, ajouta-t-il, Monsieur le Prince n'est déjà que trop fort [6]; » et après que je l'eus convaincu par mes raisons, il fit ce que tous les [7] hom-

1. Cette fin de phrase : *et à ne pas accoutumer.... le Mazarin*, est à la marge dans l'original, *accoutumer* étant écrit au-dessus de *porter* effacé; devant *condamner*, dans cette même addition marginale on lit *des pas; pas* a été biffé; mais *des* est resté, sans doute par inadvertance.

2. Je conviens. (1837-1866.) — Après *qu'il*, dans l'original, il y a *les*, biffé; *l'union avec les étrangers* est à la marge; à la suite de *publiquement*, est biffé : *mais que;* et, plus bas, *en*, devant *éluder;* les mots : *que l'on voudroit faire sur ce sujet*, sont aussi à la marge. — Dans le ms. Caf. : « avec les étrangers ennemis de l'État. » Un peu plus loin, le ms. H et quelques-unes des premières éditions changent *gageure* en *Guyenne*.

3. Préparois. (1837-1866.)

4. Voyez ci-dessus, p. 67 et note 1.

5. Un mot : *condamner*, effacé, après *ferme à*.

6. N'est déjà pas trop fort. (1837 et 1843.)

7. Après *tous les*, on lit *esp*[*rits*], biffé.

mes qui sont foibles ne manquent jamais de faire en pareille occasion : ils tournent si court, quand ils changent de sentiment[1], qu'ils ne mesurent plus leurs allures ; ils sautent au lieu de marcher ; et il prit tout d'un coup le parti, quoi que je lui pusse dire au contraire, de justifier la marche de ces troupes étrangères, et de la justifier dans le Parlement par des illusions qui ne trompent[2] personne et qui ne servent qu'à faire voir que l'on veut tromper. Cette figure est de la rhétorique de tous les temps ; mais il faut avouer que celui du cardinal Mazarin l'a étudiée et pratiquée et[3] plus fréquemment et plus insolemment que tous les autres. Elle y a été non-seulement journellement employée, mais consacrée dans les arrêts, dans les édits et dans les déclarations ; et je suis persuadé que cet outrage public fait à la bonne foi a été[4], comme il me semble que je vous l'ai déjà dit dans la première partie de cet ouvrage[5], la principale cause de nos révolutions.

Monsieur me[6] dit qu'il prétendroit dans le Parlement que ces troupes n'étoient pas espagnoles, parce que les hommes[7] qui les composoient étoient allemands. Vous remarquerez, s'il vous plaît, qu'il y avoit trois ou quatre

1. De sentiments. (1837-1866). — *De* est biffé une fois, dans l'autographe ; un peu plus loin, *tout d'un coup* est à la marge.
2. Allusions. (1859, 1866.) — Qui n'y trompent. (1837-1866.)
3. *Et* est en interligne, ainsi que *journellement*, un peu plus bas.
4. *A été* est aussi au-dessus de la ligne, sur *est*, biffé ; et de même *vous*, devant *l'ai déjà dit*.
5. L'auteur veut-il parler du passage du tome I (p. 287) où il dit que « le filoutage dans le ministère » engendre « le mépris, qui est la maladie la plus dangereuse d'un État » ?
6. *Me* est en interligne, sur le même mot, accidentellement effacé.
7. Retz a écrit : *parcequ'ils les hommes* (sic), et a biffé *les*, au lieu d'*ils*.

ans qu'elles servoient l'Espagne[1], en Flandres, sous le commandement d'un cadet de Witemberg, qui étoit[2] nommément à la solde du Roi Catholique, et que beaucoup de gens de qualité, même du Pays-Bas, y étoient officiers. J'eus beau représenter à Monsieur que ce que nous blâmions tous les jours le plus dans la conduite du Cardinal étoit cette manière d'agir et de parler, si contraire aux vérités les plus reconnues, je n'y gagnai rien; et il me répondit, en se moquant de moi, que je devois avoir observé que le monde veut être trompé. Ce mot[3] est vrai, et il se vérifia même en cette occasion.

Je vous supplie de me permettre que je fasse ici une pause, pour observer qu'il n'est pas étrange que les historiens qui[4] traitent des matières dans lesquelles ils ne

---

1. Il y avait d'abord : *le roi d'Espagne;* les deux premiers mots sont effacés, et *d'* a été corrigé en *l*.

2. De Wirtemberg, qui est. (1837-1866.) — L'orthographe *Witemberg* (pour *Wirtemberg*, *Wurtemberg*) est bien celle de l'original, ainsi que du ms. Caf. On écrivait aussi ce nom par deux *t*; nous le lisons ainsi dans les *Mémoires de Monglat*, qui parle des « troupes du Wittemberg, » dans sa dix-huitième campagne, celle de cette année 1652 (p. 279). — Ce cadet était Ulrich de Wurtemberg, né en 1617, mort en 1671, le plus jeune des deux frères d'Éverard VIII, duc régnant de Wurtemberg. Il était non pas fils, comme le dit Petitot dans la *Biographie Michaud*, mais petit-fils de Frédéric I, et fils de Jean-Frédéric dit le Magnifique. Il fit preuve de talents militaires, servit successivement Venise, la Bavière, l'Espagne, vint joindre Turenne, en 1650, lors de l'arrestation de Condé, et commanda sous lui la cavalerie. Après s'être converti au catholicisme, il revint, à la fin de sa vie, à la religion protestante. Voyez une notice sur ce prince dans l'*Histoire du Wurtemberg* de Sattler, tome X, p. 243 et suivantes.

3. *Ce mot* est écrit au-dessus de la ligne, sur *cela*, effacé; la suite : *et il se* (suivi de *ver*, raturé) *vérifia même en cette occasion*, est aussi en interligne, pour remplacer deux lignes que Retz a biffées : *mais vous verrez par la suite qu'il n'étoit pas bien appliqué en cet endroit*.

4. Après *qui*, est biffé : *écrivent;* et de même, *se tromp[ent]*, à la ligne suivante, devant *s'égarent*.

sont pas entrés par eux-mêmes s'égarent si souvent, puisque ceux même qui en sont les plus proches ne se peuvent défendre, dans une infinité d'occasions, de prendre pour¹ des réalités des apparences quelquefois fausses dans toutes leurs circonstances. Il n'y eut pas un homme, je ne dis pas dans le Parlement, mais dans Luxembourg² même, qui ne crût, en ce temps-là, que mon unique application auprès de Monsieur ne fût de rompre les mesures que Monsieur le Prince avoit avec lui. Je n'y eusse pas certainement³ manqué, si j'eusse seulement entrevu qu'il⁴ eût eu la moindre disposition à en prendre de bonnes et d'essentielles ; mais je vous assure qu'il étoit si éloigné de celles même auxquelles l'état des affaires l'obligeoit, par toutes les règles de la bonne conduite, que j'étois forcé de travailler avec soin à lui persuader de demeurer, au moins avec quelque sorte de justesse, dans celle-ci, dans le moment même que tout le monde se figuroit que je ne songeois qu'à l'en détourner.

Je n'étois pourtant pas fâché du bruit que les serviteurs de Monsieur le Prince répandoient du contraire, quoique ces bruits me coûtassent, de temps en temps, quelques bourrades, que l'on me donnoit en opinant dans les assemblées des chambres. J'espérai⁵, au com-

1. Après *pour*, est biffée la lettre *u* ; probablement l'auteur avait d'abord voulu mettre : *une réalité*. Plus loin, après *quelquefois*, est effacé *tout à fait*.
2. C'est-à-dire dans le palais du duc d'Orléans.
3. *Certainement*, en interligne, sur *assurément*, biffé.
4. Une lettre effacée, après *qu'il* ; et deux, à la ligne suivante, entre *je* et *vous*. D'*essentielles*, qui précède, est à la marge, pour remplacer *d'entières*, biffé dans le texte ; trois lignes plus bas, *j'étois forcé de* est également à la marge ; et, plus loin, Retz a oublié de corriger *travaillois* en *travailler*.
5. J'espérois. (1837-1866.) — La dernière syllabe du mot *espé-*

mencement, de m'en pouvoir servir utilement pour entretenir la Reine ; elle ne s'y laissa pas amuser longtemps ; et comme elle sut que, bien que je lui tinsse fidèlement la parole que je lui avois donnée de ne me point accommoder avec Monsieur le Prince, je ne laissois pas[1] de déconseiller[2] à Monsieur de rompre avec lui, elle m'en fit faire des reproches par Brachet[3], qui vint à Paris dans ce temps-là. Je lui fis écrire sous moi un mémoire qui lui justifioit clairement que je ne manquois en rien, comme il étoit vrai, à tout ce que[4] je lui avois promis, parce que je ne m'étois engagé à quoi que ce soit qui fût contraire à ce que j'avois[5] conseillé à Monsieur. Brachet me dit, à son retour, que la Reine en étoit convenue[6], après qu'il lui eut fait peser mes raisons ; mais que M. de Châteauneuf s'étoit[7] récrié, en proférant ces propres paroles : « Je ne suis pas, Madame, non[8] plus que le Coadjuteur, de l'avis du rappel de Monsieur le Cardinal ; mais il est si criminel à un sujet de dicter un mémoire pareil à celui que je viens de voir, que, si j'étois son juge, je le condamnerois sans balancer sur cet unique chef. » La Reine[9] eut la charité de commander à Brachet de me raconter ce détail, et de me dire que Monsieur le Cardinal auroit plus de fidé-

---

rai est en interligne sur *m'en*, biffé ; *au commencement de m'en pouvoir* est ajouté à la marge.

1. Je ne laissai pas. (1837-1866.)
2. De conseiller. (*Ibidem.*) — Plus loin, dans l'autographe, est biffé *tout à [fait]*, après *rompre*.
3. Voyez ci-dessus, p. 65 et note 7.
4. De tout ce que. (1837-1866.) — Dans l'original, *à* est en interligne, au-dessus de *de*, effacé.
5. Après *j'avois*, Retz avait écrit d'abord, puis a biffé *pu* (*peu*).
6. Convaincue. (1837-1866.)
7. Devant *s'étoit*, on lit *avoit*, biffé.
8. *Non* est omis dans les éditions de 1837 et 1843.
9. Après *la Reine*, est effacé : *n'oubli[a pas?]*.

lité pour moi que ce scélérat, quoique je ne lui en donnasse pas sujet. Ce furent ses propres paroles. Je reviens au Parlement.

Ce qui s'y passa¹, depuis le 12 de janvier 1652 jusques au 24 du même mois, ne mérite pas² votre attention, parce que l'on n'y³ parla presque que de l'affaire de MM. Bitaut et Geniers⁴ ; que l'on y traita toujours comme si il se fût agi d'un assassinat, qui eût été commis de sang-froid sur les degrés du Palais⁵.

Le 24, M. le président de Bellièvre et les autres députés qui avoient été à Poitiers⁶ firent leur relation des remontrances qu'ils avoient faites au Roi, au nom du Parlement, contre le retour du Cardinal, avec toute la véhémence⁷ et toute la force imaginable. Ils dirent que Sa Majesté, après en avoir communiqué avec la Reine et son Conseil, leur avoit fait répondre, en sa présence, par Monsieur le garde des sceaux, que quand le Parlement avoit⁸ donné ses derniers arrêts, il n'avoit pas su sans doute que M. le cardinal Mazarin n'avoit

---

1. Ce qui se passa. (1859, 1866.) — Le 12 janvier. (1843-1866.)
2. Après *pas*, est biffé *de*, et deux autres lettres.
3. A la suite de *l'on n'y*, on déchiffre ces mots sous les ratures : *traita, à proprement parler, presque que l'affaire*, qui ont été en partie récrits dans la suite de la phrase.
4. M. Bitault et Géviers. (1837-1866.) Voyez ci-dessus, p. 72 et 73.
5. On trouvera les détails de cette délibération dans les *Mémoires d'Omer Talon*, p. 462.
6. D'où ils étaient revenus le 21.— Après *firent*, qui suit, il y a, dans l'autographe, *rela*[*tion*], biffé, et récrit après *leur*.
7. Deux lettres effacées après *véhémence* ; à la ligne suivante, *en* est en interligne ; deux lignes plus loin, il y a *le*, biffé, devant *Monsieur le garde des sceaux*.
8. La finale *oit*, d'*avoit*, et plus loin, *il*, sont en interligne ; à la suite d'*arrêts*, est biffé un *M* ; au lieu des trois *avoit* qui suivent, Retz avait mis d'abord trois *a*.

fait aucune levée de gens de guerre[1] que par les ordres exprès de Sa Majesté; qu'il lui avoit été commandé d'entrer en France et d'y amener ses troupes; et qu'ainsi le Roi ne trouvoit pas mauvais ce[2] que la Compagnie avoit fait jusques à ce jour, mais qu'il ne doutoit pas aussi que quand elle auroit appris[3] le détail dont il venoit de l'informer, et su, de plus, que M. le cardinal Mazarin ne demandoit que le moyen de se justifier, elle ne donnât à tous ses peuples l'exemple de l'obéissance qu'ils lui devoient.

Jugez, s'il vous plaît, quelle commotion put faire, dans le Parlement, une réponse si peu conforme aux paroles solennelles[4] que la Reine lui avoit réitérées plus de dix fois. M. le duc d'Orléans ne l'apaisa pas[5], en disant que le Roi lui avoit envoyé Ruvigni[6] pour lui faire le même discours, et pour lui ordonner de renvoyer dans leurs garnisons les régiments[7] qui étoient sous son nom[8].

1. Des gens de guerre. (1837-1866.)
2. *Ce*, au-dessus de la ligne.
3. *Quand elle auroit appris* est en interligne; Retz avait écrit d'abord *qu'aprenant;* il a effacé *prenant* et corrigé l'*a* en *e*; plus loin, *su*, devant *de plus*, et *ne*, devant *demandoit*, sont également en interligne, le premier au-dessus de *sachant*, biffé.
4. *Solennelles*, en interligne.
5. Ne l'appuya pas. (1837-1866.)
6. Henri de Massués, sieur de Ruvigny (dans le manuscrit original *Ruavigni*), marquis de Bonneval, né en 1610, lieutenant général en 1652, puis chargé de missions diplomatiques; il était de la religion réformée, et, après la révocation de l'édit de Nantes, il se retira en Angleterre, où il mourut (1689). Voyez sur lui les *Historiettes de Tallemant des Réaux* (*passim*), dont il était beau-frère, et, dans ce même ouvrage, une note de M. Paulin Paris (tome II, p. 230). — A la suite de *pour lui*, qui vient après *Ruvigni*, on lit *dire*, biffé; le second *pour*, à la ligne suivante, est en interligne.
7. Devant *les régiments*, est effacé : *les troupes*.
8. Ici sont biffées six lignes, mêlées de tâtonnements : *et qui commençoient à faire quelque.... Le Parlement de Une lettre du Parle-*

La chaleur fut encore augmentée par les arrêts de Toulouse et de Rouen, donnés contre le Mazarin, dont l'on affecta la lecture dans ce moment[1], aussi bien que celle d'une lettre du parlement de Bretagne, qui demandoit à celui de Paris union contre les violences de M. le maréchal de la Meilleraie[2]. M. Talon[3] harangua, avec une véhémence qui avoit quelque chose de la fureur, contre le Cardinal ; il tonna en faveur du parlement de Rennes contre le maréchal de la Meilleraie ; mais il conclut à des remontrances[4] sur le retour du premier et à des informations contre le désordre des troupes du maréchal d'Hocquincourt. Le feu s'exhala en paroles ; midi sonna,

ment de Bretagne, qui arriva (fut en interligne, au-dessus d'*arriva*) *dans ce moment et qu'il.... qu'il qu'il avoit donné arrêt contre le Mazarin.*

1. En ce moment. (1837-1866.)

2. Voyez le récit de cet incident curieux dans les *Mémoires de l'abbé Arnauld*, p. 533 et 534. Il s'agit d'un démêlé qui eut lieu, sur la fin de 1651, entre le duc de Rohan et le maréchal de la Meilleraye, à l'époque de l'ouverture des états de Bretagne. Malgré les vives représentations du président de Chalins, le maréchal, monté « sur un bidet, » vouloit charger la noblesse venue avec le duc. La scène se dénoua par une intervention singulière de l'évêque de Nantes, et finalement les gentilshommes du duc de Rohan durent se résigner à sortir de la ville.

3. Après *M. Talon*, est biffé *conc[lut]*.

4. Conclut de simples remontrances. (Ms. Caf.) — Voyez le résumé que Talon fait lui-même de ses conclusions dans ses *Mémoires* (p. 463) : « Le même jour (24 *janvier*), M. le duc d'Orléans, ajoute-t-il, signa l'union avec Monsieur le Prince, le soir fort tard, dans laquelle il n'a point été parlé du coadjuteur de Paris, non pas même pour le réconcilier avec Monsieur le Prince, ou faire trêve et cessation de leur mauvaise intelligence ; mais M. le duc d'Orléans s'est réservé la liberté de conférer avec ledit sieur coadjuteur, quand bon lui sembleroit, et de s'entretenir avec lui sans être obligé de s'en expliquer : ce qui est une terrible manière d'agir. Monsieur le Prince, se déclarant l'ennemi de Monsieur le Coadjuteur irréconciliablement, s'unit avec M. le duc d'Orléans, et ledit seigneur duc d'Orléans stipule qu'il pourra prendre conseil de l'ennemi de Monsieur le Prince. »

et l'on remit la délibération au lendemain[1] 25. Elle produisit un arrêt conforme à ces conclusions que je viens de vous rapporter, avec une addition toutefois qui y fut mise, particulièrement en vue du maréchal de la Meilleraie, qui étoit qu'il ne seroit procédé, au Parlement, à la réception d'aucun duc, pair, ni maréchal de France, que le Cardinal ne fût hors du Royaume.

Le pur hasard fit un incident, dans cette séance, qui fut pris par la plupart des gens pour un grand mystère. M. le maréchal d'Estampes[2] ayant dit, en opinant, sans aucun dessein[3], que le Parlement devoit s'unir avec Monsieur pour chasser l'ennemi commun, quelques conseillers le suivirent dans leur avis sans y entendre aucune finesse; et quelques autres le contredirent par ce pur esprit que je vous ai quelquefois dit être opposé à tout ce qui est ou paroît concert dans ces sortes de compagnies. M. le président de Novion[4], qui étoit raccommodé intimement avec la cour, prit très-habilement[5] cette conjoncture pour la servir; et jugeant très-bien que la personne du maréchal d'Estampes, qui étoit domestique de Monsieur[6], lui donnoit lieu de faire croire qu'il y avoit de l'art à ce qui n'avoit été, dans la vérité, jeté qu'à l'aventure, il s'éleva, avec M. le président de

1. Le chiffre 25, après *lendemain*, commence un nouvel alinéa; puis, après *produisit*, est effacé : *l'arré*[*t*].
2. Voyez au tome III, p. 298, note 4. — Jacques d'Estampes avait été fait maréchal de France le 5 janvier 1651, par l'entremise du duc d'Orléans : voyez le *P. Anselme*, tome VII, p. 542 et 543.
3. Il y a ici six mots biffés : *et sans aucun concert qu'il*; à la suite de *l'ennemi commun*, dans la même phrase, deux lignes sont également biffées : *ce qui, je crois, avoit été répété plus de 50 fois depuis six semaines.* A la ligne suivante, après *conseillers*, est encore effacé *pa*.
4. Voyez au tome III, p. 217 et note 8.
5. La syllabe *ha* a été biffée, puis récrite après *très*.
6. Après *Monsieur*, on lit *donneroit*, biffé; un peu plus haut, *très-bien* est en interligne.

Mesme, contre ce mot d'union, comme contre la parole du monde la plus criminelle. Il exagéra, avec éloquence, l'injure que l'on faisoit au Parlement de le croire capable d'une jonction qui produiroit infailliblement la guerre civile. La tendresse de cœur pour l'autorité royale saisit tout d'un coup toutes les imaginations; l'on poussa les voix jusques à la clameur contre la proposition du pauvre maréchal d'Estampes, et l'on la rejeta avec fureur, de la même manière que si elle n'eût pas été avancée, peut-être plus de cinquante fois, depuis six semaines, par trente conseillers; de la même manière[1] que si le Parlement n'eût pas remercié Monsieur, dans toutes ses séances, des obstacles qu'il apportoit au retour du Cardinal; et enfin de la même manière que si les gens du Roi même n'eussent pas conclu, en deux ou trois rencontres différentes[2], à le prier de faire marcher ses troupes pour cet effet. Il faut revenir à ce que je vous ai déjà dit quelquefois, que rien n'est plus peuple que les Compagnies[3].

M. le duc d'Orléans, qui étoit présent à cette scène[4], en fut atterré; et ce fut ce qui le détermina à joindre ses troupes à celles de Monsieur le Prince. Il y avoit longtemps qu'il les lui faisoit espérer, et parce qu'il n'avoit pas la force de les lui refuser, et parce qu'il en étoit pressé au dernier point par M. de Beaufort[5], qui y avoit

1. *De la même manière* est à la marge, dans l'original, comme, *enfin, de la même manière*, trois lignes plus bas, et, à la suite, dans la même phrase, *en deux ou trois rencontres différentes*, ces derniers mots remplaçant *au au* (sic) *moins une fois*, biffés dans le texte.

2. Retz, contre son usage le plus ordinaire, fait ici *rencontres* du féminin.

3. Voyez tome II, p. 422, et les passages auxquels renvoie la note de cet endroit.

4. Il y a un récit très-détaillé de cette séance dans le manuscrit 197 de l'Arsenal, folios 20-24.

5. De M. de Beaufort. (1843.)

un intérêt personnel, en ce qu'il les devoit commander; mais il m'avoua, le soir du jour dans lequel[1] ce ridicule acte se joua, qu'il avoit eu bien de la peine à s'y résoudre; mais qu'il confessoit que puisqu'il[2] n'y avoit rien à espérer du Parlement, qu'il se perdroit lui-même et qu'il perdroit aussi tous ceux qui étoient embarqués avec lui; qu'il ne falloit pas laisser périr Monsieur le Prince; et peu s'en fallut qu'il ne me proposât de me raccommoder même avec lui. Il n'en vint toutefois pas jusque-là, soit qu'il fît réflexion sur mes engagements, qui ne lui étoient pas inconnus, soit, et c'est ce qui m'en parut, que la peur qu'il avoit de se mettre dans la dépendance de Monsieur le Prince[3] fût plus forte dans son esprit que celle qu'il venoit de prendre de ce contre-temps du Parlement. Vous verrez la suite de toutes ces dispositions, après que je vous aurai rendu compte de ce qui se passa[4] à la cour en ce temps-là.

Je vous ai déjà dit, ce me semble[5], que M. de Châteauneuf avoit, à la fin, pris le parti de s'expliquer[6] clairement avec la Reine contre le rétablissement du Cardinal, ce qu'il fit, à mon opinion, sans aucune espérance de réussir[7], et dans la seule vue de[8] tirer mérite dans le public de la retraite[9], qu'il voyoit inévitable et

---

1. *Dans lequel* est au-dessus d'*où*, biffé; Retz avait mis d'abord : *où ce que*. Plus loin, après *joua*, il a effacé, puis récrit *qu'il*.
2. Les mots : *qu'il avoit eu bien de la peine.... puisqu'il*, sont à la marge; un autre *puisqu'il* est effacé un peu avant, à la suite de *mais qu'il*. A la ligne suivante, après *lui-même*, la conjonction *et* est en interligne, au-dessus de *mais*, biffé.
3. *De Monsieur le Prince*, à la marge.
4. *Passa* est en interligne, au-dessus du même mot biffé.
5. Voyez ci-dessus, p. 39.
6. Ici sont effacées deux lettres.
7. *De réussir* est omis dans les éditions de 1843-1866.
8. Après *dans la seule vue de*, est biffé : *faire croire au public*.
9. *De sa retraite.* (1837-1866.)

qu'il étoit bien aise de faire croire, au moins au peuple, être¹ la suite et l'effet de la liberté avec laquelle il avoit dissuadé le rappel du Ministre. Il demanda son congé, il l'obtint.

M. le cardinal Mazarin arriva à la cour, où il fut reçu comme vous² pouvez vous l'imaginer. Il y trouva M. le Tellier, que MM. de Châteauneuf et de Villeroi y avoient déjà fait revenir³ pour je ne sais quelle fin, dont l'on faisoit un mystère en ce temps-là, et le détail⁴ de laquelle je ne me puis remettre. *Il détermina⁵ le Roi à prendre le chemin de Saumur⁶, quoique beaucoup de gens lui conseillassent de marcher en Guienne pour achever de pousser Monsieur le Prince. Il⁷ crut qu'il étoit

---

1. Devant *la suite*, Retz avait écrit d'abord *l'effet*, qu'il a raturé et remis plus loin.

2. Il y a *le*, biffé, dans l'original, entre *vous* et *pouvez*. — La cour était alors à Poitiers; Mazarin la rejoignit « le 28 janvier, » disent Talon (p. 463) et Mme de Motteville (tome III, p. 461), « le 30, » dit Montglat (p. 260). Le Roi alla au-devant de lui jusqu'à une lieue de la ville. Selon Gui Joli (p. 67), l'impatience retint la Reine « plus d'une heure à une fenêtre pour voir arriver son cher favori; » néanmoins, dit Omer Talon (p. 463 et 464), elle « le reçut avec une grande indifférence, mais si fort étudiée et contrainte, que cela ne dura pas longtemps. » Le maréchal du Plessis, de son côté, rapporte dans ses *Mémoires* (p. 428 et 429) que le Roi faisait tous les jours avec lui « le dénombrement de ceux qui se réjouissoient » du retour du Cardinal, et il ajoute : « Le nombre en étoit petit; mais celui des personnes qui s'en affligeoient étoit très-grand. »

3. Y avoient déjà fait rentrer. (1837-1866.)

4. Du détail. (1837-1866.) — 5. Il décida. (*Ibidem*.)

6. La « cour ambulatoire », comme dit plaisamment la *Muze historique* (p. 211), partit de Poitiers le 6 février, selon Mme de Motteville (tome III, p. 462); le 3, suivant Montglat (p. 262); la veille (*ibidem*), le duc de Bouillon et le maréchal de Turenne étaient arrivés auprès du Roi.

7. Retz semble avoir voulu d'abord corriger *Il* en *Elle*; il a oublié d'effacer la finale *le*. — Après *crut qu'il*, est biffé : *seroi*[*t*].

plus à propos d'opprimer d'abord M. de Rohan[1], qui, étant gouverneur d'Angers, s'étoit déclaré, avec la ville et le château, pour les Princes[2]. Angers, assiégé par MM. de la Meilleraie et d'Hocquincourt, ne tint que fort peu et ne coûta que peu de monde[3]. Le Pont-de-Cé[4], où Beauvau commandoit pour les Princes[5], fut pris d'abord et presque sans résistance par MM. de Navailles et de Broglio[6]. Le Roi[7] partit de Saumur[8] et il alla à Tours, où M. l'archevêque de Rouen[9] jeta les premiers fondements de sa faveur, par les plaintes qu'il[10] porta au

---

1. Le duc de Rohan-Chabot; voyez, au tome I, la note 3 de la page 259, et les *Mémoires de Montglat*, p. 261.
2. Pour Monsieur le Prince. (1837-1866.)
3. *Angers assiégé.... que peu de monde* est à la marge. La syllabe *ta*, de *coûta*, est en interligne.
4. Le Pont-de-Cé ou les Ponts-de-Cé, en Anjou (Maine-et-Loire).
5. *Beauvau commandoit pour les Princes* est aussi à la marge; *où*, qui précède, est en interligne. — Il s'agit ici d'Henri marquis de Beauvau, qui fut gouverneur du duc de Lorraine Charles V (voyez les *Mémoires de Mademoiselle*, tome III, p. 390), et mourut en 1684.
6. Sur Navailles, voyez ci-dessus, p. 62 et note 2. — François-Marie de Broglie, comte de Revel, d'une famille piémontaise, avait quitté en 1644 le service du duc de Savoie Charles-Emmanuel II, pour s'attacher à la France; il devint lieutenant général, et fut tué, en 1656, au siége de Valenza en Italie.
7. Devant *le Roi*, est biffé : *Angers;* et plus haut de même, après *résistance*.
8. Ce départ, dit Montglat (p. 262), eut lieu le 7 mars; la cour alla coucher à Richelieu; puis, le 9, à Azay (Azay-le-Rideau); et le 10 elle était à Tours, d'où elle sortit, le 12, pour se rendre à Amboise, et de là, le 15, à Blois. — Ici l'original porte *Saulmur*, dix lignes plus haut *Saumur*. A la ligne suivante, on lit *Roan*.
9. François III de Harlay-Chanvalon ou Champvallon, né en 1625, archevêque de Rouen en 1651 à la place de son oncle François II, puis promu en janvier 1671 au siége archiépiscopal de Paris, à la mort de Hardouin de Péréfixe; il fut membre de l'Académie française, et mourut en 1695.
10. Un *q* biffé devant *qu'il*.

Roi, au nom des évêques qui se trouvèrent à la cour, contre les arrêts qui avoient été rendus au Parlement contre M. le cardinal Mazarin. Leurs Majestés se rendirent ensuite à Blois, où M. Servien les rejoignit[1]. Le maréchal d'Hocquincourt s'en approcha avec l'armée, qui faisoit des désordres incroyables, faute de paiement. Nous verrons ses progrès, après que je vous aurai rendu compte de ce qui se passoit cependant à Paris.

Je suis persuadé que je vous ennuierois, si j'entrois dans le détail de[2] ce qui se traita au Parlement, dans les assemblées des chambres[3], depuis le 25 de janvier jusques au 15 de février[4]. Il n'y en eut, ce me semble, qu'une ou deux, tout au plus, qui ne furent employées qu'à donner des arrêts pour le rétablissement des fonds destinés au paiement[5] des rentes de l'Hôtel de Ville, que la cour, selon sa louable[6] coutume, retiroit aujourd'hui pour[7] mettre la confusion dans Paris, et remettoit le lendemain de peur de l'y mettre trop grande[8].

---

1. Les joignit. (1843-1866.) — On a vu que Servien, un des trois sous-ministres, était en disgrâce depuis le mois d'août 1651.

2. Il y avait d'abord *des;* l'*s* est effacée.

3. Après *des chambres*, a été biffé : *qui furent*.

4. On peut voir le compte rendu de ces assemblées dans les *Mémoires d'Omer Talon*, p. 463-465.

5. Les mots : *des fonds destinés au paiement*, sont omis dans les éditions de 1837-1866.

6. *Louable* est en interligne.

7. Après *pour* est biffé : *laisser*.

8. Par un arrêt du conseil, en date du 8 janvier, le Roi, dit Omer Talon (p. 464), avait révoqué toutes les assignations, tous les mandements, tous les billets de l'épargne, et les avait remis sur le fonds de l'année 1653. On lit dans le manuscrit 197 de l'Arsenal (folios 27 verso et 28) que le prévôt des marchands, le Fèvre, annonça au Parlement « que l'on avoit envoyé dans toutes les généralités pour arrêter les deniers des recettes, en sorte qu'il n'y avoit plus qu'Orléans et Alençon qui envoyassent à l'Hôtel de Ville; même que les trésoriers de France à Lyon avoient arrêté une voi-

SECONDE PARTIE. [Février 1652]

Ce qui fut de plus¹ considérable dans le Palais, en ce temps-là, fut que la Grande Chambre donna arrêt, le 8 de février, à la requête du Procureur Général, par lequel elle défendoit² à qui que ce soit, sans exception, de lever des troupes sans commission du Roi³. Jugez, je vous supplie, comme cela se pouvoit accorder avec sept ou huit arrêts que vous avez vus ci-dessus.

Le 15 de février, le Parlement et la Ville reçurent deux lettres de cachet⁴ par lesquelles le Roi leur don-

---

ture prête à partir pour le paiement des rentes. » Après le Fèvre, M. Bignon prit la parole et représenta « que, dans le désordre des rentes, remontré par le prévôt des marchands..., les remèdes étoient difficiles à trouver, mais qu'il ne falloit point révoquer en doute qu'elles ne dussent être payées exactement; que c'étoit un dépôt sacré qui devoit être inviolable, pour l'assurance duquel le Roi en avoit chargé l'Hôtel de Ville de Paris, à l'exemple de l'Allemagne, où les grandes villes sont garantes de pareils emprunts, ou plutôt *fidejusseurs*. » Il ajouta que les trésoriers de France étaient bien ingrats, « après être redevables de leur rétablissement aux instances que le Parlement avoit faites en 1648 pour l'obtenir du Roi; qu'il y avoit donc lieu de casser leur ordonnance et de leur faire défense de récidiver sous peine d'interdiction. »

1. *Plus* est en interligne, au-dessus de la préposition *de*, qui, au premier abord, paraît biffée, mais qui pourrait aussi avoir été récrite sur d'autres lettres effacées; cela nous semble probable, vu l'emploi assez constant qu'en fait Retz dans ce tour. Après *considérable*, sont encore effacés les mots : *avec celle du 8 de février fut.*

2. Après *défendoit*, on lit : *sans exception*, effacé.

3. Cet arrêt fut motivé par les désordres que commettaient les nouvelles levées faites en Brie, lesquelles, dit Omer Talon (p. 464), « n'ayant ni lieu d'assemblée certain, ni route, ni étape, pilloient hardiment partout. » A ces rapines s'ajoutaient les violences et déprédations, plus épouvantables encore, par lesquelles se signalaient au passage les régiments étrangers nouvellement entrés en France pour soutenir la cause de Condé. Voyez la *Muze historique*, p. 205, 210 et 211, et p. 222.

4. Datées de Saumur, du 11 et du 22 février; la seconde ne fut lue en Parlement que le 27; celle qui y fut lue le 15, et dont un double avait été adressé par le Roi aux magistrats municipaux de

noit part et de la rébellion de M. de Rohan et[1] de la marche des troupes d'Espagne, que M. de Nemours amenoit, et[2] leur en faisoit voir les inconvénients en les exhortant à l'obéissance. Monsieur prit la parole ensuite. Il représenta que M. de Rohan ne s'étoit rendu maître de la ville et du[3] château d'Angers[4], que pour exécuter les arrêts de la Compagnie, qui ordonnoient à tous les gouverneurs de places de s'opposer aux entreprises du Cardinal; que Boislève, lieutenant général d'Angers[5] et partisan passionné de ce ministre, en avoit une toute formée sur cette place, et qu'ainsi M. de Rohan avoit été obligé de le prévenir et de se saisir même de sa personne; qu'il ne pouvoit concevoir comme l'on pouvoit concilier ce qui se passoit[6] tous les jours au Parlement; que les chambres assemblées avoient donné

Paris, se trouve reproduite dans les *Registres de l'Hôtel de Ville pendant la Fronde*, tome II, p. 228-231.

1. *Et de la rébellion de M. de Rohan* est ajouté à la marge, au-dessous de cette première addition, effacée : *ces lettres contenoient aussi;* ensuite *et* est en interligne; à la ligne suivante, *et l* est biffé après *Espagne.*

2. Cet *et,* biffé dans la ligne, a été récrit au-dessus; puis sont encore effacés les mots : *exhortoit à l'obéissance,* précédés de *les* corrigé en *leur.*

3. *Du* est en interligne. A la ligne suivante, il y avait d'abord : *qui ordonnoit;* Retz a ajouté *en* au-dessus.

4. Voyez ci-dessus, p. 95.

5. Ce Boislève[a] était frère de Gabriel Boislève, ancien conseiller au Parlement, qui avait été nommé, peu de temps auparavant, le 5 janvier 1651, à l'évêché d'Avranches, et sacré le 10 décembre de la même année; il prêta serment au Roi le 28 avril 1652. Voyez dix lignes plus loin. — Après *d'Angers,* est biffé : *en avoit.*

6. Après *passoit,* est encore biffé : *toujours;* et, à la ligne suivante, *ont,* devant *avoient.*

[a] Beaucoup d'éditions anciennes et celles de 1837 et de 1843 ont fait de ce nom : *Boisleur; d'autres Boislew.* Dans les *Mémoires de Talon* (p. 465 et 466) on a imprimé *Boislevé.*

sept ou huit arrêts consécutifs, portant injonction[1] aux gouverneurs des provinces et des villes de se déclarer contre le Cardinal, et qu'il n'y avoit que deux jours que la Tournelle, à la requête de l'évêque d'Avranche[2], frère de Boislève[3], avoit donné arrêt contre M. le duc de Rohan, qui n'étoit coupable que d'avoir exécuté ceux des Chambres assemblées; que la Grande Chambre venoit d'en donner un par lequel elle défendoit de lever des troupes sans commission du Roi, et qu'il n'y avoit rien de plus contraire à la prière que le Parlement en corps avoit faite[4] et réitérée plusieurs fois à lui duc d'Orléans, d'employer toutes ses forces pour l'expulsion du Cardinal; qu'au reste, il se croyoit obligé d'avertir la Compagnie que tous les arrêts rendus n'avoient point encore été envoyés ni aux bailliages ni aux parlements[5], ainsi qu'il avoit été ordonné. Il ajouta que M. Danville l'étoit venu trouver de la part du Roi et qu'il lui avoit apporté la carte blanche pour l'obliger à consentir[6] au rétablissement du Cardinal; mais que rien au monde ne l'y pourroit jamais obliger, non plus qu'à se séparer des sentiments du Parlement, et cætera[7].

1. Arrêts consécutifs ou injonctions. (1837-1866.)
2. Le ms. H et la plupart des éditions anciennes substituent *d'Angers* à *d'Avranche*.
3. Il y a dans le recueil manuscrit de Maurepas (Bibliothèque nationale, *Chansons satiriques*, tome XXIII, fonds français, 12638, folio 171) une *chanson*, « par Marigny, sur Boislève, conseiller, à qui il donna un soufflet, à cause de quoi le Cardinal le fit évêque d'Avranche. »
4. *Fait*, et ensuite *réitéré*, sans accord, dans le manuscrit autographe.
5. Dans l'original, *aux parlement* (sic); après *ainsi*, qui suit, est un autre *ainsi*, biffé.
6. Après *consentir* est biffé *le*, et, à la ligne suivante, *et cætera*, après *monde*; ensuite, après *ne*, il y avait d'abord *le*, au lieu de *l'y (l'i)*.
7. Rapprochez du résumé qu'Omer Talon a fait (p. 465) de

MM. les présidents[1] le Bailleul et de Novion soutinrent[2] avec fermeté que les arrêts de la Grande Chambre et de la Tournelle, dont Monsieur venoit de se plaindre, étoient juridiques, en ce qu'ils étoient rendus par des chambres où le nombre des juges étoit complet. Cette raison, aussi impertinente[3] que vous la voyez, vu la matière, satisfit la plupart des vieillards, noyés[4], ou plutôt abîmés, dans les formes du Palais. La jeunesse, échauffée par Monsieur, s'éleva et força[5] M. le Bailleul à mettre la chose en délibération. M. Talon, avocat général, éluda finement de s'expliquer sur les deux arrêts de la Grande Chambre et de la Tournelle, par la diversion qu'il donna à la Compagnie d'une déclamation[6], qui lui fut fort agréable, contre l'évêque d'Avranche, odieux et par l'infamie de sa vie et par l'attachement d'esclave[7] qu'il avoit au Cardinal. Il s'égaya, à ce propos, sur la non-résidence[8] des évêques, contre laquelle il fit donner effectivement un arrêt sanglant; et il conclut à ce qu'il[9] fût fait défense aux maires et échevins des villes, aussi bien qu'aux gouverneurs de places[10], de livrer passage aux troupes espagnoles conduites par M. de Nemours.

cette harangue du duc d'Orléans; il est, en partie, textuellement semblable.

1. Après *MM*. est effacé un *d*; et de même *et*, à la suite de *présidents*.
2. Dans l'original, *soubstindrent*.
3. *Impertinente*, au sens étymologique du mot, c'est-à-dire n'ayant pas de rapport à l'objet dont il s'agit.
4. *Noyés*, en interligne, sur quelques lettres biffées.
5. *Força* est en interligne, au-dessus d'*obligea*, biffé.
6. Déclaration. (1837-1866.)
7. L'attachement déclaré. (Ms. H.)
8. Sur la résidence. (1837-1866.)
9. Retz avait écrit d'abord : *à ce que les;* il a ajouté une *l* pour changer *que* en *qu'il*, et effacé *les*; à la suite, *fût fait défense* est à la marge, et *aux* en interligne.
10. *Aussi bien qu'aux gouverneurs de places* est à la marge.

SECONDE PARTIE. [Février 1652]

Ce fut en cet endroit où Monsieur exécuta ce que je vous ai dit ci-devant[1] qu'il avoit résolu, et même il y renchérit[2]. Il soutint que ces troupes n'étoient point espagnoles ; qu'il les avoit prises[3] à sa solde. Ce discours, qui fut assez étendu, consomma du temps ; l'heure sonna et l'assemblée fut remise au lendemain 16[4].

Il[5] n'y en eut point toutefois, parce que Monsieur envoya, dès le matin, s'excuser sous le prétexte d'une colique[6]. Voici la véritable raison du délai.

Les derniers contre-temps du Parlement l'avoient embarrassé au-dessus[7] de tout ce que je vous en puis

---

1. Voyez p. 83-85.
2. *Et même il y renchérit* est aussi à la marge.
3. *Pris*, sans accord, dans l'original.
4. Voyez, dans les *Mémoires d'Omer Talon* (p. 466 et 467), la teneur des conclusions de cet avocat général et l'incident causé par une interruption du duc d'Orléans, lequel, de retour chez lui, « témoigna qu'il étoit fâché » de se l'être permise. — Voici en quels termes Talon, après avoir dit que « le cardinal Mazarin est l'objet de la haine publique, l'aversion des compagnies souveraines, et la pierre de scandale qui produit les désordres dans le Royaume, » résume la partie de son discours relative à la résidence des évêques : « Je dis à la cour.... qu'il y a lieu d'enjoindre à tous les évêques qui sont à Paris de se retirer dans leurs diocèses pour vaquer à la résidence, à peine de saisie de leur temporel, n'estimant pas qu'il soit juste de nommer l'évêque d'Avranches, parce qu'il est compris dans la généralité des autres prélats, et que sa dénomination particulière ne peut être faite sans lui faire son procès. »
5. Retz commence l'alinéa par le chiffre 16, qui, dans notre texte, termine l'alinéa précédent.
6. Dans l'original : *d'un*(sic) *cholique*. — Ce jour-là, vendredi, écrit Omer Talon (p. 467), Monsieur « feignit d'être malade...; il étoit bien aise de tenir conseil avec les siens pour savoir quel expédient il y avoit à proposer pour éluder les propositions contenues aux conclusions. »
7. *Dessus*, en interligne, sur *delà*, biffé ; et de même, à la ligne suivante, *cent* (100), sur *vingt* (20).

exprimer; et je crois qu'il m'avoit dit, cent fois en moins de deux jours : « C'est une chose cruelle[1] que de se trouver en un état où l'on ne peut rien faire qui soit bien. Je n'y avois jamais fait d'attention. Je le sens, je l'éprouve. » Son agitation, qui avoit, comme la fièvre, ses accès et ses redoublements, ne fut jamais plus sensible que le jour qu'il commanda, ou plutôt qu'il permit à[2] M. de Beaufort de faire agir ses troupes; et comme je lui représentois qu'il me[3] sembloit qu'après les déclarations qu'il avoit tant de fois réitérées dans le Parlement et partout ailleurs contre le Mazarin[4], le pas de donner du mouvement à ses troupes contre lui n'ajoutoit pas tant à la mesure du dégoût qu'il avoit déjà donné à la cour qu'il le dût tant appréhender, il me répondit ces mémorables paroles, sur lesquelles[5] j'ai fait depuis mille et mille réflexions : « Si vous étiez né fils de France, infant d'Espagne, roi de Hongrie[6] ou prince de Galles, vous ne me parleriez pas comme vous faites. Sachez que nous autres princes nous ne comptons les paroles pour rien[7], mais que nous n'oublions jamais les actions. La Reine ne se ressouviendroit pas demain à midi[8] de toutes mes déclamations[9] contre le Cardinal, si je le vou-

1. C'est chose cruelle. (1837-1866.)
2. Après *à* est un *A* majuscule, non biffé.
3. Ici *ne* a été corrigé en *me*; à la ligne suivante, il y a un *d* effacé devant *dans*.
4. Après *Mazarin*, est biffé *il ne*; et de même un *q* après *mesure*, deux lignes plus bas.
5. Retz a laissé *laquelle*, au singulier, après avoir corrigé *cette* (*ceste*) en *ces* et ajouté une *s* à chacun des deux mots suivants.
6. C'est-à-dire, prince de la maison d'Autriche, bien que la Hongrie n'ait été déclarée héréditaire dans cette maison qu'en 1687.
7. Il y a *et*, biffé, après *rien*.
8. Retz avait mis d'abord *demain au soir*; il a biffé *soir*, corrigé *au* en *à*, et ajouté *midi*.
9. Déclarations. (1837-1866.)

lois souffrir demain au matin. Si mes troupes tirent un coup de mousquet[1], elle ne me le pardonnera pas, quoi que je puisse faire, d'ici à deux mille ans. »

La conclusion générale que je tirai de ce discours fut que Monsieur étoit persuadé que tous les princes du monde, sur de certains chapitres[2], étoient faits les uns comme les autres; et la particulière[3], qu'il n'étoit pas si animé contre le Cardinal, qu'il ne pensât[4] à ne pas rendre la réconciliation impossible en cas de nécessité. Il m'en parut toutefois, un quart d'heure après cet apophthegme[5], plus éloigné que jamais : car M. Danville étant entré dans le cabinet des livres, où j'étois seul avec Monsieur, et l'ayant extrêmement pressé, au nom et de la part de la Reine, de lui promettre de ne point joindre ses troupes à celles de M. de Nemours qui s'avançoient, Monsieur demeura inflexible dans sa résolution[6], et il parla même, sur ce sujet, avec un fort grand sens et avec tous les sentiments qu'un fils de France, qui se trouve forcé par les circonstances[7] à une action de cette nature, peut et doit conserver dans ce malheur. Voici le précis de ce qu'il dit :

Qu'il n'ignoroit pas que le personnage qu'il soutenoit, en cette occasion, ne fût le plus fâcheux du monde, vu qu'il ne lui pouvoit jamais rien apporter, et qu'il lui ôtoit, par avance, et le repos et la satisfaction; qu'il étoit assez connu pour ne laisser aucun soupçon

1. Un coup de pistolet. (Ms. Caf.)
2. *Sur de certains chapitres* est à la marge.
3. Après *particulière*, est effacé : *fut*; et après *autres*, qui précède : *à quoi il*.
4. Après *pensât*, on lit : *en cas de nécessité*, biffé et reporté à la fin de la phrase.
5. *Cette* (ceste) *apoftegme*, avec l'*e* final de *ceste* effacé.
6. Devant *résolution*, est biffé *ré*.
7. Par les conjonctures. (1837-1866.)

que ce qu'il faisoit fût l'effet de l'ambition; que l'on ne le pouvoit pas non plus attribuer à la haine, de laquelle l'on savoit qu'il n'avoit jamais été capable contre personne; que rien ne l'y avoit porté que la nécessité où il s'étoit trouvé de ne pas laisser périr l'État entre les mains d'un ministre incapable et abhorré du genre humain; qu'il l'avoit soutenu, dans la première guerre de Paris[1], contre le mouvement de sa conscience, par la seule considération de la Reine; qu'il l'avoit défendu[2], quoique avec le même scrupule, mais par la même raison, dans tout le cours des mouvements de Guienne[3]; que la conduite déplorable qu'il y tint, un temps, et l'usage qu'il voulut faire, dans l'autre, des avantages que celle de lui Monsieur lui avoit procurés[4], l'usage, dis-je, qu'il en voulut faire contre lui-même, l'avoient forcé de penser à sa sûreté[5]; et qu'il avouoit, quoique à sa confusion, que Dieu s'étoit servi de ce motif pour l'obliger à prendre le parti que son devoir lui dictoit depuis si[6] longtemps; qu'il n'avoit point pris ce parti comme un factieux qui se cantonne dans un coin du Royaume et qui y appelle les étrangers; qu'il ne s'étoit uni qu'avec les parlements, qui ont, sans comparaison, plus d'intérêt que personne à la conservation de l'État; que Dieu avoit béni ses intentions, particulièrement en ce qu'il avoit permis que l'on se défît de ce malheureux ministre, sans y employer le feu et le sang; que le Roi

---

1. C'est-à-dire dans la première Fronde, la Fronde parlementaire, marquée par le siége de Paris : voyez au tome II des *Mémoires*.

2. La finale *du* est en interligne.

3. De la Guienne. (1859, 1866.)

4. *Procuré*, sans accord, dans l'original. — Dans le ms. H et quelques-unes des premières éditions : *que les grâces de Monsieur lui avoient procurés*.

5. Sa sécurité. (1837-1866.)

6. *Si* a été ajouté dans l'interligne.

avoit accordé aux vœux et aux larmes de ses peuples cette justice, encore plus nécessaire pour son service que pour la satisfaction de ses sujets ; que tous les corps du Royaume, sans en excepter aucun, en avoient [1] témoigné leur joie par des arrêts, par des remerciements, par des feux et des réjouissances publiques [2] ; que l'on étoit sur le point de voir l'union rétablie dans la maison royale, qui auroit réparé, en moins de rien, les pertes que les avantages que les ennemis avoient [3] tirés de sa division y avoient causées [4] ; que le mauvais démon de la France venoit de susciter ce scélérat pour remettre partout la confusion ; qu'elle [5] étoit la plus dangereuse de toutes les possibles [6], parce que ceux même qui avoient l'intention du monde la plus épurée de tout intérêt étoient ceux qui y pouvoient le moins remédier ; que dans la plupart des désordres qui étoient arrivés jusque-là dans l'État, l'on en avoit pu espérer la fin [7], par la satisfaction que l'on pouvoit toujours essayer de donner à ceux qui les avoient causés par leur ambition ; et qu'ainsi ce qui, presque toujours, avoit fait le mal en avoit été, au moins pour le plus souvent, le remède ; que [8] ce grand symptôme n'étoit pas de la même nature ; qu'il étoit arrivé [9] par une commo-

---

1. *Avoient*, en interligne, sur *ont*, biffé.
2. Par des feux et des réjouissances publics. (1843-1866.)
3. Devant *avoient*, il y a *ont*, biffé ; à la suite, on lit *tiré*, sans accord.
4. Voyez ci-dessus, p. 9.
5. Devant *qu'elle*, il y a un *que*, non biffé par inadvertance.
6. De toutes les infortunes possibles. (Ms. H et quelques-unes des premières éditions.)
7. Après *la fin*, est effacé : *et le remè[de]* ; à la ligne suivante, *essayer* est en interligne, sur *travailler*, effacé.
8. Après *que*, est biffé *cette* (*ceste*).
9. Qu'il étoit animé. (Ms. Caf.)

tion universelle de tout le corps ; que les[1] membres étoient dans l'impuissance de s'aider, en leur particulier[2], pour leur soulagement, parce qu'il n'y avoit plus de remède que[3] de pousser au[4] dehors le venin qui avoit infecté tout le corps ; que les parlements y étoient[5] si engagés que, quand lui Monsieur d'Orléans et Monsieur le Prince s'en relàcheroient, ils ne les pourroient[6] pas ramener ; et que lui Monsieur d'Orléans et Monsieur le Prince y étoient si obligés par leur propre sûreté, qu'ils se déclareroient contre les parlements si ils étoient capables de changer.

« Me conseilleriez-vous, Brion, disoit Monsieur (il appeloit le plus souvent ainsi M. le duc Danville, du nom qu'il portoit quand il étoit son premier écuyer[7]), me conseilleriez-vous de me fier aux paroles du Mazarin, après ce qui s'est passé ? Le conseilleriez-vous à Monsieur le Prince ? Et supposé[8] que nous ne nous y puissions fier, croyez-vous que la Reine doive balancer à nous donner la satisfaction que toute la France, ou plutôt que toute l'Europe lui demande avec nous ? Nul ne sent plus que moi le déplorable état où je vois le Royaume, et je ne puis[9] regarder, sans frémissement, les étendards d'Espagne, quand je fais réflexion qu'ils

---

1. Devant *membres*, est biffé *par* ; Retz avait voulu écrire probablement : *parties*.
2. *En leur particulier* est à la marge ; *s'aider*, qui précède, est en interligne, au-dessus de *travailler*, biffé.
3. Ce *que* est précédé d'un autre *que*, non biffé par mégarde, puis de *qu*, biffé.
4. *Au* est aussi en interligne, sur *en*, biffé.
5. Que les parlements s'étoient. (1837-1866.)
6. Ils ne le pourroient. (1843-1866.)
7. Voyez, au tome I, p. 184, note 4.
8. Et supposez. (1837-1866.)
9. Après *ne puis*, est biffé *voir*.

SECONDE PARTIE. [Février 1652]   107

sont sur le point de se¹ joindre à ceux de Languedoc et de Valois²; mais le cas qui me force n'est-il pas de ceux qui ont fait dire, et qui ont fait dire³ avec justice, que nécessité n'a point de loi ? Et me puis-je défendre d'une conduite qui est l'unique⁴ qui me puisse défendre, moi et tous mes amis, de la colère de la Reine et de la vengeance de son ministre? Il a toute l'autorité royale en main; il est maître de toutes les places; il dispose de toutes les vieilles troupes; il pousse Monsieur le Prince dans un coin du Royaume ; il menace le Parlement et la capitale; il recherche lui-même la protection d'Espagne, et nous savons le détail de ce qu'il a⁵ promis, en passant dans le pays de Liége, à dom Antonio Pimentel⁶. Que puis-je faire en cet état, ou plutôt que ne dois-je point faire, si je ne veux me déshonorer et passer pour le dernier, je ne dis pas des princes, mais des hommes? Quand j'aurai laissé oppri-

1. Deux mots : *méler pour*, effacés entre *se* et *joindre*.
2. C'est-à-dire des régiments de Languedoc et de Valois. Le régiment de Languedoc avait été mis sous le commandement du duc d'Orléans, gouverneur de la province de ce nom, et avait pris le titre de Languedoc-Orléans, par brevet du 14 juin 1648. Le régiment Laleu avait été donné en 1650 au jeune duc de Valois, fils de Gaston (né le 17 août de cette année 1650, mort le 10 août 1652). Voyez Pinard, *Chronique historique militaire*, tome I, p. 418 ; et L. Susane, *Histoire de l'ancienne infanterie française*, tome VIII, p. 179.
3. Cette reprise : « et qui ont fait dire », est omise dans les éditions de 1837-1866.
4. *L'unique* est précédé de *la seule*, effacé.
5. Trois lettres biffées entre *a* et *promis*.
6. J'ai oublié de vous dire que ce dom Antonio Pimentel[a] lui fut envoyé par Fuensaldagne, sous prétexte de l'escorter, et que le Cardinal lui donna de grandes espérances d'une paix avantageuse au roi Catholique. Dom Antonio m'a dit qu'il lui avoit parlé en

[a] Sur dom Antonio (*Antoine*, ms. Caf.) Pimentel, voyez, au tome II, la note 1 de la page 497.

mer Monsieur le Prince, quand j'aurai laissé subjuguer la Guienne, quand le Cardinal sera avec une armée victorieuse¹ aux portes de Paris, dira-t-on : « Le duc « d'Orléans est estimable d'avoir sacrifié sa personne, le « Parlement et la ville à la vengeance du Mazarin², plu- « tôt que d'avoir employé les armes des ennemis de la « couronne? » Et ne dira-t-on pas, au contraire : « Le « duc d'Orléans est un lâche et un innocent, de prendre « des scrupules qui ne conviendroient pas même à un « capucin³, si il étoit aussi engagé que l'est le duc « d'Orléans⁴ ? »

Voilà ce que Monsieur dit à M. Danville, avec ce torrent d'éloquence qui lui étoit naturel, toutes les fois qu'il parloit sans préparation.

ces propres termes : « *Grabugio fa per voi*ᵃ, je fais ce grabuge [pour vous]. Payez-moi, en ne faisant pour Monsieur le Prince que la moitié de ce que vous y pouvez faire, ou dites, dès à présent, ce que vous voulez pour la paix. La France me traite d'une manière qui me donne lieu de vous pouvoir servir sans scrupule. » (*Note de Retz*ᵇ.)

1. Sera arrivé victorieux. (1837-1866.)
2. Après *Mazarin* est effacé : *pour n'av[oir]*.
3. Retz a écrit *capuchin*.
4. A un capucin engagé comme l'est le duc d'Orléans. (1837-1866.)

ᵃ Dans quelques-unes des premières éditions : *grabugio se fa per noi*; dans d'autres : *grabugio fa per voi*; dans d'autres encore et dans le ms. Caf. : *grabugio fa per noi*. — Nous reproduisons fidèlement le texte de l'original; il y a bien *fa* (non *fo*) *per voi*, et la traduction de Retz est : « je fais ce grabuge »; il a omis de rendre *per voi*.

ᵇ Cette note, ou, si l'on veut, cette longue parenthèse de l'auteur, est ajoutée à la marge des pages 2072 et 2073 du manuscrit original; elle correspond à un renvoi qui suit *Pimentel*, mais qui a été effacé. Au bas de la page 2073 et au haut de la page 2074, il y a encore, aux marges, quelques lignes raturées : *Dom Antonio Pimentel ajoutoit qu'il lui avoit jeté, de son côté, toutes les lettres* (?) *qui le;* suivent deux mots illisibles. — La note, moins l'addition raturée, est aussi à la marge dans le ms. Caf. et sans signe de renvoi. Les éditions de 1837-1866 l'ont intercalée dans le texte, après la phrase unique : *Voilà.... sans préparation*, qui forme notre alinéa suivant.

SECONDE PARTIE. [Février 1652]

Il n'en fût pas apparemment demeuré là, si l'on ne le fût venu avertir[1] que M. le président de Bellièvre étoit dans sa chambre. Il sortit du cabinet des livres, et il m'y laissa avec M. Danville, qui m'entreprit, en mon particulier, avec une véhémence très-digne du bon sens de la maison de Ventadour[2], pour me persuader que j'étois obligé, et par la haine que Monsieur le Prince avoit pour moi et par les engagements que j'avois pris avec la Reine, d'empêcher que Monsieur ne joignît ses troupes à celles de M. de Nemours. Voici ce que je lui répondis, en propres termes, ou plutôt ce que je lui dictai[3] sur ses tablettes, avec prière de les faire lire à la Reine et à Monsieur le Cardinal.

« J'ai promis de ne me point accommoder avec[4] Monsieur le Prince ; j'ai déclaré que je ne pouvois quitter le service de Monsieur et que je ne pouvois, par conséquent, m'empêcher de le servir en tout ce qu'il feroit[5] pour s'opposer au rétablissement de M. le cardinal Mazarin. Voilà ce que j'ai dit à la Reine devant Monsieur[6] ; voilà ce que j'ai dit à Monsieur devant la Reine, et voilà ce que je tiens fidèlement. Le comte de Fiesque[7] assure tous les jours M. de Brissac que Monsieur le Prince me donnera la carte blanche quand il me plaira : ce que je reçois avec tout le respect que je dois, mais sans y faire aucune réponse. Monsieur me commande de lui dire mon

---

1. Si l'on ne fût venu l'avertir. (1837-1866.)
2. Le duc de Damville était, comme il est dit dans la note à laquelle nous avons renvoyé un peu plus haut (p. 106 et note 7), fils d'Anne de Lévis, duc de Ventadour.
3. On lit ici *avec prièr[e]*, biffé, et reporté plus loin.
4. Après *avec*, est effacé : *la Reine;* à la suite de *Monsieur le Prince*, Retz avait écrit d'abord, puis a biffé : *et je le tiens fidèlement*.
5. Après *feroit*, il y a *contre*, biffé.
6. Dans l'original, par mégarde : *M^rs*.
7. Voyez, au tome I, p. 222 et note 3.

sentiment sur ce qu'il peut¹ faire de mieux, supposé la résolution où il est de ne consentir jamais au retour du Cardinal, et je crois que je suis obligé, en conscience et en honneur, de lui répondre qu'il lui² donnera tout l'avantage si il ne³ forme un corps de troupes assez considérable pour s'opposer aux siennes, et pour faire une diversion de celles avec lesquelles il opprime⁴ Monsieur le Prince. Enfin je vous supplie de dire à la Reine que je ne fais que ce que je lui ai toujours dit que je ferois, et qu'elle ne peut avoir oublié⁵ ce que je lui ai dit tant⁶ de fois, qui est qu'il n'y a aucun homme dans le Royaume qui soit plus fâché que moi que les choses y soient dans un état qui fasse qu'un sujet puisse et doive même parler ainsi à sa maîtresse. »

J'expliquai, à ce propos, à M. Danville⁷ ce qui s'étoit passé autrefois sur cela, dans les conversations que j'avois eues⁸ avec la Reine⁹. Il en fut touché, parce qu'il étoit, dans la vérité, bien intentionné et passionné pour la personne du Roi; et il s'affecta si fort, particulièrement de l'effort que je lui dis que j'avois fait pour faire connoître à la Reine qu'il ne tenoit qu'à elle de se ren-

---

1. *Peut*, au-dessus de la ligne, sur *doit*, effacé.
2. *Lui* est en interligne; plus loin, après *l'avantage*, il y a *au Cardinal*, effacé.
3. Après *ne*, on lit *fait*, non raturé, au-dessous de *n'est* (?), biffé; *forme un*, qui suit, est à la marge; entre *forme* et *un*, est effacé *ensemble*; puis *corps de troupes* est en interligne, au-dessus de *un corps*, biffé.
4. C'est-à-dire, avec lesquelles le Cardinal opprime.
5. *Avoir* est en interligne, sur *ignorer*, biffé; *oublié* est à la marge.
6. *Tant* est biffé une fois.
7. *A M. Danville*, à la marge.
8. *Eu*, sans accord, dans l'original.
9. Voyez au tome III, où est exprimé (p. 311 et 312) un regret tout semblable à celui que marque le Cardinal dans la dernière phrase du précédent alinéa.

dre¹ maîtresse absolue de tous nos intérêts, et des miens encore plus que de ceux des autres, qu'il s'ouvrit, bien plus qu'il n'avoit fait, de tendresse pour moi, et qu'il me dit : « Ce misérable, en parlant du Cardinal, va tout² perdre ; songez à vous, car il ne pense qu'à vous empêcher d'être cardinal. Je ne vous en puis pas dire davantage. » Vous verrez, dans peu, que j'en savois plus sur ce chef³ que celui qui m'en avertissoit.

Comme nous étions sur ce discours, Monsieur rentra dans le cabinet des livres, en s'appuyant sur M. le président de Bellièvre. Il dit⁴ à M. Danville qu'il allât chez Madame, qui l'avoit envoyé chercher. Il s'assit, et il me⁵ dit : « Je viens de raconter à Monsieur le Président ce que j'ai dit devant vous à M. Danville ; mais il faut que je vous dise, à tous deux, ce dont⁶ je n'ai eu garde de m'ouvrir devant lui. Je suis cruellement embarrassé, car⁷ je vois que ce que je lui ai soutenu être nécessaire, et ce qui l'est en effet, ne laisse pas d'être très-mauvais : ce qui, je crois, n'est jamais arrivé en aucune affaire⁸ du monde qu'en celle-ci. J'y ai fait réflexion toute la nuit ; j'ai rappelé dans ma mémoire toute l'intrigue de la Ligue, toute la faction⁹ des Huguenots, tous les mouvements du prince d'Orange¹⁰, et je n'y ai rien trouvé

1. Après *rendre*, est effacé : *absolue*.
2. *Tout*, en interligne, sur *nous*, raturé.
3. *Sur ce chef*, en interligne.
4. Après *livres*, est biffé : *où il*. — Des livres, et, en s'appuyant sur..., il dit. (1837-1866.)
5. *Me* est précédé de *nous*, biffé.
6. *Que* est biffé, devant *dont*.
7. Un *t*, biffé après *car*.
8. Ce que je crois n'être jamais arrivé en aucunes affaires. (1837-1866.)
9. *La faction*, en interligne, sur *celle*, effacé.
10. Guillaume I de Nassau : voyez au tome I, p. 292 et note 3. Retz écrit *d'Oranges*.

de si difficile que ce que je rencontre à toutes les heures[1], ou plutôt à tous les moments, devant moi. » Il ramassa[2] et il exagéra, en cet endroit, tout ce que vous avez vu jusques ici répandu dans cet ouvrage sur cette matière, et je lui répondis, aussi en cet endroit, tout ce que vous y avez[3] pu remarquer de mes pensées. Comme il est impossible[4] de fixer une conversation dont le sujet est l'incertitude même, il se répondoit[5] au lieu de me répondre ; et ce qui arrive toujours, en ce cas, est que celui qui se répond ne s'en aperçoit jamais, et ainsi l'on ne finit point. Je suppliai Monsieur, par cette raison, de me permettre que je misse[6] par écrit mes sentiments sur l'état des choses ; et je lui dis[7] qu'il ne falloit pour cela qu'une heure[8]. Je n'étois pas fâché, pour vous[9] dire le vrai, de trouver lieu, à tout événement, de[10] lui faire confirmer par M. de Bellièvre ce que je lui avois avancé dans les occasions. Il me prit au mot ; il passa dans la galerie, où il y avoit une infinité de gens[11], et j'écrivis sur la table du cabinet des livres ce que vous allez voir, dont j'ai encore l'original.

1. Quelques lettres : *et ce qu f...*, biffées, après *les heures*.
2. *Ramassa* est à la marge ; *et* a été ajouté après coup ; *il*, qui le suit, est en interligne. — Dans le ms. H et quelques-unes des premières éditions : « je ramassai et j'exagérai. »
3. Deux mots : *sans dout*[e], effacés devant *pu*.
4. *Impossible* suit *fort diffici*[le], biffé.
5. Après *répondoit*, est effacé : *presque toujours*.
6. *Que je misse* suit *de mettre*, biffé.
7. *Je lui dis* est à la marge.
8. Qu'une heure pour cela. (1837-1866.)
9. Il y a un premier *le*, oublié par mégarde, entre *vous* et *dire*; après *vrai*, quelques mots : *à tout événement*, ont été biffés.
10. *Trouver lieu, à tout événement de*, est à la marge ; il y a un *de*, effacé, après *lieu*; et un autre mot : *souvent* (?), deux lignes plus bas, entre *avois* et *avancé*; *lui*, devant *faire*, est en interligne, au-dessus d'un autre *lui*, biffé.
11. Après *gens*, est biffé *et*.

« Je crois qu'il ne s'agit pas présentement de discuter ce que Son Altesse Royale a pu ou dû faire jusques ici; et je suis même persuadé qu'il y a inconvénient, dans les grandes affaires, à rebattre le passé (c'étoit un des plus grands défauts de Monsieur[1]), si ce n'est pour mémoire, et simplement autant qu'il peut avoir rapport à l'avenir. Monsieur n'a que quatre partis à prendre : ou à s'accommoder avec la Reine, c'est-à-dire avec M. le cardinal Mazarin; ou à s'unir intimement avec Monsieur le Prince; ou à faire un tiers parti dans le Royaume[2]; ou à demeurer en l'état où il est aujourd'hui, c'est-à-dire à tenir un peu de tous les côtés : avec la Reine, en demeurant uni avec le Parlement, qui, en[3] frondant le Cardinal, ne laisse pas de garder des mesures, à l'égard de l'autorité royale, qui rompent, deux fois par jour, celles de Monsieur le Prince; avec Monsieur le Prince, en joignant ses troupes à celles de M. de Nemours; avec le[4] Parlement, en parlant contre le Mazarin et en ne[5] se servant pas toutefois de l'autorité que sa naissance et l'amour que le peuple de Paris a pour lui[6], pour pousser cette Compagnie plus loin qu'elle ne veut aller.

« De ces quatre partis, le premier, qui est celui de

---

1. Les mots : *c'étoit un des plus grands défauts de Monsieur*, sont à la marge, sans signe de renvoi. Ils sont omis dans le ms. H et dans toutes les anciennes éditions.
2. *Royaume*, à la marge, corrige *l'estat*, biffé dans le texte.
3. *En* est en interligne.
4. *Le* a été ajouté après coup.
5. Il y a deux mots : *le poussant*, biffés après *ne*; un peu plus loin, *toutefois* est en interligne.
6. Nous reproduisons le texte de l'autographe. L'auteur a omis, soit ici, soit avant *sa naissance*, un pronom et un verbe, probablement *lui donnent* ou *lui donne*. — *L'amour* est précédé d'une rature : *le pouvoir q* (?); dans la même phrase, *a* corrige *avoit*, dont la dernière syllabe a été biffée, et *veut* a été mis à la marge, pour remplacer *vouloit*, raturé dans le texte.

se raccommoder avec le Cardinal, a toujours été exclu de toutes les délibérations par Son Altesse Royale, parce qu'elle a supposé qu'il n'étoit ni de sa dignité, ni de sa sûreté. Le second, qui est de s'unir absolument et entièrement avec Monsieur le Prince, n'y a pas été reçu non plus, parce que Monsieur n'a pas voulu se pouvoir seulement imaginer qu'il eût été capable de[1] se proposer à soi-même (ce sont les termes dont il s'étoit servi) de se séparer du Parlement et de s'abandonner, par ce moyen, et à la discrétion de Monsieur le Prince et aux retours de M. de la Rochefoucauld[2]. Le troisième parti, qui est celui d'en former un troisième dans le Royaume, a été rejeté par Son Altesse Royale, et parce qu'il peut[3] avoir des suites trop dangereuses pour l'État, et parce qu'il ne pourroit réussir qu'en forçant le Parlement à prendre une conduite contraire à ses manières et à ses formes, ce qui est impossible que par des moyens qui sont encore plus contraires à l'inclination et aux maximes de Monsieur.

« Le quatrième parti, qui est celui que Son Altesse Royale[4] suit présentement, est celui-là même[5] qui lui cause les peines et les inquiétudes où elle[6] est, parce

1. *Non plus* et *se pouvoir seulement imaginer qu'il eût été capable de*, sont à la marge ; *se*, qui suit, est entre *qu'il* et *pouvoir*, biffés.

2. *Aux retours*, c'est-à-dire à la versatilité, aux retours d'idée, aux dispositions variables, de M. de la Rochefoucauld. — Les éditions de 1837-1866 ont la leçon impossible : *au retour*. — Dans l'autographe, *aux* est en interligne, après le même mot effacé.

3. Retz avait d'abord écrit et a biffé *pouvoit*, puis, en interligne, *pouvoit avoir*; ensuite il a mis dans le texte *peut*, qu'il a biffé également et récrit au-dessus.

4. *Son Altesse Royale* remplace, à la marge, *M*, biffé dans le texte.

5. *Là même* est en interligne ; à la ligne suivante, après *par*, première syllabe du mot *parce que*, il y a près d'une ligne effacée : *en* (substitué, ce semble, à *ce*) *tenant qu'il se qu'il est*.

6. *Il* a été corrigé en *elle*.

SECONDE PARTIE. [Février 1652] 115

qu'en tenant quelque chose de tous les autres, il a presque tous les inconvénients de chacun, et n'a, à proprement parler, les avantages d'aucun. Pour obéir à Monsieur, je vas[1] déduire mes sentiments sur tous les quatre. Quoique[2] je pusse trouver, en mon particulier, mes avantages dans le raccommodement avec Monsieur le Cardinal, et quoique, d'autre part, je sois si fort déclaré contre lui que mes avis, sur tout ce qui le regarde, puissent[3] et doivent même être suspects, je ne balance pas à dire à Son Altesse Royale qu'elle ne peut, sans se déshonorer, prendre de tempérament sur cet article, vu la disposition de tous les parlements, de toutes les villes et de tous les peuples, et qu'elle le peut encore moins avec sûreté, vu la disposition des choses, celle de Monsieur le Prince, et cætera. Les raisons de ce sentiment sautent aux yeux, et je ne les touche qu'en passant. Je supplie Monsieur de ne me point commander de m'expliquer sur le second parti[4], qui est celui de s'unir entièrement avec Monsieur le Prince, pour deux raisons, dont la première est que les engagements que j'ai pris, en mon particulier et même[5] par son consentement, avec la Reine, sur ce point[6], lui devroient donner lieu de croire que mes avis y pourroient être intéressés; et la seconde est[7] que je suis convaincu que si il s'étoit résolu

1. Je vais. (1837-1866.)
2. La finale *que*, de *quoique*, est en interligne.
3. *Puissent* suit doi[vent?], biffé.
4. Retz rend, le plus souvent, par des chiffres, les nombres soit cardinaux soit ordinaux : ici, *le 2 parti;* au commencement de l'alinéa, *le 4 parti;* plus haut, *le 3 parti*. Des divers nombres, *second* est celui qu'il écrit le plus ordinairement en toutes lettres.
5. *Même*, en interligne.
6. *Point* suit *sujet (subiect)*, biffé; après *point*, vient *ne me laissent pas*, également effacé; *devroient*, à la même ligne, est à la marge, remplaçant *peuvent*, biffé dans le texte.
7. *Est*, en interligne; après le *que*, qui suit, il y a un mot et deux

à se¹ séparer du Parlement, ce qui écherroit² à délibérer ne seroit pas si il faudroit s'unir à³ Monsieur le Prince, mais ce qu'il faudroit que Monsieur fît⁴ pour se tenir Monsieur le Prince soumis à lui-même⁵ ; et cette soumission de Monsieur le Prince à Son Altesse Royale est une des principales raisons qui m'avoit⁶ obligé de lui proposer le tiers parti, sur lequel il faut que je m'explique un peu plus au long, parce qu'il est comme nécessaire de le traiter conjointement avec le quatrième, qui est celui de prendre quelque chose de tous les quatre⁷.

« Monsieur le Prince a fait des pas vers l'Espagne, qui ne⁸ se peuvent jamais accorder que par miracle avec la pratique du Parlement; et lui ou ceux de son parti en font journellement vers la cour, qui s'accordent encore moins avec la constitution présente de⁹ ce corps. Monsieur est inébranlable dans la résolution de ne se¹⁰ point séparer de ce corps¹¹ : ce qu'il seroit obligé de

lignes biffés, déchiffrables sous les ratures : *Personne, à mon opinion, ne le peut même* (*même*, en interligne) *conseiller sur cette matière, que ceux*.

1. *Se* a été biffé, puis récrit au-dessus de la ligne.
2. Dans l'autographe : *eschéeroit*.
3. La préposition *à* suit *avec*, biffé.
4. *Que Monsieur fît*, à la marge, remplaçant *faire*, effacé dans le texte.
5. Quelques lettres : *Mr le P* (ou *R*) *p...*, biffées après *même;* le pronom *lui*, qui précède, a été raturé, puis récrit, en interligne, devant *soi*, effacé.
6. Qui m'avoient. (1837-1866.) — A la ligne suivante, au-dessous de *faut*, qui est en interligne, il y a, dans l'autographe, deux mots : *est nécessaire*, raturés.
7. Toute cette fin de phrase : *parce qu'il est comme nécessaire.... tous les quatre*, est ajoutée à la marge.
8. Après *qui ne*, est biffé : *s'accordent*.
9. *De*, en interligne, sur *où est*, effacé.
10. Il y avait d'abord *s'en*, au lieu de *se*.
11. *De ce corps* est à la marge; après *séparer*, quelques lettres biffées.

faire, si il s'unissoit de tout point avec un prince qui, d'un côté par ses négociations, ou au moins par celles de ses serviteurs, avec le Mazarin[1], donne des défiances continuelles à cette compagnie, et qui l'oblige en même temps, une fois ou deux par jour, par sa jonction publique avec l'Espagne, à se déclarer ouvertement contre lui. Il se trouve que Monsieur, dans le même instant qu'il ne peut s'unir avec Monsieur le Prince, par la considération que je viens de dire[2], il se trouve, dis-je, qu'il est obligé d'empêcher que Monsieur le Prince périsse, parce que sa ruine donneroit trop de force au Cardinal. Cela supposé, il ne reste plus[3] de choix qu'entre le tiers parti et celui que Son Altesse Royale suit aujourd'hui. Il est donc à propos[4], devant que d'entrer dans le détail et dans l'explication du tiers parti, d'examiner les inconvénients et les avantages de ce dernier.

« Le premier avantage que je remarque est qu'il a l'air de sagesse, ce qui est toujours bon, parce que[5] la prudence est celle de toutes les vertus sur laquelle le commun des hommes distingue moins justement l'essentiel de l'apparent[6]. Le second est que, comme il n'est pas décisif, il laisse[7] ou il paroît toujours laisser Son Altesse Royale dans la liberté du choix, et par consé-

1. *Avec le Mazarin* est à la marge; *au moins*, à la ligne précédente, en interligne.
2. De vous dire. (1843-1866.)
3. Après *plus*, est effacé : *qu'à*.
4. *A propos* précède *d'examiner*, effacé.
5. Après *parce que*, est biffé : *c'est la r*; et de même, à la ligne suivante, *des*, après *les vertus*.
6. Après *hommes*, est effacé *dist*; puis *plus dif[ficilement]* après *distingue*; et de même, à la ligne suivante, *l'apparence*, au-dessus de *l'apparent*, qui remplace, à la marge, un autre *l'apparence*, biffé dans le texte.
7. *Toujours o[u]* est biffé après *laisse*.

quent dans la faculté de prendre ce qui lui pourra convenir dans le chapitre des accidents. Le troisième avantage de cette conduite est que, tant que Monsieur la suivra, il ne renoncera pas à la qualité de médiateur, que sa naissance lui donne naturellement, et laquelle[1] toute seule lui peut donner lieu en un moment, pourvu qu'il soit bien pris, de revenir avec bienséance et même avec fruit de tous les[2] pas désagréables à la cour qu'il a faits jusques ici et qu'il sera peut-être obligé de faire à l'avenir. Voilà, à mon sens, les trois sortes d'utilités qui se peuvent remarquer dans la conduite que Monsieur a prise[3]. Pesons-en les inconvénients[4] : ils se présentent en foule, et ma plume auroit peine à les démêler. Je ne m'arrête qu'au capital, parce qu'il embrasse tous les autres.

« Son Altesse Royale offense tous les partis en donnant de la force à l'unique avec lequel il[5] ne veut point de réconciliation, assez apparemment pour abattre le sien propre[6] aussi bien que les autres, et trop même certainement pour obliger celui de Monsieur le Prince à s'accommoder avec la cour; et cela justement dans le même moment[7] qu'il lui en[8] donne un prétexte très-spécieux[9], puisqu'il assiste tous les jours aux délibéra-

---

1. Il y avait d'abord *par laquelle ; par* a été effacé ; un peu plus loin, entre *lui* (qui corige *le*) et *peut*, est biffé le même verbe *peut*.
2. *Tous les*, en interligne, après *de*, qui corrige *des ;* plus haut, après *fruit*, est raturé : *des engagemens et*.
3. *Pris*, sans accord, dans l'original.
4. Après *inconvénients*, on lit ces mots sous les ratures : *le premier, qui me paroît, à la première vue*.
5. Elle. (1837-1866.)
6. Après *propre* est biffé : *avec les;* plus loin, il y a une lettre effacée après *même*.
7. Dans le moment même. (1843-1866.)
8. *Lui en* est en interligne.
9. Après *très-spécieux*, est biffé · *à Monsieur le Prince.*

tions d'une compagnie qui condamne ses armes et qui enregistre, sans y balancer, les déclarations contre lui. Monsieur voit et sent plus que personne l'importance de cet inconvénient; mais il croit, au moins en des instants, que la garantie du Parlement et de Paris l'en peut défendre en tout cas : ce que j'ai toujours pris la liberté de lui[1] contester avec tout le respect que je lui dois, parce qu'il ne se peut que le Parlement, en continuant à se contenir dans ses formes[2], ne tombe à rien dans la suite d'une[3] guerre civile, et que la ville, que Monsieur laisse dans le cours ordinaire de sa soumission au Parlement, ne coure sa fortune, parce qu'elle suivra sa conduite. C'est proprement cette conduite qui[4], en dépit de toute la France et même de toute l'Europe, rétablira le Cardinal par les mêmes moyens par lesquels elle l'a déjà ramené dans le Royaume. Il le vient de traverser avec quatre ou cinq mille aventuriers[5], quoique Monsieur ait un nombre de troupes considérable, pour le moins aussi bonnes et aussi aguerries que celles qui ont conduit ce ministre[6] à Poitiers; quoique la plupart des parlements soient déclarés contre lui, quoiqu'il n'y ait presque pas une grande ville dans l'État de laquelle la cour se puisse assurer, quoique tous les peuples soient enragés contre le Mazarin[7]. Ceci paroît un prodige, il n'est rien moins;

1. Quelques lettres sont effacées après *lui;* à la ligne suivante, *ne se peut que* est à la marge, et, après *le Parlement,* il y a une ligne biffée : *se contenant dans les formes;* le mot *en,* qui suit *Parlement,* est au-dessus de la ligne.

2. Dans les formes. (1837-1866.)

3. *D'une,* qui corrige *de,* est suivi de *la,* biffé.

4. Après *qui,* on lit *rétablira le Cardinal en,* effacé, et récrit plus loin, moins le dernier mot.

5. Voyez ci-dessus, p. 69 et 94.

6. *Ce ministre* est en interligne; Retz avait écrit *l'ont conduit,* il a corrigé *l'ont* en *ont;* après *parlements* est biffé *des.*

7. *Le Mazarin* remplace, à la marge, *lui,* biffé dans le texte.

car qu'y a-t-il de plus naturel, quand l'on fait réflexion que ce Parlement n'agissant que par des arrêts qui, en défendant les levées et le divertissement des deniers du Roi[1], favorisent beaucoup plus le Cardinal qu'ils ne lui font de mal en le déclarant criminel; quand l'on pense que ces villes[2], dont le branle naturel est de suivre celui du Parlement, font justement comme lui, et quand l'on songe que ces gens de guerre n'ont de mouvement que par des[3] ressorts qui, par la considération des égards que Son Altesse Royale observe vers le Parlement, ont une infinité de rapports nécessaires avec un corps dont la pratique journalière[4] est de condamner ce mouvement? Il paroît aux étrangers que Monsieur conduit le Parlement, parce que cette compagnie déclame, comme lui, contre le Cardinal. Dans le vrai[5], le Parlement conduit Monsieur, parce qu'il fait que Monsieur ne se sert que très-médiocrement des moyens qu'il a en main pour nuire au Cardinal. L'appréhension de déplaire à ce corps est l'un des motifs qui l'ont empêché de[6] faire agir ses troupes, et de travailler aussi fortement qu'il le pouvoit à en faire de nouvelles.

« La même politique voudra qu'il compense la jonction qu'il va faire de ses régiments avec l'armée de M. de

---

1. *Et le divertissement des deniers du Roi* est ajouté à la marge; un peu plus loin, *Cardinal* est écrit au-dessus de *Mazarin*, effacé.
2. *Qui* et trois autres lettres sont biffés après *villes*, et de même, deux lignes plus loin, *pas...*, entre *n'ont* et *de mouvement*.
3. *Des* est en interligne, après *la*, biffé au-dessus de *des*, qui l'est aussi; à la suite de *ressorts qui*, est effacé : *ont mil* (sic) *ra[pports]*; puis *la considération des* se trouve à la marge et remplace *les*, biffé dans le texte.
4. Dont l'application particulière et la pratique journalière. (1837-1866.) — Dans l'original, devant *la pratique journalière*, sont raturés les mots : *l'application principale et*.
5. *Dans le vrai* est précédé de *A l...*, biffé.
6 Quelques lettres : *cond*, effacées devant *faire*

Nemours par la complaisance et même l'approbation qu'il donnera, par sa présence, à toutes les délibérations que l'on fera, même avec fureur, contre leur marche. Ainsi il offensera la Reine, il outrera le Cardinal[1], il ne satisfera pas Monsieur le Prince, il ne contentera pas les Frondeurs. Il sera agité par toutes ces vues, encore plus qu'il ne l'a été jusques ici, parce que les objets qui les lui donnent[2] se grossiront à tous les instants, et la catastrophe de la pièce sera le retour[3] d'un homme dont la ruine est crue si facile que le rétablissement n'en peut être que très-honteux. J'ai pris la liberté de proposer à Son Altesse Royale un remède à ces inconvénients, et[4] je l'expliquerai encore en ce lieu, pour ne manquer à rien de ce qu'elle m'a commandé de lui déduire.

« Elle m'a fait l'honneur de me dire, plusieurs fois, que l'obstacle[5] le plus grand qu'elle trouve à se résoudre à un parti décisif, qu'elle avoue être nécessaire si il est possible, est qu'elle ne le peut faire par elle-même sans se brouiller avec le Parlement, parce que le Parlement n'en peut jamais prendre un de cette nature par la raison de[6] l'attachement qu'il a à ses formes, et qu'elle le peut encore moins du côté de Monsieur le

---

1. Après *Cardinal*, sont biffés ces deux membres de phrase, dont le premier est récrit un peu plus loin : *il ne contentera pas les Frondeurs, il ne satisfera pas les Mazarins.*

2. *Qui les lui donnent* est à la marge ; au lieu de *se*, qui suit, et qui est omis dans le ms. Caf., il y avait d'abord *s'en*.

3. *Retour* remplace, à la marge, *rétablissement*, biffé dans le texte ; devant *catastrofe* (sic), qui précède, est effacé *fin de*.

4. *Et* a été ajouté après coup.

5. *L'obstacle* suit les mots : *ce qui l'empêchoit*, biffés ; plus loin, *se résoudre à* remplace, à la marge, *prendre*, effacé dans le texte ; *qu'elle avoue*, jusqu'à : *possible*, est également à la marge d'en haut ; puis, devant *même*, est *elle*, en interligne, sur *lui*, biffé.

6. *La raison de*, en interligne.

Prince, et[1] par cette même considération et par celle de la juste défiance qu'elle a des différentes cabales, qui ne[2] partagent pas seulement, mais qui divisent son parti. Ces deux vues sont assurément très-sages et très-judicieuses, et ce sont celles qui m'avoient[3] obligé de proposer à Monsieur un moyen qui me paroissoit presque sûr pour remédier aux deux inconvénients que l'on ne peut nier être très-considérables et très-dangereux.

« Ce moyen étoit que Monsieur formât un tiers parti, composé des parlements et des grandes villes du Royaume, indépendant et même séparé, par profession publique, des étrangers et de Monsieur le Prince même, sous le prétexte de son union avec eux. L'expédient qui me paroissoit propre à rendre ce moyen possible étoit que Monsieur[4] s'expliquât, dans les chambres assemblées, clairement et nettement de ses intentions, en disant à la Compagnie que la considération qu'il avoit eue[5] jusques ici pour elle l'avoit obligé à agir[6] contre ses vues, contre sa sûreté, contre sa gloire; qu'il louoit son intention, mais qu'il la prioit de considérer que la conduite ambiguë qu'elle produisoit anéantiroit celle à laquelle tout le Royaume conspiroit contre le cardinal Mazarin;

1. *Et*, en interligne, sur un autre *et*, effacé.
2. *Ne* et, plus loin, *mais*, en interligne, ce dernier sur *et*, qui est biffé et précédé d'*ou*, également biffé; *pas seulement*, à la marge. — Qui ne partagent pas, mais qui divisent. (1843-1866.)
3. *M'avoient*, en interligne, au-dessus de *m'ont*, effacé; plus loin, deux lettres biffées avant *deux*; puis *avoir*, biffé aussi, en interligne, après *nier*.
4. *Propos*[*ât*] est raturé, après *Monsieur*.
5. *Eu*, sans accord, dans le manuscrit autographe; devant *eue* et, plus loin, devant *obligé*, la seconde syllabe d'*avoit* a été ajoutée, la seconde fois en interligne.
6. D'agir. (1837 et 1843.)
7. *Tout*, en interligne, de même que l'*à* qui précède et la première syllabe de *laquelle*; *avoit*, biffé devant *conspiroit*; Retz avait

que ce ministre, qui étoit l'objet de l'horreur de tous les peuples, triomphoit de leur haine[1] avec quatre ou cinq mille hommes, qui l'avoient conduit en triomphe à la cour, parce que le Parlement donnoit tous les jours des arrêts en sa faveur, au moment même qu'il déclamoit avec le plus d'aigreur contre lui ; que lui Monsieur étoit demeuré, par la complaisance qu'il avoit pour ce corps, dans des ménagements qui avoient en leur manière[2] contribué au même effet[3] ; que, le mal augmentant, il ne pouvoit plus s'empêcher d'y chercher des remèdes ; qu'il n'en manquoit pas, mais qu'il étoit bien aise de les concerter avec la Compagnie, qui devoit aussi, de son côté, prendre une bonne résolution et se fixer, pour une bonne fois, aux moyens efficaces de chasser le Mazarin, puisqu'elle avoit jugé tant de fois que son expulsion étoit de la nécessité du service du Roi ; que l'unique[4] moyen pour y parvenir étoit de bien faire la guerre, et que, pour la bien faire, il la falloit faire sans scrupule ; que le seul qu'il prétendoit dorénavant d'y conserver étoit celui qui regardoit les ennemis de l'État, avec lesquels il déclaroit qu'il ne vouloit ni union ni même commerce ; qu'il ne prétendoit pas que l'on lui eût grande obligation de ce sentiment, parce qu'il sentoit ses forces et qu'il connoissoit qu'il n'avoit aucun besoin de leur secours[5] ; que par cette considération, et encore plus

---

mis d'abord : *celle que le Royaume avoit ;* à la ligne suivante, *que* est précédé d'un autre *que*, effacé.

1. Leurs haines. (1837-1866.)
2. *En leur manières* (sic), avec *s* biffée.
3. Aux mêmes effets. (1837-1866.)
4. *L'unique* a été écrit sur *les*, suivi de *remèdes*, biffé et surmonté, en interligne, de quelques lettres, également biffées ; *moyen* est à la marge ; viennent ensuite deux lignes effacées : *(les remèdes) dont il.... voyoit.... de.... qu'il jugeoit réussir (?) pour y réussir étoient.*
5. De leurs secours. (1837-1866.)

par celle du mal que la liaison avec les étrangers peut toujours faire à la couronne, il n'approuvoit ni ne concouroit à rien de ce que Monsieur le Prince avoit fait à cet égard ; mais qu'à la réserve de cet article, il étoit résolu de ne plus garder de mesures et de faire comme lui, de lever des hommes et de l'argent, de se rendre maître des bureaux[1], de se saisir des deniers du Roi et de traiter comme ennemis ceux qui s'y opposeroient, en quelques formes et manière[2] que ce pût être. Je croyois que Son Altesse Royale pouvoit ajouter que la Compagnie n'ignoroit pas que, le peuple de Paris étant aussi bien intentionné pour lui qu'il l'étoit, il lui étoit plus aisé d'exécuter ce qu'il lui proposoit que de le dire ; mais que la considération qu'il avoit pour elle faisoit qu'il[3] vouloit bien lui donner part de sa résolution devant que de la porter à l'Hôtel de Ville, où il étoit résolu de la déclarer dès l'après-dînée, et d'y délivrer en même temps ses commissions.

« Je supplie Monsieur de se ressouvenir que, lorsque je lui[4] proposai ce parti, je pris la liberté de l'assurer, sur ma tête, que ce discours, étant accompagné des circonstances que je lui marquai en même temps, c'est-à-dire d'assemblée de noblesse, de clergé, de peuple[5], ne recevroit pas un mot de contradiction. J'allai[6] plus loin, et je me souviens que je lui dis que le Parlement, qui n'y donneroit, le premier jour, que par étonne-

---

1. C'est-à-dire « des lieux, comme dit Furetière, où on fait les recettes des impôts. » — Du bureau. (1837-1866.)

2. En quelle part, forme et manière que ce pût être. (Ms. Caf.) — En quelque forme et en quelque manière. (1859, 1866.)

3. Après *qu'il*, est biffé : *lui donno[it]*.

4. *Lui*, en interligne.

5. Les mots : *c'est-à-dire*, jusqu'à : *de peuple*, sont à la marge. — Du peuple. (1843-1866.)

6. *J'allai* est précédé de *Je passai*, biffé.

ment, y donneroit le second¹ du meilleur de son cœur. Les compagnies sont ainsi faites, et je n'en ai vu aucune dans laquelle trois ou quatre jours d'habitude ne fassent² recevoir pour naturel ce qu'elles n'ont même commencé que par contrainte. Je représentai à Monsieur que quand il auroit mis les affaires³ en cet état, il ne devroit⁴ plus craindre que le Parlement se séparât de lui; il ne pourroit plus appréhender d'être livré à la cour par les négociations des différentes cabales du parti des Princes, puisque⁵ ceux qui, dans le Parlement, étoient dans les intérêts de la cour, en auroient un trop personnel et trop proche pour laisser pénétrer leur sentiment⁶, et puisque Monsieur le Prince seroit lui-même si dépendant de Son⁷ Altesse Royale, que son principal soin seroit de le ménager; car il n'y auroit, à mon opinion, aucun lieu d'appréhender qu'il se fût raccommodé à la cour, si Monsieur eût pris ce parti, vu l'état des choses, la force de celui de Monsieur, la déclaration du public et les mesures secrètes que Son Altesse Royale eût pu garder avec lui. Elle sait mieux que personne si⁸ elle n'est pas maîtresse absolue du peuple de Paris, et si, quand il lui plaira de parler décisivement en fils de France, et en fils de France qui est et qui se sent chef

---

1. Devant *second*, est effacé le chiffre 2.
2. *Ne fasse*, dans l'original. — 3. Ses affaires. (1837-1866.)
4. Retz a corrigé *devra* en *devroit;* puis *separe* en *séparât; pourra* en *pourroit*.
5. Après *puisque*, est biffé : *le Parlement;* plus loin, *étoient* corrige, à la marge, *sont*, effacé deux fois dans le texte, dont l'une en interligne. Plus bas encore, Retz a corrigé *auront* en *auroient*, en ajoutant *ie* au-dessus de la ligne ; puis *sera* en *seroit*.
6. Leurs sentiments. (1837-1866.)
7. Quelques lettres biffées entre *Son* et *Altesse;* ensuite *je crois*, après *car;* et après *appréhender*, *vu (veu)*, récrit plus bas.
8. Après *si* est effacé *Paris*, qui revient plus loin; *du peuple* est omis dans les éditions de 1843-1866.

d'un grand parti, il y a un seul[1] homme dans le Parlement et dans l'Hôtel de Ville qui ose, je ne dis pas lui résister, mais le contredire. Elle n'aura pas sans doute oublié que je lui avois proposé, en même temps, des préalables, pour le dehors, qui n'étoient ni éloignés ni difficiles : le ralliement du débris des troupes de M. de Montrose[2], le licenciement de celles de Neufbourg[3], la déclaration de huit ou dix des plus grandes villes du Royaume. Monsieur n'a pas voulu entendre à ce parti, parce qu'il le croit d'une suite trop dangereuse pour l'État. Dieu veuille que celui qu'il a pris ne lui[4] soit pas plus périlleux, et que la confusion, où apparemment elle le jettera[5], ne soit plus[6] à craindre que la commotion dans laquelle il y auroit au moins un fils de France au gouvernail[7] ! »

J'avois[8] dans Paris trois cents officiers au moins[9], et

1. *Seul*, en interligne.
2. Sur le marquis de Montrose (dans l'original, ici encore, *Monterose*) et sur ses troupes, voyez, au tome III, p. 37, 38 et 303.
3. Philippe-Guillaume de Bavière, duc de Neubourg, comte palatin, né en 1615, mort en 1690. Il fut (1653) un des nombreux maris proposés à Mademoiselle de Montpensier. Voyez le tome II (p. 249 et p. 260-264) des *Mémoires* de cette dernière, qui transcrit une lettre à elle adressée par ce prince allemand. En 1685, il succéda à l'électorat du Rhin.
4. *Lui* est en interligne, après *le*, biffé.
5. Après *jettera*, il y a quelques mots effacés dans l'interligne : *sans qu'il y ait de gouvernail*.
6. Ne soit pas plus. (1837-1866.)
7. *Au gouvernail* est biffé, entre *au*, rajouté devant, et *gouvernail*, récrit après.
8. Tout ce qui suit, depuis *J'avois* jusqu'à la fin de l'alinéa, est ajouté, dans le manuscrit autographe, aux marges des pages 2099 et 2100. Ce passage est aussi à la marge, comme ajouté en note, dans le ms. Caf.
9. Trois cents officiers à moi. (1837-1866.) — *Au moins* est très-mal écrit, mais nous paraît la leçon la plus probable. Les deux mots manquent dans le ms. Caf.

SECONDE PARTIE. [Février 1652]

le vicomte de Lamet¹ avoit ménagé deux mille chevaux du licenciement de Neufbourg. J'étois assuré d'Orléans, de Troies, de Limoges, de Marseille², de Senlis et de Toulouse.

Voilà ce que j'écrivis sur la table du cabinet des livres, en moins de deux heures. Je le lus à Monsieur, en présence de M. le président de Bellièvre, qui l'approuva et l'appuya³ avec bien plus de force que je n'avois jamais⁴ fait moi-même. La contestation s'échauffa, Monsieur soutenant que, sans un fracas de cette nature (c'est ainsi qu'il⁵ l'appela), il empêcheroit bien que le Parlement ne se déclarât contre la marche des troupes de M. de Nemours, qui étoit ce qu'il appréhendoit plus que toutes choses, parce qu'il y alloit joindre les siennes. Vous verrez qu'il⁶ ne se trompa pas dans cette vue. Il est vrai encore que je ne fus pas moins trompé

---

1. Pour le vicomte de Lamet, voyez au tome II, p. 335 et note 2, et au tome III, p. 303, 487 et 510. — Après *Lamet*, est effacé : *n'avoit pu*.

2. J'étois encore assuré des villes de Troyes, de Limoges, de Marville (*sic*). (1837-1866.) — Dans l'original, après *Limoges*, est biffé : *d'Or[léans?]*. — *Marseille*, leçon de l'autographe et du ms. Caf., est devenu *Merville* dans le ms. H et dans plusieurs des anciennes impressions, et *Marville*, comme on vient de le voir, dans les éditions les plus récentes.

3. Après *appuya*, est effacé : *aupre[s]*.

4. *Jamais* est omis dans les éditions de 1837-1866.

5. *Qu'il* est biffé, puis récrit en marge.

6. *Vous verrez qu'il* est suivi de quatre lignes biffées : *se flattoit, car le Parlement donna aussitôt après un arrêt sanglant, en sa présence, contre cette marche, en enjoignant aux communes de lui courre sus.* Les mots : *ne se trompa pas dans cette vue*, sont à la marge. Après *Il est vrai*, une ligne et demie a été raturée : *que je me trompai aussi de tout(?) point dans cette conjoncture* (la finale *ture* n'a pas été biffée) ; *encore que je ne* est en interligne ; les mots : *fus pas moins trompé* (une lettre biffée) *sur un autre chef*, ont été ajoutés à la marge.

sur un autre chef; car je soutins toujours à Monsieur, avec le président de Bellièvre, qui étoit de mon avis, qu'il ne seroit pas en son pouvoir d'empêcher que le Parlement ne procédât à l'exécution de la déclaration contre Monsieur le Prince[1], quoiqu'il eût donné arrêt par lequel il s'engageoit de ne le pas faire jusques à ce que le Cardinal fût hors du Royaume; car la cour trouva si peu de jour à cette exécution, du côté du Parlement, qu'elle n'osa même la lui proposer.

Ces succès contribuèrent beaucoup à la perte de Monsieur[2]; car ils l'endormirent et ils ne le sauvèrent pas. J'entrerai dans la suite de[3] ce détail, après que je vous aurai rendu compte de ce qui se passa dans cette conversation, touchant ma promotion au cardinalat[4], et de cette promotion qui se fit en effet justement en ce temps-là[5].

Monsieur, qui étoit l'homme du monde le plus éloigné de croire que l'on fût capable de parler sans intérêt, me dit, dans la chaleur de la dispute, qu'il ne concevoit pas celui que je pouvois m'imaginer dans un

---

1. Après *le Prince*, il y a deux lignes effacées : et (non biffé) *il est.... que M*r *réussit à ce.... contre.... que nous en....* Toute la fin de l'alinéa, depuis *quoiqu'il*, est à la marge des pages 2100 et 2101.

2. A sa perte. (1837-1866.) — Dans l'original, *la perte de M*r (M*r* fort peu distinct) est en interligne, sur *sa perte* biffé; dans le ms. Caf., *chute* (au lieu de *perte*) *de Monsieur.* Comme Retz avait d'abord commencé la phrase par : *ce succès*, au singulier, les verbes, qui étaient primitivement *contribua, endormit, sauva*, ont été mis, après coup, au pluriel par l'addition de la syllabe finale (en interligne, pour les deux derniers verbes); en outre, des *s* ont été ajoutées à *ce* et aux deux *il*.

3. *De*, en interligne, sur *dans*, biffé.

4. La finale *at* a été ajoutée après coup à *cardinal*.

5. Après *ce temps-là*, une ligne et demie biffée : *et.... ce qui dans la Guienne se faisoit en Guienne.* Les mots : *en effet justement*, qui précèdent, sont en interligne, au-dessus d'*effectivement*, effacé.

SECONDE PARTIE. [Février 1652] 129

parti qui, en rompant toute mesure[1] avec la cour, feroit assurément révoquer ma nomination. Je lui répondis que j'étois, à l'heure qu'il étoit, cardinal, ou que je ne le serois de longtemps; mais que je le suppliois d'être persuadé que, quand ma promotion dépendroit de ce moment, je ne changerois en rien mes sentiments, parce que je les lui disois pour son service et nullement pour mes intérêts. « Et[2] vous n'avez, Monsieur, ajoutai-je, pour vous bien persuader de cette vérité, qu'à vous ressouvenir, s'il vous plaît, que le propre jour qu'elle m'a nommé[3], je lui ai déclaré à elle-même[4] que je ne quitterai jamais votre service[5]. Je crois que je lui tiens aujourd'hui fidèlement ma parole en vous donnant le conseil que je crois le plus conforme à votre gloire[6]; et pour vous le faire voir, je supplie très-humblement Votre Altesse Royale de lui envoyer le mémoire que je viens d'écrire. »

Monsieur eut honte de ce qu'il m'avoit dit. Il me fit[7] mille honnêtetés. Il jeta le mémoire dans le feu, et il sortit du cabinet tout aussi aheuri[8], me dit à l'oreille le président de Bellièvre, qu'il y étoit entré.

1. Toutes mesures. (1837.) — Toutes les mesures. (1843-1866.)
2. *Pour*, biffé après *Et*.
3. Que la Reine m'a nommé. (1837-1866.)
4. *A elle-même*, en interligne; et de même *jamais*, au-dessus de *pas*, biffé; après *votre service*, qui suit, il y a une ligne raturée : M^r eut honte de ce que je lui disois : voyez six lignes plus bas.
5. Rapprochez de ce que Retz a écrit ci-dessus, p. 109.
6. *En vous donnant.... à votre gloire*, est à la marge. Les éditions de 1837-1866, trompées par un faux renvoi que Retz a laissé après *votre service*, quoiqu'il ait mis ensuite le vrai après *ma parole*, donnent cette leçon : « Je lui ai déclaré à elle-même que je ne quitterois jamais votre service, en vous donnant le conseil que je croirois le plus conforme à votre gloire. ».
7. *Fit*, en interligne, sur *dit*, biffé.
8. *Aheurri*, dans l'original; *a'heuri*, dans le ms. Caf.; *aheuré*.

Je vous viens de dire que j'avois répondu à Monsieur que j'étois cardinal à l'heure où je lui parlois, ou que je ne le serois de longtemps. Je ne m'étois trompé que de peu, car je le fus effectivement cinq ou six jours après[1]. J'en reçus la nouvelle le dernier de ce mois de février, par un courrier que le Grand-Duc[2] me dépêcha.

Je vous dirai comme la chose se passa à Rome, après[3] que je vous aurai fait des excuses de vous avoir sans doute autant ennuyée[4] que j'ai fait, et par la longueur de ce dernier mémoire, et par celle du discours[5] de Monsieur à M. Danville, qui sont remplis de mille

dans le ms. H et la plupart des anciennes éditions ; *aheuré*, dans celles de 1837 et 1843. — Le mot manque dans les deux premières éditions du *Dictionnaire de l'Académie;* en 1740, elle donne *aheuri;* à partir de 1762, *ahuri.*

1. La promotion de Retz au cardinalat est du 19 février 1652. Voyez ci-après, p. 132-137, et le *P. Rapin*, tome I, p. 434 et 435.

2. Il s'agit ici du grand-duc de Toscane, Ferdinand II de Médicis, qui mourut en 1670. Le P. Rapin (tome I, p. 376) dit que ce prince « appuyoit Retz dans ses prétentions, » qu'il était l'intermédiaire par lequel notre auteur « avoit pris des mesures secrètes avec le Pape, » et que, de même que les Espagnols, il « offroit de grandes sommes d'argent pour faire réussir cette nomination. » — Gui Joli (p. 69) dit que le courrier dont parle Retz devança celui de l'abbé Charrier : voyez à la page suivante. — Après *dépêcha,* on lit cette phrase, que rend inutile la première de l'alinéa suivant : *Voici* (biffé) *comme la chose* (au-dessus de *l'affaire,* effacé) *se passa du côté de Rome.*

3. *Je vous dirai.... après* est à la marge de la page 2103 de l'autographe (devant *chose* est l'*af*[*faire*], non biffé). La suite : *après* (répété) *que je vous aurai fait,* jusqu'à la fin de l'alinéa, est écrite sur les deux pages d'un feuillet supplémentaire, qui vient, suivi d'un feuillet blanc, après la page 2102. Ce passage additionnel est plein de ratures, de surcharges et de renvois à la marge; c'est un véritable brouillon, comme le montrent assez les notes qui suivent.

4. *Ennuyé,* sans accord, dans l'original.

5. *Celle du discours* est en interligne, sur deux mots biffés : *la répétition;* puis *Monsieur* (*M^r*) est aussi au-dessus de la ligne, sur quelques lettres biffées, et suivi d'une ligne effacée : *les circonstances qui*

SECONDE PARTIE. [Février 1652.] 131

circonstances que vous aurez déjà[1] trouvées comme semées dans les différents endroits de cet ouvrage. Mais comme la plupart de[2] ces circonstances sont celles qui ont formé ce corps monstrueux et presque incompréhensible, même dans le genre du merveilleux historique, dans lequel il semble que[3] tous les membres n'aient pu avoir aucuns mouvements qui leur fussent naturels, et même qui ne fussent contraires les uns aux [autres], j'ai cru qu'il étoit même heureux de rencontrer, dans le cours de la narration, une matière[4] qui m'obligeât de les ramasser toutes ensemble, afin que

composent ce monstr[*ueux*]. La suite : *à M. d'Anville* (sic), *qui sont remplis de mille circonstances que*, est à la marge ; après *d'Anville*, est effacé : *et par celui.*

1. Les mots : *aurez déjà*, sont en interligne, le premier sur *avez*, le second sur un autre *déjà*, effacés. — A la suite, *trouvé*, sans accord.

2. Cette phrase a été retouchée presque à chaque mot. *La plupart de* est à la marge, suivi des mots : *de ces circonstances*, biffés, et déjà mis une fois dans le texte ; *sont*, qui suit, est en interligne, au-dessus du même mot effacé ; après *monstrueux*, la conjonction *et* se trouve en interligne, suivie de quatre lignes et un quart raturées : *et presque incompréhensible dans la.... de l'état.... dans le genre du merveilleux historique et l'état biz la disposition bizarre et.* Les mots du texte : *presque incompréhensible*, précédés d'*et* répété, sont à la marge ; *même*, qui vient ensuite, est en interligne.

3. *Il semble que* est en interligne, et après *semble* viennent trois mots raturés : *aucun des membres;* puis, après *tous les membres*, sont encore biffées trois lignes et un quart : .... *à tous les instants n'avoient de mouvements que contre eux-mêmes, j'ai cru qu'ils n'avoient.* Plus loin, *n'aient pu avoir* est également en interligne ; et ces derniers mots : *et même qui ne fussent contraires les uns aux*, sont ajoutés à la marge ; après *uns*, est effacé *le*[*s*], et *autres* a été omis par mégarde. A la suite, après *j'ai cru qu'il*, on lit encore ces mots biffés : *n'étoit mes*[*me*].... *pas hors de propos de les ramasser toutes ensemble.*

4. *Matière* est au-dessus de la ligne, sur *action*, biffé ; *cours de* et *la narration*, qui précèdent, sont également en interligne, au-dessus de mots effacés : *vérité des* et *l'histoire ; le*, devant *cours*, a été substitué à *la* ; après *cours de*, est biffé *suite*, et *narration* est écrit deux fois, biffé la première.

vous puissiez, avec plus de facilité, découvrir, d'un coup d'œil, ce qui, n'étant que [1] répandu dans les lieux différents, offusque la vérité de l'histoire par des contradictions, que rien ne peut jamais bien démêler que l'assemblage des raisonnements et [2] des faits. Je reviens à ma promotion.

Vous avez vu, dans le second volume de cette histoire, que j'avois envoyé à Rome [3] l'abbé Charrier, qui trouva la face de cette cour tout à fait changée, par la retraite plutôt que par la disgrâce de la signora Olimpia, belle-sœur du Pape [4]. Innocent [5] s'étoit laissé toucher à des manières de réprimandes que l'Empereur [6], à l'instigation des Jésuites, lui avoit fait faire par son nonce de Vienne. Il ne voyoit plus la signora ; et il soulageoit le cruel ennui que l'on a toujours cru qu'il en avoit par des [7] conversations assez fréquentes avec Mme la princesse de Rossane [8], femme de son neveu,

1. *N'étant que*, à la marge ; plus loin, entre *ne* et *peut*, est biffé : *démêle jamais* ; puis *bien* est en interligne.

2. *Et*, au-dessus de la ligne, après un autre *et*, effacé par mégarde. A l'autre alinéa, *à de* est biffé après *vu* ; *second* est écrit 2 ; puis, à la ligne suivante, *je* est effacé après *que*.

3. *A Rome*, en interligne. — Sur l'abbé Charrier et sa mission à Rome, voyez, au tome III, p. 255 et note 4, et p. 349 et 350. Le second de ces passages, et c'est celui auquel Retz renvoie, n'est pas au tome II, mais au tome III de l'original : voyez ci-après, p. 187, note 4.

4. *Belle-sœur du Pape*, à la marge. — Olimpia Maidachini, mariée à Panfilio Panfili, frère d'Innocent X (voyez au tome III, note 5 de la page 143), « la femme la plus imprudente et la plus intéressée qui fut jamais, » dit le P. Rapin (tome II, p. 234).

5. Sur Innocent X, voyez, au tome III, p. 16 et note 2.

6. Après *l'Empereur*, est biffé : *lui avoit à ce q.*

7. *Des*, en interligne sur *les*, effacé.

8. Sur Olimpia Aldobrandini, princesse de Rossane, et son mari, Camille Panfili, fils d'Olimpia Maidachini, voyez, au tome III, la note 4 de la page 145.

SECONDE PARTIE. [Février 1652]

qui, quoique très-spirituelle, n'approchoit pas du génie de la signora, mais qui, en récompense, étoit beaucoup plus jeune et beaucoup plus belle. Elle s'acquit effectivement du pouvoir sur son esprit, et au point que la signora Olimpia en eut une cruelle jalousie, qui, en donnant encore de nouvelles lumières à son esprit, déjà extrêmement éclairé[1] et habile par lui-même, lui fit enfin trouver le moyen de ruiner sa belle-fille auprès du Pape, et de rentrer dans sa première faveur[2]. Ma nomination[3] tomba justement dans le temps où celle de Mme la princesse de Rossane étoit la plus forte ; et il parut, en cette occasion, que la fortune voulût réparer la perte que j'avois faite en la personne de Pancirolle[4] : c'est le seul endroit de ma vie où je l'ai trouvée favorable. Je vous ai dit ailleurs[5] les raisons pour lesquelles[6] j'avois lieu de croire que Mme la princesse de Rossane me le pourroit être[7], et sans comparaison davantage que la signora Olimpia, qui ne faisoit rien qu'à force d'argent, et vous croyez aisément qu'il n'eût pas été aisé de me résoudre à en donner pour un chapeau[8].

L'abbé Charrier trouva à Rome tout ce que j'y avois

---

1. Après *éclairé*, il y a *par lui-même*, biffé, et récrit plus loin ; devant *ruiner*, est effacé : *supplan[ter]*.

2. Ce ne fut qu'un an après qu'Olimpia Maidachini recouvra les bonnes grâces de son beau-frère, le pape Innocent X, principalement par la médiation de l'ambassadeur de France. Voyez les *Mémoires du P. Rapin*, tome I, p. 423 et 424, et tome II, p. 73 et p. 94.

3. *Ma nomination* est précédé d'une ligne et demie biffée : *la..., heureuse pour trouver.... l'endroit*.

4. Sur le cardinal Pancirole, voyez, au tome III, p. 142 et note 7.

5. Voyez, au tome III, p. 145.

6. Après *pour lesquelles*, est biffé : *il ne p*.

7. Pouvoit être. (1837-1866.)

8. *Chapeau* est suivi de *je trouv[ai?]*, biffé.

espéré de Mme de Rossane, et le premier avis qu'elle lui donna fut de [1] se défier au dernier point de l'ambassadeur, qui joignoit aux ordres secrets que la cour lui avoit donnés [2] contre moi, la passion effrénée qu'il avoit lui-même pour la pourpre [3]. L'abbé Charrier profita très-habilement de cet avis, car il joua toujours l'ambassadeur en lui témoignant une confiance abandonnée, et en lui faisant voir, en même temps, la promotion très-éloignée. La haine que le Pape avoit conservée [4] depuis longtemps pour la personne de M. le cardinal Mazarin [5], contribua à ce jeu, et l'intérêt de Monsignor Chigi [6],

1. *De*, écrit deux fois et biffé la première.
2. *Donné*, sans accord dans l'autographe.
3. Sur les menées de Mazarin et de Henri d'Estampes, bailli de Valençay, alors ambassadeur du Roi à Rome (1650-1652), et depuis (1670) grand prieur de France, pour faire échouer les prétentions de Retz au chapeau, voyez encore les *Mémoires de Gui Joli*, p. 69; ceux du *P. Rapin*, tome I, p. 423-425 et p. 433. Claude Joli (*Mémoires concernant le cardinal de Retz*, p. 164) dit même que la nomination du Coadjuteur avait été secrètement révoquée par le Roi, « en faveur du bailli de Valençay..., qui n'en put pas profiter néanmoins », à cause de la promptitude déconcertante avec laquelle agit, en cette circonstance, Innocent X.
4. Les premières lettres du mot : *cons*, ont été effacées après *avoit*.
5. Voyez encore, à ce sujet, les *Mémoires* du P. Rapin, tome I, p. 424 et 433. — Claude Joli dit de son côté (p. 164 et 165), que le Coadjuteur dut « sa promotion au cardinalat, non pas tant à l'abbé Charrier, son agent à Rome, et aux officiers (*sic*) du Grand-Duc et des princes de sa maison, qu'au ressentiment que le Pape avoit de ce que le cardinal Mazarin l'avoit contraint de lui donner un chapeau pour Michel Mazarini, dominicain, son frère (*mort en 1648*), qu'il avoit tiré de son couvent pour le faire archevêque d'Aix; ayant, pour l'y forcer, fait porter la guerre en Italie jusqu'aux places frontières de l'État ecclésiastique, Piombino, Orbitello et Porto-Longone, assiégées et prises par les armées du Roi. »
6. *Ghici*, dans l'original. — Fabio Chigi, né en 1599, évêque de Nardi, puis d'Imola, nonce à Cologne, et plénipotentiaire chargé de représenter le Pape aux négociations de Munster; il fut fait car-

SECONDE PARTIE. [Février 1652]   135

secrétaire d'État, qui a été depuis le pape Alexandre VIIe, y concourut aussi avec beaucoup d'effet[1]. Il étoit assuré du chapeau pour la première promotion, et il n'oublia rien de ce qui la pouvoit avancer. Monsignor Azzolini[2], qui étoit secrétaire des brefs et qui avoit été attaché à Pancirolle, avoit hérité de son mépris pour le Cardinal et de sa bonne volonté pour moi. Ainsi M. le bailli de Valençai fut amusé; et il ne fut même averti de la promotion qu'après qu'elle fut faite. Le pape Innocent m'a dit qu'il savoit, de science certaine, qu'il avoit dans sa poche la lettre du Roi pour la révocation de ma nomi-

dinal en 1652, à la même promotion que Retz, et élu pape le 7 avril 1655, après la mort d'Innocent X, sous le nom d'Alexandre VII. Il mourut en 1667. Au moment où nous place le récit de Retz, Chigi exerçait à Rome les fonctions de secrétaire d'État.

1. « La négociation du chapeau, dit Gui Joli (p. 69), ne reçut presque aucune difficulté auprès de Sa Sainteté, qui s'imagina que le Coadjuteur alloit aussitôt remplir la place du Cardinal (*Mazarin*), qu'il auroit peut-être plus d'égards pour lui et pour le Saint-Siége que son prédécesseur. » Gui Joli ajoute que « Monsignor Chigi, qui se gouvernoit par les Jésuites,... obligea le Pape à demander au Coadjuteur un écrit par lequel il renonçoit au jansénisme. » Sur la députation que Port-Royal avait, à la même époque, envoyée à Rome, auprès du souverain Pontife, voyez les *Mémoires du P. Rapin*, tome I, p. 425-433.

2. Decio Azzolini, évêque de Narni, qui devint cardinal en 1654[a], et fut secrétaire d'État sous Clément IX. Il mourut en 1689. « Azzolin, dit le P. Rapin (tome III, p. 455), étoit gentilhomme de Fermo, dans la marche d'Ancône, d'un génie propre aux affaires par la grande dextérité qu'il s'étoit acquise dans le commerce des grands. » Et un peu plus loin (p. 456) : « La sympathie d'esprit et la conformité d'humeur que le cardinal de Retz et lui s'étoient reconnues réciproquement l'un et l'autre fit entre eux une si grande liaison dans le conclave d'Alexandre (*en* 1655), où ils se rencontrèrent dans le même dessein et dans les mêmes intérêts, qu'ils contractèrent, depuis ce temps, une amitié mutuelle très-étroite et une grande déférence l'un pour l'autre. »

[a] Moréri dit 1652 à l'article CARDINAL, mais 1654 à l'article AZOLIN : voyez ci-après, p. 136, note 8.

nation[1], avec ordre toutefois de ne la pas rendre que dans la dernière nécessité et[2] à l'entrée du consistoire où les cardinaux seroient déclarés ; et l'abbé Charrier m'avoit dépêché deux courriers pour me donner le même avis. Ce qui est constant[3] est ce que j'ai su depuis par Champfleuri, capitaine des gardes de Monsieur le Cardinal, qu'aussitôt[4] qu'il eut reçu la nouvelle de ma promotion, qu'il apprit à Saumur, il lui commanda, à lui Champfleuri, d'aller chez la[5] Reine en diligence, et de la conjurer de sa part de se contraindre et d'en faire paroître de la joie.

Je ne puis m'empêcher, en cet endroit, de rendre honneur à la vérité, et de faire justice à mon imprudence, qui faillit à me faire perdre le chapeau. Je m'imaginai, et très-mal à propos, qu'il n'étoit pas de la dignité du[6] poste où j'étois de l'attendre, et que ce petit délai de trois ou quatre mois que Rome fut obligé[7] de prendre, pour régler une promotion de seize sujets[8], n'étoit pas

1. Voyez p. 134, note 3, et les *Mémoires de Gui Joli*, p. 69.
2. Après *nécessité et*, on lit : *lorsqu'il ne pourroit plus douter*, effacé ; puis, après *consistoire*, est biffé *il;* puis encore quelques lettres : *les ca C fur[ent]*, après *où*.
3. *Est constant* remplace, à la marge, *le confirme assez*, biffé dans le texte.
4. Ce qui est constant, et que j'ai su.... c'est qu'aussitôt. (1837-1866.) — A la ligne suivante, *Saulmur*, dans l'autographe.
5. *Chez la*, à la marge, suivi de *Reine*, raturé ; *trouver* est biffé dans le texte, après *d'aller*, et suivi de *la*, que Retz a oublié d'effacer ; après *en*, qui suit *Reine*, est encore effacé *lui*.
6. *Du* suit *d'un*, biffé ; puis une lettre est effacée après *Rome*.
7. Fut obligée. (1837-1866.)
8. Dans Moréri, à l'article Cardinal, la promotion de 1652 comprend vingt sujets ; mais lui-même date autrement celle de plusieurs de ces cardinaux, dans les articles consacrés à chacun d'eux. Une lettre, du 19 février, de l'ambassadeur de France à Mazarin, nous apprend qu'Innocent X promut ce jour-là dix cardinaux (le P. Rapin donne leurs noms, tome I, p. 434), et en réserva deux *in petto*.

conforme aux paroles¹ qu'elle m'avoit données, ni aux recherches qu'elle m'avoit faites. Je me fâchai, et j'écrivis² une lettre ostensive³ à l'abbé Charrier, sur un ton qui n'étoit assurément ni du bon sens, ni de la bienséance. C'est la pièce la plus passable, pour le style, de toutes celles que j'aie jamais faites⁴; je l'ai cherchée pour l'insérer ici, et je ne l'ai pu retrouver⁵. La sagesse de l'abbé Charrier, qui la supprima à Rome⁶, fit qu'elle me donna de l'honneur par l'événement, parce que tout ce qui est⁷ haut et audacieux est toujours justifié, et même consacré par le succès⁸. Il ne m'empêcha pas d'en avoir une véritable honte; je la conserve encore, et il me semble que je répare, en quelque façon, ma faute en la publiant. Je reprends le fil de ma narration.

J'en étois demeuré, ce me semble, au 16 de février⁹ de l'année 1652.

Il y eut, le lendemain 17, une assemblée des chambres, dans laquelle vous verrez¹⁰, à mon avis, plus que

1. *Paroles* est précédé d'*enga[gements]*, biffé.
2. Après *écrivis* est effacé : *sur un*.
3. *Ostensive*, ostensible. Dans ses premières éditions, l'Académie n'a ni l'un ni l'autre de ces deux adjectifs ; à partir de la 3ᵉ (1740), elle a le second. — Une lettre offensive. (1837-1866.)
4. *Plus passable, pour le style, de toutes celles* est à la marge ; après *pièce la*, on lit *moins foible*, et *mauvaise* au-dessus de *foible*, le tout raturé. Au lieu de *faites*, il y a, par mégarde, *faite*, au singulier.
5. *Je l'ai cherchée.... retrouver*, à la marge, sans signe de renvoi.
6. *A Rome* est au-dessus de la ligne.
7. *Est*, en interligne, sur *paroît*, raturé ; après *haut*, est biffé : *en apparence* ; puis, après *succès*, toute une ligne : *J'en ai senti une véritable honte*.
8. Consacré par l'événement quand il est bon. (Ms. Caf.)
9. Voyez ci-dessus, p. 101. — Au 16 février. (1837-1866.) — Il y a, dans l'original, à la suite de cette phrase, une ligne et demie biffée : *depuis l'assemblée des chambres, qui fut le 17*. Devant 1652, est effacé : 162.
10. *Verrez* est en interligne ; Retz avait écrit d'abord : *qui vous*

suffisamment, comme dans un tableau raccourci, ce qui se passa dans toutes celles qui furent même assez fréquentes depuis[1] ce jour jusques au premier d'avril. Monsieur y prit d'abord la parole pour représenter à la Compagnie que la lettre du Roi, qui y avoit été lue le 15 et qui le taxoit de donner la main à l'entrée des ennemis dans le Royaume, ne pouvoit être que l'effet des calomnies dont on le noircissoit dans l'esprit de la Reine; que les gens de guerre que M. de Nemours amenoit étoient[2] des Allemands, auxquels l'on ne pouvoit pas donner ce nom, et cætera. Voilà ce qui occupa proprement toutes les assemblées dont je vous viens de parler. Le[3] président de (sic) Bailleul qui présidoit, les commençant presque toutes par l'exagération de la nécessité de délibérer sur la lettre de Sa Majesté[4], les gens du Roi concluant[5] toujours à commander aux communes de courre sus aux troupes de M. de Nemours, et Monsieur ne se lassant point de soutenir qu'elles n'étoient point espagnoles, et qu'après la déclaration qu'il faisoit, qu'aussitôt que le Cardinal seroit hors du Royaume, elles se mettroient à la solde du Roi, il étoit fort surperflu

fera voir; il a biffé *fera voir*, corrigé *qui* en *quelle*, et mis *dans la* en interligne. A la ligne suivante, *suffisamment* est suivi de *to*[*ut*], biffé, et d'un renvoi sans rien à la marge ; après *raccourci*, est encore effacé *tout.*

1. *Depuis* est écrit deux fois, dont l'une en interligne.

2. Pour corriger *étant* (*estant*), qu'il avait écrit, en *étoient*, Retz a mis au-dessus de l'*a* un point bien marqué. Plus loin, *ce qui* est en interligne, devant *proprement*, raturé.

3. Devant cette phrase, on lit *Les gens du Roi*, effacé, et récrit plus loin ; après *Bailleul*, est biffé : *les co*[*mmençant*] ; le mot *presque* est en interligne ; la première syllabe, *dé*, de *délibérer*, a été ajoutée après coup ; après *lettre*, est biffé : *du Roi.*

4. *De Sa Majesté*, à la marge ; il y a quelques mots : *qui obligeoit les*, biffés après *nécessité.*

5. Dans l'original, *concluants.*

d'opiner sur leur sujet. Cette contestation[1] recommençoit presque tous les jours, même à différentes reprises ; et il est vrai, comme je vous le viens de dire[2], que Monsieur en éluda toujours la délibération. Mais il est vrai aussi que[3] ce faux avantage l'amusa, et qu'il fut si aise d'avoir ce que l'on lui avoit soutenu qu'il n'auroit pas, qu'il ne voulut pas seulement examiner si ce qu'il avoit lui suffisoit : c'est-à-dire qu'il ne distingua pas assez entre la connivence et la déclaration du Parlement. Le président de Bellièvre lui dit très-sagement, douze ou quinze[4] jours après la conversation dont je vous viens de parler, que lorsque l'on a à combattre l'autorité royale, [la première toute seule[5]] peut être très-pernicieuse par l'événement ; il lui expliqua ce dictum très-sensément. Vous en voyez la substance d'un coup d'œil.

Hors la contestation de laquelle[6] je viens de vous rendre compte, dans laquelle il y eut toujours quelque grain de ce contradictoire que je vous ai tant de fois

1. *Cette contestation* est à la marge ; devant ces mots, il y a trois lignes raturées : *Tout ce qui se passa dans ces assemblées, à la réserve de cette contestation, n'est pas digne de votre attent[ion] qui.*
2. Comme je vous viens de le dire. (1837-1866.)
3. Après *que*, est biffé : *cela*.
4. En chiffres : « 12 ou 15 », écrit en interligne, au-dessus de : *cinq ou six*, biffé.
5. C'est-à-dire, la connivence du Parlement. Il y a ici, dans l'autographe, une lacune, heureusement comblée par le ms. Caf. C'est une présomption nouvelle que ce manuscrit est la copie d'un original différent de celui de la Bibliothèque nationale. Les éditions de 1717, 1719-1828, 1837-1866 marquent cette omission par des points. Le ms. H et quelques-unes des impressions les plus anciennes (1717 A, 1718 B, F) complètent ainsi la phrase : « que la foiblesse, après qu'on a combattu l'autorité royale, peut être très-pernicieuse » ; d'autres (1718 C, D, E) ont gauchement essayé de remédier au mal par un simple changement de ponctuation : « que lorsque l'on a à combattre, l'autorité royale peut être très-pernicieuse ».
6. La contestation dont. (1837-1866.)

expliqué¹, il n'y eut rien dans toutes ces assemblées de chambres² qui soit digne, à mon sens, de votre curiosité³. L'on lut, en quelques-unes⁴, les réponses que la plupart⁵ des parlements de France firent, en ce temps-là⁶, à celui de Paris, toutes conformes à ses intentions, en ce qu'ils lui donnoient part des arrêts qu'ils avoient rendus contre le Cardinal. L'on⁷ employa les autres à pourvoir à la conservation des fonds destinés au paiement des rentes de l'Hôtel de⁸ Ville et des gages des officiers⁹. L'on résolut, dans celle du 13 de mars¹⁰, de faire, sur ce sujet, une assemblée des cours souveraines dans la chambre de Saint-Louis¹¹. Je ne me trouvai à

1. Voyez au tome III, p. 139 et 140, p. 314, et p. 421.
2. *Chambres* est en interligne, au-dessus de *France*, biffé. — Ces assemblées des chambres. (1837-1866.)
3. Voyez, sur ces séances du Parlement, les *Mémoires d'Omer Talon*, p. 467 et suivantes.
4. Retz avait mis d'abord : *L'on y lut quelquefois;* il a biffé *y* (*i*) et *quelquefois*.
5. *La plupart* est à la marge, pour remplacer *tous*, effacé dans le texte; à la suite, *les* est corrigé en *des*.
6. *En ce temps-là*, en interligne; un peu plus loin, *toutes* est écrit au-dessus de *très*, biffé; puis, après *intentions*, le mot *en* est aussi en interligne, au-dessus de *et*, corrigé en *ce*; après *qu'ils*, est effacé : *lui fa[isoient]*.
7. Après *L'on*, est biffé *tra*....
8. *L'Hôtel de* est ajouté à la marge; Retz avait mis d'abord *de la Ville*.
9. Après *officiers*, est biffé : *il y en eut*.
10. Du 13 mars. (1843-1866.) — Un peu plus loin, *sur ce sujet* est en interligne, dans l'original.
11. Voyez au tome I, p. 316, note 1. — Omer Talon dit (p. 471) que cette assemblée eut lieu le vendredi 15 mars; elle se composait de quatorze conseillers du Parlement, deux de chaque chambre, de huit maîtres des Comptes, et de six conseillers de la cour des Aides. Après plusieurs délibérations (*ibidem*, p. 472), il fut ordonné, le 26 mars, « qu'il seroit donné des commissaires pour examiner les prétentions des fermiers; et que cependant, pendant quinze jours, ils continueroient de payer. »

aucunes de celles qui furent faites depuis le premier de mars[1], et parce que le cérémonial romain ne permet pas aux cardinaux de se trouver en aucune cérémonie publique[2] jusques à ce qu'ils aient reçu le bonnet, et parce que, cette dignité ne donnant aucun rang au Parlement que lorsque l'on y suit le Roi, la place que je n'y pouvois avoir en son absence que comme coadjuteur, qui est au-dessous de celle des ducs et pairs, ne se fût pas bien accordée avec les prééminences[3] de la pourpre. Je vous confesse que j'eus une joie sensible d'avoir un prétexte et même une raison de ne me plus trouver à ces assemblées, qui, dans la vérité, étoient devenues des cohues, non pas seulement ennuyeuses, mais insupportables. Je vous ferai voir que, dans la suite, elles n'eurent pas beaucoup plus d'agrément, après que j'aurai touché, le plus légèrement qui me sera possible[4], un petit détail qui concerne Paris, et quelque chose en général de ce qui regarde la Guienne.

Vous vous pouvez ressouvenir que je vous ai parlé de M. de Chavigni dans le second volume de cet ouvrage, et que je[5] vous ai dit qu'il se retira en Touraine un peu après que le Roi eut été déclaré majeur[6]. Il ne

1. Le 1ᵉʳ mars. (1843-1866.) — *Et*, qui suit, est en interligne, dans l'original.

2. En aucunes cérémonies publiques. (1837-1866.)

3. Avec la prééminence. (1837-1866.)

4. Ces mots : *touché, le plus légèrement qui* (sic) *me sera possible*, forment, dans l'original, une ligne récrite après coup au-dessus d'une ligne raturée, la première de la page ; à la dernière de la page précédente, entre *après que* et *j'aurai*, on lit *je vous*, biffé ; puis, après *j'aurai*, ces mots, biffés aussi et récrits, en partie, plus loin : *entretenu d'un petit détail qui regarde* (*concerne*, en interligne, effacé) *le dedans de Paris*.

5. *Je* a été ajouté après coup.

6. Voyez au tome III, p. 289 et note 5. — Cette page de notre tome III correspond à la page 1607 du tome II de l'autographe. Les

trouva pas le secret de s'y savoir ennuyer, mais il s'y ennuya beaucoup en récompense[1], et au point qu'il revint à Paris aussitôt qu'il en eut un prétexte ; et ce prétexte fut la nécessité, qu'il trouva dans les avis[2] que M. de Gaucour[3] lui donna, de remédier aux cabales que je faisois auprès de Monsieur, contre les intérêts[4] de Monsieur le Prince[5]. Ce M. de Gaucour étoit homme de grande naissance, car il étoit de la maison de ces puissants et anciens comtes de Clermont en Beauvoisis, si fameux dans nos histoires[6]. Il avoit de l'esprit et du savoir-faire ; mais il s'étoit trop érigé en négociateur, ce qui n'est pas toujours la meilleure qualité pour la[7]

copies H et Caf., ainsi que la plupart des éditions anciennes et celle de 1837, reproduisent ce renvoi de l'original. Celles de 1843-1866 y ont substitué une référence aux volumes dont elles se composent : le texte de 1843 remplace les mots : *le second*, par *le premier ;* 1859, 1866 par *ce troisième*.

1. *En récompense*, à la marge.
2. Devant *avis*, est biffé *dépêches*.
3. Charles-Joseph de Gaucourt, comte de Villedieu, mort en 1692, déjà nommé au tome III, p. 510, et sur lequel on peut voir le P. Anselme (tome VIII, p. 373). Il fut un des signataires de l'arrêt d'union de la noblesse, le 4 février 1651. — Entre *de* et *remédier*, est effacé : *rompre les mesures*.
4. *Les intérêts de*, à la marge.
5. Voyez les *Mémoires de la Rochefoucauld*, p. 365 et 366.
6. Rappelons que ce comté de Clermont (Retz a écrit *Clairmont*), réuni pour la seconde fois à la couronne, en 1258, par saint Louis, fut donné par le même prince, en 1269, à son sixième fils Robert de France, qui hérita un peu plus tard (1283) de la sirerie de Bourbon, et dont la descendance, après l'extinction des Valois, monta, en la personne d'Henri IV, sur le trône de France. — Thaumas de la Thaumassière, dans son *Histoire du Berry* (livre VII, chapitre LVIII, « des seigneurs de Cluys de la maison de Gaucourt »), dit comment cette famille « tire son origine de l'illustre et ancienne maison des comtes de Clermont en Beauvoisis, » par Jean de Clermont, mort en 1217, fils de Simon de Clermont et petit-fils de Raoul II.
7. *La*, en interligne, sur *une*, biffé.

SECONDE PARTIE. [Mars 1652]

négociation. Il étoit attaché à Monsieur le Prince[1]; il avoit à Paris sa principale correspondance; et son principal soin fut, au moins à ce qui m'en parut[2], de me ruiner dans l'esprit de Monsieur. Comme il n'y trouva pas facilité[3], il recourut à M. de Chavigni, qui revint à Paris en diligence, ou par cette raison, ou sous ce prétexte. M. de Rohan[4], qui y arriva dans ce temps-là, très-satisfait de la défense d'Angers, quoiqu'elle eût été fort médiocre, se joignit à eux pour ce même effet. Ils m'attaquèrent en forme, comme fauteur[5] couvert du Mazarin; et cependant que leurs émissaires gagnoient ceux de la lie du peuple qu'ils pouvoient corrompre par argent, ils n'oublièrent rien pour ébranler Monsieur par leurs calomnies, qui étoient appuyées de toute l'intrigue du cabinet, dans laquelle Rarai, Beloi et Goulas[6], partisans de Monsieur le Prince, n'étoient pas ignorants.

J'éprouvai, en ce rencontre, que les plus habiles courtisans peuvent être de fort grosses dupes, quand ils se fondent trop sur leurs conjectures. Celles que ces

---

1. A la suite de ces mots : « Il étoit attaché à Monsieur le Prince », le ms. H et quelques-unes des éditions les plus anciennes donnent, avec des raccords très-gauchement faits, un long morceau que nous trouverons plus loin, aux pages 215-223.

2. Après *parut*, il y a *fut de*, effacé; un autre *de* a été ajouté après coup; devant *parut*, est biffé : *paroissoit*; et *en*, après *au moins*; à cet *en* Retz a substitué *à*, en interligne. — A ce qu'il m'en parut (1837-1866).

3. N'y trouvoit pas de facilité. (1837-1866.)

4. Sur le duc de Rohan Chabot, et sur le siége d'Angers dont il est question à la ligne suivante, voyez ci-dessus, p. 95 et note 1, et ci-après, p. 165 et p. 212.

5. Dans l'autographe : *faulteur*. Quatre lignes plus bas, *leur*, sans accord, devant *calomnies*; mais, à la fin de la phrase suivante, *leurs* devant *conjectures*.

6. Sur ces trois personnages, voyez au tome III, p. 370 et note 1, p. 36 et note 5, et p. 35 et note 1. — La conjonction *et* a été ajoutée après coup, devant *Goulas*.

Messieurs tirèrent de ma promotion au cardinalat¹ furent que je n'avois obtenu le chapeau que par le moyen des grands engagements que j'avois pris avec la cour. Ils agirent sur ce principe; ils me déchirèrent auprès de Monsieur sur ce titre. Comme il en² savoit la vérité, il s'en moqua. Ils m'établirent dans son esprit au lieu de m'y perdre, parce qu'en fait³ de calomnie, tout ce qui ne nuit pas sert à celui qui est attaqué; et vous allez voir le piége que les⁴ attaquants se tendirent à eux-mêmes en cette occasion⁵. Je disois un jour à Monsieur que je ne concevois pas comme il ne se lassoit point⁶ de toutes les sottises que l'on lui disoit tous⁷ les jours contre moi, sur le même ton, et il me répondit en ces propres termes : « Ne comptez-vous pour rien le plaisir que l'on a à connoître, tous les matins⁸, la méchanceté des gens couverte du nom de zèle, et, tous les soirs, leur sottise⁹ déguisée en pénétration? » Je dis à Monsieur que je recevois cette parole avec respect, et comme une grande

1. *Et*, plus une autre lettre, biffés après *cardinalat*.
2. *En* est en interligne.
3. *Fait* est en interligne, sur *matière*, biffé; à la ligne suivante, Retz avait mis d'abord : *que l'on attaque;* sans corriger *que* en *qui*, il a effacé *l'on* et écrit, à la suite, *est*, en interligne.
4. *Piége que les* est en interligne, au-dessus de ces mots, biffés : *péril auquel l'attaquant*.
5. A cette occasion. (1837-1866.)
6. *Point*, en interligne, sur *pas*, effacé.
7. Retz, au lieu de *tous*, avait d'abord écrit *toujours* (*tousiours*); il a effacé *iours;* plus loin, il a encore biffé, puis récrit *ton;* à la ligne suivante, il a ajouté après coup la préposition *à* entre *a* et *connoître*.
8. *Tous les matins* est en interligne, au-dessus des mots : *une fois par jour*, biffés; un peu après, entre *gens* et *couverte*, est effacé : *et tou[s]*.
9. Après *sottise*, est biffé : *habillée;* plus loin, après *Je*, est encore biffé *re* (*repartis* ou *répondis?*). — Leurs sottises déguisées. (1837-1866.)

et belle leçon pour tous ceux qui avoient l'honneur d'approcher des grands princes.

Ce que les serviteurs de Monsieur le Prince faisoient contre moi, parmi[1] le peuple, faillit à me coûter plus cher. Ils avoient des criailleurs à gages, qui m'étoient plus incommodes, en ce temps-là, qu'ils ne l'avoient été auparavant, parce qu'ils n'osoient[2] paroître devant la nombreuse suite de gentilshommes et de livrée qui m'accompagnoit[3]. Comme je n'avois pas encore reçu le bonnet, que les cardinaux françois ne prennent que de la main du Roi, à qui le camérier[4] du Pape est dépêché pour cet effet[5], je ne pouvois plus marcher en public qu'*incognito*, selon les règles du cérémonial[6] ; et ainsi, lorsque j'allois à Luxembourg[7], c'étoit toujours dans un carrosse gris et sans livrée[8], et je montois même dans le cabinet des livres par le petit degré, qui répond dans la galerie, afin d'éviter et[9] le grand escalier et le grand appartement. Un jour que j'y étois avec Monsieur, Bruneau[10] y entra tout effaré, pour m'avertir qu'il y avoit dans la cour une assemblée[11] de deux ou trois cents[12]

---

1. *Parmi* est précédé de *dans*, raturé.
2. Parce que jusque-là ils n'avoient osé. (Ms. Caf.)
3. Et de livrées qui m'accompagnoient. (1837-1866.) — Dans l'original, après *accompagnoit*, est biffé : Le ce[*rémonial*].
4. Le courrier. (1837-1866.) — La leçon *camérier* du manuscrit original est aussi celle du ms. Caf., qui, plus loin, donne *inconnu*, pour *incognito*.
5. A cet effet. (1837-1866.)
6. Voyez plus haut, p. 140 et 141.
7. Au Luxembourg. (1837-1866.) — Voyez, au tome III, la note 2 de la page 258.
8. Sans livrées. (1837-1866.)
9. *Et* est omis dans les éditions de 1837-1866.
10. Voyez ci-dessus, p. 27 et note 8.
11. Retz a écrit très-lisiblement, mais sans doute par inadvertance : « qu'il y avoit lieu dans la cour une assemblée, etc. »
12. Dans l'original : « deux ou 300 ».

de ces criailleurs, qui disoient que je trahissois Monsieur et qu'ils me tueroient.

Monsieur me parut consterné à cette nouvelle. Je le remarquai, et l'exemple du maréchal de Clermont[1], assommé entre les bras du Dauphin[2], qui, tout au plus, ne pouvoit pas avoir eu plus de peur que j'en voyois à Monsieur, me revenant dans l'esprit, je pris le parti que je crus le plus sûr, quoiqu'il parût le plus hasardeux[3], parce que je ne doutai point que la moindre apparence[4] que Son Altesse Royale laisseroit échapper à sa frayeur[5] ne me fît assassiner ; et parce que je doutai encore moins que l'appréhension de déplaire à[6] ceux qui crioient contre le Mazarin, dont il redoutoit le mur-

---

1. Il s'agit ici de Robert de Clermont (dans l'original : *Clairmont*), maréchal de Normandie, frère de Jean de Clermont, maréchal de France, tué à la bataille de Poitiers. Retz fait allusion à un épisode des troubles civils du temps d'Étienne Marcel. Le 22 février 1358, pendant la session des états généraux à Paris, le prévôt des marchands fit tuer au Palais de Justice, sous les yeux du Dauphin le duc de Normandie (plus tard Charles V), Robert de Clermont, et Jean de Conflans, maréchal de Champagne. M. Henri Martin (édition de 1855-1860, tome V, p. 187), après avoir dit que le duc « eut sa robe toute ensanglantée » du meurtre de ce dernier, ajoute : « Les corps des deux maréchaux furent traînés en la cour du Palais, devant le *perron de marbre;* ils y demeurèrent gisants jusqu'au soir, sans que personne les osât enlever.... L'évêque de Paris défendit qu'on inhumât en terre bénite Robert de Clermont, sacrilége et excommunié » (*pour avoir arraché un meurtrier de l'asile de Saint-Merri*).

2. Après *Dauphin* (*daufin*), est effacé *me*, puis *q* entre *plus* et *de peur;* le mot *pris* est à la marge, précédé de *je*, répété et biffé; *le parti,* qui suit, est aussi répété et biffé une fois.

3. Quoiqu'il parût plus hasardeux. (1837-1866.)

4. *Apparence*, à la marge, corrige *marque de frayeur*, biffé dans le texte.

5. A la frayeur. (1837-1866.)

6. Retz a corrigé *aux* en *à;* les mots suivants : *ceux qui crioient contre le Mazarin*, sont en interligne, au-dessus de *criailleurs*, effacé; puis le membre de phrase : *dont il redoutoit le murmure jus-*

mure jusques au ridicule, jointe¹ à son naturel, qui craignoit tout, ne lui en fît donner² beaucoup plus qu'il n'en falloit pour me perdre. Je lui dis que je le suppliois de me laisser faire, et qu'il verroit, dans peu, quel mépris l'on devoit faire de ces canailles achetées à prix d'argent. Il m'offrit ses gardes, mais d'une manière à me faire connoître que je lui faisois fort bien ma cour de ne les pas accepter. Je descendis, quoique M. le maréchal d'Estampes³ se fût jeté à genoux devant moi pour m'en empêcher, je descendis, dis-je, avec⁴ MM. de Château-Regnaut et d'Haqueville⁵, qui étoient seuls avec moi, et j'allai droit à ces séditieux, en leur demandant qui étoit leur chef. Un gueux d'entre eux, qui avoit une vieille plume jaune à son chapeau, me répondit insolemment : « C'est moi. » Je me tournai du côté de la rue de Tournon, en disant : « Gardes de la porte, que l'on me pende ce coquin à ces grilles. » Il me fit une profonde révérence; il me dit qu'il n'avoit pas cru manquer au respect qu'il me devoit; qu'il étoit venu seulement avec ses camarades pour me dire que le bruit couroit que je voulois mener Monsieur à la cour et le raccommoder avec le Mazarin; qu'ils ne le croyoient⁶ pas; qu'ils étoient mes

ques au ridicule, est ajouté à la marge, avec un signe de renvoi précédé de *cr*, biffé ; avant *redoutoit* est, de plus, effacé : *c[raignoit?]*.

1. Joint. (1837-1866.)
2. Après *donner*, il y a quatre mots biffés : *tous les plus grands*.
3. Voyez ci-dessus, p. 91 et note 2.
4. Les mots : *quoique...*, jusqu'à *avec*, se trouvent à la marge, où est biffé en outre : *Mrs de D....* (ou *B....*); dans le texte, devant : *de Château-Renaut*, est encore effacé : *avec M^rs;* puis *M^rs* est récrit en interligne.
5. Sur Château-Renaut (ici le nom est écrit avec le *g* effacé), voyez, au tome III, la note 5 de la page 303; sur d'Hacqueville, *ibidem*, p. 125 et note 6.
6. Retz avait écrit d'abord *croyoit; en* est ajouté dans l'interligne.

serviteurs et prêts à mourir pour mon service, pourvu que je leur promisse d'être toujours bon Frondeur. Ils m'offrirent de m'accompagner ; mais je n'avois pas besoin de cette escorte pour le voyage que j'avois résolu, comme vous l'allez voir. Il n'étoit pas au moins fort long, car[1] Mme de la Vergne, mère de Mme de la Fayette[2] et qui avoit épousé en secondes noces le chevalier de Sévigné[3], logeoit où loge présentement Madame sa fille[4].

Cette Mme de la Vergne étoit honnête femme dans le fond, mais intéressée au dernier point[5] et plus susceptible de vanité pour toute sorte d'intrigue[6], sans exception, que femme que j'aie jamais connue. Celle dans laquelle je lui proposai, ce jour-là, de me rendre de bons offices, étoit d'une nature à effaroucher d'abord une prude[7]. J'assaisonnai mon discours de tant de protestations de bonne intention et d'honnêteté[8], qu'il ne fut pas rebuté ; mais aussi ne fut-il reçu que sous les

1. Après *car*, on lit quelques mots biffés : *vous savez pour l'avoir ouï dire.... que.*
2. Marie-Madeleine Pioche de la Vergne, née en 1634, morte en 1693, mariée en 1655 au comte de la Fayette (dans l'original *de la Faiette*), frère de cette Louise de la Fayette, fille d'honneur d'Anne d'Autriche, que Louis XIII avait aimée et qui mourut religieuse à la Visitation. — Sur Mme de la Fayette, voyez la *Notice biographique*, en tête du tome I des *OEuvres de la Rochefoucauld*.
3. Ce membre de phrase : *et qui avoit épousé.... Sévigné*, est à la marge. — Sur le chevalier de Sévigné et sur son mariage (1650) avec la comtesse de la Vergne, voyez au tome II, la note 1 de la page 135.
4. C'est-à-dire rue de Vaugirard, en face du Petit-Luxembourg ; voyez les *Lettres de Mme de Sévigné*, tome IV, p. 542.
5. Après *point*, est biffé : *enfin je crus que ce ;* après *et*, qui suit, un second *plus* est biffé en interligne.
6. Toutes sortes d'intrigues. (1837-1866.)
7. *Prudhe*, dans le manuscrit autographe ; à la suite, Retz avait écrit d'abord : *Je l'assaisonnai ;* il a biffé l'*e* de *Je* et *l'*, et a mis *mon discours* à la marge.
8. De bonnes intentions et d'honnêtetés. (1837-1866.)

promesses solennelles que je fis de ne prétendre jamais qu'elle étendît[1] les offices que je lui demandois au delà de ceux que l'on peut rendre en conscience, pour procurer une bonne[2], chaste, pure, simple et sainte amitié. Je m'engageai à tout ce que l'on voulut. L'on prit[3] mes paroles pour bonnes, et l'on se sut même très-bon gré d'avoir trouvé une occasion toute propre à rompre, dans la suite, le commerce que j'avois avec Mme de Pommereux[4], que l'on ne croyoit pas si innocent. Celui dans lequel je demandois[5] que l'on me servît ne devoit être que tout spirituel et tout[6] angélique; car c'étoit celui de Mlle de la Louppe, que vous avez vue depuis sous le nom de Mme d'Olonne[7]. Elle m'avoit fort plu quelques jours auparavant, dans une petite assemblée qui s'étoit faite dans le cabinet de Madame; elle étoit jolie, elle étoit belle, elle étoit[8] précieuse par son air et par sa modestie. Elle logeoit tout proche de Mme de la Vergne; elle étoit amie intime de Mademoiselle sa fille[9]; elles avoient même[10] percé une porte par laquelle elles se

1. *Qu'elle étendit* est à la marge, et précédé de *d'étendre* (*d'estendre*), biffé.
2. Après *bonne*, il y a *et sincèr[e]*, effacé. — Une bonne, chaste, pure et sainte amitié. (1837-1866.)
3. A tout ce qu'on voulut. On prit. (1837-1866.)
4. Voyez, au tome I, p. 179, note 4. — Le manuscrit H et quelques-unes des plus anciennes éditions remplacent *Mme de Pommereux* (ici, comme souvent, *Pommereu*, dans l'autographe) par *Mlle de Chevreuse*.
5. Je demandai. (1837-1866.)
6. Retz avait d'abord écrit *toute;* il a effacé l'*e*.
7. Catherine-Henriette d'Angennes de la Loupe, qui devint Mme d'Olonne, par son mariage avec Louis de la Trémoille, comte d'Olonne : voyez, au tome II, p. 200 et note 3, et ci-après, p. 150, note 6.
8. *Étoit* est précédé de *logeo[it]*, biffé, et récrit plus loin.
9. Voyez ci-dessus, p. 148 et note 2.
10. *Même* est en interligne

voyoient sans sortir du logis[1]. L'attachement que M. le chevalier de Sévigné avoit pour moi, l'habitude que j'avois dans sa maison, ce que je savois[2] de l'adresse de sa femme, contribuèrent[3] beaucoup à mes espérances. Elles se trouvèrent fort vaines par l'événement; car bien que l'on ne m'arrachât pas les yeux, bien que l'on ne m'étouffât pas à force de m'interdire les soupirs, bien que je m'aperçusse, à de certains airs, que l'on n'étoit pas fâché de voir la pourpre soumise[4], toute armée et toute éclatante qu'elle étoit, l'on se tint toujours sur un pied de sévérité, ou plutôt de modestie, qui me[5] lia la langue, quoiqu'elle fût assez libertine, et qui doit étonner ceux qui n'ont point connu Mlle de la Louppe, et qui n'ont ouï parler que de Mme d'Olonne[6]. Cette historiette, comme vous voyez, n'est pas trop à l'honneur de ma galanterie. Je passe, pour un moment, aux affaires de Guienne.

Comme je fais profession de ne vous rendre compte précisément que de ce que j'ai vu moi-même, je ne

1. Ici a été biffé *tout*, puis les mots : *L'habitude que j'avois*, remis un peu plus bas.
2. *Ce que je savois* suit et remplace *la cognoissance que j*, biffé. — Et ce que je savois. (1837-1866.)
3. Devant *contribuèrent*, est un *m*, effacé.
4. *Soumise* est répété et biffé une fois; à la suite, on lit : *au milieu*, raturé; puis *toute armée et toute éclatante qu'elle étoit* se trouve à la marge; *armée et* est écrit deux fois et effacé une.
5. Le mot *doit* (*doibt*) et deux lettres sont effacés devant *me*; à la ligne suivante, entre *qui* et *doit*, est biffé : *peut surprend[re]*. — Quoiqu'elle fût assez libertine; ce qui doit. (1837-1866.)
6. Saint-Simon, dans une de ses notes sur le *Journal de Dangeau* (tome XV, p. 166), dit au sujet de Mme d'Olonne et de la maréchale de la Ferté, sa sœur : « Leur débauche les avoit rendues aussi célèbres que leur beauté, et les avoit séparées de toutes les femmes. » Voyez l'*Histoire amoureuse des Gaules* (édition de la Bibliothèque elzévirienne, tome I, p. 4). — Après *Mme d'Olonne*, on lit ces mots, biffés et récrits un peu plus loin : *Je passe pour un mo[ment]*.

SECONDE PARTIE. [Mars 1652]

toucherai ce qui se passa en ce pays-là que fort légèrement[1], et simplement autant qu'il est nécessaire de le faire pour vous faire mieux entendre ce qui y a eu du rapport du côté de Paris. Je ne vous puis pas même assurer si je serai bien juste dans le peu que je vous en dirai, parce que je n'en parlerai que sur des mémoires qui peuvent ne l'être pas eux-mêmes. J'ai fait tout ce qui a été en moi pour tirer de Monsieur le Prince le détail de ses actions de guerre, dont les plus petites ont toujours été plus grandes que les plus héroïques[2] des autres hommes, et ce seroit avec une joie sensible que j'en[3] relèverois et que [j'en] honorerois cet ouvrage. Il m'avoit promis de m'en donner un extrait, et il l'auroit fait, à mon sens, si l'inclination et la facilité qu'il a à faire des merveilles n'étoient égalées par l'aversion et par la peine qu'il a [à] les raconter.

Je vous ai déjà dit[4] que M. le comte d'Harcourt commandoit les armes[5] du Roi en Guienne, et qu'il y avoit les troupes de l'Europe les plus aguerries. Toutes celles de Monsieur le Prince étoient de nouvelle levée[6], à la

1. *Que fort légèrement* est à la marge; après *je ne toucherai*, est biffé dans le texte : *que légèrement*. — Retz répète ici, presque dans les mêmes termes, ce qu'il a écrit ci-dessus, p. 11.
2. Dans le ms. H et dans quelques-unes des premières éditions : « plus héroïques que les plus grandes ».
3. A la suite de *j'en*, il y a un *h*, effacé; *relèverois et que* est ajouté à la marge; après *cet ouvrage*, est encore biffé : *mais il l;* dans la phrase qui suit, *l'inclination et* se trouve également à la marge; un peu plus haut, après *un extrait*, sont effacées trois lignes et demie de tâtonnements : *mais il lui est beau[coup] plus aisé de faire des merveilles que que il a autant d'aversion à raconter ses merveilles qu'il a de*.
4. Voyez ci-dessus, p. 10 et 11.
5. Les armées. (1837-1866.) — Sur les opérations de la guerre de Guyenne, voyez les *Mémoires de la Rochefoucauld*, et l'*Histoire de la guerre de Guyenne*, de Balthazar, édition de M. Moreau.
6. De nouvelles levées. (1837-1866.)

réserve de ce que M. de Marsin avoit amené de Catalogne[1], qui ne faisoient[2] pas un corps assez considérable pour se pouvoir opposer à celles du Roi. Monsieur le Prince, à le bien prendre[3], soutint les affaires par sa seule personne. Vous avez vu ci-dessus qu'il s'étoit saisi de Saintes[4]. Il laissa, pour y commander, M. le prince de Tarente[5]. Il retourna en Guienne et il[6] se campa auprès de Bourg[7]. Le comte d'Harcourt l'y suivit et détacha le chevalier d'Aubeterre[8] pour le reconnoître. Ce chevalier[9] fut poussé[10] par le régiment de Baltasar[11], qui donna le temps à Monsieur le Prince de se poster sur une hauteur, où il fit paroître son corps si grand, quoiqu'il fût très-petit, que le comte d'Harcourt[12] ne

---

1. Voyez ci-dessus, p. 6-8. — Devant le *ne* suivant, est effacé *n'étoient (n'estoient)*.

2. Ne faisoit. (1837-1866.)

3. *A le bien prendre*, à la marge; plus loin, *personne* suit et corrige *valeur*, biffé.

4. Voyez ci-dessus, p. 10, et les *Mémoires de la Rochefoucauld*, p. 310.

5. Henri-Charles de la Trémoille, prince de Tarente et de Talmont, duc de Thouars, né en 1621, mort en 1672. Il avait épousé, en 1648, Amélie de Hesse, fille du landgrave Guillaume V, l'amie et la voisine de Bretagne dont Mme de Sévigné parle si souvent dans ses lettres.

6. Devant *se campa* est effacé *camp[a]*; plus bas, après *suivit*, il y a deux *et*, l'un biffé.

7. Bourg-sur-Gironde : voyez au tome III, p. 71 et note 2.

8. Léon d'Esparbez de Lussan, dit le chevalier d'Aubeterre, gouverneur de Collioure, mort en 1707, à l'âge de quatre-vingt-huit ans.

9. *Ce chevalier*, en interligne, au-dessus de *il*, biffé.

10. Repoussé. (1837-1866.)

11. Voyez ci-dessus, la note 8 de la page 7. — Le mot *Baltasar* est suivi de ces tâtonnements, biffés : *q et qui et M^r le Prince*. — Les mots : *qui donna le temps à Monsieur le Prince*, sont à la marge. A la ligne suivante, *d'armée* est effacé, en interligne, après *corps*.

12. Ici *de Harcour*.

l'y osa attaquer[1]. Il se retira à Libourne[2] après cette action, qui fut d'un très-grand capitaine. Il y laissa quelque infanterie et il alla à Bergerac, place fameuse par les guerres de la religion[3], et il[4] fit travailler à en relever les fortifications. M. de Saint-Luc[5], lieutenant de Roi en Guienne, crut qu'il pourroit surprendre M. le prince de Conti, qui étoit logé avec de nouvelles troupes à Caudecoste[6]; et il s'avança[7] de ce côté-là avec deux mille hommes de pied et sept cents[8] chevaux, composés des meilleures[9] qui fussent dans l'armée du Roi. Il fut surpris lui-même par Monsieur le Prince, qui fut averti de son dessein et qu'il vit[10] au milieu de ses quartiers, devant qu'il eût eu la première nouvelle de sa marche[11]. Il ne s'ébranla pas néanmoins; il se posta

---

1. Après *attaquer*, on lit : *Cette action fut d'un très-grand capitaine*, mots que Retz a biffés et récrits un peu plus loin.

2. La place de Libourne avait pour gouverneur Louis de Rochechouart, comte de Maure. — Retz a écrit deux fois et biffé une : *Liburne* (sic, avec *o*, en interligne, la seconde).

3. Par les guerres de religion. (1837-1866.) — C'est à Bergerac (Dordogne) que le roi Henri III signa, en 1577, la sixième paix conclue avec les calvinistes. Cette ville, une des places de sûreté des Réformés, fut démantelée sous Louis XIII, en 1621. A l'époque où nous place le récit de Retz, le marquis de Castelnau, second fils du maréchal de la Force, en était gouverneur.

4. Devant *fit* est biffé : *s'app[liqua?]*.

5. François d'Épinay, marquis de Saint-Luc, mort en 1678. Voyez, sur cette famille, *Tallemant des Réaux*, tome IV, p. 244-252.

6. Bourg de Lot-et-Garonne, canton d'Astaffort, à dix-sept kilomètres d'Agen; il fut pris par le prince de Conty, le 2 février, dit Balthazar, dans ses *Mémoires*, p. 314. — Après *Caudecoste*, il y a, en interligne, d'une autre main, *près d'Agen*.

7. Il y a *lui-même*, biffé, après *s'avança*.

8. *Deux mil* (sic) *et* 700, dans l'original.

9. Des meilleurs. (1837-1866.)

10. Et qui vint. (*Ibidem.*) — A la ligne suivante, Retz a écrit *prere*, pour *première*.

11. De sa démarche. (1837-1866.)

sur une hauteur¹, à laquelle l'on² ne pouvoit aller que par un défilé. L'on passa presque tout le jour à escarmoucher, cependant que Monsieur le Prince attendoit³ trois canons qu'il avoit mandés d'Agen. Il en avoit un pressant besoin; car il n'avoit en tout avec lui⁴, en comptant les troupes de M. le prince de Conti, que cinq cents hommes de pied et deux mille chevaux, et⁵ tous gens de nouvelle levée. La foiblesse ne donne pas pour l'ordinaire la hardiesse⁶; celle de Monsieur le Prince fit plus en cette occasion, car elle lui donna de la vanité; et c'est⁷, je crois, la seule fois de sa vie qu'il en a eu. Il se ressouvint que la frayeur que sa présence pourroit inspirer aux ennemis les pourroit ébranler. Il leur renvoya quelques prisonniers qui leur apprirent⁸ qu'il étoit là en personne. Il les chargea en même temps; ils plièrent d'abord⁹, et l'on peut dire qu'il les renversa moins par le choc de ses armes que par le bruit de son nom. La plupart de l'infanterie se jeta dans Miradoux¹⁰,

1. *Et*, biffé, après *hauteur*.
2. Sur laquelle on. (1837-1866.)
3. *Attendoit* est précédé de *faisoit*, biffé; plus loin, après *qu'il*, corrigeant *que*, sont effacés les mots : *l'on lui avoit envoyé d'Agen*; après *mandés*, est de nouveau biffé, puis récrit : *d'Agen*.
4. *Avec lui*, à la marge.
5. Cet *et* manque dans les éditions de 1837-1866. — Après *chevaux*, qui précède, il y a dans l'original un *q*, biffé.
6. Après *hardiesse*, on lit : *Elle fi*[t], biffé.
7. *C'est*, en interligne.
8. Qui leur rapportèrent. (1837-1866.)
9. *Plièrent d'abord* remplace, à la marge, les mots : *se renversèrent d'abord*, qui (sauf *d'abord*, laissé par mégarde) ont été biffés dans le texte, où viennent ensuite deux lignes de tâtonnements, biffés de même : *beaucoup moins par beaucoup moins sous le choc des siens que sous le bruit de son*.
10. Chef-lieu de canton de l'arrondissement de Lectoure (Gers). Voyez, pour la description et le siége de cette place, les *Mémoires de la Rochefoucauld*, p. 332-337, et les *Mémoires de Chouppes*, édition

SECONDE PARTIE. [Mars 1652]

où elle fut assiégée incontinent. Les régiments de Champagne et de Lorraine¹, que Monsieur le Prince ne vouloit recevoir qu'à discrétion, défendirent cette méchante² place avec une valeur incroyable, et ils donnèrent le temps à M. le comte d'Harcourt de la secourir. Monsieur le Prince envoya son artillerie et ses bagages à Agen³; il mit des garnisons dans quelques petites places qui pouvoient incommoder les ennemis; et ensuite, il se rendit lui-même à Agen, ayant avec lui MM. de la Rochefoucauld, de Marsin et de Montespan⁴, pour observer les desseins de M. le comte d'Harcourt, qui⁵

---

de M. Moreau, p. 149 et suivantes. Cet épisode de la guerre de Guyenne occupa beaucoup les deux partis à Paris, et donna lieu à de nombreux pamphlets : voyez la table de la *Bibliographie des Mazarinades* (tome III, p. 358, col. 1); et la *Revue de Gascogne*, de juin 1874, où, à la suite de documents inédits, relatifs à l'histoire de la Fronde en Gascogne, M. Ph. Tamizey de Larroque a publié une note bibliographique sur l'affaire de Miradoux, note qui complète les renseignements donnés par M. Moreau.

1. Sur les régiments d'infanterie de l'ancienne armée française, voyez *Histoire de la milice française*, du P. Daniel (1721, 2 vol. in-4°, tome II, p. 331-435). Il y est dit que le régiment de Champagne était déjà en grande estime du temps d'Henri IV. Voyez aussi les *Mémoires de la Rochefoucauld*, p. 332 et 335.

2. Retz a biffé *place* devant *méchante*, pour le récrire après; un peu plus loin, après *incroyable*, il a effacé : *Mr Il.*

3. Entre *à* et *Agen* il y a un *A* majuscule biffé dans l'interligne; plus bas, *ensuite (en suite)* est à la marge; il avait été écrit d'abord en interligne; une autre main semble avoir voulu faire *au* de *en*, et a mis *soir* après *suite*, effacé.

4. Jean-Antoine de Pardaillan de Gondrin, marquis de Montespan, qui eut le titre de duc de Bellegarde, fut lieutenant général en Guyenne, et mourut en 1687, âgé de quatre-vingt-cinq ans. C'est son petit-neveu qui épousa, en 1663, la célèbre Françoise-Athénaïs de Rochechouart, marquise de Montespan[a].

5. *Avoit*, biffé, devant *qui*.

[a] Il faut corriger, d'après cette note, la note 2 de la page 296 des *Mémoires de la Rochefoucauld*.

laissa, de son côté, quelques-unes de ses[1] troupes au siége de Staffort[2], ce me semble, et de la Plume, et qui, avec les autres[3], fit attaquer quelques fortifications que l'on avoit commencées à l'un des faubourgs d'Agen, par MM. de Lislebonne[4], chevalier de Créqui[5] et Coudray-Montpensier[6]. Ils se signalèrent à cette attaque, qui fut faite en présence de Monsieur le Prince; mais ils furent repoussés avec une vigueur extraordinaire, et le comte d'Harcourt s'alla consoler de sa perte par la prise de ces deux[7] ou trois petites places dont je vous ai parlé ci-dessus[8].

Monsieur le Prince, qui avoit fait[9] dessein de revenir à Paris, pour les raisons que je vous vas[10] dire, se résolut

1. *Unes de ses* est ajouté à la marge. Retz avait écrit *unes de* en interligne, puis l'a biffé. — Quelques troupes. (1837-1866.)

2. D'ordinaire Staffort, au dix-septième siècle (voyez les *Mémoires de la Rochefoucauld*, p. 232), et, depuis, Astaffort, dans le Condomois, sur la rive droite du Gers, chef-lieu de canton de l'arrondissement d'Agen, à dix-neuf kilomètres de cette ville. — La Plume, autrefois capitale de la vicomté de Brullois, chef-lieu de canton appartenant au même arrondissement, à quatorze kilomètres d'Agen.

3. *Les autres*, à la marge, corrige *le gros de son corps*, biffé dans le texte.

4. Sur François-Marie comte, puis duc ou prince de Lillebonne, troisième fils du duc d'Elbeuf, voyez, au tome II, la note 2 de la page 473.

5. Le chevalier de Créqui. (1837-1866.) — François, plus tard marquis de Créquy, maréchal de France en 1668, mort en 1687.

6. Retz a biffé *le* devant *Coudrai-Montpensier* (voyez au tome I, p. 159, note 2); plus loin, à la suite de *cette attaque*, il a effacé : *mais ils fu*[rent].

7. *Deux*, répété, a été biffé une fois; *ou trois* (3 en chiffre) est en interligne; vers la fin de la phrase, *je*, également en interligne, et *vous ai parlé*, à la marge, remplacent *j'ai marqué*, biffé.

8. Voyez encore, sur ces événements militaires, les *Mémoires de la Rochefoucauld*, p. 337-339.

9. *Fait* est en interligne, au-dessus de *pris les*, effacé.

10. Que je vous vais. (1837-1866.) — Dans l'original, *expliquer* est biffé après *vas*.

SECONDE PARTIE. [Mars 1652]

de laisser, pour commander en Guienne, M. le prince de Conti, et M. de Marsin, en qualité[1] de lieutenant général sous Monsieur son frère[2]; mais il crut qu'il seroit à propos, devant qu'il partît, qu'il s'assurât tout à fait d'Agen, qui étoit, à la vérité, déclaré pour lui, mais qui, n'ayant point de garnison, pouvoit à tous les moments changer de parti. Il gagna les jurats, qui consentirent qu'il fît entrer dans la ville le régiment de Conti. Le peuple, qui ne fut pas du[3] sentiment de ces[4] magistrats, se souleva et il fit des barricades. Monsieur le Prince m'a dit qu'il courut plus de fortune, en cette occasion, qu'il n'en auroit couru dans une bataille. Je ne me ressouviens pas[5] du détail, et ce que je m'en puis remettre est que MM. de la Rochefoucauld, de Marsillac et de Montespan haranguèrent dans l'Hôtel de Ville et qu'ils calmèrent[6] la sédition, à la satisfaction de Monsieur le Prince[7]. Je reviens à son[8] voyage.

1. *En qualité* est écrit en interligne, au-dessus des mots : *pour son*, biffés.
2. Le prince de Conty n'avait que les pouvoirs nominaux de lieutenant général ; l'autorité militaire était laissée par Condé aux mains de Marsin ; Pierre Lenet, dont il a déjà été question ci-dessus (voyez p. 9, note 2), l'auteur des *Mémoires*, l'homme d'affaires du parti, demeurait chargé de toute l'administration civile de la Guyenne. Voyez V. Cousin, *Madame de Longueville pendant la Fronde*, p. 115 et 116.
3. *Du* corrige *de* et est suivi de *leur*, biffé. — A la ligne suivante, *et* a été ajouté après coup.
4. Il semble qu'on ait voulu corriger, d'une encre plus noire, *ces* en *ses*.
5. Après *pas*, est biffé *pr[écisément?]*.
6. *Calmèrent* suit, à la marge, *appaisè[rent]*, biffé, et remplace *pacifièrent*, effacé dans le texte. A la fin de la phrase, *Prince* a été raturé, puis récrit.
7. Voyez, pour le détail dont Retz ne se ressouvient pas, les *Mémoires de la Rochefoucauld*, p. 341-343.
8. *Son* est écrit deux fois et biffé une.

MM. de Rohan[1], de Chavigni et de Gaucour[2] le pressoient, par tous les courriers, de ne pas s'abandonner si absolument aux affaires des provinces qu'il ne songeât à celle[3] de la Capitale, qui étoit en tout sens la capitale[4]. M. de Rohan se servit de ce mot dans une de[5] ses lettres que je surpris. Ces Messieurs étoient persuadés que je rompois toutes leurs[6] mesures auprès de Monsieur, qui, à la vérité, rejetoit tout ce qu'il ne vouloit pas faire pour les intérêts de Monsieur le Prince, sur les ménagements que le poste où j'étois à Paris l'obligeoit d'avoir pour moi. Il confessoit[7] quelquefois, en parlant à moi-même, qu'il se servoit de ce[8] prétexte, en de certaines occasions; et il y en eut même où il me força, à force de m'en persécuter, à donner[9] des apparences qui pussent confirmer ce qu'il leur vouloit persuader. Je lui représentai plusieurs fois qu'il feroit tant par ses journées[10], qu'il obligeroit Monsieur le Prince de venir à Paris, qui étoit, de toutes les choses du monde, celle qu'il craignoit le plus. Mais comme le présent[11]

1. *Rohan* est précédé de *Chavigni*, effacé.
2. Dans le ms. Caf., *Goulas* (voyez tome I, p. 223, note 3), au lieu de *Gaucour*.
3. A celles. (1837-1866.)
4. A celle qui étoit la capitale en tous sens. (Ms. Caf.)
5. *De* est en interligne.
6. Dans l'original, *leur*, sans *s*.
7. *Confessoit* est précédé de *me*, biffé. — Il m'a confessé quelquefois, parlant à moi-même. (1837-1843.)
8. *Ces*, avec *s* biffé.
9. *En* est effacé devant *donner*; un peu plus loin, *pussent* est en interligne, et *confirmast* (sic) est corrigé en *confirmer*.
10. Une autre main a répété *journées* en interligne. Quelques éditions anciennes substituent *corvées* à *journées*. — Voyez, au tome II, p. 67 et note 1.
11. A la suite de *présent*, est biffé *tousio[urs]*. A la ligne suivante, *les*, répété, a été biffé une fois; plus loin, *même le plus proche* suit et corrige *quoique proche*, effacé.

touche toujours, sans comparaison, davantage les âmes foibles que l'avenir même le plus proche, il aimoit mieux s'empêcher de croire que Monsieur le Prince pût faire ce voyage dans quelque temps¹, que de se priver du soulagement qu'il trouvoit, dans le moment même, à rejeter sur moi les murmures et les plaintes que ses ministres lui faisoient sur mille chefs, à tous les instants. Ces ministres², qui se trouvèrent bien plus fatigués que satisfaits de ses méchantes défaites, pressèrent Monsieur le Prince, au dernier point, d'accourir lui-même au besoin pressant³, et leurs instances furent puissamment fortifiées par⁴ les nouvelles qu'il reçut en même temps de M. de Nemours⁵, qu'il est bon de traiter un peu en détail.

M. de Nemours entra, en ce temps-là, sans aucune résistance, dans le Royaume, toutes les troupes du Roi étant divisées; et quoique M. d'Elbeuf et MM. d'Aumont, Digbi et de Vaubecourt⁶ en eussent à droit,

1. *Dans quelque temps*, à la marge. A la suite de *se priver*, Retz avait écrit d'abord : *de la joie qu'il trouvoit*, qu'il a effacé, en changeant *de* en *du*.

2. *Aussi* est effacé après *ministres*.

3. Voyez, sur ces instances faites auprès de Condé, les *Mémoires de la Rochefoucauld*, p. 346 et 347, p. 365 et 366. Consultez aussi *Madame de Longueville pendant la Fronde*, p. 111-118.

4. *Par* est suivi de *toutes*, biffé.

5. *M. de Nemours* est précédé de *l'armée*, biffé; un peu plus loin, *traiter*, ajouté à la marge, remplace *raconter* (*racompter*), effacé dans le texte. — Et qu'il est bon de traiter. (1837-1866.)

6. Sur le maréchal d'Aumont, voyez au tome III, p. 197 et note 2. — Milord Digby, Anglais, qui commandait alors dans les troupes du Roi (*Madame de Motteville*, tome III, p. 249), et un des soupirants de Mme de Châtillon (*Mademoiselle*, tome II, p. 438). On voit par des passages des instructions de Mazarin à le Tellier, cités, avec la date de septembre 1650, dans l'*Appendice* du tome III de l'édition de 1859, 1866 (p. 437 et 442), que le Cardinal n'avait en ce lord qu'une médiocre confiance : « C'est un homme qui n'a

à gauche[1], il pénétra[2] jusques à Mantes et il y passa la Seine sur le pont, qui lui fut livré par M. le duc de Sulli, gouverneur de la ville et mécontent de la cour parce que l'on avoit ôté les sceaux à Monsieur le Chancelier son beau-père[3]. Il campa à Houdan[4], et il vint à Paris avec M. de[5] Tavannes, qui commandoit ce qu'il avoit conservé des troupes[6] de Monsieur le Prince, et Clinchamp[7], qui étoit officier général dans les étrangères[8].

rien, écrit-il (p. 437), et qui, par conséquent, est plus exposé à manquer de fidélité pour sortir de nécessité. » — Nicolas de Nettancourt de Haussonville, comte de Vaubecourt, mort en 1678, lieutenant général et gouverneur de Châlons.

1. A droite et à gauche. (1837-1866.)

2. *Pénétra* est en interligne ; Retz avait mis d'abord : *passa la Seine à Mantes*, qu'il a biffé.

3. Ce passage de la Seine eut lieu dans les premiers jours de mars. —Le duc de Sully (voyez au tome III, p. 290 et note 4) était gendre de l'ex-chancelier Seguier, « lequel chancelier, dit Omer Talon (p. 469 et 470), étant mal à la cour, et ayant été laissé en sa maison de Paris sans emploi et sans fonctions, visita si souvent M. le duc d'Orléans, qu'après avoir dit longtemps que ce qu'il en faisoit étoit par civilité, de crainte de passer pour ridicule si, étant à Paris, il ne rendoit ses respects à l'oncle du Roi..., enfin il a levé le masque, a conseillé à son gendre de livrer Mantes aux troupes du roi d'Espagne, et lui-même a sollicité et envoyé les siens pour contribuer à ce bel ouvrage. » M. Chéruel fait remarquer dans ses *Mémoires sur Foucquet* (tome I, p. 63, note 1) que « c'est un fait que, douze ans plus tard, Nicolas Foucquet rappellera à Seguier devenu son juge. » Voyez dans les *Lettres de Mme de Sévigné*, la lettre du 4 décembre 1664 (tome I, p. 460 et note 2).

4. Petite ville de l'ancien Mantois (Ile-de-France), à vingt-six kilomètres de Mantes, aujourd'hui dans le département de Seine-et-Oise. — Dans le ms. Caf., *Dourlan* (sic).

5. *M. de*, en interligne ; un *q* biffé après *commandoit*. — Sur Tavannes, voyez au tome III, p. 29 et note 1.

6. *Conservé* est écrit en interligne, pour remplacer *ramassé en cet endroit*, biffé. — De troupes. (1837-1866.)

7. Bernardin de Bourqueville, baron de Clinchamp, un Français de la frontière de Lorraine.

8. Dans les étrangers. (1837-1866.)

Voilà le premier faux pas que cette armée fit[1] ; car si elle eût marché sans s'arrêter et que M. de Beaufort l'eût jointe avec les troupes de Monsieur, comme il la[2] joignit depuis[3], elle eût passé la Loire sans difficulté et eût fort embarrassé la marche du Roi. Tout contribua à ce retardement : l'incertitude de Monsieur, qui ne se pouvoit déterminer pour l'action, même dans les choses les plus résolues[4] ; l'amour de Mme de Montbazon, qui amusoit à Paris[5] M. de Beaufort ; la puérilité de M. de Nemours, qui étoit bien aise de montrer son bâton de général à Mme de Châtillon ; et la fausse politique de Chavigni, qui[6] croyoit qu'il seroit beaucoup plus maître de l'esprit de Monsieur, quand[7] il lui éblouiroit les yeux par[8] ce grand nombre d'écharpes de couleurs toutes différentes : ce fut le terme dont il se servit en parlant à Croissi, qui fut assez imprudent pour me le redire, quoiqu'il fût beaucoup plus dans les intérêts de Monsieur le Prince que dans les miens. Je ne tins pas

---

1. *Faux pas* est à la marge, remplaçant *faulte*, biffé dans le texte ; *le premier*, qui précède, corrige *la première ;* après *fit*, est effacé : *car si elle eût joint M. de Beaufort assez à temps* (ces trois derniers mots à la marge, quoique *à temps* soit déjà dans le texte).

2. *Il la*, en interligne, sur quelques tâtonnements effacés : *elle fit il la*.

3. Cette jonction eut lieu à Châteaudun. Voyez *L'entrevue de Messeigneurs les ducs de Beaufort et de Nemours, avec la jonction de leurs armées*, Paris, Jean Brunet, 1652, 7 pages in-4°.

4. Sur ces irrésolutions du duc d'Orléans, voyez les *Mémoires de la Rochefoucauld*, p. 345.

5. *A Paris* est à la marge, et de même plus loin : *de montrer*.

6. Après *qui*, est biffé : *crut que* (?).

7. Il y a ici deux lignes effacées : *il auroit auprès de lui* (ces trois mots à la marge) *pour le* (sic) *appuyer les conseils qu'il lui donnoit*.

8. Après *par*, est effacé un *d* ; plus loin, *toutes* est en interligne, au-dessus de *si*, qui paraît bien avoir été biffé par Retz et sur lequel une autre main a récrit, par surcharge, *sy*. — Sur ces écharpes diverses, voyez ci-dessus, p. 23, note 4.

le cas secret à Monsieur, qui en fut fort piqué. Je pris ce temps pour le supplier de trouver bon que je fisse voir, en sa présence, à ces Messieurs, qu'ils n'étoient pas en état d'éblouir des yeux sans comparaison moins forts, en tout sens[1], que les siens. Comme il me voulut faire expliquer, l'on lui vint dire que MM. de Beaufort et de Nemours entroient dans sa chambre. Je[2] l'y suivis, quoique ce ne fût pas ma coutume parce que je n'avois pas encore le bonnet; et comme l'on entra en conversation publique, car il y avoit du monde jusques à faire foule, je mis mon chapeau sur ma tête aussitôt qu'il eut mis le sien. Il le remarqua, et à cause de ce que je venois de lui dire, et à cause que je ne l'avois jamais voulu faire, quoiqu'il me le commandât toujours. Il en fut très-aise, et il affecta d'entretenir la conversation plus d'une grosse heure, après laquelle il me prit en particulier et me ramena dans la galerie. Vous jugez bien qu'il falloit qu'il fût bien en colère; car je crois qu'il y avoit dans sa chambre plus de cinquante écharpes rouges, sans les isabelles. Cette colère dura tout le soir, car il me dit, le lendemain, que Goulas[3], secrétaire de ses commandements et intime de M. de Chavigni, étant venu lui dire, avec un grand empressement, que tous ces[4] officiers étrangers prenoient de grands ombrages des longues conversations que j'avois avec lui, il l'avoit rebuté avec une fort grande aigreur, en lui disant : « Allez au diable, vous et vos officiers étrangers; si ils étoient aussi bons Frondeurs que le cardinal de Rais[5], ils se-

---

1. *En tout sens* est à la marge.
2. *Je* a été biffé une première fois; *ma* et, plus bas, *encore*, sont en interligne.
3. Voyez au tome III, p. 35 et note 1.
4. *Ces* corrige *les*.
5. *Le cardinal de Rais*, à la marge, remplaçant *lui*, biffé dans le texte. — Sur l'orthographe *Rais*, voyez, au tome I, p. 79, note 1.

roient à leur poste¹, et ils ne s'amuseroient pas à ivrogner dans les cabarets de Paris. » Ils partirent enfin, et, en vérité, plus par mes instances que par celle² de Chavigni, qui croyoit toujours que je n'oubliois rien pour les retarder; car Monsieur répara bientôt, même avec soin, ce qu'il avoit laissé échapper dans la colère, parce qu'il lui convenoit (au moins se l'imaginoit-il ainsi) de me faire servir de prétexte, quelquefois à ce qu'il faisoit, et presque toujours à ce qu'il ne faisoit pas. Vous³ verrez quelle marche ces troupes prirent⁴, après que je vous aurai rendu compte de ce qui se passa à Orléans dans ce même temps.

Il ne se pouvoit pas que⁵ cette importante ville ne fût très-dépendante de Monsieur, étant son apanage, et, de plus, ayant été quelque temps son plus ordinaire séjour. M. le marquis de Sourdis⁶, de plus, qui en étoit gouverneur, étoit dans ses intérêts. Monsieur y avoit envoyé, outre cela, M. le comte de Fiesque⁷, pour s'opposer aux efforts que M. le Gras⁸, maître des requêtes, faisoit pour persuader aux habitants d'ouvrir leurs

1. A leurs postes. (1837-1866.) — Un peu après, le ms. H et quelques-unes des premières éditions remplacent *ivrogner* par *jargonner*.

2. Dans l'original, *celle* est ainsi au singulier.

3. *Vous* est en interligne, après un *le*, qui est biffé, également en interligne, et au-dessus de *et*, biffé aussi dans le texte, de même que ces mots qui le suivent : *premier exploit de ces troupes*.

4. Quelle marche prirent ces troupes. (1837-1866.)

5. *La* est effacé après *que*, et *importante* est en interligne.

6. Voyez, au tome III, p. 245 et note 6. — De plus, M. le marquis de Sourdis. (1837-1866.)

7. *Mr* est au-dessus de la ligne. — Sur le comte de Fiesque, voyez, au tome I, la note 3 de la page 222, et V. Cousin : *la Société française au dix-septième siècle*, tome I, p. 213-215.

8. François le Gras, conseiller au grand Conseil, puis maître des requêtes, qui fut tué dans une émeute le 4 juillet suivant. Voyez le tome IV, p. 47 (éd. Ch.).

portes au Roi, à¹ qui, dans la vérité, elles eussent été d'une fort grande utilité. MM. de Beaufort et de Nemours, qui en voyoient encore de plus près la conséquence, parce qu'ils avoient pris leur marche² de ce côté-là, écrivirent à Monsieur qu'il y avoit dans la ville une faction très-puissante pour la cour, et que sa présence y étoit³ très-nécessaire. Vous croyez facilement qu'elle l'étoit encore beaucoup plus à Paris. Monsieur ne balança pas un moment, et tout le monde, sans exception, fut d'un même avis sur ce point. Mademoiselle⁴ s'offrit d'y aller : ce que Monsieur ne lui accorda qu'avec beaucoup de peine, par la raison de la bienséance, mais encore plus par celle du peu de confiance qu'il avoit en sa conduite⁵. Je me souviens qu'il me dit⁶, le jour qu'elle prit congé de lui : « Cette⁷ chevalerie seroit bien ridicule, si le bon sens de Mmes de Fiesque et de Frontenac⁸ ne la soutenoit. » Ces⁹ deux dames

1. Le mot *à* est en interligne, et *dans*, après *qui*, corrige un autre *à*; après *vérité*, est effacé : *en auroit eu fort.*
2. Leurs marches. (1837-1866.)
3. *Étoit* est répété et biffé une fois.
4. Sur Mademoiselle de Montpensier, voyez au tome III, p. 351 et note 1.
5. A sa conduite. (1837 et 1843.) — 6. Qu'il le dit. (1843.)
7. Quelques lettres : *vig* (*vigoureuse* ou *vigueur* ? voyez dix lignes plus bas), sont biffées devant le mot *chevalerie*, que d'anciennes éditions changent en *chevalière*.
8. Anne de la Grange, fille de Charles de la Grange-Trianon, sieur de Neuville, maître des comptes, mariée à Louis de Buade, comte de Palluau et de Frontenac, qui fut gouverneur du Canada. — Sur la comtesse de Fiesque, voyez au tome III, p. 503 et note 6. — Ces deux *aides de camp* de Mademoiselle se rendirent à Orléans, « avec plusieurs autres dames habillées en amazones, » dit Mme de Motteville (tome III, p. 465). Voyez, sur l'audacieux coup de tête de Mademoiselle, les *Mémoires* de cette dernière (tome I, p. 347-364, et tome II, p. 1-47), et une *chanson* qui se trouve au tome XXIII du *Recueil de Maurepas*, folio 199 et verso.
9. Devant *ces deux dames*, est biffé : *Elles.*

SECONDE PARTIE. [Mars 1652]   165

allèrent effectivement avec elle, aussi bien que M. de Rohan et MM. de Croissi¹ et de Bermont², conseillers du Parlement. Patru³ disoit, un peu trop librement, que comme les murailles de Jéricho étoient tombées au son des trompettes, celles d'Orléans s'ouvriroient au son des violons. M. de Rohan passoit pour les aimer⁴ un peu trop violemment. Enfin tout ce ridicule réussit par la vigueur de Mademoiselle, qui fut effectivement très-grande; car, quoique le Roi fût très-proche avec des troupes, et que M. Molé, garde des sceaux et premier président⁵, fût à la porte, qui demandoit à entrer de sa part, elle passa⁶ l'eau dans un petit bateau; elle obligea les bateliers, qui sont toujours en nombre sur le port, de démurer⁷ une petite poterne qui étoit demeurée fermée depuis fort longtemps, et elle marcha, avec le concours et l'acclamation du peuple, droit à l'Hôtel de Ville, où les magistrats étoient assemblés⁸ pour délibérer si l'on recevroit Monsieur le Garde des Sceaux. Vous pouvez croire qu'elle décida⁹.

MM. de Beaufort et de Nemours la vinrent joindre aussitôt, et¹⁰ ils résolurent avec elle de se saisir ou de

1. *Croissi* a été effacé, puis récrit.
2. Martin de Bermond, conseiller au Parlement en 1640, fils de Baptiste de Bermond sieur du Tremblay. (*Tableau du Parlement*, manuscrit de la Bibliothèque nationale, fonds français, n° 14028.)
3. Sur Olivier Patru, voyez au tome III, p. 331 et note 3. — A la suite, *un peu trop librement*, est ajouté à la marge.
4. Les animer. (1837 et 1843.) — « M. de Rohan, qui n'étoit, est-il dit plus loin (p. 212), bon qu'à danser. »
5. *Qui* a été biffé, à la suite de *président*.
6. *Passa* vient après *se fit passer*, effacé.
7. Le ms. Caf. altère *démurer* en *demeurer à*. Dans l'original, quelques lettres ont été biffées devant *étoit demeurée*, qui suit; ce dernier mot est à la marge.
8. Dans l'original, *assemblées*. — 9. Ce qu'elle décida. (1843-1866.)
10. Après la conjonction *et*, on déchiffre, sous des ratures, à la

[Gergeau] ou de Gien[1], qui sont de petites villes, mais qui ont toutes deux des ponts sur la rivière de Loire. Celui de [Gergeau[2]] fut vivement attaqué par M. de Beaufort; mais il fut encore mieux défendu[3] par M. de Turenne, qui venoit de prendre le commandement de l'armée du Roi, qu'il partageoit toutefois avec M. le maréchal d'Hocquincourt; et celle de Monsieur fut obligée de quitter cette entreprise, après y avoir perdu le

suite desquelles elle est répétée par mégarde, les mots suivants : *Ce fut en ce lieu et à ce moment où l'on tint en sa présence le conseil qui coûta depuis la vie au dernier.* — Retz a effacé ce passage, parce que ce n'est pas en ce moment, mais dans un conseil tenu peu après, que s'éleva, entre les ducs de Beaufort et de Nemours, cette violente querelle qui fut la première occasion de leur duel : voyez l'alinéa suivant, et les *Mémoires de Mademoiselle*, tome II, p. 13-15.

1. Gergeau ou Jargeau, sur la rive gauche de la Loire, à vingt-six kilomètres d'Orléans; Gien, sur la rive droite, à soixante-deux. Retz a laissé en blanc, ici et deux fois, plus bas, le nom que nous suppléons, entre crochets, d'après le ms. Caf.; pour le second et le troisième blanc surtout, il n'y a aucun doute : voyez la note suivante. Plus tard, Retz s'est ressouvenu de ce mot oublié : à la page 2318 de son manuscrit, c'est-à-dire à 130 pages de celle où nous sommes, il a écrit, comme *memento*, à la marge, en l'encadrant et l'effaçant, le nom de *Gergeau*, qui n'a rien à faire à cette place. Son dessein, qu'il n'a pas exécuté, était évidemment de rechercher, pour combler les trois blancs, l'endroit où il les avait laissés. — Le ms. H et plusieurs éditions anciennes portent *Beaugency*; d'autres, *Lory*, *Loris* ou *Lorris*. Cette dernière leçon, adoptée pour le premier blanc par les éditions de 1837-1866, est impossible; la ville de Lorris n'a pas de pont sur la Loire, elle est même assez loin de ce fleuve. C'est Monsieur le Prince qui, comme le dit la Rochefoucauld (p. 364), « fit marcher l'armée à Lory (Lorris). »

2. L'attaque du pont de Jargeau par le duc de Beaufort eut lieu le 2 avril : voyez les *Mémoires du maréchal du Plessis*, p. 431, et ceux de *Mademoiselle*, tome II, p. 7-9. — Les éditions de 1837-1866 donnent, ici et à l'alinéa suivant, *Gien*, au lieu de *Gergeau*.

3. Ici est effacé *au*; plus bas, le membre de phrase : *qu'il partageoit.... d'Hocquincourt*, est à la marge, suivi de ces mots biffés, se rapportant à un renvoi placé après *commandement* et biffé de même : *d'une partie dont l'autre avoit pour général le*, plus quelques tâtonne-

baron de Sirot[1], homme de réputation, et qui y servoit de lieutenant général. Il se vantoit, et je crois avec vérité, qu'il avoit fait le coup de pistolet avec le grand Gustave, roi de Suède, et le brave Christian, roi de Danemark[2].

M. de Nemours, qui avoit naturellement et aversion et mépris pour M. de Beaufort, quoique son beau-frère[3], se plaignit de sa conduite à Mademoiselle, comme si elle avoit été cause de ce que[4] le dessein sur [Gergeau] n'eût pas réussi. Ils eurent sur cela des paroles dans l'antichambre de Mademoiselle[5], et un prétendu démenti que M. de Beaufort voulut assez légèrement, au moins à ce que l'on disoit en ce temps-là, avoir reçu, produisit

---

ments illisibles. — Turenne, retenu dans Paris, n'était parvenu à s'en échapper qu'à la fin de janvier 1652 : voyez ci-dessus, p. 26-28.

1. Claude de Touf ou Letouf, baron de Sirot[a], qui avait combattu à Rocroy, comme mestre de camp de la cavalerie du duc d'Enghien, et contribué efficacement au gain de la bataille. Il mourut à Orléans, d'une blessure au menton, le 5 avril 1652. Il était né en 1600. Ses *Mémoires*, qui vont de 1615 à 1650, ont été publiés en 1683, 2 vol. in-12, Paris. « C'étoit, dit Mademoiselle (tome II, p. 7 et 8), un homme roué de coups, » qui avait été « nourri dès sa jeunesse dans les armées de l'Empereur en Allemagne, » et elle ajoute qu'il « avoit reçu un honneur assez extraordinaire, digne de remarque, et que peu de gens ont reçu, d'avoir, dans des batailles, fait le coup de pistolet contre trois rois, savoir : celui de Bohême (*Frédéric V*), de Pologne (*Wladislas VII*) et de Suède (*Gustave-Adolphe*); et même perça le chapeau de ce dernier. » — Rapprochez de ce que dit notre auteur, quelques lignes plus bas.

2. Retz écrit *Cristian* et *Dannemarc*.

3. Voyez au tome I, p. 184 et note 6.

4. Tel est bien le texte de l'autographe. Les éditions de 1837-1866 donnent : *cause que*; deux lignes plus bas, devant *un*, elles omettent *et*, après lequel est biffé *sur*, dans l'original.

5. Après *Mademoiselle*, il y a quelques tâtonnements effacés : *dans qui tenoit conseil en.* — A la ligne suivante, *assez légèrement au moins* est à la marge.

[a] Dans l'original, le *t* de *Sirot* est mal fait; on pourrait lire *Siroc*, comme ont fait quelques-unes des premières éditions.

un prétendu soufflet¹, que M. de Nemours ne reçut aussi, à ce que j'ai ouï dire à des gens qui y étoient présents, qu'en imagination. C'étoit au moins un de ces soufflets problématiques dont il est parlé dans les *Petites lettres* du Port-Royal². Mademoiselle accommoda, au moins en apparence, cette querelle³, et après une grande contestation qui n'avoit pas servi à en adoucir les commencements⁴, il fut résolu que l'on iroit à Montargis, poste important dans la conjoncture⁵, parce que de là l'armée des Princes, qui seroit ainsi entre Paris et le Roi⁶, pourroit donner la main à tout. M. de Nemours, qui souhaitoit avec passion de pouvoir secourir Mouron, opiniâtra⁷ longtemps qu'il seroit mieux

1. Après *soufflet*, on lit *produisit un*, biffé.
2. C'est-à-dire les *Provinciales* de Pascal : voyez au tome II, p. 582 et note 5. — Sur cette casuistique relative au duel, dont parle ici Retz, voyez la *lettre septième* du 25 avril 1656, et, particulièrement pour les affronts par gestes ou par signes, p. 108 et suivantes de l'édition de M. Lesieur (Hachette et Cⁱᵉ, 1867). — Dans les éditions de 1837-1866 : *de Port-Royal*.
3. D'après les *Mémoires de Tavannes* (p. 117 et 118), et ceux de *Mademoiselle* (tome II, p. 12-14), il y eut réellement des coups échangés entre les deux beaux-frères. Ce différend ne fut pas si bien accommodé qu'il n'aboutît, quelques mois plus tard (30 juillet 1652), au duel où Beaufort tua Nemours d'un coup de pistolet. Voyez aussi, au tome III, la note 5 de la page 183.
4. *Qui* (*lui*, biffé) *n'avoit* (un mot illisible, biffé de même) *pas servi à en adoucir les commencements* est à la marge. — Dans le ms. H et quelques-unes des premières éditions : *accourcir les préliminaires*.
5. Montargis fut pris sans résistance par Condé (voyez ci-après p. 172). « On le quitta de bonne heure, dit la Rochefoucauld (p. 364 et 365), parce qu'il étoit rempli de blé et de vin, dont on se pouvoit servir au besoin, et aussi pour donner un exemple de douceur qui pût produire quelque effet avantageux pour le parti dans les autres villes. »
6. *Qui seroit ainsi entre Paris et le Roi* a été ajouté à la marge d'en bas.
7. Opina. (1718 C, D, E.) — Il y a ensuite, dans l'original, *fal-*

SECONDE PARTIE. [Mars-avril 1652]

d'aller passer la rivière de Loire à Blois, pour prendre par les derrières l'armée du Roi, qui, par la crainte d'abandonner trop pleinement les provinces de delà à celle de Monsieur, auroit encore plus de difficulté à se résoudre d'avancer vers Paris, qu'elle n'y en trouveroit par l'obstacle que Montargis lui pourroit[1] mettre. L'autre avis l'emporta dans le conseil de guerre, et par le nombre et par l'autorité de Mademoiselle[2], et j'ai ouï dire même aux gens du métier qu'il le devoit emporter par la raison, parce qu'il eût été ridicule d'abandonner tout ce qui étoit[3] proche de Paris aux forces du Roi, dont l'on voyoit clairement que l'unique dessein étoit de s'en approcher, ou pour gagner la capitale ou pour l'ébranler. Chavigni en parla à Monsieur, en ces propres termes, en présence de Madame, qui me le redit le lendemain ; et je ne comprends pas sur quoi se sont pu fonder ceux qui se sont voulu imaginer[4] qu'il y eût de la contestation sur cet article à Luxembourg[5]. Monsieur n'eût pas manqué, si cela eût été, de me faire valoir ce qu'il n'eût pas[6] déféré aux conseils des serviteurs de Monsieur le Prince. Ils furent tous du même sentiment ; et Goulas pestoit même hautement contre la conduite de M. de Nemours, qui veut, ce disoit-il, sauver Mouron et perdre Paris. Je reviens au voyage[7] de Monsieur le Prince.

loit, biffé, après *qu'il ;* quatre lignes plus bas, *auroit* est en interligne sur *trouveroit,* biffé de même.

1. Trouvoit.... lui pouvoit. (1837-1866.)
2. Voyez le récit de cette délibération, pendant laquelle eut lieu la querelle de Nemours et de Beaufort, dans les *Mémoires de Mademoiselle,* tome II, p. 10-15.
3. Tout ce qui auroit été. (1837-1866.)
4. Qui ont voulu s'imaginer. (1837 et 1843.)
5. Au Luxembourg. (1837-1866.)
6. Me faire valoir qu'il n'eût pas. (1837 et 1843.)
7. *Voyage* est répété et biffé une fois ; et *M*r *le Prince* est de même effacé après *de.*

Je vous ai déjà dit[1] que ceux qui agissoient pour ses intérêts, auprès de Monsieur, le pressoient de revenir à Paris, et que leurs instances[2] furent fortement appuyées par la nécessité qu'il crut[3] à soutenir, ou plutôt à réparer, par sa présence, ce que l'incapacité et la mésintelligence de MM. de Beaufort et de Nemours diminuoient du poids que la valeur et l'expérience des troupes qu'ils commandoient devoient donner à leur parti[4]. Comme Monsieur le Prince avoit à traverser presque tout le Royaume, il lui fut nécessaire de tenir sa marche extrêmement couverte[5]. Il ne prit avec lui que MM. de la Rochefoucauld, de Marcillac[6], le comte de Levi[7], Guitaut, Chavagnac, Gourville[8] et un autre, du nom[9] du-

1. Voyez ci-dessus, p. 158 et 159. — 2. Dans l'original, *leur instances*.
3. Quelques tâtonnements : *de.... appuyer de la...*, sont biffés, après *qu'il crut*; les mots : *ou plutôt à réparer*, sont à la marge.
4. Voyez les *Mémoires de la Rochefoucauld*, p. 344 et p. 364.
5. Sur cette aventureuse chevauchée du prince de Condé, à travers toute une moitié de la France, voyez les *Mémoires de la Rochefoucauld*, p. 356-364, ceux de *Gourville*, p. 504-506, et les *Particularités de la route de M. le Prince de Condé et le sujet de son retardement, avec le passage des troupes du cardinal Mazarin à Gien*, Paris, 1652, 8 pages in-4°. — Monsieur le Prince partit d'Agen le 24 mars, jour des Rameaux, à midi.
6. François VII de la Rochefoucauld, le fils aîné de l'auteur des *Maximes* et des *Mémoires*, né en 1634 ; il faisait alors ses premières armes, et causa même, durant le voyage, quelques embarras à la troupe (voyez *Gourville*, à l'endroit cité dans la note précédente). Il épousa, en 1659, Jeanne-Charlotte du Plessis-Liancourt, sa cousine. Gouverneur de Berry en 1671, il eut, l'année suivante, la charge de grand maître de la garde-robe, et, en 1679, celle de grand veneur de France. Il mourut en 1714.
7. Sur François-Christophe de Levis Ventadour, comte de Brion, voyez, au tome I, la note 4 de la page 184.
8. Sur Guillaume de Pechpeirou Cominges, dit le petit Guitaut, alors âgé de vingt-cinq ans, voyez au tome III, p. 41 et note 9. — Sur Gaspard comte de Chavaignac, *ibidem*, note 8. — Sur Gourville, *ibidem*, p. 71 et note 1.
9. *Du nom* est omis dans le ms. Caf.

SECONDE PARTIE. [Mars-avril 1652]   171

quel je ne me souviens pas[1]. Il passa, avec une[2] extrême diligence, le Périgord, le Limousin, l'Auvergne et le Bourbonnois. Il fut manqué de peu, auprès de Châtillon-sur-Loing[3], par Sainte-Maure[4], pensionnaire du Cardinal, qui le suivoit[5] avec deux cents chevaux, sur un avis que quelqu'un, qui avoit reconnu Guitaut, en donna à la cour[6]. Il trouva dans la forêt d'Orléans quelques officiers de ses troupes, qui étoient[7] en garnison à Lori, et il fut reçu de toute l'armée avec toute la joie que vous vous pouvez imaginer[8]. Il dépêcha de là Gourville à Monsieur, pour lui rendre compte de sa marche et pour[9] l'assurer qu'il seroit à lui dans trois jours[10]. Les instances[11] de

1. La Rochefoucauld (p. 356) et Gourville (p. 504) nomment en outre, comme ayant fait partie de ce voyage, Bercenet (Bercennes, dans les *Souvenirs du règne de Louis XIV*, de M. le comte de Cosnac, tome II, p. 72), capitaine des gardes du duc, et un valet de chambre de Monsieur le Prince, lequel, ajoute Gourville, s'appelait Rochefort.
2. Dans l'original, *un*, par mégarde, pour *une*.
3. Châtillon, en Gâtinais, sur la rive gauche du Loing et le canal du même nom, à vingt-deux kilomètres de Montargis. — Les mots : *auprès de Châtillon-sur-Loing*, sont à la marge. — Châtillon-sur-Loire. (1837-1866.)
4. Voyez au tome III, p. 486 et note 10.
5. Qui le suivit. (1837-1866.)
6. Voyez les *Mémoires de la Rochefoucauld*, p. 359 et 360.
7. Retz avait d'abord écrit *étoit*. — Lorris, petite ville du Gâtinais, à vingt et un kilomètres de Montargis et à cinquante d'Orléans. Voyez ci-dessus, p. 166, note 1.
8. « Il n'y eut pas jusques au moindre soldat, disent les *Mémoires* attribués à Chavaignac (édition de 1691, tome I, p. 157), qui ne vinsse (*sic*) lui rendre ses respects. »
9. Ce second *pour* est en interligne ; plus haut, après le premier *pour*, Retz avait commencé d'écrire *l'assur[er]*.
10. Ce fut, non pas de Lorris, où il n'arriva que le lundi 1er avril, neuvième jour du voyage, mais de la Charité, le samedi 30 mars, que Condé dépêcha Gourville à Paris. Celui-ci, brûlant la poste, fut à cinq heures du matin à l'hôtel de Chavigny. Voyez ses *Mémoires*, à l'endroit cité plus haut.
11. *Prier[es]* est biffé devant *instances*.

toute l'armée, fatiguée jusques à la dernière extrémité de l'ignorance de ses généraux, l'y retinrent davantage; et, de plus¹, il n'a jamais eu peine à demeurer² dans les lieux où il a pu faire de grandes actions. Vous en allez voir une des plus belles de sa vie.

Il parut, au premier pas que Monsieur le Prince fit dès qu'il eut joint l'armée, que l'avis de M. de Nemours, duquel je vous ai parlé ci-dessus³, n'étoit pas le bon; car il marcha droit à Montargis, qu'il prit sans coup férir, Mondreville⁴, qui s'étoit jeté dans le château avec huit ou dix gentilshommes et deux cents hommes de pied, l'ayant rendu d'abord. Il y⁵ laissa quelque garnison, et il marcha, sans perdre un moment, droit aux ennemis, qui étoient dans des quartiers séparés. Le Roi étoit à Gien, M. de Turenne avoit son quartier général à Briare, et celui de⁶ M. d'Hocquincourt étoit à Bleneau⁷.

1. *De plus* est à la marge; après *davantage*, qui précède, est effacé *mais* et, plus haut, *qui*, après *l'armée*.
2. Il n'a jamais eu de peine de demeurer. (1837-1866.)
3. Voyez p. 168 et 169.
4. Retz avait d'abord écrit *Mandreville* (c'est la leçon du ms. H); puis il a biffé l'*a* et mis un *o* au-dessus.
5. Le monosyllabe *y* (i) est ajouté en interligne; l'édition de 1859, 1866 ponctue autrement; elle a un point et virgule devant *Mondreville*, et une simple virgule avant *il y laissa*. — Sur Mondreville, « un gentilhomme de ce pays-là », qui était au cardinal Mazarin, et sur la capitulation de Montargis, voyez les *Mémoires de Mademoiselle*, qui écrit (tome II, p. 26), en racontant la reddition de la ville, à heure fixe, après sommation de Condé, que celui-ci « avoit pris Montargis avec sa montre. »
6. *Celui de*, à la marge.
7. Sur les combats de Bleneau (car il y eut une double action), qui furent livrés, dans la nuit du 6 au 7 avril, entre Bleneau (Yonne, arrondissement de Joigny) et Ouzouer-sur-Trézée (Loiret, canton de Briare), à la limite des départements actuels du Loiret et de l'Yonne, voyez les *Mémoires de la Rochefoucauld*, p. 366-373, ceux *de Monglat*, p. 265 et 266, *de Mademoiselle*, tome II, p. 37-41, *de*

SECONDE PARTIE. [Avril 1652]

Comme Monsieur le Prince sut que les troupes du dernier étoient dispersées dans les villages, il s'avança vers Château-Renard[1] ; il tomba[2], comme un foudre, au milieu de tous ces quartiers. Il tailla en pièces tout ce qui[3] étoit de cavalerie de Maignas, de Roquespine, de Beaujeu, de Bourlemont et de Moret[4], qui essayoient

Tavannes, p. 126-131, et les *Souvenirs du règne de Louis XIV*, de M. le comte de Cosnac, tome II, p. 83-101.

1. A dix-sept kilomètres sud-est de Montargis, sur la rivière d'Ouanne. — Château-Renault. (1837-1866.)

2. Devant *il tomba*, on lit ces mots, raturés (sauf, par oubli, les trois premiers) : *et il* (*il* en interligne) *se jeta au milieu de tous les quartiers*.

3. Les mots : *tout ce qui*, sont en interligne, pour remplacer : *les régiments de*, biffé, et *étoit*, à la marge ; le *de* qui suit a été ajouté après coup.

4. Dans le premier de ces noms propres, la lettre qui suit le *g* est douteuse ; la lecture la plus probable est *Maignas*. La plupart des éditions écrivent *Maine* ou *Mayne* ; le ms. H, *Marguos* ; quelques-unes des premières éditions, *Margos*. — Il y a en ce temps-là un Joseph de Saint-Géry, baron de Magnas, mais il quitte le service, dit Moréri, dès 1642. Nous trouvons aussi un comte de Magnac, mestre de camp d'un régiment de cavalerie, mais en 1676 seulement. On pourrait penser, si son nom ne s'écartait tant de notre texte, à Magalotti, qui leva, en 1638, un régiment de cavalerie, lequel assista, dans l'armée de Turenne, au combat de Bleneau. — Louis Gilles du Bouzet, marquis de Roquépine (en 1671), mort en 1679, maréchal de camp en septembre 1651, et plus tard lieutenant général, était auparavant mestre de camp d'un régiment de cavalerie, qu'il avait levé par commission du 2 janvier 1651. — Claude-Paul de Villiers, comte de Beaujeu, tué au siége d'Arras, en juillet 1652, avait levé au commencement de cette année un régiment de cavalerie (*de Beaujeu* est omis dans le ms. Caf.). — Nicolas d'Anglure, comte de Bourlemont, avait obtenu, sur la démission de son frère, un régiment de cavalerie dont il se démit en 1660. Il était maréchal de camp depuis décembre 1651 et devint lieutenant général en 1655. — Antoine du Bec-Crespin, comte de Moret, qui fut tué au siége de Gravelines, en 1658, et avait été nommé maréchal de camp en mars 1652, lieutenant général en 1655, était devenu, en 1649, mestre de camp d'un régiment de cavalerie,

de¹ gagner le logement des dragons, comme il leur avoit été ordonné; mais trop tard. Il força ensuite, l'épée à la main, le quartier même des dragons, cependant que² Tavannes traitoit de même celui des Cravattes³. Il poussa les fuyards jusques à Bleneau, où il trouva M. d'Hocquincourt en bataille, avec sept cents chevaux, qui⁴ chargea avec vigueur les gens de Monsieur le Prince, qui, dans l'obscurité de la nuit, s'étoient égarés⁵ et divisés, et qui, de plus, malgré⁶ les efforts de leurs commandants⁷, s'amusoient à piller un village. Monsieur le Prince les rallia et les remit en bataille, à la vue des ennemis, quoiqu'ils fussent bien plus forts que lui, et quoiqu'il fût obligé, par la grande [résistance⁸] qu'il trouva, de tenir bride en main à la première charge, dans laquelle il eut un cheval tué sous lui. Il les chargea avec

sur la démission du marquis d'Amilly. — Voyez ces divers noms dans la *Chronologie*ᵃ *militaire de Pinard*, tome IV, p. 146 et 147; p. 215 et 216; p. 470 et 472; tome VI, p. 314 et 315.

1. *De*, devant *gagner*, est en interligne; plus loin, après *ordonné*, est biffé : *quoiq*[*ue*].

2. *Cependant que*, à la marge.

3. Les Cravates ou Croates, cavalerie légère de l'empereur d'Allemagne. Les rois de France en avaient alors à leur solde. — Après *Cravattes*, il y a, dans l'original, *Monsieur le Prince qui*, biffé.

4. Devant *chargea*, est biffé *vint;* puis encore, après *Mʳ le Prince*, une ligne et un quart, récrite presque entièrement plus bas : *qui s'amusoient à piller un village et*.

5. S'étoient engagés. (1837 et 1843.)

6. *Malgré* corrige *en dépit*, effacé. — Le ms. H et quelques-unes des premières éditions remplacent *les efforts de*, par : *leurs officiers et*.

7. De leur commandant. (1837-1866.) — *Leur commandants*, dans l'original; *quoiqu'ils fussent* est à la marge, suivi de *bien plus*, effacé; plus bas, *par la grande qu'il trouva* remplace, en marge, *d'* et quelques autres lettres biffés dans le texte.

8. Ici Retz a sauté un mot, sans aucun doute *résistance*.

ᵃ Plus haut, p. 107, note 2, on a imprimé, par mégarde, *Chronique*, pour *Chronologie*.

tant de vigueur, à la seconde, qu'il les renversa pleinement, et au point qu'il ne fut plus au pouvoir de M. d'Hocquincourt de les rallier. M. de Nemours fut fort blessé en cette occasion, et MM. de Beaufort, de la Rochefoucauld et de Tavannes s'y signalèrent[1]. M. de Turenne, qui avoit averti, dès le matin, le maréchal d'Hocquincourt que ses quartiers étoient trop séparés et trop exposés[2], et que M. d'Hocquincourt avoit averti, le soir, que Monsieur le Prince venoit à lui, M. de Turenne, dis-je, sortit de Briare[3]; il se mit en bataille auprès d'un village qui s'appelle, ce me semble, Ousoi[4]. Il jeta cinquante chevaux dans un bois qui se trouvoit entre[5] lui et les ennemis, et par lequel l'on ne pouvoit passer sans défiler. Il les en retira aussitôt, pour[6] obliger Monsieur le Prince à s'engager dans ce défilé, par l'opinion qu'il auroit que la retraite de ces cinquante maîtres[7] eût été d'effroi[8]. Son stratagème lui réussit; car Monsieur le [Prince] jeta effectivement dans le bois trois ou quatre cents chevaux, qui, à la sortie, furent renversés par M. de Turenne, et qui eussent eu peine à se retirer, si Mon-

1. Voyez les *Mémoires de la Rochefoucauld* et ceux *de Tavannes*, aux endroits cités ci-dessus, p. 172, note 7.
2. Dans l'original, par mégarde, *exposées*.
3. *Sortit de Briare*, à la marge; *il*, qui suit, a été ajouté après coup.
4. Évidemment *Ouzouer*, entre Bleneau et Briare, au nord-est de cette dernière ville, à sept kilomètres seulement de distance. Voyez ci-dessus p. 172, note 7. Il y a aussi un *Oussoy* dans le Loiret, mais plus au nord, au sud-sud-ouest de Montargis, sans parler d'un *Ousson*, à sept kilomètres également de Briare, au sud-sud-est.
5. Après *entre*, est effacé : *lui Monsieur le Prin[ce]*.
6. Après *pour*, est biffé un *f*, initiale de *forcer* (?).
7. *Maître* se dit d'un cavalier enrôlé. (*Dictionnaire de l'Académie*, 1694.)
8. Eût eu un signe d'effroi. (Ms. H.) — Eût été un signe d'effroi. (Toutes les éditions anciennes, 1837 et 1843.)

sieur le Prince n'eût fait avancer de l'infanterie, qui arrêta sur cul[1] ceux qui les suivoient. M. de Turenne se posta sur une hauteur derrière ce bois, et[2] il y mit son artillerie, qui tua beaucoup de gens de l'armée des Princes, et entre autres Marai[3], frère du maréchal de Grancé, domestique de Monsieur, et qui servoit de lieutenant général dans ses troupes. On demeura tout le reste du jour en présence, et, sur le soir, chacun se retira dans son camp. Il est difficile de juger qui eut plus de gloire en cette journée, ou[4] de Monsieur le Prince ou de M. de Turenne. L'on peut dire, en général, qu'ils y firent tous deux ce que les deux plus grands capitaines du monde y pouvoient faire. M. de Turenne y sauva la cour, qui, à la nouvelle de la défaite de M. d'Hocquincourt, fit charger son bagage, sans savoir précisément où elle pourroit être reçue ; et M. de Sennetaire m'a dit depuis, plusieurs fois, que c'est le seul endroit où il ait vu la Reine abattue et affligée[5]. Il est constant que si M. de

1. On dit : « arrêter quelqu'un sur cul, » pour dire : « l'arrêter tout court. » (*Dictionnaire de l'Académie*, 1694.) — Dans le ms. Caf. : *arrêta sur le cul*. — Retz a écrit *cu*, ou, plus exactement, *çu*, car, pour bien marquer que la première lettre est un *c*, il a eu le soin, qui du reste lui est assez ordinaire, de mettre dessous une cédille ; on a lu cependant *eu* et imprimé, dans la plupart des éditions : *sur eux*; quelques-unes des premières et le ms. H omettent ces deux mots.

2. La conjonction *et* est à la marge ; *y* (*i*) a été ajouté après coup devant *mit*. — Derrière le bois ; il y mit. (1837-1866.)

3. Guillaume Rouxel de Médavi, comte de Marey, maréchal de camp et capitaine-lieutenant des gendarmes du duc de Valois. « Je fus bien fâchée de la blessure du pauvre comte de Maré, qui en mourut quelque temps après, » dit *Mademoiselle* (tome II, p. 39). — Sur son frère aîné, le maréchal comte de Grancey, voyez, au tome II, la note 4 de la page 262.

4. Ce premier *ou* est en interligne.

5. Sur la panique de la cour à Gien, en cette occurrence, voyez le récit différent, du moins en ce qui concerne la Reine, de *Mme de Motteville*, tome III, p. 476, et de *Monglat*, p. 266.

Turenne n'eût soutenu l'affaire par sa grande capacité, et si son armée eût eu le sort de celle de M. d'Hocquincourt, il n'y eût pas eu une ville qui n'eût fermé les portes à la cour[1]. Le même M. de Sennetaire ajoutoit[2] que la Reine[3] le lui avoit dit ce jour-là en pleurant.

L'avantage de Monsieur le Prince sur le maréchal d'Hocquincourt ne fut pas à beaucoup près d'une si grande utilité à son parti[4], parce qu'il ne le poussa pas dans les suites jusques où[5] sa présence l'eût vraisemblablement[6] porté, si il fût demeuré à l'armée. Vous verrez ce qui s'y passa en son absence, après que je vous aurai rendu compte[7] et du premier effet du voyage de Monsieur le Prince à Paris, et d'un petit détail qui me regarde en mon particulier.

Vous avez vu, ci-dessus, que Monsieur le Prince avoit envoyé Gourville à Monsieur[8], aussitôt qu'il eut joint l'armée, pour lui dire qu'il seroit dans trois jours à Paris. Cette nouvelle fut un coup de foudre pour Monsieur. Il m'envoya querir aussitôt, et il s'écria[9] en me voyant :

1. Selon *Mademoiselle* (tome II, p. 40 et 41), « ce fut un des canaux de communication du canal de Briare (sans doute le « certain ruisseau courant » dont parle *Loret*, p. 231) qui empêcha que l'on n'allât après M. de Turenne ; car Monsieur le Prince n'ayant personne du pays avec lui, et la nuit, il ne savoit si c'étoit une rivière et si elle étoit guéable : cela l'arrêta. »

2. *Ajoutoit*, à la marge, remplace *me disoit*, effacé dans le texte.

3. *L'avoit* est biffé après *la Reine*; et *le*, devant *ce jour-là*.

4. « Les choses n'allèrent pas mieux pour nous, » écrit mélancoliquement Mademoiselle de Montpensier (tome II, p. 40).

5. *Jusques où*, à la marge, corrige *au point que*, effacé dans le texte

6. Véritablement. (1843-1866.)

7. Après *compte*, il y a deux lignes raturées : *et* (en interligne) *d'un petit détail qui me regarde en mon particulier et de l'effet*. — A la fin de la phrase, *particulier*, répété, a été biffé une fois.

8. Voyez p. 171 et note 10.

9. Quelques lettres : *aussi[tôt?]*, biffées, après *s'écria*.

« Vous me l'aviez bien dit, quel embarras ! quel malheur ! nous voilà pis que jamais. » J'essayai de le remettre, mais il me fut impossible ; et tout ce que j'en pus tirer fut qu'il feroit bonne mine et qu'il cacheroit son sentiment à tout le monde, avec le même soin avec lequel il l'avoit déguisé à Gourville. Il[1] s'acquitta très-exactement de sa parole, car il sortit du cabinet de Madame avec le visage du monde le plus gai.

Il publia la nouvelle avec de grandes démonstrations de joie, et il ne laissa pas de me commander, un quart d'heure après, de ne rien oublier pour troubler la fête, c'est-à-dire pour essayer de mettre les choses en état d'obliger Monsieur le Prince à ne faire que fort peu de séjour à Paris. Je le suppliai de [ne] me point donner cette commission, « laquelle, Monsieur, lui dis-je, n'est pas de votre service, pour deux raisons, dont la première est que je ne la puis exécuter qu'en donnant au Cardinal un avantage qui ne vous convient pas, et l'autre, que vous ne la soutiendrez jamais, de l'humeur dont il a plu à Dieu de vous faire. » Cette parole dite à un fils de France vous paroîtra sans doute peu respectueuse ; mais je vous supplie de considérer que Saint-Remi, lieutenant de ses gardes, la lui avoit dite à propos d'une bagatelle, deux ou trois jours devant ; que Monsieur avoit trouvé l'expression plaisante, et qu'il la redisoit, depuis ce jour-là, à toute occasion[2]. Dans la vérité, elle n'étoit pas[3] impropre pour celle dont il s'agissoit, comme vous le verrez par la suite. La contestation fut assez forte, je résistai longtemps. Je fus obligé de me rendre et d'obéir. J'eus même[4] plus de temps pour travailler à

1. Devant *s'acquitta*, est biffé *s'en*.
2. A toutes occasions. (1837-1866.)
3. Après *pas*, est biffé *m[al propre?]*.
4. *Même*, en interligne ; après *pour*, qui suit, est effacé *y* (*i*) ; puis

SECONDE PARTIE. [Avril 1652]

ce qu'il m'ordonnoit que je n'avois cru; car Monsieur le Prince, au-devant duquel Monsieur alla même jusques à Juvisi[1], le 1er d'avril, dans la croyance qu'il arriveroit ce jour-là à Paris, n'y fut que le 11[2]; de sorte que j'eus tout le loisir nécessaire pour ménager M. le Febvre[3], prevôt des marchands, qui me devoit sa charge et qui étoit mon ami particulier. Il n'eut pas peine de persuader[4] M. le maréchal de l'Hospital, gouverneur de Paris[5], qui étoit très-bien intentionné pour la cour. Ils firent une assemblée à[6] l'Hôtel de Ville, dans laquelle ils firent résoudre que Monsieur le Gouverneur iroit trouver Son Altesse Royale, pour lui dire qu'il paroissoit à la Compagnie qu'il étoit contre ordre[7] que l'on reçût Monsieur le Prince dans la ville, devant qu'il se fût justifié de la déclaration du Roi, qui avoit été vérifiée au Parlement contre lui[8].

Monsieur, qui fut transporté de joie de ce discours, répondit que Monsieur le Prince ne venoit que pour conférer avec lui de quelques affaires particulières, et

après *travailler*, on lit les mots : *à ce qu'il m'ordo*[*nnoit*], dont Retz n'a raturé que la fin : *m'ordo*, laissant, par mégarde, *à ce qu'il*. Plus loin *qu* est biffé après *Mr le Prince*.

1. Juvisy-sur-Orge, canton de Longjumeau (Seine-et-Oise).
2. *Le* 11, à la marge; après *fut que*, une ligne et demie est effacée dans le texte : *6 ou 7 ou 8 jours après, je ne me ressouviens pas précisément*. A la ligne précédente, *y* (*i*) est encore raturé, devant *arriveroit*.
3. Voyez, au tome III, p. 64 et note 3.
4. Il n'eut pas beaucoup de peine à persuader. (1837-1866.)
5. Voyez, au tome III, p. 273, note 2.
6. Dans. (1837-1866.) — Devant *firent*, est biffé *rés*[*olurent?*].
7. Contre l'ordre. (1837-1866.)
8. Dans la séance du 4 décembre 1651 (voyez ci-dessus, p. 53-56). L'assemblée à l'Hôtel de Ville eut lieu le mardi 2 avril : voyez les *Registres de l'Hôtel de Ville pendant la Fronde* (tome II, p. 231-233), qui contiennent aussi (p. 233 et 234) la *lettre du Roi à la Ville*, pour qu'elle s'oppose à l'entrée de Condé à Paris.

qu'il ne séjourneroit que vingt-quatre heures à Paris. Il me dit, aussitôt que le Maréchal fut sorti de sa chambre : « Vous êtes un galant homme, *havete fatto polito*[1]. Chavigni sera bien attrapé. » Je lui répondis, sans balancer : « Je ne vous ai jamais, Monsieur, si mal servi; souvenez-vous, s'il vous plaît, de ce que je vous dis aujourd'hui. » M. de Chavigni, qui apprit en même temps le mouvement de l'Hôtel de Ville et la réponse de Monsieur, lui en fit des réprimandes et des bravades, qui passèrent jusques à l'insolence et à la fureur. Il déclara à Monsieur que Monsieur le Prince étoit en état de demeurer sur le[2] pavé tant qu'il lui plairoit, sans être obligé d'en demander congé à personne. Il fit, par le moyen de Pesche, fameux séditieux[3], un concours[4] de cent ou six-vingts[5] gueux, sur le Pont-Neuf, qui faillirent à piller la maison de M. du Plessis-Guénégaut[6], et il

---

1. C'est-à-dire : « vous avez agi gentiment, vous avez bien agi. » *Polito*, plus ordinairement aujourd'hui *pulito*, employé comme adverbe au sens de *politamente, pulitamente*, signifie *nettement, proprement, poliment, bien*.

2. Après *le*, est biffé un *p* et deux autres lettres.

3. Sur Pesche, voyez, au tome III, p. 496 et note 6. — *Fit* est en interligne, sur *émut* (?), biffé; *concours*, qui suit, est à la marge, pour remplacer (quoique biffé par inadvertance) *une* (corrigé en *un*) *sédition sur*, effacé dans le texte.

4. Un gros. (Ms. Caf.) — Une troupe. (1837-1866.)

5. Dans l'original, en chiffres : « 100 ou 120 ». — Nous avons plus haut (p. 55), pour rendre, en lettres, le second de ces nombres : *six-vingts*, qui est ici le texte du ms. Caf.

6. C'est-à-dire l'hôtel de Nevers, situé au coin du Pont-Neuf, là où est aujourd'hui l'hôtel des Monnaies. — Sur du Plessis-Guénegaud, voyez, au tome I, p. 313, note 1. Sa femme était soupçonnée, non à tort, dit Mme de Motteville (tome IV, p. 2), de travailler à la paix et d'être fidèle au Roi. — L'entrée de Condé à Paris avait été préparée d'avance par un placard, affiché dès le mardi de Pâques et intitulé : *Avis aux Parisiens*. M. Moreau, dans la *Bibliographie des Mazarinades* (tome I, p. 154), signale deux pièces, l'une de sept, l'autre de six pages, qui sont des copies de

effraya si fort Monsieur, qu'il l'obligea à faire une réprimande publique et au maréchal de l'Hospital et au provôt des marchands, parce qu'ils avoient enregistré dans le greffe de la Ville la réponse que Son Altesse Royale leur dit ne leur avoir[1] faite qu'en particulier et qu'en confiance[2]. Comme je voulus, le soir, insinuer à Monsieur que j'avois eu raison de ne lui pas conseiller ce qui s'étoit fait, il m'interrompit brusquement, en me disant ces propres paroles : « Il ne faut pas juger par l'événement. J'avois raison hier, vous l'avez aujourd'hui : que faire entre[3] tous ces gens-ci? » Il devoit ajouter : « et avec moi? » Je l'y ajoutai de moi-même[4]; car, comme je vis que, malgré toutes ces expériences, il continuoit[5] dans la même conduite qu'il avoit mille fois condamnée, en me parlant à moi-même, depuis que Monsieur le Prince fut allé en Guienne, je me le tins pour dit, et je me résolus de demeurer, tout le plus qu'il me seroit possible, dans l'inaction, qui n'est, à la vérité, jamais bien sûre à de certaines gens[6], dans les temps qui sont fort troublés, mais que je me croyois nécessaire, et par les manières de Monsieur, que je ne pouvois redresser, et par la[7] considération de l'état où je me trouvois dans

ce placard. — Sur l'émotion dont parle ici notre auteur, et qui fut surtout mise à profit par les filous et les coupe-jarrets de la capitale, voyez *Omer Talon*, p. 475, et une *relation* inédite, qui se trouve à la Bibliothèque nationale, ancien *fonds de Sorbonne*, n° 1257.

1. *Avoit*, pour *avoir*, dans l'original.
2. En confidence. (1837-1866.) — Vers la date où nous sommes, nous ne trouvons rien, dans les *Registres de l'Hôtel de Ville pendant la Fronde*, qui se rapporte à ce que dit notre auteur.
3. *Entre* remplace *avec*, biffé. — Avec tous ces gens-ci. (1837-1866.)
4. Je le lui ajoutai de moi-même. (1837 et 1843.) — Je l'y ajoutai moi-même. (1859, 1866.)
5. *A*, biffé, après *continuoit*. — 6. *A de certaines gens*, à la marge.
7. *La*, en interligne, sur *les*, biffé. Retz avait d'abord écrit *les considérations*.

le moment, que je vous supplie de me permettre que je vous explique un peu plus au long[1].

La vérité me force de vous dire qu'aussitôt que je fus cardinal, je fus touché des inconvénients de la pourpre, parce que j'avois fait peut-être plus de mille fois en ma vie réflexion que je l'avois trop été de l'éclat de la Coadjutorerie. Une des sources de l'abus que les hommes font presque toujours de leur dignité[2] est qu'ils s'en éblouissent d'abord qu'ils en sont revêtus, et l'éblouissement est cause qu'ils tombent dans les premières fautes, qui sont les plus dangereuses par une infinité de raisons. La hauteur que j'avois affectée dès que je fus coadjuteur me réussit[3], parce qu'il parut que la bassesse de mon oncle l'avoit rendue nécessaire. Mais je connus clairement que sans cette considération, et même sans les autres assaisonnements que la qualité des temps, plutôt que mon adresse, me donna lieu d'y mettre, je connus, dis-je, clairement qu'elle n'eût pas été d'un bon sens, ou[4] au moins qu'elle ne lui eût pas été attribuée[5]. Les réflexions que j'avois eu le temps de faire sur cela m'obligèrent à y avoir une attention particulière à l'égard du chapeau, dont la couleur vive et éclatante[6] fait tour-

---

1. Suit ici une ligne et demie effacée : *aussitôt* (*qu'il*, biffé en interligne) *que je me vis cardinal, je fis* (corrigé en *fus*, avec *touché d?* effacé à la marge) *réflexion*.

2. De leurs dignités. (1837-1866.)

3. *Réussit* a été biffé, puis récrit ; plus loin, il y a, par mégarde, *basse*, pour *bassesse*.

4. *Ou*, en interligne ; à la ligne qui suit, devant *Les réflexions*, est biffé : *l'atten[tion]* ; deux lignes plus bas, *y* (*i*) est aussi en interligne.

5. C'est-à-dire, qu'elle n'eût pas été attribuée à un bon sens, jugée bonne et sage.

6. Dans le ms. H et quelques éditions des plus anciennes : « dont la couleur de feu est éclatante ». — *Du feu*, pour *de feu*, dans 1717 A, 1718 B, F.

ner la tête à la plupart de ceux qui en sont honorés. La plus sensible, à mon opinion, et la plus[1] palpable de ses illusions[2] est la prétention de précéder les princes du sang, qui peuvent devenir nos maîtres à tous les instants, et qui, en attendant[3], le sont presque toujours, par leur considération, de tous nos proches. J'ai de la reconnoissance pour les cardinaux de ma maison[4], qui m'ont fait sucer avec le lait cette leçon par leur exemple; et je trouvai une occasion assez heureuse de la débiter, le propre jour que je reçus la nouvelle de ma promotion. Châteaubriant, dont vous avez déjà vu le nom dans la seconde partie de cette histoire[5], me dit, en présence d'une infinité de gens qui étoient dans ma chambre : « Nous ne saluerons plus les premiers[6], présentement : » ce qu'il disoit, parce que, bien que je fusse très-mal avec Monsieur le Prince et que je marchasse presque toujours fort accompagné, je le saluois, comme vous pouvez croire, partout où je le rencontrois, avec tout le respect qui lui étoit dû par tant de titres. Je lui répondis : « Pardonnez-moi, Monsieur, nous saluerons toujours les premiers, et plus bas que jamais. A Dieu ne plaise que le bonnet rouge me fasse tourner la tête au point de disputer le rang aux princes du sang. Il suffit à un gentilhomme d'avoir l'honneur d'être à leurs côtés[7]. » Cette parole, qui a depuis, à mon sens[8], comme vous le verrez

1. *Plup* (sic), corrigé en *plus*.
2. Des illusions que donne le chapeau. — De ces illusions. (1837-1866.)
3. Après *attendant*, le mot *le* est en interligne; après *sont*, est effacé : *du sang*; et *au moins*, après *toujours*; puis *par leur considération* est à la marge. — Par leurs considérations. (1837-1866.)
4. Voyez ci-dessus, p. 59 et note 6.
5. Voyez au tome III, p. 303, note 4.
6. Les princes. (1717, 1717 A, 1718 B, F.)
7. *Leur côtés* (*costés*), dans l'original.
8. Ici Retz a biffé *conservé*, pour le récrire à la ligne suivante,

dans la suite, conservé en France le rang au chapeau par l'honnêteté de Monsieur le Prince et par son amitié pour moi; cette parole, dis-je, fit un fort bon effet, et elle commença à diminuer l'envie : ce qui est le plus grand de tous les secrets.

Je me servis encore, pour cet effet, d'un autre moyen. MM. les cardinaux[1] de Richelieu et Mazarin, qui avoient confondu le ministériat dans la pourpre[2], avoient attaché à celle-ci de certaines hauteurs qui ne conviennent à l'autre que quand elles sont jointes ensemble. Il eût été difficile de les séparer en ma personne, au poste où j'étois à Paris. Je le fis de moi-même[3], en y mettant des circonstances qui firent que l'on ne le pouvoit attribuer qu'à ma modération ; et je déclarai publiquement que je ne recevrois purement que les honneurs qui avoient toujours été rendus aux cardinaux de mon nom. Il n'y a que manière en la plupart des choses du monde[4]. Je ne donnai la main à personne sans exception; je n'accompagnai les maréchaux de France, les ducs et pairs, le Chancelier, les princes étrangers, les princes bâtards, que jusques au haut de mon degré : tout le monde[5] fut très-content.

Le troisième[6] expédient auquel je pensai fut de ne rien oublier de tout ce que la bienséance me pourroit

à la fin de laquelle *à* a été corrigé en *au*, et *chapeau* substitué à *la pourpre*, effacé.

1. *Et*, biffé, après *cardinaux*.
2. Voyez, au tome I, p. 275 et suivantes, les tableaux que Retz a tracés de l'administration de Richelieu et de Mazarin.
3. *De moi-même*, à la marge; après *en*, qui suit, est effacé *faisant*.
4. Que manières à. (1837-1866.) — Cette phrase est omise dans le ms. H. — Rapprochez d'un passage des *Réflexions diverses* de la Rochefoucauld, *De l'air et des manières*, tome I, p. 288.
5. De mon degré, et tout le monde. (1837-1866.)
6. Dans l'original, 3, en chiffre.

permettre pour rappeler tous ceux qui s'étoient éloignés de moi dans les différentes partialités[1]. Il ne se pouvoit qu'ils ne fussent en bon nombre, parce que ma fortune avoit été si variable et si agitée, qu'une[2] partie des gens avoit appréhendé d'y être enveloppée en de certains temps, et qu'une[3] partie s'étoit opposée à mes intérêts en quelques autres. Ajoutez à ceux-là ceux qui avoient cru qu'ils pouvoient faire leur cour à mes dépens. Je vous ennuierois si j'entrois dans ce détail, et je me contenterai de vous dire que M. de Berci[4] vint chez moi à minuit; que je vis M. de Novion chez le P. dom Carrouges[5], chartreux; que [je] vis, aux Célestins[6], M. le

---

1. La Rochefoucauld emploie ce mot au sens de *divisions*, dans ses *Mémoires* (p. 329), où il le joint à *factions*.

2. Après *qu'une*, est biffé : *infinité de g[ens]*.

3. *Qu'une* corrige *que la*; puis *s'y* a été biffé et *s'* rajouté devant *s'étoit*; à la ligne suivante, *en* suit *dans*, également biffé. *Je vous*, récrit plus bas, est effacé après *quelques autres*.

4. On lit dans les notices sur les maîtres des requêtes que contient le manuscrit 14018 du fonds français de la Bibliothèque nationale (f° iv) : « De Bercy, maître des requêtes. Le meilleur esprit, le plus éclairé, mais le plus méchant de toute sa compagnie. » — Sur Novion, voyez au tome I, p. 312 et note 4.

5. Claude du Carrouge, de la Chartreuse de Paris, était un des tenants du jansénisme. Sa cellule, dont Sauval parle au tome I (p. 440) des *Antiquités de Paris*, et où s'assembloient souvent le marquis de Liancourt, les comtes de Chavigny et de Laigues, était, dit le P. Rapin (tome I, p. 362), « un des rendez-vous où se débitoient les nouvelles qui regardoient la nouvelle doctrine, » et, ajoute-t-il (p. 439), « les mystères les plus secrets de la cabale ». Ce chartreux mourut en 1654. Voyez sur lui une note de M. Léon Aubineau, dans l'édition des *Mémoires du P. Rapin*, tome I, p. 126.

6. Couvent d'un ordre ainsi nommé du pape Célestin V, qui l'avait institué. Il était situé près de l'Arsenal, et c'est de lui que le quai et la caserne des Célestins tirent leur nom. On peut en voir la description dans le *Dictionnaire d'Expilly*, tome V, p. 497 et 498, et dans le *Dictionnaire.... de Paris* de Hurtaut et Magny, tome II, p. 98-144.

président le Cogneux¹. Tout le monde fut ravi de se raccommoder avec moi, dans un moment où la mitre de Paris² recevoit un aussi grand éclat de la splendeur du bonnet. Je fus ravi de me raccommoder de tout le monde, dans un instant où mes avances ne se pouvoient attribuer qu'à générosité. Je m'en trouvai très-bien³ ; et la reconnoissance de quelques-uns de ceux auxquels j'avois épargné le dégoût du premier pas m'a payé plus que suffisamment de l'ingratitude de quelques autres. Je maintiens qu'il est autant de la politique que de l'honnêteté de ceux qui sont les plus puissants de soulager la honte des moins considérables, et de leur tendre la main, quand ils n'osent eux-mêmes la présenter.

La⁴ conduite que je suivis, avec application, sur ces différents chefs que je viens de vous marquer, convenoit en plus d'une manière à la résolution que j'avois faite de rentrer, autant qu'il seroit en mon pouvoir, dans le repos que les grandes dignités, que la fortune avoit assemblées dans ma personne, pouvoient, ce me sembloit⁵, même assez naturellement, me procurer.

Je vous ai déjà dit que l'incorrigibilité, si j'ose ainsi parler, de Monsieur m'avoit rebuté à un point que je ne pouvois plus seulement⁶ m'imaginer qu'il y eût le moindre fondement du monde à faire sur lui. Voici un

1. Le fils de celui qui a été souvent mentionné aux tomes II et III. Il se nommait Jacques, comme son père, mort le 21 août 1651, et lui avait succédé dans sa présidence. Il mourut lui-même au mois d'avril 1686.
2. Après *Paris*, est biffé : *étoit encore d honno[rée]*.
3. Retz avait écrit d'abord : *Je m'en suis très-bien trouvé*; il a effacé : *suis très-bien*, corrigé *trouvé* en *trouvai*, et récrit à la suite : *très-bien*.
4. *La* est en interligne, au-dessus de *Cette*, biffé.
5. Après *sembloit*, il y avait d'abord : *me procurer*; le verbe a été effacé à cette place, et *me* changé en *même*.
6. Après *seulement*, est effacé : *me figurer un*.

incident qui vous fera connoître que j'eusse été bien aveugle[1] si j'eusse été capable de compter sur la Reine.

Vous vous pouvez souvenir de ce que je vous ai dit, sur la fin du second volume[2], d'une imprudence de Mlle de Chevreuse[3], à propos du personnage que je jouois de concert avec Madame sa mère, à l'égard de la Reine[4]. Elle en mit de part sa[5] fille, contre mon sentiment, laquelle d'abord entendit très-bien la raillerie; et je me souviens même qu'elle prenoit plaisir à me faire répéter la comédie de la Suissesse : c'est ainsi qu'elle appeloit[6] la Reine. Il arriva un soir[7] qu'y ayant beaucoup de monde chez elle, quelqu'un montra une lettre qui venoit de la cour et qui portoit que la Reine étoit fort embellie. La plupart des gens se prirent à rire, et je ne sais, en vérité, pourquoi je ne fis pas comme les autres. Mlle de Chevreuse, qui étoit la personne du monde la plus capricieuse, le remarqua, et elle me dit qu'elle ne s'en étonnoit pas, après ce qu'elle avoit remarqué depuis quelque temps; et ce qu'elle avoit remarqué, s'imaginoit-elle, étoit que j'avois beaucoup de

1. Bien aveuglé. (1837-1866.)
2. *Du 2*, en chiffre, dans l'autographe. — L'édition de 1859, 1866, renvoyant à elle-même, remplace *second* par *troisième*.
3. Après *Chevreuse* est biffé *qui*.
4. Voyez au tome III, p. 515. — Ce passage se trouve, non pas au tome II, mais au tome III de notre manuscrit original[a]. C'est dans la belle et correcte copie R qu'il se lit vers la fin du tome II. Est-ce à cette copie que l'auteur se réfère, se proposant de l'envoyer, au lieu de son peu lisible autographe, à la dame à qui il dédie ses *Mémoires* ?
5. *Sa* remplace *la*, effacé.
6. Qu'on appeloit. (1843-1866.)
7. Après *soir* est biffé : *qu'ayant (aiant)*; puis *y (i)* est écrit deux fois : *qu'i i* (sic).

[a] Tel qu'il est relié, devons-nous ajouter. La pagination se suit d'un bout à l'autre de l'ouvrage.

refroidissement pour elle, et que j'avois même un commerce[1] avec la cour, dont je ne lui disois rien. Je crus d'abord qu'elle se moquoit, parce qu'il n'y avoit pas seulement ombre d'apparence à ce qu'elle me disoit ; et[2] je ne connus qu'elle parloit tout de bon, qu'après qu'elle m'eut dit qu'elle n'ignoroit rien de ce qu'un tel valet de pied de la Reine m'apportoit tous les jours. Il est vrai qu'il y avoit un valet de pied [de] la Reine, qui, depuis quelque temps, venoit très-souvent chez moi ; mais il est vrai aussi qu'il ne m'apportoit rien, et qu'il ne s'y étoit adonné que parce qu'il étoit parent d'un de mes gens. Je ne sais par quel hasard elle sut cette fréquentation ; je sais encore moins ce qui la put obliger à[3] en tirer des conséquences. Enfin elle les tira ; elle ne put s'empêcher de murmurer et de menacer. Elle dit, en présence[4] de Séguin, qui avoit été valet de chambre de Madame sa mère, et qui avoit quelque charge[5] chez le Roi ou chez la Reine, que je lui avois avoué mille fois que je ne concevois pas comme l'on eût pu[6] être amoureux de cette Suissesse. Enfin elle fit si bien par ses journées[7], que la Reine eut vent que je l'avois traitée de Suissesse, en parlant à Mlle de Chevreuse. Elle ne me l'a jamais pardonné, comme vous verrez par la suite[8] ;

1. Devant *commerce*, il y a deux lettres raturées : *se[cret?]* ; à la ligne suivante, *d'abord* est à la marge.
2. *Et*, en interligne, devant *je*, après un premier *je*, biffé.
3. *A*, en interligne.
4. Avant et après *en présence*, sont biffés deux *de*, le second suivi de quelques autres lettres biffées également. Les mots suivants : *qui avoit été.... sa mère et*, sont à la marge.
5. Quelques charges. (1859, 1866.)
6. Comment l'on put. (1837-1866.)
7. Voyez, sur cette expression, au tome II, p. 67, note 1.
8. *Comme vous verrez par la suite*, à la marge ; après *et*, qui suit, est biffé un *j* (*i*), et quelques autres lettres. — Comme vous le verrez dans la suite. (1837-1866.)

et j'appris que ce mot obligeant étoit allé[1] jusques à elle, justement trois ou quatre jours devant que Monsieur le Prince arrivât à Paris. Vous concevez aisément que cette circonstance[2], qui ne me marquoit pas que j'eusse lieu d'espérer qu'il pût y avoir, à l'avenir, beaucoup de douceur pour moi à la cour, n'affoiblissoit pas les pensées que j'avois déjà de sortir d'affaire. Le lieu de la[3] retraite n'étoit pas trop affreux; l'ombre des tours de Notre-Dame y pouvoit donner du rafraîchissement[4], et le chapeau de cardinal la défendoit encore du mauvais vent. J'en concevois les avantages, et je vous assure qu'il ne tint pas à moi de les prendre. Il[5] ne plut pas à la fortune. Je reviens à ma narration.

Le 11 d'avril, Monsieur le Prince arriva à Paris, et Monsieur fut au-devant de lui à une lieue de la ville[6].

Le 12, ils allèrent ensemble au Parlement. Monsieur prit la parole, d'abord qu'il fut entré, pour dire à la Compagnie qu'il amenoit Monsieur son cousin, pour l'assurer qu'il n'avoit, ni n'auroit jamais d'autre intention que celle de servir le Roi et l'État; qu'il suivroit toujours les sentiments de la Compagnie; et qu'il offroit de poser les armes, aussitôt que les arrêts qui ont été rendus par elle contre le cardinal Mazarin eussent été[7] exécutés. Monsieur le Prince parla ensuite sur le même ton, et il

1. Avoit été. (1837-1866.)
2. Après *circonstance*, est raturé : *n'aidoit pas à me*, et trois autres lettres; deux lignes plus loin, après *cour*, est encore effacé : *n'aid[oit]*.
3. *Lieu de la*, à la marge; *Le*, dans le texte, corrige *la*.
4. Des rafraîchissements. (1859, 1866.)
5. Devant *Il*, est biffé *La*.
6. Le 11 avril. (1837-1866.) — Nous avons vu plus haut (p. 179), que déjà, le 1ᵉʳ avril, Monsieur comptant que le prince de Condé arriverait ce jour-là, était allé au-devant de lui jusqu'à Juvisy.
7. *Eussent été*, en interligne, au-dessus de *seroient*, effacé. — Auroient été. (1837-1866.)

demanda même que la déclaration publique qu'il en faisoit fût mise sur le registre[1].

M. le président Bailleul lui[2] répondit que la Compagnie recevoit toujours à honneur de le voir en sa place ; mais qu'il[3] ne lui pouvoit dissimuler la sensible douleur qu'elle avoit de lui voir les mains teintes du sang des gens du Roi, qui avoient été tués à Bleneau[4]. Un vent s'éleva à ce mot, du côté des bancs[5] des Enquêtes, qui faillit à étouffer, par son impétuosité, le pauvre président Bailleul : cinquante ou soixante voix le désavouèrent d'une volée, et je crois qu'elles[6] eussent été suivies de beaucoup d'autres, si M. le président de Nesmond[7] n'eût interrompu et apaisé la cohue, par la relation qu'il fit des remontrances qu'il avoit portées[8], par écrit, au Roi, à Sulli[9], avec les autres députés de la Compagnie. Elles furent très-fortes et très-vigoureuses contre la personne et contre la conduite[10] du Cardinal. Le Roi leur fit répondre, par Monsieur le Garde des Sceaux[11], qu'il les considéreroit, après que la Compagnie lui auroit envoyé les informations sur lesquelles il vouloit juger lui-même.

1. Sur les registres. (1837-1866.) — 2. *Lui*, en interligne.
3. Qu'elle. (1837-1866.) — Le *ne* qui suit est répété, par mégarde, dans l'original.
4. Voyez plus haut, p. 175 et 176 ; et ci-après, p. 196, note 5, et p. 200, note 2.
5. Du banc. (1859, 1866.)
6. *Qu'il*, corrigé en *qu'elles;* puis *eussent été*, en interligne, sur des mots raturés : *eût accablé ses p....*
7. Voyez au tome II, p. 235, note 3, et au tome III, p. 378, note 2.
8. *Portées*, en interligne, sur *faites*, effacé ; *par écrit*, à la marge.
9. La cour, dit le maréchal du Plessis (p. 431), avait passé le jour de Pâques à Sully (sur Loire) ; c'est de là qu'elle s'était rendue à Gien. Voyez ci-dessus, p. 172.
10. *Et contre la conduite*, à la marge.
11. Le premier président Molé : voyez ci-dessus, p. 66. — Il y a, dans l'original, *gardedessceaux* en un seul mot.

Les gens du Roi entrèrent dans ce moment[1], et ils présentèrent[2] une déclaration et une lettre de cachet qui portoit cet ordre au Parlement, avec celui d'enregistrer, sans délai, la déclaration par laquelle il étoit sursis à celle du 6 de septembre[3] et aux arrêts donnés contre Monsieur le Cardinal.

Les gens du Roi, qui furent[4] appelés aussitôt, conclurent, après une fort grande invective contre le Cardinal, à de nouvelles remontrances pour représenter au Roi l'impossibilité où la Compagnie se trouvoit d'enregistrer cette déclaration, qui, contre toute sorte de règles et de formes, soumettoit à de nouvelles procédures[5] judiciaires, susceptibles de mille contredits et de mille reproches[6], la déclaration du monde la plus authentique et la plus revêtue[7] de toutes les marques de l'autorité royale, et qui, par conséquent, ne pouvoit être révoquée que par une autre déclaration qui fût aussi solennelle, et qui eût les mêmes caractères. Ils ajoutèrent qu'il falloit que les députés se plaignissent à Sa Majesté de ce que l'on avoit refusé de lire les remontrances en sa présence; qu'ils insistassent sur ce point, aussi bien que sur celui de ne point envoyer les informations que la cour demandoit; et que l'on fît registre de tout ce qui

1. Après *moment*, est biffé *qui*.

2. *Présentèrent* est en interligne, au-dessus d'*apportèrent*, biffé; vient ensuite *une lettre (letre) de cachet*, également biffé et récrit à la marge avec la conjonction *et*, devant; *portoit* corrige *portoient*.

3. La déclaration contre Mazarin : voyez, au tome III, p. 528.

4. Trois lettres : *app*, raturées, puis récrites, après *furent;* à la suite d'*après*, est biffé : *avoir fait;* le mot *fort* est en interligne.

5. De nouvelles épreuves. (1843-1866.)

6. *Reproche*, terme de procédure, « se dit des objections qu'on fait aux témoins pour détruire leur déposition. » (*Dictionnaire de Furetière*, 1690.)

7. Devant *revêtue*, est effacé : *solennellement;* puis *que*, après *marques;* et encore : *ils furent aussi de sentim[ent]*, après *royale*.

s'étoit passé ce jour-là au Parlement, dont la copie seroit envoyée à Monsieur le Garde des Sceaux. Voilà les conclusions que M. Talon donna avec une force et avec une éloquence merveilleuse. L'on commença ensuite la délibération, laquelle, faute de temps, fut remise au lendemain 13[1]. L'arrêt suivit, sans contestation aucune[2], les conclusions; et il y ajouta[3] que la déclaration qui avoit été faite par M. le duc d'Orléans et par Monsieur le Prince seroit portée au Roi par les députés; que les remontrances et le registre[4] seroient envoyés à toutes les compagnies souveraines de Paris et à tous les parlements du Royaume, pour les convier de députer aussi de leur part; et qu'assemblée générale seroit faite incessamment à l'Hôtel de Ville, à laquelle Monsieur d'Orléans[5] et Monsieur le Prince seroient conviés de se trouver, et de faire les mêmes déclarations qu'ils avoient faites[6] au Parlement; et que cependant[7] la déclaration du Roi contre le cardinal Mazarin et tous les arrêts rendus contre lui seroient exécutés[8].

Les assemblées des chambres du 15, du 17 et du 18 ne furent presque employées qu'à discuter les difficultés qui se présentèrent pour le règlement de cette assemblée générale de l'Hôtel de Ville : par exemple, si Monsieur et Monsieur le Prince seroient[9] présents à la délibération de l'Hôtel de Ville, ou si ils se retireroient

---

1. *Lendemain* 13, à la ligne.
2. Sans aucune contestation. (1837 et 1859, 1866.)
3. Et il ajouta. (1837-1866.)
4. *Registres*, avec l's effacée.
5. M. le duc d'Orléans. (1837-1866.)
6. *Fait*, sans accord, dans l'original.
7. Retz a répété *que*, par mégarde, après *cependant*.
8. Sur ces assemblées du 12 et du 13 avril au Parlement, voyez les *Mémoires d'Omer Talon*, p. 475.
9. *Seroient*, en interligne, sur *demeureroient*, biffé.

SECONDE PARTIE. [Avril 1652] 193

après avoir fait leur déclaration[1] ; si le Parlement pouvoit ordonner l'assemblée de l'Hôtel de Ville, ou si il devoit simplement convier le provôt des marchands et les autres officiers de la Ville, et quelques principaux bourgeois de chaque quartier[2] de s'assembler[3].

Le 19, cette assemblée se fit, à laquelle seize députés[4] du Parlement se trouvèrent[5]. Monsieur d'Orléans et Monsieur le Prince y firent leur déclaration, toute pareille[6] à celles qu'ils avoient faites au Parlement ; et après qu'ils se furent retirés, et que le[7] procureur du Roi de la Ville eut conclu à faire de très-humbles remontrances au Roi, et, par écrit, contre le cardinal Mazarin, M. Aubri, président aux Comptes[8], et plus ancien conseiller[9] de Ville, prit la parole pour dire qu'il étoit trop tard pour commencer à délibérer, et qu'il étoit nécessaire de remettre l'assemblée au lendemain. Il avoit raison en toute manière[10], car sept heures étoient sonnées, et il avoit intelligence avec la cour.

1. Leurs déclarations. (1837-1866.)
2. *Et quelques principaux bourgeois de chaque quartier*, à la marge.
3. Voyez encore les *Mémoires d'Omer Talon*, p. 476.
4. Les seize députés. (1837-1866.)
5. Voyez la liste complète et nominative des personnes présentes à cette assemblée, dans les *Registres de l'Hôtel de Ville pendant la Fronde*, tome II, p. 252-258.
6. *Pareilles*, au pluriel, par mégarde. — Leurs déclarations, toutes pareilles. (1837-1866.)
7. *Le*, devant *procureur*, corrigé *ce*. — De vive voix et par écrit. (1837-1866.) — Le procureur du Roi de la Ville était (depuis 1640) Germain Piètre, avocat au Parlement et l'un des administrateurs de l'Hôtel-Dieu : voyez les *Registres de l'Hôtel de Ville pendant la Fronde*, tome III, p. 467.
8. Sur Aubry, président en la chambre des Comptes, voyez, au tome II, p. 220 et note 3.
9. *Conseiller*, à la marge. — Et plus ancien de Ville. (Ms. Caf.) — Et le plus ancien conseiller de la Ville. (1837-1866.)
10. En toutes manières. (1837-1866.)

MÉMOIRES DU CARDINAL DE RETZ.

Le 20, Monsieur et Monsieur le Prince allèrent au Parlement ; et Monsieur dit à la Compagnie qu'il savoit que M. le maréchal de l'Hospital, gouverneur de Paris, et M. le provôt des marchands avoient reçu une lettre de cachet qui leur défendoit de continuer l'assemblée[1] ; que cette lettre n'étoit qu'une paperasse du Mazarin, et qu'il prioit la Compagnie d'envoyer querir, sur l'heure, le provôt des marchands et les échevins, et de leur enjoindre de n'y avoir aucun égard. L'on n'eut pas la peine de les mander : ils vinrent d'eux-mêmes à la Grande Chambre, pour y donner part de cette lettre de cachet, et pour dire, en même temps, qu'ils avoient[2] indiqué une assemblée du conseil de la Ville pour aviser à ce qu'il y auroit à faire. L'on opina, après les avoir fait sortir, et[3] l'on les fit rentrer aussitôt, pour leur dire que la Compagnie ne désapprouvoit pas cette assemblée du conseil de Ville, parce qu'elle étoit dans l'ordre et selon la coutume ; mais qu'elle les avertissoit qu'une assemblée générale, et faite pour des affaires de cette importance, ne devoit ni ne pouvoit être arrêtée par une simple lettre de cachet. L'on lut ensuite la lettre qui devoit être envoyée à tous les parlements du Royaume ; elle étoit courte, mais forte[4], décisive et pressante.

L'après-dînée du même jour, l'assemblée de l'Hôtel de Ville se fit ainsi qu'elle y avoit été résolue[5], le matin, par le conseil. Le président Aubri ouvrit[6] celui des conclusions. Des Nots[7], apothicaire, qui parla fort bien,

1. Cette lettre du Roi, datée de Gien le 16 avril, est dans les *Registres de l'Hôtel de Ville pendant la Fronde*, tome II, p. 237-246.
2. *Avoit*, corrigé en *avoient*.
3. *Et*, en interligne, au-dessus de *pour*, biffé.
4. Devant *forte*, est biffé *pressante*, et *pr*, après.
5. Qu'elle avoit été résolue. (1837 et 1843.)
6. *Ouvrit*, répété, et biffé une fois.
7. *Desnos*, disent les *Registres* précités, p. 252. Il avait été reçu

SECONDE PARTIE. [Avril 1652] 195

ajouta qu'il falloit écrire à toutes les villes de France où il y auroit ou parlement[1], ou évêché, ou présidial[2], pour les inviter à faire une pareille[3] assemblée et de pareilles remontrances contre le Cardinal. Cet avis, qui fut supérieur de beaucoup, ce jour-là, ayant été embrassé de plus de sept[4] voix, fut le moindre en nombre dans l'assemblée suivante, qui fut celle du 22[5]. Quel-

conseiller de Ville, le 18 juillet 1641, par résignation de Chupin, l'un des échevins (*ibidem*, tome III, p. 461). On trouvera dans le même recueil (tome II, p. 258-269) le récit des séances des 19, 20 et 22 avril. — La *Muze historique* du 28 avril 1652 (p. 236) consacre une quarantaine de vers plaisants à :

« .... Ce fameux apothicaire,
Qui, présents plus de quinze-vingts,
Sans comprendre les échevins,
Avec un esprit fort habile,
Harangua dans l'Hôtel de Ville.
Vertu-chou ! qu'il avoit bon bec !
Comment, diable ! il crachoit du grec !
Il savoit par cœur Tite-Live,
Amadis, Palmerin d'Olive,
Les historiens, les docteurs,
Et quantité d'autres auteurs....
Plusieurs disoient que sa boutique
Méritoit bien de la pratique. »

Voyez aussi le commentaire de M. P. Paris sur *Tallemant des Réaux* (tome II, p. 302), où est cité un couplet de Blot, commençant ainsi :

Desnos, fameux apothicaire,
De toi je veux prendre un clistère.

1. Où il y avoit un parlement. (1859, 1866.) — Où il y avoit des parlements, ou évêchés ou présidiaux. (1837 et 1843.)

2. Furetière (1690) définit *présidial* : « compagnie de juges établie dans les villes considérables pour y juger les appellations des juges subalternes et des villages dans des matières médiocrement importantes. » Ces tribunaux avaient été institués par Henri II en 1551 ; il n'y en avait primitivement que trente-deux ; plus tard, leur nombre fut porté à cent.

3. Après *pareille* est biffé *pa*.

4. Le ms. H et quelques-unes des premières éditions changent en 70 le chiffre 7 de l'original.

5. Le manuscrit autographe recommence un alinéa à : *du 22*.

qu'un ayant dit que cette union des villes étoit une espèce de ligue contre le Roi, la pluralité revint à celui de M. le président Aubri, qui étoit de se contenter de faire des remontrances au Roi, pour lui demander l'éloignement de M. le cardinal Mazarin et le retour de Sa Majesté à Paris. Ce même jour, Messieurs les Princes allèrent à la chambre des Comptes, et ils y firent enregistrer les mêmes protestations qu'ils avoient faites au Parlement et à la Ville[1]. L'on y résolut aussi les remontrances contre le Cardinal.

Le 23, Monsieur dit au Parlement que l'armée du Mazarin s'étant saisie, sous prétexte de l'approche du Roi, de Melun et de Corbeil[2], contre la parole, que le maréchal de l'Hospital avoit donnée, que les troupes[3] ne s'avanceroient pas du côté de Paris plus près que de douze lieues, il étoit obligé de faire approcher les siennes. Il alla ensuite, accompagné de Monsieur le Prince, à[4] la cour des Aides, où les choses se passèrent comme dans les autres compagnies[5].

1. L'accueil fait à Condé, à la chambre des Comptes, fut plus tiède encore que celui qu'il avait reçu au Parlement ; à son entrée, dit Talon (p. 477), « tous les présidents se retirèrent, à la réserve du président Perraut, lequel était intendant des affaires de Monsieur le Prince, et son domestique, de lui et de feu Monsieur le Prince son père, depuis trente années. » Voyez aussi les *Mémoires de Gui Joli*, p. 71.

2. Sur l'itinéraire du Roi, qui, parti de Gien le 18 avril, passa par Auxerre, Sens, Montereau, Melun, coucha le 23 à Corbeil et arriva le 28 à Saint-Germain, voyez les *Mémoires de Montglat*, p. 266, et ceux du *maréchal du Plessis*, p. 432.

3. *N'approcheroient*, biffé, après *troupes*; et ensuite *plus près*, avant *du côté*.

4. Le mot *l'hôtel* a été raturé après *à*; à la suite de *cour des Aides*, est biffé : *M^r le.... qui en avoit;* l'article *les*, qui suit, est en interligne, sur *il p...*, effacé.

5. Le premier président Jacques Amelot fit entendre des paroles sévères et de dures vérités au prince de Condé. « Il *lui* reprocha

Quoique je vous puisse répondre de la vérité de tous les faits que je viens de poser à l'égard des assemblées qui se firent en ce temps-là, c'est-à-dire[1] depuis le 1er de mars jusques au 23 d'avril, parce qu'il n'y en a aucun que je n'aie vérifié moi-même sur les registres du Parlement ou sur ceux de l'Hôtel de Ville, je n'ai pas cru qu'il fût de la sincérité de l'histoire que je m'y arrêtasse avec autant d'attention ou plutôt avec autant de réflexion que je l'ai fait à propos des assemblées des chambres[2] auxquelles j'avois assisté en personne. Il y a autant de différence entre un récit que l'on fait sur des mémoires, quoique bons, et une narration de faits que l'on a vus[3] soi-même, qu'il y en a entre un portrait auquel l'on ne travaille que sur des ouï-dire, et une copie que l'on tire sur les originaux. Ce que j'ai trouvé dans ces registres ne[4] peut être tout au plus que le corps; il est au moins constant que[5] l'on n'y sauroit

---

en face, dit Omer Talon (p. 477), qu'il étoit déclaré criminel de lèse-majesté..., que nouvellement il avoit combattu les troupes du Roi. » Voyez aussi *Gui Joli*, p. 72.

1. *C'est-à-dire* est à la marge.

2. Le mot *chambres* est biffé dans le texte, et récrit au-dessus de la ligne; *en personne*, qui suit, puis *autant de*, sont aussi en interligne, l'un au-dessus de *moi-même*, l'autre au-dessus de *une si grande*, effacé. Devant *un récit*, se trouvent ces trois lignes raturées : *un récit que l'on ne fait que sur des mémoires, quoique bons, et une peinture copie, que l'on tire sur les originaux*; sans compter ces mots renvoyés à la marge (le renvoi est entre *un* et *récit*) : *une peinture à laquelle l'on ne travaille*.

3. *Vu*, sans accord, dans l'original.

4. Retz avait d'abord écrit *n'est*; il a effacé, en laissant l'apostrophe, *st*; les mots : *tout au plus*, qui suivent, sont en interligne, et, après *le corps*, on lit : *l'air qui se remarque*, biffé. — N'est peut-être. (1837-1866.)

5. Après *constant que*, une ligne biffée : *l'on n'y peut que l'esprit des délibérations*; un peu plus loin, devant *sauroit*, est effacé le mot *peut*. — Il est au moins certain que. (1837-1866.)

reconnoître l'esprit des délibérations, qui¹ s'y discerne assez souvent beaucoup davantage par un coup d'œil, par un mouvement, par un air, qui est² même quelquefois presque imperceptible, que par la substance des choses qui paroissent plus importantes, et qui sont toutefois les seules dont les registres nous doivent et puissent³ tenir compte. Je vous supplie de recevoir cette petite observation comme une marque de l'exactitude que j'ai⁴, et que j'aurai toute ma vie, à ne manquer à rien de ce que je dois à l'éclaircissement d'une matière sur laquelle vous m'avez commandé de travailler⁵. Le compte que je vas vous rendre de ce que je remarquois, en ce temps-là, du mouvement intérieur de toutes les machines⁶, est plus de mon fait, et j'espère que je serai assez juste.

Il n'est pas possible, qu'après avoir vu le consentement uniforme de tous les corps conjurés à la ruine de M. le cardinal Mazarin, vous ne soyez⁷ très-persuadée

1. Ici un tâtonnement effacé : *consi[ste] n'y (n'i)*.
2. Deux lettres : *pr*, sont biffées, après *qui est ;* puis, entre *par* et *la substance*, deux lignes et demie : *le compte le mieux.... et le plus.... exact.... exact que l'on en peut rendre ;* après *substance*, est effacé *des*, récrit ensuite en interligne ; les mots : *qui paroissent...*, jusqu'à : *seules*, sont à la marge.
3. *Doivent et*, en interligne ; *peuvent* a été corrigé en *puissent*.
4. Après *que j'ai*, est biffé : *à ne man[quer]*.
5. Si la conjecture, dont nous aurons à reparler, que Retz adresse ses *Mémoires* à Mme de Sévigné, est fondée (voyez ci-dessus, tome II, p. 58, note 5), ceci est bien d'accord avec le vif désir qu'elle exprimait de le voir « s'occuper et s'amuser, » soit « à faire écrire, » soit à « écrire son histoire. » Elle demande à sa fille de l'y exhorter, et, si nous avions ses propres lettres au Cardinal, nous y trouverions certainement ce conseil donné plus d'une fois directement et avec instance. Voyez les lettres à Mme de Grignan des 5 et 24 juillet 1675, tome III, p. 506 et 526.
6. De tous les marchands. (1837 et 1843.)
7. Ici est effacé : *demeurée ;* plus loin, *sur* suit *dans*, également biffé.

qu'il est sur le bord du précipice et qu'il faut un miracle pour le sauver. Monsieur le fut, comme vous, au sortir de l'Hôtel de Ville, et il me fit la guerre, en présence du maréchal d'Estampes et du vicomte d'Hostel, de ce que j'avois toujours cru que le Parlement et la Ville lui manqueroient. Je confesse[1] encore, comme je le lui confessai à lui-même ce jour-là, que je m'étois trompé sur ce point, et que je fus surpris, au delà de tout ce que vous vous en pouvez imaginer, du pas que le Parlement avoit fait. Ce n'est pas que la cour n'y eût contribué tout ce qui étoit en elle[2]; et l'imprudence du Cardinal, qui y précipita[3] cette Compagnie malgré elle, étoit certainement plus que suffisante pour m'épargner, ou du moins pour me diminuer la honte que je pouvois avoir de n'avoir pas[4] eu d'assez bonnes vues. Il s'avisa de faire commander, au nom du Roi, au Parlement de révoquer et d'annuler, à proprement parler, tout ce qu'il avoit fait contre le Mazarin, justement au moment que Monsieur le Prince arrivoit à Paris; et l'homme du monde qui gardoit le moins de mesures et le moins de bienséance à l'égard des illusions, et qui les aimoit le mieux[5], même où elles n'étoient pas nécessaires, affecta de ne s'en point servir dans une occasion où je crois qu'un fort homme de bien[6] l'eût pu employer sans scrupule.

1. *Que*, biffé, entre *confesse* et *encore*.
2. Contribué en tout ce qui étoit en elle. (1837-1866.)
3. Il y a un *m*, biffé, après *précipita*, et *le*, devant *y* (i), qui précède et qui a été ajouté après coup; plus loin, après *elle*, est effacé *eust*.
4. *N'avoir pas* est en interligne, sur les mêmes mots, raturés; *d'assez* corrige *de*; à la ligne suivante, après *Roi*, est biffé *de*; puis, devant *révoquer*, il y a encore un verbe effacé; *d'annuler*, qui suit, est à la marge, ainsi que *justement*, un peu plus loin.
5. *Et qui les aimoit le mieux*, à la marge.
6. Après *de bien*, est biffé : *et même très-scrupuleux*.

Il est certain que rien n'étoit plus odieux en soi-même que l'entrée de Monsieur le Prince dans le Parlement, quatre[1] jours après qu'il eut taillé en pièces quatre quartiers de l'armée du Roi[2] ; et je suis convaincu que si la cour[3] ne se fût point pressée et qu'elle fût demeurée dans l'inaction à cet instant, tous les corps de la Ville, qui dans la vérité commençoient à se lasser de la guerre civile, eussent été[4] fatigués, dès le suivant, d'un spectacle[5] qui les y engageoit même ouvertement[6]. Cette conduite eût été sage. La cour prit la contraire, et elle ne manqua pas aussi de faire un contraire effet ; car, en désespérant le public, elle l'accoutuma en un quart d'heure à Monsieur le Prince. Ce ne fut plus celui qui venoit de défaire les troupes du Roi ; ce fut celui qui venoit à Paris pour s'opposer au retour du Mazarin. Ces espèces[7] se confondirent même dans l'imagination de ceux qui eussent juré qu'elles ne s'y confondoient[8] pas. Elles ne se démêlent, dans les temps où tous les esprits sont prévenus, que dans les spéculations des philosophes, qui sont peu en nombre, et qui, de plus, y sont toujours comptés pour rien, parce qu'ils ne mettent jamais à la main la halle-

1. *Quatre* (4), vient après *deux*, effacé.
2. Et en ayant encore, comme le lui dit en face le président Amelot, « les mains ensanglantées. » Voyez ci-dessus, p. 190, et p. 196 et note 5.
3. Après *cour*, il y a *eût* (*eust*), biffé ; plus loin, *qu'elle* est en interligne, au-dessus du même mot *eust*, effacé ; à la ligne suivante, *toutes* a été corrigé en *touts* (sic).
4. Auroient été. (1837-1866.)
5. D'un incident. (Ms. Caf.)
6. Avant *ouvertement*, Retz a biffé : *sans déguiser*.
7. C'est-à-dire, ces idées, ces manières de se représenter Condé. Furetière définit ainsi le mot, dans sa signification philosophique, tirée du sens étymologique d'*aspect, apparence,* du latin *species :* « idée, image qui a passé autrefois dans les sens ou dans l'esprit. »
8. Ne se confondoient. (1837-1866.)

barde[1]. Tous ceux qui crient dans les rues, tous ceux qui haranguent dans les compagnies, se saisissent de ces idées. Voilà justement ce qui arriva par l'imprudence du Mazarin; et[2] je me souviens que Bachaumont, que vous connoissez[3], me disoit, le propre jour que les gens du Roi présentèrent au Parlement la dernière lettre de cachet dont je vous ai parlé[4], que le Cardinal avoit trouvé le secret de faire Boislève frondeur. C'étoit tout dire; car ce Boislève étoit le plus décrié de tous les mazarins[5].

Vous croyez, sans doute, que Monsieur et Monsieur le Prince ne manquèrent pas cette occasion de profiter de l'imprudence de la cour. Nullement. Ils n'en manquèrent aucune de corrompre, pour ainsi parler, celle-là; et c'est particulièrement en cet endroit où il faut reconnoître qu'il y a des fautes qui ne sont pas tout à fait humaines[6]. Vous ne serez pas surprise[7] de celles de Monsieur; mais je le suis encore de celles[8] de Monsieur le Prince, qui étoit, dès ce temps-là[9], l'homme du monde le moins propre naturellement à les commettre. Sa jeunesse, son élévation, son courage, lui pouvoient[10] faire faire des faux pas d'une autre nature, desquels l'on

1. La hallebarde à la main. (1837-1866.)
2. *Et* est omis dans les éditions de 1837-1866.
3. Voyez ci-dessus, p. 73 et note 5. — Bien que nous ne trouvions pas Bachaumont mentionné dans les *Lettres de Mme de Sévigné*, il était de ceux dont on peut affirmer, si c'est à l'illustre marquise que Retz s'adresse, qu'il était connu d'elle. Il ne mourut qu'en 1702.
4. Voyez ci-dessus, p. 191.
5. Sur Boislève, voyez p. 98 et note 5.
6. Retz a déjà fait cette réflexion ci-dessus, p. 44.
7. Pas surpris. (1859, 1866.)
8. De celle.... de celle. (1837-1866.)
9. *Étoit*, en interligne, sur *étoient*, effacé; *dès ce temps-là*, à la marge; plus loin, *qui*, biffé est devant *le moins*.
10. Après *pouvoient*, on lit, dans l'original, *engager po*, biffé; *lui*, qui précède, corrige *le*.

n'eût pas eu sujet de s'étonner. Ceux que je vas marquer ne pouvoient avoir aucun de ces principes[1]. L'on leur en peut encore moins trouver dans les qualités opposées, desquelles homme qui vive ne l'a jamais pu soupçonner; et c'est ce qui me fait conclure que[2] l'aveuglement dont l'Écriture nous parle si souvent est, même humainement parlant, sensible et palpable quelquefois dans les actions des hommes. Y avoit-il rien de plus naturel à Monsieur le Prince, ni plus selon son inclination, que de pousser sa victoire et[3] d'en prendre les avantages qu'il en eût pu apparemment tirer si il eût continué à faire agir en personne son armée? Il l'abandonne[4], au lieu de prendre ce parti, à la conduite de deux novices; et les inquiétudes de M. de Chavigni[5], qui le rappelle à Paris[6] sur un prétexte ou sur une raison qui, au fond, n'avoit point de réalité, l'emportent dans son esprit sur son inclination toute guerrière, et sur l'intérêt solide qui l'eût dû[7] attacher à ses troupes? Y avoit-il rien de plus nécessaire à Monsieur et à Monsieur le Prince que de fixer, pour ainsi dire, le moment heureux

---

1. A la suite de *principes*, Retz avait mis, puis a biffé : *et c'est ce qui :* voyez trois lignes plus bas.

2. Après *conclure que*, Retz a effacé : *même humainement parlant*, récrit plus loin; et après *l'aveuglement*, ces autres mots : *de nos plus grands hommes;* le pronom *nous*, qui suit *l'Écriture*, est en interligne.

3. Après *et*, est raturé *les* et quelques autres lettres; à la suite, *de* a été corrigé en *d'en*; à la ligne suivante, *en*, après *qu'il*, est en interligne ; *apparemment* est écrit *appammant*; après *tirer*, est biffé : *de ce;* puis, *fût demeuré à son armée*, devant *eût;* le mot *continué* est à la marge, et *à faire* corrige *fait*.

4. *L'abandonne* est précédé d'un tâtonnement raturé : *l'aba quite*.

5. Quelques lettres : *ent*, biffées après *Chavigni*.

6. Voyez ci-dessus, p. 158. — *Sur un*, puis *ou sur une raison* sont en interligne, le premier au-dessus de *sous le*, et le second sur *que je vous*, biffés.

7. Qu'il eût dû. (1837-1866.)

dans lequel[1] l'imprudence du Cardinal venoit de livrer à leur disposition le premier parlement du Royaume, qui avoit balancé à se déclarer jusque-là, et qui avoit même fait, de temps en temps, des démarches non pas seulement foibles, mais ambiguës? Au lieu de se servir de cet instant, en achevant d'engager[2] tout à fait le Parlement, ils lui font de ces sortes de peurs qui[3] ne manquent jamais de dégoûter dans les commencements, et d'effaroucher dans les suites les Compagnies, et ils lui laissent de ces sortes de libertés qui[4] les accoutument d'abord à la résistance, et qui la produisent infailliblement à la fin.

Je m'explique. Aussitôt que l'on eut la nouvelle de l'approche de Monsieur le Prince, il y eut des placards affichés et une[5] grande émeute faite sur le Pont-Neuf. Il n'y eut point de part, et il n'y en put même avoir, car il n'étoit pas encore arrivé[6] à Paris lorsqu'elle arriva, ce

---

1. *Dans lequel*, à la marge, remplace *par*, corrigé en *qui*, puis biffé dans le texte; un peu plus loin, *livrer* est précédé de *leur*, effacé. — Venoit de laisser. (1837-1866.)

2. Par une méprise du copiste, le ms. Caf. transpose les deux verbes : « en engageant d'achever ».

3. *Dan[s]* est effacé après *qui*.

4. Après *qui* est biffé : *d'abord ne sont presque pas*; le mot *les*, qui suit, est en interligne; *accoutument d'abord* est répété, et biffé une fois. — Ces sortes de liberté. (1837-1866.)

5. *Une*, en interligne, et *grande*, à la marge; Retz avait écrit d'abord *des émeutes faites*.

6. *Encore arrivé* est à la marge, où *le 2 de mars*, qui se lit plus loin dans le texte, est répété et biffé; *qu'elle*, après *vrai*, corrige *que le*, et est suivi de deux lignes effacées : *commandeur de Saint-Simon*[a], *qui étoit connu pour être dans ses intérêts, fut celui*.

[a] Voyez au tome III, p. 328, où, par mégarde, nous avons renvoyé à une note antérieure relative au duc de Saint-Simon, dont celui qui est nommé ici et à l'endroit cité du tome III, Louis, chevalier de Malte, commandeur de Pézenas et de Pieton, mort en 1679, était le frère puîné.

qui fut le 2 de mars[1]. Mais il est vrai qu'elle fut commandée par Monsieur, comme je vous l'ai dit dans un autre lieu.

Le 25 d'avril, le bureau des entrées de la porte Saint-Antoine fut rompu et pillé par la populace[2], et M. de Cumont, conseiller du Parlement[3], qui s'y trouva par hasard, l'étant venu dire à Monsieur, dans le cabinet des livres où j'étois, eut pour réponse ces propres paroles : « J'en suis fâché, mais il n'est pas mauvais que le peuple s'éveille de temps en temps ; il n'y a personne de tué, le reste n'est pas grande chose. »

Le 30 du même mois, le provôt des marchands et autres[4] officiers de la Ville, qui revenoient de chez Monsieur, faillirent à être massacrés au bas de la rue de Tournon ; et ils se plaignirent, dès le lendemain, dans les chambres assemblées, qu'ils n'avoient reçu aucun secours, quoiqu'ils l'eussent fait demander et à Luxembourg[5] et à l'hôtel de Condé[6].

Le 10 de mai, le procureur du Roi de la Ville et deux échevins[7] eussent été tués dans la salle du Palais sans M. de Beaufort, qui eut très-grande peine à[8] les sauver.

---

1. Retz se trompe ici de mois ; ce fut le 2 avril, et non le 2 mars, qu'eut lieu l'échauffourée du Pont-Neuf : voyez ci-dessus, p. 180, et note 6.

2. Par la population. (1837-1866.) — Sur ce désordre, voyez les *Registres de l'Hôtel de Ville pendant la Fronde*, tome II, p. 273 et 274.

3. Commissaire du Parlement. (1837-1866.) — *M. de Cumont conseiller du Parlement* est à la marge. — Il a déjà été question de lui plus haut, p. 3 et note 5. Devant *M. de Cumont*, est biffé *Croissi*.

4. Il y a *les*, biffé, devant *autres*.

5. Et au Luxembourg. (1837-1866.)

6. Voyez, sur cette émotion populaire et sur les causes qui l'avaient amenée, les *Registres de l'Hôtel de Ville*, déjà cités, tome II, p. 286-290, et les *Mémoires d'Omer Talon*, p. 479.

7. Il y a *chevins* dans l'autographe.

8. *A*, en interligne, sur *de*, effacé. — Les échevins dont il est ici

Le 13, M. Quelin[1], conseiller du Parlement et capitaine de son quartier, ayant mené sa compagnie au Palais pour la garde ordinaire, fut abandonné de tous les bourgeois qui la composoient, et[2] qui crioient qu'ils n'étoient pas faits pour garder des mazarins ; et le 24[3] du même mois, M. Molé de Sainte-Croix[4] porta sa plainte, en plein Parlement, de ce que, le 20, il avoit été attaqué et presque mis en pièces[5] par les séditieux.

Vous observerez, si il vous plaît, que toute la canaille, qui seule faisoit ce désordre, n'avoit dans la bouche que le nom et le service de Messieurs les Princes, qui, dès le lendemain, la désavouèrent[6] dans les assemblées des chambres. Ce désaveu, qui se faisoit même, au moins[7] pour l'ordinaire, de très-bonne foi, donnoit lieu aux arrêts[8] sanglants que le Parlement donnoit à toutes occasions contre ces séditieux ; mais il n'empêchoit pas que ce même parlement ne crût que ceux qui désa-

---

question étaient Michel Guillois et André le Vieux, en fonctions, l'un depuis 1650, l'autre depuis 1651 : voyez les *Registres de l'Hôtel de Ville*, tome IV, p. 462 et 465. — « Il n'étoit pas difficile de connoître, dit Omer Talon (p. 480, à la date du 9, jour de l'Ascension), que les peuples étoient excités par quelque vent souterrain. »

1. « De Queslain, conseiller à la 1re chambre des Enquêtes, ne s'adonnant qu'à la dépense et au divertissement..., s'appliquant fort peu au Palais, est assez chaud ami ; son plus fameux est M. de Sainctot, son oncle. » (*Tableau du Parlement*, f° 17.) Voyez aussi les *Registres de l'Hôtel de Ville pendant la Fronde*, tome II, p. 116 et p. 156. — Dans le ms. H, *Clin*.

2. *Et*, en interligne. — A la fin de la phrase, *les mazarins*, dans le ms. Caf.

3. Le 29. (1837-1866.)

4. Voyez, au tome III, la note 5 de la page 63.

5. Dans l'original, *en pièce*.

6. Après *désavouèrent*, sont effacés les mots, employés plus haut : *en plein Par[lement]*. — Dans le ms. Caf., *désavouoient*.

7. Que je faisois, au moins. (1837-1866.)

8. A ces arrêts. (*Ibidem*.)

vouoient la sédition ne l'eussent faite[1]; et ainsi il ne diminuoit rien de la haine que beaucoup de particuliers en concevoient, et il accoutumoit le corps à donner des arrêts qui n'étoient[2] pas, au moins à ce qu'il s'imaginoit, du goût de Messieurs les Princes. Je sais bien, comme je l'ai déjà dit ailleurs, que, dans les temps où il y a de la faction et du trouble[3], ce malheur est inséparable des pouvoirs populaires, et nul ne l'a plus éprouvé que moi; mais il faut avouer aussi que Monsieur et Monsieur le Prince n'eurent pas toute l'application nécessaire à sauver les apparences de ce qu'ils ne faisoient pas en effet[4]. Monsieur, qui étoit foible, craignoit de se brouiller avec le peuple en réprimant avec trop de véhémence[5] les criailleurs ; et Monsieur le Prince, qui étoit intrépide, ne faisoit pas assez de réflexion sur les mauvais et puissants[6] effets que ces émotions faisoient à son égard dans les esprits de ceux qui en avoient peur.

Il faut que je me confesse en cet endroit, et que je vous avoue que comme j'avois intérêt à affoiblir le crédit de Monsieur le Prince dans le public, je n'oubliai, pour[7] y réussir, aucune des couleurs que je trouvai sur ce su-

1. Après *faite*, est biffé : *ce qui est un malheur.*
2. *N'étoient* corrige *ne fussent.*
3. *Dans les temps où il y a de la faction et du trouble*, à la marge. — Où il y a de la foiblesse et des troubles.... du pouvoir populaire. (1837-1866.)
4. Il n'y a pas ici de ponctuation dans le manuscrit autographe, et nous ne savons pas si l'auteur a voulu rattacher les deux derniers mots à ce qui précède ou à ce qui suit. Nous coupons de la manière qui nous paraît la plus conforme à ses habitudes, tout en convenant qu'on pourrait aussi, comme l'ont fait les éditeurs de 1837-1866, commencer par *En effet* la phrase suivante.
5. *Véhémence*, en interligne, au-dessus de *violence*, biffé ; après *les*, qui suit, il y a *séditi*[*eux*], effacé.
6. Pressants. (Ms. Caf.)
7. *Pour*, en interligne ; *y réussir*, à la marge.

jet, assez abondamment[1], dans les manières de beaucoup de gens[2] de son parti. Jamais homme n'a été plus éloigné que Monsieur le Prince d'employer ces sortes de moyens; il n'y en a[3] jamais eu un seul sur qui il fût plus aisé d'en jeter l'envie et les apparences. Pesche[4] étoit tous les jours dans la cour de l'hôtel de Condé, et le commandeur de Saint-Simon ne bougeoit de[5] l'antichambre. Il faut que ce dernier se soit mêlé d'un étrange métier, puisque je, nonobstant sa qualité[6], n'ai pas honte de le confondre[7] avec un misérable criailleur de la lie du peuple. Il est certain que je me servis utilement de ces deux noms[8] contre les intérêts de Monsieur le Prince, qui, dans la vérité, n'avoit de tort, à cet égard, que celui de ne pas faire assez d'attention à leurs sottises. J'ose dire, sans manquer au respect que je lui dois, qu'il fut moins excusable en celle qu'il n'eut pas à s'opposer d'abord à de certaines libertés que des particuliers

---

1. Retz a écrit, par mégarde : *abandonnemant*, et ensuite *manière*, sans *s*.

2. *Gens*, en interligne, sur deux lettres biffées.

3. *Jamais* est effacé, devant *il n'y en a*; puis, après *eu*, sont biffés ces tâtonnements : *qui y en.... que les gens qui en eussent plus en....*

4. Sur Pesche, voyez, au tome III, p. 496 et note 6; sur l'hôtel de Condé, au tome II, p. 77, note 3; sur le commandeur de Saint-Simon, ci-dessus, p. 203, note *a*.

5. Il y a *son*, effacé, devant *l'antichambre*; *l'* a été ajouté après coup. — Ne bougeoit pas de l'antichambre. (1859, 1866.)

6. *Nonobstant sa qualité*, à la marge; le renvoi est après le *je* qui précède ces mots; *de* a été biffé devant *honte*; et *confondre* est en interligne, au-dessus de *nommer*, effacé.

7. Comprendre avec ces misérables criailleurs. (1837-1866.)

8. *De ces deux noms*, à la marge; *sur*, biffé, devant *à cet égard*; une ligne plus loin, Retz a écrit : *leur sottises*.

9. *S'opposer* est précédé de *empêcher*, effacé; puis *des particuliers* est à la marge, et *tous*, en interligne, suivi de trois lettres biffées. Retz avait d'abord écrit *que l'on prit*; il a effacé *l'on* et corrigé *prit* en *prirent*.

prirent, dans tous les corps, de lui résister en face et de l'attaquer même personnellement. Je sais bien que la douceur naturelle de Monsieur, jointe à l'ombrage que[1] Monsieur son cousin lui donnoit toujours, l'obligeoit quelquefois à dissimuler; mais je sais bien aussi qu'il eut lui-même trop [de] douceur en ces rencontres, et que si il eût pris les choses sur le ton qu'il[2] les pouvoit prendre, dans le moment que la cour lui donna[3] si beau jeu, il eût soumis Paris et Monsieur même à ses volontés, sans violence. La même vérité qui m'oblige[4] à remarquer la faute m'oblige à en admirer le principe; et il est si beau à l'homme[5] du monde du courage le plus héroïque d'avoir péché par excès de douceur, que ce qui ne lui [a] pas succédé dans la politique, doit être au moins admiré et exalté par tous les gens de bien dans la morale. Il est nécessaire d'expliquer en peu de paroles ce détail.

M. le procureur général Foucquet[6], connu pour mazarin, quoiqu'il déclamât à sa place[7] contre lui comme tous les autres, entra dans la Grande Chambre le 17 d'avril, et, en présence de M. le duc d'Orléans et de Monsieur le Prince, requit, au nom du Roi, que Monsieur le Prince lui donnât communication de toutes les associations et de tous les traités qu'il avoit faits[8] et dedans et

1. *Que*, répété, et biffé une fois.
2. Ici *qui*, pour *qu'il*.
3. Dans le moment où la cour lui donnoit. (1837-1866.)
4. Dans l'autographe, *m'oblique*.
5. Devant *l'homme*, sont effacés quelques tâtonnements : *à un héros de vainqueur de pec[her]*; puis, un peu plus loin, *réussi* (?), devant *succédé*; et, à la fin de la phrase, après *morale*, le mot *Peu*.
6. Voyez, au tome III, p. 200, et note 4.
7. *A sa place*, à la marge; à la ligne suivante, après *Grande Chambre*, est raturé : *où cependant*.
8. Après *faits*, Retz avait écrit d'abord, puis il a biffé : *avec les étrangers;* plus loin, *il ajouta* est à la marge.

dehors le Royaume; et il ajouta qu'en cas que Monsieur le Prince la refusât[1], il demandoit acte de sa réquisition[2] et de l'opposition qu'il faisoit à l'enregistrement de la déclaration, que Monsieur le Prince venoit de faire, qu'il poseroit les armes aussitôt que M. le cardinal Mazarin seroit éloigné[3].

M. Mainardeau opina publiquement, dans la grande assemblée de l'Hôtel de Ville, qui fut faite le 20 avril[4], à ne point faire de remontrances contre le Cardinal qu'après que Messieurs les Princes auroient posé les armes.

Le 22 du même mois, MM. les présidents des Comptes, à la réserve du premier[5], ne se trouvèrent pas à la Chambre, sous je ne sais quel prétexte, qui parut, en ce temps-là, assez léger : je ne me ressouviens pas du détail. M. Perrochel[6], un instant après, soutint à Messieurs les Princes, en face, qu'il falloit donner arrêt qui portât défense de lever aucunes troupes sans la permission du Roi; et, le même jour, M. Amelot[7], premier

1. Le refusât. (1837 et 1843.)
2. De la réquisition. (1837-1866.)
3. Voyez, sur cette séance du 17 avril, *Omer Talon*, p. 476.
4. Voyez ci-dessus, p. 193, et note 5. — Cette assemblée fut commencée le vendredi 19; une lettre du Roi au prévôt des marchands en défendit, dit Talon (p. 477), « la tenue et la continuation; » elle fut achevée le lundi 22.
5. Antoine II Nicolay, qui fut premier président de la chambre des Comptes de 1624 à 1655, et auquel *Tallemant des Réaux* a consacré une *historiette*, tome IV, p. 313-320. On peut consulter sur lui l'excellent travail de M. de Boislisle sur la chambre des Comptes et ses premiers présidents.
6. Guillaume Perrochel, maître des comptes; nous avons déjà vu ce nom au tome II, p. 150, où il est écrit *Perroché*. — Tout ce passage, depuis *M. Perrochel* jusqu'à *la permission du Roi* inclusivement, est à la marge, dans l'original.
7. Sur Jacques Amelot, voyez, au tome II, la note 4 de la page 143. Talon, qui place cet incident à la séance du mardi 23,

président de la cour des Aides, dit à Monsieur le Prince, ouvertement[1], qu'il s'étonnoit de voir sur les fleurs de lis un prince qui, après avoir tant de fois triomphé des ennemis de l'État, venoit de s'unir avec eux, et cætera. Je ne vous rapporte ces exemples que comme des échantillons. Il[2] y en eut tous les jours quelqu'un de cette espèce, et il n'y en eut point, pour peu considérable qu'il parût sur l'heure, qui ne laissât[3] dans les esprits une de ces sortes d'impressions qui ne se sentent pas d'abord, mais qui se réveillent dans les suites[4]. Il est de la prudence d'un chef de parti de souffrir tout ce qu'il doit dissimuler, mais il ne doit pas dissimuler ce qui accoutume les corps ou les particuliers à la résistance. Monsieur, qui, par son humeur et par l'ombrage que Monsieur le Prince lui faisoit à tous les instants[5], ne vouloit déplaire à qui que ce soit, Monsieur le Prince, qui n'étoit dans la faction que par force, n'étudioit[6] pas avec assez d'application les principes d'une science dans laquelle l'amiral de Coligni[7] disoit que l'on ne pouvoit jamais être docteur. Ils laissèrent l'un et l'autre

dit en parlant d'Amelot (p. 477) : « homme d'ailleurs estimé être de petit sens et de nul jugement. »

1. *Ouvertement*, en interligne, au-dessus d'*en face*, biffé.

2. Devant *y* (*i*), est biffé *n'y* (*ni*).

3. Après *laissât*, est raturé : *une impression dans les esprits qui se réveille dans les suites*. A la fin de la phrase, après *suites*, Retz en avait commencé une autre, qu'il a également effacée : *Le président Jeannin disoit à M. du Maine dans le temps de la Ligue qu'il*. Il a corrigé *qu'il* en *Il*, qui commence la phrase suivante de notre texte.

4. Dans la suite. (1837-1866.)

5. Après *instants*, Retz a écrit, puis biffé : *étoit bien éloigné*.

6. Il y a ainsi le singulier dans l'original; faut-il supprimer *qui*, après *Monsieur*, trois lignes plus haut? Devant les mots : *n'étudioit pas*, est effacé, en interligne, *né* (*négligeoit?*), et, à leur suite, Retz écrit une première fois et biffé : *avec assez d'appli[cation] les princi[pes]*.

7. Voyez au tome II, p. 66, note 1, et au tome III, p. 359 et 360.

non-seulement[1] la liberté, mais encore la licence des suffrages à tous les particuliers. Ils crurent, dans toutes les occasions dont je viens de parler, que le plus de voix qu'ils y avoient eues[2] leur suffisoit, comme il leur auroit effectivement suffi, si il ne s'étoit agi que d'un procès; ils ne connurent pas d'assez bonne heure la différence qu'il y a entre la liberté et la licence des suffrages; ils ne purent se persuader qu'un discours haut, sentencieux et décisif, fait à propos et dans des moments qui se trouvent[3] quelquefois décisifs par eux-mêmes[4], eût pu faire et produire cette distinction[5], sans la moindre ombre de violence; et ainsi ils laissèrent toujours[6], dans Paris, un air de parti contraire, qui ne manque jamais de s'épaissir quand il est agité par les vents qu'y jette l'autorité royale.

Si il eût plu[7] à Monsieur et à Monsieur le Prince de faire sortir de Paris, même avec civilité, le moindre de ceux qui leur manquèrent au respect dans ces rencontres, les compagnies même dont ils étoient membres y eussent donné leurs suffrages[8]. Le président Amelot fut désavoué publiquement par la cour des Aides de ce

---

1. *Non-seulement* est à la marge, suivi d'une *l*, biffée; *des* est raturé, après *liberté*, et la conjonction *et*, après *suffrages;* une ligne plus loin, *dont* est en interligne, sur *que*, effacé.

2. Dans l'autographe, *eue*, par mégarde, sans *s*.

3. Se trouvoient. (1837-1866.) — 4. Par lui-même. (Ms. Caf.)

5. Eût pu faire produire cette dissension. (1837-1866.)

6. *Ainsi* et *toujours* sont en interligne, le second sur *ainsi*, effacé; plus bas, *s'épaissit* a été biffé devant *ne manque;* puis, après *jamais de*, l'infinitif *s'épaissir*, récrit ensuite; puis encore la conjonction *et*, après *agité*.

7. Le mot *plu* a été biffé dans le texte et récrit à la marge; après *le Prince de*, est raturée une *n*, plus deux autres lettres; à la ligne suivante, après *civilité*, est encore effacé : *les 3 de ceux*.

8. Dans l'original, *leur suffrages*. — A la suite, est effacé : *Elles eussent*.

qu'il[1] avoit dit à Monsieur le Prince. Elle eût opiné à son éloignement, si Monsieur le Prince eût voulu ; elle l'en auroit remercié le jour même, et le lendemain elle auroit tremblé. Le secret, dans ces grands mouvements, est de retenir les gens dans l'obéissance par des frayeurs qui ne leur[2] soient causées que par les choses dont ils aient été eux-mêmes les instruments. Ces peurs sont, pour l'ordinaire[3], les plus efficaces et toujours les moins odieuses. Vous verrez ce que la conduite contraire produisit. Mais ce qui aida fort à produire la conduite contraire fut la démangeaison[4] de négociation (c'est ainsi que le vieux Saint-Germain[5] l'appeloit), qui[6], à proprement parler, étoit la maladie populaire du parti de Monsieur le Prince.

M. de Chavigni, qui avoit été, dès son enfance[7], nourri dans le cabinet, ne pensoit qu'à y rentrer par toute voie. M. de Rohan, qui n'étoit, à parler proprement[8], bon qu'à danser[9], ne se croyoit lui-même bon que pour la cour. Goulas ne vouloit que ce que vouloit M. de Chavigni : voilà des naturels bien susceptibles

---

1. En ce qu'il. (1837-1866.)
2. *Leurs* (sic), à la marge ; *ces*, biffé après le *par* qui suit ; après *choses*, est encore effacé : *auxquelles ils aient eux-même donné les mains*.
3. *Pour l'ordinaire*, à la marge ; après *efficaces*, Retz a écrit et biffé : *parce qu'elles sont produit[es]*.
4. Le mot *démangeaison* est répété, et biffé une fois. — La démangeaison de négociations. (1837-1866.)
5. Voyez au tome II, p. 209 et note 5. — Devant *vieux*, est biffé un *C*, corrigeant *les*.
6. *Régnoit* est effacé, après *qui*.
7. *Dès son enfance* suit et remplace *toute sa vie*, biffé ; au commencement de la phrase, *M. de* a été ajouté dans l'interligne.
8. A proprement parler. (1859, 1866.)
9. Retz a dit, ci-dessus (p. 165), de Rohan, qu'il « passoit pour.... aimer un peu trop violemment » les violons.

de [1] propositions de négociations. Monsieur le Prince étoit, par son inclination [2], par son éducation et par les maximes [3], plus éloigné de la guerre civile qu'homme que j'aie jamais connu sans exception [4]; et Monsieur, dont le caractère dominant étoit d'avoir toujours peur et défiance, étoit celui de tous ceux que j'aie jamais vus [5] le plus capable de donner dans tous les panneaux, à force de les craindre tous. Il étoit en cela semblable aux lièvres. Voilà des esprits bien portés à recevoir les propositions de négociation [6].

Le [7] fort de M. le cardinal Mazarin étoit proprement de ravauder, de donner à entendre, de faire espérer; de jeter des lueurs, de les retirer; de donner des vues, de les brouiller. Voilà un génie tout propre à se servir des illusions que l'autorité royale a toujours abondamment en main pour engager à des négociations. Il y engagea, dans la vérité, tout le monde; et cet engagement fut ce qui produisit, en partie, comme je vous le viens de dire, la conduite que je vous ai expliquée ci-dessus [8],

---

1. *De* corrige *des;* les mots : *propositions de*, sont à la marge. — Propres à faire des propositions. (Ms. Caf.) — Susceptibles des propositions. (1837-1866.)

2. *Inclination* est suivi de *plus éloigné*, biffé, et récrit un peu plus loin.

3. Par ses manières. (1837-1866.)

4. Voyez ci-dessus, p. 210.

5. Dans l'original, *vu*, sans accord; après *panneaux*, est effacé : *que l'on à force;* les mots : *à force* ont été récrits à la marge. — A la fin de la phrase, après *tous*, est biffé *Pl.* — A *tous les panneaux*, le ms. H et quelques éditions anciennes substituent *tous les filets;* et quelques autres, *tous les faux pas.*

6. Comparez avec ce que dit, dans ses *Mémoires* (p. 378 et 379), le duc de la Rochefoucauld, qui était lui-même fort enclin, par tempérament, aux négociations.

7. Devant *Le*, est biffé : *M. le cardinal Mazarin.*

8. Après *ci-dessus*, est effacé : *et ce qui d'autre part acheva;* à la ligne suivante, *qu'il* corrige *qu'elle.*

en ce qu'il amusa par de fausses espérances d'accommodement ; et ce fut encore ce qui acheva, pour ainsi dire, de la gâter et de la corrompre, en ce qu'il donna [1] du courage à ceux qui, dans la Ville et dans le Parlement, avoient de bonnes intentions pour la cour, et qu'il l'ôta à ceux qui étoient de bonne foi dans le parti. Je vous expliquerai ce détail après que je vous aurai rendu compte [2] du mouvement des armées de l'un et de l'autre parti, et de celui que je fus obligé de me donner, contre mon inclination et contre ma résolution, dans ces conjonctures [3].

Le Roi [4], dont le dessein avoit toujours été de s'approcher de Paris, comme il me semble que je vous l'ai déjà dit [5], partit de Gien aussitôt après le combat de Bleneau, et il prit son chemin par Auxerre, par Sens et

---

1. Après *donna*, est biffé *de la*; puis après *ceux*, ce tâtonnement : *qui du parti qui esto[ient] qui de.*
2. Le mot *compte* est suivi de quatre lignes environ, raturées : *de quelques circonstances qui méritent de n'être pas omises a p* (sic) *en ce qui se passa en ce temps-là dans les assemblées des chambres*; deux lignes plus bas, après *me donner*, est effacé *dans*, plus quelques lettres.
3. Ici a été biffé, dans l'autographe, puis récrit d'une autre main, dans les interlignes, avec quelques erreurs de lecture, l'alinéa suivant, omis dans les ms. Caf. et H et dans toutes les éditions anciennes, mais rétabli dans le texte par celles de 1837-1866 : « Comme j'ai compris, dans les observations que j'ai faites ci-devant, beaucoup de faits particuliers qui regardent le Parlement, je crois qu'il seroit fort inutile [a] que je reprisse et la relat[ion] et le détail de ce qui se passa [b] dans les assemblées des chambres, depuis le quatre [c] au 26 d'avril. »
4. *Qui*, biffé après *Roi*, et, deux lignes plus loin, *p* après *Gien*; l'*et* qui suit *Bleneau* a été ajouté après coup.
5. Voyez ci-dessus, p. 196.

[a] *Inutile*, et non *naturel* comme on a récrit et imprimé.
[b] S'est passé. (1837-1866.)
[c] Depuis le 24. (*Ibidem.*) — Dans le manuscrit autographe, *le quatre*, en toutes lettres.

par Melun¹, jusques à Corbeil, cependant que² MM. de Turenne et d'Hocquincourt, qui s'avancèrent³ avec l'armée jusques à Moret⁴, couvroient sa marche⁵, et que MM. de Beaufort et de Nemours, qui avoient été obligés de quitter⁶ Montargis faute de fourrage⁷, s'étoient allés camper à Étampes. Leurs Majestés étant passées⁸ jusques à Saint-Germain, M. de Turenne se posta à Palaiseau⁹ : ce qui obligea Messieurs les Princes de mettre garnison dans Saint-Cloud, au pont de Neuilli¹⁰ et à Charenton. Vous croyez aisément que tous ces mouvements de troupes ne se faisoient pas sans beau-

1. Après *Melun*, Retz a écrit, puis effacé : *droit à Corbeil*.
2. Pendant que. (1843-1866.)
3. Il y avait d'abord, dans l'original, *s'avançoient;* le pronom *qui* a été ajouté après coup, et le passé défini du verbe substitué à l'imparfait.
4. Petite ville du Gâtinais (Seine-et-Marne), qui avait le titre de comté.
5. Couvrirent la marche. (1837-1866.)
6. *Quitter*, en interligne, au-dessus de *décamper de*, biffé.
7. Rapprochez des *Mémoires de la Rochefoucauld*, p. 375.
8. Dans l'original, *Leur Majestés étant passés*.
9. Palaiseau ou Paloisel (*Dictionnaire d'Expilly*), bourg de l'Ile-de-France (aujourd'hui dans le département de Seine-et-Oise), avec titre de marquisat. — Toute cette manœuvre de Turenne fut très-remarquable. Comme il se trouvait, lors de l'affaire de Bleneau, au-dessous de l'armée des Princes et par conséquent coupé de Paris, il lui avait fallu, pour devancer celle-ci sur le chemin de la capitale, arriver à intervertir les positions respectives de lui et de ses adversaires. Le plan de la cour était de fixer le théâtre de la guerre civile aux environs de Paris, afin d'en mieux inspirer l'horreur et le dégoût aux Parisiens. Dans cette vue, Turenne avait contourné, au sud, les cantonnements ennemis jusqu'à la rivière d'Yonne et était remonté vers le nord, traversant la forêt de Fontainebleau, et marchant toujours entre le Roi et l'armée des Princes. Il avait ainsi accompli, à la vue de Tavannes, une marche circulaire de quarante lieues, où il eut trois rivières à franchir, et dont le résultat le couvrit de gloire.
10. Dans l'original, *Saint Clou* et *Neulli;* plus loin, *Saint-Cloud*.

coup de désordre et de pillage ; et ce pillage, qui étoit trouvé tout aussi mauvais au Parlement que celui des tireurs de laine[1] sur le Pont-Neuf, y donnoit tous les jours quelque scène[2] qui n'auroit pas été indigne du *Catholicon*[3]. Celle dans laquelle je jouois mon personnage à Luxembourg[4] n'étoit pas assurément de la même nature. J'y allois[5] tous les jours réglément, et parce que Monsieur le vouloit ainsi[6], pour faire voir à Monsieur le Prince qu'en cas de besoin il seroit toujours assuré de moi, et parce qu'il me convenoit aussi, en mon particulier, que le public vît que ce que les partisans de Monsieur le Prince publioient incessamment contre moi, de mon intelligence avec le[7] Mazarin, n'étoit ni cru ni approuvé de Son Altesse Royale. J'étois toujours dans le cabinet des livres, parce que le défaut du bonnet, que je n'avois pas encore reçu de la main du

---

1. L'Académie (1694) définit le *tireur de laine* « un filou qui vole les manteaux la nuit. »

2. Quelque cause. (1837-1866.)

3. C'est-à-dire digne de figurer dans la fameuse satire nommée *Catholicon* ou, tout au long, *Satire ménippée de la vertu du Catholicon d'Espagne*. Retz a dit, au même sens, dans un pamphlet avoué par lui, *le Vraisemblable sur la conduite de Mgr le cardinal de Retz* (voyez tome III, p. 331) : « Ces disputes bizarres qui enrichiront un jour un *Catholicon*. » (*Choix de Mazarinades*, tome II, p. 393.) On appelait aussi *Catholicon*, dit le *Dictionnaire de Trévoux*, une certaine estampe qui représentait une scène de la Ligue. Nous avons trouvé plus haut un emploi différent du même mot : voyez, au tome II, p. 117 et note 1. — Il y a ici une longue lacune dans le ms. H et dans quelques éditions anciennes, par suite de la transposition mentionnée plus haut, p. 143, note 1.

4. Après *Luxembourg*, une ligne raturée : *n'étoit pas assurément ni ridicule ni*.

5. *Allois*, en interligne, sur *estois*, biffé.

6. Voyez plus bas, p. 220.

7. Devant *Mazarin*, est effacée, à la fin d'une ligne, l'abréviation M^{in} ; puis, après *n'étoit*, est biffé : *pas au moins*.

Roi¹, faisoit que je ne paroissois pas en public². Monsieur le Prince étoit très-souvent en même temps dans la galerie ou dans la chambre. Monsieur³ alloit et venoit sans cesse de l'un à l'autre, et parce qu'il ne demeuroit jamais en place, et parce qu'il l'affectoit même quelquefois pour différentes fins. Le⁴ commun du monde, qui prend toujours plaisir à être mystérieux, vouloit que l'agitation qui lui étoit naturelle fût l'effet des différentes impressions que nous lui donnions.

Monsieur [le Prince] m'attribuoit tout ce que Monsieur ne faisoit pas pour le bien du parti. Le peu d'ouverture que j'avois laissée⁵ aux offres qu'il avoit fait faire pour moi⁶ à M. de Brissac, par le moyen de M. le comte de Fiesque, l'avoit⁷ encore tout fraîchement aigri. Il y eut même des rencontres où Monsieur crut qu'il lui convenoit qu'il ne s'adoucît pas à mon égard. Les libelles recommencèrent ; j'y⁸ répondis. La trêve de l'écriture se rompit ; et ce fut en cette occasion, ou au moins dans les suivantes, où je mis au jour quelques-uns de ces libelles desquels je vous ai parlé dans le second volume de cet ouvrage⁹, quoique ce n'en fût pas le

1. Que le Roi ne m'avoit pas encore donné. (Ms. Caf.)
2. Voyez ci-dessus, p. 141.
3. *Monsieur* est précédé d'*Il*, raturé.
4. Cette phrase est précédée de cette première rédaction, raturée : *Tout le monde croyoit que l'agitation qui lui*.
5. Il y a bien ainsi dans l'original, *laissée*, se rapportant au substantif *ouverture* ; plus loin, *m'* biffé devant *avoit*.
6. *Pour moi* est en interligne.
7. *L'avoit*, à la marge, remplaçant les mêmes mots, biffés dans le texte.
8. *J'y* (*i'i*), biffé, et récrit ; à la suite, après *trêve*, est encore biffé : *se rom[pit]*.
9. Voyez au tome III, p. 328-334, et la note 1 de la page 332. — Il y a 2, en chiffre, dans l'original. — Le passage auquel Retz renvoie est tout au commencement du tome III de l'autographe, tel

lieu[1], pour n'être pas obligé de retoucher une matière qui est trop légère en[2] elle-même pour être rebattue tant de fois. Je me contenterai de vous dire que *les Contre-temps du sieur de Chavigni, premier ministre de Monsieur le Prince*[3], que je dictai en badinant à M. Caumartin, touchèrent à un point cet esprit altier et superbe[4], qu'il ne put s'empêcher d'en verser des larmes, en présence de douze ou quinze personnes de qualité qui étoient dans sa chambre. L'un de ceux-là me l'ayant dit, le lendemain, je lui répondis en présence de MM. de Liancour et de Fontenai[5] : « Je vous supplie de dire à M. de Chavigni que, connoissant[6] en sa personne autant de bonnes qualités que j'en connois, je travaillerois à son panégyrique encore plus volontiers que je n'ai fait au libelle qui l'a tant touché. »

qu'il est relié (voyez ci-dessus, p. 187, note 4). Les éditions les plus récentes renvoient, comme de coutume, à elles-mêmes.

1. *Quoique ce n'en fût pas le lieu*, à la marge. — Quoique ce ne fût pas le lieu. (1837-1866.)

2. Devant *en*, un *d* effacé.

3. Ce libelle, de huit pages, est intercalé par l'édition de 1837 (p. 355-357), à la suite de cet alinéa, dans le texte même des *Mémoires*; celle de 1859, 1866, le reproduit à l'*Appendice* du tome III, p. 454 et suivantes.

4. Devant *superbe*, est raturé : *aussi hautain (haultain) que*; ensuite, après *qu'il*, est effacé *b*, plus une autre lettre; devant *verser*, l'*n* et l'apostrophe de *d'en* ont été ajoutées après coup.

5. *A ce que* est biffé, après *Fontenai*. — Sur Roger du Plessis, seigneur de Liancourt (ici, dans l'autographe, *Liencour*), en faveur duquel la terre de la Roche-Guyon avait été érigée en duché-pairie, voyez, au tome II, p. 430 et note 3, p. 476 et note 1, p. 524 et note 2. — François du Val, marquis de Fontenay-Mareuil, auteur de *Mémoires*, lieutenant général des armées du Roi, avait été successivement ambassadeur en Angleterre (1629) et à Rome (1641 et 1647); il mourut en 1665.

6. *Lui*, est biffé, à la marge, devant *connoissant;* et, à la ligne suivante, *je lui* est également effacé, devant *j'en connois; j'* a été ajouté après coup. — En sa personne les bonnes qualités. (1837-1866.)

Je vous ai dit ci-dessus[1] que j'avois fait la résolution de demeurer tout le plus qu'il me seroit possible dans l'inaction, parce qu'il est vrai que j'avois beaucoup à perdre et rien à gagner dans le mouvement. J'accomplis, en partie, cette résolution, parce qu'il est vrai que je n'entrai[2] presque en rien de tout ce qui[3] se fit en ce temps-là[4], étant très-convaincu qu'il n'y avoit rien de bon à faire pour l'ordinaire, et que le bon même ne se feroit pas dans le peu d'occasions où il étoit possible, à cause des vues différentes et compliquées que chacun avoit et même que chacun[5] devoit avoir, vu l'état des choses. Je m'enveloppai donc, pour ainsi dire, dans mes grandes dignités, auxquelles j'abandonnai les espérances de ma fortune; et je me souviens qu'un jour, M. le président de Bellièvre me disant que je me devois donner plus de mouvement, je lui repartis sans balancer : « Nous sommes dans une grande tempête, où il me semble que nous voguons[6] tous contre le vent. J'ai deux bonnes rames en main, dont l'une est la masse de cardinal et l'autre la crosse de Paris. Je ne les veux pas rompre et je n'ai présentement qu'à me soutenir[7]. »

Je vous ai déjà[8] dit que l'obligation de voir Monsieur

1. Voyez p. 186.
2. *N'entrai* est biffé à la fin d'une page et récrit au commencement de la suivante.
3. Dans tout ce qui. (1837-1866.)
4. Après *ce temps-là*, est biffé : *et j'ai*.
5. A la suite de *chacun*, Retz a effacé, pour le récrire un peu plus loin : *vu l'état des choses*.
6. Dans l'original, *vogons* (sic), en interligne, sur *ramons*, biffé; après *tous*, qui suit, est effacé *nous*. Devant *vogons*, il y a quatre lignes soigneusement raturées : « avons tous donné à travers. Je tiens.... deux.... qui me soutiennent sur l'eau, dont l'un est le bonnet rouge et l'autre la cro[sse].... »
7. A la fin de la phrase, est effacé : *ce qui m'ob[ligea]*.
8. Les mots : *déjà* (répété, par mégarde, sans être biffé dans le

très-souvent me força[1] à ne pas garder toutes les apparences de cette inaction. Je me trouvai nécessité[2] à ne la pas même observer pleinement et entièrement par les criailleries des partisans de Monsieur le Prince, qui m'attaquèrent par leurs libelles[3], comme fauteur du Mazarin. Je fus obligé d'y répondre, et cet éclat, joint à la cour assidue[4] que je faisois à Luxembourg, qui paroissoit d'autant plus mystérieuse qu'elle paroissoit[5] couverte, par la raison que vous avez déjà vue, quoiqu'elle fût publique; cet éclat, dis-je, fit trois[6] effets très-mauvais contre moi. Le premier fut qu'il fit croire, même aux indifférents, que je ne pouvois demeurer en repos; le second[7], qu'il persuada à Monsieur le Prince que j'étois irréconciliable avec lui; et le troisième, qu'il acheva d'aigrir, au dernier point, la cour contre moi, parce que je ne me pouvois défendre contre les libelles de Monsieur le Prince qu'en insérant dans les miens des choses[8] qui ne pouvoient être agréables à Monsieur le Cardinal.

Cet embarras[9] n'étoit évitable que par des inconvé-

texte) *dit que l'obligation de voir Monsieur très-souvent* sont à la marge, et remplacent ces mots, effacés dans le texte : *rendu compte de ce qui m'obligea.* — Voyez ci-dessus, p. 216.

1. *Me força* est en interligne; plus loin, quelques lettres effacées après *cette*. — A ne pas garder les apparences de toute l'inaction. (1837-1866.)

2. Je me trouvai de nécessité. (1837-1866.)

3. Dans l'original, *leur libelles*.

4. *Assidue* est à la marge.

5. Ce second *paroissoit* est précédé d'*étoit*, biffé.

6. *Trois* suit et remplace *deux*, effacé.

7. Devant *second*, est biffé le chiffre 2; puis, entre *que* et *j'étois*, toute une ligne; *je ne songeois qu'à le renvoyer* (?) *à la;* les deux mots : *j'étois* (*i'estois*), sont en interligne.

8. *Choses* est suivi de *fort peu*, biffé.

9. Retz avait d'abord mis : *Cette disposition;* à la ligne suivante, *encore* est à la marge.

nients qui étoient encore plus grands que l'embarras. Je ne me pouvois défendre du premier que par une retraite entière, qui n'eût été ni de la bienséance, dans un temps où l'on l'eût attribuée à la peur que l'on[1] eût cru que j'eusse eue[2] de Monsieur le Prince, ni du respect et du[3] service que je devois à Monsieur, dans un moment où ma présence, au moins selon ce qu'il se l'imaginoit[4], lui étoit nécessaire. Je ne pouvois me parer[5] du second qu'en me raccommodant avec Monsieur le Prince, ou en lui laissant prendre contre moi, dans le public, tous les avantages qu'il lui plairoit[6]. Ce dernier parti eût été d'un innocent ; l'autre étoit impraticable, et par les engagements que j'avois sur cet article particulier avec la Reine, et par la disposition de Monsieur, qui me vouloit toujours tenir en lesse[7], pour me lâcher en cas de besoin[8]. Je ne pouvois éviter le troisième sans faire des pas vers la cour, desquels Monsieur le Cardinal n'eût pas manqué de se servir pour me perdre. En voici un exemple.

1. *L'on* corrige *le* ; il est biffé, une première fois, avec *y* (*i*), au-dessus de la ligne.

2. *Eu*, sans accord, dans l'original.

3. Devant *service*, *du* corrige *de la* et est suivi de *re* et de trois autres lettres raturées : *recon*[*noissance* ?].

4. Tel est bien le texte de l'autographe. Est-ce *ce* qui est de trop, ou *le* devant *imaginoit* ?

5. *Me parer* est en interligne, au-dessus d'*éviter*, effacé et suivi de *ce*, corrigé en *du* ; vers la fin de la phrase, *dans le public* est à la marge.

6. Il semble qu'il y avait d'abord *plaisoit* et que l'*s* a été corrigée en *r*. A la suite, est biffé : *Les et*.

7. *Lesse* est l'orthographe de l'original, de Richelet (1680), de Furetière (1690) ; l'Académie, dès 1694, donne *lesse* (p. 639) et *laisse* (p. 623).

8. Après cette phrase est raturé : *Il ne me restoit donc que le troisième...*, puis encore *me*, après *je ne* ; plus loin, *vers* est au-dessus du même mot, biffé.

Aussitôt que j'eus reçu la nouvelle de ma promotion, j'envoyai Argenteuil[1] au Roi et à la Reine, pour leur en rendre compte, et je lui donnai charge expresse de ne point voir Monsieur le Cardinal, auquel j'étois bien éloigné, comme vous avez vu, de m'en croire obligé, et que j'étois, de plus, bien aise de marquer, par une circonstance de cette nature, et dans le Parlement et dans le peuple, pour mon ennemi. Monsieur eut ou l'honnêteté ou la prudence[2] de me dire, de lui-même, qu'il avouoit que l'ordre que je donnois sur cela à Argenteuil étoit nécessaire; mais qu'il y falloit toutefois un *retentum*[3] (ce fut son mot); et, qu'en l'état où étoient les choses et où elles seroient peut-être quand il arriveroit à Saumur[4], où la cour étoit à cette heure-là[5], il étoit à propos de lui laisser la bride plus longue[6] et de ne lui pas ôter la liberté de conférer secrètement avec le Cardinal, si il le souhaitoit, et si Madame la Palatine, à qui j'adressois Argenteuil pour le présenter à la Reine, croyoit qu'il y pût[7] y avoir quelque utilité : « Que savons-nous, ajouta Monsieur, si, par l'événement, cela ne pourra pas être bon à quelque chose, même pour le gros des affaires? La bonne conduite veut que l'on ne perde pas les occasions naturelles d'amuser, quand l'on a affaire à des amuseurs en titre[8] d'office. Le Mazarin ne

---

1. Voyez, au tome II, p. 35 et note 3.
2. Le premier *ou*, en interligne; *prudence* est précédé du mot *sages[se]*, effacé.
3. Voyez, au tome II, p. 260 et note 3.
4. La cour passa un mois entier à Saumur (voyez ci-dessus, p. 94 et note 6); elle en partit le 7 mars.
5. A cette heure. (1837-1866.)
6. La bride plus large. (*Ibidem.*)
7. Le mot *pût* est ainsi précédé et suivi d'*y* (*i*); le second *y* a été ajouté après coup.
8. *En titre* est en interligne, au-dessus des mêmes mots effacés.

manquera jamais de dire : *la conférence;* mais quel inconvénient? C'est un menteur fieffé que personne ne croit, et il la dira, fausse comme véritable. » Voilà les paroles de Monsieur : elles furent prophétiques. Monsieur le Cardinal voulut voir Argenteuil chez Madame la Palatine, la nuit. Il lui dit, par excès de tendresse pour moi, que si j'avois été assez malhabile pour lui avoir ordonné de le voir publiquement, il y auroit suppléé, pour me servir[1], par un refus public. Il entra bonnement dans tous mes égards, dans tous mes intérêts. Il lui voulut faire croire qu'il étoit résolu de partager le ministériat avec moi. Véritablement, Argenteuil[2] n'étoit pas encore revenu à Paris que Monsieur étoit averti par Goulas, non pas de ce qui s'étoit passé réellement à l'égard de cette visite, mais de tout ce qui s'y fût passé effectivement, si elle eût été recherchée par moi et faite à l'insu de Son[3] Altesse Royale et contre son service. Cet échantillon vous fait voir les replis de la pièce qui étoit sur le métier, et peut[4] contribuer, ce me semble, à justifier la conduite que j'eus en ce temps-là.

J'écris, par votre ordre, l'histoire de ma vie, et le plaisir que je me fais de vous obéir avec exactitude a fait que je m'épargne si peu moi-même. Vous[5] avez pu jusques ici vous apercevoir que je ne me suis pas appliqué à faire mon apologie. Je m'y trouve forcé en ce

1. Pour mon service. (1837-1866.)
2. Quelques lettres biffées, devant *Argenteuil*.
3. *Al*, biffé, à la fin d'une ligne, après *Son*.
4. *Peut* est en interligne, au-dessus de *doit* (*doibt*), effacé; plus loin, *ce me semble* remplace, à la marge, les mots : *au moins à ce qui me paroît*, biffés dans le texte. Au commencement de l'alinéa suivant, *par votre ordre* est aussi à la marge, ainsi que ce membre de phrase : *et le plaisir.... si peu moi-même.*
5. Retz avait d'abord joint cette phrase à la précédente par un *que*, qu'il a biffé, et qui manque aussi dans le ms. Caf.

rencontre, parce que c'est celui où l'artifice de mes ennemis a rencontré le plus de facilité à surprendre la crédulité du vulgaire. Je savois que l'on disoit, en ce temps-là : « Est-il possible que le cardinal de Rais ne soit pas content d'être, à son âge, cardinal et archevêque de Paris[1] ? et comme se peut-il mettre dans l'esprit que l'on conquerre, à force d'armes, la première place dans les conseils du Roi ? » Je sais qu'encore aujourd'hui les misérables gazettes de ce temps-là sont pleines de ces ridicules idées[2]. Je conviens qu'elles l'eussent été encore sans comparaison davantage dans mes espérances et dans mes vues, qui, en vérité, en étoient très-éloignées, je ne dis pas seulement par la force de la raison, à cause des conjonctures, mais je dis même par mon inclination, qui me portoit avec tant de rapidité et aux plaisirs et à la gloire, que le ministériat, qui trouble beaucoup ceux-là et qui rend toujours celle-ci odieuse[3], étoit encore moins à mon goût qu'à ma portée[4]. Je ne sais si je fais mon apologie en vous parlant ainsi ; je ne crois pas au moins vous faire mon éloge. Sur le tout, je vous dois la vérité, qui ne[5] me servira pas beaucoup devant la postérité pour ma décharge,

1. Après *Paris*, sont biffés quelques tâtonnements : *la conqueste* (?) *conquerre-t-on ;* le membre de phrase suivant : *et comme.... l'on conquerre*, est à la marge. — Dans le ms. Caf. : *content, à son âge, d'être ;* puis : *et comment se peut-il mettre.*

2. Après *idées*, est effacé : *Je vous raconte...* ; puis encore : *au dernier point*, après *l'eussent été.*

3. *Odieuse* est suivi de *eût été*, raturé.

4. Moins à mon goût encore qu'à ma portée. (1843-1866.)

5. *Ne* est précédé de *peut*, et *me* suivi de *peu[t]*, tous deux biffés ; *pas beaucoup* est à la marge ; puis *vant*, fin de *devant*, en interligne ; deux lignes plus loin, *plupart des* est aussi à la marge ; *la*, qui précède, est biffé par mégarde ; puis, avant *ceux qui*, est effacé *gentilshommes*, précédé de *des*, corrigé en *de*. — Pas beaucoup dans la postérité. (1837-1866.)

mais qui, au moins, ne sera pas inutile pour faire connoître que la plupart des hommes du commun qui raisonnent sur les actions de ceux qui sont dans les grands postes sont tout au moins des dupes présomptueux[1]. Je m'aperçois[2] bien qu'il y a trop de prolixité dans cette disgression. Vous l'attribuerez peut-être à vanité[3] : je ne le crois pas, et je sens que le plaisir que j'ai à me pouvoir justifier est uniquement l'effet de celui que je trouve à n'être pas désapprouvé de vous[4].

Il n'est pas possible que, lorsque vous faites réflexion sur l'embarras où j'étois, dans le temps que je viens de vous décrire, vous ne vous ressouveniez de ce que je vous ai déjà dit plus d'une fois[5], qu'il y en a où il est impossible de bien faire. Je crois que Monsieur me répétoit ces paroles cent[6] fois par jour, avec des soupirs et des regrets incroyables de ne m'avoir pas cru, quand je lui représentois et qu'il tomberoit en cet état, et qu'il y feroit tomber tout le monde. Il étoit encore aggravé, à mon égard, par les contre-temps, que je puis, ce me

---

1. Sont au moins. (1843-1866.) — *Présomptueuses*, au féminin, dans la plupart des éditions anciennes.

2. *M'aperçois* est à la marge, remplaçant le mot *sens*, biffé dans le texte ; *bien*, qui suit, est au-dessus de la ligne, précédé de *au*[*ssi?*], biffé. A la fin de la phrase est raturé : *Vous pardonnerez, s'il vous plaît, à l'amour-propre.*

3. *Vanité* est au-dessus de *l'amour-propre*, effacé ; un peu plus loin, *et*, puis *j'ai*, sont en interligne, le premier sur *il*, le dernier sur un autre *j'ai*, biffé ; *uniquement* remplace, à la marge, au-dessous d'un renvoi et quelques lettres effacés, *beaucoup plus*, raturé dans le texte au-dessous d'*unique*[*ment*], de même biffé.

4. C'est ici que finit le long morceau transposé dont il est parlé plus haut, p. 143, note 1.

5. Voyez une pensée analogue dans le tome I, p. 320, et ci-dessus, p. 18 et p. 40.

6. *Cent* suit *mille*, biffé.

semble, appeler domestiques, qui[1] m'arrivèrent dans ces conjonctures.

Vous avez déjà vu[2] que Mme de Chevreuse, Noirmoutier et Laigue avoient commencé à faire, en quelque façon, bande à part, et que, sous le prétexte de ne pouvoir entrer ni directement ni indirectement dans les intérêts de Monsieur le Prince, ils s'étoient séparés effectivement de ceux de Monsieur, quoiqu'ils y gardassent toujours les mesures de l'honnêteté et du respect. Celles qu'ils avoient avec la cour étoient beaucoup plus étroites. L'abbé Foucquet avoit succédé, pour cette négociation, à Bartet[3]. Je l'appris par Monsieur même, qui m'obligea, ou plutôt qui me força à la pénétrer[4] plus que je n'eusse fait sans son ordre exprès; car, dans la vérité, depuis ce qui s'étoit passé à l'hôtel de Chevreuse quand Monsieur le Cardinal rentra dans le Royaume, je n'y comptois plus rien, et je ne[5] continuois même à y aller que parce que j'y voyois[6] Mlle de Chevreuse, qui ne m'avoit point manqué. Je me sentois obligé à[7] Monsieur de ce qu'il n'avoit ajouté aucune foi aux mauvais offices que Chavigni et Goulas[8] me rendoient, du matin

1. Après *qui*, sont effacés quelques tâtonnements : *m'ar m'accablèrent....*
2. Voyez ci-dessus, p. 51-53.
3. Sur Basile Foucquet, frère cadet du surintendant Nicolas Foucquet, voyez, au tome II, la note 3 de la page 525, et, au tome III, la note 2 de la page 34.— Sur Bartet, voyez, au tome III, p. 319 et note 2.
4. *Pénétrer*, en interligne, sur *percer*, biffé.
5. *N'y* (*ni*), corrigé en *ne*.
6. Parce que je voyois. (1837-1866.)
7. La préposition *à* est ajoutée en interligne.
8. « La correspondance secrète de Mazarin avec l'abbé Foucquet, dit M. Chéruel (*Mémoires sur Fouquet*, tome I, p. 77), prouve que Goulas était vendu à la cour et servait auprès du duc d'Orléans les intérêts du Cardinal »

au soir, sur les correspondances de l'hôtel de Chevreuse avec la cour, qui donnoient, à la vérité, un beau champ de me calomnier; et ainsi je me sentis aussi plus obligé moi-même à les éclairer[1].

Cette considération fit que, contre mon inclination, je pris quelques mesures avec l'abbé Foucquet. Je dis contre mon inclination; car[2] le peu qui m'avoit paru de cet esprit chez Mme de Guémené[3], où il alloit voir assez souvent une Mlle de Ménessin, qui étoit sa parente, ne m'avoit pas donné du goût pour sa personne. Il étoit, en ce temps-là, fort jeune; mais il avoit, dès ce temps-là, un[4] je ne sais quel air d'emporté et de fou qui ne me revenoit pas. Je le vis deux ou trois fois, sur la brune, chez Lefebvre de la Barre, qui étoit fils du provôt des marchands[5] et son ami, sous prétexte de conférer avec lui pour rompre les cabales[6] que Monsieur le Prince faisoit pour se rendre maître du peuple. Notre commerce ne dura pas longtemps, et parce que, de mon côté, j'en tirai d'abord les éclaircissements qui m'étoient nécessaires, et parce que lui, du sien, se lassa bientôt des conversations[7] qui n'alloient à rien. Il vouloit, dès le premier moment, que je fusse Mazarin sans réserve, comme lui; il ne concevoit pas qu'il fût à propos

1. Éclaircir. (1837-1866.)
2. Après *car*, est biffé : *ce que j'a[vois]*; plus loin, devant *alloit*, le pronom *il* a été ajouté après coup, à la suite d'*elle*, effacé.
3. Sur la princesse de Guémené, voyez, au tome I, p. 104 et note 6.
4. Devant *un* est biffé *quelque*.
5. Antoine le Fèvre, conseiller au Parlement, avait été réélu prévôt des marchands le 16 août 1651; voyez les *Registres de l'Hôtel de Ville pendant la Fronde*, tome III, p. 458 et p. 465. Il a été parlé de lui dans notre tome III, p. 64, 232 et 478; et ci-dessus, p. 179, etc. Son fils était conseiller au Parlement.
6. Retz a biffé, devant *cabales*, les mots : *mesures que*.
7. De conversations. (1837-1866.)

de garder des mesures. Je crois qu'il peut être devenu depuis un habile homme[1] ; mais je vous assure qu'en ce temps-là il ne parloit que comme un écolier qui ne fût sorti que la veille[2] du collége de Navarre[3]. Je crois que cette qualité put ne lui pas nuire auprès de Mlle de Chevreuse, de laquelle il devint amoureux, et laquelle devint aussi amoureuse de lui. La petite de Roie, qui étoit une Allemande, fort jolie, qui étoit à elle, m'en avertit. Je me consolai assez aisément, avec la suivante, de l'infidélité de la maîtresse, dont, pour vous dire le vrai[4], le choix ne m'humilia point. Je ne laissai pas de prendre la liberté de faire quelques railleries[5] de l'abbé Foucquet, qui se persuada, ou qui se voulut persuader, qu'elles avoient passé jeu, et que j'avois dit que je lui ferois donner des coups de bâton. Je n'y avois jamais pensé : il en a eu le même ressentiment que si la chose eût été vraie. Il contribua beaucoup à ma prison ; et M. le Tellier me dit à Fontainebleau, après que je fus revenu des pays étrangers, qu'il avoit proposé mainte fois à la Reine de me tuer. Ma colère contre lui ne fut pas si grande : elle se mesura[6] à ma jalousie, qui ne fut que médiocre.

Mlle de Chevreuse n'avoit que de la beauté, de laquelle l'on se rassasie quand elle n'est pas accompagnée.

1. Être devenu depuis plus habile homme. (Ms. Caf.)
2. Que de la veille. (1837-1866.) — Dans l'original, après *la*, est biffé *veiu*[*lle*] ; et, plus loin, *ces*[*te*] devant *Je crois*.
3. Le collége de Navarre, d'abord collége de Champagne, fut fondé par Philippe le Bel, et installé dans l'hôtel de Navarre (près de la porte Saint-Germain), propriété de Jeanne de Navarre, femme du Roi.
4. Pour dire le vrai. (Ms. Caf.)
5. *Quelque raillerie* au singulier, dans l'original, bien qu'ensuite il porte : *elles avoient*.
6. Après *si grande*, Retz a écrit, puis biffé : *parce que ma*. — Ne fut pas si grande parce qu'elle se mesura. (1837-1866.)

SECONDE PARTIE. [Avril 1652]

Elle n'avoit de l'esprit que pour celui qu'elle aimoit; mais comme elle n'aimoit jamais longtemps, l'on ne trouvoit pas aussi[1], longtemps, qu'elle eût de l'esprit[2]. Elle s'indisposoit contre ses amants, comme contre ses hardes. Les autres femmes s'en lassent : elle les brûloit, et ses filles avoient toutes les peines du monde à sauver une jupe, des coiffes, des gants, un point de Venise. Je crois que si elle eût pu mettre au feu ses galants, quand elle s'en lassoit, elle l'eût fait du meilleur de son cœur. Madame sa mère, qui la voulut brouiller avec moi, quand elle se résolut[3] de s'unir entièrement[4] à la cour, n'y put réussir, quoiqu'elle eût fait en sorte que Mme de Guémené lui eût fait lire un billet de ma main, par laquelle[5] je m'étois donné corps et âme à elle[6], comme les sorciers se donnent au diable. Dans l'éclat qu'il y eut entre l'hôtel de Chevreuse et moi, à l'entrée du Cardinal dans le Royaume[7], elle éclata avec fureur en ma faveur; elle changea deux mois après, à propos de rien et sans savoir pourquoi. Elle prit tout d'un coup[8] de la passion pour Charlotte, une fille de chambre fort jolie, qui étoit à elle, qui alloit à tout; elle ne lui[9] dura que six semaines, après lesquelles elle devint amoureuse

---

1. L'on ne trouvoit pas assez. (1837-1866.)
2. A la fin de cette phrase est raturé : *Je m'étois*, plus deux autres lettres.
3. Quand elle résolut. (1837-1866.)
4. L'adverbe *entièrement* est en interligne, au-dessus d'*absolument*, biffé.
5. Tel est le texte de l'autographe; Retz a-t-il voulu faire rapporter le relatif à *main*, ou a-t-il mis, par mégarde, *laquelle* pour *lequel* ?
6. A elle-même. (Ms. Caf., 1837-1866.)
7. Voyez ci-dessus, p. 52 et 53.
8. Tout à coup. (Ms. Caf.)
9. Le mot *lui* est ajouté en interligne.

de l'abbé Foucquet, jusques au point de[1] l'épouser si il eût voulu.

Ce fut dans ce temps que Mme de Chevreuse, se voyant assez hors d'œuvre à Paris, prit le parti d'en sortir et de se retirer à Dampierre[2], sous l'espérance que Laigue, qui avoit fait un voyage à la cour, lui rapporta qu'elle y seroit très-bien reçue[3]. Je déchargeai[4] à Mlle de Chevreuse mon cœur, qui en vérité n'étoit pas fort gros, et je ne laissai pas de faire accompagner la mère et la fille, et au sortir[5] de Paris et même dans la campagne, jusques à Dampierre, par tout ce que j'avois auprès de moi et de noblesse et de cavalerie. Je ne puis finir ce[6] léger crayon que je vous donne ici de l'état où je me trouvois à Paris[7], sans rendre la justice que je dois à la générosité de Monsieur le Prince.

Angerville[8], qui étoit à M. le prince de Conti, vint de

---

1. Devant *l'épouser* est biffé *s'unir*.
2. Dans le canton de Chevreuse (Seine-et-Oise). Nous voyons, par les *Mémoires de Mme de Motteville* (tome IV, p. 276-278), qu'Anne d'Autriche, en 1661, alla à Dampierre voir la duchesse de Chevreuse. Ce ne fut toutefois pas à Dampierre, « qui lui eût trop rappelé les jours brillants de sa vie passée, » dit V. Cousin (*Madame de Chevreuse*, p. 328), que l'ancienne favorite de la Reine mère prit sa retraite définitive, « mais dans une modeste maison, appelée la Maison-Rouge, à Gagny, près de Chelles. » Elle y mourut, dit son épitaphe, à l'âge de soixante-dix-neuf ans, le 12 août 1679. »
3. Qu'elle y seroit bien reçue. (Ms. Caf.)
4. Ici sont biffés les mots : *mon cœur*, récrits après *Mlle de Chevreuse*.
5. *Au sorti* (sic) est en interligne, sur *en sortant*, effacé.
6. *Ce* est précédé de *cette* (ceste), biffé.
7. Les mots : *où je me trouvois à Paris*, ont été ajoutés à la marge; seulement Retz, par inadvertance, a laissé *de Paris* dans le texte devant *sans*. — De l'état de Paris. (1837-1866.)
8. M. Moreau, dans sa *Bibliographie des Mazarinades* (tome II, p. 21), mentionne, sous le nom d'Angerville, un écrit « spirituel, » dit-il, intitulé : *Harangue burlesque faite à Mademoiselle, au nom des*

SECONDE PARTIE. [Avril 1652]

Bordeaux, en dessein d'entreprendre sur moi; au moins Monsieur le Prince le crut-il ou le soupçonna-t-il. J'ai honte[1] de n'être pas plus éclairci[2] de ce détail, parce que l'on ne le peut jamais assez être des bonnes actions, et particulièrement de celles dont l'on doit avoir de la reconnoissance. Monsieur le Prince, le rencontrant dans la rue de Tournon, lui dit qu'il le feroit pendre, si il ne partoit dans deux heures pour aller retrouver son maître.

Quelques jours[3] après, Monsieur le Prince étant chez Prudhomme[4], qui logeoit dans la rue d'Orléans[5], et ayant en file[6] dans la rue sa compagnie de gardes et un fort grand nombre d'officiers, M. de Rohan y arriva, tout échauffé, pour lui dire qu'il me venoit de laisser en beau début; que j'étois à l'hôtel de Chevreuse très-mal accompagné, et que je n'avois auprès de moi que le chevalier d'Humières[7], enseigne de mes gendarmes, avec trente maîtres. Monsieur le Prince lui répondit en

---

bateliers d'Orléans, contenant le narré de son entrée dans la ville (Orléans, 1652, 11 pages in-4º) : voyez ci-dessus, p. 164 et 165.

1. *Je n'* a été corrigé en *J'ai honte*; puis *être* et *plus* sont en interligne, le premier sur *m'estre*, biffé (Retz a oublié d'effacer l'*e* du *ne* qui précède), le second sur *assez*, également effacé; dans la suite de la phrase, après *jamais*, le mot *être* a été raturé, puis récrit plus loin en interligne, au-dessus d'*avec*, biffé; enfin, entre *des* et *bonnes actions*, est encore effacé : *obligations que l'on a*.

2. Éclairé. (1837-1866.)

3. Quelque temps. (1859, 1866.)

4. Les Prudhomme, fameux baigneurs du temps, déjà mentionnés au tome II, p. 191, note 4. Tallemant des Réaux (tome V, p. 267) et les *Mémoires de Daniel de Cosnac* (tome I, p. 156) parlent, comme Retz, d'un seul *Prudhomme*.

5. Au Marais : voyez la note précitée, du tome II. — *Et*, qui suit, est en interligne.

6. Ayant enfilé dans la rue sa compagnie des gardes. (1837-1866.)

7. Voyez au tome II, p. 42 et note 2. — *D'Humière* (sic) est suivi de *qui étoit*, biffé.

souriant : « Le cardinal de Rais est trop fort ou trop foible. » Marigni[1] me raconta, presque dans le même temps, que, s'étant trouvé dans la chambre de Monsieur le Prince, et ayant remarqué qu'il lisoit avec attention un livre, il avoit pris la liberté de lui dire qu'il falloit que ce fût un bel ouvrage, puisqu'il y prenoit tant de plaisir, et que Monsieur le Prince lui répondit : « Il est vrai que j'y en prends[2] beaucoup, car il me fait connoître mes fautes, que personne n'ose me dire. » Vous observerez, s'il vous plaît, que ce livre étoit celui qui étoit intitulé : *le Vrai et le Faux du prince de Condé et du cardinal de Rais*[3], qui pouvoit piquer et fâcher Monsieur le Prince, parce que je reconnois de bonne foi que j'y avois manqué au respect que je lui devois. Ces paroles sont belles, hautes, sages, grandes, et proprement[4] des apophthegmes, desquels le bon sens de Plutarque auroit honoré l'antiquité avec joie.

Je reprends le fil[5] de ce qui se passoit en ce temps-là[6] dans les chambres assemblées[7], dont vous avez déjà vu la meilleure partie dans ces[8] observations, sur lesquelles

1. Voyez au tome II, p. 127 et note 4.
2. Que j'en prends. (1837-1866.)
3. Ce libelle, reproduit à l'*Appendice* du tome IV de l'édition de 1859, 1866, a déjà été mentionné par Retz (tome III, p. 331).
4. *Proprement*, en interligne, sur *véritablement*, biffé; un peu plus loin, après *desquels*, est effacé : *l'anti[quité]*; Retz a écrit *Plutarche*.
5. Dans l'autographe, *fils*, avec *s* biffé.
6. *En ce temps-là* est à la marge.
7. Il y a ici une ligne et demie effacée, déchiffrable sous les ratures : *ce que je ne suivrai pas* (et non *résumerai*, comme on a écrit dans l'interligne) *par les dates au moins*.
8. *Ces*, en interligne, au-dessus de *les*, biffé; après *observations*, est encore biffé *que*; après *sur lesquelles*, on déchiffre sous les ratures ces mots : *il y a déjà quelque temps que je me suis, ce me semble, même un peu trop étendu*, que Retz a ensuite récrits en partie.

SECONDE PARTIE. [Avril 1652] 233

il y a déjà[1] quelque temps que je me suis même assez étendu.

Je vous y ai parlé[2] de la démangeaison de négociation comme de la maladie qui régnoit dans le parti des Princes. M. de Chavigni en avoit une réglée, mais secrète[3], avec Monsieur le Cardinal, par le canal de M. de Fabert[4]. Elle[5] ne réussit pas, parce que le Cardinal ne vouloit point[6], dans le fond, d'accommodement, et il n'en recherchoit que[7] les apparences, pour décrier dans le Parlement et dans le peuple M. le duc d'Orléans et Monsieur le Prince. Il employa pour cela le roi[8] d'Angleterre, qui proposa au Roi, à Corbeil, une conférence. Elle fut acceptée à la cour, et elle le fut aussi à Paris par Monsieur[9] et par Monsieur le Prince,

1. *Déjà* est en interligne. — Que je ne me suis même assez entendu. (1843-1866.)
2. Voyez ci-dessus, p. 212. — *Démangeaison* est précédé d'un tâtonnement biffé, et *négociation* suivi de *qui estoit*, également effacé; plus loin, après *maladie*, est encore biffé *prop*[*re*?].
3. *Mais secrète* est à la marge.
4. Abraham Fabert (*Faber* dans l'autographe), né à Metz en 1599, maréchal de France en 1658, gouverneur de Sedan, mort en 1662. Il est auteur d'une *Relation de la bataille de la Marfée*, insérée dans les *Mémoires de Montrésor*. « Chavigny, dit Montglat dans ses *Mémoires* (p. 266), du temps du cardinal de Richelieu, avoit contribué à l'élévation de Fabert et à lui faire donner le gouvernement de Sedan, » où Mazarin lui laissa même, en son absence, « ses nièces entre les mains. »
5. *Elle* suit *comme*, effacé. — 6. Ne voulut point. (1837-1866.)
7. *Que* est en interligne; *et*, un peu avant, a été ajouté en marge.
8. Le ms. H et quelques-unes des premières éditions remplacent ici *le roi* par *la reine*. — Sur l'intervention du roi d'Angleterre Charles II, voyez les *Mémoires d'Omer Talon*, p. 479; ceux *de Mme de Motteville*, tome IV, p. 14; *de Gui Joli*, p. 72, et la *Muze historique* de Loret, p. 237 et 238. Sur le rôle de la reine d'Angleterre, Henriette-Marie, entre la cour et les Frondeurs, voyez les *Mémoires de Mademoiselle de Montpensier*, tome II, p. 60 et 61, et p. 83 et 84.
9. Après *Monsieur*, est biffé *le*. — Voyez sur cette conférence,

auxquels la reine d'Angleterre en parla. Monsieur en donna part au Parlement le 26 d'avril, et fit partir, dès le lendemain, MM. de Rohan, de Chavigni et Goulas pour aller à Saint-Germain, où le Roi étoit allé de Corbeil[1]. Je pris la liberté de demander le soir à Monsieur si il avoit quelque certitude, ou au moins quelque lumière, que cette conférence pût être bonne à quelque[2] chose; et il me répondit en sifflant[3] : « Je ne le crois pas, mais que faire? Tout[4] le monde négocie, je ne veux pas demeurer tout seul. » Permettez-moi, je vous supplie, de[5] marquer cette réponse comme l'époque de toute[6] la conduite que Monsieur tint à l'égard de toutes les négociations que vous verrez dans la suite. Il n'y eut jamais d'autre vue que celle-là; il n'y apporta jamais ni plus de dessein[7], ni plus d'art, ni plus de finesse. Il ne me fit jamais d'autre réponse, quand je lui représentois[8] les inconvénients de cette conduite : ce que je ne faisois pourtant jamais, qu'il ne me l'eût commandé plus[9] de cinq ou six fois.

Je crois que vous ne vous étonnez[10] plus de mon inaction; elle vous surprendra encore moins quand je vous

---

première phase des négociations qui vont suivre, les *Mémoires de Mme de Motteville*, tome IV, p. 5 et 6, ceux *d'Omer Talon*, p. 478 et 479, et ceux *de Montglat*, p. 267.

1. Le Roi, dit Montglat (p. 266), partit le 27 avril de Corbeil, pour aller, le 28, à Saint-Germain.

2. Le ms. Caf. omet tout ce qui est entre *avoit* et ce troisième *quelque*.

3. En me sifflant. (1843-1866.) — Dans l'original, *chiflant* : voyez, au tome III, p. 154 et note 1.

4. Il y a *il*, biffé, devant *Tout*.

5. Ici deux lettres : *pr*, effacées.

6. Après *toute* (Retz avait d'abord mis *toutes*), est biffé *celles*.

7. Jamais plus de dessein. (1837-1866.)

8. Représentai. (*Ibidem*.)

9. *Plus* est en interligne.

10. Que vous ne vous étonnerez. (1837-1866.)

aurai dit qu'après la négociation de laquelle je vous viens de parler, qui n'alla à rien qu'à décrier le parti, comme vous l'allez voir, il y en eut[1] cinq ou six autres, ou plutôt qu'il y en eut un tissu, que MM. de Rohan et de Chavigni, Goulas, Gourville[2] et Mme de Châtillon tinrent, à différentes reprises, sur le métier[3]. Ils ne travaillèrent pas tous seuls à l'ouvrage[4] : je le brodai de tout ce qui en pouvoit rehausser les couleurs dans le public. Comme il me convenoit de rejeter sur ce parti-là la haine[5] et l'envie du Mazarinisme[6], dont il essayoit de me charger en toutes occasions, je n'oubliois rien de tout ce qui étoit en moi pour découvrir et pour faire éclater dans le monde les avantages que les particuliers qui le composoient n'oublioient pas de leur côté de rechercher dans les traités. Les propositions du gouvernement de Guienne pour Monsieur le Prince, de la Provence pour Monsieur son frère, de l'Auvergne pour M. de Nemours ; les cent mille écus[7] et le Pour[8] que l'on

1. Après *il y en eut*, Retz a biffé : *proprement un tissu;* plus loin, après *autres*, le mot *qui*, et plus loin encore, à la suite de *tissu*, les mots : *auquel Gaucour, Gourville*.

2. La conjonction *et* a été biffée devant *Gourville;* l'*et* qui précède *de Chavigni* est en interligne dans l'autographe.

3. Gourville (voyez au tome III, p. 71 et note 1) ne dit qu'un mot en passant, dans ses *Mémoires* (p. 508), de cette négociation ; on en trouvera, dans ceux *de la Rochefoucauld* (p. 381 et suivantes), le récit détaillé, et la copie de l'instruction dressée pour le négociateur. Voyez aussi *Mme de Motteville*, tome IV, p. 5 et suivantes.

4. Après *l'ouvrage*, Retz a biffé : *je brodai de ma part*.

5. Sur ce parti la haine. (1837-1866.)

6. Après *Mazarinisme*, est biffé : *qu'il m'imputoit*, et, après *dont il,* ce tâtonnement : *me ch[argeoit]* ; plus loin, *ce,* après *rien de*, a été écrit une première fois par mégarde.

7. La *Mazarinade* citée un peu plus loin, dit aussi (p. 430) « cent mille écus ; » les *Mémoires de la Rochefoucauld*, « six-vingt mille. »

8. Les mots : *et le Pour*, sont ajoutés à la marge. — « Le *Pour*, dit M. Littré (à l'article Pour, 24°), sorte de distinction à la cour de

demandoit pour M. de la Rochefoucauld ; le bâton de maréchal de France¹ pour M. du Daugnon² ; les lettres de duc pour M. de Montespan ; la surintendance des finances pour M. Dognon³ ; le pouvoir de faire la paix générale⁴ à Monsieur ; et à Monsieur le Prince⁵ celui de nommer des ministres, y furent figurés de⁶ toute leur étendue⁷. Je ne crus pas⁸ être imposteur en publiant que tout ce que je viens de vous dire avoit été proposé,

Louis XIV ; » et il ajoute un passage de Saint-Simon (tome II, p. 108, édition de 1873), qui, avouant qu'il ignore l'origine de cette distinction, et la traitant de sottise, explique en quoi elle consiste. On demandait pour la Rochefoucauld, comme nous le voyons dans ses *Mémoires* (p. 383), « un brevet.... pareil à celui de MM. de Bouillon et de Guémené pour le rang de leurs maisons. »

1. *De France* est suivi des mots : *que l'on prétendoit*, biffés.

2. Ici, dans l'original, *du Dognon* : voyez au tome III, p. 68, note 1 ; et sur M. de Montespan, ci-dessus, p. 155, note 4. — On lit, au sujet du premier, dans une *Mazarinade* déjà plusieurs fois citée, *la Vérité toute nue* (*Choix* de M. Moreau, tome II, p. 430) : « On lui donne un autre bâton de maréchal de France, ou la dignité de duc et pair, à son choix, pour Doignon, ce petit cadet de Saint-Germain-Beaupré, parce que.... il a employé, en faveur de Monsieur le Prince, les places et les vaisseaux du Roi contre le Roi même, et parce qu'il traite avec Cromwell, ce qui est le crime des crimes. »

3. Nous reproduisons le texte de l'original ; Retz a mis sans doute un nom pour un autre ; le ms. Caf., au lieu de *Dognon*, porte *de Maisons*. Dans la *Mazarinade* que nous venons de citer, c'est en effet (p. 431) au président de Maisons qu'est destinée la surintendance ; dans la copie du traité donnée par la Rochefoucauld, il y a (p. 382) une proposition toute différente : « Qu'on ôte le Surintendant, et qu'on règle.... les finances par un bon conseil. »

4. Le mot *générale* est ajouté en marge.

5. A MM. les Princes. (1837-1866.)

6. *De*, en interligne, sur *dans*, effacé ; à la suite, *toutes*, avec *s* biffé ; à la phrase suivante, *de*, devant *la cour*, est également au-dessus de la ligne.

7. Le ms. H et la plupart des anciennes éditions donnent ainsi, ou à peu près ainsi, cette fin de phrase : « y fut figuré de toutes les couleurs et dans toute son étendue. »

8 Dans le ms. Caf., *ie ne crois pas* ; mais le sens veut *crus*.

parce qu'il est vrai que les avis que j'avois de la cour me l'assuroient.

Je ne voudrois pas jurer qu'il n'y eût, dans ces avis, de l'exagération sur de certains points. Ce que je sais, de science certaine, est que Monsieur[1] le Cardinal faisoit espérer tout ce que l'on prétendoit, et qu'il ne fut jamais un instant dans la pensée d'en[2] tenir quoi que ce soit[3]. Il se donna le plaisir de donner[4] au public le spectacle de MM. de Rohan, de Chavigni et de Goulas conférant avec lui, et devant le Roi, et en particulier, au moment même que Monsieur et Monsieur le Prince disoient publiquement, dans les chambres assemblées, que le préalable de tous les traités étoit de n'avoir aucun commerce avec le Mazarin. Il joua la comédie[5] en leur présence, dans laquelle il se fit retenir, comme par force, par le Roi, qu'il supplioit à mains jointes de lui permettre qu'il pût s'en retourner en Italie. Il se donna la satisfaction de montrer à toute la cour Gourville, qu'il ne laissoit pas de faire monter[6] par un escalier dérobé. Il se donna la joie d'amuser Gaucour, qui[7], par sa profession de négociateur, donnoit encore plus d'éclat à la négociation[8].

Enfin, les choses en vinrent au point, que Mme de

1. *Monsieur* (M^r), à la marge; après *faisoit*, est biffé le mot *tout*, récrit après *espérer*.
2. *D'en* a été substitué à *de*, et est suivi d'*accorder*, effacé.
3. Rapprochez de ce que Retz a écrit ci-dessus, p. 233.
4. *Donner* est précédé de *faire v[oir?]*, biffé.
5. Après *comédie*, est effacé *qui*.
6. *Monter* est en interligne, au-dessus d'*entrer*, biffé, et *par*, qui suit, précède trois mots effacés : *une* (surmonté du même mot biffé) *porte secrète*.
7. Après *qui*, Retz avait écrit : *à la vérité*; il a biffé *la vérité* et changé *à* en *par*.
8. Voyez, sur cette entrevue forcée des négociateurs avec Mazarin, *Montglat*, p. 267, et *la Rochefoucauld*, p. 380.

Chatillon¹ alla publiquement à Saint-Germain². Nogent³ disoit qu'il ne lui manquoit, en entrant dans le château, que le rameau d'olive à la main. Elle y fut reçue et traitée effectivement comme Minerve auroit pu l'y être⁴. La différence fut⁵ que Minerve auroit apparemment prévu le siége d'Étampes, que Monsieur le Cardinal entreprit dans le même instant, et dans lequel il ne tint presque à rien qu'il n'ensevelît tout le parti de Monsieur le Prince. Vous verrez le détail de ce siége⁶ dans la suite, et je ne le touche ici que parce qu'il servit de clôture à ces⁷ négociations que je viens de marquer, et que j'ai été bien aise de renfermer toutes ensemble⁸ dans ces deux ou trois pages, afin que je ne

1. Sur cette intervention de la duchesse de Châtillon, voyez encore les *Mémoires de la Rochefoucauld*, p. 390-393, et ceux *de Mme de Motteville*, tome IV, p. 9-11. Aucun des Frondeurs ne croyait au succès final de la rébellion : on le voit assez par des *lettres*, de la fin de 1652, insérées au tome III de notre édition de *la Rochefoucauld*, et qui, presque toutes, témoignent d'un découragement absolu. Quant à Retz, qui ne voulait pas d'un accommodement dont il ne fût pas la cheville ouvrière, il ne travaillait, au fond, qu'à faire avorter tous ces efforts de diplomatie. De son côté, Mazarin, suivant sa maxime, « gagnoit du temps, dit la Rochefoucauld (p. 393), il augmentoit le soupçon des cabales opposées, et il amusoit Monsieur le Prince à Paris, sous l'espérance d'un traité, pendant qu'on lui ôtoit la Guyenne, qu'on prenoit ses places, que l'armée du Roi.... tenoit la campagne, lorsque la sienne étoit retirée dans Étampes. » Voyez ci-après, p. 248-250.

2. Il y a ici une ligne raturée : *en portant, comme disoit No[gent]*.

3. Sur le comte de Bautru Nogent, voyez au tome II, p. 17 et note 3.

4. Auroit pu y être. (1837.)

5. La différence est. (1843-1866.)

6. Vous verrez ce qui fut de ce siége. (Ms. Caf.) — *De ce siége* est ajouté à la marge ; entre *vous* et *verrez*, qui précèdent, il y a *en*, biffé en interligne ; plus loin, après *suite*, on lit : *et je ne le touche*, effacé et récrit.

7. *Ces* est précédé de *toutes*, biffé.

8. Tout ensemble. (1859, 1866.)

fusse pas obligé d'interrompre si fréquemment le fil de ma narration.

Vous l'interrompez sans doute vous-même, à l'heure qu'il est, en me disant[1] qu'il falloit que M. le cardinal Mazarin fût bien habile pour jeter, aussi utilement pour lui, tant de fausses apparences[2] d'accommodement; et je vous supplie de me permettre de vous répondre que toutes les fois que l'on[3] dispose de l'autorité royale, l'on trouve des facilités incroyables à amuser ceux qui ont beaucoup d'aversion à faire la guerre au Roi. Je ne sais si j'excuse Monsieur le Prince, je ne sais si je le loue[4] : je dis la vérité, que j'ai pris la liberté de lui dire à lui-même. Il ne s'en fallut pas beaucoup qu'il n'y eût des gens dans le Parlement qui ne prissent la même, le jour que[5] Monsieur y parla des conférences que MM. de Rohan, de Chavigni et Goulas avoient eues[6] à Saint-Germain avec le Cardinal.

Ce fut le 30 d'avril. Le murmure y fut si grand que Monsieur, qui craignit[7] l'éclat, dit publiquement qu'il ne les y renvoiroit jamais que le Cardinal n'en fût sorti. L'on y résolut aussi que Monsieur le procureur général[8] iroit

---

1. *Me disant* est en interligne, au-dessus de *pensant*, effacé.

2. Dans le ms. H et quelques-unes des premières éditions, *lueurs apparentes;* dans la plupart des autres éditions anciennes, *faveurs apparentes.* — Rapprochez de ce qui est dit plus haut, p. 213.

3. *Toutes les fois que l'on*, à la marge, remplace *celui qui*, biffé dans le texte; ensuite *disposera* est corrigé en *dispose;* à la ligne suivante, *à* est en interligne, au-dessus de *pour*, raturé.

4. Après *loue*, est biffé, dans l'original : *je ne sais si j je* (sic) *le blâme;* puis, à la fin de la phrase, est raturé : *il ne fit de faute en tout cela que par ce principe.*

5. *Que* est suivi de : *Monsieur y pri*[*t la parole?*], effacé; à la suite, *l'effet* est biffé entre *des* (corrigeant *de*) et *conférences.*

6. *Eu*, sans accord, dans l'original.

7. Craignoit. (1837-1866.)

8. Nicolas Foucquet : voyez au tome III, p. 200 et note 4.

à la cour pour solliciter les passe-ports nécessaires pour les députés qui devoient faire les nouvelles remontrances, et pour se plaindre[1] des désordres que les gens de guerre commettoient aux environs de Paris[2].

Le 3 de mai[3], Monsieur le procureur général fit la relation de ce qu'il avoit fait à Saint-Germain, en conséquence des ordres de la Compagnie[4], et il dit que le Roi[5] entendroit les remontrances lundi 6 du mois, et que Sa Majesté[6] étoit très-fâchée que la conduite de Monsieur et de Monsieur le Prince l'obligeassent à tenir[7] son armée si près de Paris. L'on commença, ce jour-là, la garde des portes, pour laquelle toutefois le corps de Ville souhaita une lettre de cachet, qui en portât le commandement. La cour l'envoya, parce qu'elle vit bien que Monsieur, à la fin, la feroit faire de son autorité. Elle étoit à la vérité plus que nécessaire, le dés-

---

1. Pour s'y plaindre. (1837-1866.)
2. *Paris* est écrit deux fois et biffé la première. — Voyez, dans les *Mémoires d'Omer Talon* (p. 479), le récit de cette séance du 30 avril au Parlement, et de l'émotion populaire qui eut lieu le même jour.
3. Après *Le 3 de mai*, Retz a biffé, dans le texte : *Monsieur proposa dans les chambres assemblées;* en outre, à la marge, avec un renvoi après *M^r*, sont effacés ces mots : *qui vit qu'à tous les instants il arrivoit quelque tumulte populaire;* suivent encore quelques lettres illisibles.
4. M. Chéruel reproduit, dans ses *Mémoires sur Fouquet* (tome I, p. 86-88), d'après la minute autographe conservée à la Bibliothèque nationale (*fonds Gaignières*, n° 2799, f° 296), le discours que le futur surintendant prononça en cette occasion à Saint-Germain.
5. Il y avait d'abord *la Reine*, corrigé ensuite en *le Roi*.
6. Après *Sa Majesté*, on lit, dans l'autographe, ces mots raturés : *feroit retirer ses troupes.*
7. De tenir. (1837-1866.) — L'original porte bien *obligeassent*, comme s'il y avait un double sujet : « la conduite de Monsieur et celle de Monsieur le Prince. »

ordre et le tumulte populaire croissant dans Paris à vue[1] d'œil.

Le 6, les remontrances du Parlement et de la chambre des Comptes furent portées au Roi, avec une grande force[2], et[3] le 7, celles de la cour des Aides et celles de la Ville se firent. La réponse du Roi aux unes et aux autres[4] fut qu'il feroit retirer ses troupes, quand celles des Princes seroient éloignées. Monsieur le garde des Sceaux, qui parla au nom de Sa Majesté, ne proféra pas seulement le nom de Monsieur le Cardinal[5].

Le 10, il fut arrêté, au Parlement, que l'on envoiroit les gens du Roi à Saint-Germain, et pour y demander réponse touchant l'éloignement du cardinal Mazarin, et pour insister encore sur l'éloignement des armées des environs de Paris[6].

Le 11, Monsieur le Prince vint au Palais pour avertir la Compagnie que le pont de Saint-Cloud étoit attaqué[7].

---

1. Après *vue*, Retz a biffé *d'œuiles* (sic) et récrit *d'œuil*. — Voyez les *Registres de l'Hôtel de Ville pendant la Fronde*, tome II, p. 299-309.
2. Voyez *Omer Talon*, p. 480, et *Gui Joli*, p. 72.
3. *Ce* est biffé après *et* ; la date : *le 7*, commence un nouvel alinéa.
4. Aux uns et aux autres. (1837-1866.)
5. Les *Registres de l'Hôtel de Ville* (tome II, p. 311-318) contiennent le texte de la harangue prononcée à Saint-Germain, par le prévôt des marchands, au nom du corps de Ville, et celui de la réponse du garde des Sceaux, où le nom de Mazarin ne se trouve pas une seule fois.
6. L'avocat général Omer Talon, qui était alors mal portant, dit (p. 481) : « Quant à moi, je m'excusai de ce voyage à cause de mon incommodité. »
7. Les recrues levées dans Paris par les agents des Princes, malgré les défenses formelles de l'Hôtel de Ville et du Parlement, avaient fourni à grand'peine deux milliers d'hommes, qu'on avait jetés dans Charenton, Neuilly et Saint-Cloud, afin d'écarter l'ennemi des faubourgs. Le pont de Saint-Cloud, en particulier, dont on avait rompu une arche, était gardé par cent hommes du régiment dit de Condé. La cour, aux yeux de laquelle ce poste avait

Il sortit aussitôt ; il fit prendre les armes à ce qu'il trouva[1] de bourgeois de bonne volonté ; il les mena jusques au bois de Boulogne[2], où il apprit que ceux qui avoient cru qu'ils emporteroient d'emblée le pont de Saint-Cloud, y ayant trouvé de la résistance, s'étoient retirés. Il se servit de l'ardeur de ce peuple pour se saisir de Saint-Denis, où deux cents Suisses étoient en garnison. Il les prit l'épée à la main et sans aucune forme de siége, ayant passé le premier le fossé[3] ; et il revint, le lendemain au matin, à Paris, après y avoir laissé le régiment de Conti, ce me semble[4], pour le garder. Il y fut inutile, car Renneville ou Saint-Mesgrin, je ne sais plus précisément lequel ce fut, le reprit[5], deux jours après, avec toute sorte de facilité[6], les bourgeois

de l'importance, y envoya de Saint-Germain un détachement de troupes sous les ordres du comte de Miossens et du marquis de Saint-Mégrin.

1. A ce qu'il se trouva. (1843-1866.)
2. Le bois de Boulogne (*Bologne* dans l'autographe) est déjà mentionné au tome I, p. 101. Nommé d'abord forêt de Rouvret ou Rouvray (*Roboretum*), puis forêt de Saint-Cloud, il avait tiré son nouveau nom de celui de l'église Notre-Dame de Boulogne, bâtie, au commencement du quatorzième siècle, sur le modèle de celle de Boulogne-sur-Mer, dans le village appelé primitivement *Menus-lez-Saint-Cloud*.
3. *Ayant passé le premier le fossé*, à la marge. Il y avait un renvoi après *main* ; il a été effacé et reporté après *siége*. — Le premier fossé. (1843-1866.)
4. Suivant *la Rochefoucauld* (p. 377) et *Mademoiselle* (tome II, p. 62), Monsieur le Prince y laissa Deslandes (que Retz ci-après appelle la Lande), capitaine au régiment de Condé, avec deux cents hommes. Voyez sur cette expédition, qui eut un côté héroï-comique, et qui inspira plusieurs *Mazarinades*, les *Mémoires de la Rochefoucauld*, à l'endroit cité, *Mme de Motteville*, tome IV, p. 3 et 4, et la *Muze historique* de Loret, lettre *hableuse*, p. 242 et 243.
5. Retz a écrit *la reprit* ; à la suite est biffé : *le lendema[in]*.
6. D'après *Mademoiselle* (tome II, p. 63-65), Saint-Denis fut repris par Miossens et Saint-Mégrin, « avec quatre cents hommes

s'étant déclarés pour le Roi[1]. La Lande, qui y commandoit pour Monsieur le Prince, fit une assez grande[2] résistance dans les voûtes de l'église de l'abbaye, qu'il défendit deux ou trois jours.

Le 14[3], il y eut un grand mouvement au Parlement, où plusieurs voix confuses s'élevèrent pour demander que l'on délibérât sur les moyens que l'on pourroit tenir pour empêcher les séditions et les insolences qui se commettoient journellement dans la ville et même dans la salle du Palais[4]. Monsieur, qui en fut averti et qui eut peur que, sous ce prétexte[5], les mazarins du Parlement ne fissent faire à la Compagnie quelque pas qui fût contraire à ses intérêts, vint au Palais assez à l'improviste, et il proposa qu'elle lui donnât[6] un plein pouvoir. Ce discours, qui fut inspiré à Monsieur par M. de Beaufort,

---

du régiment des gardes, leurs gendarmes et chevau-légers, trois escadrons, à la tête d'un desquels étoit M. le comte de Grandpré, un autre mené par M. de Renneville, et le dernier par le colonel cravate Ralle. » Voyez à ce sujet les *Registres de l'Hôtel de Ville pendant la Fronde*, tome II, p. 330-338.

1. *Les bourgeois s'étant déclarés pour le Roi*, à la marge; *et*, biffé, dans le texte, devant *La Lande*. — Les bourgeois étant dedans pour le Roi. (1837-1866.)

2. *Une assez grande* est en interligne, au-dessus de *quelque*, effacé; plus loin, après *défendit*, est encore effacé *tro[is]*.

3. Le chiffre 14 suit et remplace 13, biffé.

4. « Il ne se passoit guère de jours, dit Gui Joli (p. 72 et 73), que le.... peuple ne donnât des marques de son zèle pour les Princes et de sa fureur contre le cardinal Mazarin : le prévôt des marchands et tout le corps de Ville en fut attaqué en plusieurs rencontres.... Le cardinal de Retz n'étoit pas plus épargné que les autres..., et il n'en auroit pas été quitte pour des injures, qu'il essuyoit souvent, s'il n'avoit eu à sa suite des gens en état de le défendre. Cependant la plupart des bourgeois savoient fort bien qu'il n'avoit pas dans le cœur, pour le cardinal Mazarin, tous les sentiments dont il étoit accusé. »

5. *Prétexte* est suivi de *ceux*, effacé.

6. Qu'on lui donnât. (1843-1866.)

à la chaude[1], sans dessein et[2] très-légèrement, fit trois mauvais effets[3], dont le premier fut que tout le monde se persuada qu'il avoit été fait après une profonde délibération ; le second[4], qu'il diminua beaucoup de la dignité de Monsieur, dont la naissance et le poste n'avoient pas besoin, vu les conjonctures[5], d'une autorité empruntée, pour calmer les séditions ; et le troisième, que[6] les présidents en prirent tant de courage, qu'ils osèrent dire en face à Monsieur que personne[7] n'ignoroit le respect que l'on lui devoit, et que, par cette raison, il n'étoit pas à propos de mettre cette proposition dans le registre[8]. Il n'y a rien[9] de si dangereux que les propositions qui paroissent mystérieuses et qui ne le sont pas, parce qu'elles attirent toute l'envie[10] qui est inséparable du mystère, et qu'elles sont même un obstacle aux avantages que l'on prétend d'en tirer[11].

Le 15, Monsieur fit une[12] fâcheuse expérience de cette vérité, car il eut le déplaisir de voir un[13] ajourne-

1. A la chambre. (Ms. H.)
2. *Sans dessein et*, à la marge ; *et* a été répété, par mégarde, dans le texte.
3. Très-mauvais effet. (1837-1866.)
4. *Second* est suivi de deux lignes biffées : *qu'il donna de l'ombrage au Parlement ; le troisième que les présidents dirent.*
5. Les circonstances. (1837-1866.)
6. *Que*, écrit deux fois, au bas d'une page, et au haut de la suivante.
7. *Personne* suit et remplace *tout*, effacé.
8. Voyez les *Mémoires d'Omer Talon*, p. 486, et ceux *de Gui-Joli*, p. 73.
9. *Rien* est en interligne.
10. A la suite d'*envie*, Retz avait écrit, puis il a biffé : *du mystère (mistere)* ; plus loin, devant *qu'elles*, est effacé : *ne produisent.*
11. Que l'on prétend en tirer. (1837-1866.)
12. *Une* en interligne, sur le même mot, biffé ; *fit* est précédé d'*éprouva* (*esprouva*), également effacé.
13. Après *voir un*, on lit ces mots raturés : *arrêt des trois chambres.*

ment personnel, donné par les trois chambres, à un imprimeur, qui avoit mis au jour un libelle qui portoit que le Parlement avoit remis toute son autorité et celle de la Ville entre les mains de Monsieur. Il me dit le soir, en jurant, qu'il ne s'étonnoit plus que M. du Maine[1], dans la Ligue, n'avoit pu souffrir les impertinences[2] de cette Compagnie. Il se servit de cette expression, à laquelle il en ajouta une autre, qui est encore plus licencieuse[3]. Je lui répondis[4] quelque chose dont je ne me souviens plus, mais je sais qu'il le mit sur ses tablettes, en riant et en me disant : « Je le paraphraserai à Monsieur le Prince. »

Le 16, M. le président de Nesmond fit la relation des remontrances que le Roi fit lire en la présence des députés, après qu'il en fut[5] toutefois quelque difficulté. Il leur[6] répondit qu'il y feroit réponse par écrit, dans deux ou trois jours. Monsieur le procureur général fit ensuite le[7] rapport de sa députation[8], et il dit qu'ayant de-

1. *Du Maine* est suivi de *n'eût*, effacé. — Sur le duc du Maine ou de Mayenne, voyez au tome II, p. 108, note 4.

2. Les emportements. (1837-1866.)

3. L'Académie, dès 1694, ne donne à cet adjectif que le sens de « déréglé, désordonné. » Il a ici une acception conforme à une de celles de *licence* : « liberté trop grande contre le respect. »

4. *Je lui répondis* est précédé des mots : *à quoi*, et suivi des mots : *en riant*, le tout biffé.

5. Tel est bien le texte de l'original : faut-il lire, avec le ms. Caf. : *après qu'il en eut fait ?*

6. *Il leur* est en interligne, et précédé de ces mots biffés : *Monsieur le garde des Sceaux;* le verbe *répondit* est suivi de *en son nom*, biffé. — En la présence des députés. Après qu'il eut fait toutefois quelque difficulté, il y répondit qu'il feroit réponse. (1837-1866.)

7. *Le*, en interligne, sur *un*, biffé. — Fit ensuite rapport. (1837-1866.)

8. M. Chéruel, dans ses *Mémoires sur Fouquet* (tome I, p. 88-93), reproduit ce rapport, d'après un manuscrit original de la Bibliothèque nationale (*Fonds Gaignières*, 2799, f⁰ˢ 289-301). Omer

mandé l'éloignement des troupes à dix lieues de Paris, et expliqué¹ la déclaration que Messieurs les Princes avoient faite, de faire aussi² retirer celles qu'ils avoient au pont de Saint-Cloud et à Neuilli, le Roi avoit nommé de sa part M. le maréchal de l'Hospital³, et envoyé un passe-port⁴ en blanc pour celui qui seroit envoyé par Monsieur pour conférer ensemble des moyens de procéder⁵ à cet éloignement. Il ajouta que le comte de Béthune⁶, qui avoit été choisi par Monsieur à cet effet, en avoit conféré avec MM. de Bouillon⁷, de Villeroi et le Tellier; et que Sa Majesté se relâchoit, à la considération de sa bonne ville⁸ de Paris, à accorder cet éloignement, pourvu que Messieurs les Princes exécutassent aussi de bonne foi ce à quoi ils s'étoient aussi engagés sur le même chef. Monsieur le procureur général, qui étoit assisté⁹ de M. Bignon, avocat général, présenta en-

---

Talon dit (p. 485) que ce rapport du procureur général « fut un simple narré de ce qu'il avoit négocié, sans artifice, sans préface, sans paroles étudiées, comme ce n'étoit pas son talent d'être élégant; mais il étoit fort bon négociateur, et capable des habitudes du cabinet, dans lesquelles il avoit été nourri. »

1. Exposé. (Ms. Caf.)
2. *Aussi*, en interligne; plus loin, *Neuilli* (*Neulli*) est biffé, puis récrit.
3. Gouverneur de Paris : voyez ci-dessus, p. 179.
4. Retz a écrit *pasaport*.
5. *Procéder* remplace, à la marge, *pr travailler*, biffé dans le texte.
6. Sur le comte de Béthune, voyez au tome I, p. 222 et note 5.
7. Dans l'original, *Boullion*.
8. De la bonne ville. (1837-1866.)
9. Qui étoit ami. (1837-1866.) — Jérôme Bignon, déjà nommé au tome II, p. 585 (où Retz l'appelle son « ami particulier ») et p. 591, était né en 1589. Il devint avocat général au Parlement en 1626, et céda sa charge à son gendre en 1641; puis, celui-ci étant mort en 1645, il la reprit pour la conserver à son fils, et continua de l'exercer jusqu'à sa mort (1656), quoique, de premier avocat général, il fût devenu le second. Voyez sa *Vie* par l'abbé Pérau, Paris, 1757.

suite à la Compagnie un[1] écrit signé Louis, et plus bas : Guénégaud, qui portoit que le Roi manderoit au plus tôt deux présidents et deux conseillers de chaque chambre pour leur faire entendre ses volontés à l'égard des remontrances. Le Parlement en ordonna de nouvelles sur ces rapports, dans lesquelles le nom du Cardinal fut encore pour ainsi dire réaggravé[2].

Le 24 et le 28 de mai ne produisirent rien de considérable dans les chambres assemblées.

Le 29, les députés des[3] Enquêtes entrèrent dans la Grande Chambre et y demandèrent l'assemblée des chambres, pour délibérer sur les moyens qu'il y avoit[4] de faire la somme des cent cinquante mille livres[5] promises à celui qui représenteroit en justice le cardinal Mazarin. Le Clerc de Courcelle[6] qui vit qu'à ce même moment[7] le grand vicaire de Monsieur de Paris[8] entroit au parquet des gens du Roi, pour y conférer de

1. Une lettre biffée devant *un* ; le mot *écrit*, qui suit, est en interligne, sur *billet*, effacé.
2. Le sens de ce mot ressort clairement de celui des deux substantifs *aggrave* et *réaggrave*, qui désignent des monitoires menaçant de fulminer les dernières censures de l'Église.
3. *Députés des*, à la marge ; plus loin, *pour* a été effacé après *Grande Chambre*.
4. Qu'il y auroit. (Ms. Caf.)
5. De cent cinquante mille livres. (1859, 1866.)
6. Conseiller en la seconde chambre des enquêtes. Le *Tableau*, souvent cité, *du parlement de Paris*, dit de lui (f° 20) : « Contredisant et rompant en visière, jugeant volontiers, et d'une capacité de plus de bruit que de fond. » Une autre main a ajouté ces mots : « bizarre, peu sûr et glorieux. »
7. Qu'en ce même moment. (1837-1866.)
8. C'est-à-dire de l'archevêque de Paris, Jean-François de Gondi, oncle de notre auteur : voyez, au tome I, la note 2 de la page 90. — *Entroit*, qui suit *Paris*, remplace *estoit*, biffé ; *y* (*i*), devant *conférer*, n'est pas dans le ms. Caf., et se trouve en interligne dans notre original.

la descente de la châsse de sainte Geneviève[1], dit assez plaisamment : « Nous sommes aujourd'hui en dévotion de fête double; nous ordonnons des[2] processions, et nous travaillons à faire assassiner un cardinal. » Il est temps de parler du siége d'Étampes.

Vous avez [vu] ci-dessus[3], que l'on étoit convenu, dans les deux partis, que l'on[4] éloigneroit de dix lieues les troupes des environs de Paris. M. de Turenne, qui avoit déjà[5], quelque temps auparavant, assez maltraité celles de Messieurs les Princes dans le faubourg d'Étampes[6],

---

1. L'orthographe de Retz est *Genevieufve*. — Sur cet usage très-ancien de promener par la ville, dans les calamités publiques, la châsse de sainte Geneviève, voyez deux ouvrages de M. le Roux de Lincy, *Histoire de l'Hôtel de Ville de Paris*, in-4°, p. 294, et *Femmes célèbres de l'ancienne France*, chapitre 1. Voyez aussi, dans les *Registres de l'Hôtel de Ville pendant la Fronde* (tome II, p. 364-377), le récit des « Cérémonies observées en la descente de la châsse de sainte Geneviève, patronne de Paris, et de la procession générale faite le mardi 11 juin 1652, jour de saint Barnabé, pour demander à Dieu, par l'intercession de cette sainte, la paix universelle entre les princes chrétiens, la cessation des troubles du Royaume, et le repos et tranquillité de cette grande ville. » Voyez enfin une pièce insérée au tome II du *Choix de Mazarinades* (p. 367-374); la *Gazette* de 1652, p. 565; les *Mémoires de Mme de Motteville*, tome IV, p. 12 et 13, et la *Muze historique*, p. 253 et 254.

2. *Des* corrige *de la*. — 3. Voyez p. 196 et 246.

4. Les mots : *dans les deux partis, que l'on*, sont à la marge; *d'éloigner* (*d'eslogner*), qui suit *convenu*, dans le texte, a été corrigé en *éloigneroit* (*eslogneroit*). — Dans les partis. (1837-1866.)

5. *Déjà*, en marge.

6. Sur cette affaire, qui eut lieu le 4 de mai (Retz ici revient encore une fois en arrière), voyez les *Mémoires de Tavannes*, p. 133 et suivantes, ceux *de Mademoiselle*, tome II, p. 47-52, et ceux *de Montglat*, p. 267. — Tavannes raconte (p. 136 et 137) que lui et les autres officiers généraux avaient jugé qu'il fallait donner le combat; mais que, Mademoiselle ayant commandé qu'on se retirât, « ils eurent le déplaisir de voir périr à leurs yeux, dans le faubourg, quinze cents hommes de leurs troupes sans les pouvoir aucunement secourir. »

SECONDE PARTIE. [Mai 1652]

où les régiments de Bourgogne[1], d'infanterie, et ceux de Wirtenberg et de Brow, de cavalerie[2], avoient[3] beaucoup souffert, se résolut de les opprimer toutes en gros[4] dans la ville même ; et la foiblesse de la place, jointe à l'absence de tous les généraux, lui fit croire que la chose n'étoit pas impraticable[5]. Le comte de Tavannes[6], qui y commandoit pour Monsieur le Prince (car MM. de Beaufort et de Nemours étoient à Paris), fit l'une des plus belles et des plus vigoureuses résistances[7] qui se

1. Le régiment de Bourgogne, infanterie, levé en 1635, licencié à la fin de 1659, s'était jeté, sauf quelques compagnies demeurées fidèles, dans le parti de Condé, en 1651. Voyez l'*Histoire de l'ancienne infanterie française*, par le général Susane, tome VIII, p. 607.

2. C'est-à-dire, comme dit Montglat à l'endroit cité, « les Allemands du secours espagnol. » — Les mots : *d'infanterie, et ceux de Wirtenberg et de Brow, de cavalerie*, sont à la marge ; Retz semble avoir écrit le dernier nom propre : *Brous* ; le ms. Caf. porte : *Brouk* ; le ms. H et quelques-unes des premières éditions : *Bresse-cavalerie*. Tavannes dit que « le pauvre *Broué* (sic) » périt dans ce combat du faubourg ; il le nomme (p. 111) « le colonel Broué, sergent de bataille. » — Pour *Wirtenberg*, comme écrit ici Retz, voyez ci-dessus, p. 85, note 2. Sattler, cité dans cette note, rapporte (tome X, p. 246) que le prince Ulrich, commandant un corps de cavalerie allemande dans l'armée espagnole, prit part aux combats qui furent livrés aux environs de Paris en 1652.

3. A la suite d'*avoient*, est effacé *particulièrement*.

4. Tout en gros. (1837-1866.) — Dans le ms. Caf. : *tous en gros*.

5. D'après *Mademoiselle* (tome II, p. 70), Turenne assiégea Étampes contre son gré et par l'ordre exprès de Mazarin. « La circonvallation, ajoute-t-elle, étoit trop grande à faire, » pour les huit mille hommes environ dont se composait l'armée royale. Condé avait cinq mille hommes au plus ; mais c'étaient des troupes d'élite.

6. Voyez tome III, p. 29, note 1. Tavannes fait, dans ses *Mémoires* (p. 138 et suivantes), le récit du siége d'Étampes, auquel Turenne et d'Hocquincourt se préparèrent, dit-il, pendant quinze jours ; ils firent la circonvallation le 26 mai.

7. Dans l'autographe, *vigoureuse résistance*, au singulier ; *résistance* est en interligne, au-dessus de *défense*, effacé.

soit faite de nos jours. Il y eut beaucoup de sang répandu de part et d'autre; les chevaliers de la Vieuville et de Parabère[1] y furent tués du côté du Roi, et MM. de Vardes et de Schomberg[2] y furent blessés. Les attaques y furent fréquentes et vives; la défense n'y fut pas moindre. Le petit nombre eût enfin cédé au plus fort, si M. de Lorraine[3] ne fût arrivé à propos, qui obligea M. de Turenne à lever le siége. Cette[4] marche de M. de Lorraine mérite de vous être expliquée.

Il y avoit assez longtemps[5] que les Espagnols le pressoient[6] d'entrer en France et de secourir Messieurs les Princes. Monsieur et Madame l'en sollicitoient avec empressement. Il ne répondoit à ceux-là qu'en leur demandant de l'argent; il ne répondoit[7] à ceux-ci qu'en

1. Henri, chevalier de la Vieuville (Retz écrit ici *Vieufville*), fut blessé et mourut de sa blessure : voyez, au tome III, la note 4 de la page 322. — Sur la famille de Baudéan-Parabère, voyez le *P. Anselme*, tome IX, p. 178, et le *Dictionnaire historique et généalogique des familles de l'ancien Poitou*, par M. Filleau de la Touche, tome I, p. 226.

2. Sans doute Frédéric-Armand de Schomberg, né en 1618, tué à la bataille de la Boyne en 1690. D'une autre famille que Charles Schomberg dont il est parlé tome I (p. 206 et note 2), et qui était maréchal de France depuis 1637, il était entré au service en 1650, devint lieutenant général en 1655 et maréchal de France en 1675. — Sur Vardes, voyez tome III, p. 98, note 7.

3. Charles III (ou IV), duc dépossédé de Lorraine, et beau-frère de Gaston d'Orléans : il a déjà été question de lui ci-dessus (tome II, p. 184 et note 3), à propos de Mme de Chevreuse. Réduit au rôle de *condottiere*, il errait, avec une armée de vieilles troupes, qui lui tenait lieu d'États et de sujets, des bords de la Meuse aux rives du Rhin et du Danube, s'offrant et se vendant, soit à l'Empereur, soit à l'Espagne, quelquefois même aux Français, ses vainqueurs. Les subsides qu'il retirait de ces contrats de louage entraient dans ses coffres pour n'en plus sortir, ses régiments ne vivant guère que de pillage.

4. *Cette*, en interligne, sur *la*, biffé.

5. Il y avoit longtemps. (1859, 1866.) — 6. Prioient. (1837-1866.)

7. Répondit.... répondit. (1837-1866.)

SECONDE PARTIE. [Mai 1652]

leur demandant Jametz, Clermont et Stenai, qui avoient autrefois été de son domaine, et que le Roi avoit donnés[1] depuis à Monsieur le Prince[2]. Monsieur me força un jour de dicter à Fremont[3] une instruction pour le Grand, qu'il envoyoit[4] à Bruxelles pour le persuader; et je puis dire, avec vérité, que ç'a été[5] le seul trait de plume que j'aie[6] fait dans tout le cours de cette guerre[7]. Je disois toujours à Monsieur que je me voulois conserver la satisfaction de pouvoir au moins penser, dans moi-même, que je n'étois en rien d'une affaire où tout alloit *a la peggio*[8] et je l'avois[9] presque accoutumé à ne me plus demander même mon sentiment sur ce qui s'y passoit[10], en lui répondant toujours par monosyllabe[11]. Il m'en grondoit un jour, et je le lui avouai[12] en lui disant : « Et le monosyllabe, Monsieur, est unique; car c'est toujours non. »

1. *Donné*, au singulier, dans l'original.
2. Jametz (Retz écrit *Jamet*), petite place du Barrois, arrondissement et canton de Montmédy (Meuse), cédée définitivement à la France par le traité des Pyrénées. — Sur Clermont-en-Argonne (dans l'original *Clairmont*) et Stenay, voyez, au tome III, p. 28 et note 3, et p. 25 et note 2.
3. Voyez, au tome III, p. 153 et note 9.
4. Qu'il envoya. (1859, 1866.)
5. Que c'est. (1837 et 1843.) — Retz avait mis d'abord : *ce fut;* il a biffé *fut*, écrit *été* en interligne, et changé *ce* en *ça* (sic).
6. Que j'ai. (1837-1866.)
7. Le ms. Caf. ajoute ici ces mots : « à la réserve des libelles que j'étois obligé de faire pour ma défense. » Voyez ce que Retz a dit ci-dessus, p. 217 et 218.
8. Ou plutôt *alla peggio*, ce qui veut dire en italien : « au pis, le plus mal possible. » On dit aussi *al peggio*.
9. Retz avait mis d'abord : *j'avois;* il a corrigé *j'a* en *je*, à la fin de la ligne, et ajouté *l'a*, devant *vois*, à la suivante.
10. Ce qui se passoit. (1837-1866.)
11. Par monosyllabes. (1837-1866.) — Nous avons vu au tome III, p. 259, la même locution, avec *monosyllabes*, au pluriel.
12. Je le lui ajoutai. (1837 et 1843.) — Je lui ajoutai. (1859, 1866.)

Je ne pus tenir la¹ même conduite à l'égard de la marche de M. de Lorraine ; car il voulut absolument, et Madame encore plus que lui², que je dressasse l'instruction dont je viens de parler. Je ne sais si elle ébranla M. de Lorraine, ou si elle le trouva ébranlé. Il marcha avec son armée, qui étoit composée de huit mille³ hommes, et de vieilles et bonnes troupes ; il les laissa à Lagni et il vint à Paris, où il entra à cheval, avec un applaudissement incroyable du peuple. Monsieur et Monsieur le Prince allèrent au-devant de lui jusques au Bourget⁴, le dernier de mai, et ils y furent⁵ accompagnés de MM. de Beaufort, de Nemours, de Rohan, de Sulli, de la Rochefoucauld, de Gaucour, de Chavigni et de dom Gabriel de Tolède⁶. Il se trouva, par hasard, que ces deux derniers figurèrent ensemble dans cette entrée. Monsieur, qui haïssoit M. de Chavigni, me le dit, le soir, avec un⁷ emportement de joie ; et je lui répondis que j'étois surpris de ce qu'il me paroissoit étonné de cela ;

---

1. *La*, après *tenir*, est à la marge, ainsi qu'un peu plus loin : *de la marche*. — Tenir même conduite. (1837-1866.)

2. Mme la duchesse d'Orléans était, comme il est dit à la page suivante, sœur du duc de Lorraine.

3. Ce nombre est écrit en chiffres dans l'original, qui a aussi *composé*, par mégarde, au masculin. — Huit cents. (1837-1866.)

4. Le Bourget, commune du canton de Pantin, à six kilomètres de Saint-Denis (Seine).

5. *Y furent* est en interligne sur *étoient*, effacé ; les mots : *jusques au Bourget, le dernier de mai*, sont ajoutés à la marge. — Sur cette arrivée du duc de Lorraine, voyez les *Mémoires de Mademoiselle*, tome II, p. 73 et 74, et la *Muze historique* de Loret, lettre *badaude*, p. 250 et 251.

6. La *Suite et conclusion du Journal du Parlement de Paris* (p. 4) donne la même liste, dans le même ordre, à cette exception près qu'elle place Gaucour après Chavigny. — Sur dom Gabriel de Tolède, voyez, au tome III, la note 2 de la page 104.

7. Le mot *un* est à la marge, de même que, trois lignes plus bas, cette phrase incidente : *qui avoit été l'un des plus grands ministres d'Henri IV*.

que M. de Chavigni ne faisoit que ce que le président Jeannin¹, qui avoit été l'un des plus grands ministres d'Henri IV, avoit fait autrefois; que la différence n'étoit qu'au temps; que le président Jeannin² avoit escadronné avec les Espagnols devant qu'il fût ministre, et que M. de Chavigni n'y escadronnoit qu'après. Monsieur fut très-satisfait de l'apologie, et il la fit courir malicieusement dans Luxembourg³, à un tel point, que je la retrouvai sur le degré et dans les cours une heure après.

Je gardai beaucoup⁴ plus de mesures à l'égard de M. de Lorraine, quoiqu'il fût frère de Madame, à laquelle j'étois très-particulièrement attaché. Je me contentai de lui envoyer un gentilhomme⁵ et de l'assurer de mes services. Monsieur souhaita que je le visse : en quoi il se trouva de la difficulté, parce que les ducs de Lorraine prétendent la main⁶ chez les cardinaux. Nous nous trouvâmes chez Madame, et, après, dans la galerie, chez Monsieur, où il n'y a point de rang, et où, de plus, quand il y en auroit eu, il ne se seroit point trouvé d'embarras, parce qu'il ne me disputoit pas le pas en lieu tiers. Cette conférence ne se passa qu'en civilités et qu'en railleries, dans lesquelles il étoit inépuisable. Il lui vint, deux ou trois....⁷ après, dans l'esprit une nou-

1. Sur Pierre Jeannin, voyez, au tome III, p. 44 et note 3.
2. N'étoit qu'autant que le président Jeannin. (1837-1866.)
3. Dans le Luxembourg. (1837-1866.) — La plupart des éditions anciennes remplacent *les cours* par *le cours*, et toutes *une heure* par *un quart d'heure*. Dans l'original, entre *une* et *heure*, est biffé *ou*.
4. *Beaucoup* est suivi du mot *de*, effacé. — Beaucoup plus de mesure. (1843-1866.)
5. Après *gentilhomme*, est biffé *pour*.
6. Locution facile à comprendre; l'Académie la dit vieillie, mais en donne encore l'explication dans sa dernière édition (1835), vers la fin de l'article *Main*, p. 148.
7. Il y a ici un blanc dans l'autographe; faut-il lire *heures* ou

velle envie ¹ de m'entretenir. Madame me ² commanda de le voir au noviciat des Jésuites ³. Je lui dis d'abord que j'étois très-fâché que le cérémonial romain ne m'eût pas permis de lui rendre mes devoirs chez lui, comme je l'aurois souhaité ⁴ ; et il me paya sur-le-champ en même monnoie, en me répondant qu'il étoit au désespoir que le cérémonial de l'Empire l'eût empêché de se rendre chez moi, ce qu'il eût souhaité. Il me demanda ensuite, sans aucun préalable, si son nez me paroissoit propre à recevoir des chiquenaudes. Il pesta tout d'une ⁵ suite contre l'Archiduc, contre Monsieur et contre Madame, qui lui en faisoient recevoir douze ou quinze par jour, en l'obligeant de venir au secours de Monsieur le Prince, qui lui détenoit son bien ⁶. Il entra de là dans un détail de propositions ⁷ et d'ouvertures, auxquelles je vous proteste que je n'entendis rien. Je crus que je ne pouvois mieux lui répondre que par des discours auxquels je vous assure qu'il n'entendit pas grand'chose ⁸. Il s'en

jours? probablement *jours*. Le ms. Caf. a laissé aussi cette place en blanc, ce qui rendrait, ce semble, assez probable qu'il est une copie de notre original. Les différences, qui nous ont fait exprimer ailleurs des doutes à cet égard, viendraient toutes alors de la révision dont nous avons relevé mainte trace.

1. Une nouvelle cause.. (1837-1866.)
2. Par mégarde, dans l'original, *se* pour *me* ; et, six lignes plus bas, *me* pour *se*.
3. En 1610, Madeleine Luilier, veuve du sieur de Sainte-Beuve, avait donné aux Jésuites, pour en faire leur noviciat, l'hôtel Mézières, rue du Pot-de-Fer (aujourd'hui Bonaparte), près de Saint-Sulpice.
4. Voyez ci-dessus, p. 141 et 145.
5. Retz a écrit *d'un* pour *d'une* ; dans quelques-unes des premières éditions : *tout d'un coup*.
6. C'est-à-dire Jametz, Clermont et Stenay. Voyez ci-dessus, p. 251 et note 2.
7. *Propositions* est suivi d'*auq*, biffé.
8. Le duc de Lorraine, qui s'était déclaré pour la Fronde, sur

est ressouvenu toute sa vie ; et lorsqu'il revint en Lorraine[1], le premier compliment qu'il me fit faire par M. l'abbé de Saint-Mihel fut qu'il ne doutoit pas que nous nous entendrions dorénavant l'un l'autre[2] bien mieux[3] que nous ne nous étions entendus à Paris au Noviciat[4].

J'eusse eu tort[5], pour vous dire le vrai, de m'expliquer plus clairement avec lui, sachant ce que je savois de ce qui se passoit de tous côtés à son égard[6]. J'étois très-bien averti que la cour lui donnoit à peu près[7] la carte blanche, et je n'ignorois pas que bien qu'il la pût rem-

---

les instances des Espagnols, enchantés de prolonger chez nous la guerre civile, et nullement pour plaire à Condé, demeura six jours à Paris, ayant grand soin d'éviter toute conférence particulière avec Monsieur le Prince et le duc d'Orléans. « Monsieur, écrit Mademoiselle dans ses *Mémoires* (tome II, p. 76 et 77), l'envoya querir une fois que le cardinal de Retz étoit dans son cabinet, et lui voulut parler d'affaires ; il dit : « Avec des prêtres, il faut prier Dieu ; que « l'on me donne un chapelet. »..... A un moment de là, Madame et Mmes de Chevreuse et de Montbazon vinrent ; l'on voulut encore lui parler ; il prit une guitare : « Dansons, Mesdames ; cela vous « convient bien mieux que de parler d'affaires. » Voyez aussi les *Mémoires de Conrart*, p. 556 et 557.

1. Le duc Charles, arrêté, en février 1654, par ordre de l'Espagne, demeura cinq années en prison ; la Lorraine lui fut rendue, en 1659, par le traité des Pyrénées, pour lui être enlevée de nouveau en 1670. — Il rentra en Lorraine en 1663, après le traité dit de Marsal. Retz demeurait depuis 1662, à Commercy, distant de dix-sept kilomètres de l'abbaye de Saint-Mihiel, qui avait alors pour abbé Don Hennezon, qui mourut en 1689. Son prédécesseur, le cardinal Piccolomini, nonce du Pape, lui avait cédé ce bénéfice moyennant une pension de sept cents écus.

2. L'un et l'autre. (1859-1866.)
3. *Bien mieux* est à la marge.
4. A Paris au monastère. (1837-1866.)
5. J'eus un tort. (1837 et 1843.) — J'eus eu tort. (1859, 1866.)
6. A cet égard. (1837-1866.)
7. *A peu près*, en interligne. — Que la cour lui donna. (1837-1866.)

plir presque à sa mode, il ne laissoit pas d'écouter de simples propositions, qui étoient bien au-dessous de celles que l'on lui offroit.

Mme de Chevreuse, qui n'étoit pas encore sortie de Paris en ce temps-là, lui dit, plutôt en riant que sérieusement, qu'il pouvoit faire la plus belle action du monde, si il faisoit lever le siége d'Étampes, en quoi il satisferoit pleinement et Monsieur [et] les Espagnols[1]; et si, au même moment[2], il ramenoit ses troupes en Flandre, en quoi il plairoit au dernier point à la Reine, de qui il avoit en tout temps fait profession publique d'être serviteur particulier. » Comme[3] ce parti, qui tenoit des deux côtés[4], plut à son incertitude naturelle, il le prit sans balancer, et Mme de Chevreuse s'en fit honneur à la cour[5], qui, de sa part, ne fut pas fâchée de couvrir la nécessité où elle se trouva, de lever le siége d'Étampes, de quelque apparence de négociation[6], qu'elle grossit dans le monde de mille et mille particularités, que[7] les

1. *Les Espagnols*, à la marge; *et*, devant *Monsieur*, en interligne.
2. En même moment. (Ms. Caf.)
3. *Comme* est en marge dans l'original; il manque dans le ms. Caf. et dans la plupart des éditions anciennes; *parti* est suivi de : *lui parut si bon*, effacé; à la ligne suivante, le mot *naturelle* est aussi à la marge.
4. Qui étoit des deux côtés. (1837-1866.)
5. M. Chéruel, dans ses *Mémoires sur Fouquet* (tome I, p. 99 et 100), donne une lettre de l'abbé Fouquet, frère du futur surintendant, au cardinal Mazarin, relative aux négociations de la cour avec le duc de Lorraine; ces négociations se faisaient par l'entremise de Mme de Chevreuse. « Elle lui acquit en secret (*à Mazarin*) le duc de Lorraine, sur lequel son influence resta toujours la même, et il n'est pas difficile de reconnaitre sa main cachée derrière les mouvements divers et souvent contraires de Charles IV à la fin de la Fronde. » (V. Cousin, *Madame de Chevreuse*, p. 324.)
6. Où elle se trouvoit.... de négociations. (1837-1866.)
7. Retz a corrigé *auxquelles* en *que*.

SECONDE PARTIE. [Juin 1652]

raisonnements du vulgaire honorent[1] toujours de mille et mille mystères. Il n'y eut rien au monde[2] de plus simple que ce qui se fit en ce rencontre; et quoique je ne fusse plus du tout, en ce temps-là[3], du secret ni de la mère ni de la fille[4], comme vous avez vu ci-dessus[5], j'en fus assez instruit, malgré l'une[6] et l'autre, pour vous pouvoir assurer pour certain ce que je vous en dis. La conduite que M. de Lorraine prit, dès le lendemain, est une marque que je ne me trompe pas, ou du moins une[7] preuve que M. de Lorraine ne fut pas longtemps content de lui-même à l'égard de cette action; car, quoiqu'il eût soutenu d'abord à Monsieur qu'il lui avoit rendu un service signalé, en obligeant la cour à lever le siége d'Étampes[8], il me parut, aussitôt après, qu'il eut honte d'avoir fait ce traité[9], et que cette

1. Dans le ms. Caf., *honorèrent*.
2. Je ne sais rien au monde. (1837-1866.)
3. *Là* est au-dessus de la ligne.
4. A la suite du mot *fille*, on lit : *j'en fus assez instruit*, biffé, et récrit à la ligne suivante.
5. Voyez p. 52 et 53, p. 226, et p. 228-230.
6. Retz a écrit *l'un*.
7. Les mots : *indice qu'il*, sont biffés devant *preuve;* et, plus haut, *il*, après *je ne me trompe pas*.
8. Après *Étampes* est biffé : *et même* (un autre *même* effacé en interligne) *à ne pas charger ses troupes*, *à* (*ne*, effacé au-dessus de la ligne) *laisser sortir ses troupes en sûreté;* deux lignes plus loin, *leur* est en interligne.
9. Voyez à l'*Appendice* du tome III des *Mémoires de Mademoiselle* (p. 495 et 496), les *Articles accordés entre le marquis de Châteauneuf, garde des sceaux de France, pour le Roi, et Monsieur de Lorraine;* voyez aussi, dans les *Mémoires sur Fouquet* de M. Chéruel (tome I, p. 101 et 102), l'exposé de ces négociations avec Charles IV. Les termes du traité étaient : que le siége d'Étampes serait levé par Turenne le 10 juin; qu'il y aurait un armistice de dix jours, durant lequel les deux armées devaient rester à quatre lieues au moins l'une de l'autre; que la retraite du Lorrain s'effectuerait en quinze jours, par une route déterminée d'avance.

honte l'obligea à leur accorder ce qu'ils[1] lui demandèrent, qui étoit de ne point s'en retourner encore et de demeurer à Villeneuve-Saint-George[2], jusques à ce que les troupes sorties d'Étampes fussent effectivement en lieu de sûreté[3].

M. de Turenne, voyant que M. de Lorraine[4] ne tenoit pas la parole qu'il avoit donnée de reprendre le chemin des Pays-Bas, marcha à Corbeil, en dessein[5] d'y passer la Seine et de le combattre[6]. Il y eut des allées et des venues en explication de ce qui avoit été promis

1. Ce que messieurs les Princes. (Ms. Caf.)
2. Le camp du duc de Lorraine, à Villeneuve-Saint-Georges (voyez tome II, p. 263, note 4), fut, pendant quelque temps, un but de promenade pour les curieux de la capitale. On y allait visiter, comme en partie de plaisir, cette singulière armée, qui était, en quelque sorte, le gagne-pain du duc dépossédé, et comme une peuplade errante où l'on voyait, à côté de guerriers flanqués de leurs femmes, de leurs enfants et de leurs serviteurs, tout un monde de bagages, d'ustensiles, de vivres, et même des troupeaux comptant plusieurs milliers de têtes, approvisionnements fournis, à bon compte, par les contrées que cette armée avait parcourues. Beaucoup de marchands de Paris allaient à ce camp, qui ressemblait à une foire, vendre leurs denrées ou échanger contre du bétail des voitures chargées de bottes, de baudriers et d'habits. Voyez les *Mémoires de Mademoiselle*, tome II, p. 79 et 80; ceux *de Montglat*, p. 275; et, à la date de juin 1652, le *Journal manuscrit de Dubuisson Aubenay*, tome VI (bibliothèque Mazarine).
3. « Dès que *l'armée* des Princes se vit délivrée du siége, dit *Montglat* (p. 269), elle sortit d'Étampes et fut coucher à Étrichi-le-Larron, et marcha incessamment jusqu'au Bourg-la-Reine, pour se mettre à couvert derrière Paris; et, ayant campé deux jours entre Berni et le Pont-Antonin, elle alla se poster à Saint-Cloud, étendant son camp du long de la rivière jusqu'à Surêne. » Ce fut de là, nous le verrons un peu plus loin, que Condé partit pour exécuter vers Charenton sa fameuse marche de flanc autour des remparts.
4. *Lorraine* est précédé de *Turenne*, biffé.
5. En demeure. (1837-1866.)
6. Dans l'original, après *combattre*, est effacé *M*[r].

ou non promis, pendant lesquelles l'armée lorraine se retrancha. M. de Turenne s'étant avancé avec celle du Roi, ayant passé la rivière d'Yère[1] et s'étant mis en bataille en présence des Lorrains, l'on n'attendoit, de part et d'autre, que le signal du combat, qui certainement[2] eût été sanglant, vu la bonté des troupes qui composoient les deux armées, mais qui apparemment eût succédé[3] à l'avantage des troupes du Roi, parce que celles de Lorraine n'avoient pas assez de terrain. Dans cet instant, que l'on peut appeler fatal[4], milord Germain[5] vint dire à M. de Turenne que M. de Lorraine étoit prêt d'exécuter ce dont l'on étoit convenu à telle[6] et à telle condition[7]. L'on négocia sur l'heure même. Le roi d'Angleterre, qui, sur l'apparence d'une bataille, avoit joint M. de Turenne, fit lui-même des allées et des venues[8] ; et l'on convint que M. de Lorraine sortiroit du Royaume dans quinze jours, et du poste où il étoit, dès le lendemain[9] ; qu'il remettroit entre les mains de M. de Turenne les bateaux qui lui avoient été en-

1. *Dierre* (sic), dans l'original. — L'Yères se jette dans la Seine à Villeneuve-Saint-Georges.
2. *Certainement* suit *apparemment*, biffé ici et récrit plus loin.
3. *Eût succédé*, c'est-à-dire *tourné*. Le mot est pris dans son ancien sens d'*advenir, réussir*.
4. On déchiffre ici ces tâtonnements raturés : *Le roi d'Angleterre, sur l'apparence d'une bataille, étoit venu joindre M. de Turenne, et qui il avoit voulu éprouver à qu avant que de laisser aller les choses jusques à l'extrémité, si il ne pourroit imaginer*.
5. Sur lord Jermyn, voyez, au tome III, p. 111 et note 9.
6. Devant *telle* est biffé *quel*.
7. A telle et telle condition. (1837-1866.)
8. Sur cette entremise de Charles II, voyez les *Mémoires de Mademoiselle*, tome II, p. 82-84. Le duc de Lorraine s'éloigna, mais il rentra en France au bout d'un mois environ.
9. Après *sortiroit*, est effacé *sur*, et quelques autres lettres ; les mots : *dans quinze jours, et du poste où il étoit, dès le lendemain*, sont ajoutés à la marge. — Et des postes (1837-1866.)

voyés de Paris, pour faire un pont sur la rivière, et qu'aussi M. de Turenne ne se pourroit servir de ces bateaux pour passer la Seine et pour empêcher le passage des troupes sorties d'Étampes ; que celles de Messieurs les Princes, qui étoient dans son camp, pussent [1] rentrer dans Paris en sûreté, et que le Roi fît fournir des vivres [2] à l'armée lorraine dans sa retraite. Ces deux dernières conditions ne reçurent pas beaucoup de contradiction, M. de Turenne [3] disant qu'il étoit très-persuadé que l'armée lorraine épargneroit au Roi, par le soin qu'elle prendroit à se pourvoir elle-même [4], la peine et la dépense que [5] l'on stipuloit ; et que, pour ce qui étoit de la liberté que l'on demandoit pour les troupes des Princes, de se pouvoir rendre à Paris en sûreté, il la leur accordoit avec joie, parce qu'il étoit assuré [6] que la Ville en seroit bien [7] plus effrayée que rassurée. M. de Beaufort, qui avoit amené au camp cinq cents ou six cents bourgeois volontaires, dit, le lendemain au soir [8], à Monsieur, qu'ils avoient été si épouvantés, qu'il avoit peur lui-même qu'ils ne donnassent l'alarme à toute la ville. Monsieur le Prince [9], qui étoit malade en ce temps-

1. Pouvoient. (1837-1866.)
2. Devant *vivres* est biffé : *la* (corrigé en *des* ?) *subsistance*. — A l'armée de Lorraine. (1837-1866.)
3. Après *Turenne*, on lit *est*[*oit*], effacé. — Beaucoup de contradictions. (1837-1866.)
4. Voyez ci-dessus, la note 2 de la page 258.
5. *Que* est précédé de *qu'elle*, biffé.
6. Parce qu'il croyoit assuré. (1837-1866.)
7. *Bien* est en interligne.
8. *Lendemain* est à la marge avec un renvoi après *le*; et *au* (on pourrait lire *ou*) en interligne, entre *le* et *soir*. Le ms. Caf. a le même texte que nous. L'écriture confuse de l'original a donné lieu aux leçons suivantes : « le soir ou le lendemain » (1843-1866); « le soir ou le lundi matin » (1837).
9. Avant *Monsieur le Prince*, est biffé : *Je reviens au Parlement;* le

SECONDE PARTIE. [Juin 1652]

là, n'avoit pas été d'avis, par cette raison, que l'on les laissât sortir dans cette conjoncture. Je reviens au Parlement.

J'ai eu si peu de part dans les dernières assemblées et dans les dernières occasions[1] desquelles je viens de parler, qu'il y a déjà quelque temps que je me fais à moi-même un scrupule de les insérer dans un ouvrage qui ne doit être proprement qu'un simple compte[2] que vous m'avez commandé de vous rendre de mes actions.

Il est vrai que[3] la nouvelle de ma promotion[4] tomba justement sur un point où l'état des choses que je vous ai expliquées ci-devant[5] eût fait de moi une figure presque immobile, quand même j'aurois continué d'assister tous les jours aux délibérations du Parlement. La[6] pourpre, qui m'en ôta la séance, en fit une figure muette[7] dans le Palais. Je vous ai dit qu'elle ne le fut guère moins en effet[8] à Luxembourg; et je puis assurer[9], de

dernier de ces mots, à la fin de l'alinéa, est écrit deux fois et biffé une.

1. *Et dans les dernières occasions* est à la marge, où le dernier mot vient à la suite d'*actions*, biffé; un peu plus loin, après *je viens de*, Retz a encore effacé dans le texte : *traiter*.

2. Il y avait d'abord : *à proprement parler que le compte;* la préposition et le verbe ont été raturés; *que* changé en *qu'un; le* biffé; et *simple* ajouté au-dessus de la ligne.

3. Après *que*, est biffé : *depuis que j'eus reçu*.

4. Voyez ci-dessus, pages 136 et 137.

5. *Que je vous ai expliquées ci-devant* est à la marge; devant *eût*, qui suit, est biffé *n'*.

6. *La* suit et remplace *ma*, effacé; plus loin, après *figure*, se trouve un renvoi, biffé, à quelques mots effacés à la marge : *tout à fait à.... peu près*.

7. Dans quelques-unes des premières éditions : « une figure muable ».

8. *En effet* est à la marge, à la suite de ces autres mots, qui sont également à la marge, mais effacés : *à la vérité*.

9. Et je puis écrire. (1837-1866.)

bonne foi, qu'elle n'y eut presque qu'un mouvement imaginaire[1], et tel qu'il plut[2] aux spéculatifs de se fantasier[3]. Mais comme il leur plut de se fantasier toutes choses sur mon sujet, j'étois continuellement exposé à la défiance des uns, à la frayeur des autres et au raisonnement de tous. Ce personnage, qui n'est jamais que de pure défensive, et encore tout au plus, est très-dangereux dans les temps dans lesquels l'on le joue; il est très-incommode[4] dans ceux dans lesquels l'on le décrit, parce qu'il a toujours beaucoup d'apparence de vaine gloire et d'amour-propre. Il semble que l'on s'incorpore soi-même dans tout ce qui s'est passé de considérable dans un État, quand, dans un ouvrage qui ne doit regarder que sa personne, l'on s'étend sur des matières auxquelles l'on n'a eu aucune part. Cette considération m'a fait chercher avec soin les moyens de démêler celles qui sont de cette nature du[5] reste [de] cette histoire, qui n'est que particulière; et il m'a été impossible de les trouver, parce que la figure, quoique médiocre, que j'ai faite dans les temps qui ont précédé et qui ont

1. *Presque*, en interligne. — Qu'elle n'y eut presque rien qu'un mouvement. (Ms. Caf.) — Qu'elle n'y eut presque pas mouvement. (1837-1866.)

2. Ici, et à la ligne suivante, Retz avait mis d'abord *plaisoit*; il l'a, aux deux endroits, corrigé en *plut* (*pleut*). Avant *tel*, est biffé : *pareil à celui*.

3. *Fantasier*, mettre dans sa fantaisie, imaginer. M. Littré, outre cet exemple, en cite un de Regnier (satire VI, vers 35). Le texte de l'autographe est bien *fantasier* et, plus loin, activement, *fantasier toutes choses*. Les éditions de 1837-1866 donnent *fantaisier*, et, la seconde fois, *fantaisier de toutes choses*.

4. Retz avait voulu d'abord écrire : *il n'est pas moins incommode*; il a corrigé *n'est* en *est*, biffé *pas* et *moins*, et mis *très*, en interligne, au-dessus de ce dernier mot.

5. *Du* corrige *de*; le mot *reste* est en interligne, et Retz a oublié de récrire *de* devant *cette* (*ceste*).

suivi ceux dans lesquels je n'ai point agi, leur donne tant de rapport et tant d'enchaînement les uns avec les autres, qu'il seroit très-difficile que [1] l'on vous les pût bien faire entendre, si l'on les délioit tout à fait. Voilà ce qui m'oblige à continuer le récit de ce qui se passa dans ces temps-là, que j'abrégerai [2] toutefois le plus qu'il me sera possible, parce que ce n'est jamais [3] qu'avec une extrême peine que j'écris sur les mémoires d'autrui [4]. Je poserai les faits, je n'y raisonnerai point [5]; je déduirai ce qui me paroîtra [6] le plus de poids ; j'omettrai ce qui me semblera le plus léger ; et, en ce qui regarde les assemblées du Parlement, je n'observerai les dates [7] qu'à l'égard [8] de celles qui ont produit des délibérations considérables. Je ne parlerai pas seulement des autres ; et je suis persuadé [9] que je vous les représente plus que

1. *Que* est répété, et biffé la première fois.
2. Le ms. Caf. omet le *que*, et coupe la phrase : *Je l'abrégerai.*
3. *Jamais* est en interligne ; puis, après *avec*, il y a *un* au lieu d'*une*.
4. Rapprochez de ce que Retz a dit plus haut, p. 197 et 198.
5. Je ne raisonnerai point. (1837-1866.) — Dans l'original, *resonerai.*
6. La finale *ra* de *paroîtra* a été ajoutée après coup ; *de poids* est en interligne, au-dessus de *considérable*, effacé ; plus loin, *en ce qui regarde les assemblées du Parlement* est à la marge. — Dans le ms. Caf. : « ce qui me paroîtra avoir le plus de poids ».
7. Je n'abrégerai les détails. (1837-1866.)
8. Devant *l'égard*, est biffé : *ou que* (corrigé en *qu'à*) *de celle[s]* ; puis, après *qui ont*, ce tâtonnement : *pr causé des.*
9. Le mot *persuadé* est coupé, entre la première syllabe et les suivantes, par huit lignes et un quart que l'auteur a biffées : « Celle du premier de juin fut remarquable par l'opposition que l'obstacl[e] l'opposition l'obstacle que M‍r le président de Novion mit à l'assemblée des chambres que les.... demandoient pour régler ce qui.... les 150 mil livres promises à celui qui représenteroit en justice le cardinal Mazarin[a]. »

[a] Voyez ci-dessus, p. 60.

suffisamment, en vous disant qu'elles ne furent presque[1] employées qu'en déclamations contre le Cardinal, en plaintes et en arrêts contre les insolences[2] et les séditions du peuple, et en désaveux faits par Messieurs les Princes[3] de ces séditions, qui, dans la vérité, n'étoient, au moins pour la plupart, que trop naturelles.

Le 1 de juin, Monsieur envoya au Parlement pour savoir quelle[4] place il donneroit à M. de Lorraine dans l'assemblée des chambres. Il répondit, tout d'une voix, que, M. de Lorraine étant, comme il étoit, ennemi de l'État[5], il ne lui en pouvoit donner aucune. Monsieur, qui me fit l'honneur de venir chez moi, deux ou trois jours après[6], parce que j'étois malade d'une fluxion sur les yeux, me dit : « Eussiez-vous cru que le Parlement m'eût fait cette réponse? » Et je lui répondis : « J'aurois bien moins cru, Monsieur, que vous eussiez hasardé de vous l'attirer. » Il me repartit en colère : « Si je ne l'eusse hasardé[7], Monsieur le Prince eût dit que j'eusse été mazarin. » Vous voyez en ce mot le principe de tout ce que Monsieur faisoit en ce temps-là.

1. *Presque* est en interligne, au-dessus de : *la au moins pour la plupart*, biffé. — Ne furent employées. (1837-1866.)

2. Devant *insolences*, est effacé *sédi*[*tions*].

3. *Fait* (sic) *par Messieurs les Princes* est à la marge ; à la suite, *ses* a été corrigé en *ces;* puis la dernière syllabe de *séditions* est en interligne, au-dessus d'une autre syllabe cachée par une tache d'encre ; à la fin de la phrase, le mot *naturelles* a été répété, et biffé la première fois. — Et en des désaveux. (Ms. Caf.) — Et en désaveu fait. (1837-1866.)

4. *Quel*, pour *quelle*, dans l'original.

5. Ils répondirent.... que comme M. de Lorraine étoit ennemi, etc. (1837-1866.) — Dans l'original, Mr *de Lorraine* est à la marge ; et *qu'estant*, dans le texte, est corrigé en *que estant*, avec un renvoi après le *que* et un avant.

6. *Deux ou trois jours après* est omis dans le ms. Caf.

7. Hasardée. (1837-1866.)

Le 7, l'on fit un fort grand bruit au Parlement de l'approche[1] des troupes de Lorraine, qui avoient passé Lagni[2], et qui faisoient beaucoup de désordres dans la Brie ; et l'on y parla de leur marche, avec la même surprise et la même horreur que l'on auroit pu faire si il n'y avoit eu dans le Royaume aucune partialité[3].

Le 10, M. le président de Nesmond fit la relation de ce qui s'étoit passé en sa députation vers le Roi, qui s'étoit avancé à Melun dès le commencement du siège d'Étampes[4]. La réponse de Sa Majesté fut que la Compagnie pouvoit envoyer qui il lui plairoit pour conférer avec ceux qu'elle voudroit[5] choisir, et pour aviser aux moyens[6] de rétablir le calme dans le Royaume[7]. L'on opina ensuite et l'on résolut de renvoyer à la cour[8] les mêmes députés pour entendre la volonté du Roi, et renouveler toutefois les remontrances contre le cardinal Mazarin. Monsieur et Monsieur le Prince n'avoient pas été de l'avis de l'arrêt, et ils avoient soutenu qu'il ne falloit[9] recevoir aucune proposition de conférence, dont le préalable ne fût l'éloignement réel et effectif du Mazarin[10].

---

1. Il y a *ce que*, biffé, devant *l'approche*.
2. Voyez ci-dessus, p. 253.
3. Sur ce mot *partialité*, voyez ci-dessus, p. 185 et note 1 ; et, sur cette séance, consultez la *Suite et conclusion du Journal du Parlement*, année 1652, p. 4 et 5.
4. Le Roi, dit *Montglat* (p. 269), ne quitta Melun que le 27 juin, pour aller coucher à Saint-Denis.
5. Qu'elle vouloit. (1837-1866.) — 6. Aviser au moyen. (*Ibidem.*)
7. Voyez, dans la *Suite et conclusion du Journal du Parlement* (p. 7-9), le texte de la *Réponse faite aux députés du parlement de Paris, le quatrième jour de juin* 1652, *le Roi étant à Melun*, et le récit des incidents qui marquèrent cette séance des chambres.
8. *A la cour*, en interligne ; à la suite, *ces* corrigé en *les*.
9. *Falloit* est suivi de *pas*, effacé ; plus loin, après *fût*, est biffé un *q*.
10. De Mazarin. (1859, 1866.)

Le 14, les plaintes se renouvelèrent contre l'approche des troupes de Lorraine, et elles furent au point que les gens du Roi furent[1] mandés au Parlement. Ils conclurent à ce que M. le duc d'Orléans fût prié de les faire retirer. Un conseiller, du nom duquel je ne me ressouviens pas, ayant dit qu'il ne concevoit pas comme[2] l'on prétendoit qu'il fût utile à la Compagnie qu'elles se retirassent en l'état où elle étoit avec la cour, Mainardeau répondit[3] que, cette raison obligeant encore davantage le Parlement à lever tous les prétextes que l'on pouvoit prendre pour le calomnier dans l'esprit du Roi, il étoit d'avis de donner arrêt par lequel il seroit enjoint aux communes de leur courir sus[4]. L'on en demeura à dire que l'on en parleroit plus au long quand Monsieur seroit au Palais. Vous croyez apparemment que la retraite de M. de Lorraine, de laquelle[5] je vous ai déjà parlé et qui fut sue le 16 à Paris, ne fit pas une grande commotion dans les esprits, puisqu'elle avoit été souhaitée de tant de gens[6] ; elle fut incroyable[7], et je remarquai que beaucoup de ceux qui avoient crié hautement contre son approche crièrent le plus hautement contre son éloignement[8]. Il n'est

---

1. Quelques lettres : *rendi*, ont été biffées, après *furent*.
2. Qu'il ne concevoit pas comment. (1837-1866.)
3. *Répondit* est en interligne, sur *dit*, biffé.
4. De leur courre sus. (1859, 1866.) — Il y a ici, dans l'original, une ligne et un quart raturée : *Je ne sais effectivement ce qui en eût été si.*
5. *De laquelle* est précédé de *qui fut*, effacé ; plus loin, après *le 16*, sont biffées deux lettres ; et *le*, quatre lignes plus bas, devant *crié hautement*.
6. De tous les gens. (1837-1866.)
7. Elle fut véritable. (*Ibidem.*)
8. C'est ce que confirme Mademoiselle dans ses *Mémoires*. « Tout Paris, dit-elle (tome II, p. 82), étoit dans des déchaînements hor-

pas étrange que les hommes ne se connoissent pas : il y a des temps où l'on peut dire même qu'ils ne se sentent point.

Le 20, le président de Nesmond fit la relation de ce qui s'étoit passé à sa députation à Melun, et la lecture de la réponse qui lui avoit été faite par le Roi[1], dont la substance étoit : Que bien que Sa Majesté ne pût ignorer que la demande que l'on faisoit de l'éloignement de M. le cardinal Mazarin ne fût qu'un prétexte, elle ne laisseroit peut-être pas de lui accorder ce qu'il demande tous[2] les jours lui-même avec instance, après avoir réparé son honneur par des déclarations[3] que l'on doit[4] à son innocence, si Elle étoit assurée qu'Elle peut avoir de bonnes et de réelles sûretés de la part de Messieurs les Princes, pour l'exécution des offres qu'ils ont faites, en cas de son[5] éloignement; que Sa Majesté desire donc d'apprendre :

1° Si ils renonceront, en ce cas, à toute ligue et à toutes associations[6] faites avec les princes étrangers ;

2° Si ils n'auront plus aucune prétention ;

3° Si ils se rendront auprès de Sa Majesté ;

4° Si ils feront sortir les étrangers qui sont dans le Royaume ;

---

ribles contre les Lorrains ; personne ne s'osoit dire de cette nation, de peur d'être noyé. »

1. Il s'agit de la députation renvoyée au Roi par le Parlement (voyez ci-dessus, p. 265 et notes 4 et 7) : on trouvera, dans la *Suite et conclusion du Journal du Parlement* (p. 12-14), le texte de la réponse faite à ces députés le 16 juin, réponse dont notre auteur nous donne ici un résumé. Il y en a un aussi dans les *Mémoires de Talon*, p. 488

2. Devant *les*, Retz avait d'abord mis *toujours* (*tousiours*) ; il a biffé *iours*, pour le récrire après *les*. — Avec instances. (1837-1866.)

3. Par la déclaration. (1837-1866.)

4. Que l'on devoit. (Ms. Caf.)

5. *Son* suit *leur*, effacé.

6. A toutes les ligues et à toutes les associations. (1837-1866.)

5° Si ils licencieront leurs troupes[1] ;

6° Si Bordeaux rentrera dans son devoir, aussi bien que M. le prince de Conti et Mme de Longueville ;

7° Si les places que Monsieur le Prince a fortifiées se remettront en leur premier état.

Voilà les principales des douze questions sur lesquelles M. le duc d'Orléans s'emporta, et même avec beaucoup d'émotion, en disant qu'il étoit inouï que l'on mît ainsi sur la sellette un fils de France et un prince du sang, et que la déclaration qu'ils avoient faite l'un et l'autre, qu'ils poseroient les armes aussitôt que le cardinal Mazarin seroit hors du Royaume, étoit plus que suffisante pour satisfaire la cour, si elle avoit de bonnes intentions. L'on opina ; mais la délibération, n'ayant pu être achevée, fut remise au lendemain 21[2].

Monsieur ne s'y étant pu trouver, parce qu'il avoit eu la nuit une fort grande colique, l'on n'y traita, en présence de Monsieur le Prince, que d'un fonds que l'on cherchoit pour la subsistance des pauvres, qui souffroient beaucoup dans la Ville[3], et de celui qui étoit né-

---

1. Dans l'original, *leur troupes*.
2. Le chiffre 21 est à la ligne, devant *Monsieur*.
3. La misère était alors extrême à Paris, témoin la *Requête présentée à Nosseigneurs du Parlement par les marchands, bourgeois et artisans de cette ville de Paris, pour la diminution d'une demi-année des loyers des maisons, chambres et boutiques* (19 juin 1652). Voyez aussi le *Règlement arrêté au conseil tenu au Palais d'Orléans pour pourvoir aux vivres de la Ville et les miracles de la paille* (5 août 1652) ; cette pièce mentionnée dans la *Bibliographie des Mazarinades*, tome III, p. 35, a été insérée par M. Édouard Fournier dans ses *Variétés historiques et littéraires*, tome VIII, p. 323-329. Omer Talon (p. 497) dit que « le pain bis de la dernière noirceur se vendoit aux pauvres gens six ou sept sous la livre, et le plus blanc jusques à dix et douze sous. » Consultez aussi *le Franc-Bourgeois, montrant les véritables causes et marques de la destruction de la ville de Paris*, longuement analysé par M. Moreau dans sa *Bibliographie des Mazarinades*, tome I, p. 410-412. On y voit que la misère était bien plus grande qu'elle

cessaire pour faire la somme des cent cinquante mille¹ livres pour la tête à prix². Il fut dit, à l'égard de ce dernier chef, que l'on feroit incessamment inventaire de ce qui restoit des meubles du Cardinal.

M. de Beaufort fit, ce jour-là, une lourderie digne de lui. Comme il y avoit eu, le matin, une fort grande émeute³ dans le Palais, dans laquelle MM. de Vassan et Partial⁴ auroient⁵ été massacrés sans lui, il crut qu'il

n'avait été en 1649, et que plusieurs milliers de malheureux (chiffre probablement fort exagéré) étaient morts de faim. Le *Catalogue de la Bibliothèque nationale* (*Histoire de France*, tome II, p. 190, nᵒˢ 3175 et 3176) indique deux autres pièces du même temps, témoignages de la même détresse, intitulées : *Requête présentée au Roi par les pauvres locataires de la ville et faubourgs de Paris;* et *État sommaire des misères de la campagne et besoins des pauvres aux environs de Paris.*

1. De cent cinquante mille. (1837-1866.)

2. Devant *prix*, Retz a écrit par mégarde, puis biffé : *Paris.* — A propos de la mise à prix de la tête du Cardinal, voyez, dans le *Choix de Mazarinades* (tome II, p. 397-405), une pièce fort curieuse du pamphlétaire Marigny, datée du 20 juillet 1652, et intitulée : « Tarif du prix dont on est convenu dans une assemblée de notables, tenue en présence de Messieurs les Princes, pour récompenser ceux qui délivreront la France du Mazarin, qui a été justement condamné par arrêt du Parlement. »

3. Dans le ms. Caf., ce mot est écrit *émute*, comme dans la Fontaine (livre VII, fable VIII, et livre X, fable IV). — L'original a un *et* biffé après *Palais.*

4. De Vanau et Portail. (1837-1866.) — Nous reproduisons le texte de l'autographe. Vassan était conseiller à la quatrième chambre des enquêtes. Au lieu de *Partial*, qui est aussi la leçon des éditions de 1817 et de 1719-1828ᵃ, faut-il lire, avec les ms. Caf. et H et les éditions de 1717 A, 1718 B, F, *Portail*, nom qui déjà se rencontre au tome III (p. 330 et note 3)? Voyez, sur cette échauffourée du 21 juin et sur l'assemblée de la Place Royale dont Retz parle un peu plus loin, la *Suite et conclusion du Journal du Parlement*, 1652, p. 16 et 17.

5. *Avoient* (*auoient*) est changé en *auroient*, au moyen d'un *r* superposé; *été* est en interligne; *failli d'être*, effacé devant *massacrés*; *sans lui*, à la marge; puis, devant *il crut*, est biffé : M^r.

ᵃ *Martial* dans les éditions de 1718 C, D, E.

feroit mieux, pour détourner le peuple du Palais, de l'assembler dans la Place Royale[1]; il y donna un rendez-vous public pour l'après-dînée. Il y amassa quatre ou cinq mille gueux, à qui il est constant qu'il y fit proprement un sermon qui n'alloit qu'à les exhorter à l'obéissance qu'ils devoient au Parlement. J'en sus[2] tout le détail par des gens de créance que j'y avois envoyés moi-même exprès. La frayeur, qui avoit déjà saisi la plupart des présidents et des conseillers, leur fit[3] croire que cette assemblée n'avoit été faite que pour les perdre. Ils firent parler M. de Beaufort de toutes les manières qui pouvoient[4] redoubler leur alarmes, et ils la prirent si chaude, qu'il ne fut pas au pouvoir de Monsieur, ni de Monsieur le Prince, de rassurer MM.[5] les présidents, qui ne purent jamais se résoudre d'aller au Palais. Ce qui arriva, le[6] même soir, à M. le président de Maisons, dans la rue de Tournon, ne les rassura pas. Il faillit à être tué par une foule de peuple, comme il sortoit de chez Monsieur, et Monsieur le Prince et M. de Beaufort eurent beaucoup de peine à le sauver[7]. Cette journée fit voir que M. de Beaufort ne savoit pas que qui assemble un peuple l'émeut toujours. Il y parut; car, deux ou trois jours après ce beau sermon[8], la sédi-

1. Après *Place Royale*, est raturé : *il y fit*.
2. J'en sais. (Ms. Caf.)
3. *Firent* a été corrigé en *fit*; et, à la ligne suivante, *leur* en *les*, après *pour*.
4. Retz a écrit *pouvoit*, au lieu de *pouvoient*; puis *leur alarmes*.
5. *MM^s* est ajouté en interligne; plus loin, *purent* est aussi en interligne, au-dessus de *voulurent*, effacé.
6. *Le* est suivi de : *le 25*, biffé. — Le même jour. (1837-1866.)
7. Sur le péril que courut, le 21 juin au soir, le président de Maisons, déjà nommé plus haut (tome II, p. 56 et note 5), voyez encore la *Suite et conclusion du Journal du Parlement*, p. 19.
8. Le mardi 25 juin : voyez *ibidem*, p. 21, et les *Mémoires d'Omer Talon*, p. 492.

tion fut plus forte qu'elle n'avoit encore été dans la salle du Palais ; et M. le président de Novion[1] fut même poursuivi dans les rues et courut toute la risque[2] qu'un homme peut courir.

Le 25, Messieurs les Princes[3] déclarèrent, dans les chambres assemblées, qu'aussitôt que M. le cardinal Mazarin seroit[4] hors du Royaume, ils exécuteroient fidèlement tous les articles qui étoient portés dans la réponse du Roi[5], et envoiroient ensuite des députés pour conclure ce qui resteroit à faire[6] ; et l'on donna ensuite arrêt, par lequel il fut dit que les députés du Parlement retourneroient incessamment à la cour pour porter cette déclaration au Roi.

Le 26, aucun président ne se trouva au Palais[7].

1. Sur le président de Novion, voyez au tome I, p. 312, note 4, et au tome III, p. 217, note 8.

2. *Toute la risque*, ici et plus loin, a été corrigé en *tout le risque*, dans les éditions de 1843-1866. — Richelet dit, dans son *Dictionnaire* (1679) : « Ce mot est masculin et féminin, mais il semble qu'on le fait plus souvent masculin que féminin ; » et il cite, avec un exemple du masculin, de Vaugelas, deux exemples du féminin, l'un de Pascal (*Provinciales*, lettre XIV, p. 240 de l'édition Lesieur) : « Encore même qu'on ne courre nulle risque de la vie. » L'Académie, en 1762, tout en faisant le mot masculin, admet encore la locution : « à toute risque ».

3. Messieurs les présidents. (Ms. Caf.) — Il est évident, et on le voit dans le récit d'Omer Talon (p. 492), que la vraie leçon est bien *Messieurs les Princes*.

4. Que Monsieur le Cardinal seroit. (1843-1866.)

5. Voyez ci-dessus, p. 267 et note 1.

6. Ce membre de phrase : *et envoiroient.... resteroit à faire*, est à la marge ; plus bas, les mots *ensuite* et *du Parlement* sont en interligne. — Ce qui restoit à faire. (1843-1866.)

7. Les conseillers de la grand'chambre furent fort offensés de cette absence, dit *Omer Talon* (p. 492), et dans la *Suite du Journal du Parlement*, on ajoute (p. 23) que Broussel fit une motion, non suivie d'arrêt, il est vrai, pour que le plus ancien conseiller tînt néanmoins l'audience en robe rouge.

Le 27, M. le président de Novion y fut et donna un sanglant arrêt contre les séditieux[1].

L'on n'employa les autres jours qu'à donner les ordres nécessaires pour la sûreté de la Ville, à quoi l'on étoit très-embarrassé[2], parce que ceux de la garde étoient assez souvent ceux-là même qui se soulevoient[3].

Il est temps, ce me semble, que je reprenne ce qui est de la guerre[4].

Monsieur le Prince, qui avoit eu quelques[5] accès de fièvre tierce, alla jusques à Linas[6] recevoir ses troupes, qui revenoient d'Étampes[7]; et comme la cour n'avoit observé en façon du monde ce qu'elle avoit promis, touchant l'éloignement des siennes des environs de Paris[8], il ne s'y crut pas plus obligé de son côté, et il posta[9] sa petite armée à Saint-Cloud, poste considérable, parce que le pont lui donnoit lieu de la porter, en cas de besoin[10], où il lui plairoit. M. de Turenne, qui étoit avec celle du Roi aux environs de Saint-Denis, où Sa Majesté étoit venue elle-même pour être plus proche de

---

1. Voyez le texte de cet arrêt, et celui de la *lettre monitoire* conforme, dans la *Suite et conclusion du Journal du Parlement*, p. 23-26.

2. A quoi l'on étoit embarrassé. (1843-1866.)

3. On voit en effet mention de ces mutineries de soldats de la milice bourgeoise dans les *Registres de l'Hôtel de Ville pendant la Fronde*, tome III, p. 1-7.

4. Retz a biffé ici, puis récrit à la ligne : M*r* le Prin[ce].

5. La fin du mot est douteuse : on peut lire *quelques* ou *quelque*.

6. Linas, bourg du canton d'Arpajon, arrondissement de Corbeil. Le mot est écrit *Linars* dans l'original et dans le ms. Caf.; dans la plupart des anciennes éditions, *Linard*; dans quelques-unes des premières, *Linas*; celles de 1837-1866 donnent *Limours*. « Il joignit son armée à Linas, » dit la Rochefoucauld, p. 398.

7. Voyez ci-dessus, p. 257 et 258.

8. Touchant l'éloignement des environs de Paris. (1837-1866.)

9. Il porta. (*Ibidem.*) — 10. *En cas de besoin*, à la marge.

SECONDE PARTIE. [Juillet 1652]

Paris, fit un pont de bateaux à Épinai[1], en intention de venir attaquer les ennemis devant qu'ils eussent le temps de se retirer. M. de Tavannes[2] en[3] eut avis et il l'envoya aussitôt à Monsieur le Prince, qui se rendit au camp en toute diligence[4]. Il le leva sur le soir[5], et il marcha vers Paris, en dessein d'arriver au jour à Charenton, d'y passer la Marne et de prendre[6] un poste dans lequel il ne pourroit être attaqué. M. de Turenne ne lui en donna pas le temps, car il attaqua son arrière-garde dans le faubourg Saint-Denis. Monsieur le Prince en fut quitte pour quelques hommes qu'il perdit du régiment de Conti, et il manda à Monsieur, par le comte de Fiesque[7], qu'il lui répondoit[8] qu'il gagneroit le faubourg Saint-Antoine, dans lequel il prétendoit qu'il au-

---

1. Entre Argenteuil et Saint-Denis, où le Roi était venu coucher le 27 juin. Au moyen de ce pont, le maréchal de la Ferté, qui venait d'amener du Nord de puissants renforts à l'armée royale, devait assaillir le camp de Condé par la rive droite de la Seine, tandis que Turenne, rangeant ses troupes en bataille sur la rive gauche, couperait de ce côté la retraite aux rebelles : voyez les *Mémoires de Montglat*, p. 269 et 270.

2. Sur Tavannes, voyez au tome III, p. 29 et note 1.

3. Après *en* est biffé *advert[it]*; et plus loin, *apr[ès]*, à la suite d'*aussitôt*. — En eut l'avis et il envoya avertir Monsieur le Prince (1837-1866.)

4. Tavannes, dont les *Mémoires* contiennent (p. 150 et suivantes) un récit vif et net de ces mouvements et faits divers, raconte (p. 153 et 154) le conseil de guerre qui fut tenu en cette occasion par Condé, et où assistaient, entre autres, les ducs de Nemours, de Beaufort, de la Rochefoucauld, et Tavannes lui-même, et il rapporte le plan qu'exposa le Prince. — Le pont de bateaux dont il a été question ci-dessus, achevé du côté d'Épinay, n'était pas encore établi du côté de la plaine de Gennevilliers et de Colombes.

5. *Sur le soir* a été ajouté à la marge; puis *dès* est biffé, après *arriver*, et *se post[er]*, devant *prendre*.

6. D'y prendre. (1837-1866.)

7. Sur le comte de Fiesque, voyez au tome I, p. 222 et note 3.

8. Qu'il leur répondoit. (1837-1866.)

roit plus de lieu de se défendre. C'est en cet endroit où je regrette, plus que je n'ai jamais fait, que Monsieur le Prince ne m'ait pas tenu la parole qu'il m'avoit donnée, de me donner le mémoire de ses actions[1]. Celle qu'il fit en ce rencontre est l'une des plus belles de sa vie. J'ai ouï dire à Lanques[2], qui ne le quitta point ce jour-là[3], qui est homme du métier et qui est plus mécontent de lui que personne qui vive, qu'il y eut quelque chose de surhumain dans sa valeur et dans sa capacité en[4] cette occasion. Je serois inexcusable si j'entreprenois de décrire le détail de l'action du monde la plus grande et la plus héroïque, sur des mémoires qui courent les rues[5] et que j'ai ouï dire à des gens de

1. Voyez, sur ces deux fameuses journées du 1er et du 2 juillet 1652, les *Mémoires de Tavannes*, p. 155 et suivantes; ceux *de Chouppes*, p. 172-174; *de la Rochefoucauld*, p. 401-415; *de Navailles*, p. 86-93; *de Mademoiselle*, tome II, p. 87 et suivantes; *de Montglat*, p. 270 et 271. Voyez aussi, dans l'*Appendice* aux *Mémoires de Tavannes* (édition de M. Moreau, p. 255-281), l'opuscule intitulé : « Relation véritable de ce qui se passa, le mardi 2º de juillet, au combat donné au faubourg Saint-Antoine entre les troupes du cardinal Mazarin, commandées par les maréchaux de Turenne et de la Ferté, et celles de M. le duc d'Orléans et de M. le Prince. » — M. de Sainte-Aulaire (*Histoire de la Fronde*, tome II, p. 303-318) reproduit en note le récit que Napoléon Ier a fait de la lutte entre Turenne et Condé dans les *Mémoires de Sainte-Hélène*, et il y trouve, dit-il avec raison, « plus de netteté » que « dans celui de tous les autres historiens. » Voyez les *Commentaires de Napoléon Ier* (Imprimerie impériale, 1867), tome VI, p. 227-239, *Précis des guerres du maréchal de Turenne*, chapitre VII, *Campagne de 1652*.
2. Sur le marquis de Lanques, qui, dans cette journée, menait l'avant-garde, dit Mademoiselle (tome II, p. 87), voyez au tome III, p. 41 et note 2.
3. *Ne le quitta point ce jour-là* est en interligne, au-dessus des mots : *étoit auprès de lui*, biffés ; plus bas, *de lui* est à la marge.
4. *En* est précédé de *da[ns]*, effacé.
5. Est-ce une allusion à la *Relation* citée dans la note 1 qui précède? — *Les rues* est en interligne, au-dessus de *par le monde*, biffé.

SECONDE PARTIE. [Juillet 1652] 275

guerre être très-mauvais, et je me contenterai de vous dire qu'après le combat du monde le plus sanglant et le plus opiniâtré[1], il sauva ses troupes, qui n'étoient qu'une poignée du monde, attaquée par M. de Turenne, et par M. de Turenne renforcé de l'armée de M. le maréchal[2] de la Ferté[3]. Il y perdit le comte de Bossut, flamand, la Roche-Giffart, et Flammarin, et Lauresse, du nom de Montmorenci[4]. MM. de la Rochefoucauld[5], de Tavannes, de Cogni[6], le vicomte de Melun et le che-

1. Le plus opiniâtre. (1837-1866.) — La leçon de l'original : *opiniâtré*, est aussi celle de quelques-unes des premières éditions.

2. Ses troupes, qui n'étoient qu'une poignée de monde, attaquées.... renforcé de l'arrivée de M. le Maréchal. (1837-1866.) — Dans l'original, il y a bien *une poignée du monde;* plus loin, *l'armée* est en interligne, sur *toutes les troupes*, biffé.

3. *L'afferté* (sic) a été biffé, puis récrit. — Le 1er juillet, dans la nuit, Turenne, averti du mouvement de Condé, fit immédiatement avancer une partie de ses troupes dans les terrains alors inhabités qui s'étendaient entre les hauteurs de Montmartre et la porte Saint-Martin. « Cet espace, dit M. Chéruel (*Mémoires sur Fouquet*, tome I, p. 115), désigné sous le nom de *Nouvelle France*, était compris entre les rues actuelles de Saint-Lazare, des Martyrs, du Faubourg-Poissonnière et la place Saint-Georges. Ce fut là que la cavalerie de Turenne assaillit l'arrière-garde de l'armée des Princes. Celle-ci ne put soutenir le choc et se réfugia au couvent des Récollets (aujourd'hui les Incurables-hommes). Il y eut là une nouvelle lutte. » L'armée des Princes parvint au faubourg Saint-Antoine à neuf heures du matin, le 2 juillet, et, se voyant coupée de Charenton, n'eut plus d'autre ressource que de se retrancher dans ce faubourg, au moyen des fossés et des barricades qu'y avaient établis les habitants pour se protéger contre les pilleries des coureurs lorrains.

4. Albert-Maximilien de Hesnin, comte de Bossu, était colonel de cavalerie dans les troupes de Clinchamp. — Henri de la Chapelle, marquis de la Roche-Giffart, mestre de camp d'infanterie : voyez les *Mémoires de Mademoiselle*, tome II, p. 100. — Sur Flammarin, voyez au tome II, p. 290, note 5. — Pierre de Montmorency II, baron de Lauresse : voyez le *P. Anselme*, tome III, p. 581 et 586.

5. Voyez les *Mémoires de la Rochefoucauld*, p. 409 et 410.

6. *De* et quelques lettres biffés, devant *de Cogni*. Dans l'original,

valier de Forts, y furent blessés. Esclainvilliers le fut du côté du Roi, et MM. de Saint-Mesgrin et de Mancini tués[1].

Je ne vous puis exprimer l'agitation de Monsieur dans le cours de ce combat. Tout le possible lui vint dans l'esprit, et, ce qui arrive toujours en ce rencontre, tout l'impossible succéda dans son imagination à tout le possible. Joui[2], qu'il m'envoya sept fois en moins de trois heures, me dit qu'il avoit peur[3] un moment que la Ville ne se révoltât contre lui ; qu'il craignoit, un instant après, qu'elle ne se déclarât trop pour Monsieur le Prince. Il envoya des gens inconnus pour voir ce qui se faisoit chez moi, et rien[4] ne le rassura véritablement que le rapport que l'on lui fit que je n'avois que mon suisse à ma porte. Il dit à Bruneau[5], de qui je le sus le lendemain, que le mal n'étoit pas grand dans la Ville, puisque je ne me précautionnois pas davantage. Mademoiselle, qui avoit fait tous ses efforts pour obliger Monsieur à aller dans la rue Saint-Antoine pour faire ouvrir la porte à Monsieur le Prince, qui commençoit à

Cognie ou *Cognée;* dans la Relation, p. 184, *Cogné;* dans la Gazette, on trouve les orthographes *Coigné* et *Coigney*. — Il s'agit probablement de Robert-Jean-Antoine de Francquetot, comte de Coigny, mort lieutenant général en 1704, père du maréchal duc de Coigny. Sa seigneurie de Coigny, dans le diocèse de Coutances, avait été érigée en comté vers 1650. — Au lieu d'un *chevalier de Forts*, c'est un *chevalier de Foix* que la Relation (p. 184) nomme parmi les blessés.

1. Timoléon de Sericourt, baron d'Esclainvilliers, lieutenant général en 1655. Navailles (p. 89) l'appelle *de Clainvilliers*. — Sur Saint-Mesgrin, voyez au tome II, p. 513 et note 5. — Sur Paul Mancini, fils de la sœur cadette de Mazarin, âgé de seize ans seulement, voyez les *Mémoires de la Rochefoucauld*, p. 406, note 4.

2. Voyez au tome III, p. 223 et note 1.
3. Qu'il avoit eu peur. (1837-1866.)
4. Devant *rien*, est biffé *auc*.
5. Voyez au tome III, p. 107 et note 1.

être très-pressé dans le faubourg, prit le parti d'y aller elle-même. Elle entra dans la Bastille[1], où Louvière[2] n'osa, par respect, lui refuser l'entrée ; elle fit tirer le canon sur les troupes du maréchal de la Ferté, qui s'avançoient pour prendre en flanc celles de Monsieur le Prince[3]. Elle harangua ensuite la garde qui étoit à la porte Saint-Antoine. Elle[4] s'ouvrit, et Monsieur le Prince y entra avec son armée, plus couverte de gloire que de blessures, quoiqu'elle en fût chargée. Ce combat si fameux arriva le 2 de juillet.

Le 4, l'assemblée générale de l'Hôtel de Ville, qui avoit été ordonnée le 1 par le Parlement, pour aviser à ce[5] qui étoit à faire pour la sûreté de la Ville, fut tenue l'après-dînée. Monsieur et Monsieur le Prince s'y trouvèrent, sous prétexte de remercier la Ville de ce qu'elle avoit[6] donné l'entrée à leurs troupes[7], le jour du combat, mais, dans la vérité, pour l'engager à s'unir encore plus étroitement avec eux ; au moins, voilà ce que Monsieur en sut. Voici le vrai, que je n'ai su[8] que longtemps depuis, de la bouche même de Monsieur le Prince, qui me l'a dit trois ou quatre ans après à Bruxelles[9]. Je ne

1. Il y a *et*, biffé, après *Bastille*.
2. Le fils de Broussel ; il était gouverneur de la Bastille : voyez au tome II, p. 472 et 473.
3. Voyez le récit de Mademoiselle dans ses *Mémoires*, tome II, p. 104-113.
4. *Les portes* a été effacé devant *Elle*.
5. *A ce* corrige *au*.
6. Après *avoit*, est effacé : *reçu les*.
7. Dans l'original, *leur troupes*.
8. *Ne sais* a été corrigé en *n'ai su*.
9. Nous savons, par les *Mémoires de Gui Joli* (p. 426 et 427), qu'en 1658, Retz, qui était retiré en Hollande, fit un voyage à Bruxelles (dans l'original, ici et plus bas, *Brusselles*), pour voir le prince de Condé. Cette visite eut lieu peu de temps avant la bataille des Dunes, livrée par Monsieur le Prince à Turenne au mois de juin de cette année 1658.

me ressouviens pas précisément si il me confirma ce qui¹ étoit fort répandu dans le public, de l'avis que M. de Bouillon lui avoit donné que la cour ne songeroit jamais sérieusement et de bonne foi à se raccommoder avec lui, jusques à ce qu'elle connût clairement qu'il fût effectivement maître de Paris. Je sais bien que je lui demandai à Bruxelles, si ce que l'on avoit dit sur cela étoit véritable; mais je ne me puis remettre ce qu'il me répondit sur ce particulier² de M. de Bouillon.

Voici³ ce qu'il m'apprit du gros de l'affaire. Il étoit persuadé que je le desservois⁴ beaucoup auprès de Monsieur, ce qui n'étoit pas vrai, comme vous l'avez vu ci-devant; mais il l'étoit aussi que je lui nuisois beaucoup dans la Ville, ce qui n'étoit pas faux, par les raisons que je vous ai aussi expliquées ci-dessus⁵. Il avoit observé que je ne me gardois nullement⁶, et que je me servois même avec quelque affectation du prétexte de l'incognito auquel le cérémonial m'obligeoit, pour faire voir ma sécurité⁷ et la confiance que j'avois en la bonne volonté du peuple, au milieu de ses plus grands mouvements. Il se résolut, et très-habilement, de s'en servir de sa part pour faire⁸ une des plus belles et des plus

1. Après *que*, corrigé en *qui*, est biffé : *le bruit public*.
2. Dans la plupart des anciennes éditions : « sur cet avis particulier ».
3. Après *Voici*, il y a *re*, biffé, à la marge.
4. Retz avait écrit d'abord : *lui nuisois;* il a corrigé *lui* en *le*, raturé *nuisois* et mis au-dessus : *desservois*. Au contraire, deux lignes plus bas, *nuisois* suit *desservois*, biffé, et *le* a été corrigé en *lui*. La négation *pas*, devant *vrai*, est en interligne.
5. Voyez p. 217-220.
6. On déchiffre ici trois lignes raturées : *et qu'à* (ces trois mots non biffés, par oubli) *la réserve du grand nombre de gentilshommes et de curés que je menois plutôt par ostentation que par autre raison q.*
7. La sécurité. (1843-1866.)
8. Le ms. Caf. omet *faire*.

SECONDE PARTIE. [Juillet 1652]

sages actions qui ait[1] peut-être été pensée de tout le siècle[2]. Il fit dessein d'émouvoir le peuple le matin du[3] jour de l'assemblée de l'Hôtel de Ville, de marcher droit à mon logis, sur les dix[4] heures, qui étoit justement l'heure où l'on savoit qu'il y avoit le moins du monde[5], parce que c'étoit celle où, pour l'ordinaire, j'étudiois ; de me prendre civilement dans son carrosse, de me[6] mener hors de la Ville, et de me faire, à la porte, une défense en forme de n'y plus rentrer[7]. Je suis convaincu que le coup étoit sûr, et qu'en l'état où étoit Paris, les mêmes gens qui eussent mis la hallebarde à la main pour me défendre, si ils eussent eu loisir d'y faire réflexion, en eussent approuvé l'exécution[8], étant certain[9] que, dans les révolutions qui sont assez grandes pour tenir tous les esprits dans l'inquiétude, ceux qui priment sont toujours applaudis, pourvu que d'abord ils réussissent. Je n'étois point en défense. Monsieur le Prince se fût rendu maître du Cloître[10] sans coup férir ; et j'eusse peut[-être] été[11] à la porte de la Ville devant qu'il y eût eu une[12] alarme assez forte pour s'y opposer.

1. *Qui aie,* dans l'original.
2. Voyez ci-après, la note 6 de la page 281.
3. Les mots : *matin du* sont ajoutés à la marge ; les éditions de 1837-1866 les omettent ; le ms. Caf. omet : *du jour.*
4. Le chiffre 10 est en interligne, sur *sept,* biffé ; plus loin, *avoit* a été effacé après *qu'il.*
5. Qu'il y avoit le moins de monde. (1837-1866.) — Il y a bien *du* dans l'autographe (voyez ci-dessus, p. 275 et note 2) ; plus loin, *où,* par mégarde, est écrit deux fois, après *celle.*
6. *Me* est à la marge.
7. Voyez encore ci-après, p. 281, note 6.
8. Le mot *exécution* est suivi de *si ils,* effacé.
9. Il étoit certain. (1837-1866.)
10. Le cloître Notre-Dame : voyez au tome III, p. 303 et note 1.
11. Dans l'original, *peut esté ;* faut-il lire : *pu être ?*
12. Devant qu'il y eût une. (1859, 1866.)

Rien n'étoit mieux imaginé : Monsieur, qui eût été atterré du coup, y eût donné des éloges. L'Hôtel de Ville, auquel Monsieur le Prince en eût donné part sur l'heure même, en eût tremblé. La douceur avec laquelle Monsieur le Prince m'auroit traité [1], auroit été louée et admirée. Il y auroit eu un grand déchet de réputation pour moi à m'être laissé surprendre, comme en effet j'avoue qu'il y avoit eu beaucoup et [2] d'imprudence et de témérité à n'avoir pas prévu ce possible. La fortune tourna contre Monsieur le Prince ce beau dessein, et elle lui donna le succès le plus funeste que la conjuration [3] la plus noire eût pu produire.

Comme la sédition avoit commencé vers la place Dauphine, par [4] des poignées de paille que l'on forçoit tous les passants de mettre à leur chapeau [5], M. de Cumont [6], conseiller au Parlement et serviteur particulier de Monsieur le Prince, qui y avoit été obligé comme les autres qui avoient passé par là, alla en grande diligence à Luxembourg pour en avertir Monsieur et le supplier d'empêcher que Monsieur le Prince, qui étoit dans

1. Dans l'autographe, *traitée*, avec l'*e* final biffé.
2. Ce premier *et* a été ajouté à la marge.
3. La conspiration. (1837-1866.)
4. Il paraît que Retz avait d'abord voulu prendre une autre tournure ; devant *par*, on lit *ou* (*où?*), qu'il a oublié d'effacer.
5. A leurs chapeaux. (1837-1866.) — Mademoiselle dit, dans ses *Mémoires* (tome II, p. 117 et 118), que ce fut Condé, qui, le jour du combat du faubourg Saint-Antoine, avait fait porter un bouquet de paille à ses soldats « pour se reconnoître; » depuis lors, quiconque ne voulait point passer pour mazarin avait imaginé d'arborer ce signe ; il n'était pas jusqu'aux chevaux et aux ânes, qui ne fussent à la paille, et les galants, dit la *Muze* de Loret (p. 261 et 262), en avaient jusqu'à « leurs moustaches. » Aussi le pamphlétaire Marigny écrit-il dans une lettre (*Manuscrits de Lenet*, Bibliothèque nationale, tome VII, folio 35) : « La paille n'est plus paille, c'est fleur d'anti-Mazarin. »
6. Sur Cumont, voyez ci-dessus, p. 3 et note 5.

SECONDE PARTIE. [Juillet 1652]

la galerie, ne sortît dans cette émotion, « laquelle apparemment, dit Cumont à Monsieur, est faite, ou par les mazarins, ou par le cardinal de Rais, pour faire périr Monsieur le Prince. » Monsieur courut aussitôt[1] après Monsieur son cousin, qui descendoit le petit escalier pour monter en carrosse, et pour venir chez moi et y exécuter son dessein. Il le[2] retint par autorité et même par force; il le fit dîner avec lui et il le mena ensuite à l'Hôtel de Ville, où l'assemblée dont je vous ai parlé se devoit tenir. Ils en[3] sortirent après qu'ils eurent remercié la Compagnie, et témoigné la nécessité qu'il y avoit de songer aux moyens de se défendre contre le Mazarin. La vue d'un trompette, qui arriva[4], dans ce temps-là, de la part du Roi, et qui porta ordre de remettre l'assemblée à huitaine, échauffa le peuple, qui étoit dans la Grève, et qui crioit sans cesse qu'il falloit que la Ville s'unît avec Messieurs les Princes. Quelques officiers, que Monsieur le Prince avoit mêlés, le matin, dans la populace, n'ayant point reçu l'ordre qu'ils attendoient, ne purent employer sa fougue; elle se déchargea sur l'objet le plus[5] présent.

L'on[6] tira dans les fenêtres de l'Hôtel de Ville; l'on

---

1. *Aussitôt* est en interligne, au-dessus d'*effectivement*, biffé.
2. *Le*, à la marge; plus loin, *et*, biffé, après *force*.
3. *En* est au-dessus de la ligne; plus bas, devant *remercié*, est biffé : *dit ce;* et, après *Compagnie*, les mots : *et fait leurs offre[s]*.
4. Retz avait écrit d'abord : *un trompette étant arrivé;* il a ensuite ajouté un *d* devant *un*, mis *La vue* à la marge, *qui* en interligne, et corrigé *arrivé* en *arriva*, mais en oubliant de biffer *étant*. Plus bas, le second *qui* est de même en interligne, sur *ayant*, que l'auteur a effacé, ainsi que les mots *fait* (corrigé en *fit*) *défense*, écrits primitivement à la suite d'*ayant*.
5. *Le plus* est ajouté à la marge. — Sur l'objet présent. (1837-1866.)
6. Cette sinistre journée du 4 juillet, dont notre auteur ne nous donne qu'un bref résumé, est racontée avec toutes sortes de détails

mit le feu aux portes, l'on entra dedans l'épée à la main, l'on massacra M. le Gras, maître des requêtes [1], M. Jan-

dans les *Mémoires* de l'académicien Valentin Conrart (p. 567-579). Il ne s'agissait point d'enlever Retz, comme celui-ci se plaît à l'écrire (voyez ci-dessus, p. 278 et 279) en ajoutant, par une emphase singulière, que ce fut là « une des plus belles et des plus sages actions qui ait peut-être été pensée de tout le siècle; » l'enlèvement du Cardinal n'eût été, en tout cas, qu'un épisode fort secondaire de l'action. Le but de cette assemblée de l'Hôtel de Ville était, au témoignage de tous les *Mémoires* du temps, de faire reconnaître, avec pleins pouvoirs, le duc d'Orléans comme lieutenant général de l'État, et le prince de Condé comme généralissime des troupes du Roi; on devait en outre nommer Beaufort gouverneur de Paris, à la place du maréchal de l'Hôpital, et Broussel prévôt des marchands, au lieu de le Fèvre. Il semble bien, d'après les récits contemporains, que la scène avait été machinée d'avance en vue d'une émeute, et qu'on voulait agir par la terreur sur une population lasse de la guerre civile, et qui ne se prêtait plus qu'avec une répugnance visible au suprême effort de la lutte. La Rochefoucauld, qui, de même que Retz, parle très-brièvement de cette journée (p. 416-418), cherche, en quelques termes vagues et concis, à excuser Condé, du moins quant à l'intention. Mademoiselle (tome II, p. 128) se borne à écrire cette phrase significative : « L'on a parlé diversement de cette affaire; mais toujours l'on s'accordoit à en donner le blâme à Son Altesse Royale et à Monsieur le Prince; je ne leur en ai jamais parlé, et je suis bien aise de l'ignorer, parce que, s'ils avoient tort, je serois fâchée de le savoir. » Enfin Gui Joli (p. 76) prétend que « bien des gens » crurent que Mazarin lui-même avait eu part à ce désordre, dans le dessein de « porter la confusion jusqu'au dernier point, afin d'en faire tomber toute la haine sur Monsieur le Prince, et de le ruiner entièrement dans l'esprit des Parisiens. » — M. Tamizey de Larroque a publié, dans le *Bulletin de la Société de l'Histoire de France* (1873, p. 19), un billet adressé, de l'Hôtel de Ville en flammes, au duc d'Orléans par Léonard Goulas, secrétaire de ses commandements.

1. Voyez dans Conrart (p. 571 et 572) les circonstances de la mort de le Gras, un des colonels de la milice bourgeoise, soupçonné de mazarinisme. On a vu ci-dessus (p. 163 et note 8) qu'il avait voulu persuader aux habitants d'Orléans d'ouvrir leurs portes au Roi : de là ce mot de ses meurtriers, rapporté par Conrart : « Si tu en as échappé à Orléans, tu n'en échapperas pas ici. »

vri[1], conseiller au Parlement, M. Miron, maître des Comptes[2], un des plus hommes de bien et des plus accrédités dans le peuple qui fussent à Paris[3]. Vingt-cinq ou trente bourgeois y périrent aussi ; et M. le maréchal de l'Hospital ne fut tiré de ce péril que par un miracle et par le secours de M. le président Barentin[4]. Un garçon de Paris, appelé Noblet, duquel je vous ai déjà

1. M. Savari. (1837-1866.) — Le ms. H et toutes les anciennes éditions omettent ce nom, qui est bien écrit *Janvri* (*Ianuri*) dans l'original. Il figure, le second, en ces termes : « M. de Ianury, dit de Feran, conseiller (*au Parlement*), place Maubert, tué, » dans la pièce publiée au tome II du *Choix de Mazarinades* (p. 383-386) sous ce titre curieux : *Liste générale de tous les morts et blessés, tant mazarins que bourgeois de Paris, à la généreuse résolution faite à l'Hôtel de Ville pour la destruction entière des mazarins, ensemble le sujet de l'institution des chevaliers de la Paille par l'ordre de Messieurs les Princes et de Mademoiselle.*

2. On lit ici *plus*, biffé. — Miron du Tremblay, « colonel (*depuis* 1641) du quartier de Saint-Germain de l'Auxerrois, homme de bien et de cœur, et qui avoit beaucoup de crédit parmi le peuple, » a écrit Retz, au tome II, p. 39 et 40. Conrart (p. 574) dit qu'il était « des plus ardents frondeurs contre la cour, » et qu'il avait cru par sa présence calmer l'émotion ; il ajoute qu'il fut tué à coups de baïonnettes et de poignards ; d'après la *Suite et conclusion du Journal du Parlement* (p. 31), il le fut « à coups de haches sur la tête. » Son nom manque dans la liste, incomplète, quoique dite *générale*, que nous venons de citer.

3. Qui fût à Paris. (1837-1866.)

4. Après *Barentin*, sont raturées deux lignes et demie : *et de Noblet Noblet qui avoit aidé M. de Montrésor à soutenir un peu la porte.* Voyez, au tome III, p. 493 et 494, le récit de cet épisode de la journée du 21 août 1651, où la Rochefoucauld, fermant la porte sur le Coadjuteur, lui prit le cou entre les deux battants. — Jacques-Honoré Barentin, sieur d'Hardivilliers, etc., que Retz appelle ici par anticipation président, n'était alors que conseiller au Parlement ; il devint maître des requêtes en 1655, et président au grand conseil en 1665. Voyez les notices sur les *maîtres des requêtes*, f° 256 v° (manuscrits de la Bibliothèque nationale, fonds français 14018). — Sur le péril couru en cette circonstance par le gouverneur de Paris, voyez en outre les *Mémoires de Conrart*, p. 570, et ceux *de Gui Joli*, p. 75.

parlé¹ à propos de ce qui m'arriva avec M. de la Rochefoucauld dans le parquet des huissiers, eut encore² le bonheur de servir utilement le maréchal en cette occasion. Vous vous pouvez imaginer³ l'effet que le feu de l'Hôtel de Ville et le sang⁴ qui y fut répandu produisirent dans Paris. La consternation d'abord y fut générale⁵ ; toutes les boutiques y furent fermées en moins d'un clin⁶ d'œil. L'on demeura quelque temps en cet état, l'on se réveilla un peu vers les six heures⁷, en quelques quartiers, où⁸ l'on fit des barricades pour arrêter les séditieux, qui se dissipèrent toutefois presque d'eux-mêmes. Il est vrai que Mademoiselle y contribua : elle alla elle-même, accompagnée de M. de Beaufort⁹, à la Grève, où elle en trouva encore quelques restes, qu'elle écarta¹⁰. Ces misérables n'avoient pas rendu tant de respect au saint sacrement que le curé de Saint-Jean¹¹ leur présenta, pour les obliger d'éteindre le feu qu'ils avoient mis aux portes de l'Hôtel de Ville.

1. Dans le passage du tome III, p. 494, auquel nous venons de renvoyer.
2. *Encore* est à la marge.
3. A la suite d'*imaginer*, Retz avait mis d'abord *ce que;* puis il l'a biffé, pour écrire ces mots, également effacés : *le feu que celui de l'Hôtel de Ville alluma dans Paris.*
4. *Sang* vient à la suite de *mort*, effacé, et *la* a été corrigé en *le*.
5. Y fut grande. (1837-1866.)
6. Dans l'original, *clain*.
7. *Vers les six heures*, à la marge ; plus haut, trois lettres ont été biffées entre *cet* et *état*. — Vers les trois heures. (Ms. Caf.) — Vers les cinq heures. (1837-1866.)
8. *Sur les six heures*, est effacé après *quartiers; où* est en interligne, au-dessus d'*et*, biffé ; *commença* est effacé devant *fit*.
9. *Accompagnée de M. de Beaufort*, à la marge.
10. Voyez les *Mémoires de Mademoiselle*, tome II, p. 122-127.
11. L'église de Saint-Jean en Grève, située dans l'ancienne rue du Martroi (voyez au tome II, p. 160 et note 5). L'illustre Gerson, chancelier de l'Université, en avait été curé.

Monsieur de Châlon[1] vint chez moi, au plus fort de ce mouvement; et la crainte qu'il avoit pour ma personne l'emporta sur celle qu'il devoit avoir pour la sienne, dans un temps où les rues n'étoient sûres pour personne sans exception. Il me trouva avec si peu de précaution[2] qu'il m'en fit honte, et je ne puis encore concevoir, à l'heure qu'il est, ce qui me pouvoit obliger à en avoir si peu, dans une occasion où j'en avois[3], ou du moins où j'en pouvois avoir tant de besoin[4]. C'est l'une de celles qui m'a persuadé, autant que chose du monde, que les hommes[5] sont souvent estimés par les endroits par lesquels ils sont les plus blâmables[6]. L'on loua ma fermeté; l'on devoit blâmer mon imprudence; celle-ci[7] étoit effective, l'autre n'étoit qu'imaginaire ; et la vérité est que [je] n'avois fait aucune réflexion sur le péril. Je n'y fus plus insensible quand l'on me l'eut fait faire[8]. M. de Caumartin envoya sur-le-champ querir chez lui mille

1. Retz écrit *Chaalon.* Voyez, au tome I, p. 264, note 3.
2. De précautions. (1837-1866.)
3. *J'en avois* est suivi des mots *autant de,* biffés, et remplacés par *tant de,* devant *besoin.*
4. Où j'en pouvois avoir de besoin. (1837 et 1843.) — Où j'en pouvois avoir besoin. (1859, 1866.) — « Depuis ce qui arriva à l'Hôtel de Ville le 4 juillet, écrit de son côté Conrart (p. 563), le cardinal de Retz ne sortoit plus de son logis, et se tenoit fort sur ses gardes. Monsieur le Prince faisoit courre le bruit qu'il vouloit se loger dans l'île Notre-Dame ; qu'il falloit faire un petit fort sur le Terrain[a] et y mettre deux canons, de peur de surprise des troupes du maréchal de Turenne, pour essayer d'obliger le cardinal de Retz à se retirer. »
5. Après *hommes,* Retz a biffé : *se doivent défendre avec une grande application.*
6. Le plus blâmables. (1837-1866.)
7. Un *L* biffé devant *celle-ci.*
8. Quand l'on me l'eut fait connoître. (Ms. Caf.)

[a] On nommait ainsi la pointe de l'île Notre-Dame, derrière la cathédrale; elle s'était appelée auparavant *la Motte aux Papelards,* puis *le Terrail.*

pistoles¹ (car je n'en avois pas vingt chez moi), avec lesquelles je fis quelques soldats. Je les joignis à des officiers réformés écossois, que j'avois toujours conservés des restes du comte de Montrose². Le marquis de Sablonière³, mestre de camp du régiment de Valois⁴, m'en donna cent des meilleurs hommes, commandés par deux capitaines du même régiment, qui étoient⁵ mes domestiques. Quérieux⁶ m'amena trente gendarmes de la compagnie du cardinal Antoine⁷, qu'il commandoit. Bussi-Lamet⁸ m'envoya quatre⁹ hommes choisis dans la garnison de Mezières¹⁰. Je garnis tout mon logis et toutes les tours de Notre-Dame de grenades; je pris mes mesures, en cas d'attaque¹¹, avec les bourgeois des ponts Notre-Dame et de Saint-Michel, qui m'étoient

1. Après *pistoles*, est effacé : *avec lesquelles*.
2. Voyez au tome III, p. 37 et note 1.
3. Voyez *ibidem*, la note 7 de la page 298.
4. Voyez ci-dessus, p. 107, note 2.
5. *De* a été biffé après *qui étoient*, et de même, plus bas, *gué*, devant *cardinal Antoine*.
6. Voyez au tome III, p. 487 et note 2.
7. Voyez au tome I, p. 285 et note 1.
8. Voyez au tome II, p. 286 et note 4.
9. Dans le ms. Caf., *quarante;* dans le ms. H et quelques-unes des premières éditions, *quatre cents*.
10. Gui Joli dit (p. 76) que bon nombre des amis de Retz, entre autres l'évêque de Châlon, dont il est parlé à la page précédente, vouloient qu'il se rendît à Mezières ou à Charleville[a], mais que ce fut lui, Joli, qui, avec Caumartin, détermina le Cardinal à rester à Paris et à tenir ferme. Il ajoute : « C'est pourquoi le sieur de Caumartin lui offrit aussitôt une somme de dix mille livres pour s'assurer d'une bonne garde, qu'il composa de cent ou cent vingt Anglois de la suite du roi d'Angleterre, que ce prince voulut bien lui prêter, sans parler de plus de cent gentilshommes, dont une partie couchoit dans le petit archevêché[b], et les autres dans le cloître. »
11. *En cas d'attaque* est ajouté en marge.

[a] Voyez tome II, p. 595 et note 1. — [b] Voyez tome I, p. 261, note 1.

fort affectionnés[1]. Enfin je me mis en état de disputer le terrain et de n'être plus exposé à l'insulte[2].

Ce parti paroissoit plus sage que celui de l'aveugle sécurité dans laquelle j'étois auparavant. Il ne l'étoit pas davantage, au moins par comparaison à celui que j'eusse choisi, si j'eusse su connoître mes véritables intérêts et prendre l'occasion que la fortune me présentoit. Il n'y avoit rien de plus naturel et[3] à ma profession et à l'état où j'étois que de quitter Paris, après une émotion qui jetoit[4] la haine publique sur le[5] parti qui, dans ce temps-là, paroissoit m'être le plus contraire. Je n'eusse point perdu ceux des Frondeurs qui étoient de[6] mes amis, parce qu'ils eussent considéré ma retraite comme une résolution de nécessité. Je me fusse[7] insensiblement, et presque sans qu'ils eussent pu s'en défen-

---

1. Entre autres, dit Gui Joli (p. 76), le sieur Houx, capitaine des bouchers, au bout du pont Notre-Dame (voyez au tome II, p. 561 et note 3).

2. Un *M* biffé, dans l'original, après le point qui suit *insulte*. — « On donna ordre aussi aux curés, écrit Gui Joli (p. 76 et 77), de faire sonner le tocsin en cas d'alarme, et d'exciter le peuple au secours de leur archevêque. Outre ces précautions, on prit aussi celle d'ouvrir secrètement les vitres de l'église Notre-Dame qui répondoient au petit archevêché, afin qu'en cas de besoin le cardinal de Retz pût se sauver dans les tours de l'église, où l'on fit provision de mousquets, de bombes, de grenades, avec des vivres pour quelques jours : tout cela dans un grand secret, et par le soin d'un bon prêtre qui avoit soin des cloches, nommé Carré ; mais le reste étoit public. »

3. La conjonction *et* est omise dans les éditions de 1837-1866.

4. Qui jeta. (1837-1866.)

5. *Le*, qui corrige *les*, est précédé de *ceux*, biffé ; plus loin, *ce* est en interligne, après un autre *le*, également biffé. *Je*, qui commence la phrase suivante, a été substitué à *J'eusse*.

6. *Ceux des Frondeurs qui étoient de* est ajouté à la marge, ainsi qu'un peu plus loin : *parce*.

7. *Me fusse* suit *J'eusse*, corrigé en *Je*; par contre, à la ligne suivante, *eussent* vient après *fussent*, biffé

dre eux-mêmes, [rétabli¹] dans l'esprit des pacifiques, parce qu'ils m'eussent regardé comme exilé pour une cause qui leur étoit commune. Monsieur n'eût pas² pu se plaindre de ce que j'abandonnois un lieu où il paroissoit assez qu'il n'étoit plus le maître. M. le cardinal Mazarin même eût été obligé, en ce cas, et par la bienséance et par l'intérêt, de me ménager; et³ il ne se pouvoit même que naturellement l'aigreur que la cour avoit contre moi ne diminuât de beaucoup⁴ par une conduite qui eût beaucoup contribué à noircir celle de ses ennemis. Les circonstances dont j'eusse pu accompagner ma retraite eussent empêché facilement que je n'eusse participé à la haine publique que l'on avoit contre le Mazarin, parce que je n'avois qu'à me retirer au pays de Rais⁵, sans aller à la cour, ce qui eût même purgé le soupçon du Mazarinisme⁶ pour le passé. Ainsi je fusse sorti de l'embarras journalier où j'étois et de celui que je prévoyois pour l'avenir, et que je prévoyois⁷ sans en pouvoir jamais prévoir l'issue. Ainsi j'eusse attendu, en patience, ce qu'il eût plu à la Providence d'ordonner de la destinée des deux partis, sans courre⁸ aucune des risques auxquelles j'étois exposé à tous les moments des deux côtés. Ainsi je me fusse ap-

1. Nous suppléons le mot *rétabli* à cette place, d'après le ms. Caf.
2. A la suite de *n'eût pas*, est effacé : *pleu*, faute qui s'explique par le voisinage des deux mots que Retz s'apprêtait à écrire : *peu (pu)* et *plaindre*.
3. Après *et*, est biffé : *l'aigreur*, récrit un peu plus loin.
4. *De beaucoup*, à la marge; plus bas, après *qui*, est effacé : *aideroit*.
5. Voyez au tome I, p. 95 et note 4, et p. 96 et note 3.
6. De Mazarinisme. (1837-1866.)
7. *Et que je prévoyois*, à la marge.
8. *Courre* est en interligne. — Sans courir aucun des risques auxquels. (1837-1866.) Voyez ci-dessus, p. 271, et note 2.

proprié l'amour public[1], que l'horreur que l'on a d'une action[2] concilie toujours infailliblement à celui qu'elle fait souffrir[3]. Ainsi je me fusse trouvé, à la fin des troubles, cardinal et archevêque de Paris, chassé de son siége par le parti[4] qui étoit publiquement joint avec l'Espagne; purgé de la faction par ma retraite hors de Paris[5]; purgé du Mazarinisme par ma retraite hors de la cour; et le pis du pis[6] qui me pouvoit arriver, après tous ces avantages, étoit d'être sacrifié, par les deux partis, si ils se fussent réunis contre moi, à l'emploi de Rome[7], qu'ils eussent été ravis de me faire accepter avec toutes les conditions que j'eusse[8] voulu, et qui à un cardinal archevêque de Paris ne peut jamais être[9] à charge, parce qu'il y a mille occasions dans lesquelles il a toujours lieu d'en revenir. J'eus toutes ces vues, et plus grandes et plus étendues qu'elles ne sont sur ce papier. Je ne doutai pas un instant que ce ne fussent les justes et les bonnes; je ne balançai pas un moment à ne les pas suivre. L'intérêt de mes amis, qui s'imaginoient que je trouverois à la fin, dans le chapitre des accidents[10], lieu de les servir et de les élever, me repré-

1. Dans l'original, *publique*.
2. Que l'on a d'une action violente. (1837-1866.)
3. Toute cette phrase : *Ainsi je me.... qu'elle fait souffrir*, est aux marges, de gauche et d'en bas, du manuscrit autographe.
4. Retz avait écrit d'abord : *la faction;* il a biffé *faction*, et mis *parti* en interligne, après avoir corrigé *la* en *le;* plus loin, *jointe* est corrigé en *joint*.
5. *Paris* est précédé de *la cour*, biffé.
6. *Du pis*, à la marge; plus bas, *réunis* est aussi à la marge, remplaçant *raccomodés* (sic), biffé dans le texte.
7. C'est-à-dire le pis eût été qu'on m'envoyât à Rome, qu'on fît de moi un cardinal résidant à Rome.
8. *J'eu fu* (sic), biffé, devant *j'eusse*.
9. Ne m'eût jamais été. (1837.) — Ne lui eût jamais été. (1843.) — Ne pût jamais être. (1859, 1866.)
10. Nous avons déjà vu la même expression à la page 75 du tome II.

senta d'abord qu'ils se plaindroient de moi, si je prenois un parti qui me tiroit d'affaire et qui les y laissoit. Je ne me [1] suis jamais repenti d'avoir préféré leur considération à la mienne propre ; elle fut appuyée par mon orgueil, qui eût eu peine à souffrir que l'on eût cru que j'eusse quitté le pavé à Monsieur le Prince [2]. Je me reproche et je me confesse de ce mouvement, qui eut toutefois, en ce temps-là, un grand pouvoir sur moi. Il fut imprudent, il fut foible ; car [3] je maintiens qu'il y a autant de foiblesse que d'imprudence à sacrifier ses grands et solides intérêts à des pointilles [4] de gloire, qui est toujours fausse, quand elle nous [5] empêche de faire ce qui est plus grand que ce qu'elle [6] nous propose. Il faut reconnoître de bonne foi qu'il n'y a que l'expérience [7] [qui] puisse apprendre aux hommes à ne pas préférer ce qui les pique dans le présent à ce qui les doit toucher bien plus essentiellement dans l'avenir. J'ai fait cette remarque une infinité de fois. Je reviens à ce qui regarde le Parlement.

Je vous expliquerai, en peu de paroles, tout ce qui s'y

1. Ici est biffé *re*, commencement de *repenti*.

2. Voyez au tome III, p. 315, 320 et 341. — Après *Prince* est raturé : *ce mouvem[ent]* ; plus loin, après *confesse*, le *de*, ici peu correct avec les deux verbes, à régimes divers, *reproche* et *me confesse*, est ajouté en marge ; puis, entre *mouvement* et *qui*, est encore effacé : *et je re*.

3. *Car* corrige *et;* plus loin, *à*, devant *sacrifier*, est en interligne, au-dessus du mot *de*, effacé.

4. Le ms. H et plusieurs des premières éditions ont changé *pointilles* en *pointillesses*.

5. *Nous* corrige *vous*.

6. Que ce qu'il. (1837-1866.)

7. Les mots : *n'y a que l'expérience*, sont récrits au-dessus de ceux-ci raturés : *n'y a que l'expérience qui* (mot que Retz a oublié de récrire) *puisse faire sentir effectivement*. Un peu plus haut, après *foi, qu'il*, que veut le sens, a été corrigé en *qui*. A la ligne suivante, *ne pas* est à la marge.

passa¹ depuis le 4 de juillet jusques au 13². La face en fut très-mélancolique : tous les présidents au mortier s'étant retirés, et, beaucoup des conseillers³ même s'étant aussi absentés, par la frayeur des séditions, que le feu et le massacre de l'Hôtel de Ville n'avoient pas diminuée⁴, cette solitude obligea ceux qui restoient à donner arrêt qui portoit défense⁵ de désemparer : en quoi ils furent mal obéis. Il se trouvoit, par la même raison, fort peu de monde aux assemblées de l'Hôtel de Ville⁶. Le provôt des marchands, qui ne⁷ s'étoit sauvé de la mort que par un miracle, le jour de l'incendie⁸, n'y assistoit plus. M. le maréchal de l'Hospital demeuroit clos et couvert dans sa maison⁹. Monsieur fit¹⁰ établir,

1. Tout ce qui se passa. (1859, 1866.)
2. Le chiffre 13 a été ajouté, après coup, devant 15, effacé; à la ligne suivante, *au mortier* se trouve à la marge ; dans la même phrase, *même* et *des séditions* sont en interligne, ces deux derniers mots au-dessus de *de ce*, effacé; et, après *le feu*, on lit *de l'Hoste[l]*, également biffé. — En face de cette dernière rature, à la marge, mais sans renvoi, se lit ce memento, effacé : *Gergeau*, dont nous avons parlé plus haut, p. 166, note 1.
3. De conseillers. (1859, 1866.) — Dans l'original, *des* corrige *de*.
4. Diminuées. (1837-1866.)
5. A donner un arrêt qui portoit défenses. (1837-1866.) — Cet arrêt se trouve dans la *Suite et conclusion du Journal du Parlement*, p. 34.
6. Voyez les *Registres de l'Hôtel de Ville pendant la Fronde*, tome III, p. 73-97.
7. Il y a *s'en*, biffé, à la suite de *qui ne*.
8. Le prévôt des marchands le Fèvre, que les mutins cherchaient pour le mettre en pièces, s'était réfugié sur le derrière de l'Hôtel de Ville, dans une chambre où il resta jusqu'à onze heures du soir, et d'où il fut tiré par Mademoiselle et Beaufort : voyez les *Mémoires de Conrart*, p. 570 et 571, et ceux *de Mademoiselle*, tome II, p. 125 et 126.
9. Le maréchal de l'Hôpital, gouverneur de Paris, s'était sauvé, par une fenêtre, déguisé : voyez les *Mémoires de Mademoiselle*, tome II, p. 126 et note 1.
10. *Fit* est en interligne.

en sa place¹, par une assemblée peu nombreuse, M. de Beaufort pour gouverneur, et M. de Broussel² pour prévôt des marchands³. Le Parlement ordonna à ses députés, qui étoient à Saint-Denis, de presser leur réponse, et, en cas qu'ils ne la pussent obtenir, de revenir dans trois jours prendre leurs places⁴.

Le 13, les députés écrivirent à la Compagnie, et ils lui envoyèrent la réponse du Roi par écrit. En voici la substance : « Que bien que⁵ Sa Majesté eût tout sujet de croire que l'instance que l'on faisoit pour l'éloignement de M. le cardinal Mazarin ne fût qu'un prétexte, elle vouloit bien lui permettre de se retirer de la cour, après que les choses nécessaires pour établir le calme dans le Royaume auroient été réglées, et avec les députés du Parlement, qui étoient déjà présents à la cour, et avec ceux qu'il plairoit à Messieurs les Princes d'y envoyer. » Messieurs les Princes, qui avoient connu que le Cardinal ne proposoit jamais de conférence que pour les décrier dans les esprits des peuples, se récrièrent à cette proposition ; et Monsieur dit, avec chaleur⁶, qu'elle n'étoit qu'un piége que l'on leur tendoit, et que lui, ni Monsieur son cousin, n'avoient aucun besoin d'envoyer des députés en leur nom, puisqu'ils avoient toute confiance⁷ à ceux du Parlement. L'arrêt qui suivit fut

---

1. Il y a ici *Mr*, effacé.
2. Dans l'original : *de Bruxelles*. Voyez, au tome II, la note 1 de la page 13.
3. Le vendredi 5 juillet, le Fèvre avait donné sa démission, en déclarant qu'il se retirait de Paris ; l'élection de Broussel eut lieu le lendemain : voyez les *Registres de l'Hôtel de Ville pendant la Fronde*, tome III, p. 76-85.
4. Dans l'autographe : *leur places*.
5. Les mots *bien que* sont en interligne.
6. Avec colère. (1837-1866.)
7. Toutes confiances. (1837.) — En ceux. (Ms. Caf.)

conforme au discours de Monsieur, et ordonna[1] aux députés de continuer leurs instances[2] pour l'éloignement du Cardinal. Messieurs les Princes écrivirent aussi au président de Nesmond, pour l'assurer qu'ils continuoient[3] dans la résolution de poser les armes aussitôt que le Cardinal seroit effectivement éloigné[4].

Le 17, les députés mandèrent au Parlement que le Roi étoit parti de Saint-Denis pour aller à Pontoise; qu'il leur avoit commandé de le suivre; que, sur la difficulté qu'ils en avoient faite, il leur avoit ordonné de demeurer à Saint-Denis.

Le 18, ils écrivirent qu'ils avoient reçu un nouvel ordre de Sa Majesté de se rendre incessamment à Pontoise. La Compagnie s'émut beaucoup, et donna arrêt par lequel il fut dit que les députés retourneroient à Paris incessamment. Monsieur, Monsieur le Prince et M. de Beaufort sortirent eux-mêmes, avec huit cents hommes de pied et douze cents chevaux[5], pour les ramener, et pour faire croire au peuple que l'on les tiroit[6] d'un fort grand péril.

La cour ne s'endormoit pas de son côté : elle lâchoit à tous moments des arrêts du Conseil qui cassoient ceux du Parlement. Elle déclara[7] nul tout ce qui s'étoit

---

1. *Ordonna* est précédé de *donna*, effacé : Retz allait sans doute écrire *donna ordre;* trois lignes plus bas, *pour* et deux lettres sont raturés après *de Nesmond;* le dernier mot de la phrase, *éloigné*, est écrit deux fois et biffé la première.
2. Dans l'original, *leur instances.*
3. Continueroient. (1837-1866.)
4. Voyez la lettre du duc d'Orléans et celle de Condé dans la *Suite et conclusion du Journal du Parlement*, p. 41-43.
5. Quelques-unes des premières éditions changent les douze cents chevaux en douze mille.
6. Faire voir au peuple qu'on le tiroit. (1837-1866.)
7. *Déclaroit*, corrigé en *déclara*.

fait, tout ce qui se faisoit et tout ce qui se feroit dans les assemblées de l'Hôtel de Ville; et elle ordonna même que les deniers destinés[1] au payement de ses rentes ne seroient portés dorénavant qu'au lieu[2] où Sa Majesté feroit sa résidence[3].

Le 19, M. le président de Nesmond fit la relation de ce qu'il avoit fait à la cour avec les autres députés. Cette relation, qui étoit toute remplie de dits et de contredits, ne contenoit rien en substance de plus que ce que vous en avez vu dans les précédentes, à la réserve d'un[4] article d'une lettre écrite par M. Servien aux députés, qui portoit qu'en cas que Monsieur et Monsieur le Prince continuassent à faire difficulté d'envoyer des députés en leur nom, Sa Majesté consentoit qu'ils chargeassent ceux du Parlement de leurs intentions[5]. Cette même lettre assuroit que le Roi éloigneroit Monsieur le Cardinal de ses conseils aussitôt que l'on seroit convenu des articles qui pourroient être contestés[6] dans la conférence, et qu'il n'attendroit pas même pour le faire qu'ils fussent exécutés. L'on opina ensuite; mais l'on ne put finir la délibération que le 20. Il passa à déclarer que, le Roi étant détenu prisonnier par le cardinal Mazarin, M. le duc d'Orléans seroit prié de prendre la qualité de lieutenant général[7] de Sa Majesté, et Monsieur le Prince convié à prendre sous lui

---

1. Dans l'original, par mégarde, *destinées*, et, plus loin, *portées*.
2. Qu'aux lieux. (1837-1866.)
3. Voyez encore la *Suite et conclusion du Journal du Parlement*, p. 48-53.
4. Après *d'un*, qui corrige *d'une*, est biffé : *lettre (letre) que*; ensuite *d'une*, devant *lettre*, corrige *de*; plus loin, après *députés*, est encore effacé : *po[rtant]*.
5. Dans l'original, *leur intentions*.
6. Le manuscrit porte *contestées*, avec le second *e* biffé.
7. *De l'État* a été biffé après *lieutenant général*.

le commandement des armes[1], tant et si longtemps que le cardinal Mazarin ne seroit pas hors du Royaume ; que copie de l'arrêt seroit envoyée à tous les parlements de France, qui seroient[2] priés d'en donner un pareil. Ils ne déférèrent point à la prière[3] ; car, à la réserve de celui de Bordeaux, il n'y en eut aucun qui en délibérât seulement ; et, bien au contraire, celui de Bretagne avoit mis surséance à ceux qu'il[4] avoit donnés auparavant, jusques à ce que les troupes espagnoles, qui étoient entrées en France, fussent tout à fait hors du Royaume. Monsieur ne fut pas mieux obéi sur ce qu'il écrivit de sa nouvelle dignité à tous les gouverneurs de provinces[5]; et il m'avoua de bonne foi, quelque temps après, qu'un[6] seul, à l'exception de M. de Sourdis[7], ne lui avoit fait réponse. La cour les avoit avertis de leur devoir par un arrêt solennel, que le Conseil donna en cassation de celui du Parlement qui établissoit la lieutenance générale. Son autorité n'étoit pas même établie, au moins en la manière qu'elle le devroit être, dans Paris; car, deux misérables ayant été condamnés[8] à être pen-

1. Le commandement des armées. (1837-1866.) — A la ligne précédente, un *d* effacé suit *convié;* à la suivante, *ne* et *pas* sont en interligne.

2. Retz avait d'abord écrit *seront;* puis il a mis *ie* en interligne. — On trouve dans la *Suite et conclusion du Journal du Parlement* (p. 63-70) les *Lettres circulaires* envoyées dans les provinces par le parlement de Paris et par le duc d'Orléans, avec la teneur de l'arrêt de cassation dont Retz parle un peu plus loin, et qui fut donné en conseil d'État, le 23 juillet, à Pontoise.

3. A sa prière. (1837-1866.)

4. Retz, par mégarde, a écrit *qu'ils,* avec *s* biffé. A la suite, *donné,* sans accord.

5. Des provinces. (1837-1866.)

6. *Qu'un* corrige *que.* — Que pas un seul. (1837-1866.)

7. Voyez ci-dessus, p. 163.

8. Qu'elle le devoit.... étant condamnés. (1837-1866.)

dus¹ le 23, pour avoir mis le feu à l'Hôtel de Ville², les compagnies de bourgeois qui furent commandées pour tenir la³ main à l'exécution refusèrent d'obéir.

Le 24, l'on ordonna que l'on feroit une assemblée générale à l'Hôtel de Ville, pour aviser aux moyens de trouver de l'argent pour la subsistance des troupes, et que l'on vendroit les statues qui étoient dans le palais Mazarin pour faire le fonds de la tête à prix.

Le 26, Monsieur dit, dans les chambres assemblées, que, sa nouvelle qualité de lieutenant général l'obligeant à former un conseil, il prioit la Compagnie de nommer deux de son corps qui y entrassent, et de lui dire aussi si elle n'approuvoit pas qu'il priât Monsieur le Chancelier d'y assister. Il passa à cet avis, et M. Bignon même, avocat général, et le Caton de son temps⁴, n'y fut pas contraire ; car il dit dans ses conclusions, qui furent d'une force et d'une éloquence admirable⁵, que le Parlement n'avoit point donné à Monsieur la qualité de lieutenant général, mais qu'il la pouvoit prendre dans la conjoncture, comme l'ayant de droit par sa naissance, qui le constituoit naturellement le premier magistrat du Royaume. Il allégua sur cela Henri le Grand, qui, étant premier⁶ prince du sang, s'étoit appelé ainsi dans un discours qu'il avoit fait dans le temps des troubles.

1. La préposition *pour* a été biffée, à la suite du participe *pendus*.
2. Dans l'Hôtel de Ville. (1837-1866.)
3. *La* est en interligne ; et *main* est suivi d'un *f* et de deux autres lettres biffés.
4. Voyez ci-dessus, p. 246 et note 9. — Il y a ici de plus, dans l'original, une ligne et demie raturée : *parla avec une action qui comme..... étoit.... car.*
5. Admirables. (1837-1866.) — N'avoit pas donné. (*Ibidem.*)
6. Le mot *premier* termine une ligne, puis est répété au commencement de la suivante. A la fin de la phrase, Retz a écrit : *a linea* (sic), après un signe renvoyant à la marge, où, à gauche et en bas, se trouve ajouté tout le paragraphe suivant : « Le 27, le con-

SECONDE PARTIE. [Juillet 1652] 297

Le 27, le Conseil fut établi par M. le duc d'Orléans, et il fut composé de Monsieur, de Monsieur le Prince, de MM. de Beaufort[1], de Nemours, de Sulli, de Brissac, de la Rochefoucauld et de Rohan ; les présidents de Nesmond et de Longueil ; Aubri[2] et Larcher, présidents des Comptes ; Dorieux et le Noir, de la cour des Aides.

Le 29, il fut résolu, dans l'assemblée de l'Hôtel de Ville, de lever huit cent mille livres pour fortifier les troupes de Son Altesse Royale[3], et d'écrire à toutes les grandes villes du Royaume pour les exhorter à s'unir avec la capitale. Le Roi ne manqua pas de casser, par

seil, etc. » — Sur la harangue de l'avocat général ici mentionnée, voyez les *Mémoires d'Omer Talon* (p. 501) et la *Suite du Journal du Parlement* (p. 73-75). Selon *Conrart* (p. 584 et 585), Bignon désavoua le texte de son discours, tel qu'il fut ensuite imprimé.

1. *Beaufort* est suivi d'*et*, biffé ; l'*et* qui précède *de Rohan* a été ajouté après coup, et, à la suite de *Rohan*, est effacé : *prince de Tarente*. Le ms. Caf. fait suivre ce même nom, *Rohan*, des mots : *et de Chavigny*, et a, plus loin, un blanc à la place de *Dorieux*, qui est omis dans plusieurs des premières éditions. — La *Gazette* rapporte que, le 29 juillet, les deux princes allèrent en personne à la chambre des Comptes, puis à la cour des Aides, et que, sur l'invitation de ces compagnies, Monsieur choisit lui-même, dans chacune d'elles, deux membres du conseil, ceux que nomme ici Retz. Il avait déjà fait un choix semblable au Parlement. Voyez aussi les *Mémoires de la Rochefoucauld*, p. 419.

2. Robert Aubery, sieur de Brevanes, etc., président à la chambre des Comptes (1619), conseiller d'État (1651). — Michel Larcher, sieur d'Olisy, etc., président à la chambre des Comptes (1626), marquis d'Éternay (1653). — Jean Dorieu, mort en juin 1679. Voyez le manuscrit déjà cité de la Bibliothèque nationale, *Maîtres des requêtes de 1575 à 1722*, fos 94, 142, 283.

3. D'après *Omer Talon* (p. 502), chaque porte cochère fut taxée à soixante-quinze livres et chaque grande boutique à trente ; les petites boutiques et les petites portes devaient en payer quinze. Les *Registres de l'Hôtel de Ville pendant la Fronde* (tome III, p 127) donnent une taxe différente.

des arrêts du Conseil, tous ceux¹ du Parlement et toutes ces délibérations de l'Hôtel de Ville.

Je crois que je me suis acquitté exactement de la parole que je vous ai donnée de ne vous guère importuner de mes réflexions sur tout ce qui se passa dans les temps que je viens de parcourir plutôt que de décrire. Ce n'est pas, comme vous le jugez aisément, faute de matière : il n'y en peut guère² avoir qui en soit plus digne, ni qui en dût être plus féconde. Les événements en sont bizarres, rares, extraordinaires; mais, comme je n'étois pas proprement dans l'action et que je ne la voyois même que d'une loge³ qui n'étoit qu'au coin du théâtre, je craindrois, si j'entrois trop avant [dans] le détail, de mêler dans mes vues mes conjectures; et j'ai tant de fois éprouvé que les plus raisonnables sont souvent fausses, que je les crois toujours indignes de l'histoire, et d'une histoire⁴ particulièrement qui n'est faite que pour une personne à laquelle on doit, par tant de titres, une vérité pleinement incontestable. En voici deux, sur cette matière, qui sont de cette nature.

L'une est que, bien que je ne puisse vous démêler en particulier les différents ressorts des machines que vous venez de voir sur le théâtre, parce que j'en étois⁵ dehors, je puis vous assurer que l'unique qui faisoit agir si pitoyablement Monsieur étoit la persuasion⁶ où il étoit que, tout étant à l'aventure, le parti le plus sage étoit celui de suivre toujours le flot, c'étoit son expression; et que

1. Retz avait d'abord écrit : *tous ces arrêts;* il a corrigé *ces* en *ceux,* et biffé *arrêts.*
2. Le mot *guère* manque dans le ms. Caf. A la ligne suivante, *plus* est effacé après *ni,* dans l'original.
3. *Loge* est en interligne au-dessus de *niche,* effacé.
4. Et de l'histoire. (1837-1866.)
5. Retz a corrigé *je n'estois* en *j'en estois.*
6. Après *persuasion* est biffé un *q.*

ce qui obligeoit Monsieur le Prince à se conduire comme il se conduisoit étoit l'aversion qu'il avoit à la guerre civile, qui fomentoit et réveilloit même à tout moment[1], dans le plus intérieur de son cœur, l'espérance de la terminer[2] promptement par une négociation. Vous remarquerez, s'il vous plaît, qu'elles n'eurent jamais d'intermission. Je vous ai expliqué le détail de ces différents mouvements dans ce que je vous ai expliqué[3] ci-dessus; mais je crois qu'il n'est pas inutile de vous le marquer[4] encore en général dans le cours d'une narration[5] laquelle vous présente, à tous les instants, des incidents dont vous me demandez sans doute les raisons, que j'omets, parce que je n'en sais pas le particulier.

Je vous ai déjà dit que j'avois rebuté Monsieur par mes monosyllabes[6]. Je m'y étois fixé à dessein[7], et je ne les quittai que lorsqu'il s'agit de la lieutenance générale. Je la combattis de toute ma force, parce qu'il me força de lui en dire mon sentiment. Je la lui traitai d'odieuse, de pernicieuse et d'inutile, et je m'en expliquai et si hautement et si clairement, que je lui dis que je serois au désespoir que tout le monde ne sût pas sur cela mes sentiments, et que l'on crût que ceux qui avoient mon caractère particulier dans le Parlement fussent capables d'y donner leurs voix[8]. Je lui tins ma

---

1. A tous moments. (1837-1866.)
2. Devant *terminer*, est effacé *fi[nir]*. La phrase suivante : *Vous remarquerez.... d'intermission*, est à la marge.
3. Dans ce que je vous ai raconté. (Ms. Caf.)
4. Qu'il n'est pas utile de vous les marquer. (1837-1866.)
5. Après *narration* est effacé *dans*.
6. Voyez ci-dessus, p. 251 et note 11.
7. Les mots *je les* sont biffés après *dessein*.
8. Dans l'original, *leur voix*. Vu l'habitude de notre auteur d'écrire le plus souvent *leur* sans *s*, on peut se demander s'il a voulu mettre le singulier ou le pluriel.

parole. M. de Caumartin s'y signala même par l'avis contraire. Je croyois devoir cette conduite au Roi, à l'État et à Monsieur même. J'étois convaincu, comme je le suis encore, que les mêmes lois qui nous permettent quelquefois de nous dispenser de l'obéissance exacte nous défendent toujours de ne[1] pas respecter le titre du sanctuaire, qui, en ce qui regarde l'autorité royale, est le plus essentiel[2]. J'étois de plus en état, à vous dire le vrai, de soutenir mes maximes[3] et mes démarches; car la contenance que j'avois tenue dans la révolution de l'Hôtel de Ville avoit saisi l'imagination des gens, et leur avoit fait croire que[4] j'avois beaucoup plus de force que je n'en avois en effet. Ce qui la fait croire l'augmente; j'en avois fait l'expérience; je m'en étois servi avec fruit, aussi bien que des autres moyens que je trouvai encore en abondance dans les dispositions de Paris, qui s'aigrissoit tous les jours contre le parti des Princes, et par les taxes desquelles l'on se voyoit menacé, et par le massacre de l'Hôtel de Ville, qui avoit jeté l'horreur dans tous les esprits[5], et par le pillage des environs[6], où l'armée, qui, depuis le combat de Saint-Antoine[7], étoit campée dans le faubourg Saint-Victor, faisoit des ravages incroyables[8]. Je profitois de tous ces

1. Quatre lettres effacées, entre *de* et *ne*.
2. Rapprochez d'un passage du tome I, p. 294.
3. Ma maxime. (1837-1866.)
4. Après *fait croire que*, Retz a biffé ces mots : *j'étois plus fort que je ne l'étois en effet;* il a répété, par mégarde, *que* après la rature; plus loin, il avait d'abord écrit *forces*.
5. La Rochefoucauld dit de même (p. 421) : « Le massacre de l'Hôtel de Ville avoit donné de l'horreur à tout le monde. »
6. Par le pillage des maisons. (Ms. Caf.)
7. *Depuis le combat de Saint-Antoine* est à la marge.
8. Voyez les détails que donne Conrart dans ses *Mémoires* (p. 586 et 587). Il dit et Montglat confirme (p. 274) que l'armée des Princes décampa, le 29 juillet, du faubourg Saint-Victor pour s'aller

désordres. Je les relevois d'une manière qui me rendoit agréable à tous ceux qui les blâmoient ; je ramenois doucement et insensiblement[1] à moi tous ceux des pacifiques qui n'étoient pas attachés, par profession particulière, au Mazarin. Je réussis dans ce manége au point que je me trouvai, à Paris, en état de disputer le pavé à tout le monde, et qu'après m'être tenu sur la défensive trois semaines, dans mon logis, avec les précautions que je vous ai marquées ci-dessus[2], j'en sortis même avec pompe, nonobstant le cérémonial romain[3]. J'allai tous les jours à Luxembourg ; je passai au milieu de gens de guerre[4] que Monsieur le Prince avoit dans le faubourg, et je crus que j'étois assez assuré du peuple, pour croire que j'en pouvois user ainsi avec sûreté. Je ne m'y trompai pas, au moins par l'événement. Je reviens au Parlement.

Le 6 d'août, Beschefert[5], substitut du procureur gé-

loger vers Juvisy. — Jusqu'en 1760, la rue Saint-Victor, qui devait son nom à la célèbre abbaye du même nom, s'est appelée, à partir des rues des Fossés-Saint-Victor et Saint-Bernard, *rue du Faubourg-Saint-Victor*, jusqu'aux rues dites aujourd'hui de Lacépède et Cuvier.

1. Insensiblement et doucement. (1837-1866.)
2. *Marqué*, sans accord, dans le manuscrit autographe, où *ci-dessus*, qui suit, est à la marge ; plus loin, après *j'en sortis*, est biffé *publiquement*, et, après *pompe*, ce tâtonnement : *je repre[nds] la a l di q....*
3. Voyez ci-dessus, p. 141 et 145.
4. J'allois.... au Luxembourg ; je passois au milieu des gens de guerre. (1837-1866.) — Retz a corrigé *allois* et *passois* en *allai* et *passai*, et *toutes* en *tous* ; il a écrit *gen*. A la ligne suivante, entre *je* et *crus*, est effacé *m[e]*.
5. Buchefert. (1837-1866.) — Le ms. H fait de ce mot *Richefort*, quelques éditions anciennes *Berchifort* ; la plupart *Bachifert* ou *Buchifert*. Dans l'original, il y a bien *Beschefert*, comme dans la *Suite et conclusion du Journal du Parlement* (p. 86) et dans les *Mémoires d'Omer Talon* (p. 503).

néral, apporta aux chambres assemblées[1] deux lettres du Roi, l'une adressée à la Compagnie, l'autre au président de Nesmond, avec une déclaration du Roi, qui portoit la translation[2] du Parlement à Pontoise[3]. La cour avoit pris cette résolution, après avoir connu que son séjour[4] à Saint-Denis n'avoit pas empêché que le Parlement et l'Hôtel de Ville n'eussent fait les pas que vous avez vus ci-devant. L'on s'émut fort dans l'assemblée des chambres à cette nouvelle. L'on opina, et il fut dit que les lettres et la déclaration seroient mises au greffe, pour y être fait droit après que le cardinal Mazarin seroit hors de France. Ce parlement de Pontoise, composé de quatorze officiers[5], à la tête desquels étoient MM. les présidents Molé, de Novion et le Cogneux[6], qui s'étoient, un peu auparavant, retirés de Paris, en habit déguisé, fit des remontrances au Roi, tendantes à l'éloignement du cardinal Mazarin. Le Roi lui[7] accorda ce qu'il lui demandoit, à l'instance même de ce bon et

1. *Chambres assemblées* remplace, à la marge, le mot *Parlement*, biffé dans le texte ; et *au*, qui précédait, a été corrigé en *aux*.

2. Devant *translation*, est effacé *de*.

3. Voyez la *Suite et conclusion du Journal du Parlement* (p. 87-98), et, dans le *Choix de Mazarinades* (tome II, p. 438-443), la pièce en vers (7 août 1652) intitulée : *Satire du parlement de Pontoise.*

4. Après *séjour*, un *d*, biffé.

5. « *Officier*, qui a un office, une charge. *Officier du Roi, officier de guerre, officier au Parlement,* etc. » (*Dictionnaire de l'Académie*, 1694.)

6. Voyez, dans la *Suite et conclusion du Journal du Parlement* (p. 104), la liste complète des membres qui siégèrent à Pontoise ; ils furent au nombre de trente et un, tant présidents que maîtres des requêtes et conseillers, y compris Foucquet, procureur général, et Radigues, greffier. Le reste de la Compagnie continua de tenir ses séances à Paris : si bien que l'on eut, comme il va être raconté, le spectacle de deux cours de justice, se faisant, dit la *Muze historique* (p. 276), « la guerre à coups d'arrêts. »

7. *Lui* substitué à *leur*.

désintéressé ministre, qui sortit effectivement de la cour et se retira à Bouillon[1]. Cette comédie, très-indigne de la majesté[2] royale, fut accompagnée de tout ce qui la pouvoit rendre encore plus ridicule[3]. Les deux Parlements se foudroyèrent par des arrêts sanglants qu'ils donnoient les uns contre les autres.

Le 13 d'août, celui de Paris ordonna que ceux qui assisteroient à l'assemblée de Pontoise seroient rayés du tableau et du registre.

Le 17 du même mois, celui de Pontoise vérifia la déclaration du Roi, qui portoit injonction au parlement de Paris de se rendre à Pontoise[4] dans trois jours, à peine de suppression de leurs charges[5].

Le 22, Monsieur et Monsieur le Prince firent déclaration au Parlement, à la chambre des Comptes et à la cour des Aides, que vu l'éloignement du cardinal Mazarin, ils[6] étoient prêts de poser les armes[7], pourvu

1. Dans l'original, *Boullion*. — Mazarin quitta le Roi le lundi 19 août, et, dit *Montglat* (p. 273), « fut coucher à Meaux ; et, de là, il marcha toujours jusqu'à ce qu'il fût à Bouillon, ville du pays de Liége. » Voyez une lettre de la Rochefoucauld à Lenet, en date du 21 août 1652. — Selon d'autres, Mazarin se retira de nouveau à Sedan : voyez l'*Art de vérifier les dates*, à l'année 1652.

2. Devant *la majesté*, est effacé : *l'autorité roia[le]*.

3. Tavannes raconte tout au long dans ses *Mémoires* (p. 174 et suivantes) la mise en scène de la comédie qui précéda le départ du Cardinal.

4. Retz a écrit, par mégarde : *injonction du Parlement de Paris de se rendre à Paris;* puis *la huitaine* est biffé, devant *trois jours*. Ne comprenant pas ce passage, le ms. H et toutes les anciennes éditions ont omis tout ce qui est entre *parlement* et *à la chambre des Comptes*, trois lignes plus bas.

5. Voyez le texte de cette *Déclaration du Roi* dans la *Suite et conclusion du Journal du Parlement*, p. 121-124.

6. *Que* et *ils* sont en interligne ; *que*, au-dessus de *qu'ils*, que Retz a oublié de biffer ; *vu l'éloignement du cardinal Mazarin* est à la marge.

7. A poser les armes. (1843-1866.)

qu'il plût à Sa Majesté de donner une amnistie, d'éloigner ses troupes des environs de Paris, de retirer celles qui étoient en Guienne, et donner une route et sûreté pour la retraite de celles d'Espagne[1], permettre à Messieurs les Princes d'envoyer vers Sa Majesté, pour conférer de ce qui pourroit[2] rester à ajuster. Le Parlement donna arrêt ensuite, par lequel il fut ordonné que Sa Majesté seroit remerciée de l'éloignement du Cardinal, et très-humblement suppliée de revenir en sa bonne ville de Paris.

Le 26, le Roi[3] fit vérifier au parlement de Pontoise l'amnistie, qu'il donna à tous ceux qui avoient pris les armes contre lui; mais avec des restrictions[4] qui faisoient que peu de gens y pouvoient trouver leur sûreté[5].

Les 29 et 31 d'août et le 2 de septembre[6], l'on ne parla presque à Paris[7], dans les chambres assemblées, que du refus que la cour avoit fait à Monsieur et à Monsieur le Prince des passe-ports qu'ils lui avoient demandés pour MM. le maréchal[8] d'Estampes, comte de

1. Voyez ci-dessus, p. 294 et note 2. — L'Académie (1694) définit *route* : « l'expédition qui marque les logements des troupes et le chemin qu'elles doivent tenir. » — La fin de la phrase : *permettre.... à ajuster*, se trouve ajoutée aux marges de gauche et d'en bas; un tâtonnement : *de de*, a été biffé, après *envoyer*.

2. Pouvoit. (1837-1866.) — Le ms. Caf. remplace *ajuster* par *conclure*.

3. *Le Roi* est précédé de *fit*, effacé.

4. Les mots : *où peu de gens*, sont (sauf le *de*, oublié) raturés après *restrictions*.

5. Voyez le texte de cet édit d'amnistie dans la *Suite et conclusion du Journal du Parlement*, p. 142-151. Nous ferons remarquer que ce journal donne aussi les *Extraits des registres de Parlement* (sic) *séant à Pontoise* (p. 152-158).

6. *Et le 2 de septembre*, à la marge; après 29, est biffé *d'ao[ust]*.

7. Le ms. Caf. omet les mots : *à Paris*.

8. *Le maréchal*, et, deux lignes plus loin, *une lettre de*, sont en interligne.

Fiesque, et Goulas, et de la réponse que le Roi avoit faite à une lettre de Monsieur[1]. Cette réponse étoit en substance : qu'il s'étonnoit que M. le duc d'Orléans n'eût pas fait réflexion[2] qu'après l'éloignement de M. le cardinal Mazarin, il n'avoit autre chose à faire, suivant sa parole et sa déclaration, qu'à poser les armes, renoncer à toutes associations et traités, et faire retirer les étrangers[3] : après quoi ceux qui viendroient de sa part seroient très-bien reçus.

Le 2 de septembre[4], l'on opina sur cette réponse du Roi, mais l'on n'eut pas le temps d'achever la délibération ; il fut seulement arrêté que défenses seroient faites aux lieutenants criminel et particulier[5] de faire publier aucune déclaration du Roi, sans ordre du Parlement : ce qui fut ordonné sur l'avis que l'on eut que ces officiers avoient reçu commandement du Roi de

---

1. Cette réponse du Roi se trouve dans la *Suite et conclusion du Journal du Parlement*, p. 136-140. Voyez, sur la demande de passeports dont parle ici Retz, une lettre de la Rochefoucauld à Lenet, en date du 25 août 1652.

2. Pas fait de réflexion. (1837-1866.)

3. Quelques lettres biffées, à la suite d'*étrangers* ; et, un peu plus haut, *apr*[ès], avant la conjonction *et*, suivie en outre de quelques lettres également effacées.

4. *Le 2 de septembre*, ici comme déjà à la page précédente, est ajouté à la marge ; ensuite, devant *réponse*, est biffé : *discours* (ce mot est précédé de *ce*, corrigé en *cette*) que M^r. Après *Roi* est un signe de renvoi effacé.

5. Que défense seroit faite au lieutenant criminel et particulier. (1837-1866.) — Le lieutenant criminel était le lieutenant du prévôt de Paris ; il instruisait les procès criminels, et, assisté de sept juges, il prononçait en dernier ressort sur les cas dits prévôtaux. Le lieutenant particulier remplaçait à Paris le lieutenant civil, lequel dirigea la police jusqu'à l'époque où fut établi le lieutenant général de police (1667). Voyez le *Dictionnaire des institutions.... de la France* de M. Chéruel, et le *Dictionnaire historique de la France* de M. Lud. Lalanne.

faire publier et afficher dans la Ville celle d'amnistie, qui avoit été vérifiée à Pontoise.

Le 3, l'on acheva la délibération sur la réponse du Roi à Monsieur; il fut arrêté que les députés de la Compagnie iroient trouver[1] le Roi pour le remercier de l'éloignement de M. le cardinal Mazarin et pour le supplier de revenir en sa bonne ville de Paris; que M. le duc d'Orléans et Monsieur le Prince seroient priés d'écrire au Roi et de l'assurer qu'ils mettroient bas les armes aussitôt qu'il auroit plu à Sa Majesté d'envoyer les passe-ports nécessaires pour la retraite des étrangers, et une amnistie en bonne forme et qui fût vérifiée dans tous les parlements du Royaume; que Sa Majesté seroit aussi suppliée de recevoir les députés de Messieurs les Princes; que la chambre des Comptes et la cour des Aides de Paris[2] seroient conviées de faire la même députation; qu'assemblée générale seroit faite dans l'Hôtel de Ville, et que l'on écriroit à M. le président de Mesme, qui s'étoit aussi retiré à Pontoise[3], afin qu'il sollicitât les passe-ports.

Permettez-moi, je vous supplie, de faire une pause en cet endroit, et de considérer avec attention cette[4] illu-

---

1. *Députés de la Compagnie iroient trouver*, en interligne, au-dessus de ces mots effacés : *l'on* (corrigé en *les*) *feroit très-humbles remontrances au* (corrrigé en *le*).

2. Le ms. Caf. omet *de Paris*. Plus loin, Retz a écrit *conviés*; après *députation* est biffé *et*.

3. On voit par une lettre de la Rochefoucauld à Lenet, en date du 4 septembre 1652, et par la *Suite du Journal du Parlement* (p. 156), que le président de Mesmes était non pas à Pontoise, mais auprès du Roi, à Compiègne, où la cour, dit *Montglat* (p. 273), était arrivée le 20 août.

4. Le pronom *cette*, qui paraît corriger le masculin *ce*, est suivi des mots : *jeu et*, biffés, à la suite desquels il se retrouve répété par mégarde.

sion scandaleuse et continuelle avec laquelle[1] un ministre se joue effrontément[2] du nom et de la parole sacrée d'un grand roi, et avec laquelle, d'autre part, le[3] plus auguste parlement du Royaume, la cour des Pairs, se joue, pour ainsi parler, d'elle-même, par des contradictions[4] perpétuelles et plus convenables à la légèreté d'un collége qu'à la majesté d'un sénat. Je vous ai déjà dit quelquefois que les hommes ne se[5] sentent pas dans ces sortes de fièvre[6] d'État, qui tiennent de la frénésie[7]. Je connoissois, en ce temps-là, des gens de bien qui étoient persuadés, jusques au martyr, si il eût été nécessaire, de la justice de la cause de Messieurs les Princes. J'en connoissois d'autres, et d'une vertu désintéressée et[8] consommée, qui fussent morts avec joie pour la défense de celle de la cour. L'ambition des grands se sert[9] de ces dispositions comme il convient à leurs intérêts. Ils aident à aveugler le reste des hommes, et ils s'aveuglent eux-mêmes après, encore plus dangereusement que le reste des hommes.

Le bonhomme M. de Fontenai, qui avoit été deux

---

1. *Et continuelle avec laquelle*, à la marge; après *scandaleuse*, on lit, dans le texte, ces mots raturés : *qui fait qu'un grand roi*.

2. Se joue effectivement. (Ms. Caf., H, et toutes les anciennes éditions.)

3. *Le* est suivi de *prem[ier]*, biffé.

4. Après *contradictions* est effacé *conti[nuelles]*.

5. *Se* termine une page, puis est répété au commencement de la suivante.

6. *Fièvre* est ainsi au singulier dans l'autographe.

7. Retz a écrit ci-dessus, p. 267, qu' « il y a des temps où l'on peut dire.... qu'ils (*les hommes*) ne se sentent point. »

8. *Désintéressée et* se trouve ajouté à la marge.

9. *Se sert* corrige *se servant*; plus loin, Retz avait mis d'abord : *comme il leur convient pour;* le mot *leur*, répété, est biffé dans le texte et en interligne, après *comme il;* puis, de même, *pour*, devant : *à leur* (sic) *intérêts*.

fois ambassadeur à Rome[1], qui avoit de l'expérience, du bon sens, et de l'intention[2] sincère et droite pour l'État, déploroit[3] tous les jours avec moi la léthargie dans laquelle les divisions domestiques font tomber même les meilleurs citoyens à l'égard du dehors de l'État[4]. L'Archiduc reprit, cette année-là, Graveline et Dunkerque[5]. Cromwell prit, sans déclaration de guerre et avec une insolence injurieuse à la couronne, sous je ne sais quel prétexte de représaille[6], une grande partie des vaisseaux du Roi[7]. Nous perdîmes Barcelone et la Catalogne[8], et la

1. En 1642 et en 1647 : voyez ci-dessus, p. 218. — *Qui avoit été deux fois ambassadeur à Rome* est ajouté à la marge.

2. Et l'intention. (1837-1866.)

3. Après *déploroit*, qui corrige *pleuroit*, il y a quelques tâtonnements effacés : ... *dans la cet.... les...*; les mots : *tous les jours avec moi*, sont à la marge; plus loin, quelques lettres ont été biffées devant *citoyens;* le ms. H a cette leçon : « font tomber les princes ambitieux comme les meilleurs citoyens. »

4. La plupart des éditions anciennes et celles de 1837-1866 finissent la phrase à *citoyens*, et en commencent une nouvelle par *A l'égard du*. Nous suivons l'original, qui a un point très-nettement marqué après *l'État*, et qui donne ainsi un sens très-satisfaisant. La première édition (1717) et celles de 1718 C, D, E, coupent comme nous. — Entre *du* et *dehors*, le mot *Royaume* est raturé.

5. Gravelines, place forte de Flandre (voyez ci-dessus, p. 9, note 7, où il faut changer, à la seconde ligne, 16 en 18), avait été attaquée le 11 avril par l'archiduc Léopold-Guillaume, et capitula le 18 mai. Elle ne fut reprise que le 30 août 1658, par le maréchal de la Ferté : voyez les *Mémoires de Montglat*, p. 279-281, et ceux de *Mme de Motteville*, tome IV, p. 114. — Dunkerque (dans l'autographe, *Duncherche*) fut rendu par le maréchal d'Estrades aux Espagnols le 18 septembre 1652. Le maréchal nous donne lui-même cette date du 18 dans sa relation de *la Défense de Dunkerque*, publiée, d'après le manuscrit inédit de la Bibliothèque nationale, par M. Tamizey de Larroque (1872, in-8°, p. 55 et 57).

6. Représailles. (1837-1866.)

7. *Sous je ne sais quel prétexte de représaille* est à la marge, suivi de quelques mots biffés : *la.... vaisseaux du Roi.*

8. Voyez encore les *Mémoires de Montglat*, p. 280 et 281, et un

SECONDE PARTIE. [Septembre 1652] 309

clef de l'Italie avec Casal[1]. Nous vîmes Brisach révolté, sur le point de retomber[2] entre les mains de la maison d'Autriche[3] ; nous vîmes les drapeaux et les étendards d'Espagne voltigeant[4] sur le Pont-Neuf ; les écharpes jaunes de Lorraine parurent[5] dans Paris, avec la même liberté que les isabelles et que les bleues[6]. L'on s'accoutumoit

passage d'une lettre de la Rochefoucauld à Lenet, en date du 25 septembre 1652. — Le maréchal de la Mothe, qui avait été nommé vice-roi de Catalogne, en remplacement du comte de Marsin, passé au service de Condé contre la cour, se vit obligé de rendre Barcelone à don Juan d'Autriche, le 12 octobre 1652, d'après *Montglat* (p. 282 et 283), et le 13, d'après l'*Art de vérifier les dates* et plusieurs autres auteurs.

1. Casal, ville forte du Montferrat, fut pris le 21 octobre 1652 par le marquis de Caracène, gouverneur de Milan, et remis par le roi d'Espagne au duc de Mantoue. « Ainsi, dit *Montglat* (p. 275), les François, par le malheur de leurs désordres, perdirent cette importante place, qu'ils avoient gardée depuis 1628, et défendue durant trois siéges : le premier, contre Don Gonzalès de Cordoua, l'an 1629 ; le second, contre le marquis Spinola, l'an 1630 ; le troisième, contre le marquis de Léganès, l'an 1640.... La joie de cette conquête fut grande dans tous les États des Espagnols, comme aussi la douleur dans la cour de France, laquelle perdoit, cette année, de tous côtés. »
2. De retourner. (Ms. Caf.)
3. Ce membre de phrase : « Nous vîmes Brisac (*sic*) révolté, sur le point de retomber entre les mains de la maison d'Autriche », est à la marge. — Brisach (voyez au tome III, p. 366 et note 4) fut livré par Charlevoix, commandant provisoire de la place, au comte d'Harcourt, qui était déjà pourvu du gouvernement de Philipsbourg, et qui rêvait de se faire de ce côté « un établissement assuré et indépendant, » comme dit la Rochefoucauld (*Mémoires*, p. 424). D'Harcourt, écrit Montglat, de son côté (p. 284), quitta clandestinement ses troupes de Guyenne, « avec six personnes, et, ayant passé inconnu par la France, il gagna la Franche-Comté, d'où il entra dans l'Alsace, et arriva sans fortune à Brisach. »
4. Dans l'original, *voltigeants*.
5. *Parurent* est en interligne, au-dessus de *paroissoient*, biffé.
6. Voyez ci-dessus, p. 23 et note 4.

à ces spectacles et à [1] ces funestes nouvelles de tant de pertes. Cette habitude, qui pouvoit[2] avoir de terribles conséquences, me fit peur, et certainement beaucoup plus pour l'État que pour ma personne. M. de Fontenai, qui en étoit pénétré, et qui le fut même de ce qu'il m'en vit touché, m'exhorta à sortir[3] moi-même de la léthargie, « où vous êtes, me dit-il, à votre mode. Car enfin si vous vous considérez tout seul, vous avez pris le bon parti; mais si vous faites réflexion sur l'état où est la capitale du Royaume, à laquelle vous êtes attaché par tant de titres, croyez-vous n'être pas obligé à vous donner plus de mouvement que vous ne vous en donnez? Vous n'avez aucun intérêt, vos intentions sont bonnes; faut-il que par votre inaction vous fassiez autant de mal à l'État, que les autres en font par leurs mouvements[4] les plus irréguliers? »

M. de Sève Chastignonville[5], que vous avez vu depuis dans le conseil du Roi, et qui étoit mon ami très-particulier et homme d'une grande intégrité, m'avoit fait, depuis un mois ou six semaines, même avec empressement, des instances pareilles. M. de Lamoignon[6], qui

1. Entre *à*, rajouté, et *ces*, une ligne biffée : *et les conséquences de ces habitudes qui sont*.
2. Retz a corrigé *peut* en *pouvoit*; au-dessus, dans l'interligne, il y a quelques lettres effacées.
3. *Sortir* est précédé de *ne plus*, biffé.
4. Dans l'original, *leur mouvements*.
5. Alexandre de Sève, sieur de Chastignonville, maître des requêtes et colonel de la milice du quartier de Saint-Germain-des-Prés. Gui Joli (p. 79) dit que Retz avait « toutes les nuits des conférences » avec lui.
6. Guillaume de Lamoignon (dans l'original, *Lamognon*), seigneur de Bâville, né en 1617, mort en 1677. Il était depuis 1644 maître des requêtes au Parlement, et devint, en 1658, premier président. Il était, comme de Sève, précédemment cité, colonel de la milice bourgeoise. Voyez la *Bibliographie des Mazarinades*, tome II, p. 223 et 224.

est présentement[1] premier président du parlement de Paris et qui a[2] eu, dès sa jeunesse, toute la réputation que mérite une aussi grande capacité que la sienne, jointe à une aussi grande vertu, me faisoit tous les jours le même discours. M. de Vallançai[3], conseiller d'État, qui n'avoit pas, à beaucoup près, les talents des autres, mais qui étoit aussi bien qu'eux colonel de son quartier, me venoit dire tous les dimanches au matin à l'oreille : « Sauvez l'État, sauvez la Ville! J'attends vos ordres. » M. des Roches, chantre de Notre-Dame, et qui avoit la colonelle du Cloître[4], homme de peu de sens, mais de bonne intention, pleuroit réglément[5] avec moi, deux ou trois fois la semaine, sur le même sujet.

Ce qui me toucha le plus sensiblement, de toutes ces exhortations, fut une parole de M. de Lamoignon, dont j'estimois autant le bon sens que la probité. « Je vois, Monsieur, me dit-il, un jour qu'il se promenoit avec moi[6]

1. Ce *présentement* indique une date antérieure à 1677 : voyez la note qui précède.
2. *Av*[*oit*], corrigé en *a*.
3. Autre colonel de la milice bourgeoise : voyez au tome I, p. 164 et note 2. « Sa colonelle étoit de six compagnies, et du quartier de Jean de Monhers, qui comprenoit la porte de la Conférence. » (*Extrait du livre des choses mémorables de l'abbaye de Saint-Denis en France pour l'année* 1649 *et suivantes*, à la suite des *Registres de l'Hôtel de Ville pendant la Fronde*, tome III, p. 462.)
4. Sur Michel le Masle, prieur des Roches, secrétaire du cardinal de Richelieu, chanoine et chantre de Notre-Dame de Paris depuis 1633, voyez une note de M. Avenel, au tome I, p. xix et xx, des *Lettres, instructions diplomatiques et papiers d'État du cardinal de Richelieu*. Il est également cité (p. 461) dans l'*Extrait des choses mémorables de l'abbaye de Saint-Denis*. — Après *Cloître*, Retz avait mis d'abord *pleuroi*[*t*], qu'il a effacé, et récrit à la ligne suivante.
5. Les éditions de 1837-1866 ont omis cet adverbe. — Pleuroit réglément deux ou trois fois la semaine, au chevet de mon lit, sur le même sujet. (Ms. Caf.)
6. Qu'il se promenoit seul avec moi. (1837-1866.)

dans ma chambre, qu'avec un désintéressement parfait, qu'avec l'intention du monde la plus droite, vous allez tomber de l'amour public dans la haine publique. Il y a déjà quelque temps que les esprits, qui étoient tous pour vous dans les commencements[1], se sont partagés; vous avez regagné du terrain par les fautes de vos ennemis; je vois que vous commencez à le reperdre, et que les Frondeurs croient que vous ménagez le Mazarin, et que les mazarins croient que vous appuyez les Frondeurs. Je sais que cela n'est pas vrai, et je juge même qu'il ne peut être vrai; mais ce qui[2] me fait peur pour vous est qu'il commence à être cru par une espèce de gens dont l'opinion forme toujours, avec le temps, la réputation publique. Ce sont ceux qui ne sont ni Frondeurs ni mazarins, et qui ne veulent que le bien de l'État. Cette[3] espèce de gens ne peut rien dans le commencement des troubles; elle peut tout dans les fins. »

Il n'y a rien, comme vous voyez, de plus sensé que ce discours; mais, comme il ne m'étoit pas tout à fait nouveau[4] et que j'avois déjà fait beaucoup de réflexions qui au moins en approchoient, il ne m'émut pas au point du dernier mot par lequel il le termina[5] : « Voici d'étranges temps, Monsieur, ajouta-t-il, voici d'étranges conjonctures. Il est d'un homme sage d'en sortir avec précipitation, même à perte, parce que l'on court for-

1. Que tous les esprits, qui étoient tous pour vous dans le commencement. (1859, 1866.)

2. *L'on* est biffé devant *ce qui*; puis, deux autres mots : *un peu*, deux lignes plus loin, entre *avec* et *le* (corrigeant *de*) *temps*.

3. *Ils ne peu*[*vent*] est effacé devant *cette*; et *sorte* devant *espèce*.

4. Après *nouveau*, on lit *il ne*, biffé; un peu plus loin, *réflexions* est suivi d'un tâtonnement raturé : *à que pr*.

5. Le mot *termina* est à la marge, remplaçant *finit*, biffé dans le texte.

tune d'y perdre tout[1] son honneur, quoique l'on s'y conduise avec toute sorte de sagesse. Je[2] doute fort que le connétable de Saint-Paul ait été aussi coupable et ait eu d'aussi mauvaises intentions que l'on nous le dit[3]. » Cette dernière parole, qui est d'un sens droit et profond, me pénétra, et d'autant plus[4], que le P. dom Carrouges[5], chartreux, que j'avois été voir la veille dans sa cellule, m'avoit dit, à propos de la conduite que je tenois : « Elle est si nette, elle est si haute, que tous ceux qui n'en seroient pas capables, au poste où vous êtes, y conçoivent du mystère, et, dans les temps embarrassés[6], tout ce qui passe pour mystère est odieux. » Je vous rendrai compte de l'effet que tous ces[7] discours dont je vous viens de parler firent sur mon esprit, après que j'aurai touché, le plus brièvement qu'il me sera possible, quelques faits particuliers[8] qui méritent de n'être pas omis[9].

Vous avez vu ci-dessus[10] que le Roi, après qu'il eut établi le parlement[11] de Pontoise[12], étoit allé à Compiègne. Il n'y mena pas M. de Bouillon, qui mourut en

1. *Tout*, en interligne. — 2. Après *Je*, est biffé : *ne crois*.
3. Il s'agit ici de Louis de Luxembourg, comte de Saint-Pol, qui, créé connétable par Louis XI, entretint des intelligences avec le duc de Bourgogne et les Anglais, fut condamné par le parlement de Paris, et périt sur l'échafaud le 19 décembre 1475.
4. Me pénétra d'autant plus. (1837-1866.)
5. Voyez ci-dessus, p. 185 et note 5.
6. Dans les temps embarrassés [et] malheureux. (1837-1866.) — Dans l'original, *embarrassés* est à la marge, évidemment pour remplacer *malheureux*, que Retz a oublié d'effacer dans le texte.
7. *Ces*, en interligne, à la suite de *les*, effacé.
8. *Particuliers* est à la marge.
9. De n'être pas oubliés. (1837-1866.)
10. Voyez p. 306 et note 3.
11. Son parlement. (1837-1866.)
12. Après *Pontoise*, est biffé : *à cause*(?); puis une *l* devant *Compiègne*; et *avec lui*, après *mena pas*.

ce temps-là, d'une fièvre continue[1] ; mais il y fit venir Monsieur le Chancelier, qui sortit de Paris déguisé[2], et qui préféra le conseil du Roi à celui de[3] Monsieur, dans lequel il est vrai qu'il eût fort bien [fait[4]] de ne pas entrer[5]. Il n'y a que sa foiblesse qui puisse excuser un pas de cette nature à un chancelier de France ; mais je ne suis pas moins persuadé qu'il n'y a aussi que la mollesse du gouvernement du cardinal Mazarin qui eût pu remettre à la tête de tous les conseillers[6] et de toutes les justices du Royaume un chancelier[7] qui avoit été capable de le faire. L'un des plus grands maux[8] que le

1. Il y a de plus ici, dans l'original, une ligne et demie raturée avec soin, où nous ne distinguons que les mots : *le Roi.* — Le duc de Bouillon mourut à Pontoise le 9 août 1652 : voyez la *Muze historique*, p. 272.

2. Il est dit dans une lettre de Marigny à Lenet (*Manuscrits de Lenet*, tome IX, folio 69) que le chancelier Molé était sorti de Paris « incognito, » dans la nuit du 6 au 7 septembre, et s'était « retiré à la cour, vêtu de rouge, et avec des bottes doublées de satin noir : action digne de lui. »

3. *Celui de*, à la marge.

4. *Fait* est omis dans le manuscrit autographe. — Qu'il eut fort lieu de. (1837-1866.)

5. « M. le Chancelier, dit Omer Talon (p. 506),... étant demeuré à Paris depuis le départ du Roi, avoit rendu visite à M. le duc d'Orléans fréquemment, et même s'étoit abandonné à être de son conseil depuis qu'il avoit été fait lieutenant général, dont on a cru que le Roi ne pouvoit être satisfait. Néanmoins, le samedi 17 août, il reçut une lettre de cachet par laquelle le Roi lui témoignoit être satisfait et lui offroit grâce telle qu'il desireroit..., lui ordonnant au surplus de le venir trouver au plus tôt pour faire sa charge. »

6. Tous les Conseils. (Ms. Caf.) — Retz avait mis d'abord : *à la tête de toutes les justices*, puis il a corrigé *toutes* en *tous*, et ajouté à la marge *les conseillers et de toutes*.

7. *Un chancelier* suit et remplace *un homme*, biffé.

8. *Maux* est en interligne, sur *malheurs*, effacé ; de même, à la ligne suivante, *Royaume* est écrit au-dessus de *l'État*, biffé, et *à*, qui précédait, a été en conséquence corrigé en *au* ; vers la fin de la phrase, *en* est ajouté à la marge.

ministériat de M. le cardinal Mazarin ait fait au Royaume est le peu d'attention qu'il a eu à en garder la dignité[1]. Le mépris qu'il en a fait lui a réussi; et ce succès est un second malheur que je tiens encore plus grand que le premier, parce qu'il couvre et qu'il pallie les inconvénients qui[2] arriveront infailliblement tôt ou tard à l'État, de l'habitude que l'on en a prise[3].

La Reine, qui avoit de la hauteur, eut assez de peine à se résoudre au rappel du Chancelier; mais le Cardinal étoit le maître, et au point que, quand il s'enthousiasma[4] de M. de Bouillon, entre les mains de qui il mit même les finances, il répondit à la Reine, qui l'avertissoit de ne se pas fier[5] à un homme de cet esprit et de cette ambition : « Il vous appartient bien, Madame, de me donner des avis. » Je sus cette particularité trois jours après par Varennes[6], à qui M. de Bouillon lui-même l'avoit dit[7].

Il ne seroit pas juste d'oublier, en ce lieu, la mort de M. de Nemours, qui fut tué en duel, dans le marché aux chevaux, par M. de Beaufort. Vous vous pouvez ressouvenir de ce que je vous ai dit de leur querelle, à propos du combat de Gergeau[8]. Elle se renouvela par la dispute de la préséance dans le conseil de Monsieur. M. de Nemours força presque M. de Beaufort

---

1. Après *dignité* est biffé *Ce;* plus loin, à la suite de *malheur*, on lit ces mots raturés : *parce qu'il couvre les inco*[*nvénients*].
2. *En*, effacé devant *arriveront*.
3. Rapprochez de ce que Retz a déjà dit de Mazarin au tome I, p. 286 et 287.
4. Dans le ms. H et toutes les éditions anciennes, *s'entêta*.
5. De ne pas se fier. (1843-1866.)
6. Quelques lettres biffées, sous *Varennes;* l'*à qui* suit est aussi ajouté au-dessous de la ligne. — Voyez ci-dessus, p. 28 et note 1.
7. L'avoit dite. (1837-1866.)
8. Voyez ci-dessus, p. 167 et p. 168 et note 3.

à se battre ; il y périt sur-le-champ, d'un coup de pistolet dans la tête[1]. M. de Villars[2], que vous connoissez, le servoit en cette occasion, et il tua Héricourt, lieutenant des gardes de M. de Beaufort. Je reviens à Luxembourg.

Vous croyez aisément que la confusion de Paris n'aidoit pas à mettre l'ordre dans la cour de Monsieur[3]. La mort [de] M. de Valois, qui arriva le jour [de] saint Laurent[4], y mit la douleur, qui fait toujours la consterna-

1. Ce duel entre les deux beaux-frères eut lieu le mardi 30 juillet, selon une des lettres citées par V. Cousin auxquelles nous renvoyons à la fin de cette note, « vers la place des Petits-Pères, proche du marché aux chevaux. » — « M. de Nemours, dit Mademoiselle (tome II, p. 133), avoit avec lui Villars, le chevalier de la Chaise, Campan et Luserche[a] ; et M. de Beaufort, le comte de Bury, de Ris, Brillet et Héricourt. Le comte de Bury fut fort blessé ; de Ris et Héricourt moururent dans les vingt-quatre heures. Pour les autres, s'il y en eut de blessés, ce fut légèrement. M. de Nemours avoit porté les épées et les pistolets ; ils avoient été chargés chez lui. Comme ils furent en présence, M. de Beaufort et lui, le premier lui dit : « Ah ! mon frère, quelle honte ! oublions le passé ; soyons « bons amis. » M. de Nemours lui cria : « Ah ! coquin, il faut que « tu me tues ou que je te tue. » Il tira son pistolet, qui manqua, et vint à M. de Beaufort, l'épée à la main : de sorte qu'il fut obligé à se défendre. Il tira, et le tua tout roide de trois balles qui étoient dans le pistolet. » Voyez, dans le livre de V. Cousin : *Madame de Longueville pendant la Fronde* (Appendice, p. 448-457), plusieurs lettres extraites des *Manuscrits de Lenet* et relatives à ce duel.

2. Pierre marquis de Villars, qu'on désignait, à l'hôtel de Rambouillet, par le nom d'*Orondate*, un des personnages du *Grand Cyrus* (voyez les *Mémoires de Saint-Simon*, tome II, p. 104), né en 1623, lieutenant général, puis ambassadeur et conseiller d'État. Il mourut en 1698. C'est le père du fameux maréchal de ce nom. Il est souvent parlé de lui dans les *Lettres de Mme de Sévigné*.

3. Il y a de plus ici, dans l'autographe, huit mots biffés : *ni dans la maison de Monsieur le Prince*.

4. Devant *qui arriva* est biffé : *qui y* (i) et deux autres lettres. — Le duc de Valois, fils de Gaston d'Orléans et de Marguerite

a Plutôt *Luzech*, d'une vieille maison du Quercy.

SECONDE PARTIE. [Septembre 1652] 317

tion, quand elle tombe sur le point de l'incertitude et de l'embarras. Un avis donné à Monsieur[1], justement dans cet instant, par Mme de Choisi[2], d'une négociation de M. de Chavigni avec la cour[3], du détail de laquelle je vous parlerai dans la suite[4], le toucha infiniment. Les nouvelles qui arrivoient[5] de tous côtés, assez[6] mauvaises pour le parti, le trouvant en cet état, agitoient son esprit encore plus[7] qu'il ne l'étoit[8] dans son assiette naturelle, quoiqu'elle ne fût jamais bien ferme. Persan[9] avoit été obligé de rendre Mouron à Palluau[10], qui fut fait maréchal de France après cette[11] expédition.

de Lorraine, mourut le 10 août 1652, « âgé de vingt-et-quatre mois, » dit la *Muze historique* de Loret (p. 274). Voyez les *Mémoires de Mademoiselle*, tome II, p. 144-146, et ceux *de Montglat*, p. 273 et 274.

1. *A Monsieur* est à la marge ; *dans*, qui suit, se trouve répété, et biffé une fois.
2. Voyez au tome I, p. 187 et note 2.
3. *Avec la cour* est en interligne ; *M. de Chavigni* remplace, à la marge, *Mr le Prince*, biffé dans le texte, sauf *Mr*, laissé par mégarde ; plus haut, quelques lettres ont été effacées devant *négociation*.
4. *Vous parlerai dans la suite* a été ajouté à la marge, et, entre *je* et *le*, Retz a biffé cinq mots et le commencement d'un sixième : *n'ai pu me ressouvenir entière*[*ment*?].
5. Qui venoient. (1837-1866.)
6. Deux lettres biffées après *assez*, et plus loin, *l'a il*, après *parti*; puis encore *l'*, devant *agitoient*.
7. Agitoient encore plus son esprit. (1837-1866.)
8. *L'étoit* est suivi de *d* et deux autres lettres, effacés.
9. Voyez au tome III, p. 287, note 7. — *Persan* est précédé d'une ligne effacée : *M. le comte d'Harcour s'étoit presque rendu*.
10. La ville de Montrond-sur-Cher (voyez ci-dessus, p. 5, note 3), bloquée par le comte de Palluau depuis près d'un an, et défendue par Persan et Baas (voyez au tome III, p. 60 et note 1), capitula le 1er septembre 1652 : voyez les *Mémoires de la Rochefoucauld*, p. 422 et 423, ceux *de Montglat*, p. 275, et les *Souvenirs du règne de Louis XIV*, de M. le comte de Cosnac, qui a consacré le chapitre xxx de son tome IV (p. 24-110) à l'histoire de ce siége.
11. Dans l'original, par mégarde, *cet*. — Montglat (p. 275) dit

318   MÉMOIRES DU CARDINAL DE RETZ.

M. le comte d'Harcourt avoit presque toujours eu avantage[1] dans la Guienne[2], et Bordeaux même se trouvoit divisé en tant de folles partialités[3], qu'il eût été difficile d'y faire aucun fondement. Marigni[4] disoit, assez plaisamment, que Madame la Princesse et Mme de Longueville, M. le prince de Conti et Marsin[5], le Parlement, les jurats et l'Ormée[6], Marigni et Sarrasin[7] y avoient chacun leur faction[8]. Il avoit commencé à Commerci une manière de *Catholicon*[9] de ce qu'il avoit vu en ce pays-là[10], qui en faisoit une image bien ridicule. Je n'en sais pas assez le détail pour vous en entretenir, et je me contente de vous dire que ce qui en étoit revenu à Monsieur ne contribuoit pas à lui donner du repos dans

que Palluau (voyez au tome I, p. 97 et note 2) eut, « pour la prise de Montrond, les lettres de maréchal de France à condition de les tenir secrètes dans son cabinet, et de n'en point parler, jusqu'à ce que le Cardinal lui eût permis, selon la mode du temps, dans lequel on ne faisoit des grâces qu'en secret. » Rapprochez de la note 4 de la page 258 du tome III, relative au maréchal d'Aumont.

1. L'avantage. (1837-1866.)
2. Voyez les *Mémoires de la Rochefoucauld*, p. 326-341.
3. Voyez *ibidem*, p. 349-351, et p. 423, et, dans *Madame de Longueville pendant la Fronde*, de V. Cousin, le chapitre II.
4. Voyez au tome II, p. 127 et note 4.
5. Il a déjà été question de Marsin ou Marchin au tome III, p. 287 et note 4. On a vu ci-dessus (p. 157 et note 2) qu'il avait été préposé par Condé aux affaires militaires en Guyenne.
6. Et l'armée. (1837-1866.) — Sur l'*Ormée*, cette fameuse faction de la Fronde à Bordeaux, voyez les *Mémoires de la Rochefoucauld*, p. 349 et note 6.
7. Sur Sarasin, auteur de plusieurs pamphlets relatifs à la Fronde, dont deux se trouvent dans le *Choix de Mazarinades* (tome I, p. 175, et tome II, p. 277), voyez au tome II, p. 499 et note 2.
8. Voyez une lettre de la Rochefoucauld, en date du 25 août 1652.
9. Une manière de satire, de récit satirique : voyez ci-dessus, p. 216 et note 3.
10. En ces pays-là. (1837-1866.)

ses agitations, et à lui faire croire que le parti où il étoit engagé fût le bon[1].

La providence de Dieu, qui[2], par des ressorts inconnus à ceux même qu'elle fait agir, dispose les moyens pour leur fin, se servit des exhortations de ces Messieurs, que je viens de vous nommer, pour me porter à[3] changer ma conduite, justement au moment dans[4] lequel ce changement trouvoit Monsieur dans des dispositions susceptibles de celle[5] que je lui pourrois inspirer. La plus grande difficulté fut à[6] me l'inspirer à moi-même ; car[7], quoique je n'eusse, dans le vrai, que de très-bonnes et de[8] très-sincères intentions pour l'État, et quoique je ne souhaitasse que de sortir d'affaire[9] avec quelque sorte d'honneur, je ne laissois pas de vouloir conserver un certain décorum, qu'il étoit assez difficile de rencontrer bien juste dans la conjoncture présente. Je convenois avec ces Messieurs qu'il y avoit de la honte à[10] demeurer les bras croisés, et à laisser périr la Capitale et peut-être l'État; mais ils convenoient aussi, avec moi, qu'il y avoit fort peu[11] d'honneur à revenir d'aussi

1. Étoit le bon. (1837-1866.)
2. Après *qui*, est biffé *assemble;* plus loin, *qu'elle fait agir* est précédé de *qu'ils font agir*, effacé. — Qui, par de secrets ressorts inconnus, etc. (1837-1866.) — Qu'il fait agir. (1843-1866.)
3. Après *à*, Retz a biffé : *prendre une conduite.*
4. *Dans* corrige *où.*
5. De celles. (1837-1866.) — 6. Fut de. (*Ibidem.*)
7. Devant *car* est biffé *qu*[oique].
8. *De*, devant *très-sincères*, est en interligne; *pour l'État*, à la marge. — De très-bonnes et très-sincères. (1837-1866.)
9. *Affaire* est suivi de *sans*, biffé; un peu plus loin, après *d'honneur*, est effacé *j'étois.*
10. *A* suit et remplace *de*, déjà corrigé lui-même en *à*.
11. *Fort peu* est en interligne, au-dessus de *pas*, effacé et suivi de *beaucoup*, également biffé; *n'y* (*n'i*) a été corrigé en *y* (*i*), après *qu'il*.

loin¹ que de contribuer au rétablissement d'un ministre odieux à tout le Royaume, et dans² la perte duquel je m'étois autant distingué³. Nous ne pouvions douter, ni les uns ni les autres, que tous les pas que nous ferions pour la paix, feroient cet effet infailliblement⁴, quoique indirectement, parce que nous ne pouvions ignorer que ce rétablissement étoit l'unique vue de la Reine⁵.

M. de Fontenai me convainquit à la fin, par ce raisonnement, qu'il me fit une après-dînée dans les Chartreux⁶, en nous promenant : « Vous voyez que le Mazarin n'est qu'une manière de godenot⁷, qui se cache aujourd'hui, qui se montrera demain ; mais vous voyez aussi que, soit qu'il se cache, soit qu'il se montre, le filet qui l'avance et qui le retire est celui de l'autorité royale, lequel ne se rompra pas sitôt apparemment, de la manière que l'on se prend à le rompre. Beaucoup de ceux même qui lui paroissent le plus contraires seroient bien fâchés qu'il pérît ; beaucoup d'autres seront⁸ très-consolés qu'il se sauve ; personne ne travaille véritablement et entièrement à sa ruine ; et vous-même, Monsieur (il parloit⁹ à moi), vous-même vous n'y donnez que

---

1. *D'aussi loin* est écrit deux fois et biffé la première.
2. *Dans* suit *par*, effacé.
3. Aussi distingué. (1837-1866.)
4. *Infailliblement*, à la marge, remplace *incontestablement*, biffé dans le texte.
5. Ne fût l'unique vue de la Reine. (Ms. Caf.) — Étoit le vœu de la Reine. (1837-1866.)
6. Voyez au tome I, p. 244 et note 1.
7. Retz, après avoir biffé, à la suite de *godno* (sic), les mots : *qui se montre aujourd'hui*, avait mis : *qui se cachera demain;* il a biffé ensuite *ra* et *demain*. — Furetière définit *godenot* : « petite figure ou marionnette dont se servent les charlatans pour amuser le peuple. »
8. Beaucoup d'autres seroient. (1837-1866.) — Beaucoup d'autres seroient très-consolés qu'il se sauvât. (Ms. Caf.)
9. *Parloit* est précédé de *s'adressoit*, biffé.

mollement, parce qu'il y a une infinité d'occasions dans lesquelles l'état où vous êtes avec Monsieur le Prince ne vous permet pas de vous étendre contre la cour aussi librement et aussi pleinement que vous le feriez sans cette considération. Je conclus qu'il est impossible que le Cardinal ne se rétablisse pas, ou par une négociation avec Monsieur le Prince, qui entraînera Monsieur toutes les fois qu'il lui plaira de se raccommoder et de le raccommoder à la cour, ou par la lassitude[1] des peuples, qui ne s'aperçoivent déjà que trop clairement que l'on ne sait faire[2], dans ce parti, ni la paix ni la guerre. Dans tous ces deux cas, que je tiens pour infaillibles, vous perdez beaucoup[3] ; car, si vous ne vous tirez d'embarras[4], devant que le mouvement finisse par un accommodement de la cour avec Monsieur le Prince, vous aurez peine à vous démêler d'une intrigue dans laquelle et la cour et Monsieur le Prince songeront assurément à vous faire périr.

« Si la révolution vient[5] par la lassitude des peuples, en êtes-vous mieux ? et cette lassitude, de laquelle l'on se prend toujours à ceux qui ont le plus brillé dans le mouvement, ne peut-elle pas corrompre et tourner contre vous-même la sage inaction dans laquelle vous êtes demeuré depuis quelque temps ? Voilà, ce me semble, ce que vous pouvez prévoir[6] ; mais voilà aussi

---

1. Quelques lettres : *lassi*, effacées au bas de la page, avant *lassitude*, qui commence la suivante.
2. *Sait faire* est précédé de *fait*, biffé.
3. Vous perdrez beaucoup. (1843-1866.)
4. Ici *et*, biffé ; et de même, à la ligne suivante, *vous* et une autre lettre, devant *aurez*.
5. Si la résolution vient. (1837-1866.) — Si la révolution tient. (Ms. Caf.)
6. *Prévoir* est suivi de près de deux lignes de tâtonnements, raturés avec soin, où nous distinguons ces mots : ... *Mais voilà ne ce*

ce que vous ne pouvez éviter, qu'en en trouvant l'issue devant que la guerre civile se termine par l'un ou l'autre de ces moyens que je viens de vous expliquer. Je sais bien que l'engagement où vous êtes avec Monsieur, et même avec le public, touchant le Mazarin, ne vous permet pas de travailler à son rétablissement ; et vous savez que, par cette raison, je ne vous ai jamais rien proposé[1], tant qu'il a été à la cour. Il n'y est plus ; et, quoique son éloignement ne soit qu'un jeu et qu'une illusion, il ne laisse pas de vous donner lieu de faire de certaines démarches qui conduisent naturellement à ce qui vous est bon. Paris, tout soulevé qu'il est, souhaite avec passion la présence du Roi[2], et ceux qui la demanderont les

qui vous ne se (?) *peut éviter que.... de que.... vous....* (mais *voilà, vous* et *de* en interligne). Retz avait écrit d'abord : *Voilà.... ce qui se peut prévoir;* il a mis *vous pouvez* en interligne, au-dessus de *peut*, biffé, mais oublié d'effacer ou de corriger *qui se*. A la suite, *mais voilà aussi ce que vous ne pouvez* est ajouté à la marge.

1. Rien promis. (1859, 1866.)

2. Il y a ici près de trois lignes biffées dans le texte, et, en outre, deux mots à la marge : *Selon ses principes, il ne sait ce qu'il souhaite, car cette présence ne* [a] *lui ramènera que plus tôt le Mazarin ; mais enfin il le souhaite* (voyez la phrase suivante). — « On commençoit dans Paris, dit Montglat (p. 275), à se fort lasser de la guerre.... On entendoit murmurer tout haut dans les rues, et demander si la guerre dureroit encore longtemps, et pourquoi le Roi ne revenoit point, puisque le Cardinal n'étoit plus près de lui. » La lecture des pamphlets de cette époque montre bien que la majorité des habitants de Paris s'éloignait chaque jour du parti des Princes : témoin, par exemple, l'*Esprit de paix*, écrit dès le 25 juin (*Choix de Mazarinades*, tome II, p. 375-378), qui fit une si grande sensation dans la Capitale, et dont l'auteur conseille aux Parisiens d'aller au Palais d'Orléans demander à tout prix le retour de Leurs Majestés : « Que le Roi soit maître sans condition, y est-il dit (p. 378) ; le peuple sans oppression ; le Royaume sans guerre ; les Princes en leur devoir ; les lois en leur juste force ; le bourgeois en paix ; la campagne libre ; le paysan dans sa maison ; les armées sur la frontière ; et enfin

[a] *Ne* en interligne ; *que plus tôt*, à la marge.

premiers seront ceux qui en auront l'agrément dans le peuple[1]. J'avoue que ce peuple, selon ses principes, ne sait ce qu'il demande, car cette présence contribuera apparemment[2] à y ramener plus tôt le Mazarin; mais enfin il la demande; et, comme le Cardinal est éloigné, ceux qui la demanderont les premiers ne passeront pas pour mazarins. C'est votre unique compte; car, comme vous n'avez point d'intérêt particulier, et que vous ne voulez dans le fond que le bien de l'État et la[3] conservation de votre réputation dans le public, vous faites[4] l'un sans nuire à l'autre.

« Je conviens que, si vous pouviez empêcher le rétablissement du Cardinal, le parti que je vous propose ne seroit ni d'un politique[5], ni d'un homme de bien; car ce rétablissement doit être considéré, par une infinité de raisons, comme une calamité publique; mais, supposé, comme vous le supposez vous-même, qu'il soit infaillible par la mauvaise conduite de ses ennemis, je ne conçois[6] pas comme la vue d'une chose que vous ne pouvez empêcher vous peut empêcher vous-même de chercher à sortir de l'embarras où vous [vous] trouvez,

---

l'ordre rétabli. » Voyez aussi (*ibidem*, p. 406-438) l'énergique *Mazarinade*, du 7 août 1652, intitulée : *La Vérité toute nue, ou Avis sincère et désintéressé sur les véritables causes des maux de l'État et les moyens d'y apporter le remède.*

1. C'est-à-dire ceux à qui le peuple en saura gré.

2. *Apparemment*, à la marge, remplaçant *peut-être*, effacé dans le texte.

3. Trois lettres biffées après *la*.

4. Le ms. Caf., après *faites*, ajoute : *si vous voulez*.

5. *D'un politique* est à la marge, remplaçant le mot *sage*, biffé dans le texte. Après *ni d'un*, qui suit, la pagination du manuscrit autographe passe, par mégarde, du chiffre 2353 à 2356.

6. *Conçois*, répété, et biffé la première fois, est précédé de *crois pas*, également biffé; en outre, après *comme*, est effacé : *vous pouvez balan[cer] par par.*

par une porte qui vous ouvre un champ[1] et de gloire et de liberté. Paris, dont vous êtes archevêque, gémit sous le poids; le Parlement n'y est plus qu'un fantôme; l'Hôtel de Ville est un désert; Monsieur et Monsieur le Prince n'y sont maîtres qu'autant qu'il plaît à la canaille la plus insensée; les Espagnols[2], les Allemands et les Lorrains[3] sont dans ses faubourgs, qui ravagent jusque dans ses jardins[4]. Vous qui en êtes le pasteur et le libérateur, en deux ou trois rencontres vous avez été obligé de vous garder dans votre propre maison trois semaines durant[5]; et vous savez bien qu'encore aujourd'hui vos amis sont en peine, quand vous n'y marchez pas armé. Ne comptez-vous pour rien de faire finir toutes ces misères, et manquerez-vous le moment unique que la Providence vous donne[6] pour vous donner l'honneur de les terminer? Le Cardinal, qui est un homme de contretemps, peut revenir demain; et, si il étoit à la cour, le parti que je vous propose vous seroit plus impraticable qu'à homme qui vive. Ne perdez pas l'instant qui vous convient aussi, par la raison des contraires, plus qu'à

1. Une lettre biffée après *champ*.
2. *Et* raturé après *Espagnols*.
3. *Et les Lorrains* est ajouté à la marge; puis *ses* est en interligne, devant *faubourgs*, après *nos*, effacé.
4. On lit dans une lettre de Marigny à Pierre Lenet, le chargé d'affaires du prince de Condé à Bordeaux (*Manuscrits de Lenet*, tome IX, f° 5 v°, fonds français, n° 6709, Bibliothèque nationale) : « Les compagnies souveraines sont lasses de la guerre, les bourgeois enragés contre les soldats, qui, sans mentir, font de grands désordres, et la patience des Parisiens est admirable. Hier, ce peu que nous avons de troupes venant se camper vers le faubourg de Saint-Marceau, quelques soldats étant entrés dans les jardins pour y piller des fruits et des citrouilles, les bourgeois du faubourg sonnèrent le tocsin, les chargèrent et en tuèrent trente ou quarante. »
5. Voyez ci-dessus, p. 285 et 286.
6. *Donne* suit et remplace *laisse*, biffé.

homme qui vive. Prenez avec vous votre clergé, menez-le à Compiègne remercier le Roi de l'éloignement du Mazarin; demandez-lui son retour dans la Capitale; entendez-vous avec ceux des corps qui ne veulent que le bien, qui sont presque tous vos amis particuliers et qui vous considèrent déjà comme leur chef naturel par votre dignité, dans une occasion qui lui est si propre et si convenable. Si le Roi revient effectivement à Paris, toute la Ville vous en aura l'obligation; si il vous refuse, elle ne laissera pas[1] d'avoir de la reconnoissance de votre intention[2]. Si vous pouvez gagner Monsieur sur ce point, vous sauvez tout l'État, parce que je suis persuadé que si il savoit jouer son personnage en ce rencontre, il ramèneroit le Roi à Paris et que le Mazarin n'y reviendroit jamais. Je suppose qu'il y revienne dans les temps[3], prévenez ce hasard, que je vois bien que vous craignez à cause du reproche que le peuple vous en pourroit faire; prévenez, dis-je, ce hasard par l'emploi[4] de Rome, auquel vous m'avez dit plusieurs fois que vous étiez résolu, plutôt que de figurer[5] avec lui. Vous êtes cardinal, vous êtes archevêque de Paris, vous avez l'amour public, vous n'avez que trente-sept ans : sauvez la Ville, sauvez l'État! »

Voilà, en substance, ce que M. de Fontenai me dit, et même[6] ce qu'il me dit avec une rapidité qui n'étoit nullement de sa froideur ordinaire; et il est vrai que

1. Il ne laissera pas. (1837-1866.)
2. *Intention* est en interligne, sur *action*, effacé.
3. Dans le temps. (1837-1866.)
4. Quelques-unes des premières éditions changent *emploi* en *emplâtre*.
5. Après *figurer* est biffé : *dans Paris*.
6. Après *substance* est effacé *le* ; le mot *même*, qui suit, est omis dans les éditions de 1837-1866. Retz avait d'abord répété : *et me dit* ; il a changé *me* en *mesme*, et raturé *dit*.

j'en fus touché; car, quoiqu'il ne m'apprît rien à quoi je n'eusse déjà pensé[1], comme vous l'avez vu par les réflexions que j'avois faites à[2] mon égard sur l'incendie de l'Hôtel de Ville[3], je ne laissai pas de me sentir plus ému de ce qu'il me représentoit sur cette matière[4] que de tout ce qui m'en avoit été dit jusque-là, et même que de tout ce que je m'en étois moi-même imaginé.

Il y avoit déjà assez longtemps que cette députation du clergé nous rouloit dans l'esprit, à M. de Caumartin et à moi, et que[5] nous en examinions et les manières et les suites. Je dois à M. Joli la justice de dire que ce fut lui le premier qui l'imagina, aussitôt[6] que M. le cardinal Mazarin se fut éloigné[7]. Nous joignîmes tout ensemble à la substance[8] les circonstances que nous y jugeâmes les plus nécessaires ou les plus utiles. La pre-

1. L'*n* de *penser* est en interligne.
2. *A* est précédé de *sur*, effacé.
3. Voyez ci-dessus, p. 285-290.
4. *Cette*, en interligne, sur *cela*, biffé; *matière*, à la marge. — Qu'il me représentoit sur cela. (1837-1866.)
5. Les mots *et que* sont à la marge; et de même, à la ligne suivante, *dire*, qui remplace *confesser*, effacé dans le texte.
6. *Aussitôt* est en interligne, au-dessus de *dès le moment*, effacé; à la suite vient *qu'il vit*, également biffé; puis *le* est précédé de *M*^r, en interligne, et suivi d'une autre *M*, effacée.
7. Gui Joli dit, de son côté (p. 78), qu'ayant appris que le doyen de Notre-Dame avait proposé au chapitre d'envoyer des députés à la cour à l'insu de Retz, il fit entendre à ce dernier « qu'il lui étoit avantageux de se mettre à la tête de cette députation, et que ce seroit une occasion fort naturelle de recevoir de la main de Sa Majesté le bonnet que le Pape lui avoit envoyé par un courrier. »
8. A la substance de ce projet. (Ms. Caf.) — Devant *les circonstances*, il y a, dans l'autographe, un *de*, inutile, que Retz a oublié de biffer; l'adjectif *nécessaires* a été effacé après *circonstances*; le monosyllabe *y* (i) est à la marge; et le premier *les plus*, qui suit, en interligne. — Des circonstances. (1837-1866.)

mière[1] et la plus importante en tout sens[2] fut de porter Monsieur à approuver du moins cette conduite; et les dispositions où[3] je vous ai marqué ci-dessus qu'il étoit nous donnoient lieu de croire que nous le pourrions[4] tenter avec fruit. J'employai, pour cet effet, celles des raisons qui étoient le plus à son usage dans ce que je vous ai dit ci-devant, à propos des sentiments[5] de M. de Fontenai. J'y ajoutai[6] les avantages qu'il se donneroit à lui-même en procurant une amnistie bonne, véritable, non fallacieuse, et au Parlement et à la Ville, que l'on ne lui refuseroit pas certainement, si il faisoit voir à la cour un desir[7] sincère de s'accommoder. Je lui fis voir que quand[8] sa retraite à Blois, après laquelle il respiroit depuis si longtemps, auroit été précédée du soin qu'il auroit eu de chercher dans la paix les sûretés nécessaires et au public et aux particuliers, elle ne lui pourroit donner que de la gloire, et d'autant plus qu'elle ne seroit considérée que comme l'effet de la ferme résolution qu'il auroit prise de n'avoir aucune part au rétablissement du ministre; que celle que je prétendois en mon particulier de faire à Rome, devant que[9] ce rétablissement s'effectuât[10], se pourroit attribuer à nécessité,

1. *Première* est suivi de *fut*, effacé.
2. En tous sens. (1837-1866.)
3. Il y a *où* répété, par inadvertance, après *je* et deux lettres, biffés.
4. Nous donnèrent.... que nous le pouvions. (Ms. Caf.) — Que nous pourrions le tenter. (1837-1866.)
5. Ci-dessus à propos du sentiment. (1837-1866.)
6. *Ajoutai*, en interligne, au-dessus de *joignis*, biffé.
7. Avant *desir*, on lit *intention*, effacé, et précédé de *une*, changé en *un*.
8. *Quand* manque dans les éditions de 1843-1866; un peu plus loin, *si*, devant *longtemps*, est omis dans celles de 1837-1866.
9. Avant que. (1843-1866.)
10. A la suite de *s'effectuât*, est raturé: *étoit de nécessité, parce que j*.

parce que beaucoup de gens croiroient que j'y serois[1] forcé par la crainte de ne pouvoir trouver ma sûreté dans les suites de ce rétablissement; que sa naissance le mettoit[2] au-dessus et de ces discours et de ces soupçons; et que, si il faisoit pour le public, devant que de se retirer, ce qui lui[3] seroit assurément très-aisé du côté de la cour, il seroit à Blois avec quatre gardes[4], chéri, respecté, honoré et[5] des François et des étrangers, et en état de profiter[6], même pour le bien de l'État, toutes les fois qu'il lui plairoit, de toutes les fautes qui se feroient[7] dans tous les partis.

Je vous supplie d'observer que, quand je fis ce discours à Monsieur, j'étois averti de bonne part qu'il avoit eu, cinq ou six [jours] devant, la dernière frayeur que je ne m'accommodasse avec Monsieur le Prince. Il me l'avoit lui-même assez témoigné, quoique indirectement. Mais Joui, à qui il s'en étoit ouvert à fond, à propos d'un je ne sais quel avis qu'il avoit eu que M. de Brissac[8] y travailloit de nouveau, m'avoit dit que Monsieur s'étoit récrié[9] : « Si cela est, nous avons la guerre

---

1. Que je serois. (Ms. Caf.) — *J'y serois* est précédé, dans l'original, de *ce seroit*, biffé.

2. *Mettoit* corrige *mettoient*.

3. Après *lui* est biffé *est*.

4. Avec 20 gardes. (Ms. Caf.)

5. *Et*, en interligne.

6. Une lettre biffée après *profiter*. Les mots : *même pour le bien de l'État*, sont à la marge.

7. Retz a répété ici, en changeant seulement la préposition, et a oublié de biffer : *par toutes les fautes qui se feroient*. Il avait sans doute voulu mettre : *qui se feroient par tous les partis*, et ce nouvel emploi de l'adjectif *tout* a amené la confusion.

8. Voyez au tome II, p. 45, note 2.

9. S'étoit écrié. (1837-1866.) — La mauvaise variante, *réuni*, de quelques-unes des premières éditions, confirmerait au besoin notre lecture.

civile[1] pour l'éternité. » Vous jugez bien que cette circonstance ne me détourna pas de la résolution que j'avois prise de le tenter. Je n'eus pas lieu de m'en[2] repentir; car, aussitôt que je fus entré en matière, il entra lui-même dans tout ce que je lui disois. Il me railla sur la cessation des monosyllabes[3], ce qui étoit toujours signe en lui qu'il approuvoit ce dont on lui parloit. Il ajouta ensuite des raisons aux miennes, ce qui en est un certain en tout le monde; et puis, tout d'un coup, il revint comme si il fût parti de bien loin, ce qui étoit son air, particulièrement quand il n'avoit bougé d'une place; et il me dit : « Mais que ferons-nous de Monsieur le Prince ? » Je lui répondis : « C'est à Votre Altesse Royale, Monsieur, à savoir où elle en est avec lui, car l'honneur est préférable à toutes choses; mais, comme j'ai lieu de croire que les négociations que l'on voit à droit et à gauche[4] se font en commun, je m'imagine que vous vous pouvez entendre sur ce que je vous propose, comme vous vous entendez[5] sur le reste. — Vous vous jouez, me repartit-il[6]; mais je ne suis pas, sur ce point, si embarrassé que vous le pourriez croire. Monsieur le Prince a plus d'impatience que vous d'être hors de Paris, et il aimeroit mieux [être[7]] à la tête de quatre escadrons dans les Ardennes[8], que de commander à

1. Le mot *civile* est à la marge.
2. *Me* corrigé en *m'en*.
3. Voyez ci-dessus, p. 251 et note 11.
4. A droite et à gauche. (1837-1866.)
5. Le ms. Caf. omet les mots : « sur ce que je vous propose, comme vous vous entendez »; puis un des *vous* devant *jouez* qui suit.
6. Me dit-il. (1837 et 1843.) — Me répondit-il. (1859, 1866.) — Mais je ne suis pas si embarrassé sur ce point. (1837-1866.)
7. *Être* est omis dans l'original. — Et il s'aimeroit mieux à la tête. (1837-1866.)
8. C'est-à-dire dans la contrée où il avait divers fiefs, Stenay, Clermont en Argonne, etc. : voyez ci-dessus, p. 251.

douze millions de gens tels que nous les avons ici, sans excepter¹ le président Charton². » Il étoit vrai ; et Croissi, qui étoit un des hommes du monde qui avoit le moins de secret³, défaut qui est assez rare aux gens qui sont accoutumés aux grandes affaires, me disoit tous les jours que Monsieur le Prince séchoit d'ennui, et qu'il étoit si las d'entendre parler de Parlement⁴, de cour des Aides, de chambres des Comptes et d'Hôtel de Ville, qu'il disoit souvent que Monsieur son grand-père n'avoit jamais été plus fatigué des ministres de la Rochelle⁵.

Je ne laissai pas de connoître, à ce discours de Monsieur, qu'il cherchoit des raisons pour se satisfaire lui-même à l'égard de Monsieur le Prince⁶. J'affectai, pour me satisfaire moi-même, de ne lui en fournir ni de ne lui en suggérer aucune⁷ ; je demeurai dans la règle des monosyllabes sur ce fait particulier, sur lequel il ne tint pas toutefois à Monsieur de me faire parler, non plus que sur les différentes négociations dont les bruits couroient⁸ toujours, faux ou vrais. Je me contentai de

1. Sans en excepter. (1837-1866.)
2. Le *Tableau du Parlement de Paris* (f° 47) marque Charton de divers traits qui rendent cette plaisanterie assez piquante : voyez au tome II, p. 58, note 4.
3. Après *secret*, est biffé *ce q[ui]*.
4. Du Parlement. (1837 et 1843.)
5. Retz a déjà rappelé le même souvenir : voyez au tome II, p. 108 et note 3.
6. Monsieur le Prince, dit la Rochefoucauld (p. 430), « voyoit que la paix étoit trop généralement desirée à Paris, pour y pouvoir demeurer en sûreté avec dessein de l'empêcher, et M. le duc d'Orléans, qui l'avoit toujours souhaitée, et qui craignoit le mal que la présence de Monsieur le Prince lui pouvoit attirer, contribua d'autant plus volontiers à son éloignement qu'il se voyoit par là en liberté de faire son traité particulier. »
7. Ni de lui en suggérer aucune. (1837-1866.)
8. Dont les bruits coururent. (1837-1866.)

prendre ou plutôt[1] de former ma mission. En voici la substance. Monsieur me commanda de faire une assemblée générale des communautés ecclésiastiques ; de faire[2] députer à la cour de toutes ces communautés ; d'y mener et d'y présenter moi-même la députation, qui seroit à l'effet de supplier le Roi de donner la paix à ses peuples et de revenir dans sa bonne ville de Paris ; de travailler par le moyen de mes amis dans les autres corps de la Ville pour le même effet ; de faire savoir à la cour, par Madame la Palatine, sans aucune lettre toutefois, au moins que l'on pût montrer, que Son Altesse Royale donnoit le premier branle à ce mouvement ; de ne rien négocier pourtant en[3] détail que lorsque je serois moi-même à Compiègne, où[4] je dirois à la Reine qu'elle voyoit bien[5] que Monsieur ne feroit ni même ne[6] souffriroit les démarches de tous les corps[7], si il n'avoit de très-bonnes et de très-sincères[8] intentions ; qu'il vouloit la paix et qu'il la vouloit de bonne foi ; que les engagements publics qu'il avoit pris contre M. le cardinal Mazarin ne lui avoient pas[9] permis de la conclure, ni même de l'avancer tant qu'il avoit été à la cour ; que,

1. *Prendre* est précédé de *former* et suivi de *et*, tous deux biffés ; *ou plutôt* est à la marge.
2. Il y a *les*, effacé, devant *faire* ; à la ligne suivante, *mener* est suivi de *moi*, également biffé ; et tout le membre de phrase : *qui seroit à l'effet.... bonne ville de Paris*, est ajouté à la marge.
3. Il y a *par* biffé devant *en*, et *parti[culier]*, après.
4. *Où* est en interligne, sur *que*, biffé ; puis *dirois*, sur un autre *dirois*, biffé de même.
5. Qu'elle croyoit bien. (1837-1866.)
6. Ce second *ne* est en interligne ; *faisoit* est corrigé en *feroit*, et *souffroit* en *souffriroit* ; quelques lettres sont effacées après *Monsieur*.
7. *De tous les corps*, à la marge, remplace *qui se faisoient*, biffé dans le texte.
8. De très-bonnes et très-sincères. (1837-1866.)
9. *Avoient pas* est en interligne, au-dessus de *permettoient*, corrigé en *permis*, et de *pas*, effacé.

présentement qu'il en étoit dehors, il souhaitoit avec passion de faire connoître à Sa Majesté qu'il n'y avoit eu[1] que cet obstacle qui l'eût empêché d'y travailler avec succès; qu'il lui déclaroit par moi qu'il renonçoit à tous les intérêts particuliers[2]; qu'il n'en prétendoit ni pour lui ni pour aucun de ceux de[3] son parti; qu'il ne demandoit que la sûreté publique, pour laquelle il n'y avoit qu'à expliquer[4] quelques articles de l'amnistie et qu'à la revêtir de quelques formes qui se trouveroient être par l'événement autant[5] du service du Roi que de la satisfaction des particuliers; qu'après qu'il auroit eu celle de voir le Roi dans le Louvre, il[6] se retireroit avec autant de joie que de promptitude à Blois, en résolution de n'y penser qu'à son repos et qu'à son salut; et[7] que tout ce qui se feroit après cela à la cour ne seroit plus sur son compte, pourvu que l'on voulût bien ne l'y pas mettre et le laisser dans sa solitude[8], où il promettoit de demeurer de bonne foi.

Cette dernière période[9] étoit, comme vous voyez substantielle. Monsieur ajouta à cette instruction un

1. Qu'il n'y avoit. (1859, 1866.)
2. Ce membre de phrase : *qu'il lui déclaroit*, etc., est omis dans le ms. Caf.
3. Après *de*, est biffé *tous*. — Pour aucun de son parti. (1837-1866.)
4. *Expliquer* est précédé du même mot et de trois lettres, biffés à la ligne suivante, devant *la*, ajouté après coup, est effacé *y* (?) puis, après le même pronom *la*, le verbe *ajou*[ter] ; puis encore *est*[oient], après *formes qui*.
5. Se trouveroient être autant pour l'avancement. (1837-1866.)
6. *Il* est précédé d'*et*, biffé.
7. *Et*, puis, deux lignes plus loin, *sur*, sont en interligne; de plus, devant *pourvu que*, est raturé *toutefois* (?).
8. Dans la solitude. (1837-1866.)
9. Retz avait écrit d'abord : *Ce mot;* il a mis *dernière* en interligne, au-dessus de *mot*, effacé, et changé *Ce* en *Cette*.

ordre précis et particulier d'assurer la Reine que, si Monsieur le Prince ne se vouloit contenter de pouvoir[1] demeurer en repos dans son gouvernement, avec la pleine jouissance de toutes ses pensions et de toutes ses charges, il l'abandonneroit. Comme je lui représentai qu'il me paroissoit qu'il pouvoit et qu'il devoit même adoucir cette expression : « Point de fausse générosité, reprit-il en colère[2] ; je sais ce que je dis, et je le saurai bien soutenir[3] et justifier. » Voilà précisément comme je sortis de chez Monsieur. J'exécutai ses ordres à la lettre, et je ne rencontrai dans leur exécution aucune difficulté que du côté duquel je n'en[4] devois pas attendre. Ce que je vas vous raconter est incroyable.

Après que j'eus ménagé tous les préalables que je crus nécessaires à un projet de cette nature[5]. j'envoyai Argenteuil ou Joli à Madame la Palatine (je ne me ressouviens pas précisément lequel ce fut), pour en conférer avec elle. Elle l'approuva au dernier point ; mais elle m'écrivit[6] que, si je desirois effectivement qu'il réussît, c'est-à-dire qu'il obligeât[7] le Roi de revenir à Paris, il étoit nécessaire que je surprisse la cour, parce que, si je lui donnois le loisir de consulter l'oracle[8], il ne ré-

1. *Pouvoir* est au-dessus de la ligne ; un peu plus loin, après *gouvernement*, est biffé *et*. — *Pouvoir* manque dans le ms. Caf.
2. Avec colère. (1859, 1866.)
3. *Soutenir* est précédé de *justifier et*, effacé. — Et le justifier. (1837-1866.)
4. *Je n'en* vient à la suite de *j'en*, biffé.
5. Après *nature* est effacé : *j'écrivis à* ; l'*à* est sous le *j* (*i*) de *j'envoyai*. — Nécessaires au point de cette nature. (1837-1866.)
6. Devant *m'écrivit*, on lit : *me répondit*, biffé.
7. Qu'elle réussît.... qu'elle obligeât. (1837-1866.)
8. L'oracle, c'est-à-dire Mazarin. On voit dans les *Mémoires sur Fouquet*, de M. Chéruel (tome I, p. 161), que Mazarin écrivait en ce temps-là à Nicolas Foucquet « de croire, comme un article de foi, que, nonobstant toutes les belles choses qu'il (*Retz*) fera et les pro-

pondroit que selon ce qui lui auroit été inspiré et soufflé par les prêtres des idoles, lesquels (me mandoit-elle par un chiffre que j'avois avec elle, que nous avions toujours cru être indéchiffrable[1]) aiment mieux que tout le [2] temple périsse, que vous y mettiez[3] seulement une pierre pour le réparer. Elle me demanda seulement cinq jours de délai pour avoir le temps d'en donner avis elle-même au Cardinal. Elle le tourna d'une manière qui le força, pour ainsi dire, à y donner les mains et à [4] écrire à la Reine qu'elle devoit recevoir au moins agréablement ma députation.

Dès que les Tellier, les Servien, les Ondedei et les Foucquet[5] en eurent le vent, ils s'y opposèrent de toute leur force[6], disant que ce ne pouvoit être qu'un piége dans lequel je voulois faire tomber la cour, et [7] que, si mon intention avoit été droite et sincère, j'aurois commencé par une négociation et non pas par une proposition qui forçoit le Roi de revenir à Paris sans [8] avoir pris ses sûretés préalablement [9], ou de s'attirer les plaintes

testations de sa passion au service de la Reine, et de vouloir me servir sincèrement et de pousser Monsieur le Prince, il n'a rien de bon dans l'âme ni pour l'État, ni pour la Reine, ni pour moi. »

1. Toujours cru indéchiffrable. (1837-1866.) — Il sera question plus loin de ce chiffre, que Retz et la Palatine nommaient l'*indéchiffrable*.

2. *Le*, devant *temple*, a été biffé, puis récrit.

3. Que de vous laisser mettre. (1718 C, D, E et 1719-1828.) — Que si vous y mettiez. (1837-1866.)

4. Ce second *à* est en interligne ; *de* est biffé après *Reine;* puis, *qu'elle devoit* est à la marge, suivi de *recevoir au moins*, effacé.

5. *Serviens, Fouquets*, au pluriel, dans l'original ; *Tellier, Undedei*, au singulier ; un peu plus loin, *disants*. — Les le Tellier. (Ms. Caf., 1837-1866.) — Le ms. Caf. omet *les Servien*.

6. De toutes leurs forces. (1837-1866.)

7. *Et*, à la marge ; ensuite *avoit été*, en interligne, sur *étoit*, biffé.

8. Un premier *ou* est effacé devant *sans*.

9. Les sûretés préalables. (1837-1866.)

de toute la Ville en n'y revenant pas. Madame la Palatine, qui avoit l'ordre du Cardinal en main, se sentoit bien forte et leur répondoit que, quand j'aurois la meilleure volonté du monde, je ne pouvois pas me conduire autrement que je me conduisois[1], parce qu'il[2] étoit beaucoup moins sûr pour moi de me commettre à une négociation dans laquelle l'on me pouvoit tendre à moi-même mille et mille piéges, qu'à une députation sur laquelle enfin le pis du pis pour moi étoit[3] de faire connoître une bonne intention sans effet. Ondedei[4] soutenoit que l'unique fin de ma proposition étoit de pouvoir aller à la cour en sûreté[5] pour prendre mon bonnet. Madame la Palatine repartoit[6] que la réception de ce bonnet, qui n'étoit qu'une pure cérémonie[7], m'étoit, comme il étoit vrai, de toutes les choses du monde la plus indifférente. L'abbé Foucquet revenoit à la charge, et soutenoit que les intelligences qu'il avoit dans Paris y rétabliroient[8] le Roi au premier jour, sans qu'il en eût l'obligation[9] à des gens qui ne proposoient de l'y remettre que pour être plus en état de s'y maintenir eux-mêmes contre lui.

MM. le Tellier et Servien, qui avoient été, au commencement, de leur avis, se rendirent, sur la fin, et à

1. Que je ne me conduisois. (1837-1866.)
2. *Qu'il* corrige *que*, et, à la suite, on lit sous les ratures : *je ne me pouvois pas commettre à une négociation.*
3. Après *étoit* est biffé *d'avoir.*
4. Ondedei (*Undedei*) est à la marge, remplaçant *l'abbé Foucquet*, biffé dans le texte. Un peu plus loin, *fin* est en interligne, après *but*, également biffé.
5. En sûreté à la cour. (1837-1866.)
6. Répondit. (*Ibidem.*)
7. Une *m* et deux autres lettres sont biffées après *cérémonie.*
8. *Rétabliroient* est écrit deux fois et biffé la première ; deux lignes plus bas, devant *être plus*, est effacé : *s'y maintenir eux-mes[mes].*
9. Sans qu'il en eût obligation. (1837-1866.)

l'ordre[1] du Cardinal, et peut-être aux fortes et solides raisons de la Palatine ; et la Reine, qui avoit tenu l'abbé Charrier, que j'avois envoyé pour obtenir les passe-ports, trois jours entiers à Compiègne[2], même depuis la parole qu'elle avoit donnée de les accorder, les fit expédier, et elle y ajouta même beaucoup d'honnêtetés. Je partis[3] aussitôt après avec les députés de tous les corps ecclésiastiques de Paris et près de deux cents gentils-hommes qui m'accompagnoient, outre lesquels j'avois avec moi cinquante gardes de Monsieur[4]. J'eus avis à Senlis que l'on avoit résolu à la cour de n'y pas loger mon cortége[5] ; et Bautru[6] même, qui s'étoit mis de mon cortége, pour pouvoir sortir de Paris, dont les portes étoient gardées, me dit qu'il me conseilloit de n'y pas entrer[7] avec tant de gens. Je lui répondis que je ne croyois pas[8] aussi qu'il m'eût conseillé[9] de marcher seul avec des chanoines, des curés et des religieux, dans un temps où il y avoit, à la campagne, un nombre infini de coureurs de tous les partis. Il en convint et il prit

1. Sur la fin à l'ordre. (1837-1866.)
2. *A Compiègne*, à la marge.
3. Après *je partis*, on lit ces mots biffés : *dès le lendemain, qui fut le.* — Aussitôt avec. (1837-1866.)
4. Ce membre de phrase : *outre lesquels j'avois avec moi cinquante gardes de Monsieur*, est à la marge, remplaçant ces mots biffés dans le texte : *j'avois outre cela* 100 *ou* 150 *maîtres.* — Retz partit le lundi 9 septembre, accompagné d'une quinzaine de carrosses (*Omer Talon*, p. 510), et il n'y eut, dit Gui Joli (p. 78), « que quelques menues canailles qui crièrent, à l'ordinaire, après eux : *aux maza-rins!* » Voyez aussi la *Muze historique*, lettre *aride*, p. 285.
5. *Cortége* est au-dessus d'*escorte*, effacé.
6. Voyez au tome I, p. 229, note 6.
7. Qui s'en étoit mis.... de ne pas entrer. (Ms. Caf.)
8. *Pas* est en interligne.
9. Qu'il m'eût consulté. (Ms. Caf.) — Qu'il me conseillât d'y aller seul avec des curés, des chanoines.... une infinité. (1837 et 1843.) — Un infini nombre. (1859, 1866.)

SECONDE PARTIE. [Septembre 1652]

les devants, pour expliquer à la Reine et cette[1] escorte et ce cortége, que l'on lui avoit très-ridiculement grossi. Tout ce qu'il put obtenir fut que l'on me donneroit logement pour quatre-vingts chevaux. Vous remarquerez, s'il vous plaît, que j'en avois cent douze, seulement pour les carrosses.

Cette foiblesse ne me fit que pitié ; ce qui me donna de l'ombrage fut que[2] je ne trouvai point sur mon chemin l'escouade des gardes du corps qui avoit[3] accoutumé, en ce temps-là, d'aller au-devant des cardinaux, la première fois qu'ils paroissoient à la cour. Ma défiance se fût changée en appréhension, si j'eusse su ce que je n'appris qu'à mon retour à Paris, qui est[4] que la cause pour laquelle l'on ne m'avoit pas fait cet honneur étoit que l'on n'étoit[5] pas encore bien résolu de ce que l'on feroit de ma personne, les uns soutenant qu'il me falloit arrêter, les autres, qu'il étoit nécessaire de me tuer, et quelques-uns disant[6] qu'il y avoit trop d'inconvénients à violer, en cette occasion[7], la foi publique. M. le prince Thomas[8] fit dire[9] à mon père, par le P. Senault, de

---

1. Devant *cette*, écrit en interligne, est biffé *ces*, et quelques autres lettres ; un peu plus haut, *et*, après *convint*, est également en interligne.
2. *Fut* (corrigeant *est*) *que* est suivi de *l'esquade* (sic), effacé.
3. *Avoient* a été corrigé en *avoit*.
4. Les mots : *qui est*, sont omis dans les éditions de 1837-1866. — Dans l'original, après *cause*, est raturé : *que le*.
5. *N'étoit* a été biffé, puis récrit. — Les éditions de 1837-1866 changent *étoit* en *avoit*, les deux premières sans supprimer *de* devant *ce que*, qui suit.
6. Dans l'original, *disants*.
7. En cette circonstance. (1837-1866.)
8. Sur le prince Thomas, voyez au tome I la note 6 de la page 138; sur le père de Retz, au même tome, la note 1 de la page 90.
9. Retz a effacé *me*, devant *fit dire*, et ajouté à la marge les mots : *à mon père, par le père Senaut, de l'Oratoire*.

l'Oratoire[1], le propre jour que je retournai à Paris, qu'il avoit été de ce dernier avis[2] ; qu'il ne nommoit personne, mais qu'il y avoit au monde des gens bien scélérats. Madame la Palatine ne me témoigna pas que l'on eût été jusque-là ; mais elle me dit, dès le lendemain que je fus arrivé[3], qu'elle m'aimoit mieux à Paris qu'à Compiègne. La Reine me reçut pourtant fort bien ; elle se fâcha devant moi contre l'exempt des gardes, qui ne m'avoit pas rencontré, et qui s'étoit égaré, disoit-elle, dans la forêt. Le Roi[4] me donna le bonnet le matin du lendemain[5], et audience l'après-dînée.

Je lui parlai ainsi[6] :

« Sire, tous les sujets de Votre Majesté lui peuvent repré-

1. Jean-François Senault (Retz écrit *Senaut*), né en 1601, selon d'autres en 1599 ou en 1604, mort en 1671, était fils du fameux ligueur du même nom qui avait fait partie du conseil des Seize. Il entra dès sa plus tendre jeunesse à l'Oratoire, dont il devint supérieur général en 1662. Il fut « prêcheur de renom, » comme dit Loret (p. 310). Voyez l'étude que lui a consacrée M. Jacquinet dans son ouvrage intitulé : *les Prédicateurs du dix-septième siècle avant Bossuet*, 1863, in-8°, p. 182-200.
2. Après *avis* est biffé : *et q*.
3. J'y fus arrivé. (1837-1866.)
4. *Le Roi* est en interligne, au-dessus d'*Elle*, effacé.
5. Les mots : *le bonnet le matin du lendemain et* sont à la marge ; il en est de même de *l'après-dînée* (*l'apredisnée*, sic), à la fin de la phrase, remplaçant *dès le lendemain*, biffé dans le texte. — Loret dit au sujet de la cérémonie du bonnet, dans la *Muse historique* (p. 285) :

Le Roi même lui mit en tête,
Avec un port grave et royal,
Le beau bonnet de cardinal.
. . . .
Chacun le traita d'Éminence,
Lui parla, le congratula,
Et certes il fut, ce jour-là,
Complimenté de tout le monde
Sur sa dignité rubiconde.

6. La harangue qui suit ne se trouve pas dans le manuscrit au-

senter leurs besoins; mais il n'y a que l'Église qui ait droit de vous parler de vos devoirs; nous le devons, Sire, par toutes les obligations que notre caractère nous impose, mais nous le devons particulièrement quand il s'agit de la conservation des peuples, parce que la même puissance qui nous a établis médiateurs entre Dieu et les hommes, fait que nous sommes naturellement leurs intercesseurs envers les rois, qui sont les images vivantes de la Divinité sur la terre.

« Nous nous présentons donc à Votre Majesté en qualité de ministres de la parole ; et, comme les dispensateurs légitimes

tographe, où on lit seulement (p. 2373) cet avis, de la main de Retz : « C'est en ce lieu où il faut écrire la harangue qui est imprimée, après quoi il faut reprendre *a linea* (sic). » — Les partisans de Condé firent courir une fausse harangue de Retz, pour le décrier parmi le peuple, si bien qu'on fut obligé, dit Gui Joli (p. 79), « de publier la véritable, qui fut tellement goûtée du public, que, quand il rentra dans Paris, tout le monde sortoit des maisons pour le voir, avec des acclamations redoublées de *Vive le Roi, et la paix!* » La fausse harangue parut sous ce titre : « Harangue faite au Roi par Mgr le cardinal de Retz, en présence de Mgr le nonce du Pape, assisté de Messieurs du clergé, pour la paix générale, faite à Compiègne le 11e 7bre 1652 » (à Paris, chez Antoine L'Angevin, au Mont Saint-Hilaire, MDCLII, 15 pages). La véritable est intitulée : « La véritable harangue faite au Roi par Mgr le cardinal de Retz pour lui demander la paix et son retour à Paris, au nom du clergé et accompagné de tous ses députés, prononcée à Compiègne le 12 septembre 1652 » (à Paris, de l'imprimerie de la Ve Guillemot, MDCLII). Comme le veut Retz, nous plaçons ici la vraie harangue, à l'exemple du ms. Caf. et des éditions de 1837-1866. Nous nous conformons pour le texte à l'édition originale. Elle se trouve aussi, avec quelques différences insignifiantes, dans la *Suite et conclusion du Journal du Parlement*, ou, plus exactement, *du Journal finissant les assemblées du parlement de Paris* (1652, p. 163-169). — Les anciennes éditions des *Mémoires* omettent le discours et changent, pour la plupart, les mots : « Je lui parlai ainsi », en ceux-ci : « Je lui fis la harangue qui est imprimée ». Le ms. H porte : « Je lui parlai ainsi. (*Il faut écrire ici la harangue qui est imprimée; après quoi, il faut reprendre :* La réponse du Roi fut honnête (voyez ci-après, p. 345). » — On trouvera à l'*Appendice* de ce IVe volume la fausse harangue; il peut y avoir quelque intérêt à la comparer avec la véritable.

des oracles éternels, nous vous annonçons l'évangile de la paix, en vous remerciant des dispositions que vous y avez déjà données, et en vous suppliant très-humblement d'accomplir cet ouvrage si glorieux à Votre Majesté et si nécessaire au repos de vos peuples ; et nous vous le demandons avec autorité, parce que nous vous parlons au nom de celui de qui les ordres vous doivent être aussi sacrés qu'ils le sont au moindre de vos sujets. Mais, Sire, cette dignité que nous sommes obligés de conserver, et dans nos actions et dans nos paroles, ne diminue en rien le respect que nous devons à votre personne sacrée ; elle l'augmente au contraire et nous confirme de plus en plus dans votre service, parce que nous ne saurions élever notre esprit, en pensant que nous avons l'honneur d'être[1] les premiers sujets de Votre Majesté, que nous ne confessions, en même temps, que cette qualité nous oblige encore plus particulièrement que le reste des hommes à vous donner toutes les marques imaginables de notre obéissance et de notre fidélité.

« Nous le faisons, Sire, par des paroles que nous pouvons dire effectives, puisqu'elles ont été précédées par des effets. L'Église de Paris n'a jamais fait de vœux que pour les avantages de votre couronne, et ses oracles n'ont parlé que pour votre service. Elle ne croit pas, Sire, qu'elle puisse donner une suite plus convenable à toutes ses autres actions, que la supplication très-humble qu'elle fait présentement à Votre Majesté, de donner la paix à la ville capitale de votre Royaume, parce qu'elle est persuadée que cette paix n'est pas plus nécessaire pour le soulagement des misérables que pour l'affermissement solide et véritable de votre autorité.

« Nous voyons nos campagnes ravagées, nos villes désertes, nos maisons abandonnées, nos temples violés, nos autels profanés ; nous nous contenterions de lever les yeux au Ciel et de lui demander justice de ces impiétés et de ces sacriléges, qui ne peuvent être assez punis par la main des hommes, et, pour ce qui touche nos propres misères, le respect que nous avons pour tout ce qui porte le caractère de Votre Majesté nous obligeroit sans doute, même dans le plus grand effort de

---

1. Le *Journal du Parlement* a la leçon impossible : *d'entre*.

nos souffrances, à étouffer les gémissements et les plaintes que nous causent vos armes, si votre intérêt, Sire, encore plus pressamment que le nôtre, n'animoit nos paroles, et si nous n'étions fortement persuadés que, comme notre véritable repos consiste dans notre obéissance, votre véritable grandeur consiste dans votre justice et dans votre bonté; et qu'il est même de la dignité d'un grand monarque d'être au-dessus de beaucoup de formalités, qui sont aussi inutiles et aussi préjudiciables, en quelques rencontres, qu'elles peuvent être nécessaires en d'autres occasions; et Votre Majesté, Sire, me permettra de lui dire, avec la même liberté que me donne mon caractère, qu'il n'y en a jamais eu de plus superflues que celles dont il s'agit aujourd'hui, puisque vous avez tous les avantages essentiels, et puisque vous avez effectivement les cœurs de tous vos peuples; et c'est en cet endroit, Sire, où je me sens forcé, par le secret instinct de ma conscience, de déchirer ce voile qui ne couvre que trop souvent, dans les cours des grands princes, les vérités les plus importantes et les plus nécessaires.

« Je ne doute point, Sire, que l'on ne vous parle très-différemment des dispositions de Paris : nous les connoissons, Sire, plus particulièrement que le reste des hommes, parce que nous sommes les véritables dépositaires de l'intérieur des consciences, et, par conséquent, du plus secret des cœurs; et nous vous protestons, par la même vérité qui nous les a confiées, que nous n'en voyons point dans vos peuples qui ne soient très-conformes à votre service; que vous serez, quand il vous plaira, aussi absolu dans Paris que dans Compiègne; que rien ne vous y doit faire ombrage, et qu'il n'y a personne qui y puisse partager ni les affections des peuples, ni l'autorité de Votre Majesté; et nous ne saurions, Sire, vous justifier cette vérité par des preuves plus claires et plus convaincantes, qu'en vous suppliant très-humblement de considérer qu'il faut bien que vous ayez les cœurs de ceux qui n'attendent qu'un seul de vos regards pour se laisser vaincre. Je me trompe, Sire, je parle improprement, je sens que je blesse par cette parole les oreilles de Votre Majesté : elle ne veut vaincre que ses ennemis, et ses armes sans doute n'ont point d'autres objets que ceux qu'Henri le Grand, aïeul de Votre Majesté, choisit dans les plaines d'Ivri. Je dis qu'il choisit, Sire, parce qu'il distingua les François et les étrangers par cette belle parole, qu'il prononça à la tête de son armée : « Sauvez les « François. » Il fit cette distinction, l'épée à la main, et l'observa encore plus religieusement après toutes ses victoires[1].

« Ce parlement qui, dans les grandes agitations de l'État, étoit demeuré dans Paris, contre ses intentions et contre ses ordres, fut continué dans sa séance et dans ses fonctions par ce grand et sage prince, dès le lendemain qu'il y fut entré en victorieux et en triomphant; il fit publier l'amnistie générale le même jour dans le Palais[2]; et il semble que ce prince, tout admirable, eût cru qu'il eût manqué quelque chose à sa clémence, s'il ne l'eût fait éclater dans le même lieu où l'on avoit[3], en quelque rencontre, rendu si peu de justice et de déférence à ses volontés. Et il faut avouer que la providence de Dieu prit un soin tout particulier de couronner sa modération et sa justice, parce que son autorité, qui avoit été si violemment attaquée et presque abattue, se trouva relevée, par sa prudence et par sa douceur, en un point et plus haut et plus fixe que n'avoit jamais été celle de ses prédécesseurs.

« Si je n'appréhendois de donner la moindre apparence d'une comparaison aussi injuste que seroit celle d'un siècle furieux, et qui attaqua, pour ainsi parler, la royauté dans son trône, et

---

1. La bataille d'Ivry fut livrée le 14 mars 1590 par Henri IV, alors roi de Navarre, à l'armée du duc de Mayenne et des Ligueurs, dans la plaine de Saint-André (Eure), non loin de la vallée d'Ivry, où coule la rivière d'Eure. Poirson, dans son *Histoire du règne de Henri IV* (2e édition, 1862, tome I, p. 180-237), raconte en détail ce fait d'armes du Béarnais, et dit (p. 221) : « Au milieu de la mêlée furieuse qui avait eu lieu contre le centre de la cavalerie ennemie, on l'avait entendu (*Henri IV*) répéter sans cesse dans les rangs : « Tue l'étranger, sauve le Français. » L'historien ajoute (*ibid.*) qu'on accorda également « la vie à tous les fantassins français qui se rendirent. »

2. Henri IV, qui avait abjuré le 25 juillet 1593, dans l'église de Saint-Denis, fit son entrée dans Paris le 22 mars de l'année suivante; le 28 du même mois, c'est-à-dire six jours après, et non le lendemain, comme le dit Retz, furent publiées au Palais les lettres d'amnistie : voyez encore *Poirson*, tome I, p. 553-556.

3. *Où l'on en avoit*, dans le *Journal*.

de ces derniers temps, où il faut avouer que les intentions des sujets de Votre Majesté n'ont rien eu de semblable ni d'approchant, je dirois, Sire, en cette occasion, ce que l'on[1] doit dire, à mon sens, à Votre Majesté, dans toutes les rencontres de votre vie : que vous suivrez sans doute les vestiges de ce grand monarque, et que vous n'aurez pas moins de bonté pour une grande ville qui vous offre avec ardeur le sang de tous ses citoyens, pour le répandre pour votre service, que le grand Henri n'en eut pour des sujets rebelles qui lui disputoient sa couronne et qui attentoient à sa vie.

« J'ai, Sire, un droit tout particulier et domestique de vous proposer cet exemple. Dans cette fameuse conférence, qui fut tenue dans l'abbaye de Saint-Antoine aux faubourgs de Paris, le roi Henri le Grand dit au cardinal de Gondi[2] qu'il étoit résolu de ne s'arrêter à aucune formalité dans une affaire où la paix seule étoit essentielle. Je ne connoîtrois nullement le mérite et la valeur de ce discours si je prétendois le pouvoir orner par des paroles : je me contente, Sire, de le rapporter fidèlement à Votre Majesté, et de le rapporter avec le même esprit que le cardinal de Gondi l'a reçu.

« Ainsi, Sire, en imitant et la modération et la prudence de ce grand monarque, vous régnerez d'un règne semblable à celui de Dieu, parce que votre autorité n'aura de bornes que celles qu'elle se donnera à elle-même, par les règles de la raison et de la justice. Ainsi vous rétablirez solidement l'autorité royale, dans laquelle consiste véritablement le repos, la sûreté et le bonheur de tous vos sujets. Ainsi vous réunirez les cœurs de tous vos peuples, partagés par tant de factions différentes, et dont la division ne sera jamais que fatale à votre service. Ainsi vous réunirez toutes vos compagnies souveraines dans ce même lieu, où elles ont soutenu, avec tant de vigueur et avec tant de gloire, les droits de vos ancêtres. Ainsi vous réunirez la maison royale. Ainsi vous aurez dans vos conseils

---

1. Il y a un *vous* de trop devant *doit*, dans l'édition originale de la harangue.
2. Il s'agit ici de Pierre de Gondy, qui fut évêque de Paris de 1569 à 1598, cardinal en 1587, et mourut en 1616 : voyez au tome I, p. 90 et note 2.

et à la tête de vos armées M. le duc d'Orléans, dont l'expérience, la modération et les intentions absolument désintéressées peuvent être si utiles et sont si nécessaires pour la conduite de votre État. Ainsi vous y aurez Monsieur le Prince, si capable de vous seconder dans vos conquêtes.

« Et quand nous pensons, Sire, qu'un seul moment peut produire tous ces avantages, et quand nous pensons, en même temps, que ce moment n'est pas encore arrivé, nous sentons dans nos âmes des mouvements mêlés de douleur et de joie, d'espérance et de crainte. Quelle apparence que la fin de nos maux ne soit pas proche, puisqu'ils ne tiennent plus qu'à quelques formalités légères et qu'un instant peut assoupir? quelle apparence qu'elles ne fussent pas déjà terminées, si la justice de Dieu ne vouloit peut-être châtier nos péchés et nos crimes, par des maux que nous endurons contre toutes les règles de la politique, même la plus humaine? Il est, Sire, de votre devoir de prévenir par des actions de piété et de justice les châtiments du Ciel, qui menacent un royaume dont vous êtes le père; il est, Sire, de votre devoir d'arrêter, par une bonne et prompte paix, le cours de ces profanations abominables qui déshonorent la terre et qui attirent les foudres du Ciel : vous le devez comme chrétien, vous le devez et vous le pouvez comme roi.

« Un grand archevêque de Milan porta autrefois cette parole au plus grand des empereurs chrétiens, dans une occasion moins importante que celle dont il s'agit présentement et qui regardoit moins les intérêts de Dieu[1]. L'Église de Paris vous la porte aujourd'hui, Sire, avec plus de sujet, et Dieu veuille que ce soit avec autant de succès! Dieu veuille inspirer à Votre Majesté la résolution et l'application de ce remède si prompt et si salutaire, qui consiste dans son retour à Paris, que nous vous demandons, Sire, avec tous les respects que vous doivent des sujets très-soumis, mais avec tous les mou-

---

1. Si l'on n'était habitué, chez notre auteur, aux outrecuidances de tout genre, on s'étonnerait, à bon droit, de ce souvenir de saint Ambroise et de Théodose, tant les circonstances diffèrent, et les personnages, et les motifs qui animaient, d'une part, le saint archevêque de Milan et, de l'autre, le turbulent Frondeur, coadjuteur de Paris.

vements que peuvent former des cœurs passionnés pour le véritable service de Votre Majesté et pour le repos de son royaume.

« Ainsi, Sire, dès le commencement de votre vie, vous accomplirez un des plus considérables points du testament du plus grand et du plus saint de vos prédécesseurs. Saint Louis, étant à l'article de la mort, recommanda très-particulièrement au Roi son fils la conservation des grandes villes de son royaume, comme le moyen le plus propre pour conserver son autorité[1]. Ce grand prince devoit ces sentiments si raisonnables et si bien fondés à l'éducation de la reine Blanche de Castille[2], sa mère; et Votre Majesté, Sire, devra sans doute ces mêmes maximes aux conseils de cette grande Reine qui vous a donné à vos peuples et qui anime, par des vertus qui sont sans comparaison et sans exemple, le même sang qui a coulé dans les veines de Blanche et les mêmes avantages qu'elle a autrefois possédés dans la France[3]. »

La réponse du Roi fut honnête[4], mais générale, et j'eus même beaucoup de peine à la tirer par écrit[5].

1. Retz a déjà parlé plus haut de cette recommandation de saint Louis à son fils. Le passage qu'il a en vue a été cité au tome II, p. 11, note 9.
2. Blanche de Castille, fille d'Alphonse IX, roi de Castille, par conséquent de sang espagnol, ainsi que Retz va le dire, comme Anne d'Autriche, fille de Philippe III. Elle épousa en l'an 1200 le roi de France Louis VIII, et fut régente de 1226 à 1236, durant la minorité de son fils Louis IX. Elle mourut en 1252.
3. « En vérité, dit M. Curnier (*le Cardinal de Retz et son temps*, tome II, p. 123), quand on songe au rôle qu'il (*Retz*) a joué, ce qui frappe encore plus, de la part d'un tel homme, que la dignité et la noblesse dont ses paroles sont empreintes, c'est l'audace de son hypocrisie. »
4. Entre *fut* et *honnête*, il y a *qu'il*, non biffé, par mégarde, et quatre lignes et demie soigneusement raturées : « recevoit avec joie les remontrances de l'Église de Paris par ma voix, et qu'il reviendroit dans sa bonne ville aussitôt que ces.... tels que.... les partis.... qui.... l'Église. » — Dans le ms. H, le mot *peine*, à la ligne suivante, est suivi de points et de ces mots : « quatre lignes effacées. »
5. A me la procurer par écrit. (1837-1866.) — Dans l'original,

346   MÉMOIRES DU CARDINAL DE RETZ.

Voilà ce qui parut à tout le monde de mon voyage de Compiègne : voici ce qui s'y passa dans le secret [1].

Je dis à la Reine, dans une [2] audience particulière qu'elle me donna dans son petit cabinet, que je ne venois pas seulement à Compiègne en qualité de [3] député de l'Église de Paris, mais que j'en avois encore une autre, que j'estimois beaucoup davantage [4], parce que je la croyois beaucoup moins [5] inutile à son service que l'autre : que c'étoit celle d'envoyé de Monsieur,

après le mot *écrit*, ont été biffées trois lignes, qui terminent la page 2373, et, de plus, deux lignes et demie, qui commencent la page suivante. Ce sont des tâtonnements, en très-grande partie illisibles : « Je vous ai dit ci-dessus que que ce qui.... l'État y.... quoique.... dans le.... imaginer que des intérêts ou, pour mieux dire, que des occasions particulières aient été.... d'un intérêt. » Le ms. H constate encore cette suppression par des points et par ces mots : « Il y a ici six lignes effacées. » — Tout au haut de la page 2374, Retz a écrit, pour dater sans doute une reprise de rédaction : *à Commerci, le 28 feburier.* — Les éditions de 1837-1866 ajoutent, après *écrit*, les mots : *La voici*, qu'elles font suivre du texte de la réponse du Roi. Cette réponse ne se trouve pas dans le manuscrit autographe des *Mémoires*, ni dans le ms. Caf., ni dans aucune des éditions anciennes, et Retz n'a point recommandé, comme il a fait pour sa propre harangue, de la copier en cet endroit. La *Suite et conclusion du Journal du Parlement* ne l'a pas non plus reproduite, mais elle a été imprimée à Compiègne (J. Courant, in-4º, 7 pages). Nous la donnerons à l'*Appendice* de ce volume, ainsi que la harangue supposée qu'on fit courir sous le nom de Retz (voyez ci-dessus, la note 6 de la page 338).

1. *Dans le secret* est précédé de *en secret*, biffé.

2. Après *une* est biffé : *con[férence]*. — Dans une audience particulière que la Reine me donna dans un petit cabinet, je dis que, etc. (Ms. Caf.) — Dans mon audience.... dans un petit cabinet. (1837-1866.)

3. *En qualité de* est à la marge.

4. *Davantage* est omis dans l'édition de 1859, 1866 ; celle de 1843 omet *beaucoup*.

5. Un *p* biffé devant *moins*; Retz vouloit sans doute écrire : *plus utile*. — Dans le ms. Caf., *que j'estimois sans comparaison davantage, parce que je la croyois encore moins inutile*, etc.

qui m'avoit commandé d'assurer[1] Sa Majesté qu'il étoit dans la résolution de la servir réellement et effectivement, promptement et sans aucun délai ; et, en proférant[2] ce dernier mot, je tirai de ma poche un petit billet signé Gaston, qui contenoit ces mêmes paroles. Le premier mouvement de la Reine fut d'une joie extraordinaire, et[3] cette joie tira d'elle, à mon opinion, plus que l'art, quoi que l'on en ait voulu dire depuis[4], ces propres paroles : « Je savois bien, Monsieur le Cardinal, que vous me donneriez à la fin des marques de l'affection que vous avez pour moi. » Comme je commençois à entrer[5] en matière, Ondedei gratta à la porte ; et, comme je voulus me lever de mon siége pour l'aller ouvrir[6], la Reine me prit par le bras[7] et elle me dit : « Demeurez là, attendez-moi. » Elle sortit, elle entretint Ondedei près d'un quart d'heure. Elle revint, elle me dit[8] que Ondedei lui venoit de donner[9] un paquet d'Espagne. Elle me parut embarrassée et changée dans sa manière de me parler, au delà de tout ce que je

1. Après l'*a* initial d'*assurer*, est biffé *la* et deux autres lettres ; puis encore *la* après *qu'il*.
2. Au lieu des mots : *et en proférant*, le ms. Caf. porte : *comme je proférois;* à la suite, Retz avait mis d'abord : *cette dernière parole*, puis il a corrigé *cette dernière* en *ce dernier*, et écrit *mot* au-dessus de *parole*, biffé.
3. *Et* est suivi de ces mots effacés : *elle me dit très-naturellem[ent]*. — Et cette joie, naturelle beaucoup plus qu'artificielle à mon opinion, tira de sa bouche ces propres mots. (Ms. Caf.)
4. Que l'on ait voulu dire depuis. (1837-1866.) — Dans l'original, un premier *ai[t]* a été corrigé en *en; depuis* est en interligne.
5. Je commençois d'entrer. (1837-1866.)
6. Pour aller ouvrir. (*Ibidem.*)
7. Ondedei gratta à la porte du cabinet. Je me voulus lever pour l'aller ouvrir. La Reine me retint par le bras. (Ms. Caf.)
8. Elle revint, et me dit. (1837-1866.)
9. Lui avoit apporté. (Ms. Caf.)

vous puis dire. Bluet, duquel je vous ai parlé dans le second volume[1] de cette histoire, m'a dit que Ondedei, qui avoit su que j'avois demandé à la Reine une audience particulière, l'étoit venu interrompre, en lui disant qu'il avoit reçu ordre de M. le cardinal Mazarin de la conjurer de ne m'en donner aucune de cette nature, qui ne serviroit qu'à donner de l'ombrage à ses fidèles serviteurs[2].

Ce Bluet m'a juré plus d'une fois qu'il avoit vu cette lettre en original entre les mains d'Ondedei, et qu'il ne la reçut[3] que justement dans le temps où j'étois enfermé avec la Reine dans le petit cabinet. Il est vrai aussi[4] que j'observai que, quand elle y rentra, elle se mit auprès d'une fenêtre dont les vitres descendent jusques au plancher[5], et qu'elle me fit asseoir en lieu où tout ce qui étoit dans la cour la pouvoit voir et moi aussi. Ce que je vous raconte est assez bizarre, et j'aurois encore peine[6] à le croire, si tout ce que j'observai dans la suite ne m'avoit fait connoître que la défiance étoit si généralement[7] répandue à Compiègne, et en tous les particuliers et sur tous les particuliers, que qui ne l'a[8] pas vu

1. Tout ce que je vous [puis] exprimer. Bluet, celui dont je vous ai déjà parlé dans ce second volume. (Ms. Caf.) — Dans le précédent volume. (1837-1866.) — Voyez au tome III, p. 348.

2. L'avoit interrompue à dessein, en lui disant qu'il venoit de recevoir un ordre de M. le cardinal Mazarin, par lequel il étoit chargé de supplier Sa Majesté, en son nom, de ne m'en donner aucune de cette nature, qui ne serviroit à rien et qui donneroit ombrage à ses fidèles serviteurs. (Ms. Caf.)

3. Et qu'il étoit vrai qu'il ne l'avoit reçue. (Ms. Caf.)

4. *Aussi*, biffé, en interligne, devant *vrai*, a été récrit après, en interligne également, d'une encre plus noire.

5. Dans l'original, *planché*.

6. Encore de la peine. (1837-1866.)

7. Retz avait mis d'abord : *étoit si générale à Comp[iègne]*.

8. Dans l'original, *le*, pour *l'a*.

ne le peut concevoir. MM. Servien et le Tellier se haïssoient cordialement. Ondedei étoit leur espion, comme il l'étoit de tout le monde. L'abbé Foucquet aspiroit à la seconde place dans l'espionnage[1]. Bartet, Brachet[2], Ciron[3] et le maréchal du Plessis y[4] étoient pour leur vade[5]. Madame la Palatine m'avoit informé de la carte[6] du pays; mais je vous confesse que je ne me l'étois pu figurer au point que je la trouvai.

La Reine toutefois ne put s'empêcher, nonobstant l'avis d'Ondedei, de me témoigner et joie et reconnoissance. « Mais comme, ajouta-t-elle, les conversations particulières feroient philosopher[7] le monde plus qu'il ne convient à Monsieur et à vous-même[8], à cause des égards[9] qu'il faut garder vers le peuple, voyez la Palatine, et convenez avec elle de quelque heure secrète où vous puissiez voir M. Servien. » Bluet me disoit depuis[10] que c'étoit celui que Ondedei lui avoit suggéré pour

1. A la seconde place de l'espionnage. (1859, 1866.)
2. Sur Bartet et Brachet, voyez au tome III, p. 319 et note 2, et p. 409 et note 5.
3. « Un prédicateur de la duchesse d'Orléans, nommé Siron, dit Valentin Conrart dans ses *Mémoires* (p. 584), homme pieux et plein de zèle pour la paix, » qui s'était entremis entre la cour et la duchesse d'Orléans.
4. *Y* est omis dans l'édition de 1859, 1866.
5. *Vade* est un terme de jeu; c'est, dit le *Dictionnaire de Furetière*, « la somme que les joueurs ont réglée entre eux, et dont celui qui va le premier au jeu est obligé d'aller. » Au sens figuré, où Retz l'emploie ici, le mot signifie l'intérêt qu'on a dans une affaire, à proportion de ce qu'on y a engagé.
6. Le mot est écrit *charte* dans l'original.
7. *Philosopher* (*filosofer*) est précédé de *discourir*, biffé.
8. *A vous-même* est à la marge; la conjonction *et*, qui précède, en interligne.
9. Et à cause des égards. (1837-1866.) Les mêmes éditions ont, plus loin : « quelques heures secrètes », au pluriel.
10. Me dit depuis. (1837-1866.)

parler d'affaire¹ avec moi, parce que c'étoit celui qui avoit paru le plus malintentionné pour moi, et que Servien, qui craignit² les mauvais offices des subalternes, avoit refusé d'entrer en aucune négociation particulière avec moi³, à moins qu'il eût pour collègue, ou plutôt pour témoin, M. le Tellier, « qui ne manquera pas, dit-il à la Reine, de faire suggérer à Monsieur le Cardinal que je prends des mesures avec le cardinal de Rais ; et c'est pour cela, Madame, que je supplie très-humblement Votre Majesté qu'il en soit de part. » Je ne sais ce que je vous dis de cela que par Bluet, qui étoit, à la vérité, un assez bon auteur pour ce petit⁴ détail, car il étoit intime d'Ondedei⁵. Ce qui me fait croire qu'il ne l'avoit pas inventé est que⁶ je trouvai effectivement chez Madame la Palatine, où j'allai⁷ entre onze heures et minuit, M. le Tellier avec M. Servien, dont je fus assez surpris, parce que je n'avois pas lieu de croire qu'il⁸ eût de fort bonnes dispositions pour moi. Je vous rendrai⁹ compte, dans la suite, des raisons que j'avois de le soupçonner.

Il me parut que ces Messieurs avoient déjà été informés par la Reine de ce que j'avois à leur proposer. En

1. D'affaires. (1837-1866.)
2. Qui craignoit. (*Ibidem.*)
3. *Avec moi* est à la marge ; plus loin, après *pour*, Retz a biffé *témoin* (*témoing*), pour le récrire un peu plus loin. — A moins qu'il n'eût. (1837-1866.)
4. Retz, mêlant, comme il lui arrive, deux mots, avait écrit *pétail*, qu'il a corrigé en *petit*.
5. Retz a déjà dit (tome III, p. 348) que Bluet était « intimissime d'Ondedei. »
6. C'est que. (1837-1866.)
7. *Où j'allai* est ajouté à la marge ; après *onze* (11), il y a *et*, biffé.
8. Que le premier. (Ms. Caf.)
9. *Rendre*, dans l'original.

voici la substance : que Monsieur étoit résolu de [1] conclure la paix de bonne foi, et que, pour faire connoître à la Reine la sincérité de ses intentions, il avoit voulu, contre toutes les règles et tous les usages de la politique ordinaire, commencer par les effets ; qu'il lui eût été difficile d'en donner un plus efficace et plus essentiel, qu'une députation aussi solennelle de l'Église de Paris, résolue [2] et exécutée à la face de Monsieur le Prince et des troupes [3] d'Espagne, logées dans les faubourgs, et qu'il offroit, sans balancer, sans négocier, sans demander ni directement ni indirectement aucun avantage particulier, de se déclarer contre tous ceux qui s'opposeroient et à la paix et au retour du Roi dans Paris [4], pourvu que l'on lui donnât pouvoir de promettre à Monsieur le Prince que l'on le laisseroit en repos [5] dans ses gouvernements, en renonçant de sa part à toute association [6] avec les étrangers, et que l'on envoyât une amnistie pleine, entière [7], et non captieuse, pour être vérifiée par le parlement de Paris.

Il eût été difficile de s'imaginer qu'une proposition de cette nature n'eût pas été, je ne dis pas reçue, mais applaudie, parce que, supposé même qu'elle n'eût pas

1. Après *résolu de*, est effacé : *rentrer de bonne*.
2. *Résolue* vient après *fait*[e], biffé. — Aussi solennelle que celle de l'Église de Paris. (1837-1866.)
3. *De toutes* a été raturé, et *les* corrigé en *des* devant *troupes ;* plus loin, après *faubourgs, et* est en interligne, et *qu'il* est suivi de *ne d*[emandoit ?] *et*, biffé.
4. Qui s'opposeroient à la paix et au retour du Roi à Paris. (1837-1866.)
5. *Repos*, en interligne, au-dessus de *paix*, biffé. — En paix. (1837-1866.) — Le ms. Caf. omet les mots : *en repos* ; et, après *laisseroit*, il donne, au singulier, *dans son gouvernement*.
6. A toutes les associations. (1837-1866.)
7. *Et* a été biffé devant *entière*.

été[1] sincère, ce qu'ils pouvoient soupçonner, au moins selon[2] leurs maximes corrompues, ils en eussent pu toujours tirer leur avantage[3] en plus d'une manière. Ce qui me fit juger que ce ne fut pas la défiance qu'ils eussent[4] de moi qui les empêcha d'en profiter, mais celle qu'ils avoient l'un de l'autre, fut qu'ils se regardèrent[5], et qu'ils attendirent, même assez longtemps, qui s'expliqueroit le premier. La suite[6] et encore davantage l'air de la conversation, qui ne se peut exprimer, me marquèrent plus que suffisamment que je ne me trompois pas dans ma conjecture[7]. Je n'en tirai que des galimatias, et Madame la Palatine, qui[8], quoique très-connoissante de cette cour, en fut surprise au dernier point, m'avoua, le lendemain au matin, qu'il y entroit beaucoup de ce que j'avois soupçonné, « quoique, à tout hasard, ajouta-t-elle, je sois résolue, si vous y consentez, de leur parler comme si j'étois persuadée que ce ne soit que la défiance qu'ils ont de vous qui les empêche d'agir comme des hommes; car il est vrai, continua-t-elle, que ce que j'en ai vu cette nuit n'est pas humain. » J'y donnai les mains, pourvu qu'elle ne parlât que comme d'elle-même ; car il est vrai qu'après ce qui m'avoit paru de leur manière d'agir, je ne me[9] pouvois pas résoudre à aller aussi loin et que je l'avois résolu et que

1. Retz avait mis d'abord : *qu'elle ne fût pas ;* il a ensuite changé *ne* en *n'eût*, et ajouté *pas été*, en interligne, sur *fût pas*, biffé.

2. *Selon* est en interligne, au-dessus de *dans*, effacé ; et de même, un peu plus loin, *eussent pu*, au-dessus de *pouvoient*, également biffé. — Dans l'original, *leur maximes*.

3. Toutefois tirer leurs avantages. (1837-1866.)

4. Qu'ils eurent. (*Ibidem.*) — 5. Fit qu'ils se regardèrent. (*Ibid.*)

6. Après *suite*, est effacé : *de la conv[ersation]*.

7. Le mot *conjecture* est répété dans l'original et biffé la première fois.

8. Après *qui*, on lit : *étoit persuadée dan[s]*, raturé.

9. Dans l'original, il y a un second *me* devant *résoudre*.

j'en avois le pouvoir. Elle y suppléa ; car elle ne dit pas seulement[1] à la Reine ce qui s'étoit passé la nuit chez elle, mais elle y ajouta ce qu'il n'avoit tenu qu'à ces Messieurs qu'il s'y fût passé[2]. Enfin elle l'assura que, moyennant ce que je vous ai marqué ci-dessus, Monsieur abandonneroit Monsieur le Prince et se retireroit à Blois, après quoi il ne se mêleroit plus de ce qui pourroit arriver. C'étoit là le grand mot et qui devoit décider. La Reine l'entendit et même elle le sentit[3]. Tous les subalternes entreprirent de le lui vouloir faire passer pour un piége, en lui disant que Monsieur ne[4] donnoit cette lueur que pour attirer et tenir le Roi dans Paris, au moment même que lui Monsieur s'y donnoit une nouvelle autorité par l'honneur qu'il s'y donneroit[5] du retour du Roi, très-agréable au public, et par la porte que l'on voyoit qu'il affectoit[6] de se réserver en ne s'expliquant point sur celui de M. le cardinal Mazarin[7].

J'ai déjà remarqué que je connus clairement que ce raisonnement étoit moins l'effet d'aucune défiance qu'ils eussent en effet, sur une matière qui commençoit à être assez éclaircie par l'état des choses[8], que de la

---

1. *Ne* et *pas seulement* ont été ajoutés en interligne.
2. Tel est bien le texte de l'autographe. Il faut lire probablement, avec le ms. Caf. et avec les éditions de 1837 et 1843 : *tenu à*, au lieu de *tenu qu'à*. Retz, devant *s'y fût*, a ajouté après coup un *l* à *qui*; le ms. Caf. a *ses*, pour *ces*, devant *Messieurs*.
3. Et même le sentit. (1837-1866.)
4. Après *ne* est biffé *fesoi*[*t*] ; plus loin, *attirer et* est à la marge.
5. Qu'il s'y donnoit. (1837-1866.) — Dans l'original, *lui*, devant *Monsieur*, a été ajouté après coup.
6. *Affectoit* est précédé de *vou*[*loit*], biffé.
7. Retz avait mis d'abord *du Mazarin*; il a écrit en interligne : *M. le cardinal*, en oubliant toutefois de changer *du* en *de*.
8. Qu'ils eussent en effet de moi. (Ms. Caf.) — Les mots : *sur une matière*, jusqu'à : *choses*, sont à la marge ; plus loin, *d'eux* est en interligne, et de même ensuite : *vers moi*.

crainte que chacun d'eux avoit, en son particulier, de faire quelque pas¹ vers moi que son compagnon pût interpréter auprès² du Cardinal ; et il est aisé de juger que, si la conduite qu'ils tinrent, en cette occasion, leur eût été inspirée par la défiance qu'eux-mêmes inspirèrent dans l'esprit de la Reine, ils eussent cherché des tempéraments qui les eussent pu empêcher de tomber³ dans le piége qu'ils eussent appréhendé, et qui, d'autre part, eussent contribué à ne pas aigrir et les esprits et les affaires, dans un moment⁴ où il étoit si nécessaire de les radoucir. L'événement, qui fut favorable à la cour, a justifié cette conduite, et je sais que les ministres ont dit depuis qu'ils⁵ étoient si assurés des dispositions de Paris, qu'ils n'avoient pas besoin de ces ménagements. Jugez-en, je vous supplie, par ce que vous allez voir⁶, après que je vous aurai encore supplié d'observer une ou deux circonstances, qui, quoique très-légères, vous marqueront l'état où tous ces espions de profession, dont je vous ai tantôt parlé⁷, mettoient la cour.

1. Quelques pas. (1837-1866.)

2. *Auprès*, en interligne, sur *du côté*, biffé ; *Bouillon* a été effacé entre *du*, qui corrige *de*, et *Cardinal*; plus loin, *leur* est biffé devant *la conduite*.

3. Retz avait mis d'abord *pour ne pas tomber;* il a ensuite effacé *pour ne pas*, il a écrit à la marge : *qui les eussent pu empêcher*, et ajouté *de* dans l'interligne; plus loin, *eussent*, devant *appréhendé*, vient à la suite de *fus*[*sent*], effacé ; enfin les mots : *qui, d'autre part, eussent contribué à ne pas aigrir et*, sont aussi en interligne, au-dessus de : *pour ne pas aigrir non plus*, raturé.

4. Dans ces moments. (1837-1866.)

5. *Qu'il*, pour *qu'ils*, par mégarde.

6. Avant et après *voir* est biffé le même mot *voir*; plus loin, à la suite d'*encore*, on lit : *dit une ou deux circonstances*, effacé ; puis *une* est en interligne, sur *deux*, biffé ; et de même, à la suite, *deux*, sur *trois*, également biffé.

7. Voyez ci-dessus, p. 349. — Retz avait mis d'abord : *parlé ci-*

La Reine leur étoit si soumise et elle craignoit leurs rapports[1] à un tel point, qu'elle conjura Madame la Palatine de dire à Ondedei, sans affectation, qu'elle lui avoit fait de grandes railleries de moi, et elle lui[2] dit à lui-même que je l'avois assurée que Monsieur le Cardinal étoit un honnête homme, et que je ne prétendois pas à sa place. Je vous puis assurer, à mon tour, que je ne lui avois dit ni l'une ni l'autre de ces sottises. Elle n'oublia pas non plus de faire sa cour à l'abbé Foucquet, en se moquant avec lui de la dépense que j'avois faite en ce voyage. Il est vrai qu'elle fut immense, pour le peu de temps qu'il dura[3]. Je tenois sept tables servies en même temps, et j'y dépensois huit cents écus par jour. Ce qui est nécessaire n'est jamais ridicule. La[4] Reine me dit, lorsque je reçus ses commandements, qu'elle remercioit Monsieur, qu'elle se sentoit très-obligée[5], qu'elle espéroit qu'il continueroit à suivre[6] les dispositions nécessaires au retour du Roi, qu'elle l'en prioit et qu'elle ne feroit pas un pas sans le concerter avec lui; sur quoi je lui répondis : « Je crois, Madame, qu'il auroit été à propos de commencer dès aujourd'hui. » Elle rompit le discours.

J'eus sujet de me[7] consoler des railleries de M. l'abbé

dessu[s]; il a effacé *ci-dessu*, et écrit *tantôt* en interligne, devant *parlé*. — Parlé tantôt. (1837-1866.)

1. Leur rapport. (*Ibidem.*) — Dans l'original, *leur rapports*.
2. *Lui* est ajouté au-dessus de la ligne.
3. Huit jours seulement, dont trois à la cour. (*Gui Joli*, p. 79.)
4. Tout le reste de l'alinéa, depuis *La Reine*, est ajouté à la marge de gauche et d'en bas, dans le manuscrit autographe.
5. Qu'elle se tenoit.... qu'il continueroit dans ces dispositions. (Ms. Caf.) — Dans l'original, après *obligée*, est biffé *et*, et, un peu plus loin, après *continueroit à*, on lit *disposer les*, effacé, et suivi d'*à*, répété par mégarde.
6. Qu'il contribueroit à mettre. (1837-1866.)
7. Retz avoit mis d'abord : *je me consolai*; il a corrigé *je* en *j'eus*,

Foucquet, par la manière dont je fus reçu à Paris. J'y rentrai avec un applaudissement incroyable[1], et j'allai descendre à Luxembourg, où je rendis compte à Monsieur de ma légation. Il faillit à tomber de son haut. Il s'emporta, il pesta contre la cour ; il entra vingt fois chez Madame, il en sortit autant de fois, et puis il me dit tout d'un coup : « Monsieur le Prince s'en veut aller. Le comte de Fuensaldagne lui mande qu'il a ordre de lui[2] mettre entre les mains toutes les forces d'Espagne ; mais il ne le faut pas laisser partir. Ces gens-là nous viendroient[3] étrangler dans Paris. Il faut que la cour y ait[4] des intelligences que nous ne connoissons pas. Pourroit-elle agir comme elle fait, si elle ne sentoit[5] ses forces ? »

Voilà l'une des moindres périodes d'un discours de Monsieur, qui dura plus d'une grande heure ; je ne l'interrompois pas[6], et même, quand il m'interrogeoit, je ne lui répondois presque que par monosyllabes. Il s'impatienta à la fin, et il me commanda de lui dire mon sentiment, en ajoutant : « Je vous pardonne vos monosyllabes quand je fais ce qu'il plaît à Monsieur le Prince contre vos sentiments ; mais, quand je suis vos sentiments, comme je l'ai fait en cette occasion, je veux que vous me parliez à fond. — Il est juste, Monsieur, lui répondis-je, que je parle toujours ainsi à Votre Altesse

ajouté *sujet de* en interligne, changé *consolai* en *consoler;* à la suite, on lit : *aisément par la,* effacé.

1. Voyez ci-dessus la note 6 de la page 338.
2. Entre *lui* et *mettre*, est biffé *remettre e[ntre]*.
3. Nous viendront. (1837-1866.)
4. Devant *que la cour y aie* (sic), Retz avait écrit, puis il a effacé : *qu'ils y aient;* plus loin, il a corrigé *Pourroient-ils* en *Pourroit-elle*.
5. Si elle ne connoissoit. (Ms. Caf.) — Deux lignes plus loin, ce manuscrit omet *moindres* devant *périodes*.
6. Je ne l'interrompis pas. (1837-1866.)

SECONDE PARTIE. [Septembre 1652] 357

Royale[1], quelques sentiments qu'il lui plaise de prendre. Je ne désavoue pas les miens en ce rencontre; je fais[2] plus, car je ne m'en repens pas. Je ne considère point les événements : la fortune en décide; mais elle n'a aucun pouvoir sur le bon sens. Le mien est moins infaillible que celui des autres, parce que je ne suis pas si habile ; mais, pour cette fois, je le tiens aussi droit que si il avoit bien réussi, et il ne me sera pas difficile[3] de le justifier à Votre[4] Altesse Royale. »

Monsieur m'arrêta[5] en cet endroit, même avec précipitation, et il me dit : « Ce n'est pas ce que j'ai voulu dire. Je sais bien que nous avons eu raison ; mais enfin ce n'est pas assez d'avoir raison en ce monde, et c'est encore moins[6] de l'avoir eue. Qu'est-il de faire[7]? Nous allons être pris à la gorge : vous voyez comme moi que la cour ne peut[8] pas être aveuglée au point d'agir comme elle fait, et qu'il faut ou qu'elle soit accommodée avec Monsieur le Prince, ou qu'elle soit maîtresse de Paris sans moi. » Madame, qui avoit impatience de savoir à quoi cette scène se termineroit, entra à ce mot dans le cabinet des livres, et, pour vous dire le vrai[9], j'en eus une grande joie, parce qu'en tout où elle n'étoit pas prévenue, elle avoit le sens droit, quoique son esprit fût assez borné. Monsieur continuant devant elle à me

---

1. Après *Royale*, est biffé : *puisqu'elle*.
2. *Ce qui* est raturé avant *je fais*.
3. Pas bien difficile. (1859, 1866.)
4. *R* biffé devant *Altesse*.
5. *M'arrêta* est précédé de *s'écri[a]*, biffé.
6. Après *moins* est effacé *que*. — A la suite, *avoir eu*, défaut d'accord qui choque peu après ce substantif indéterminé, *raison*.
7. Qu'y a-t-il à faire? — Les ms. Caf. et H et toutes les éditions antérieures à la nôtre ajoutent *besoin* entre *il* et *de*.
8. *Peut*, en interligne, sur *pourroit* (?), raturé.
9. *Le vrai* est à la marge.

commander de lui dire mon sentiment, je le suppliai de
me permettre de le lui mettre par écrit : ce qui étoit
toujours le mieux avec lui, parce que sa vivacité faisoit
qu'il interrompoit à tout moment[1] le fil de ce que l'on
lui disoit. Voici ce que j'ai transcrit sur l'original que
j'ai retrouvé par un fort grand hasard.

« Je crois que Son Altesse Royale doit supposer pour
certain que la hauteur de la cour vient moins de la connoissance qu'elle ait[2] de ses forces, que de la confusion
où l'absence du Cardinal et la multitude[3] de ses agents
la mettent[4] deux ou trois fois par jour ; mais, comme une
partie de la discussion dont il s'agit présentement doit[5]
être fondée sur ce principe, il n'est pas juste que Monsieur m'en croie sur ma parole, qui enfin n'est fondée
elle-même que sur ce que je crois en avoir vu à Compiègne, et en quoi, par conséquent, je puis[6] me tromper.
Je le supplie[7], par cette raison, de prendre, comme par
préalable à toutes choses, la résolution de s'éclaircir
sur ce point, et de pénétrer si ce que je crois avoir vu
à Compiègne est fondé, c'est-à-dire, pour me mieux
expliquer, si il est vrai que la cour ait véritablement la
hauteur qui m'y a paru, et si cette hauteur[8] est l'effet
ou de la confusion que je vous viens de marquer[9], ou
de la défiance et de l'aversion qu'elle ait pour ma per-

---

1. A tous moments. (1837-1866.)
2. Qu'elle *aie*, dans l'original. — Qu'elle a. (1837-1866.)
3. Devant *multitude*, on lit *multiplication*, biffé.
4. La met. (1837-1866.) — Dans l'autographe, *met* a été corrigé
en *mettent*.
5. Doit, doib[t], est écrit deux fois, et biffé, la première, à la fin
d'une ligne.
6. *Je puis* est suivi d'*être*, effacé. — 7. Je la supplie. (1859, 1866.)
8. *Cette hauteur* est en interligne, sur *elle*, biffé ; *et*, qui précède,
est à la marge.
9. Que je viens de marquer. (1837-1866.)

sonne. Son Altesse Royale peut voir clair à ce détail[1] en deux jours, par le[2] canal de M. Danville, et par celui de ceux[3] de sa maison, qui sont plus agréables que moi à la Reine. Si j'ai[4] vu faux, il ne m'y paroît[5] rien de nouveau qui la doive empêcher de pousser sa pointe et de travailler à la paix, comme elle l'avoit résolu, en se servant des gens[6] qui seront écoutés à la cour plus favorablement que moi. Si je ne me suis pas trompé dans ma conjecture, il s'agit de délibérer si Monsieur[7] doit changer de pensée[8], ne plus songer à s'accommoder et faire la guerre tout de bon, au risque[9] de tout ce qui en peut arriver[10], ou se sacrifier lui-même au repos de l'État et à la tranquillité publique. Ceux à qui il commande de lui dire leurs sentiments[11] sur cette matière sont fort embarrassés, parce qu'il n'y va rien moins pour eux que de passer ou pour des factieux qui veulent[12] éterniser la guerre civile, ou pour des traîtres qui vendent leur parti, ou pour des idiots qui traitent dans le

1. En ce détail. (1837-1866.)
2. Entre *le* et *canal*, est effacé *m*[*oyen*?]. — Sur Danville, voyez au tome I, p. 184, note 4.
3. *Ceux* est en interligne, au-dessus des deux mots : *des gens*; Retz a biffé *gens* et oublié de corriger *des* en *de*; l'*et* qui précède a été ajouté après coup.
4. *Si j'ai*, en interligne, pour remplacer : *Supposé donc qu'elle trouve que je* (quelques lettres illisibles) *pas*.
5. Il ne me paroît. (1837-1866.)
6. De gens. (1859, 1866.)
7. *Monsieur* en interligne, sur *elle*, biffé.
8. De pensées. (1837-1866.)
9. *Risque* est en interligne, sur *dépens*, biffé; *aux*, qui précédait, a été changé en *au*.
10. De tout ce qui peut arriver. (1859, 1866.)
11. Dans l'original, *leur sentiments*, et, dix lignes plus loin, *leur ennemis*.
12. *Veulent* est précédé de *ne*, effacé, et suivi de *point la*, également biffé.

cabinet[1] les affaires d'État, comme ils traiteroient en Sorbonne des cas de conscience ; et le malheur est[2] que ce ne sera pas leur bonne ou mauvaise conduite, ni[3] leur bonne ou mauvaise intention, qui leur donneront ou qui les défendront de ces titres[4] ; ce sera la fortune[5], ou même la propre conduite de leurs ennemis. Cette observation ne m'empêchera pas de parler[6] à Son Altesse Royale, en cette occasion, avec la même liberté que je me sentirois, si je n'y[7] mettois rien du mien, dans une conjoncture où je suis assuré que l'on ne peut rien dire qui ne soit mal[8], par la même raison qui fait que l'on n'y peut rien faire qui soit bien.

« Monsieur n'a, ce me semble, que deux partis à prendre, comme je viens de dire[9], supposé que la cour soit dans les dispositions où je la crois, qui sont ou de plier à tout ce qu'elle voudra, et[10] de consentir qu'elle se rétablisse dans Paris par elle-même, sans lui en avoir aucune obligation et sans avoir donné[11] aucune sûreté au public, ou de s'y opposer avec vigueur et avec fer-

1. *Dans le cabinet*, en interligne.
2. Et le meilleur est. (Ms. Caf.)
3. *Ni* a été ajouté après coup.
4. C'est-à-dire, comme voudrait la grammaire, qui leur donneront ces titres ou qui les en défendront. — *Défendront*, en interligne, sur quelques lettres effacées.
5. Après *fortune*, est biffé *qui*.
6. Devant *parler* est effacé *me* ; et, à la ligne suivante, *li[berté]*, entre *la* et *même*.
7. *N'y* (*n'i*) corrige *ne*.
8. *Qui ne soit mal* remplace, en interligne, *de bien*, effacé dans le texte.
9. *Comme je viens* est en interligne, au-dessus des mêmes mots, précédés d'*ou*, biffés ; après *dire*, on lit : *qui sont ou*, également biffé. — Comme je viens de le dire. (1859, 1866.)
10. Devant *et*, est effacé *ou* ; et, à la ligne suivante, *et en état d'en avoir* (?), après *elle-même*.
11. Et sans en avoir donné. (1837-1866.)

meté, et de l'obliger, par une[1] et grande et forte résistance, à entrer en traité et à pacifier l'État par les mêmes moyens que l'on a toujours cherchés à la fin des guerres civiles. Si[2] le respect que je dois à Son Altesse Royale me permettoit de me compter seulement pour un zéro, dans une aussi grande affaire que celle-ci, je[3] prendrois la liberté de lui dire que le premier parti me seroit bon[4], parce qu'il me conduiroit au travers, à la vérité, de quelques murmures qu'il élèveroit[5] contre moi dans les commencements, au poste que je suis persuadé ne m'être pas mauvais. Les[6] Frondeurs diroient d'abord que mes conseils auroient été foibles; les pacifiques, dont le nombre est toujours le plus grand dans la fin des troubles[7], diroient qu'ils sont sages et d'un homme de bien. Je serois, sur le tout, cardinal[8] et archevêque de Paris, relégué, si vous voulez, à Rome, mais relégué pour un temps, et, pour ce temps-là[9] même, dans les plus grands emplois. Les politiques se joindroient, par l'événement, aux pacifiques; le feu contre le Mazarin seroit ou éteint ou assoupi par son rétablissement; les murmures[10] qui se seroient élevés contre moi seroient

1. A la suite de *par une* est biffé *belle*. — Par une forte et grande. (1837-1866.)
2. Après *si*, on lit ces mots raturés : *j'osois me nommer dans une aussi gran[de]*.
3. *Lui* a été biffé après *je*.
4. *Seroit bon* suit *m'est bon*; Retz a effacé *st bon* et laissé l'apostrophe entre l'*m* et l'*e* (*m'e*).
5. Qui s'élèveroient. (1837-1866.)
6. Devant *Les* est biffé : *Tous les pac[ifiques]*.
7. Dans la fin des guerres civiles. (1837-1866.)
8. Le pire du pis seroit que je demeurerois, sur le tout, cardinal. (Ms. Caf.)
9. *Là* a été ajouté après coup.
10. Après *murmures* est effacée la première syllabe du mot *contres* écrit plus loin.

oubliés, ou l'on ne s'en ressouviendroit que pour faire dire encore davantage que je serois un habile et galant homme[1], qui me serois tiré fort adroitement d'un très-méchant pas.

« Voilà comme se traite dans les esprits des hommes la réputation des particuliers. Il n'en va pas ainsi de celle des grands princes, parce que leur naissance et leur élévation[2] étant toujours plus que suffisantes pour tirer leur personne et leur fortune[3] du naufrage, ils n'en peuvent jamais sauver leur réputation par les mêmes excuses[4] qui en préservent les subalternes. Quand Monsieur aura laissé[5] transférer le Parlement, interdire l'Hôtel de Ville, enlever les chaînes de Paris, exiler la moitié des compagnies souveraines[6], l'on ne dira pas : « Qu'eût-il fait pour l'empêcher[7] ? il se fût peut-être « perdu lui-même; » l'on dira : « Il n'a tenu[8] qu'à lui de « l'empêcher; ce n'étoit pas une affaire, il n'avoit qu'à le « vouloir. » L'on m'objectera[9] que, par la même raison,

1. Que je suis un habile et un galant homme. (1837-1866.)
2. *Élévation* est suivi de *les*, raturé; plus loin, entre *pour* et *tirer* est biffé : *les sauver* (surmonté de *tirer*, biffé également) *du naufrage*.
3. Leurs personnes et leurs fortunes. (1837-1866.)
4. *Excuses* est changé en *extases*, dans quelques éditions anciennes; et, deux lignes plus loin, *chaînes* en *chanoines*, dans celles de 1719-1828. Nous n'avons pas besoin de dire, au sujet de cette seconde variante, que Retz parle des chaînes qu'on tendait à l'entrée des rues pour former barricade.
5. Il y a un *r* et trois autres lettres biffés à la suite de *laissé*.
6. *Exiler la moitié des compagnies souveraines*, à la marge.
7. Il ne l'a pu empêcher. (Ms. Caf.)
8. Il ne tenoit. (1837-1866.)
9. *M'objectera* est en interligne, au-dessus de *me dira*, effacé; le *que* qui suit est aussi en interligne sur un autre *que*, biffé; la même conjonction *que*, dans la suite de la phrase, est raturée, après *raison*, puis après *paix*, puis encore devant *quand le Cardinal*. — L'on m'objectera par la même raison que, etc. (1837-1866.)

SECONDE PARTIE. [Septembre 1652] 363

quand il aura fait la paix, quand il sera retiré à Blois, quand le cardinal Mazarin sera rétabli, l'on m'objectera[1], dis-je, que l'on fera ces mêmes discours[2]; mais je soutiens que[3] la différence y sera très-grande et toute entière en ce que Monsieur peut ne pas prévoir[4], au moins à l'égard des peuples, ce rétablissement du Mazarin, et ne peut pas ne point voir, comme présent[5], dès à cette heure, cette punition de Paris, qui, si il ne s'y oppose, arrivera peut-être dès demain. J'appréhende pour le gros de l'État le rétablissement de M. le cardinal Mazarin; il ne me feroit pas de peine, au moins pour le présent, pour Paris. Ce n'est ni son humeur[6] ni son intérêt de le châtier; et, si il étoit à la cour à l'heure qu'il est, je craindrois moins pour la Ville que je ne crains. Ce qui me fait trembler pour elle est l'aigreur naturelle de la Reine[7], la violence de Servien, la dureté du Tellier, l'emportement d'un abbé Foucquet, la folie[8] d'un Ondedei. Tout[9] ce que ces gens-là conseilleront dans les premiers mouvements[10] d'une réduction, tout ce qu'ils exécuteront sera sur le compte de Monsieur, et de Monsieur qui sera encore ou dans Paris[11] ou à la porte de

1. Ce second *m'objectera* suit *dira*, biffé, comme plus haut.
2. Les mêmes discours. (1837-1866.)
3. *Que* est en interligne, au-dessus de *qu'il*, effacé et suivi de *y a une*, également biffé; un peu plus loin, *et très* est raturé après *différence*, qui est précédé d'un *la* ajouté après coup.
4. En ce que Monsieur ne peut pas prévoir. (1859, 1866.)
5. Comme présente. (1843-1866.) — Il y a bien *présent* dans l'original : comme étant présent; vu que lui, Monsieur, est présent.
6. Son honneur. (Ms. H et Caf., 1717 A, 1718 B, F.)
7. Retz a déjà parlé (au tome III, p. 440) de l'aigreur de la Reine, « qui, en de certains moments, lui tenoit lieu de tout. »
8. Le mot *folie* est en interligne, au-dessus de *violence*, biffé. — La folie d'Ondédéï. (1837-1866.)
9. Retz a écrit *touts* et biffé l's.
10. Dans les premiers jours. (Ms. Caf.) — 11. Ou à Paris. (*Ibidem.*)

Paris; au lieu que tout ce qui arriveroit, après qu'il auroit fait un traité raisonnable, qu'il[1] auroit pris toutes les sûretés convenables à une affaire de cette nature, de concert même avec le Parlement et avec tous les autres corps[2] de la Ville, et après qu'ensuite il se seroit retiré à Blois[3], au lieu, dis-je, que tout ce qui arriveroit après cela, je dis tout, sans excepter même le retour du Cardinal, seroit purement sur le compte de la cour, à la décharge et à l'honneur même de Monsieur. Voilà mes pensées touchant le premier parti; voici mes réflexions sur le second, qui est celui de continuer, ou plutôt de renouveler la guerre.

« Monsieur ne le peut plus[4] faire, à mon sens, qu'en retenant auprès de lui Monsieur le Prince. La cour a gagné beaucoup de terrain, dans les provinces particulièrement, où l'ardeur des parlements est beaucoup attiédie. Paris même n'est pas, à beaucoup près, comme il étoit; et, quoiqu'il s'en faille beaucoup qu'il ne soit aussi comme l'on le veut[5] persuader à la cour, il est constant qu'il est nécessaire de le soutenir, et que les moments même commencent à y devenir précieux. La personne de Monsieur le Prince n'y est pas aimée; sa valeur, sa naissance, ses troupes y sont toujours d'un très-grand poids. Enfin je suis persuadé que, si Monsieur prend le second parti, le premier pas qu'il doit faire est de s'assurer de[6] Monsieur son cousin; le second, à mon avis,

1. *Et*, biffé devant *qu'il*. — Et qu'il. (1837-1866.)
2. Et avec les autres corps. (1837-1866.)
3. *Et après qu'ensuite il se seroit retiré à Blois*, à la marge.
4. Le mot *plus* est aussi à la marge; plus loin, *qu'en* corrige *que;* puis *retenant auprès* est en interligne, au-dessus de *rappelant*, effacé; *de lui*, qui suit, est à la marge.
5. Aussi mal qu'on le veut. (1717.)
6. *S'assurer de* est en interligne, au-dessus de *rappeler en dili-*

est de s'expliquer publiquement, sans délai, et dans le Parlement et dans l'Hôtel de Ville, de ses intentions et des raisons qu'il a de les avoir; d'y faire mention des avances qu'il a faites, par moi, à la cour et du dessein formé qu'elle a de rentrer dans Paris sans donner aucune sûreté, ni aux compagnies souveraines, ni à la Ville; et[1] de la résolution que lui Monsieur a prise de s'y opposer de toute sa force, et de traiter comme ennemis tous ceux qui, directement ou indirectement, auront le moindre commerce avec elle.

« Le troisième pas[2], à mon opinion, est d'exécuter avec vigueur ces déclarations et de faire la guerre comme si l'on ne devoit jamais penser à faire la paix. Le pouvoir que Son Altesse Royale a dans le peuple me fait croire, même sans en douter, que tout ce que [je] viens de proposer est possible; mais j'ajoute qu'il ne le sera plus dès qu'elle n'y emploiera pas toute son autorité, parce que les démarches[3] contraires qu'elle a laissé faire vers la cour ont rendu plus difficiles celles qui lui sont présentement nécessaires. C'est à elle à considérer ce qu'elle peut attendre de Monsieur le Prince, ce qu'elle en doit craindre, jusques où elle veut aller avec les étrangers, où elle s'en veut tenir avec le Parlement, ce qu'elle veut résoudre sur l'Hôtel de Ville[4]; car, à moins que de se fixer sur tous ces points, d'y prendre des résolutions certaines, de ne s'en départir point et de[5] se

---

gence, effacé; à la ligne suivante, *s'expliquer* est à la marge, et remplace *se déclarer*, biffé dans le texte.

1. *Et*, en interligne, sur le même mot et quelques lettres biffés.
2. Dans l'original, *Le 3 pas*.
3. *Démarches* est précédé du substantif *pas*, effacé; *contraires*, qui suit, est récrit, en interligne, au-dessus du même mot, biffé; à la ligne suivante, *lui* est aussi en interligne, entre *qui* et *sont*.
4. Avec l'Hôtel de Ville. (1837-1866.)
5. Après *et de* est biffé *n'y* (*ni*); avant ces mêmes mots, Retz

résoudre à ne plus garder ces tempéraments qui prétendent l'impossible, en prétendant de concilier les contradictoires, Monsieur[1] retombera dans tous les inconvénients où il s'est vu, et qui seront sans comparaison[2] plus dangereux que par le passé, en ce que l'état où sont les choses fait qu'ils seront décisifs. Il ne m'appartient pas de décider sur une matière de cette conséquence; c'est à Monsieur à se résoudre : *sola mihi obsequii gloria relicta est*[3]. »

Voilà ce que j'écrivis à la hâte, et presque d'un trait de plume, sur la table du cabinet des livres de Luxembourg. Monsieur le lut avec application. Il le porta[4] à Madame. L'on raisonna sur ce fond[5] tout le soir; l'on ne conclut rien, Monsieur balançant toujours et ne choisissant point.

Je trouvai M. de Caumartin[6] chez M. le président de Bellièvre, qui s'étoit fait porter, à cause d'une fluxion qu'il avoit sur l'œil, dans une maison du faubourg Saint-Michel[7] où il y avoit plus d'air que chez lui, au retour

avait écrit d'abord et a effacé: *elle tombera dans;* un peu plus haut, à la suite de *certaines*, est encore biffé *et*.

1. Devant *Monsieur*, est biffé *l'on* (?)
2. *Sans comparaison* est en interligne, remplaçant *d'autant*, effacé.
3. La seule gloire qui m'est laissée est celle d'obéir. C'est un souvenir de Tacite (*Annales*, livre VI, chapitre VIII); Terentius, dans sa défense de Séjan, dit, en s'adressant à l'empereur Tibère : *Tibi summum rerum judicium Dii dedere; nobis obsequii gloria relicta est.* — Après *gloria*, est biffé, puis récrit *relicta*. On lirait plutôt dans l'original *obsequio* qu'*obsequii;* mais cette dernière leçon, que nous trouvons au reste dans quelques éditions anciennes, est évidemment la bonne, comme on le voit par la citation qui précède.
4. Et le porta. (Ms. Caf.)
5. Sur le fond. (1837-1866.) — Dans l'original, *le* effacé devant *ce*.
6. Ici Retz écrit *Commatin*. — Quelques lettres biffées après *chez*.
7. Le faubourg Saint-Michel, compris, dit le *Dictionnaire de Paris* de Hurtaut et Magny, dans le quartier du Luxembourg, commençait à la porte du même nom, abattue en 1684, plus anciennement

de cette conférence. Je lui[1] rapportai le précis du raisonnement que vous venez de voir. Il m'en gronda, en me disant ces propres paroles : « Je ne sais à quoi vous pensez ; car vous [vous] exposez à la haine de tous les deux partis en disant[2] trop la vérité de tous les deux; » et je lui répondis ces propres mots : « Je sais bien que je manque à la politique, mais je satisfais à la morale; et j'estime plus l'une que l'autre. » Le président de Bellièvre prit la parole et dit : « Je ne suis pas de votre sentiment, même selon la politique. Monsieur le Cardinal joue le droit du jeu, en l'état où sont les affaires. Elles sont si incertaines, et particulièrement avec Monsieur[3], qu'un homme sage n'en peut prendre sur soi la décision. »

Monsieur[4] m'envoya querir, deux heures [après], chez Mme de Pommereu, et je trouvai à la porte de Luxembourg un page qui me dit, de sa part, que je l'allasse attendre dans la chambre de Madame. Il n'avoit pas voulu que je l'allasse interrompre dans le cabinet des livres, parce qu'il y étoit enfermé avec Goulas[5], qu'il

nommée Porte d'Enfer. — Les mots : *M. le président de Bellièvre.... que chez lui*, sont ajoutés à la marge. Les derniers mots : *où il y avoit plus d'air que chez lui*, sont presque illisibles à cause de l'état d'usure du bas du feuillet; aussi ont-ils été omis par toutes les éditions antérieures à la nôtre. On pourrait hésiter entre *air* et *aise*; le ms. Caf. donne *avoit* sans *y*, et *air*. Les textes de 1837-1866 ont transporté au commencement de la phrase les mots : *au retour de cette conférence*, qui, par suite de l'addition marginale, sont là en effet plus clairs qu'à la fin. Le ms. Caf. ajoute à *conférence* ce membre de phrase : « que j'eus avec Monsieur. »

1. Après *je lui*, est biffé : *fis dire l*.
2. *Disant* est suivi de *ce qui est* et de deux autres lettres, effacés. — A la haine des deux partis. (1837-1866.)
3. Cette incise : *et particulièrement*, etc., est à la marge.
4. Après *Monsieur* est biffé : *me renvoya querir*.
5. Voyez au tome III, p. 35 et note 1.

questionnoit sur le sujet que vous allez voir. Il[1] vint, quelque temps après, chez Madame, et il me dit d'abord : « Vous m'avez tantôt dit que le premier pas qu'il falloit que je fisse, en cas que je me résolusse à la continuation de la guerre, seroit de m'assurer de Monsieur le Prince : comment diable le puis-je faire ? — Vous savez, Monsieur, lui répondis-je, que je ne suis pas avec lui en état de vous répondre sur cela ; c'est à Votre Altesse Royale à savoir ce qu'elle y peut et ce qu'elle n'y peut pas. — Comment voulez-vous que je le sache ? reprit-il, Chavigni a un traité presque conclu avec l'abbé Foucquet. Vous souvient-il de l'avis que Mme de Choisi me donna dernièrement[2] assez en général ? J'en viens d'apprendre tout le détail. Monsieur le Prince jure qu'il n'est point de tout cela et que Chavigni est un traître ; mais qui le sait ? »

Ce détail étoit que Chavigni traitoit avec l'abbé Foucquet, et qu'il promettoit à la cour de faire tous ses efforts pour obliger Monsieur le Prince à s'accommoder, à[3] des conditions raisonnables, avec M. le cardinal Mazarin. Une lettre[4] de l'abbé Foucquet à M. le Tellier, qui fut prise par un parti allemand[5] et qui fut apportée à Ta-

1. Il y a trois lettres raturées après *Il* ; et de même, trois lignes plus loin, quatre devant *me résolusse*.

2. *J'en vie[ns]* est biffé entre *dernièrement* et *assez* ; plus loin, *et* est en interligne, devant *que Chavigni*.

3. *A* vient à la suite d'*avec*, effacé.

4. Après *lettre*, il y a ces mots, raturés et récrits plus loin : *qui fut prise par un p[arti]*.

5. Cette lettre, adressée non à le Tellier, mais à Mazarin, fut prise par des cavaliers du régiment de Hollac ; elle est reproduite dans les *Mémoires de Mademoiselle de Montpensier*, tome II, p. 173-176. Voyez aussi les *Mémoires de la Rochefoucauld*, p. 426, des lettres de la Rochefoucauld à Lenet en date des 13 et 16 octobre 1652, et la *Muze historique* de Loret, p. 294. « Quelques-uns ont dit, écrit Conrart (p. 216), que c'étoit une ruse du Cardinal, qui avoit fait

vannes, justifia[1] pleinement Monsieur le Prince de cette négociation; car elle portoit, en termes formels, qu'en cas que Monsieur le Prince ne se voulût pas mettre à la raison, lui, Chavigni, s'engageoit à la Reine à[2] ne rien oublier pour le brouiller avec Monsieur.

Monsieur le Prince, qui eut en main l'original de cette lettre, s'emporta contre lui au dernier point : il le traita de perfide en parlant à lui-même[3]. M. de Chavigni, outré de ce traitement, se mit au lit et il n'en releva pas[4]. M. de Bagnols[5], qui étoit de ses amis et des miens aussi[6], me vint prier de l'aller voir. Je le trouvai sans connoissance, et je rendis à sa famille tout ce que j'avois souhaité de rendre à sa personne[7]. Je me souviens que Mme du Plessis-Guénégaut[8] étoit dans sa chambre, où il expira deux ou trois jours après.

écrire la lettre exprès, et exposé le courrier, pour donner jalousie au Prince (*de Condé*) du duc d'Orléans. »

1. Justifioit. (1837-1866.)

2. *A* est précédé de *de*, effacé; plus loin, un *q* a été biffé après *oublier*. — S'engageoit envers la Reine. (1837-1866.)

3. *Lui-même*, en interligne, au-dessus de *sa propre personne*, biffé.

4. Voyez sur les causes et les circonstances de la mort de Chavigni, une notice spéciale dans les *Mémoires de Conrart*, p. 601-605.

5. Il a déjà été parlé ci-dessus (tome II, p. 603 et note 1) de Guillaume du Gué-Bagnols, « homme d'esprit, dit Conrart (p. 602), fort riche, et qui, ayant été maître des requêtes, avoit vendu sa charge pour se dévouer entièrement aux œuvres de piété et de charité, suivant les maximes de Port-Royal, dont il tenoit la conduite. »

6. Et aussi des miens. (1859, 1866.)

7. *A sa perso* (sic), par mégarde, dans l'original; un peu plus haut, *j'avois* est en interligne, sur *j'eusse*, effacé. — « Le cardinal de Retz y alla, écrit Conrart dans ses *Mémoires* (p. 603); mais il ne le put reconnoître, et encore moins lui parler. Monsieur le Prince y fut aussi; mais ce fut la même chose. »

8. Élisabeth (ou Isabelle) de Choiseul, fille du marquis et maréchal de Choiseul, morte en 1677, amie intime de Mme de Sévigné. — Voyez au tome I, p. 313 et note 1.

M. de Guise revint, presque au même temps[1], de sa prison d'Espagne[2], et il me fit l'honneur de me venir voir dès le lendemain qu'il fut arrivé. Je le suppliai de se modérer, à ma considération, dans les plaintes très-aigres qu'il faisoit contre M. de Fontenai, qu'il prétendoit avoir mal vécu avec lui à l'égard des révolutions de Naples, dans le temps de son ambassade de Rome[3]; et il déféra à mon instance, avec une honnêteté digne d'un si grand nom[4].

J'avois toujours aussi réservé à traiter, en ce lieu, de[5] l'affaire de Brisach, que j'ai touchée dans le second volume de cette histoire[6], parce que ce fut à peu près le temps où M. le comte d'Harcourt quitta l'armée et le service[7] du Roi, pour se jeter dans cette importante place. Mais, comme je n'ai pu retrouver le mémoire très-beau et très-fidèle que j'en avois, écrit de la main d'un officier de la garnison, qui avoit du sens et de la candeur, j'aime mieux en passer le détail sous silence et me contenter de vous dire que le bon génie de la France[8]

---

1. Presque en même temps. (1837-1866.)

2. Sur Henri II de Lorraine, 5ᵉ duc de Guise, voyez au tome I, la note 1 de la page 170. Les Espagnols, qui le détenaient prisonnier à Ségovie depuis quatre ans, venaient de le mettre en liberté sur les pressantes sollicitations du prince de Condé. Voyez les *Mémoires de la Rochefoucauld*, p. 428, et p. 429 et notes 2 et 9.

3. Voyez ci-dessus, p. 218, note 5.

4. A la suite de *nom*, est effacé *br*, comme si Retz, par mégarde, s'était laissé aller à écrire *nombre*.

5. Après *de*, est biffé : *la mort de F.*

6. Sur cette affaire de Brisach, voyez les *Mémoires de la Rochefoucauld*, p. 424 et note 2, et la *Muze historique*, p. 244 et p. 280. — Retz a parlé de Brisach, au tome III (p. 366), au sujet des desseins de Mazarin sur cette ville.

7. *Et le service*, à la marge.

8. Après *France*, on lit *ne lui*, effacé, et suivi d'un autre mot et de trois lettres, illisibles sous les ratures.

défendit et sauva les fleurs de lis¹, dans ce poste fameux et important, en dépit de toutes les imprudences du Cardinal et de toutes les infidélités de Mme de Guébriant, par la bonne intention de Charlevoix² et par les incertitudes du comte d'Harcourt³. Je reprends le fil de mon discours.

L'irrésolution de Monsieur étoit d'une espèce toute particulière⁴. Elle l'empêchoit souvent d'agir, quand même il étoit le plus nécessaire d'agir ; elle le faisoit quelquefois agir, quand même il étoit le plus⁵ néces-

1. Retz écrit *fleursdelis* en un seul mot. A la suite de *poste*, est biffé *import[ant]* ; après *Cardinal*, deux lignes plus bas : *de toute* (ce dernier mot en interligne) *la b.... de Charlevoix*.

2. Le lieutenant de Roi à Brisach, qui, en mars 1652, après la mort d'Erlach, avait fait révolter la garnison.

3. Voyez, sur le comte d'Harcourt (ici *de Harcour* et un peu plus haut *d'Harcour*), la note 1 de la page 88 du tome I. Voyez aussi ce que Retz a dit plus haut (tome III, p. 327 et note 5, et p. 328) de la veuve du comte de Guébriant ; et sur les relations de cette dernière et de Charlevoix les curieux détails donnés par la duchesse de Nemours dans ses *Mémoires*, p. 654 et 655.

4. On lit, à cette place, dans le ms. H : « Il y a ici près d'une page effacée. » C'est, dans l'original, une quinzaine de lignes, déchiffrables sous les ratures : *parce que non-seulement elle ne l'empêchoit pas seulement d'agir* (*ne* et *pas seulement*, en interligne), *elle se cachoit encore à lui-même dans lui-même, et il croyoit toujours qu'il agissoit quand il doutoit* (à la marge ici, correspondant à un renvoi : *ce qui faisoit*). *La plus dangereuse de toutes les illusions est celle-là, parce que l'on ne sent jamais dans son intérieur* (ce dernier mot, en interligne, sur *cœur*, également biffé) *la honte de son irrésolution, qui n'a toutefois jamais de contre-poids ni naturel et ni* (sic) *efficace que cette honte. Cette sorte d'irrésolution fit faire à Monsieur deux ou trois fautes considérables l'une sur l'autre. Il y avoit eu une assemblée générale de l'Hôtel de Ville le 5 de septembre, à laquelle Monsieur et Monsieur le Prince avoient assisté.* On voit que Retz a beaucoup travaillé ce passage ; encore, après l'avoir changé radicalement, trouve-t-il, à l'antépénultième ligne de l'alinéa, qu'il s' « explique mal », et déclare-t-il, à la dernière ligne du suivant, que c'est du « galimatias ».

5. Le ms. Caf. omet *le plus*, qui est en interligne dans l'original.

saire de ne point agir[1]. J'attribue l'un et l'autre à son irrésolution, parce que l'un et l'autre venoit, à ce que j'en ai observé[2], des vues différentes et opposées qu'il avoit, et qui lui faisoient croire qu'il pourroit[3] se servir utilement, quoique différemment, de ce qu'il faisoit ou[4] de ce qu'il ne faisoit pas, selon les différents partis qu'il prendroit. Il me semble que je m'explique mal et que vous m'entendrez mieux par l'exposition des fautes que je prétends avoir été les effets de cette irrésolution.

Je[5] proposai à Monsieur, le premier ou le second jour de septembre, de travailler de bonne foi à la paix ; mais je lui représentai que rien n'étoit plus important[6] que de se tenir couvert, au dernier point[7], de ce dessein vers la cour même, pour les raisons que vous avez vues ci-devant. Il en convint[8]. Il y eut, le 5, une assemblée de l'Hôtel de Ville, que Monsieur le Prince lui-même procura, pour faire croire au peuple qu'il n'étoit pas contraire au retour du Roi ; et le président de Nesmond, au moins à ce que l'on m'a dit depuis, fut celui qui lui persuada que cette démonstration lui étoit nécessaire. Je ne me suis jamais ressouvenu de lui en

1. Rapprochez de ce que Retz a écrit plus haut (tome II, p. 175), à propos du duc d'Orléans.
2. Dans l'original, par mégarde, *j'en ai observai*.
3. *Pourroit* est en interligne et suivi de deux lignes effacées : *appliquer et selon les di[fférents] le parti qu'il auquel il se résoudroit*; ensuite les mots : *utilement, quoique différemment*, sont à la marge.
4. Les éditions de 1837-1866 omettent *de ce qu'il faisoit ou*. Le ms. Caf. a *et*, au lieu d'*ou*; puis *prétendoit* (?), pour *prendroit*.
5. Il y a, au commencement de ce paragraphe, quelques tâtonnements raturés : *Une ass.... qui devient qui*; puis, après *Monsieur*, est effacé : *dès les premiers jours de sep[tembre] à la fin d'août*.
6. Plus nécessaire. (Ms. Caf.)
7. *Point* est récrit en interligne, au-dessus du même mot effacé.
8. *Le.... fit qu'il* est biffé après *convint*; puis *y* (*i*) est en interligne. après *Il*.

parler. Cette assemblée résolut de faire une députation[1] solennelle au Roi pour le supplier de revenir en sa bonne ville de Paris[2]. Elle n'étoit nullement du compte de Monsieur, qui, ayant résolu de se donner l'honneur et le mérite de celle de l'Église, ne[3] devoit pas souffrir qu'elle fût précédée par celle de la Ville[4], des suites de laquelle d'ailleurs il ne pouvoit pas s'assurer. Il s'y engagea pourtant, sans balancer, et non pas seulement[5] à la souffrir, mais à y assister lui-même. Je ne le sus que le soir, et je lui en parlai, avec liberté[6], comme d'une glissade[7]. Il me répondit : « Cette députation n'est qu'une chanson. Qui ne sait que l'Hôtel de Ville ne peut rien[8]? Monsieur le Prince me l'a demandé[9]; il croit que cela lui est bon pour adoucir les esprits aigris par le feu de l'Hôtel de Ville[10]. Mais de plus (voici le mot qui est à remarquer), qui sait si nous exécuterons la résolution que nous avons faite pour[11] la députation de

---

1. Retz avait mis d'abord : *résolut de députer au Roi;* il a ajouté *faire une* à la marge, biffé *au Roi*, et changé *députer* en *députation*.
2. Les mots : *pour le supplier de revenir en sa bonne ville de Paris*, sont à la marge. *Elle*, qui suit, est en interligne, au-dessus de *qui*, biffé. — Sur cette assemblée du jeudi 5 septembre, consultez les *Registres de l'Hôtel de Ville pendant la Fronde*, tome III, p. 237-243.
3. *Ne*, en interligne, après *ne la*, effacé. — Qui avoit résolu.... et qui, par conséquent, ne devoit pas. (Ms. Caf.)
4. Après *Ville*, on lit : *de laquelle d'ailleurs*, biffé ; le *par* qui précède remplace *d'un[e]*, effacé. — De celle de la Ville. (1837-1866.)
5. Il s'engagea pourtant, sans balancer, non pas seulement. (1837-1866.)
6. En liberté. (*Ibidem.*)
7. Comme d'un pas de clerc. (1718 C, D, E.)
8. N'est rien. (Ms. Caf.) — Plus loin, le même manuscrit omet *lui*, devant *est bon*.
9. Il y a ainsi *demandé*, sans accord, dans l'original : « m'a demandé cela. »
10. Voyez ci-dessus, p. 28 et note 6.
11. *Pour*, en interligne.

l'Église? Il faut aller au jour la journée en ces diables de temps, et ne pas tant songer à la cadence. » Cette réponse vous explique, ce me semble, mon galimatias.

En voici un autre exemple. Le Roi ayant refusé, comme vous l'allez voir, cette députation de l'Hôtel de Ville, le bonhomme Broussel[1], qui eut scrupule de souffrir que son nom fût[2] allégué comme un obstacle à la paix, alla déclarer, le 24, à l'Hôtel de Ville, qu'il se déportoit[3] de sa magistrature. Comme j'en fus averti d'assez bonne heure pour l'empêcher de faire cette démarche, je l'allai dire à Monsieur, qui pensa un peu, et puis il me dit : « Cela nous seroit bon si la cour avoit bien répondu à nos bonnes intentions; mais je conviens que cela ne nous vaut rien pour le présent. Mais il faut aussi que vous conveniez que, si elle revient à elle[4], comme il n'est pas possible qu'elle demeure toujours dans son aveuglement, nous ne serions pas fâchés que ce bonhomme fût hors de là. »

Vous voyez, en ce discours[5], l'image et l'effet de l'in-

1. *Bruxelles*, plus bas *Bruselles*, dans l'original.
2. Devant *fût*, est biffé *fu*.
3. Il y a bien *déportoit*, et non *départoit*, dans l'autographe, et *se déporter* avait alors ce sens. Furetière cite cet exemple : « Cet homme étoit entré en la ferme générale, mais il s'en est déporté en faveur de ses associés. » — A cette démission de Broussel se rapporte, dans le *Choix* de M. Moreau (tome II, p. 483-499), une *Mazarinade*, intitulée : *Avis important et nécessaire aux corps de Ville, bourgeois et citoyens.... sur la prochaine élection d'un prévôt des marchands.... suivant les anciens droits et usages*, etc. C'est une revendication de la pleine franchise et indépendance des élections municipales, et une invitation à ne plus recevoir « ordre ni lettre de cachet de la cour ni d'une autre puissance. »
4. Après *elle*, est biffé *même;* deux lignes plus loin, *ne* corrige *n'en*, devant *serions*.
5. *En ce discours* est en interligne, et on lit, à la suite de *voyez*, dans le texte, ces mots raturés : *quel effet produit l'incertitude de ce que l'on fa[it]*

SECONDE PARTIE. [Septembre 1652]   375

certitude. Je ne vous rapporte ces deux exemples que comme des échantillons d'un long tissu de procédés de cette nature, desquels Monsieur, qui avoit assurément beaucoup de lumière, ne se pouvoit toutefois corriger. Il faut aussi avouer[1] que la cour ne lui donnoit pas lieu, par le profit qu'elle sut faire de ses fautes, d'y faire beaucoup de réflexion[2]. La fortune toute seule les tourna à son avantage, et, si Monsieur et Monsieur le Prince se fussent servis, comme ils eussent pu, du refus qu'elle fit de recevoir la députation de l'Hôtel de Ville, elle eût couru grande risque[3] de n'en avoir de longtemps. Elle répondit à Piétre[4], procureur du Roi de la Ville, qui étoit allé demander audience pour les échevins et quarteniers, qu'elle ne la leur pouvoit accorder tant qu'elle reconnoîtroit[5] M. de Beaufort pour gouverneur et M. de Broussel pour provôt des marchands[6]. Le président Viole[7] me dit, aussitôt qu'il eut appris cette nouvelle :

1. De lumières, ne pouvoit toutefois se corriger. Il faut encore avouer. (1837-1866.) — Les éditions de 1837 et de 1843 omettent *toutefois*.

2. De réflexions. (Ms. Caf.) — A la suite de *réflexion*, il y a, dans l'original, deux lignes déchiffrables sous les ratures : *Elle se servit assez bien de l'abdic l'abdication du bon homme Bruxelles.* — D'y faire beaucoup de réflexions, faute de ne pas savoir profiter de ses fautes. (1837 et 1843.) — De ne pas profiter. (1859, 1866.)

3. Voyez ci-dessus, p. 271, note 2.

4. Le texte de l'original et du ms. Caf. est bien *Piètre*, et non *Pierre*, leçon des éditions de 1837-1866; celle de 1859, 1866 ajoute entre parenthèses : « lisez *Piètre*. » Voyez ci-dessus, p. 193 et note 7.

5. Tant qu'on reconnoîtroit. (1837-1866.) — Le ms. Caf., pour la clarté, ajoute *la Ville*, après *elle*, entre crochets.

6. On trouvera dans les *Registres de l'Hôtel de Ville pendant la Fronde* (tome III, p. 259-264) le texte du refus motivé du Roi, donné « par écrit au sieur Piètre, procureur de Sa Majesté en l'Hôtel de Ville de Paris. »

7. Le nom de *Viole* est précédé, dans le manuscrit autographe, de celui de *de Nes[mond?]*, effacé.

« Je n'approuvois pas cette députation, parce que je croyois qu'il y pouvoit avoir[1] plus de mal que de bien pour Monsieur et pour Monsieur le Prince. Tout y est bon pour eux présentement, par l'imprudence de la cour. » L'abdication volontaire du bonhomme Broussel consacra, pour ainsi parler, cette imprudence. Ce qui est vrai est qu'il[2] y avoit des tempéraments à prendre, même en conservant la dignité du Roi, qui n'eussent pas aigri les esprits au point que ce refus les aigrit. Si l'on en eût fait l'usage que l'on en pouvoit faire, les ministres s'en fussent repentis pour longtemps. Ils poussèrent cette[3] affaire et toutes les autres de ce temps-là avec une hauteur et avec une étourderie qui les devoit perdre. Elle les a sauvés par un miracle; mais[4] la flatterie et la servitude des cours font qu'elles[5] ne croient jamais devoir aux miracles[6] rien de ce qui tourne à leurs avantages.

1. Qu'il pouvoit y avoir. (1837-1866.)
2. Ce qui est vrai, c'est qu'il. (*Ibidem.*)
3. *Ils poussèrent* (*poussoient*, ms. Caf.) *cette* est suivi, dans l'original, de trois lignes et demie effacées : *L'un des effets que la manière dont la cour traita M^r le duc d'Orléans produisit fut la marche (aussitôt.... que*, biffé en interligne) *de M^r le Prince U[lric^a].... fut.* Plus loin, après *autres,* il y a un renvoi, qui ne correspond à aucune addition marginale, mais qui se rapporte précisément à ce fragment de huit lignes, écrit sur le dernier feuillet du tome I (p. 755^B), et dont M. Feillet, dans la note *a* de la page 199 du tome II, disait n'avoir pas encore trouvé la place. Ce fragment, qui commence à *de ce temps-là,* et finit aux mots : *leurs avantages* (dans l'original, *leur avantages*), a été laissé de côté par les éditeurs de 1837-1866, qui achèvent ainsi la phrase précédente : « les ministres s'en fussent repentis pour longtemps, tant ils poussoient étourdiment cette affaire et toutes les autres. »
4. Devant *mais,* est biffé *la.*
5. Après *qu'elles,* qui corrige *que,* est effacé : *l'on ne reconnoît.... jamais.*
6. *Miracles* est suivi de *ce qu[i],* biffé.

a Voyez à la page suivante.

SECONDE PARTIE. [Septembre 1652] 377

Ce qui est¹ admirable² est que la cour se conduisoit comme je viens de vous l'expliquer, justement dans le moment que le parti de Messieurs les Princes³ se fortifioit, et même très-considérablement. M. de Lorraine, qui crut qu'il avoit satisfait, en sortant du Royaume, au traité qu'il avoit fait avec M. de Turenne à Villeneuve-Saint-George⁴, fit tirer deux coups de canon⁵ aussitôt qu'il fut arrivé à Vaneau-les-Dames, qui est dans le Barrois⁶. Il rentra en Champagne, avec toutes ses troupes et un renfort de trois mille chevaux allemands⁷, commandés par le prince Ulric de Virtemberg⁸. M. le chevalier de Guise⁹ servoit sous lui de lieutenant général, et le comte de Pas, duquel j'ai déjà parlé en quelque lieu¹⁰, y avoit joint, ce me semble, quelque cavalerie. M. de

1. *Est* corrige *étoit (estoit)*.
2. Ce qui est d'admirable. (Ms. Caf.)
3. De M^rs les Princes, à la marge ; un peu plus loin, *et même très-considérablement* est ajouté dans l'interligne, *et même*, au-dessous des mêmes mots biffés ; plus loin encore, *en sortant du Royaume* est à la marge. — Le parti de MM. les Princes se fortifioit considérablement. (Ms. Caf.)
4. Voyez ci-dessus, p. 256-258.
5. En regard des mots : « deux coups de canon », il y a une croix et deux lettres biffées à la marge, sans signe de renvoi dans le texte.
6. Qui est frontière du Barois. (Ms. Caf.) — Après *Vaneau-les-Dames*, est biffé *F* et trois lettres. — A Veneau-les-Dames..., il rentra ensuite en Champagne. (1837-1866.) — *Vanault-les-Dames* est dans l'arrondissement de Vitry, non loin du département de la Meuse, qui a pour chef-lieu Bar-le-Duc.
7. Le duc de Lorraine arriva à Paris le 5 septembre : voyez la *Muze historique*, p. 284, et deux lettres de la Rochefoucauld à Lenet en date du 4 septembre 1652.
8. Voyez ci-dessus, p. 85 et note 2, et les *Mémoires de Mademoiselle*, tome II, p. 167, et tome IV, p. 347.
9. Roger de Lorraine, chevalier de Malte, oncle de Mademoiselle de Montpensier, mort en 1653 : voyez sur lui les *Mémoires de Mademoiselle*, tome II, p. 160 et 161, et p. 284.
10. Voyez ci-dessus, p. 32 et note 5.

Lorraine¹ remarcha vers Paris, à petites journées, enrichissant son armée du pillage ; et il se vint camper² auprès de Villeneuve-Saint-George, où les troupes de Monsieur, commandées par M. de Beaufort, celles de Monsieur le Prince, car il étoit malade à Paris³, commandées par M. le prince de Tarente⁴ et de Tavannes, et celles d'Espagne commandées par Clinchamp, sous le nom de M. de Nemours, le vinrent joindre. Ils résolurent tous ensemble de s'approcher de M. de Turenne, qui tenant Corbeil et Melun et tout le dessus de la rivière, ne manquoit de rien, au lieu que les confédérés, qui étoient obligés de chercher à vivre⁵ aux environs de Paris, pilloient les villages et renchérissoient, par conséquent, les denrées dans la Ville. Cette considération, jointe à la supériorité du nombre qu'ils avoient sur M. de Turenne, les obligea à chercher les occasions de le combattre. Il s'en défendit avec cette capacité qui est connue et respectée de tout l'univers, et le⁶ tout se passa en rencontres de partis et en petits combats de cavalerie, qui ne décidèrent rien⁷.

1. A la suite de *Lorraine*, Retz a biffé, pour les récrire plus loin, les mots : *se vint camper*.
2. Et se vint camper. (1837-1866.)
3. *Car il étoit malade à Paris* est à la marge. — Condé était tombé malade le 19 juillet, d'un accès de fièvre continue : voyez les *Mémoires de Conrart*, p. 582, et, à l'*Appendice* de notre recueil des *lettres de la Rochefoucauld*, une lettre de Vineuil à Lenet, en date du 2 octobre 1652. Cette inaction forcée du chef militaire de la Fronde contribua beaucoup à ruiner définitivement la faction.
4. Sur Henri de la Trémoille, prince de Tarente, voyez au tome II, p. 203 et note 5, et p. 457 et note 3.
5. *Vivre* est écrit deux fois et biffé la première.
6. *Le*, devant *tout*, est en interligne ; plus loin, *rencontres* est précédé de *petits combats*, biffé, puis récrit un peu après. — Et tout se passa. (1859, 1866.)
7. Trois lettres ont été biffées devant *décidèrent*. — Voyez en-

SECONDE PARTIE. [Septembre 1652]   379

L'imprudence, ou plutôt l'ignorance et du Cardinal et des sous-ministres, fut sur le point de précipiter leur parti, par une faute qui leur devoit être plus préjudiciable sans comparaison que la défaite même de M. de Turenne. Provost[1], chanoine de Notre-Dame et conseiller au Parlement, autant fou qu'un homme le peut être, au moins de tous ceux à qui l'on laisse la clef de leur chambre, se mit dans l'esprit de faire une assemblée, au Palais-Royal, des véritables serviteurs du Roi : c'étoit le titre. Elle fut composée de quatre cents ou cinq cents[2] bourgeois, dont il n'y en avoit pas soixante qui

core deux lettres de la Rochefoucauld à Lenet, en date des 8 et 11 septembre 1652. Mademoiselle de Montpensier, dans ses *Mémoires* (tome II, p. 189), parle à peu près dans les mêmes termes que Retz de la conduite de Turenne en cette occurrence : « L'on loua fort, écrit-elle, M. de Turenne de cette retraite, et cette belle action ne surprit pas : car c'est un fort grand capitaine, et celui de ce temps qui est le plus loué pour savoir bien prendre son parti et éviter de combattre, quand il n'est pas posté le plus avantageusement. » Tout le monde connaît, en effet, pour ne citer qu'un exemple à l'appui du dire de Mademoiselle, la belle retraite, équivalant presque à une revanche, opérée par Turenne vers la Hesse, après sa défaite de Marienthal au printemps de l'année 1645.

1. Prévôt ou le Prévôt de Saint-Germain, conseiller clerc en la Grand'Chambre, dont le P. Berthod raconte longuement dans ses *Mémoires* (p. 577 et suivantes) les négociations et les menées en cette circonstance. Il avait été, en 1649, payeur de l'armée parlementaire : voyez le *Choix de Mazarinades*, de M. Moreau, tome I, p. 213 et note.

2. Dans l'original, *de 400 ou 500*. — La *Suite et conclusion du Journal du Parlement* (p. 176) dit que l'assemblée était composée d'environ 1500 bons bourgeois et principaux marchands de la Ville. Le P. Berthod, qui raconte en détail cet incident dans ses *Mémoires* (p. 586-588), parle « de plus de 4000 personnes, dont il y en avoit les trois quarts des plus riches bourgeois, parmi lesquels étoient des conseillers du Parlement, des trésoriers de France, des secrétaires du Roi, des gentilshommes, et beaucoup d'honnêtes gens ; le reste étoit du menu peuple. »

eussent des manteaux noirs[1]. M. Provost dit[2] qu'il avoit reçu une lettre de cachet du Roi, qui lui commandoit de faire main basse sur tous ceux qui auroient de la paille au chapeau et qui n'y mettroient pas du papier[3]. Il l'eut[4] effectivement, cette lettre. Voilà[5] le commencement de la plus ridicule levée de bouclier[6] qui se soit faite depuis la procession de la Ligue[7]. Le progrès fut que[8] toute cette compagnie fut huée comme l'on hue[9] les masques, en sortant du Palais-Royal, le 24 de septembre, et que, le 26, M. le maréchal d'Estampes, qui y fut envoyé par Monsieur, les dissipa par deux ou trois paroles[10]. La fin de l'expédition fut qu'ils ne s'assemblèrent plus[11], de peur d'être pendus, comme ils en furent

1. Pour les « manteaux noirs », voyez ci-dessus, p. 25 et note 2.
2. Prevost dit donc. (1837-1866.)
3. On a dit ci-dessus (p. 280, note 5) que la paille était l'insigne des Frondeurs; le papier était, au contraire, une marque ostensive de royalisme. — Voyez dans les *Mémoires du P. Berthod* (p. 587 et 588) le texte d'un placard qui fut affiché dans la matinée de ce jour à la porte du Palais-Royal et en divers autres endroits; ce placard était intitulé : *le Manifeste des bons serviteurs du Roi étant dans Paris, et leur généreuse résolution pour la tranquillité de la Ville.*
4. Il lut. (1837-1866.)
5. Cette lettre, et voilà. (*Ibidem*). — On trouvera également le texte de cette lettre dans les *Mémoires du P. Berthod*, p. 588 et 589.
6. *Bouclié*, dans l'original.
7. Voyez la description de la procession de la Ligue, en tête de la *Satire Ménippée*, à la suite de la pièce d'avant-propos intitulée : *La vertu du Catholicon*.
8. Après *que*, est biffé *M^r*.
9. Entre *comme* et *l'on hue*, sont effacés ces mots : *des masquarades* (sic) *en sortant*.
10. Ici est raturé : *et les obligea* (sous *força*, biffé et suivi d'un renvoi à ces mots effacés en marge : *força de se.... asse[mbler?]*) *à signer même un écrit par lequel ils s'obligeoient à ne se plus* (ce mot, non biffé, en interligne, sur *point*, raturé) *assembler et.*
11. Fut qu'ils ne s'assembleroient plus. (1837-1866.)

menacés, le même jour, par un arrêt du Parlement, qui porta défenses, sur peine de la vie, et de s'assembler[1] et de prendre aucune marque. Si Monsieur et Monsieur le Prince se fussent servis de cette occasion, comme ils le pouvoient, le parti du Roi étoit exterminé ce jour-là de Paris pour très-longtemps[2]. Le Maire, le parfumeur[3], qui étoit un des conjurés, courut chez moi, pâle comme un mort et tremblant comme la feuille, et je me souviens que je ne le pouvois rassurer et qu'il se vouloit cacher dans la cave. Je pouvois moi-même avoir peur; car, comme l'on savoit que je n'étois pas dans les intérêts de Monsieur le Prince, le soupçon pouvoit assez[4] facilement tomber sur moi. Monsieur n'étoit pas, comme vous[5] avez vu, dans les dispositions de se servir de ces conjonctures, et Monsieur le Prince étoit si las de tout ce qui s'appeloit peuple, qu'il n'y faisoit plus seulement de réflexion. Croissi m'a dit depuis qu'il ne tint

1. Qui porta défense, sur peine de la vie, de s'assembler. (1843-1866.) — Dans l'original, par mégarde, *pein*.
2. *Exterminer* au sens latin de *chasser* (*ex terminis ejicere*). — Étoit exterminé ce jour-là dans Paris pour longtemps. (1859, 1866.) — — Voyez le récit beaucoup plus circonstancié et plus exact du P. Berthod (p. 590); selon ce dernier, le prince de Condé, « voyant que les choses n'alloient pas bien pour lui, alla chez M. d'Orléans, auquel il se plaignit, avec grande aigreur, de ce que Son Altesse Royale n'avoit pas fait faire main basse sur l'assemblée du Palais-Royal, et que, s'il eût été dans la Ville, cela ne se fût pas passé de la sorte. » A quoi le duc fit une réponse assez verte, qui amena des dits et redits, et finalement une fâcherie. — Cette sédition du 24 septembre au Palais-Royal est aussi racontée dans une lettre de la Rochefoucauld à Lenet, en date du 25 septembre 1652.
3. Le Maire, parfumeur. (1837-1866.) — Il s'agit sans doute du le Maire, lieutenant de la milice, cité dans la liste des députés de la garde bourgeoise que donne la *Suite et conclusion du Journal du Parlement*, p. 222-227.
4. Le ms. Caf. omet *assez*.
5. *Vous* est en interligne.

pas à lui de le réveiller à ce moment, et de lui faire connoître qu'il ne le falloit pas perdre. Je ne me suis jamais ressouvenu[1] de lui en parler[2].

Voici une autre faute, qui n'est pas, à mon opinion, moindre que la première. M. de Lorraine, qui aimoit beaucoup la négociation, y entra d'abord qu'il[3] fut arrivé, et il me dit, en présence de Madame, qu'elle le suivoit partout[4]; qu'il étoit sorti de Flandre, de lassitude de traitailler[5] avec le comte de Fuensaldagne, et qu'il la retrouvoit à Paris malgré lui : « Car que faire autre chose ici, dit-il[6], où il n'y a pas jusques au baron

1. Je ne me suis jamais souvenu. (1837-1866.)
2. Ici est biffée dans l'original, outre deux lignes au bas de la page 2424, toute la page 2425 ; nous déchiffrons sous les ratures : *Ce même jour, 26, le Roi écrivit aux colonels de la Ville de ne laisser entrer aucun officier des troupes d'Espagne ni de celles de Lorraine; qu'elles y.... L'on y.... publiquement les écharpes rouges et (et* non biffé, par mégarde) *les jaunes. A la suite, et à la ligne : Le (même* en interligne, non biffé) *26, le Roi donna une déclaration qui contenoit la levée des modifications de l'amnistie, mais comme il ne la fit encore vérifier qu'au parlement de Pontoise, elle ne fit aucun effet à Paris, où l'on elle* (sic) *fut toutefois affichée la nuit.* Puis, encore à la ligne : *le 26, et,* formant un nouveau paragraphe, deux lignes et demie : *J'oubliois presque de vous dire que M**r** avoit assisté au ce 26* (sic) *le Parlement avoit arrêté que.* Enfin, viennent huit lignes et demie, dont les trois dernières et demie se trouvent à la page 2426 du manuscrit : *le 30 de septembre, M. Talon, qui étoit malade, envoya au Parlement, par M. Doujat, la réponse qu'il avoit reçue de Monsieur le Chancelier et de Monsieur le garde des Sceaux, à la lettre qu'il leur avoit écrite le 26, comme je vous l'ai dit en un autre lieu. Elles portoient que le Roi ayant transféré son parlement de Paris à Pontoise.* Le ms. H constate les ratures en ces termes : « Il y a ici une page rayée. » — Comparez ces dernières lignes avec le texte des *Mémoires,* ci-après, p. 384.
3. Dans l'autographe, *qui.*
4. Y entra d'abord qu'il fut arrivé. Il me dit, en présence de Madame, que la négociation le suivoit partout. (1837-1866.)
5. Dans toutes les éditions antérieures, sauf la première (1717) : *travailler.*
6. Devant *dit-il,* est biffée la lettre *r.*

du Jour[1] qui ne prétende faire son traité à part ? » Ce baron du Jour étoit une manière d'homme assez extraordinaire de la cour de Monsieur ; et M. de Lorraine ne pouvoit pas mieux exprimer qu'il y avoit un grand cours de négociation, qu'en marquant qu'elle étoit descendue jusques à lui ; et ce qui lui faisoit encore croire qu'elle étoit montée jusques à Monsieur étoit[2] qu'il avoit remarqué que, depuis quelque temps, il ne l'avoit pas pressé[3] de s'avancer, comme il avoit fait auparavant. Son observation étoit vraie et il est constant[4] que Monsieur, qui vouloit la paix de bonne foi, craignoit, et avec raison, que Monsieur le Prince, se voyant renforcé d'un secours aussi considérable, n'y mît des obstacles invincibles.

Il fut très-aise, par cette considération, de voir[5] que M. de Lorraine fût dans la disposition de négocier aussi lui-même, et d'envoyer à la cour M. de Joyeuse-Saint-Lambert[6], « lequel, me dit Monsieur, n'aura que le caractère[7] de M. de Lorraine, et ne laissera pas

1. Voyez Tallemant des Réaux, tome III, p. 435, *Historiettes de Mmes de Rohan*.
2. Que cette négociation étoit montée jusqu'à Monsieur, c'est qu'il. (1837-1866.)
3. *Avec* (?) et deux autres lettres sont effacés à la suite de *pressé*.
4. Et il étoit constant. (Ms. Caf.)
5. *De voir* est omis dans les éditions de 1837-1866.
6. *Joyeuse (Joieuse)*, biffé, puis récrit. — Robert de Joyeuse, seigneur de Saint-Lambert, lieutenant de Roi au gouvernement de Champagne, mort en 1660. Voyez le *P. Anselme* (*généalogie de la maison de Joyeuse*), tome III, p. 842 et 843. Il est plusieurs fois question de ce gentilhomme dans les *Historiettes de Tallemant des Réaux* : voyez au tome V, p. 334 ; au tome VII, p. 201-210 ; et le commentaire de M. Paulin Paris, au tome I, p. 380. M. Moreau mentionne, dans sa *Bibliographie des Mazarinades*, sous les nos 3113, 3122 et 3128, trois pièces relatives à cette négociation dudit envoyé du duc de Lorraine.
7. *Caractère*, au sens de titre, mission, pouvoir.

de pénétrer si il n'y a rien à faire pour moi. » Je lui répondis ces propres paroles : « Il sera, Monsieur, peut-être plus heureux que moi; je le souhaite, mais je ne le crois pas. » Je fus prophète; car ce M. de Joyeuse fut douze jours à la cour sans avoir aucune réponse. Il en fit une, je pense, de sa tête, qui fut un galimatias auquel personne ne put rien entendre, que la cour, qui le désavoua. M. le maréchal d'Estampes, que Monsieur y avoit encore envoyé, sous l'espérance que M. le Tellier avoit fait donner [1] à Madame qu'il y seroit écouté comme particulier, sur tout ce qu'il y pourroit dire de la part de Monsieur, en revint, pour le moins, aussi mal satisfait que M. de Saint-Lambert; et

Le 30 de septembre, M. Talon acheva d'éclaircir Monsieur et le public des intentions de la Reine, en envoyant au Parlement [2] par M. Doujat, à cause de son indisposition [3], les lettres [4] qu'il avoit reçues de Monsieur le Chancelier et de Monsieur le Premier Président, en réponse de celles [5] qu'il leur avoit écrites ensuite de la délibération du 26. Ces lettres portoient que le Roi, ayant transféré son Parlement à Pontoise et interdit toutes fonctions à ses officiers dans Paris, il n'en pouvoit recevoir aucune députation, jusques à ce qu'ils eussent obéi. Je ne vous puis exprimer la consternation de

---

1. Première rédaction : *avoit donnée;* Retz a mis *fait* en interligne, et corrigé *donnée* en *donner.*

2. *Au Parlement*, à la marge.

3. Voyez ci-dessus, p. 382, la fin de la note 2; et sur Doujat, p. 53, note 1. — La partie originale des *Mémoires d'Omer Talon,* fréquemment cités dans notre commentaire, s'arrête (p. 510) au 9 septembre 1652, sur la mention du voyage de Retz à Compiègne. C'est Denis Talon, le fils d'Omer et son successeur dans la charge d'avocat général, qui en a rédigé la suite.

4. *Lettres* est récrit au-dessus du même mot biffé; à la suite, également dans l'interligne, on lit *respons[es]*, effacé.

5. *Celle,* au singulier, par mégarde, dans l'autographe.

la Compagnie : elle fut au point que Monsieur eut peur qu'elle ne l'abandonnât, et que cette appréhension lui fit faire un très-méchant pas[1], car elle l'obligea à tirer une lettre de sa poche, par laquelle la Reine lui écrivoit presque des douceurs[2]; et cette lettre[3] lui étoit venue par le maréchal d'Estampes, qui, quoique très-bien intentionné pour la cour, ne l'avoit pas prise pour bonne, non plus que Monsieur, qui me l'avoit montrée la veille, en me disant : « Il faut que la Reine me croie bien sot de m'écrire de ce style, dans le temps qu'elle agit comme elle fait. » Vous voyez donc qu'il n'étoit pas la dupe de cette lettre, ou plutôt qu'il ne l'avoit pas été jusque-là, car il en devint[4] effectivement la dupe, quand il la voulut faire valoir[5] au Parlement, parce que le Parlement s'en persuada que Monsieur traitoit[6] son accommodement en particulier avec la cour; et ainsi il jeta de la défiance de sa conduite dans la Compagnie, au lieu de s'y donner de considération[7]. Il ne se put jamais défaire[8] de cet air de mystère sur ce chef, quoi que Madame lui pût dire ; il le crut[9] toujours néces-

---

1. *Très-méchant pas* est à la marge ; *pas* est répété, par mégarde, dans le texte.

2. Voyez la *Suite et conclusion du Journal du Parlement*, p. 196-198.

3. Des douceurs. Cette lettre. (1837-1866.) — Le ms. H remplace *douceurs* par *documents*.

4. Mais il en devint. (1837-1866.)

5. Quand il voulut la faire valoir. (*Ibidem.*)

6. Devant *traitoit*, est raturé : *avoit des*. — Traitoit son accommodement particulier avec la cour. Il jeta ainsi de la défiance. (1837-1866.)

7. De la considération. (*Ibidem.*) — Retz pourrait bien avoir sauté *la* par mégarde.

8. *Défaire* est à la marge ; devant *put*, qui précède, est biffé : *défit ja*[*mais*].

9. Et quoi que Madame lui pût dire, il le crut. (1837-1866.) — *Ma-*

saire à sa sûreté, pour empêcher, ce disoit-il[1], les gens de courre sans lui à l'accommodement, et cet air[2] de négociation, joint[3] aux apparences que le parti de Monsieur le Prince en donnoit à tous les instants, fut ce qui, à mon avis, fit la paix[4], beaucoup plus tôt que les négociations les plus réelles et les plus effectives ne l'eussent pu faire. Les grandes affaires consistent encore plus dans l'imagination que les petites[5]; celle des peuples fait quelquefois toute seule la guerre civile. Elle fit en ce rencontre la paix; l'on ne la doit pas attribuer[6] à leur lassitude, parce qu'il s'en falloit bien qu'elle fût au point de les obliger[7], je ne dis pas à rappeler, je dis même à recevoir[8] le Mazarin. Il est constant qu'ils ne souffrirent[9] son retour, que quand ils se persuadèrent qu'ils ne le pouvoient[10] plus empêcher; mais quand le corps du public en fut persuadé, les particuliers y cou-

dame et *pût* sont en interligne, Madame au-dessus d'*o*[*n*], et *pût* au-dessus d'un autre *pût*, effacés.

1. Se disoit-il. (1837-1866.)
2. Après *cet air*, est biffé : *joint à celui qui*.
3. Après *joint*, Retz avait écrit d'abord : *à celui que*; il a changé *à* en *aux*, et biffé *celui que*.
4. Paix est suivi de ces mots, effacés : *dans l'imagination de tout le monde*. — Ce qui fit, à mon avis, la paix. (1837-1866.)
5. Ici encore quelques mots effacés : *et comme dans la guerre civile l'imagination*.
6. Les mots : *l'on ne la doit pas attribuer*, suivis d'à, biffé et récrit dans le texte, sont à la marge, où, après *la paix*, est en outre biffé : *quoi que l'on puisse imaginer de*. — Elle fit la paix en ce rencontre. (1837-1866.) — L'on ne la doit attribuer. (1859, 1866.)
7. *Obliger* est suivi de ces tâtonnements biffés : *à recevoir ni le Mazarin, même à souffrir le M re*[*tour*].
8. De rappeler..., de recevoir. (Ms. Caf.)
9. Il y a *le*, effacé, devant *souffrirent*; puis *son retour* est en interligne.
10. Dans l'original, *pouvoi* (sic); un peu plus loin, après *quand*, st effacé : *ils se le per*[*suadèrent*].

rurent[1] ; et ce qui en persuada et les particuliers et le public[2] fut la conduite des chefs.

La manière mystérieuse[3] dont Monsieur parla, dans ces dernières assemblées, pour faire paroître qu'il avoit encore de la[4] considération à la cour, acheva ce qui étoit déjà bien commencé. Tout le monde crut la paix faite, tout le monde la voulut faire pour soi[5].

Aussitôt que l'on sut la négociation de M. de Joyeuse, qui retourna, le 3 d'octobre, de Saint-Germain, où le Roi étoit revenu, le Parlement mollit et se laissa entendre[6] publiquement que, pourvu que le Roi donnât une amnistie pleine et entière, et qui fût vérifiée dans le parlement de Paris, il ne chercheroit point d'autres sûretés. Il ne [s']expliqua pas de ce détail[7] par un arrêt; mais il fit presque le même effet, en suppliant M. le duc d'Orléans de s'en satisfaire lui-même, et de l'écrire au Roi[8].

1. Y donnèrent. (Ms. Caf.) — Voyez ce que dit à ce sujet le P. Berthod, p. 593 et 594.

2. *Et le public* est à la marge ; *les* est en interligne, devant *particuliers*, au commencement de la ligne, quoique déjà écrit à la fin de la précédente ; *et*, devant *les*, a été ajouté après coup.

3. Le mot *mystérieuse* est aussi en interligne.

4. *La* est écrit deux fois et biffé la première ; *encore*, qui précède, est au-dessus de la ligne.

5. Après *soi*, Retz a biffé : *Le Parlement.... dès le 3 d'octobre*, mots que nous retrouvons plus loin, autrement construits.

6. Et fit entendre. (1837 et 1843.) — Et laissa entendre. (1859, 1866.)

7. Tel est le texte du ms. Caf.; dans l'original : *Il n'expliqua pas de ce détail.* — Il n'expliqua pas ce détail. (1837-1866.)

8. *Écrire* (*escrire*), en interligne, au commencement d'une ligne, sur *crire*, biffé, bien que le commencement du mot : *l'es*, soit écrit à la fin de la ligne précédente. — Retz commet ici une légère inexactitude : il y eut bel et bien, le 3 octobre, un *arrêt* de la cour affiché par toute la ville et transcrit dans la *Suite et conclusion du Journal du Parlement* (1652, p. 199). Cet arrêt porte « que députation sera faite vers Sa Majesté, pour le supplier de donner une

Le 10, M. Servin[1] ayant représenté qu'il seroit à propos de prier M. le duc de Beaufort de[2] se déporter[3] du gouvernement de Paris, à cause du refus que le Roi avoit fait de[4] recevoir les députés de l'Hôtel de Ville tant qu'il en[5] retiendroit le titre ; M. Servin, dis-je, qui auroit été étouffé dans un autre temps par les clameurs publiques, ne fut ni rebuté, ni sifflé[6] ; et il fut dit même, la même matinée[7], que les conseillers du Parlement, qui étoient officiers dans les colonelles, iroient, si il leur plaisoit, à Saint-Germain, dans les députations de l'Hôtel de Ville, qui ne faisoient[8] toutefois, dans les instances qu'ils faisoient au Roi pour revenir en sa bonne ville de Paris, aucune mention de la vérification de l'amnistie au parlement de Paris. Quel galimatias !

Le 11, Monsieur promit à la Compagnie de tirer la démission du gouvernement de Paris de M. de Beaufort ; et MM. Doujat et Servin y firent la relation des plaintes

---

amnistie dans les termes ordinaires, vérifiée en sa cour de parlement de Paris. »

1. Retz écrit ici et quatre lignes plus loin *Sevin ;* mais au paragraphe suivant, *Servin.* — Servin était conseiller à la première chambre des Enquêtes. Dans le *Tableau du parlement de Paris* (fol. 13), il est dit de lui qu'il « n'a nulle application au Palais, quoiqu'il ne manque pas de connoissance..., se donnant tout à ses amis. »

2. Il y a un second *de*, biffé, dans l'autographe.

3. Voyez ci-dessus, p. 374, et note 3. — De se départir. (1859, 1866.) — Dans le ms. Caf., par erreur : *de rapporter.*

4. Devant *recevoir*, est biffé *refus*[er].

5. *En* est en interligne ; à la ligne suivante, *une*, par mégarde, pour *un*.

6. Ici Retz a écrit *sifflé* (*siflé*) et non *chiflé* : voyez ci-dessus, p. 81 et note 6, et p. 234 et note 3.

7. Dans la même matinée. (1837-1866.)

8. Les mots *ne* et *faisoient* sont en interligne, le premier sur un *t*, le second sur *n'insistoient* (?), effacés ; à la suite est encore biffé *pas* ; plus bas, *aucune mention* est à la marge ; le signe de renvoi, marqué d'abord après *toutefois*, a été replacé après *Paris*.

qu'ils avoient faites, la veille, à M. le duc d'Orléans, des désordres des troupes, et de la parole qu'il leur avoit donnée de les faire retirer. M. de Lorraine, que je trouvai, ce jour-là[1], dans la rue Saint-Honoré, et qui avoit failli à être[2] tué par les bourgeois de la garde[3] de la porte Saint-Martin, parce qu'il vouloit sortir de la Ville, releva de toutes ses couleurs l'uniformité[4] de cette conduite[5]. Il me dit qu'il travailloit[6] à un livre qui porteroit ce titre, et qu'il le dédieroit à Monsieur : « Ma pauvre petite sœur[7] en pleurera, ajouta-t-il, mais qu'importe ? elle s'en consolera[8] avec Mlle Claude[9]. »

Le 12, Monsieur fit beaucoup d'excuses au Parlement de ce que les troupes ne s'éloignoient pas avec autant de

1. *Ce jour-là*, à la marge. — 2. Failli d'être. (Ms. Caf.)
3. Après *garde*, est biffé *sai[nt]* ; puis, un peu plus loin, après *Ville*, ces mots : *me fit le panégirique*.
4. Dans le ms. Caf., *l'informité*, mot dont M. Littré cite un exemple, tiré de Bossuet.
5. « Le onzième (*d'octobre*), le duc de Lorraine, avec tout son train, fut arrêté à la porte Saint-Martin, parce qu'il vouloit aller à son armée et sortir, sans passe-port, de la Ville; et ce duc, se voyant pressé par le peuple..., qui lui disoit des injures, eut recours au saint sacrement qu'un prêtre de Saint-Nicolas portoit à un gagne-denier qui étoit malade : il monta jusqu'au grenier, touchant toujours le surplis du prêtre, redescendit, le chapeau à la main, avec lui, et ne l'abandonna point jusqu'à ce qu'il eût remis le saint sacrement dans l'église. » (*Mémoires du P. Berthod*, p. 597.)
6. Qu'il travailleroit. (1859, 1866.)
7. C'est-à-dire, la duchesse d'Orléans : voyez ci-dessus, p. 252, note 2. — Après *pleurera*, est biffé : *con[tinua-t-il?]*.
8. Il y a ici quatre mots raturés : *avec le Père Didaque*. Dans l'*État de la France de* 1648, le P. Didac figure dans la maison de Mme la duchesse d'Orléans, avec le titre de « confesseur et prédicateur ordinaire, » et trois mille livres de gages.
9. Le P. Berthod, racontant (p. 596) la seconde arrivée à Paris du duc de Lorraine, qui montra par la façon dont il se présenta au palais d'Orléans, « que c'étoit plutôt un goguenard qu'un homme à redouter, » ajoute : « La belle salutation qu'il fit à Madame fut de lui dire : « Dieu te garde, Margot ! tu ne pensois pas me voir sitôt ! »

promptitude qu'elles auroient fait sans les mauvais temps. Vous êtes sans doute fort[1] étonnée de ce que je parle, en cette façon, de ces mêmes troupes, qui, huit ou dix jours auparavant, étoient publiquement, avec leurs écharpes rouges et jaunes, sur le pavé, en état de combattre même avec avantage celles du Roi. Un historien qui décriroit des[2] temps qui seroient plus éloignés de son siècle chercheroit[3] des liaisons à des incidents aussi peu vraisemblables et aussi contradictoires, si l'on peut parler ainsi, que sont ceux-là[4]. Il n'y eut pas plus d'intervalle que celui que je vous ai marqué entre les uns et les autres; il n'y eut[5] pas plus de mystère. Tout ce que les politiques du vulgaire se sont voulu figurer, pour concilier ces événements, n'est que fiction, n'est que chimère. J'en reviens toujours à mon principe[6], qui est que les fautes capitales font, par des conséquences presque inévitables[7], que ce qui paroît et est en effet le plus étrange[8] et le plus extravagant est possible.

1. *Fort* est en interligne, sur trois lettres effacées.
2. *Des* corrige *les;* après *temps,* est biffé *plus.* — Les temps plus éloignés. (1837-1866.)
3. Les deux dernières syllabes de *chercheroit* sont biffées dans l'original, au commencement d'une ligne; puis le mot a été récrit à la marge.
4. Que le sont ceux-là. (1837-1866.)
5. *N'y eut* est précédé de *n'y a*, biffé.
6. Retz avait écrit d'abord : *à mes principes;* il a corrigé *mes* en *mon*, et mis *principe,* au singulier, au-dessus de *principes* effacé; après *qui est que,* il y a six lignes et demie de tâtonnements, biffées : *dans les grandes* (ce dernier mot à la marge, avec un signe de renvoi) *révolutions des États, il y a des points fixes certains dans les grands mouvements il y a des points fixe[s] fixes toujours des points fixes auxquels tous les autres ressorts sont attachés qu'elles s'y se peuvent jamais der.... tout que tout le reste ne se dérange.*
7. *Par des conséquences presque inévitables* est ajouté en marge.
8. Le plus en vogue. (Ms. H, et quelques-unes des premières éditions.)

SECONDE PARTIE. [Octobre 1652]   391

Le 13, les colonels reçurent ordre du Roi d'aller par députés[1] à Saint-Germain ; M. de Sève[2], le plus ancien, y porta la parole. Le Roi leur donna à dîner et il leur fit[3] même l'honneur d'entrer dans la salle, cependant le repas[4]. Ce même jour, Monsieur le Prince partit de Paris avec une joie qui passoit tout ce que vous vous pouvez figurer : il[5] y avoit très-longtemps qu'il en avoit le dessein[6]. Beaucoup de gens ont cru que l'amour de Mme de Châtillon l'y avoit retenu ; beaucoup d'autres sont persuadés qu'il avoit espéré jusques à la fin de s'accommoder avec la cour[7]. Je ne me puis remettre ce qu'il m'a dit sur ce point ; car il n'est pas possible que, dans les grandes conversations que j'ai eues[8] avec lui sur le passé, je ne lui en aie parlé.

1. Par *députés*, en interligne, au-dessus d'*en corps*, effacé ; après *Saint-Germain*, qui suit, il y a un signe de renvoi, biffé, auquel, en marge, correspondent ces mots, également effacés : *avec leurs* (sic, ce dernier mot non biffé, par mégarde) *lieutenants colonels*.
2. Sur de Sève-Chastignonville, voyez ci-dessus, p. 310 et note 5.
3. Et leur fit. (1837-1866.)
4. Pendant le repas. (Ms. Caf.)
5. *Il* est entre *et* et *dit*, biffés. — Il y avoit très-longtemps qu'il lui prenoit fantaisie. (Ms. Caf.) — Il en avoit le dessein depuis très-longtemps. (1837-1866.)
6. Voyez une lettre de la Rochefoucauld à Lenet, en date du 13 octobre 1652. Les *Mémoires de Mademoiselle* (tome II, p. 190 et 191) prouvent que ce n'est pas seulement pour la rime que Loret écrivait, le 19 octobre, dans sa *Muze historique* (*Lettre contredite*, p. 298), que Condé partit « le dimanche, ayant pris sa chemise blanche. » — « .... C'étoit, dit la Princesse, la saison d'avoir des habits d'hiver neufs. Monsieur le Prince en avoit un fort joli, avec des couleurs de feu, de l'or, de l'argent, et du noir sur du gris, et l'écharpe bleue à l'allemande, sous un justaucorps qui n'étoit point boutonné. »
7. Suivant la Rochefoucauld (*Mémoires*, p. 389-392, et p. 399 et 400) l'un et l'autre motif dirigèrent la conduite de Monsieur le Prince.
8. *Eu*, sans accord, dans l'original.

Le 14, M. de Beaufort fit un compliment court et mauvais au Parlement, sur ce qu'il avoit remis le gouvernement de Paris[1].

Le 16, Monsieur[2] déclara nettement au Parlement que le Roi avoit désavoué, en tout et partout, M. de Joyeuse[3]; mais il ajouta, selon son style ordinaire, qu'il attendoit quelque meilleure nouvelle[4] d'heure en heure. Comme il vit que je m'étonnois de la continuation de cette conduite, il me dit ces propres paroles : « Voudriez-vous répondre de Paris, d'un quart d'heure à l'autre? Que sais-je si, dans un moment, le peuple ne me livreroit pas au Roi, si il croyoit que je n'eusse aucune mesure avec lui? Que sais-je si, dans un instant, il ne me livrera pas[5] à Monsieur le Prince, si il lui[6] prenoit fantaisie de revenir sur ses pas et de le soulever[7]? » Je crois que vous êtes moins surprise de la conduite de Monsieur en voyant ses principes[8]. L'on dit que l'on ne doit jamais combattre contre les principes; ceux de la peur[9] se peuvent encore moins attaquer que tous les autres : ils sont inabordables.

1. C'est à cette date du 14 octobre 1652 que s'arrête le tome III et dernier des *Registres de l'Hôtel de Ville pendant la Fronde*, publiés par MM. le Roux de Lincy et Douët-d'Arcq, et que nous avons souvent cités dans notre commentaire.

2. Après *Monsieur*, est biffé *confi*[*rma*].

3. On peut lire dans la *Suite et conclusion du Journal du Parlement* (p. 214 et 215) la *Lettre du Roi à Mgr le duc d'Orléans*, où Joyeuse Saint-Lambert (voyez ci-dessus, p. 383 et note 6) se trouve désavoué.

4. Quelques meilleures nouvelles. (1837-1866.)

5. Il ne me livreroit pas. (1837-1866.)

6. *Lui* est en interligne; *fantaisie* est suivi des quatre mots : *à Monsieur le Prince*, que Retz a biffés, moins le premier.

7. Et de se soulever. (1837-1866.)

8. Ces principes. (*Ibidem*.)

9. Après *peur*, est effacé *sont*; *se peuvent* est à la marge, et *encore*

Le 19, Monsieur dit au Parlement qu'il avoit reçu une lettre[1] du Roi qui lui mandoit qu'il viendroit le lundi, qui étoit le 21, à Paris[2] : à quoi il ajouta qu'il étoit fort surpris de ce que Sa Majesté n'envoyoit pas au préalable une amnistie, qui fût vérifiée dans le parlement[3] de Paris. La consternation fut extrême. L'on opina, et l'on arrêta de supplier le Roi d'accorder[4] cette grâce et au Parlement et à ses peuples.

Cette lettre du Roi à Monsieur lui fut apportée le 18 au soir; il m'envoya querir aussitôt, et il me dit que la conduite de la cour étoit incompréhensible; qu'elle jouoit à perdre l'État, et qu'il ne tenoit à rien qu'il ne fermât les portes au Roi. Je lui répondis que, pour ce qui étoit de la conduite de la cour, je la concevois fort bien; qu'elle n'hasardoit[5] rien, connoissant comme elle faisoit ses bonnes et pacifiques intentions[6]; qu'il me paroissoit qu'elle agissoit, au moins dans ses fins, avec beaucoup de prudence, qu'elle avoit tâté le pavé bien plus qu'elle ne l'avoit fait[7] dans les commencements;

est suivi de *plus inat[taquables]*, effacé. — Se doivent et se peuvent encore. (1837-1866.)

1. Les mots : *reçu une lettre*, qui remplacent *reçu des lettres*, sont en interligne, au-dessus d'*avis que;* à la suite, *le* a été changé en *du*.
2. Qu'il viendroit à Paris le lundi, qui étoit le 21. (1859, 1866.)
3. Par le parlement. (1837-1866.)
4. De supplier le Roi, par le canal de Monsieur, d'accorder. (Ms. Caf.)
5. Voyez ci-dessus, p. 33 et note 3. — Que connoissant, etc., il me paroissoit. (Ms. Caf.)
6. Voyez sur la conduite de Gaston d'Orléans, dans ces derniers jours de la Fronde, les *Mémoires* de sa fille, Mademoiselle de Montpensier, tome II, p. 196-204, et deux lettres de la Rochefoucauld à Lenet, en date des 13 et 16 octobre 1652. — Le ms. Caf. omet : *et pacifiques*.
7. Avec beaucoup plus de prudence qu'elle n'avoit traité le passé, bien plus finement qu'elle n'avoit fait. (1837-1866; et 1719-1828, avec *et*, devant *bien*, et *agi* pour *fait*.)

que je ne voyois pas quelle difficulté elle pouvoit faire de revenir à Paris, après que Monsieur avoit permis[1], dès le 14[2] de ce mois, le rétablissement du prévôt des marchands et des échevins, ordonné et exécuté sans aucun concert avec lui. Monsieur jura cinq ou six fois de suite, et, après avoir un peu rêvé, il me dit : « Allez ; je veux demeurer deux heures tout seul; revenez à ce soir[3] sur les huit heures. »

Je le trouvai[4] dans le cabinet de Madame, qui le catéchisoit, ou plutôt qui l'exhortoit; car il étoit dans un emportement inconcevable, et l'on eût dit, de la manière dont il parloit, qu'il[5] étoit à cheval, armé de toutes pièces et prêt à couvrir de sang et de carnage les campagnes[6] de Saint-Denis et de Grenelle[7]. Madame étoit épouvantée; et je vous avoue que, quoique je connusse assez Monsieur pour ne me pas donner avec précipitation des idées si cruelles de ses[8] discours, je ne laissai pas[9] de croire qu'il étoit, en effet, plus ému qu'à son ordinaire; car il me dit d'abord : « Eh bien! qu'en dites-vous? Y a-t-il sûreté à traiter avec la cour? — Nulle, Monsieur, lui répondis-je, à moins que de s'aider soi-même par de bonnes précautions; et Madame sait que je n'ai jamais parlé autrement à Votre Altesse Royale. — Non, assurément, reprit Madame. — Mais ne m'a-

1. Avoit promis. (1837-1866.)
2. Le chiffre 14 est en interligne, sur 13, biffé. — Dès le 4. (Ms. Caf.)
3. Revenez ce soir. (1859, 1866.)
4. Je le trouvai alors. (1837-1866.)
5. Après *qu'il*, est biffé ce tâtonnement : *p.... dans dans l'arène* (?) *pour*; puis *le p* et deux autres lettres, après *cheval*.
6. Devant *campagnes*, est effacé *plaines*.
7. Dans l'original, *Grenel*.
8. Le pronom *ses* est en interligne, au-dessus de *ceste*, corrigé en *ces*, puis biffé; plus loin, *en effet* est à la marge.
9. Je ne laissois pas. (1837-1866.)

viez-vous pas dit, continua Monsieur, que le Roi ne viendroit pas à Paris sans[1] prendre des mesures avec moi? — Je vous avois dit, Monsieur, lui repartis-je[2], que la Reine me l'avoit dit, mais que les circonstances avec[3] lesquelles elle me l'avoit dit m'obligeoient à avertir Votre Altesse Royale[4] qu'elle n'y devoit faire aucun fondement. » Madame prit la parole : « Il ne vous l'a que trop dit, mais vous ne l'avez pas cru. » Monsieur reprit : « Il est vrai, je ne me plains pas de lui, mais je me plains de cette maudite Espagnole. — Il n'est pas temps de se plaindre, repartit[5] Madame; il est temps d'agir d'une façon ou de l'autre. Vous vouliez la paix quand il ne tenoit qu'à vous de faire la guerre; vous voulez la guerre, quand vous ne pouvez plus faire ni la paix ni la guerre[6]. — Je ferai demain la guerre, reprit Monsieur d'un ton guerrier, et plus facilement que jamais. Demandez-le à M. le cardinal de Rais. »

Il croyoit que j'allois lui disputer[7] cette thèse. Je m'aperçus qu'il le[8] vouloit pour pouvoir dire après qu'il auroit fait des merveilles si l'on ne l'avoit retenu. Je ne lui en donnai pas lieu; car je lui répondis froidement et sans m'échauffer : « Sans doute, Monsieur. — Le peuple n'est-il pas toujours à moi? reprit Monsieur. — Oui, Monsieur, lui repartis-je[9]. — Monsieur le Prince ne reviendra-t-il pas si je le mande? ajouta-t-il. — Je le crois, Monsieur, lui dis-je. — L'armée d'Espagne ne

1. Dans l'original, *s'en*, au lieu de *sans*.
2. Lui répondis-je. (Ms. Caf.)
3. *Avec* est en interligne, sur *dans dans*, raturé.
4. *Royale*, ajouté au-dessus de la ligne.
5. Reprit. (1837-1866.)
6. Ni la guerre ni la paix. (*Ibidem.*)
7. Que je lui allois disputer. (*Ibidem.*)
8. *Le* est en interligne.
9. Lui répondis-je. (Ms. Caf.)

s'avancera-t-elle pas si je le veux? continua-t-il. — Toutes les apparences y sont, Monsieur, » lui répliquai-je. Vous attendez, après cela, ou une grande résolution, ou du moins une grande délibération : rien moins; et je ne vous saurois mieux expliquer[1] l'issue de cette conférence, qu'en vous suppliant de vous ressouvenir de ce que vous avez vu quelquefois à la comédie italienne. La comparaison est beaucoup irrespectueuse, et je ne prendrois pas la liberté de la faire si elle étoit de mon invention ; ce fut Madame elle-même à qui elle vint dans l'esprit, aussitôt[2] que Monsieur fut sorti du cabinet, et elle la fit moitié en riant, moitié en pleurant. « Il me semble, me dit-elle, que je vois Trivelin qui dit à Scaramouche : « Que je t'aurois dit de « belles choses, si tu n'avois pas eu assez d'esprit pour « ne me pas contredire[3] ! »

Voilà comme finit[4] la conversation, Monsieur concluant que, bien qu'il fût très-fâcheux que le Roi vînt à Paris sans concert avec lui et sans une amnistie vérifiée au Parlement[5], il n'étoit toutefois pas de son devoir ni de sa réputation de s'y opposer, parce que personne ne pouvoit ignorer qu'il ne le pût, si il le vouloit, et qu'ainsi

1. Et je ne saurois mieux vous expliquer. (1837-1866.)
2. Après *aussitôt*, Retz a biffé *qu'elle fut;* plus loin, à la suite d'*et elle*, il a effacé *me*, et *fit* est en interligne, après *dit*, également biffé.
3. Voyez au tome I, p. 285 et note 6. Trivelin et Scaramouche, célèbres acteurs de l'ancien théâtre italien, jouèrent devant le Roi à Fontainebleau, trois ans après, en octobre 1655; voyez les vers cités à cette occasion par M. Paulin Paris dans son commentaire de Tallemant des Réaux, tome VII, p. 190 et 191.
4. Voilà comment finit. (1837-1866.)
5. Après *Parlement*, Retz avait écrit d'abord : *il ne falloit toutefois pas s'y opposer, puisque;* il a corrigé *ne* en *n'es* (commencement de *n'estoit*), et effacé les sept mots suivants, après lesquels vient la finale *toit* de *n'estoit*.

tout le monde lui feroit justice, en reconnoissant qu'il n'y avoit que la considération et[1] le repos de l'État qui l'obligeât à prendre une conduite qui, pour[2] son particulier, lui devoit faire de la peine. Madame, qui pourtant, dans le fond, étoit[3] de son avis, au moins pour l'opération, par[4] les raisons que vous avez vues cidevant[5], ne lui put laisser passer pour bonne cette expression, et elle lui dit[6] avec fermeté et même avec colère : « Ce raisonnement, Monsieur, seroit[7] bon à M. le cardinal de Rais, et non pas à un fils de France ; mais il ne s'agit plus de cela, et il ne faut songer qu'à aller de bonne grâce au-devant du Roi. » Il se récria à ce mot, comme si elle lui eût proposé de s'aller jeter[8] dans la rivière. « Allez-vous-en donc, Monsieur, tout à cette heure, reprit-elle. — Et où diable irai-je? » répondit-il. Il se tourna à ce mot, et rentra chez lui, où il me commanda de le suivre. Ce fut pour me demander si la Palatine ne m'avoit rien fait savoir du retour du Roi. Je lui dis que non, comme il étoit vrai ; mais[9] il ne fut pas vrai longtemps ; car, une heure après, j'en reçus un billet, qui portoit que la Reine lui avoit commandé

1. *La considération et*, à la marge.
2. *Pour*, en interligne, sur *en*, biffé.
3. Qui, dans le fond, étoit pourtant. (1837-1866.)
4. On peut hésiter entre *par* et *pour*; un peu plus loin, *vu* (*veu*), sans accord.
5. Il y a ici, à la marge supérieure de la page 2446 de l'autographe, quatre lignes raturées : *Le 21 octobre, le Roi vint à Paris. Il tint un lit de justice le 22. Le 14 octobre* (sic), *il tint un lit de justice pour la déclaration dont M*r *le Prince.*
6. Cette expression. Elle lui dit. (1837-1866.)
7. *Seroit*, en interligne, au-dessus d'*est*, biffé ; après *bon à*, est effacé un tâtonnement : *l'enf de de*.
8. D'aller se jeter. (1837-1866.)
9. *Mais*, en interligne, sur *car*, effacé ; après *ne fut pas*, est biffé *vra*[*i*] ; et, plus loin, un *u* après *car*.

de m'en¹ faire part, et de m'écrire que Sa Majesté ne doutoit point que je n'achevasse, en cette occasion, ce que j'avois si bien et si heureusement commencé à Compiègne. Madame la Palatine me faisoit beaucoup d'excuse, dans un billet séparé et écrit en chiffre, de ce qu'elle m'en avoit donné² l'avis si tôt³. « Vous connoissez le terrain, ajoutoit-elle; l'on est⁴ à Saint-Germain comme l'on étoit à Compiègne. » C'étoit assez dire pour moi⁵. Tout ce que je vous viens de dire⁶ se passa le 20 d'octobre.

Le 21, le Roi, qui avoit couché à Ruel, revint à Paris⁷, et il envoya, de Ruel même⁸, Nogent et M. Danville à Monsieur, pour prier Monsieur⁹ de venir au-devant de lui¹⁰ : il ne s'y put jamais résoudre, quoiqu'ils l'en pres-

1. *Dire* a été biffé après *m'en*.
2. D'excuses.... en chiffres.... de ce qu'elle m'avoit donné. (1837-1866.)
3. Il y a bien ainsi *tôt* (*tost*) dans l'original. Il faut évidemment lire *tard*, avec les ms. H et Caf. et toutes les éditions.
4. Après *l'on est*, est biffé un premier *à*, corrigeant *y* (*i*). — Ajouta-t-elle, on est. (1837-1866.)
5. Après *pour moi*, est effacé : *Je montrai moi*.
6. Je viens de vous dire. (1837-1866.)
7. Voyez dans le *Choix de Mazarinades* (tome II, p. 538-541) la *Relation véritable des particularités observées en la réception du Roi en sa bonne ville de Paris, etc.*— Tous les mémoires contemporains insistent sur les manifestations de l'allégresse publique en cette occasion, et le P. Berthod écrit philosophiquement dans les siens (p. 369) : « Sur cela, on peut dire qu'il n'y a que les François qui aillent si vite d'une extrémité à l'autre. »
8. *De Ruel même* est à la marge.
9. *Monsieur* est ajouté en interligne; *le* a été biffé devant *prier*. — Pour le prier. (1837-1866.)
10. On lit ici de plus dans l'original, au bas de la page 2447, ces mots raturés : *Madame l'en pressa au dernier point, parce qu'elle*; puis, à la page suivante, il y a quatorze lignes et demie effacées : « étoit persuadée et que la convenance même l'y obligeoit et qu'il n'y avoit aucun péril pour sa personne; il n'y en avoit point effective-

SECONDE PARTIE. [Octobre 1652] 399

sassent extrêmement. Ils avoient raison, et je suis encore persuadé que Monsieur n'avoit pas tort. Ce n'est pas qu'il y eût aucun dessein contre sa personne, au moins à ce que j'ai ouï dire[1] depuis à M. le maréchal de Villeroi; mais je crois que si il eût été au-devant du Roi, et que le Roi s'en fût voulu[2] assurer, il y eût pu réussir, vu la disposition où étoit le peuple. Ce n'est pas qu'elle ne fût, dans le fond, très-bonne pour Monsieur et, sans comparaison, meilleure que pour la cour; mais il y avoit une[3] agitation et un égarement dans les esprits qui se pouvoit[4], à mon sens, tourner à tout; et je ne sais si l'éclat de la majesté royale[5], tombant tout d'un coup sur cette agitation et sur cet égarement, ne l'eût pas emportée[6]. Je dis que je ne le sais pas[7], parce qu'il est constant que, dans la constitution où étoient les

ment. Je le lui dis avec liberté. M. de Beaufort fut même de cet avis; il eut peur et il n'osa jamais sortir de Luxembourg; sa frayeur, que l'on ne concevoit pas à la cour, y jetoit de la défiance, et au point que Servient me dit, quelques jours après, que, dans les règles de la prudence, l'on n'eût pas dû exposer la personne du Roi au (*corrigeant à la*) caprice (*ce dernier mot à la marge*) f d fant antaisie (*sic*) d'un peup[le] à la fantaisie d'un parlement. » — A l'endroit de cette rature, le ms. H porte : « Il y a ici près d'une page effacée. » Quelques anciennes éditions marquent la suppression par des astérisques.

1. *Dire*, en interligne, sur *assurer*, biffé; à la ligne suivante, *je crois* est écrit au-dessus des mots : *il est constant*, également effacés. — J'en ai ouï dire. (Ms. Caf.)

2. *Voulu*, en interligne. — Et que le Roi eût voulu s'en assurer. (1837-1866.)

3. *Une* est en interligne; *agitation et*, à la marge.

4. Qui le pouvoient. (Ms. Caf.) — Qui se pouvoient. (1837-1866.)

5. Un *d* biffé, à la suite de *royale*.

6. Il y a ainsi *emportée*, dans l'autographe; l'auteur a sans doute fait rapporter le participe au premier des deux substantifs : *agitation*. — Après *Je*, qui suit, il a biffé *ne*; puis, après *je ne le sais pas*, deux lettres : ca[r?].

7. Je dis que je ne sais pas. (1859, 1866.)

esprits, la pente¹ du menu peuple et même celle du moyen étoit encore toute entière² pour Monsieur; mais enfin il y avoit, à mon sens, raison et fondement suffisant pour l'empêcher³ de se hasarder, particulièrement hors des murailles. Je m'étonnois bien plus que les ministres exposassent la personne du Roi au mécontentement, à⁴ la défiance et à la frayeur de Monsieur, aux craintes d'un parlement qui avoit sujet de croire que l'on le venoit étrangler, et au caprice d'un peuple qui avoit toujours de l'attachement pour des gens desquels le Cardinal étoit bien loin d'être assuré. L'événement⁵ a tellement justifié la conduite que la cour tint en cette occasion, qu'il est presque ridicule de la blâmer. J'estime qu'elle fut imprudente, aveugle et téméraire au delà de ce que l'on en peut exprimer⁶. Je ne dirai pas sur ce chef, comme sur l'autre, que je ne sais pas : je dirai que je sais, et de science certaine, que, si Monsieur eût voulu, la Reine et les sous-ministres eussent été ce jour-là⁷ séparés du Roi⁸.

1. *Pente* est suivi d'*étoit*, effacé.
2. Très-entière. (Ms. Caf.)
3. M^r a été biffé après *empêcher*, et *l'* ajouté devant; à la suite, Retz avait écrit d'abord *l'hasarder* (sic), qu'il a changé en *se hasarder*.
4. Un *et* est effacé devant à.
5. *L'événement* est précédé de *j'esti*[me] *effecti*[vement], biffé.
6. Au delà de ce qu'on s'en peut imaginer. (1837-1866.)
7. Etoient ce jour-là. (*Ibidem.*)
8. Retz a biffé ici deux lignes et demie, plus quatre mots à la marge : *Je sais qu'au* (à la marge, remplaçant *com*[bien?], biffé dans le texte) *milieu des acclamations auxquelles les courtisans se laissent toujours attraper sans considérer que le peuple*. Le ms. H indique cette lacune par ces mots : « Trois lignes effacées. » — Le maréchal du Plessis et Montglat insistent l'un et l'autre dans leurs *Mémoires* sur les craintes inspirées un instant à la cour par les hésitations que montrait le duc d'Orléans à se retirer de Paris. Un dernier conseil fut tenu en carrosse, comme le cortége royal

SECONDE PARTIE. [Octobre 1652]   401

Les courtisans se laissent toujours amuser aux acclamations du peuple, sans considérer qu'elles se font presque également pour tous ceux pour qui elles se font. J'entendois ce soir-là, dans le Louvre, des gens[1] qui flattoient la Reine sur ces[2] acclamations ; et M. de Turenne, qui étoit au cercle[3] derrière moi, me disoit à l'oreille : « Ils en firent presque autant dernièrement pour M. de Lorraine. » Je l'eusse bien étonné, si je lui eusse répondu : « Il y a bien des gens qui, au milieu de ces acclamations, ont proposé à Monsieur de supplier le Roi d'aller loger à l'Hôtel de Ville. » Il étoit vrai[4] : M. de Beaufort même l'en avoit pressé[5] avec douze ou quinze conseillers du Parlement. Il y en a de certains qui vivent encore, et desquels, si je les nommois, l'on

se trouvait déjà au bois de Boulogne. Tout le monde, et notamment Turenne, fut d'avis qu'il n'y avait plus à tergiverser, si l'on voulait éviter, dans la conjoncture présente, quelque fâcheux retour de « la volubilité des peuples, » comme dit du Plessis (p. 435). « On continua donc de marcher, écrit Montglat (p. 278), et on dépêcha le duc de Damville pour lui dire (*à Monsieur*) que si le Roi apprenoit, en arrivant à Paris, qu'il n'eût pas obéi, il iroit descendre chez lui avec son armée..., et qu'il vouloit dorénavant être le maître. Monsieur consulta quelque temps, et dit au duc de Damville qu'il étoit bien tard et qu'il ne savoit où aller coucher ; qu'il supplioit le Roi de lui permettre qu'il couchât cette nuit dans sa maison (*à Luxembourg*), dont il feroit fermer les portes, et ne verroit personne ; et que le lendemain au matin il se retireroit à Limours. Le duc de Nemours lui fit signer cela dans un papier, et le porta au Roi, qu'il trouva au Cours. Sa Majesté en fut satisfaite, et, en effet, Monsieur en usa comme il l'avoit promis. » Voyez encore sur cette piteuse retraite du lieutenant général du Royaume une lettre de la Rochefoucauld à Lenet, en date du 16 octobre 1652.

1. J'entendis, ce soir-là, des gens dans le Louvre. (1837-1866.)
2. *Ses* corrigé en *ces*.
3. *Au cercle* suit *auprès de moi*, biffé.
4. Cela étoit vrai. (1837-1866.)
5. La fin de la phrase, depuis : *avec 12 ou 15*, est à la marge.

seroit bien étonné. Monsieur n'y voulut point entendre ; et je m'y opposai de toute ma force, quand[1] Monsieur me dit que l'on lui avoit fait cette proposition. Elle étoit, à mon opinion, possible quant au succès présent, restant certain[2] qu'il n'y avoit pas un officier dans les colonelles qui n'eût été massacré par ses soldats, si il eût seulement fait mine de branler contre le nom de Monsieur ; mais respect, conscience, et[3] tout ce que vous vous pouvez imaginer[4] sur cela à part, la proposition[5] étoit écervelée, vu les circonstances et les suites. Vous voyez, d'un coup d'œil, les unes et les autres[6] dans ce que je vous ai dit ci-dessus. Ce ne fut assurément que par le principe de mon devoir que je n'y donnai pas ; car je me croyois beaucoup plus en péril que je ne m'y suis cru de ma vie.

J'allai attendre le Roi au Louvre, où je demeurai, deux ou trois heures devant qu'il arrivât, avec Mme de Lesdiguières et M. de Turenne. Il me demanda[7] bonnement et avec inquiétude si je me croyois en sûreté. Je lui serrai la main, parce que je m'aperçus que Froulé[8],

1. *Quand* est suivi des mots : *il M*r *en parla devant moi*, biffés. — Quand il me dit. (Ms. Caf.)

2. Étant certain. (1837-1866.)

3. Les mots : *respect, conscience et,* omis par le ms. Caf., sont à la marge, précédés d'un autre mot : *devoir (debuoir),* effacé.

4. Tout ce que vous pouvez imaginer. (1859, 1866.)

5. *La proposition* remplace, à la marge, le pronom *elle*, biffé dans le texte ; la petite phrase qui suit : *Vous voyez.... ci-dessus*, se trouve également en marge.

6. Les uns et les autres. (1837-1866.) — Après *dans*, qui suit ces mots, il y a, dans l'original, *tout*, biffé.

7. Avec Mme de Lesdiguières ; et M. de Turenne me demanda. (1837-1866.)

8. Frelai. (1837-1866.) — Dans la 1re édition (1717), *Fraclay;* dans quelques autres et dans le ms. H, *le Tremblay.* — René de Froulay, comte de Tessé, mort lieutenant général des armées du Roi à Crémone, en 1701. Il eut de Madeleine de Beaumanoir un fils, René, qui fut célèbre sous le nom de maréchal de Tessé. Il est question du

qui étoit un grand mazarin, l'avoit entendu, et je lui répondis : « Oui, Monsieur, et en tout sens[1]. Mme de Lesdiguières sait bien que j'ai raison. » Je ne l'avois pourtant pas ; car je suis persuadé que, si l'on m'eût arrêté ce jour-là, il n'en fût rien arrivé. Ce que je vous dis de ces possibilités de l'un et de l'autre côté vous paroît sans doute contradictoire, et j'avoue qu'il ne se peut concevoir[2] que par ceux qui ont vu les choses, et encore qui les ont vues par le dedans.

La Reine me reçut admirablement[3] ; elle dit au Roi de m'embrasser comme celui à qui[4] il devoit particulièrement son retour à Paris. Cette parole, qui fut entendue de beaucoup de gens[5], me donna une véritable joie, parce que je crus que la Reine ne l'auroit pas dite publiquement, si elle avoit eu dessein de me faire arrêter. Je demeurai au cercle jusques à ce que l'on allât au conseil. Comme je sortois, je trouvai dans l'antichambre Joui, qui me dit que Monsieur me[6] l'avoit envoyé pour savoir si il étoit vrai que l'on m'eût fait prendre place au conseil, et pour m'ordonner d'aller chez lui. Je rencontrai, comme j'y entrois, M. d'Aligre[7],

---

père dans un couplet cité par M. Paulin Paris, à propos de l'*historiette* de Tallemant des Réaux *sur le cardinal de Retz et le président de Pommereuil*, tome V, p. 199.

1. En tous sens. (1837-1866.)
2. La conjonction *et* a été biffée après *concevoir*.
3. Agréablement. (Ms. H.)
4. Celui auquel. (1837-1866.)
5. *Qui fut entendue de beaucoup de gens* est ajouté en marge.
6. *Me*, en interligne ; et de même *il*, un peu après.
7. Sur Étienne d'Aligre (dans l'autographe, *Dhaligre*), voyez ci-dessus, p. 3 et note 2. Le P. Berthod dit dans ses *Mémoires* (p. 598) que d'Aligre, pour se débarrasser de la « mauvaise commission » qui lui était donnée, au lieu d'aller au palais d'Orléans (*le 21*), « alla descendre chez Mme d'Aiguillon, qui envoya quérir le sieur Goulas, en présence duquel le sieur d'Aligre déclara ce que le Roi

qui[1] en sortoit, et qui venoit de lui commander[2], de la part du Roi, de sortir de Paris, dès le lendemain, et de se retirer à Limours. Cette faute a encore[3] été consacrée par l'événement; mais elle est, à mon sens, une des plus grandes et des plus signalées qui ait jamais été commise[4] dans la politique. Vous me direz que la cour connoissoit Monsieur; et je vous répondrai qu'elle le[5] connoissoit si peu en cette occasion, qu'il ne s'en fallut rien[6] qu'il ne prît, ou plutôt qu'il n'exécutât la résolution, qu'il prit en effet, de s'aller poster dans les halles, d'y faire les barricades[7], de les pousser jusques au Louvre et d'en chasser le Roi. Je suis convaincu qu'il y eût réussi, même avec facilité, si il l'eût entrepris, et que le peuple n'eût balancé en rien[8], voyant Monsieur en personne, et Monsieur ne prenant les armes que pour s'empêcher d'être exilé. L'on m'a accusé d'avoir beaucoup échauffé Monsieur dans ce rencontre : voici la vérité.

Lorsque j'entrai à Luxembourg, il me parut consterné, parce qu'il s'étoit mis dans l'esprit que le commandement que M. d'Aligre venoit de lui porter, de la part du Roi, n'étoit que pour l'amuser, et pour lui faire croire que l'on ne pensoit pas à l'arrêter. Il étoit dans une agitation[9] inconcevable; il s'imaginoit que toutes les

lui avoit commandé de dire à Son Altesse Royale, » et il fut convenu qu'on laisserait passer la journée sans rien dire au duc d'Orléans.

1. Après *qui*, est biffé : *y rentroit*.
2. Et qui lui venoit commander. (1837-1866.)
3. *Encore*, en interligne.
4. Qui aient jamais été commises. (1837-1866.)
5. *Le* a été ajouté après coup.
6. Qu'il ne s'en fallut de rien. (1859, 1866.)
7. D'y faire des barricades. (1837-1866.) — A la ligne suivante, *de* corrigé en *d'en*.
8. N'eût balancé à rien. (Ms. Caf.)
9. *Agitation* est en interligne, sur un tâtonnement effacé : *im[patience?] agitation*.

mousquetades que l'on tiroit (et l'on en tire toujours beaucoup, de ces jours de réjouissance¹) étoient celles du régiment des gardes qui marchoit pour l'investir². Tous ceux qu'il envoyoit lui rapportoient que tout étoit paisible, et que rien ne branloit; mais il ne croyoit personne, et il mettoit, à tous moments³, la tête à la fenêtre, pour mieux⁴ entendre si le tambour ne battoit pas. Enfin il prit un peu de courage, ou au moins il en prit assez pour me demander si j'étois à lui : à quoi je ne lui répondis que par ce demi-vers du *Cid*⁵ :

> Tout autre que mon père....

Ce mot le fit rire, ce qui lui étoit fort rare, quand il avoit peur. « Donnez-m'en une⁶ preuve, continua-t-il, raccommodez-vous avec M. de Beaufort. — Très-volontiers, Monsieur, » lui répondis-je. Il m'embrassa, et alla ouvrir la porte de la galerie, qui répond à la porte de la chambre où il couchoit, et où il étoit pour lors⁷. J'en vis sortir M. de Beaufort, qui se jeta à mon cou, et qui me dit : « Demandez à Son⁸ Altesse Royale ce que je lui viens de dire⁹ sur votre sujet. Je connois les gens de

1. Et l'on en tiroit toujours beaucoup ces jours de réjouissances. (1837.) — Les éditions de 1843 et de 1859 ont ce même texte, la première avec *de ces jours*, la seconde avec *en ces jours.* Le ms. Caf., après *beaucoup*, porte, ainsi avec des points : .... *es jours*.

2. Rapprochez de l'alerte imaginaire qu'avait eue Condé lui-même, en juillet 1651, et qui avait déterminé sa retraite à Saint-Maur (tome III, p. 357 et note 2).

3. A tout moment. (1837-1866.)

4. *Mieux* est en interligne.

5. Acte I, scène VI, vers 1. — *Demi*, effacé dans le texte, a été récrit à la marge. — Il y avait seize ans que *le Cid* avait été joué pour la première fois, vers la fin de novembre 1636.

6. Retz a écrit, par mégarde, *un*, pour *une*.

7. Où il étoit alors. (1837-1866.)

8. *Son* remplace en interligne *V^re*, biffé dans le texte.

9. Je viens de lui dire. (1837-1866.)

bien. Allons, Monsieur, chassons les mazarins à tous les diables pour une bonne fois. » La conversation commença ainsi ; Monsieur la soutint par un discours amphibologique, qui, dans la bouche de Gaston de Foix, m'eût marqué[1] un grand exploit, mais qui, dans celle de Gaston de France, ne me présagea qu'un grand rien. M. de Beaufort appuya, de toute sa force, la nécessité et la possibilité de la proposition qu'il faisoit, qui étoit que Monsieur marchât[2], à la petite pointe du jour, droit aux halles, et qu'il y fît les barricades, qu'il pousseroit après où il lui conviendroit. Monsieur se tourna vers moi en me disant, comme l'on fait au Parlement : « Votre avis, Monsieur le Doyen. » Voici, en propres termes, ce que je lui répondis. Je l'ai transcrit sur l'original que je dictai à Montrésor, chez moi, au retour de chez Monsieur, et que j'ai encore de sa main.

« Je crois, Monsieur, que je devrois en effet parler, en cette occasion[3], comme Monsieur le Doyen, mais[4] comme Monsieur le Doyen quand il opina à faire des prières de quarante heures[5]. Je ne sache[6] guère d'occasion où l'on en ait eu plus de besoin. Elles me seroient, Monsieur[7],

1. Eût paru. (1837 et 1843.) — Eût marqué. (1859, 1866.) — Gaston de Foix, duc de Nemours, le Foudre d'Italie, tué en 1512, à l'âge de vingt-trois ans, après sa victoire de Ravenne, en poursuivant les vaincus. — Après *Foix* (*Foie*), est biffé r, puis m' a été ajouté après coup ; plus loin, *ne me* est en interligne, après *France*, au-dessus de *pré[sagea] ne*, biffé.

2. Après *marchât*, est effacé : *tout à l'heu[re]* ; puis *soutenoit* (?) *même être immancables* (sic) *et.... pour*, devant *pousséroit* ; et plus loin, *Do[ien]*, après *Parlement*.

3. A cette occasion. (1837-1866.)

4. Le ms. Caf. omet les mots : « comme Monsieur le Doyen, mais ».

5. Voyez au tome III, p. 239 et note 3.

6. *Sache* est en interligne, au-dessus de *voi* (*veoi*), effacé. — Guère d'occasions. (1837-1866.)

7. Elles me seroient encore, Monsieur. (1837-1866.)

SECONDE PARTIE. [Octobre 1652]

encore bien plus nécessaires qu'à un autre, parce que je ne puis être d'aucun avis qui n'ait des apparences[1] cruelles et même des inconvénients terribles. Si mon sentiment est que vous souffriez le traitement injurieux que l'on vous fait, le public, qui va toujours au mal, n'aura-t-il pas ou sujet[2] ou prétexte de dire que je trahis vos intérêts[3], et que mon avis ne sera que la suite de tous les obstacles que j'ai mis aux desseins[4] de Monsieur le Prince? Si j'opine à ce que Votre Altesse Royale désobéisse et suive les vues[5] de M. de Beaufort, pourrai-je[6] m'empêcher de passer pour un homme qui souffle de la même bouche le chaud et le froid, qui veut la paix quand il espère d'en tirer ses avantages en la traitant, qui veut la guerre quand l'on n'a pas voulu qu'il la traitât, qui conseille[7] de mettre Paris à feu et à sang et d'attacher ce feu[8] à la porte du Louvre, en entreprenant sur la personne du Roi? Voilà, Monsieur, ce que l'on dira, et ce que vous-même pourrez croire peut-être[9] en de certains moments. J'aurois lieu, après avoir prédit à Votre Altesse Royale, peut-être plus de mille fois, qu'elle tomberoit par ses incertitudes en l'état où elle se voit, j'aurois lieu, dis-je[10], de la supplier, avec tout le respect que je lui dois, de me dispenser de lui parler sur une

1. Trois lettres biffées, devant *apparences*.
2. Un sujet. (1837-1866.)
3. Il y a *si*, effacé, à la suite d'*intérêts*; puis *mon* est en interligne, au-dessus de *cet*, raturé.
4. Au dessein. (1837-1866.)
5. Devant *vues*, est effacé *m*.
6. Pourrois-je. (1837-1866.)
7. Après *conseille*, qui est en interligne, on lit ces mots, effacés dans le texte : *conseille d'entreprendre sur la personne du Roi*; à la ligne suivante, *de* et une lettre ont été biffés devant *d'attacher*.
8. Le feu. (Ms. Caf.)
9. Pourrez peut-être croire. (1859, 1866.)
10. J'aurois, dis-je, lieu. (1837-1866.)

matière qui est moins en son entier à mon égard, que[1] d'homme qui vive. Je ne me servirai toutefois[2] que de la moitié de ce droit, c'est-à-dire[3], quoique je ne fasse pas état de me déterminer moi-même sur le sentiment que Votre Altesse Royale doit préférer, je ne laisserai pas de lui[4] exposer les inconvénients de tous les deux, avec la même liberté que si je croyois me pouvoir fixer moi-même à l'un ou à l'autre.

« Si elle obéit, elle est responsable à tout le public de tout ce qu'il souffrira dans la suite. Je ne juge point du détail de ce qu'il souffrira, car qui peut juger d'un futur qui dépend des *mezzi termini*[5] du Cardinal[6], de l'impétuosité d'Ondedei, de l'impertinence de l'abbé Foucquet, de la violence de Servien? Mais enfin vous répondrez de tout[7] ce qu'ils feront au public, parce qu'il sera persuadé qu'il n'aura tenu[8] qu'à vous de l'empêcher. Si vous n'obéissez pas, vous courez fortune de bouleverser l'État. »

Monsieur m'interrompit à ce mot, et il me dit même avec précipitation : « Ce n'est pas de quoi il s'agit; il s'agit de savoir si je suis en état, c'est-à-dire en pouvoir de ne pas obéir. — Je le crois, Monsieur, lui ré-

1. Après *que*, est biffé *de*.
2. Ici est effacé : *de ce droit*, récrit un peu plus loin.
3. Entre *c'est-à-dire* et *quoique*, il y a, en interligne, *que*, biffé.
4. Devant *exposer*, est effacé *en*.
5. C'est-à-dire, « des moyens termes. » — Qui dépend de la fantaisie. (Ms. Caf.) — Qui dépend des vétilles. (1837-1866 et quelques éditions anciennes.) — Le ms. H a défiguré la vraie leçon en *mevi termini*.
6. D'un cardinal. (1837-1866.) — Les mêmes éditions ont deux lignes plus bas : « d'un Servien ».
7. *Tout* est en interligne.
8. Retz avait mis d'abord *n'a tenu*; il a ensuite corrigé *n'a* en *n'aura* par l'addition d'*ura* en interligne. — Qu'il n'a tenu. (1837-1866.)

pondis-je; car je[1] ne vois pas comme la cour se pourra prendre à vous faire obéir. Il faudra que le Roi marche en personne à Luxembourg, et ce sera une grosse affaire. » M. de Beaufort exagéra l'impossibilité qu'il y trouveroit, et au point que je m'aperçus que Monsieur commençoit à s'en persuader; et il étoit tout propre, supposé cette persuasion, à prendre le parti de demeurer chez lui les bras croisés, parce que, de sa[2] pente, il alloit toujours à ne point agir. Je crus que j'étois obligé, par toutes sortes de raisons, à lui éclaircir cette[3] thèse: ce que je fis en lui représentant qu'elle méritoit d'être considérée et traitée avec distinction[4]; que je convenois[5] que le peuple ne souffriroit pas apparemment que l'on allât prendre Monsieur dans Luxembourg, à moins que le Roi n'eût mis[6] à cette entreprise de certains préalables que le temps pourroit amener; que si il accoutumoit les peuples à reconnoître l'autorité, que je ne doutois point[7] qu'il n'y pût réussir, et même bientôt, parce que je ne doutois pas qu'il ne les y accoutumât bientôt par sa présence[8]; que tous les instants[9] l'augmenteroient; qu'il en avoit déjà plus à dix heures du soir, qui venoient de sonner à la montre de Monsieur, qu'il n'en avoit à cinq[10],

1. *Je* est en interligne, remplaçant *il*, effacé.
2. *De sa* est en interligne, au-dessus de *sa*, que Retz a oublié de biffer; *il*, qui suit *pente*, est ajouté à la marge.
3. *Cette* (*ceste*) est répété, et biffé la première fois.
4. *Distinction* est précédé de *beaucoup*, effacé.
5. Que je soutenois. (Ms. Caf.)
6. Devant *n'eût mis*, est biffé : *y eût mis*.
7. A reconnoitre son autorité, je ne doutois point. (1837-1866.) — Que je ne doutois point qu'il ne pût réussir. (Ms. Caf.)
8. Qu'il ne les y accoutumât en peu de temps par sa prudence. (1837 et 1843.) — Même texte, sans *ne*, dans l'édition de 1859, 1866. — Dans l'original, *y* (*i*) a été ajouté après coup.
9. A la suite *d'instants*, est biffé *lui en*.
10. *Cinq*, en interligne, au-dessus de *six*, effacé.

et que la preuve en étoit palpable en ce qu'il s'étoit saisi de la porte de la Conférence[1], qu'il faisoit garder paisiblement et sans que personne en murmurât, seulement par le régiment des gardes, qui n'en auroit pas seulement[2] approché, si il avoit plu à Monsieur de la faire fermer seulement un quart d'heure entre trois et quatre ; que si Son Altesse Royale laissoit prendre tous les postes de Paris comme celui-là et matrasser le Parlement, comme l'on le matrasseroit[3] peut-être le lendemain au matin[4], je ne croyois pas qu'il y eût grande sûreté pour lui, peut-être dès l'après-dînée. Ce mot remit la frayeur dans le cœur de Monsieur, et il s'écria[5] : « C'est-à-dire que je ne puis rien pour la défensive. — Non, Monsieur, lui répondis-je ; vous y pouvez tout[6] aujourd'hui et demain[7] au matin. Je n'en voudrois pas[8] répondre demain au soir. »

M. de Beaufort, qui crut que mon discours alloit à proposer et à appuyer l'offensive, vint à la charge comme pour me soutenir ; mais je l'arrêtai tout court en lui disant : « Je vois bien, Monsieur, que vous ne prenez pas[9] ma pensée ; je ne parle à Son Altesse Royale comme je

1. Voyez au tome II, p. 131 et note 2.
2. Par le seul régiment des gardes, qui n'en auroit pas sûrement. (1837-1866.) — Dans l'original, à la suite de *qui*, sont raturés ces mots : *auroit couru fortune d'être bien battu si il y*.
3. Furetière, à l'article MATRAS, mot gaulois, désignant une sorte de dard, à « grosse tête, » cite, comme en étant dérivé, l'ancien verbe *matrasser*, « assommer de coups ». M. Littré donne un exemple de *Naudé* (*Rosecroix*, VII, 3). — Dans toutes les éditions antérieures, *maltraiter.... maltraiteroit*. Le ms. Caf. a la leçon de l'original.
4. Le lendemain matin. (1859, 1866.)
5. *S'écria* est précédé de *me dit*, biffé.
6. Le ms. Caf. omet *tout*.
7. Devant *demain*, est effacé *pas*.
8. Je n'en voudrois point. (1837-1866.)
9. Vous ne comprenez pas. (*Ibidem.*)

SECONDE PARTIE. [Octobre 1652]

fais, que parce que j'ai vu qu'il croyoit qu'il pouvoit demeurer à Luxembourg, en toute sûreté, malgré le Roi. Je ne serai jamais[1] d'aucun avis en l'état où les affaires sont réduites. Ç'a[2] toujours été à Monsieur à décider. C'est même à lui [à] proposer[3], et à nous à exécuter. Il ne sera jamais dit que je lui aie conseillé[4] ni de souffrir le traitement qu'il reçoit, ni de faire demain[5] au matin les barricades. Je lui[6] ai tantôt dit les raisons que j'ai pour cela. Il m'a commandé de lui expliquer les inconvénients que je crois aux deux partis ; je m'en suis acquitté. » Monsieur me laissa[7] parler tant que je voulus, et, après qu'il eut fait trois ou quatre tours de chambre, il revint à moi et il me dit : « Si je me[8] résous à disputer le pavé, vous déclarerez-vous pour moi ? » Je lui répondis : « Oui, Monsieur, et sans balancer ; je le dois, je suis attaché à votre service, je n'y manquerai pas[9] certainement, et vous n'avez qu'à commander ; mais j'en serai au désespoir, parce qu'en l'état où sont les choses, un homme de bien ne peut pas n'y pas être[10], quoi que vous fassiez. » Monsieur, qui n'avoit qu'une bonté de facilité, mais qui n'étoit pas tendre, ne laissa pas d'être ému de

---

1. Il y a ici deux lignes environ effacées : *d'avis de l'offensive en l'état où les affaires sont réduites parce que.*

2. *Ç'a* corrige *C'est* ; à la suite, on lit ces quatre mots raturés, puis récrits plus loin : *à Monsieur à décider.*

3. C'est toujours à Monsieur à décider. C'est même présentement à lui à proposer. (Ms. Caf.)

4. Que je lui ai conseillé. (1859, 1866.)

5. *Demain*, en interligne.

6. Retz avait mis d'abord : *Je vous* ; il a effacé *vous*, et corrigé, par mégarde, *Je* en *Jui*, pour *Je lui*.

7. *Laissa* est en interligne.

8. Après *me*, est biffé *rés[ous]*.

9. On lit ici de plus ces mots raturés : *mais j'en serai au désespoir, parce que je passerai dans les suites* : voyez plus bas.

10. Ne peut pas y être. (1843-1866.)

ce que je lui disois. Les larmes lui vinrent aux yeux ;
il m'embrassa, et puis tout d'un coup il me demanda[1] si
je croyois qu'il pût se rendre maître de la personne du
Roi. Je lui répondis qu'il n'y avoit rien au monde de
plus impossible, la porte de la Conférence étant gardée comme elle étoit. M. de Beaufort lui en proposa des
moyens qui étoient impraticables en tout sens[2]. Il offroit
de s'aller poster à l'entrée du Cours, avec la maison de
Monsieur. Enfin il dit mainte folie[3], à ce qu'il me paroissoit. Je persistai dans ma manière de parler et d'agir,
et je connus, devant que de sortir de Luxembourg, et,
pour vous dire le vrai, avec plaisir, que Monsieur prendroit le parti d'obéir, car je lui vis une joie sensible de
ce que je m'étois défendu d'appuyer l'offensive[4]. Il ne
laissa pas de nous en entretenir tout le reste du soir, et
de nous commander même de faire tenir nos amis tous
prêts et de nous trouver, dès la pointe du jour, à Luxembourg. M. de Beaufort s'aperçut, comme moi, que Monsieur avoit pris sa résolution, et il me dit en descendant
l'escalier : « Cet homme n'est pas capable d'une action
de cette nature. — Il est encore bien moins capable de
la soutenir, lui répondis-je ; et je crois que vous êtes
enragé de la lui proposer, en l'état où sont les affaires.
— Vous ne le connoissez pas encore, me repart-il[5], si
je ne la lui avois proposée, il me le reprocheroit d'ici à
dix ans. »

1. Et puis me demanda tout d'un coup. (1837-1866.)
2. En tous sens. (*Ibidem.*)
3. Maintes folies. (*Ibidem.*)
4. Gui Joli dit, d'autre part, dans ses *Mémoires* (p. 81), que Retz
« alla chez M. le duc d'Orléans pour lui conseiller de demeurer à
Paris, et de ne point obéir à l'ordre qui lui avoit été envoyé ; » et
il ajoute : « Mais, à dire le vrai, ce conseil n'étoit plus qu'une espèce de bienséance, dont Son Altesse Royale ne fit pas grand cas. »
5. Me repartit-il. (Ms. Caf.)

SECONDE PARTIE. [Octobre 1652]   413

Je trouvai, en arrivant chez moi, Montrésor qui m'y attendoit¹, et qui se moqua fort de mes scrupules; car² il appela ainsi tous les égards qu'il remarqua dans l'écrit que vous venez de voir et que je lui dictai. Il m'assura fort que Monsieur avoit plus d'envie d'être à Limours que la Reine n'en avoit de l'y envoyer; et, sur le tout, il convint que la cour avoit fait une faute terrible de l'y pousser³, parce que⁴ la peur de n'y pas être en sûreté lui pouvoit aisément faire entreprendre ce à quoi il n'eût jamais pensé, si l'on l'eût le moins du monde ménagé⁵. L'événement a encore justifié cette imprudence, qui étoit d'autant plus grande, que la cour, qui avoit sujet de me croire outré et en défiance, ne me faisoit pas⁶, à mon sens, la justice de croire que j'eusse⁷ pour l'État d'aussi bons sentiments que je les avois en effet. Je suis convaincu que, vu l'humeur de Monsieur, incorrigible⁸ de tout point, la division du parti, irrémédiable par⁹ une infinité de circonstances, et le deshingandement¹⁰ (si¹¹

1. Qui m'attendoit. (Ms. Caf.)
2. Devant *car*, est biffé : *il m'assu[ra]*.
3. De le pousser. (Ms. Caf.)
4. *C'est* est effacé, à la suite de *parce que*.
5. Si on l'eût ménagé le moins du monde. (1837-1866.)
6. *Pas*, en interligne.
7. Que j'eus. (1837-1866.)
8. Retz a déjà parlé plus haut (p. 186) de « l'incorrigibilité » du duc d'Orléans.
9. Il y a une *l*, biffée devant *une*.
10. Telle est, avec la finale *ant*, l'orthographe de notre auteur. Le ms. H en a fait : *delingandement;* quelques éditeurs : *desingardement, desingandement;* la première édition (1717) et celles de 1719-1828 ont l'orthographe actuelle : *dégingandement*. — M. Littré, dans son *Dictionnaire*, cite de Rabelais (livre IV, chapitre LIII) un exemple du verbe écrit avec *h* : « *Deshingandez* ces méchants. » M. Marty-Laveaux, au tome III de son édition, p. 457, écrit *dehinguandez*.
11. *Si* a été ajouté après coup. — Si l'on peut se servir. (1837-1866.)

l'on se peut servir de ce mot) passé, présent et à venir de toutes ses parties[1], l'on n'eût pu soutenir ce que l'on eût entrepris, et que, par cette raison, toutes les autres même à part[2], il n'y en eût point eu à conseiller à Monsieur d'entreprendre. Mais je ne suis pas moins persuadé que, si il eût entrepris, il eût réussi pour le moment[3], et qu'il eût poussé le Roi hors de Paris. Ce que je dis paroîtra à beaucoup de gens pour un paradoxe[4]; mais toutes les grandes choses qui ne sont pas exécutées paroissent toujours impraticables[5] à ceux qui ne sont pas capables des grandes choses; et je suis assuré que tel ne s'est point étonné des barricades[6] de M. de Guise, qui s'en fût moqué comme d'une chimère[7], si l'on les lui eût proposées un quart d'heure auparavant qu'elles fussent élevées. Je ne sais si je n'ai point déjà dit, en quelque endroit de cet ouvrage[8], que ce qui a le plus distingué les hommes est que ceux[9] qui ont fait les grandes

1. De toutes ces parties. (1837-1866.)
2. *Toutes les autres même à part* est à la marge.
3. S'il l'eût entrepris.... pour ce moment. (1837-1866.) — *Pour le moment* est à la marge dans l'original.
4. A beaucoup de gens un paradoxe. (1837-1866.)
5. Ce membre de phrase a été considérablement remanié dans l'original : *grandes choses qui ne se* (*so*, biffé) *sont pas exécutées* est en interligne ; *les*, qui précède, corrige *ce*, suivi de ces mots, raturés : *qui est grand et qui n'est pas fait* ; de plus, *paroit* a été corrigé en *paroissent* ; enfin *impraticables* est à la marge, remplaçant *telles*, dont les quatre dernières lettres ont été effacées dans le texte et le *t* initial corrigé en *à*.
6. Après *barricades*, est effacé : *que fit* ; et *de* a été ajouté après coup devant *Mr*.
7. Après *chimère*, est biffé *d'un* ; puis un *d*, à la ligne suivante, après *d'heure*.
8. En quelque endroit des précédents volumes. (1859, 1866.) — .... de ce volume (1843.)
9. Avant d'écrire *que ceux*, Retz avait mis et a effacé, d'abord *qu'ils*, puis *ceux qui*.

actions[1] ont vu devant les autres le point de leur possibilité[2].

Je reviens à Monsieur. Il partit pour[3] Limours[4], un peu devant la pointe du jour, et il affecta même de sortir une heure plus tôt qu'il ne nous l'avoit dit, à M. de Beaufort [et] à moi. Il nous fit dire par Joui, qui nous attendoit à la porte de Luxembourg[5], qu'il avoit eu ses raisons pour cette conduite, que nous les saurions[6] un jour, et que nous nous accommodassions avec la cour, si il nous étoit possible[7]. Je n'en fus pas surpris en mon particulier; M. de Beaufort en pesta beaucoup.

Le 22, le Roi tint son lit de justice au Louvre. Il y fit lire quatre déclarations. La première fut celle de l'amnistie, et[8] la seconde celle du rétablissement du Parlement à Paris; la troisième portoit un ordre de sortir de Paris à MM. de Beaufort, de Rohan, Viole, Thou[9],

1. De grandes actions. (1837-1866.)
2. Le souvenir de Retz se rapporte-t-il à ce passage du tome II (p. 94 et 95), où il a dit, dans un sens analogue : « Il n'y a rien dans le monde qui n'ait son moment décisif, et le chef-d'œuvre de la bonne conduite est de connoître et de prendre ce moment? » Voyez aussi (*ibidem*, p. 350) ce qu'il a écrit à propos du duc de Bouillon.
3. *Partit pour* est en interligne, sur un tâtonnement biffé : *Le 22 Paris;* voyez l'alinéa suivant.
4. Voyez les *Mémoires de Mademoiselle*, tome II, p. 204.
5. Par Jouy qu'il nous attendoit à la porte du Luxembourg. (1837-1866.)
6. Qu'il avoit ses raisons.... et que nous les saurions. (*Ibidem.*) — Retz a biffé *et* après *conduite*.
7. Cette fin : *et que nous nous.... possible*, est à la marge. — Que nous nous accommoderions. (1837-1866.)
8. Cette conjonction *et*, omise dans les éditions de 1837-1866, a été ajoutée après coup dans l'original; plus loin, *celle du* est en interligne, au-dessus de *la translation*, biffé; puis un *d* a été effacé devant *Parlement*; le mot *rétablissement* est à la marge. — Parlement de Paris. (1837-1866.) Le ms. Caf. omet *à Paris*.
9. De Thou. (1837-1866.)

Broussel, Portail, Bitaut, Croissi, Machaut Fleuri, Martineau et Perraut; par la même déclaration, il étoit défendu au Parlement de se mêler dorénavant d'aucune affaire [d'] État ; la quatrième établissoit une chambre des vacations[1]. L'on avoit arrêté, le matin, devant que le Roi fût entré, que l'on feroit instance auprès de Sa Majesté pour le rétablissement des exilés. Ils obéirent tous le même jour.

J'allai, l'après-dînée, chez la Reine, qui, après avoir été quelque temps au cercle, me commanda d'entrer avec elle dans son petit cabinet. Elle me[2] traita parfaitement bien ; elle me dit qu'elle savoit que j'avois adouci, autant qu'il[3] m'avoit été possible, et les affaires et les esprits; qu'elle croyoit que je l'aurois fait encore et plus[4] promptement et plus publiquement, si je n'avois été obligé d'observer beaucoup d'égards avec mes amis, qui n'étoient pas tous de même opinion; qu'elle me plaignoit; qu'elle vouloit m'aider à sortir de[5] l'embarras où je me trouvois. Voilà, comme vous voyez, bien de l'honnêteté et même bien de la bonté, en apparence. Voici le fond.

Elle étoit plus animée contre moi que jamais, parce que Beloi, qui étoit domestique de Monsieur[6], mais qui

1. On trouvera dans la *Suite et conclusion du Journal du Parlement* (p. 235-251), à la date du 22 octobre 1652, l'*Édit du Roi portant amnistie générale de tout ce qui s'est fait à l'occasion des mouvements passés jusques à présent* ; et, en outre, deux *Déclarations* du Roi, *pour l'affermissement de la tranquillité publique*, et *pour le rétablissement du Parlement en la ville de Paris*.
2. Il semble que ce mot ait été corrigé : *me* en *m'y* (*mi*), ou *mi* en *me*.
3. Dans l'original, *qui*, pour *qu'il*.
4. Après *et plus*, est biffé : *eff*.
5. *Du*, corrigé en *de*.
6. Sur Hercules de Beloy, « domestique de Monsieur, » voyez au tome III, p. 36 et note 5.

SECONDE PARTIE. [Octobre 1652]

étoit toujours en secret à quelque autre, et qui avoit repris des mesures à la cour depuis que les affaires de Monsieur le Prince avoient décliné, l'avoit fait avertir, le matin[1], dès qu'elle fut éveillée, que j'avois offert à Monsieur de faire ce qu'il me commanderoit. Il ne savoit rien du détail de ce qui s'étoit passé, le soir[2], entre Monsieur, M. de Beaufort et moi ; mais, comme il entra dans sa chambre[3], aussitôt que nous en fûmes sortis[4], avec Joui, Monsieur, qui étoit dans l'agitation et dans le trouble, leur dit : « Si je voulois, je ferois[5] bien danser l'Espagnole. » Beloi, ou par curiosité, ou malicieusement[6], lui répondit : « Mais, Monsieur, Votre Altesse Royale est-elle bien assurée de M. le cardinal de Rais ? — Le cardinal de Rais est homme de bien, dit Monsieur ; il ne me manquera pas[7]. » Joui, qui l'avoit entendu, me le rapporta fidèlement le matin, et je ne doutai pas que Beloi ne l'eût aussi rapporté[8] à la Reine, qui d'ailleurs ne pouvoit pas savoir qu'au même moment que j'avois fait à Monsieur l'offre à laquelle mon honneur m'obligeoit, je n'avois rien oublié de tout ce que ce même honneur me permettoit pour empêcher le bouleversement de l'État. Je fis, à l'instant même que Joui me donna cet avis, une grande réflexion sur les scrupules dont Montrésor[9] m'avoit tant fait la guerre la veille. Il est vrai qu'ils ne réussissent pas dans les cours,

1. Les mots : *à la pointe du jour*, sont effacés après *le matin*.
2. Devant *soir*, est biffé : *mes[me jour ?]*.
3. Dans la chambre. (Ms. Caf.)
4. Il n'y a point de virgule, dans l'autographe, après *sortis;* mais la suite montre qu'il en faut une.
5. Un premier *bien* et une autre lettre sont raturés après *je ferois*.
6. Ou malicieusement ou par curiosité. (1837-1866.)
7. Il ne manquera pas. (1859, 1866.)
8. Ne l'eût ainsi rapporté. (1837-1866.)
9. Retz a écrit ici : *Montrsor*.

au moins pour l'ordinaire ; mais il y a des gens qui préfèrent au succès la satisfaction qu'ils trouvent dans eux-mêmes.

Vous vous seriez étonnée[1] de la manière dont je répondis à la Reine, si je ne vous avois, au préalable, rendu compte de ce petit détail, qui comprend la raison[2] que j'eus de lui parler comme je fis ; je dis : que j'eus de plus, car vous avez vu que, devant même, je lui parlois presque toujours avec la même sincérité[3]. Je lui dis donc que j'avois une joie sensible d'avoir enfin rencontré le moment, que j'avois souhaité si passionnément depuis longtemps, de la pouvoir servir sans restriction ; que, tant que Monsieur avoit été engagé dans le mouvement, je n'avois pu suivre mon inclination, par la raison de mes engagements avec lui, sur lesquels elle savoit que je ne l'avois jamais trompée ; que, si j'avois eu l'honneur de la voir en particulier[4], la veille du jour[5] où je lui parlois, j'en aurois usé à mon ordinaire, parce que je n'en aurois[6] pas pu user autrement avec honneur ; que Monsieur, étant sorti de Paris[7], en pensée et en résolution de ne plus entrer dans aucune affaire publique, m'avoit rendu ma liberté, c'est-à-dire qu'il m'avoit proprement remis dans mon naturel, dont j'avois une joie que je ne pouvois assez exprimer[8] à Sa Majesté. Elle me

---

1. Étonné. (1859, 1866.)
2. *La raison* corrige *les raisons*. Dans le ms. Caf., *les raisons*.
3. Tout ce membre de phrase : *je dis : que j'eus.... avec la même sincérité*, est à la marge ; un peu plus loin, *donc* est en interligne.
4. *En particulier*, à la marge.
5. Après *du jour*, est effacé *don*[*t*] ; un peu plus loin, *j'aurois*, devant *j'en aurois*.
6. *Je n'en aurois* a été substitué à : *je ne l'aurois*; puis *en* a été biffé entre *pu* et *user*.
7. Le ms. Caf. omet : *de Paris*.
8. Que je ne pouvois jamais exprimer assez. (Ms. Caf.)

répondit le plus honnêtement du monde ; mais¹ je m'aperçus qu'elle me vouloit faire parler sur les dispositions de Monsieur. Elle eut contentement ; car je l'assurai, et avec beaucoup de² vérité, qu'il étoit fort résolu à demeurer en repos dans sa solitude. « Il ne l'y faut pas laisser, reprit-elle ; il peut être utile au Roi et à l'État. Il faut que vous l'alliez querir, et que vous nous le rameniez. »

Je faillis à tomber³ de mon haut, car je vous avoue que je ne m'attendois pas à ce discours. Je le compris pourtant bientôt, non pas qu'elle me⁴ l'expliquât clairement ; mais elle me fit entendre que, la dignité du Roi étant satisfaite par l'obéissance que Monsieur lui avoit rendue, il ne tiendroit qu'à lui de se rétablir plus que jamais dans ses bonnes grâces, en couronnant⁵ la bonne conduite qu'il venoit de prendre par des complaisances justes, raisonnables, et dans lesquelles même il pourroit trouver son compte. Vous voyez que ces expressions n'étoient pas extrêmement obscures. Quand la Reine vit que je⁶ n'y répondois que par des termes généraux, elle se referma, non pas seulement sur la matière, mais encore sur la manière dont elle m'avoit traité auparavant. Elle rougit, et elle me parla⁷ pourtant plus froidement, ce qui étoit toujours en elle un signe de colère. Elle se remit pourtant un peu après, et elle me demanda⁸ si j'avois toujours confiance en Mme de Che-

1. *Mais* est précédé d'*elle*, effacé.
2. Le ms. Caf. omet : *beaucoup de ;* un peu après, il a *la*, au lieu de *sa*, devant *solitude*.
3. Je faillis tomber. (1843-1866.)
4. *Me* a été ajouté après coup.
5. *Couronnant* suit et remplace *y ajout[ant]* (*y adioust*), biffé.
6. Après *je*, il y a *dis*, corrigé en *lui*, puis effacé.
7. Et elle ne me parla. (1843-1866.)
8. *Demanda* vient après *dit*, raturé.

vreuse : à¹ quoi je lui répondis que j'étois toujours beaucoup son serviteur. Elle reprit brusquement cette parole, et il me parut même qu'elle la reprit avec joie, en me disant : « J'entends bien, vous en avez davantage en la Palatine, et vous avez raison. — J'en ai beaucoup, Madame, lui répondis-je, en Madame la Palatine ; mais je supplie Votre Majesté de me permettre que je n'en aie plus qu'à² elle-même. — Je le veux bien, me dit-elle assez bonnement. Adieu : toute la France est là dedans qui m'attend. »

Je vous supplie de trouver bon que je vous rende compte, en cet endroit, d'un détail qui y est nécessaire, et qui vous fera connoître que ceux qui sont à la tête des grandes affaires ne trouvent pas moins d'embarras dans leur propre parti, que dans celui de leurs³ ennemis. Les miens, quoique tout-puissants⁴ dans l'État, l'un par sa⁵ naissance, par son mérite et par sa faction, l'autre par sa faveur, n'avoient pu, avec tous leurs efforts⁶, m'obliger à quitter mon poste ; et je puis dire, sans vanité, que je l'aurois conservé, et même avec dignité, en lâchant seulement un peu la voile⁷, si les différents in-

1. *A* en interligne, au-dessus de *sur*, biffé.
2. *Qu'à* corrige *qu'en*, qui est la leçon du ms. Caf. ; après *elle-même*, est effacé : *Vous le*.
3. Dans l'original, *leur ennemis*; et de même, trois lignes plus bas, *leur efforts*. — Retz a déjà fait remarquer au tome II (p. 66), « que l'on a plus de peine, dans les partis, à vivre avec ceux qui en sont qu'à agir contre ceux qui y sont opposés. » Voyez aussi (*ibidem*) p. 301 et 302.
4. Retz écrit *touts puissants*.
5. Devant *naissance*, est raturé le mot *faction*, récrit un peu plus loin.
6. *Efforts* est suivi de ces mots, effacés : *m'empêcher d'être demeuré sur la p.... de.*
7. Les mots : *en lâchant seulement un peu la voile*, sont à la marge ; ils ont été omis dans le ms. Caf.

térêts, ou plutôt si[1] les différentes visions de mes amis ne m'eussent forcé à prendre une conduite qui me fit périr[2], par la pensée qu'elle donna que je voulois tenir contre le vent. Pour vous[3] faire entendre ce détail, qui est assez curieux, il est, à mon avis, nécessaire que je vous fasse celui qui concerne un certain nombre de gens que l'on appeloit mes amis; je dis : que l'on appeloit[4], parce que tous ceux qui passoient pour cela dans le monde ne l'étoient pas.

Par exemple, je n'avois pas rompu avec Mme de Chevreuse, ni avec Laigue. Noirmoutier n'avoit rien oublié de toutes les avances qu'il m'avoit pu faire pour se raccommoder avec moi; et les instances de tous mes amis m'avoient obligé de les recevoir[5] et de vivre civilement avec lui. Montrésor, qui, à toutes fins, m'avoit déclaré cent fois en sa vie[6] qu'il n'étoit dans mes intérêts qu'avec[7] subordination à ceux de la maison de Guise, ne laissoit pas de prétendre droit à pouvoir entrer dans mes affaires, parce qu'enfin il avoit été du secret de quelques-unes. Ce droit[8], qui est proprement celui de s'intriguer pour négocier, lui étoit commun avec ces autres que je vous viens de nommer immédiatement devant lui. Il ne s'en servit pas en cette der-

---

1. Ce second *si* manque dans les éditions de 1837-1866.

2. Après *périr*, est raturé : *parce que l'on crut que*.

3. Il y a *bien*, biffé, devant *faire*; un peu plus loin, *assez* est en interligne; puis *bie[n]* a encore été effacé après *il est*, et ensuite *de*, entre *celui* et *qui*.

4. Je dis que l'on appeloit mes amis. (Ms. Caf.)

5. De le recevoir. (Ms. Caf.)

6. Le ms. Caf. n'a pas les mots : *en sa vie*.

7. *Qu'avec* corrige *qu'à*; et, devant *subordination*, est biffé le commencement du même mot : *subor*.

8. Après *droit*, est raturé : *de négotiat[ion]*; et, plus loin, *ceux* devant *ces autres*. — Les autres. (1837-1866.)

nière occasion tant que[1] les autres, quoiqu'il en parlât autant et plus qu'eux. Il se contenta de prôner chez moi, les soirs, sur un ton fâcheux; mais il ne fit point de[2] mauvais pas du côté de la cour, comme fit M. de Noirmoutier, qui, pour se faire valoir à M. le cardinal Mazarin, qu'il alla voir sur la frontière, lui montra une lettre de moi, avec une fausse date, par laquelle je l'avois chargé[3] autrefois d'une commission qu'il rapportoit au temps présent. Monsieur le Cardinal se douta de la fourbe, sur je ne sais quelle circonstance, dont je ne me ressouviens pas présentement, et il ne lui a jamais pardonné.

Mme de Chevreuse n'en usa pas ainsi; mais comme[4] elle n'avoit pas trouvé à la cour ni la considération, ni la confiance qu'elle en avoit espérées[5], elle cherchoit fortune, et elle eût bien voulu se mêler, au retour du Roi dans Paris[6], d'une affaire qui paroissoit grosse, parce que l'on la regardoit comme un préalable nécessaire à celui[7] de Monsieur le Cardinal à la cour. Laigue, qui m'avoit traité assez familièrement[8] devant son départ, recommença à me voir soigneusement et presque sur l'ancien pied; et Mlle de Chevreuse même, par l'ordre de Madame sa mère, si je ne suis fort trompé[9], me fit des avances pour se raccommoder avec moi. Elle avoit les plus beaux yeux du monde[10], et un air à les tourner[11] qui

1. *Tant que* est en interligne, au-dessus de *comme*, biffé.
2. Après *de*, est effacé *fa[ux]*.
3. *Chargé* est en interligne, au-dessus de *prié*, biffé.
4. A la suite de *comme*, Retz a biffé les mots : *la cour*.
5. *Espéré*, sans accord, dans l'autographe.
6. Il y a *qui*, biffé, après *Paris*. — 7. A celui du retour. (Ms. Caf.)
8. *Familièrement* est suivi d'un *d* et de deux autres lettres raturés.
9. Si je ne me suis fort trompé. (1837-1866.)
10. « Des yeux, comme il est dit dans les *Mémoires de Mme de Motteville* (tome II, p. 416), capables d'embraser toute la terre. »
11. Un art à les tourner. (1837-1866.) — Les plus beaux yeux, et un air à les tourner. (Ms. Caf.)

étoit admirable, et qui lui étoit particulier. Je m'en aperçus le soir qu'elle arriva à Paris; mais je dis simplement que je m'en aperçus. J'en usai honnêtement[1] avec la mère, avec la fille et avec Laigue, et rien de plus. L'on pourroit croire qu'il n'y auroit, en ces rencontres[2], qu'à en user ainsi pour se[3] tirer d'affaire; mais il n'est pas vrai, parce que[4] les avances que ceux qui s'adoucissent[5] font aux puissances tournent[6] toujours infailliblement au désavantage de celui qui les désavoue en ne les suivant pas; et, de plus, il est bien difficile que[7] ceux qui sont désavoués n'en conservent toujours quelque ressentiment, et ne donnent au moins dans la chaleur quelque coup de dent. Je sais que Laigue m'en donna, même grossièrement, et à droit[8] et à gauche. Je n'ai rien su sur cela de Mme de Chevreuse, qui d'ailleurs a de la bonté, ou plutôt de la facilité naturelle. Mlle de Chevreuse ne me pardonna pas ma résistance à ses beaux yeux; et l'abbé Foucquet, qui servoit en ce temps-là[9]

1. La syllabe initiale *ho* corrige *ci;* sans doute Retz avait voulu d'abord écrire : *civilement.*
2. Les mots : *auroit, en ces rencontres,* sont écrits à la marge; dans le texte, on lit *avoit,* corrigé en *auroit,* puis biffé, et surmonté; dans l'interligne, d'*après,* également biffé.
3. Retz a corrigé, par mégarde, *se* en *me,* leçon reproduite par la plupart des anciennes éditions.
4. *Parce que,* à la marge.
5. Ce mot : *s'adoucissent,* texte du ms. H et de la plupart des éditions, est fort douteux; il semble qu'il y ait dans l'autographe : *s'addotisans* (?). — Le ms. Caf. a la leçon inintelligible : *les avances que ceux qui recherchent font aux gens;* et les éditions de 1718 C, D, E ce développement fort peu clair : « parce que les avances que ceux qui paroissent avoir la confiance de quelqu'un ou paroissent liés ensemble font aux puissances. »
6. Au milieu du mot *tournent,* entre *u* et *r,* est biffé *rnant.*
7. *Il est bien difficile que* se trouve en marge, suivi de *ceux,* qui a été biffé, parce qu'il est déjà dans le texte.
8. A droit. (1837-1866.) — 9. *En ce temps-là,* à la marge.

son quartier auprès d'elle[1], a dit, depuis sa mort[2], à un homme de qualité, de qui je le sais, qu'elle me haïssoit autant qu'elle m'avoit aimé. Je puis jurer, avec toute sorte de vérité, que je ne lui en avois jamais donné le moindre sujet. La pauvre fille mourut[3] d'une fièvre maligne, qui l'emporta en vingt-quatre heures, devant que les médecins se fussent seulement doutés qu'il pût y avoir le moindre péril à sa maladie. Je la vis un moment, avec Madame sa mère, qui étoit au chevet de son lit, et qui ne s'attendoit à rien moins qu'à la perte qu'elle en fit le lendemain matin à la pointe du jour[4].

J'avois une seconde espèce d'amis[5], c'est-à-dire de gens qui s'étoient[6] fourrés dans le parti de la Fronde, et qui, dans les subdivisions du parti, s'étoient joints particulièrement à moi; et[7] de ceux-là, les volées[8] étoient différentes. Elles s'accordoient toutes en un point, qui étoit qu'ils espéroient[9] beaucoup pour leur intérêt particulier de mon accommodement, ce qui étoit la disposition toute prochaine à croire que j'aurois pu faire tout

1. Sur le sens propre de cette expression : *servir son quartier*, voyez au tome III, p. 249 et note 2.

2. Le ms. Caf. omet les mots : *sa mort*.

3. Mourut trois jours après. (Ms. Caf.) — Dans l'original, par mégarde, *morut*.

4. Mlle de Chevreuse (voyez au tome II, p. 186, note 4) mourut le 7 novembre 1652. « Je la plaignis extrêmement, dit Mademoiselle de Montpensier (tome II, p. 229) : c'étoit une belle et bonne fille ; elle n'avoit pas beaucoup d'esprit. »

5. Après *d'amis*, est effacé : *que l'on a toujours en foule dans les partis*.

6. Retz avait d'abord écrit *se* ; il l'a changé en *ses*, et mis, à la suite, *toient*, en interligne. — Qui se tenoient fourrés. (1837-1866.)

7. *Et* a été ajouté après coup.

8. *Les volées*, c'est-à-dire les vues, les prétentions, les espérances.

9. *Qui étoit qu'ils espéroient* est à la marge ; après *point*, qui précède, est biffé *d'espérer*; puis un *p*, un peu plus loin, après *beaucoup*.

ce que je n'aurois pas fait pour eux. Ces sortes de gens sont très-fâcheux, parce que, dans les grands partis, ils font une multitude d'hommes à laquelle, pour mille différents respects[1], l'on ne se peut ouvrir de ce que l'on peut ou de ce que l'on ne peut pas[2], et auprès de laquelle, par conséquent, l'on ne se peut jamais justifier. Ce mal est sans remède[3], et il est de ceux-là où il ne[4] faut chercher que la satisfaction de sa conscience. Je l'ai eue, toute ma vie, plus tendre sur cet article, qu'il ne convient à un homme qui s'est mêlé d'aussi grandes affaires que moi. Il n'y a guère de[5] matière où le scrupule soit plus inutile, et tout ensemble plus incommode. Je n'en souffris pas en effet[6] par l'événement, dans l'occasion dont il s'agit; mais j'en avois déjà assez souffert par la prévoyance.

La troisième espèce d'amis[7] que j'avois, en ce temps-là, étoit un nombre choisi de gens de qualité qui étoient unis avec moi et d'intérêt et d'amitié, qui étoient de mon secret, et avec lesquels je concertois de bonne foi ce que j'avois à faire. Ceux-là étoient MM. de Brissac[8], de Bellièvre, de Caumartin, parmi lesquels

1. *Respects*, dans son ancien sens étymologique de *considérations, égards*. L'Académie cite encore ce vieil exemple : « La même proposition est vraie et fausse sous divers respects, » à divers égards.

2. *Pas* est précédé de *plus*, effacé. — Rapprochez de ce que la Rochefoucauld dit dans la 5ᵉ de ses *Réflexions diverses : De la Confiance*, tome I, p. 294-299.

3. La lecture est douteuse : *remède* ou *remèdes*. — Les éditions de 1718 C, D, E omettent cette phrase et la suivante, et ont, à partir d'ici, bon nombre de lacunes petites et grandes.

4. *N'en* corrigé en *ne;* et, deux lignes plus loin, *qui* en *qu'il*.

5. Il y a un *m*, biffé, devant *matière*.

6. *En effet* est en interligne ; plus loin, *mais* vient à la suite de *parce que*, effacé.

7. *Es[toit]* a été biffé après *amis*; et, deux lignes plus bas, *d'intérêt*, après *moi*.

8. Devant *Brissac*, Retz a biffé *Belièvre* (sic), récrit après.

M. de Montrésor, comme je vous l'ai déjà dit[1], se mêloit, par la rencontre de beaucoup d'affaires précédentes auxquelles il avoit eu part. Il n'y en avoit pas un dans ce petit nombre qui ne fût en droit de prétendre[2]. La qualité de M. de Brissac et[3] l'attachement qu'il avoit pour moi, dans les affaires les plus épineuses, m'obligeoient à préférer ses intérêts aux miens propres, et d'autant plus qu'il n'avoit pas profité de ce que j'avois[4] stipulé pour lui, quand Messieurs les Princes furent arrêtés, touchant le gouvernement d'Anjou. Ce ne fut, à la vérité, ni la faute de la cour, ni la mienne, le traité qu'il en avoit commencé n'ayant manqué que par le défaut d'argent qu'il ne put fournir ; mais enfin il n'avoit rien, et il étoit juste, au moins à mon égard, qu'il fût pourvu. M. le président de Bellièvre avoit, dès ce temps-là, des vues pour la première présidence[5] ; mais, comme il étoit homme de bon sens, il n'y pensa plus, dès qu'il vit que la cour prenoit le dessus ; et[6] dès le jour que Monsieur et Monsieur le Prince envoyèrent à Saint-Germain MM. de Rohan, de Chavigni et Goulas, il me dit ces propres paroles : « Je vas me remettre

1. Voyez ci-dessus, p. 421 et 422. — Plus loin, après *méloit*, il y a, dans l'original, un renvoi correspondant à ce tâtonnement, effacé à la marge : *quoiqu'assez diff[éremment?]* ; après *par la rencontre*, qui suit, est biffé : *des affaires pr* ; puis, après *part*, ces mots : *Ces Mrs avoient eu leur vues* (sic).

2. D'y prétendre. (1837-1866.)

3. *Et*, en interligne ; plus loin, *m'avoit* a été corrigé en *avoit*, puis *obligeoit* en *obligeoient* ; et *pas* a été ajouté après coup devant *profité*.

4. De ce qu'il avoit. (1837-1866.)

5. Pompone de Bellièvre, alors président à mortier, succéda à Molé, en 1653, comme premier président, et mourut en 1657. Voyez les *Mémoires d'Omer Talon*, p. 519.

6. Devant *dès*, qui est en interligne, sont raturés ces mots, récrits plus bas : *il me dit ces propres paroles*.

dans ma coquille¹, il n'y a plus rien à faire; je ne veux plus être nommé à rien. » Il me tint parole; et² une grande et dangereuse fluxion, qu'il eut effectivement sur un œil³, lui en donna même le prétexte et lui en facilita le moyen. M. de Caumartin s'étoit allé marier en Poitou⁴ un mois ou cinq semaines devant que le Roi revînt⁵, et il étoit encore chez lui quand la cour arriva à Paris. Il avoit eu certainement plus de part que personne dans le secret des affaires ; il y avoit agi avec plus de foi et plus de capacité, et il n'y avoit eu même d'intérêt particulier que celui que son honneur l'obligea d'y prendre, dans une occasion où il savoit, mieux qu'homme qui fût au monde, qu'il n'en pouvoit avoir aucun qui fût effectif. L'injustice que l'on lui a faite sur ce sujet m'oblige à en expliquer⁶ le détail.

Vous avez vu, dans le second volume de cette histoire, que Monsieur⁷ fut entraîné par Monsieur le Prince à demander à la Reine l'éloignement des sous-ministres⁸, et qu'il ne tint pas à moi que Monsieur ne fît pas⁹ ce pas qui, dans la vérité, n'étoit en¹⁰ aucune manière bon à rien, et à lui moins qu'à personne.

---

1. Ces premiers mots : *Je vas me remettre dans ma coquille*, manquent dans le ms. Caf.
2. *Et* vient à la suite de *car*, effacé.
3. Voyez plus haut, p. 366.
4. Il épousa, en premières noces, en novembre 1652, Marie-Urbaine de Sainte-Marthe, fille unique de Nicolas, seigneur du Frêne, lieutenant général de Poitiers; il la perdit en 1654, et épousa en secondes noces, en février 1664, Catherine-Madeleine de Verthamon.
5. Après *revînt*, sont biffés les mots : *à Paris*, récrits à la fin de la phrase.
6. D'en expliquer. (Ms. Caf.)
7. Après *Mr*, est biffé *et;* puis *fut entraîné par* est ajouté en interligne.
8. Voyez au tome III, p. 407 et suivantes.
9. Ne fit point. (1837-1866.) — 10. Après *en*, est biffé n[ulle?].

Laigue, qui les crut perdus, et qui étoit l'homme du monde qui s'incapricioit¹ le plus de ces nouveaux amis², se mit dans l'esprit de procurer la charge de secrétaire de la guerre, qui est celle de M. le Tellier, à Nouveau³. Mme de Chevreuse s'ouvrit⁴ de cette vision devant le petit abbé de Bernai⁵, qui le dit à M. de Caumartin. Il ne le trouva pas bon, et il eut raison. Il vint chez moi; il me demanda si ce dessein étoit venu jusques à moi; je me mis à sourire et à lui dire que je croyois⁶ qu'il me croyoit fou; qu'il savoit bien que je savois mieux que personne que nous n'étions pas en état de faire des secrétaires d'État; et que, de plus⁷, si nous étions en cet état, ce ne seroit pas pour M. de Nouveau

---

1. Retz a écrit *s'incapriccioit*, par deux *c*. Dans le ms. Caf., *s'incapriçoit;* dans bon nombre d'éditions anciennes, *se capricioit*. Nous ne trouvons dans aucun dictionnaire ce composé *s'incapricier*, mais M. Littré cite deux exemples, de Saint-Simon*a*, du verbe simple *se capricer*.

2. De ces nouveaux arrêts. (1837-1866, et les éditions anciennes.)

3. Jérôme de Nouveau, porté sur l'*État de* 1649 avec les noms de « Messire Arnoul de Nouveau, seigneur de Fromont, » et les titres de « grand maître des courriers et surintendant des postes et relais de France. » Voyez, à son sujet, Tallemant des Réaux, tome VI, p. 28-31, p. 37 et 38. — On lit dans le fameux traité de 1651, qui avait été saisi sur le chemin de Cologne, et que Mme de Motteville a reproduit dans ses *Mémoires* (tome III, p. 424-427) : « que ledit sieur cardinal (*Mazarin*) fera donner la somme de cent mille livres au sieur de Laigues, sur la finance que paiera le sieur de Nouveau pour une charge de secrétaire d'État, laquelle ledit sieur cardinal lui a fait promettre, en reconnoissance des bons offices qu'il lui a rendus en fournissant des courriers confidents pour la négociation d'entre ledit sieur cardinal, Mme de Chevreuse, et le.... sieur de Châteauneuf. »

4. Devant *s'ouvrit*, est biffé : *se* (corrigé en *s'*) *ouvrit*.

5. Voyez au tome II, p. 141 et note 2.

6. Que je pensois. (1837-1866.)

7. Une lettre biffée après *de plus*.

a Mémoires, tome I, p. 499, et tome IV, p. 317, édition de 1873.

que nous travaillerions[1]. Il s'emporta contre Mme de Chevreuse et contre Laigue, et il n'avoit pas tort : « car, quoique je sache bien[2], dit-il, que leur proposition est[3] impertinente, elle marque toujours que je ne[4] dois pas prendre grande confiance en leur amitié. — Il est vrai, lui répondis-je, et je leur en dirai dès demain au matin mon sentiment, d'une manière qui leur fera voir que j'en suis encore plus mécontent que vous. — Ce qui est admirable, ajoutai-je, est qu'à l'instant que je fais tous mes efforts auprès de Monsieur pour l'empêcher de pousser M. le Tellier, ces gens-là font, par leur conduite, qu'il croira que c'est moi[5] qui le veut précipiter. »

Je fis, dès le lendemain, de grands reproches à Mme de Chevreuse et à Laigue. Ils nièrent le fait. Cet éclaircissement fit du[6] bruit; ce bruit alla à M. le Tellier, qui crut que l'on[7] disputoit déjà de sa charge. Il m'a paru qu'il ne l'a jamais pardonné ni à M. de Caumartin ni à moi. La plupart des inimitiés[8] qui sont dans les cours ne sont pas mieux fondées; et j'ai observé que celles qui ne sont pas bien fondées sont les plus opiniâtres. La raison en est claire. Comme les offenses de cette espèce ne sont que dans l'imagination, elles ne manquent[9] jamais

---

1. Retz a corrigé, par mégarde, *travaillerions* en *travaillions*.
2. *Bien* n'est pas dans le ms. Caf.
3. *Est*, en interligne.
4. *Ne* corrige *n'ai*.
5. *Moi* est en interligne, au-dessus de *nous*, effacé; et *veut* (sic) vient à la suite de *voudrois*, biffé.
6. *De*, pour *du*, dans l'original.
7. *Avoit* est biffé après *que l'on ;* et, deux lignes plus loin, après *moi*, ces mots : *Voilà comme* ; à la suite, *la* est changé en *La*.
8. Il y a *de*, biffé, après *inimitiés* ; plus loin, *ne* est en interligne ; et après *sont*, est effacé : *dis-je fondées*.
9. *Ne manquent* et le premier *de* suivant sont ajoutés à la marge ; les mots *jamais*, puis *croître et de grossir* sont en interligne, au-dessus

de croître et de grossir dans un fond qui n'est toujours que trop fécond¹ en mauvaises humeurs qui les nourrissent. Pardonnez-moi, je vous supplie, cette petite digression, qui même n'est pas inutile au sujet que je traite, puisqu'elle vous marque l'obligation que j'avois, encore plus grande, à tirer d'affaire M. de Caumartin, en m'accommodant. Ce ne fut pourtant pas lui qui embarrassa mon accommodement² : il connoissoit fort bien qu'il n'y avoit plus³ assez d'étoffe pour en faire un trafic considérable⁴. Il m'avoit dit plusieurs fois, devant qu'il partît pour aller en Poitou⁵, qu'il étoit rude, mais qu'il étoit nécessaire que nous pâtissions⁶, même de la mauvaise conduite de nos ennemis; qu'il n'y avoit⁷ plus d'avantage à tirer pour les particuliers; qu'il ne falloit songer qu'à sauver le vaisseau, dans lequel ils se pourroient⁸ remettre à la voile selon les occasions; et que ce vaisseau, qui étoit moi, ne se pouvoit sauver⁹, en l'état où les affaires étoient tombées par l'irrésolution de Monsieur, qu'en prenant le largue¹⁰, et en se jetant à la mer du côté du Levant, c'est-à-dire de Rome. Je me sou-

de ceux-ci : *croissent et grossissent toujours*, effacés, sauf *et*, oublié par mégarde; après *dans un*, il y a, de plus, quelques lettres biffées.

1. *Fécond* remplace, à la marge, *fac* et un griffonnage, raturés dans le texte.
2. Le ms. Caf. omet ce membre de phrase : « Ce ne fut, etc. »
3. *Plus* corrige *pas*.
4. Assez d'étoffe pour en faire un trafic assez considérable. (1837-1866.)
5. Voyez ci-dessus, p. 427 et note 3.
6. *De* biffé après *pâtissions*. — 7. Qu'il y auroit. (1837-1866.)
8. Se pouvoient. (Ms. Caf.) — Dans lequel il pourroit se remettre. (1837-1866.)
9. Ne pouvoit se sauver. (*Ibidem.*)
10. *Le largue*, terme de marine, la haute mer. Les éditeurs ont remplacé cette leçon de l'original par la forme plus ordinaire : *le large*.

viens qu'il ajouta[1], le propre jour qu'il me dit adieu, ces propres paroles : « Vous ne vous soutenez plus que sur la pointe d'une aiguille, et, si la cour connoissoit ses forces[2] à votre égard, elle vous pousseroit comme elle va pousser les autres. Votre courage vous fait tenir une contenance qui la trompe et qui l'amuse[3]; servez-vous de cet instant pour en tirer tout ce qui[4] vous est bon pour votre emploi de Rome : elle fera sur cela tout ce que vous voudrez. »

Voilà, comme vous voyez, des dispositions assez bonnes et sages pour ne pas embarrasser[5] une négociation. Il ne restoit donc que M. de Montrésor, qui disoit, du matin au soir, qu'il ne prétendoit rien, et qui avoit même tourné en ridicule une lettre par laquelle Chandenier[6] lui avoit écrit, de la province, qu'il ne doutoit pas[7] que je ne le rétablisse dans sa charge et que je ne le fisse duc et pair en cette occasion. Ce fut toutefois ce M. de Montrésor même qui troubla toute la fête, et qui la troubla sans aucun intérêt, et par un pur travers d'esprit.

Un soir que nous étions tous ensemble chez moi auprès du feu, et que nous[8] discutions ce qu'il seroit à propos de répondre à M. Servien, qui avoit fait à M. de

1. Après *ajouta*, est biffé *ces*.
2. *Forces* est en interligne, au-dessus du même mot effacé; à la ligne suivante, *va* est également en interligne, et, à la suite, *pousse* a été corrigé en *pousser*.
3. C'est-à-dire : lui fait perdre du temps par l'effet de cette illusion. — Et qui l'émeut. (1837-1866.) — Le ms. Caf. a la vraie leçon : *l'amuse*.
4. En tirer ce qui. (1837-1866.)
5. Pour ne plus embarrasser. (*Ibidem.*)
6. Voyez au tome III, p. 249 et note 2.
7. Une lettre que Chandenier lui avoit écrit (*sic*) de la province, par laquelle il lui mandoit qu'il ne doutoit pas. (Ms. Caf.)
8. Devant *discutions*, un commencement de mot a été biffé.

Brissac les propositions pour moi que vous verrez dans la suite, Joli[1], qui y étoit présent, dit[2], à propos de je ne sais quoi qui se rencontra dans le cours de la conversation, qu'il avoit reçu une lettre de Caumartin; il la lut, et cette lettre portoit, même avec force, ce que [je] viens de vous dire[3] de ses sentiments. Je remarquai que Montrésor, qui ne l'aimoit pas d'inclination, fit une mine de mystère, mêlé de chagrin[4]; et, comme je[5] connoissois extrêmement ses manières et son humeur, je jetai quelques paroles pour l'obliger à s'expliquer. Il n'y eut pas peine, car il s'écria tout d'un coup, même en jurant : « Nous ne sommes pas gens à manger des pois au veau[6]. Schelme[7] qui dira que Son Éminence[8] se doive et puisse accommoder avec honneur, sans y faire trouver à ses amis[9] leurs avantages : qui le dira les y voudra trouver pour lui seul. » Ces paroles, jointes à un chagrin que je lui avois vu depuis quelques jours contre la Palatine, me firent voir qu'il croyoit que Caumartin, qui étoit son ami particulier, eût ménagé[10] quelque chose avec elle pour son

1. Gui Joli, l'auteur des *Mémoires* que nous citons souvent : voyez tome II, p. 555, note 6.
2. Après *dit*, est effacé : *qu'il avoit*.
3. Je vous viens de dire. (Ms. Caf.)
4. Mêlée de chagrin. (1837-1866.)
5. Devant *connoissois*, est biffé *le*; et, à la ligne suivante, *qu*, après *paroles*.
6. « Gens à manger des pois au veau, s'est dit autrefois de gens sans courage. » (*Dictionnaire de M. Littré*, à l'article Pois.)
7. Voyez, sur cette expression, au tome III, p. 496 et note 2. — Gui Joli rapporte de même (p. 83) que Montrésor « dit hautement qu'il tenoit, en toutes rencontres, pour des *schelmes* ceux qui conseilloient au Cardinal de négliger les intérêts de ses amis. »
8. *Son Éminence* est précédé de *Mr le Car[dinal]*, biffé.
9. *A ses amis*, en interligne, au-dessus de *ses* changé en *leur* (sic); les mêmes mots : *à ses amis*, sont raturés après *avantages*, et *Je* après *seul*, qui finit la phrase.
10. *Ménagé* est suivi de la préposition *sur*, effacée.

profit et au desçu¹ des autres. Je fis tout mon possible pour l'en détromper², je n'y réussis pas; il réussit mieux à tromper les autres, car il jeta le même soupçon dans l'esprit de M. de Brissac, qui étoit un homme de cire, et plus susceptible qu'aucun que j'aie jamais connu des premières impressions³.

M. de Brissac réveilla là-dessus Mme de Lesdiguières⁴, qui l'aimoit de tout son cœur, en ce temps-là. L'on ne manque jamais, quand l'on est dans ces sortes d'indispositions, à les fortifier de toutes les idées qui peuvent faire croire que les partis qui sont contraires à celui que l'on craint que l'on ne prenne sont non-seulement possibles, mais aisés. Cette imagination se glisse dans

1. *Au desçu*, à l'insu. A cette locution vieillie que donne, comme nous, le ms. Caf., les éditions anciennes ont, pour la plupart, substitué : *à l'insu;* celle de 1837 : *au-desseu* (sic); celles de 1843-1866 : *au-dessus.* Voyez les *Lexiques de Corneille* et *de Racine.*
2. Pour le détromper. (1837-1866.)
3. « Au commencement, écrit *Gui Joli* (p. 82 et 83), le duc de Brissac n'avoit eu que très-peu de part aux affaires du cardinal de Retz; mais il s'étoit, depuis quelque temps, si bien mis avec lui, et par des voies si agréables, en lui ménageant des parties de plaisir, qu'il étoit fort difficile de faire prendre d'autres résolutions au Cardinal que celles qui lui étoient inspirées par le duc. La principale de ces parties de divertissement vint du commerce que le duc de Brissac avoit avec Mlle de la Vergne, belle-fille du chancelier de Chiverny, parent du Cardinal. Cette demoiselle, qui étoit fort bien faite, avoit pour voisines Mlles de la Loupe, dont l'aînée étoit une des plus belles personnes de France ; et, comme il y avoit une porte de communication d'une maison à l'autre, Mlle de la Loupe étoit, à tous moments, chez Mlle de la Vergne, où le Cardinal et ce duc alloient souvent la nuit entretenir ces deux demoiselles. Le cardinal de Retz s'étoit fait faire, pour ces visites nocturnes, des habits fort riches et fort galants, suivant son humeur vaine, qui le portoit à se tenir ordinairement, le jour aussi bien que la nuit, paré d'habits extraordinairement magnifiques, dont on se moquoit dans le monde. »
4. M. de Lesdiguières. (Ms. Caf.)

tous les esprits¹, elle coule jusques aux subalternes²; l'on s'en parle à l'oreille; ce secret ne produit au commencement qu'un petit murmure ; ce murmure³ devient un bruit qui fait trois ou quatre effets pernicieux⁴, et à l'égard de son propre parti et à l'égard de celui même auquel⁵ l'on a affaire.

Voilà justement ce qui m'arriva, et je fus étonné⁶ et que tous mes amis se partagèrent sur ce que je ferois ou ne ferois pas, sur ce que je pouvois ou⁷ ne pouvois pas, et que la cour me regarda comme un homme qui prétendoit ou partager le ministère, ou en faire acheter bien chèrement l'abdication⁸. Je connus, je sentis le péril et l'inconvénient de ce poste; je me résolus de les boire, et je m'y résolus par ce même principe qui m'a fait toute ma vie prendre trop⁹ sur moi. Il n'y a rien de plus mauvais¹⁰, selon les maximes de la politique. Le monde¹¹ ne nous en a le plus souvent aucune obligation. Les bonnes intentions se doivent moins outrer que quoi que ce soit. Je me suis très-mal trouvé de¹² n'avoir pas observé cette règle, et dans les grandes affaires et dans les domestiques; mais il faut avouer que nous¹³ ne

1. Dans les esprits. (1859, 1866.)
2. Après *subalternes*, sont effacés ces mots : *et il se forme un murmure qui grossit tous les jours*. Un peu plus loin, *produit* est à la marge, remplaçant *fait*, biffé dans le texte.
3. Ce petit murmure. (1837-1866.)
4. *Pernicieux* précède *dan[s]*, biffé ; *et*, qui suit, a été ajouté après coup.
5. *Auquel* est en interligne, au-dessus d'*à qui*, effacé.
6. Retz a écrit, par mégarde, *estonnai* (sic).
7. Deux fois *et*, au lieu d'*ou*, dans le ms. Caf.
8. L'adjudication. (1837-1866.) — 9. Un *d* biffé après *trop*.
10. Ici est effacé : *dans la*, suivi d'un griffonnage illisible.
11. La seconde syllabe de *monde* est en interligne.
12. *N'être pas demeuré* est biffé après *de*.
13. *Nous*, en interligne, après *l'on*, raturé ; le *nous* qui suit *ne* est

nous corrigeons guère de ce qui flatte notre morale et notre inclination ensemble; je n'ai jamais pu[1] me repentir de cette conduite, quoiqu'elle m'ait coûté ma prison et toutes les suites de ma prison, qui[2] n'ont pas été médiocres. Si j'eusse suivi la contraire[3], si j'eusse accepté les offres de M. Servien, si je me fusse tiré d'embarras[4], j'aurois évité tous les malheurs qui m'ont presque accablé; je n'aurois pu me[5] défendre d'abord de celui qui est inévitable à tous ceux qui sont à la tête des grandes affaires, et qui en sortent sans faire trouver des avantages à ceux qui y sont engagés avec eux. Le temps auroit assoupi ces plaintes, que la fortune même auroit[6] pu tourner, par de bons événements, en ma faveur; je conçois fort bien ces vérités, mais je ne les regrette pas; je me suis satisfait moi-même en me conduisant autrement; et comme, à la réserve de la religion et de la bonne foi, tout[7] doit être, au moins à mon opinion, égal aux hommes, je[8] crois que je puis raisonnablement être content de ce que j'ai fait.

Je refusai donc les propositions de M. Servien, qui étoient que le Roi me donneroit la surintendance de ses

---

à la marge, et *corrigeons* a été substitué à *corrige;* Retz avait écrit d'abord : *l'on ne se corrige*, et il a laissé *se* dans le texte, par inadvertance.

1. Je n'ai guère pu. (1837-1866.)
2. Ma prison et des chagrins qui, etc. (Ms. H.)
3. Le contraire. (1837-1866.)
4. *D'embarras*, en interligne, sur *d'affaires*, biffé; après *j'aurois*, qui suit, est encore biffé : *été (esté) par l'événement tout ce qu'un favori eût pu.*
5. *Me* est en interligne; un peu plus loin, *de* a été biffé après *inévitables* (sic).
6. *Auroit* est précédé d'*eût pu tourner*, effacé.
7. Quelques lettres biffées à la suite de *tout*.
8. Après *je*, on lit *crois qu'ils font bien mi[eux?]*, raturé; et, après *que je*, qui suit, *do[is?]*, également biffé.

affaires en Italie, avec cinquante mille écus de pension, que l'on paieroit jusques à la somme de cent mille écus de mes dettes; que l'on me délivreroit comptant[1] celle de cinquante mille pour mon ameublement; et que je demeurerois trois ans à Rome, après lesquels il me seroit loisible de revenir[2] faire à Paris mes fonctions[3]. Je ne rebutai pourtant pas M. Servien de but en blanc; j'en usai toujours honnêtement avec lui. Il me vit chez moi, je lui rendis sa visite, nous négociâmes; mais il jugea bien que je ne voulois pas conclure, parce qu'il n'entroit[4] en rien de ce qui concernoit les intérêts de mes amis, quoique je[5] l'eusse tâté sur ce chef, auquel, dans le fond, il étoit contraire au dernier point, à ce que j'ai su depuis. Madame la Palatine, à laquelle j'avois beaucoup plus de confiance qu'à lui, n'étoit pas, au commencement, tout à fait persuadée que l'on ne pût rien faire pour eux. Elle s'aperçut dans peu qu'elle s'étoit trompée en cela elle-même[6]; elle s'aperçut même de pis, et que les mauvais offices et de Servien et de l'abbé Foucquet alloient à plus qu'à rompre mes négo-

1. Dans l'autographe, *content*.
2. De venir. (1837-1866.)
3. D'après une lettre de Mazarin à l'abbé Foucquet (*Mémoires sur Fouquet*, de M. Chéruel, tome I, p. 206 et 207), ce serait Retz lui-même qui aurait fait offrir à la cour, par la princesse Palatine, d'aller à Rome.
4. *N'entroit* est suivi des mots : *pas dans les*, effacés.
5. Après *quoique je*, est biffé *lui*; le pronom *je* est ensuite répété par inadvertance.
6. « Dans le commencement, dit de son côté *Gui Joli* (p. 82), la princesse Palatine s'étoit chargée de faire accepter toutes ces conditions; mais.... elle changea bientôt de sentiment, et dit nettement au cardinal de Retz que, puisqu'il avoit fait la faute de laisser revenir le Roi, il n'étoit plus question de marchander, et qu'il falloit absolument se contenter de ce qu'on lui offroit, sans penser à ses amis, dont on se souviendroit en temps et lieu. »

ciations. Elle m'en avertit ; elle me déclara même qu'elle ne se vouloit plus trouver chez Joli, où elle avoit accoutumé de me venir trouver, en chaise, par une porte de derrière, entre dix et onze[1] du soir ; elle me fit connoître qu'il y avoit du péril pour moi en ces conférences secrètes[2], et elle me dit nettement ou que je devois conclure, ou que je devois traiter directement avec le Cardinal même, parce que tous les subalternes, l'un par un principe, l'autre par un autre[3], m'étoient fort contraires[4].

Je vous ai dit ci-devant les raisons pour lesquelles je ne me pouvois résoudre à conclure pour moi seul[5], et ces raisons étoient tous les jours réglément [fortifiées[6]] par de nouveaux avis que Mme de Lesdiguières me donnoit, que je n'avois[7] qu'à faire bonne mine, qu'à demeurer chez moi ; que le Cardinal, qui s'amusoit sur la frontière à vétiller proprement dans l'armée de M. de Turenne[8], où vous pouvez vous imaginer qu'il n'étoit

1. Entre dix et onze heures. (Ms. Caf. et 1837-1866.) — Les mots : *du soir*, sont omis dans le ms. Caf.

2. Devant *secrètes*, est biffé *et*. — D'après *Gui Joli* (p. 81 et 82), Retz ayant demandé à la princesse Palatine « où pouvoit donc aller ce qu'il avoit à craindre, » elle lui répondit brusquement en se levant : « A tout, jusqu'à la mort. »

3. Et l'autre par l'autre. (Ms. Caf.)

4. M'étoient contraires. (1837-1866.)

5. Retz a écrit *seule*. — Je ne pouvois me résoudre. (Ms. Caf.)

6. Le mot *fortifiées* n'est pas dans l'autographe ; nous l'ajoutons, à cette place, d'après le ms. Caf.

7. *N'avois* est précédé de *ne d[evois]*, biffé.

8. Mazarin, qui s'était d'abord retiré à Dinan, puis était venu à Bouillon, dès qu'il avait appris la rentrée de la cour à Paris, avait passé la Meuse à Sedan, avec un corps de troupes levé dans le pays de Liége, joint l'armée royale, et pris la ville et le château de Bar-le-Duc. Avant de se retirer, dit Montglat (p. 281), il voulut « nettoyer la frontière de petits châteaux pris cet été par les Lorrains ; puis, ne voyant pas d'apparence, vu la rigueur de la saison, de

pas fort nécessaire ; que le Cardinal, dis-je, qui mouroit[1] d'impatience[2] de revenir à Paris, et qui n'osoit y rentrer tant que j'y serois, me feroit un pont d'or pour en sortir, et qu'il m'accorderoit tout ce que je lui demanderois. M. de Brissac, qui croyoit que ces avis venoient de M. le maréchal de Villeroi, comme il étoit vrai, étoit de plus ravi de le croire pour son propre intérêt. Monsieur le Premier[3] fit à Mme de Lesdiguières un discours de la même[4] nature, en lui disant qu'il savoit de science certaine que l'on brûloit d'envie de s'accommoder avec moi ; et je me souviens que Joli, qui se trouva présent quand l'on me rapporta cette parole, s'approcha de moi et me dit à l'oreille : « Encore une contusion[5] ! » C'en étoit effectivement[6] ; car, quoique tous ces bruits ne me persuadassent pas, ils me retenoient, ils m'empêchoient de conclure[7], et ils m'obligèrent à la fin à me résoudre à croire Madame la Palatine, et à traiter directement avec Monsieur le Cardinal. J'écrivis à Monsieur

songer à reprendre Rethel et Sainte-Menehoulde (*tombés récemment au pouvoir de Condé*), il mit toutes les troupes en quartier d'hiver ; et lui se prépara de retourner à Paris, où tous les obstacles de son rétablissement étoient ôtés. »

1. Retz, par mégarde, a écrit ici *mourroit*, et, trois lignes plus loin, *accorderois*.

2. Deux lettres biffées, à la suite du mot *impatience*.

3. C'est-à-dire, selon l'ellipse ordinaire, le premier écuyer de la petite écurie, qui était alors Henri de Beringhen, né en 1603, mort en 1692 ; il était partisan décidé du cardinal Mazarin. — Les éditions antérieures, sauf 1717, ont à *Premier* ajouté *Président*. Devant *fit*, qui suit, est biffé *lui*.

4. *La même*, en interligne, au-dessus de *cette*, effacé.

5. *Confusion*, pour *contusion*, dans le ms. H.

6. C'en étoit une effectivement. (Ms. Caf.)

7. Après *conclure*, est biffé : *avec ceux* ; à la suite, *m'obligeoient* devant *m'obligèrent* ; et encore *de*, après *fin* ; l'*à* qui suit a été ajouté après coup. A la phrase suivante, Retz avait écrit d'abord : *Je*

de Châlon[1] que je le priois de l'aller trouver, de lui expliquer franchement et nettement[2] mes pensées, et d'en tirer pour M. de Brissac la permission de récompenser le gouvernement d'Anjou[3], et quelques misères proprement pour MM. de Montmorenci[4], d'Argenteuil, de Châteaubriand, et cætera[5]. Il n'y eût pas eu ombre[6] de difficulté à l'égard de[7] ces derniers ; je suis persuadé qu'il n'y en eût guère eu[8] davantage pour M. de Brissac[9], le Cardinal ayant une passion très-grande de se défaire de moi par l'emploi de Rome. Langlade[10], qui passa en ce

mandai; il a ajouté une *s* à *Je* et mis *crivis*, en interligne, sur *manda*[*i*], effacé.

1. Félix Vialart, évêque de *Chaalon* (comme Retz écrit encore ici et plus bas) : voyez au tome III, p. 271 et note 1.

2. *Et nettement* est répété, et biffé une fois.

3. C'est-à-dire d'être pourvu de ce gouvernement en en payant le prix : voyez la même locution au tome II de *la Rochefoucauld, Apologie de M. le prince de Marcillac*, p. 448 et 460. — Pour M. de Brissac, en récompense, la provision du gouvernement d'Anjou. (1837-1866.)

4. Le marquis de Fosseuse : voyez au tome III, p. 486, note 6.

5. Plus une abbaye de vingt mille livres de rente pour l'abbé Charrier, une charge de secrétaire d'État pour le sieur de Caumartin, et, pour Gui Joli, une somme d'argent ou l'emploi de secrétaire des commandements du duc d'Anjou : voyez les *Mémoires de Gui Joli*, p. 82.

6. Il n'y eut pas une ombre. (1837-1866.) — Dans l'original, *eut* corrigé en *eust*.

7. *A l'égard de* remplace, en interligne, *sur*, effacé dans le texte.

8. Qu'il n'y en eût eu guère. (1837-1866.)

9. Ici est effacé *Langlade*, récrit au commencement de la phrase suivante.

10. Jacques de Langlade, baron de Saumières, ex-secrétaire du duc de Bouillon et frondeur très-ardent, qui devint ensuite secrétaire du cabinet de Mazarin. Il mourut en 1680. Voyez ce que disent de lui Mme de Motteville (tome III, p. 188 et 189), et surtout Gourville, qui parle très-fréquemment de Langlade dans ses *Mémoires* (notamment p. 519 et 520 et p. 567-569). Il est aussi assez souvent question de lui dans les *Lettres de Mme de Sévigné*.

temps-là à Châlon, retarda, sans y penser[1], le voyage de Monsieur de Châlon, en lui disant que Monsieur le Cardinal devoit être en[2] un tel lieu, à un tel jour[3]. Ce délai causa ma prison[4], parce que Servien et l'abbé Foucquet la précipitèrent, en faisant voir[5] [à] la Reine qu'il y avoit trop de péril à demeurer en l'état où l'on est[6] et en lui grossissant[7] tout ce qui, dans la vérité, n'avoit

1. *Sans y penser* est ajouté à la marge. — 2. *En* corrige *à*.
3. En un tel lieu, un tel jour. (1837-1866.)
4. « Il arriva, écrit le P. Rapin (tome I, p. 518 et 519), dans l'emprisonnement du cardinal de Retz, une circonstance secrète qui a été sue de peu de monde, que je ne puis taire, pouvant servir à la justification de ce cardinal. Langlade, l'homme de confiance du cardinal Mazarin vers la Reine, passant en poste la nuit par Châlon, fut visité de l'évêque, qui en fut averti à point nommé. L'évêque, qui était dans les intérêts du cardinal de Retz, demanda à Langlade si le cardinal Mazarin passeroit bientôt pour retourner à Paris. Langlade, lui ayant répondu qu'il passeroit dans deux ou trois jours, continua sa route vers Paris, d'où, ayant reçu ses dépêches pour le cardinal Mazarin, il repartit quinze jours après, c'est-à-dire après l'emprisonnement du cardinal de Retz ; et, repassant par Châlon, l'évêque vint le trouver et lui dit d'abord : « Monsieur, vous m'avez perdu. J'avois une lettre de confiance de « M. le cardinal de Retz pour M. le cardinal Mazarin, par laquelle « il s'offroit d'aller à Rome et de faire ce qu'on voudroit ; cepen-« dant on l'a arrêté, parce que vous m'avez trompé en me disant « que M. le cardinal Mazarin passeroit dans deux ou trois jours ; « car, si vous ne m'eussiez parlé de la sorte, j'aurois été le trouver « à Sedan, et, comme il ne demandoit que cela de M. le cardinal « de Retz, il n'auroit pas été arrêté. — Nous nous sommes trom-« pés l'un l'autre, dit Langlade ; car j'avois ordre de dire que M. le « cardinal Mazarin venoit dans deux jours, quoique je susse le con-« traire, et vous m'avez caché votre secret touchant la soumission « de M. le cardinal de Retz, que si vous m'eussiez confié, il n'au-« roit sans doute pas été arrêté, puisqu'il ne l'a apparemment été que « pour cela. » Le P. Rapin ajoute que Mazarin « ne voulut point voir l'évêque de Châlon, parce qu'il ne vouloit point l'écouter. »
5. Après *voir*, est répété et effacé *la précipitè*[rent].
6. Où l'on étoit. (1837-1866.)
7. *Grossissant* est en interligne, au-dessus d'*exagérant*, biffé.

SECONDE PARTIE. [Novembre 1652] 441

pas même la réalité la plus légère. Ils[1] lui disoient sans cesse que je continuois à ménager et à échauffer les rentiers, à cabaler dans les colonelles, et cætera[2].

Il[3] arriva un incident qui contribua infiniment à aigrir la cour contre moi. Le Roi tint, le 13 de novembre[4], son lit de justice au Parlement, pour y faire enregistrer une déclaration par laquelle il déclaroit Monsieur le Prince criminel de lèse-majesté[5], et il m'envoya, la veille, Saintot, lieutenant des cérémonies[6], pour me commander de sa part de m'y trouver. Je répondis à Saintot que je supliois très-humblement Sa Majesté de me permettre

1. Devant *Ils*, Retz a biffé *L'on*, qui lui-même corrigeait *Je*; et, devant *disoient*, les premières lettres du même mot, *diso*.
2. Selon Gui Joli (p. 82), Retz, ayant tout d'un coup cessé d'aller au Louvre, affectait de se faire suivre partout « de huit ou dix personnes armées, rodomontades fort inutiles, qui l'exposoient plutôt que de l'assurer; » et il disait publiquement « qu'il ne quitteroit pas le pavé de Paris. »
3. Les vingt-sept lignes et demie qui suivent, jusqu'à : « rien n'étoit plus faux », ne se trouvent point ici à leur vraie place, dans le manuscrit autographe; elles sont à la fin du tome I, sur trois feuillets supplémentaires portant les numéros 755 bis, 755 ter, 755 quater; le premier feuillet est moins haut d'un tiers que les deux autres. Un signe de renvoi correspond à ces feuillets à l'endroit où nous sommes du tome III du manuscrit, c'est-à-dire au haut de la page 2510. Ce déplacement, que M. Feillet a mentionné au tome II (p. 199, note *a*), a donné lieu à la transposition de quelques lignes dans certaines éditions : la première (1717) et celles de 1837 et de 1843 mettent les derniers mots de cet alinéa : « rien n'étoit plus faux.... faire périr », à la fin du précédent, après *et cætera*.
4. Le 13 novembre. (1859, 1866.) — Plus haut, une *l* a été biffée après *contribua*.
5. Cette déclaration fut faite, non-seulement contre Condé, mais contre son frère Conti, sa sœur la duchesse de Longueville, le duc de la Rochefoucauld, le prince de Talmont « et leurs adhérents » : voyez la *Suite et conclusion du Journal du Parlement*, année 1652, p. 252-258.
6. De lèse-majesté. Il m'envoya, la veille, Saintot, maître des cérémonies. (1837-1856.)

de lui représenter que je croyois qu'il ne seroit ni de la justice ni de la bienséance, qu'en l'état où j'étois avec Monsieur le Prince, je donnasse[1] ma voix dans une délibération dans laquelle il s'agissoit de le condamner. Saintot[2] me repartit que quelqu'un ayant prévu, en présence de la Reine, que je m'en excuserois par cette raison, elle avoit répondu qu'elle ne valoit rien, et que M. de Guise, qui devoit sa liberté aux instances de Monsieur le Prince[3], s'y trouvoit bien : sur quoi je dis à Saintot que, si j'étois de la profession de M. de Guise, j'aurois une extrême joie de le pouvoir imiter[4] dans les belles actions qu'il venoit de faire à Naples[5]. Vous ne sauriez vous imaginer à quel point la Reine s'emporta contre mon excuse; l'on la lui expliqua comme un indice convaincant des ménagements que j'avois pour Monsieur le Prince; et ce que je ne faisois, dans le vrai, que par un pur principe d'honnêteté, à laquelle je suis encore persuadé[6] que j'étois obligé, passa, dans son esprit, pour une conviction des mesures, ou que j'avois prises[7] avec lui, ou que j'allois y prendre; rien[8] n'étoit plus faux, mais

---

1. *Donnasse* est précédé de *ne m'abstinsse pas*, biffé.

2. Après *Saintot*, est effacé *qui*. — Saintot me répondit que.... je m'excuserois. (Ms. Caf.)

3. Voyez ci-dessus, p. 370 et note 2. — S'y trouveroit bien. (1837-1866.)

4. De pouvoir l'imiter. (1837-1866.)

5. Après la mort de Masaniello, à la tête des Napolitains révoltés contre l'Espagne (1647-1648) : consultez les *Mémoires de Montglat*, p. 181 et 182 et p. 190-192; et la note 1 de la page 170 de notre tome I, où il faut, comme date de l'envoi de Guise à Madrid, substituer 1647 à 1653; c'est en 1652 que Condé le fit mettre en liberté. Voyez aussi *l'Expédition du duc de Guise à Naples*, en 1647, par MM. Loiseleur et Baguenault, 1876, 1 volume in-8°.

6. *Persuadé* est en interligne, sur *convaincu*, biffé.

7. *Pris*, sans accord, dans l'original.

8. Au mot *rien*, qui est précédé d'un petit griffonnage effacé,

SECONDE PARTIE. [Novembre 1652]   443

rien n'étoit plus cru, et il le fut au point que la Reine se résolut de jouer à quitte et à double[1] et de me faire périr.

Touteville, capitaine aux gardes, et l'un des satellites de l'abbé Foucquet, loua une maison assez[2] proche de celle de Mme de Pommereux, dans laquelle il pût poster des gens pour m'attaquer[3]. Le Fei, officier dans l'artillerie et l'un de ces ridicules conjurés du Palais-Royal[4], fit des tentatives à Péan, qui étoit à cette heure-là mon contrôleur, et que vous avez vu depuis mon maître d'hôtel[5], pour l'obliger à lui donner avis des heures nocturnes dans lesquelles l'on croyoit que je sortois. Pra-

---

nous reprenons la suite du tome III autographe, p. 2510 ; à la ligne suivante, après *la Reine*, est biffé : *qui craignoit*.

1. A quitte ou à double. (1859, 1866.) — Le ms. Caf. donne simplement : *se résolut de me faire périr*.

2. On ne voit pas fort bien si Retz a corrigé *très* en *assez* ou *assez* en *très*. — Assez proche de Mme de Pommereu. (Ms. Caf.)

3. Gui Joli insiste dans ses *Mémoires* (p. 83 et 84) sur ces « pratiques », comme il dit, de l'abbé Foucquet, dont le dessein était de faire périr Retz « par assassinat et en trahison ; » il ajoute que la Reine, qui, ainsi que Mazarin, répugnait, au fond, à « une action si étrange, » ayant demandé à l'abbé Foucquet « comment il s'y prendroit pour en dérober la connoissance au public, il lui répondit qu'elle s'en reposât sur lui, et qu'il le feroit expédier en lieu et de sorte que rien ne seroit découvert : après quoi il le feroit saler. »

4. « Du Fai, homme d'affaires, demeurant près de Saint-Paul, » dit Gui Joli (p. 84). — « Du Fay, commissaire général de l'artillerie, et fort bon serviteur du Roi » (*Mémoires du P. Berthod*, p. 578), avait été un des principaux auteurs de la réaction qui s'était produite, au mois de septembre, à Paris, contre les Frondeurs (voyez ci-dessus, p. 379 et note 2). Il demeurait à l'Arsenal (*Mémoires du P. Berthod*, p. 579), et « avoit beaucoup d'habitudes sur les ports, » avec les bateliers, crocheteurs et autres.

5. Ce Péan (Jean-Jacques), « époux de Marie-Anne de Tailfumyer, » figure en effet comme maître d'hôtel de Retz à Commercy, dans la liste des personnes attachées au Cardinal que donne M. Dumont dans son *Histoire de Commercy*, tome II, p. 149-151. — *A Péan* est devenu, dans la plupart des anciennes éditions, *auprès de Pau*.

delle[1] eut un[2] ordre signé de la main du Roi de m'attaquer dans les rues, et de me prendre mort ou vif. Celui qui fut donné au maréchal de Vitri, lorsqu'il tua le maréchal d'Ancre[3], n'étoit pas plus précis. Je n'ai su[4] celui de Pradelle que depuis mon retour en France des pays étrangers, par le moyen de Monsieur l'archevêque de Reims[5], qui dit, il y a deux ou trois ans, à MM. de Châlon et de Caumartin, qu'il l'avoit vu en original[6]. J'eus quelque vent[7], dans le temps même[8], du dessein de Touteville ; et je ne le considérai[9] que comme une vision d'un écervelé qui se plaignoit de moi, parce que j'avois servi contre lui un de mes amis pour[10] la recherche

1. Voyez au tome III, p. 486, note 2.
2. *Un* a été ajouté après coup.
3. Voyez au tome I, p. 158 et note 5, et p. 275 et note 1. — Retz a écrit *D'encre*.
4. Je ne sais. (Ms. Caf.) — Dans l'original, après *celui*, qui corrige *ce*, a été biffé *dernier*.
5. Le prélat dont parle ici Retz est Charles-Maurice le Tellier, fils du ministre de ce nom, qui succéda en 1671, sur le siége archiépiscopal de Reims, au cardinal Antoine Barberini. Nous avons là une nouvelle date approximative de la rédaction de cette partie des *Mémoires*.
6. Cet original, dit l'éditeur de 1837, se trouve à la Bibliothèque nationale, en triple expédition, avec signature du Roi, et commandements écrits de sa main en deux formes diverses. Nous ne pouvons en donner la cote ; il ne nous a pas été possible d'avoir communication de ces pièces : on les a cherchées en vain. Le capitaine Pradelle eut, en outre, une lettre du Roi, conservée également au département des manuscrits, qui commandait de lui donner, en cas de besoin, « aide et assistance.... pour l'exécution d'un dessein très-important. » Les quatre ou plutôt les trois pièces (deux sont entièrement semblables l'une à l'autre), sont reproduites en note dans l'édition de 1837, p. 415, et dans celle de 1859, 1866, tome IV, p. 159 et 160.
7. *Quelque vent* remplace, en interligne, le mot *avis*, effacé dans le texte.
8. Dans le même temps. (1859, 1866.)
9. Et je ne le considérois. (1837-1866.)
10. *Pour*, en interligne, après *dans*, biffé.

d'une certaine Mme Darmet. Je devois faire au moins plus de réflexion sur les offres que le Fei avoit faites[1] à mon contrôleur; mais je ne les regardai que comme des inquiétudes de subalternes[2], qui faisoient espionner mes actions.

M. de Brissac me dit un jour qu'il seroit bon que je prisse garde à moi avec plus de précaution[3], que l'on lui donnoit des avis de tous les côtés[4], et qu'il venoit même de recevoir un billet par lequel celui qui l'écrivoit, sans se nommer, le conjuroit de faire en sorte que je n'allasse pas ce jour-là à Rambouillet[5], où l'on avoit pris fantaisie de se promener, quoique l'on fût bien avant dans le mois de novembre. Je ne doutai point que ce billet ne vînt de quelque homme de la cour, qui avoit eu[6] la curiosité de sonder et mon cœur et mes forces. J'y allai avec deux cents gentilshommes; j'y trouvai un fort grand nombre d'officiers des gardes, et, entre autres, Rubentel[7], affidé confident de l'abbé Foucquet. Je ne sais si ils avoient dessein[8] de m'attaquer, mais je sa-

1. Retz avait écrit d'abord *fit;* il a mis *avoit* en interligne, et changé *fit* en *faites*.
2. Des subalternes. (1837-1866.)
3. A la suite de *précaution*, est biffé *et;* à la ligne suivante, *et*, après *côtés*, est ajouté en interligne. — Plus de précautions. (1837-1866.)
4. Suivant le P. Rapin (tome I, p. 514 et 515), des avis de ce genre vinrent à Retz « surtout de Port-Royal, où il avoit des amis auxquels il se fioit entièrement, » et le duc de la Rochefoucauld lui-même, « quoique son ennemi déclaré, » lui avait écrit de Stenay, où il s'était retiré, qu'il eût à prendre ses sûretés.
5. Sur le jardin de Rambouillet, voyez au tome III, p. 419 et note 3.
6. Il y avait d'abord *qui eut;* Retz a corrigé *eut* en *eu*, et mis *avoit* dans l'interligne.
7. On a vu (tome II, p. 40) que ce Rubentel (*Rubantel*, dans l'original) était lieutenant au régiment des gardes.
8. Le dessein. (1837-1866.)

vois bien¹ que je n'étois pas en état d'être attaqué. Ils me saluèrent avec de profondes révérences ; j'entrai en conversation avec quelques-uns d'eux que je connoissois, et je revins chez moi, tout aussi satisfait de ma personne, que si je n'eusse pas fait une sottise. C'en étoit une effectivement, qui n'étoit bonne qu'à aigrir la cour de plus en plus contre moi. L'on se pique, l'on² s'emporte, et, dans la passion, il est très-difficile de conserver une conduite qui ne déborde point³. Voici encore en quoi la mienne ne fut pas juste.

Je faisois état de prêcher l'Avent, au moins les dimanches et les fêtes de l'Avent⁴, dans les plus⁵ grandes églises de Paris ; et je commençai⁶ le jour de la Toussaints à Saint-Germain, paroisse du Roi. Leurs Majestés me firent l'honneur d'assister au sermon, et je les en allai remercier⁷ le lendemain⁸. Comme, depuis ce temps-là, les

1. Mais je sais bien. (1837-1866.)
2. Devant *s'emporte*, est biffé *c*.
3. Qui ne déborde pas. (1837-1866.)
4. Le ms. Caf. omet *de l'Avent*.
5. *Plus* est en interligne.
6. Les éditions de 1837-1866 portent : « et comme je commençai », et lient cette phrase à la suivante par une virgule.
7. Je les allai remercier. (1837-1866.)
8. Claude Joly (*Mémoires concernant le cardinal de Retz*, p. 165) mentionne un sermon prononcé par Retz, en la place du théologal, le premier dimanche de l'Avent, et il ajoute que « lorsqu'il fut sorti de chaire, on y trouva attaché ce placard : « Vous prêcherez « malgré les uns, Cardinal, en dépit des autres ; mais, si vous prêchez « l'avénement du Seigneur, ce n'est pas celui du seigneur Jules. » — Le 1ᵉʳ novembre, jour de la *Toussaints* (comme on écrivait alors : voyez *Furetière*, 1690 ; et l'*Académie*, 1694, à l'article SAINT), était, en 1652, un vendredi ; la *Muze historique de Loret* (lettre du 2 novembre, p. 304) parle du sermon que Retz prononça ce jour-là. Il paraît que l'affluence fut telle à Saint-Germain l'Auxerrois qu'on n'y pouvait trouver place même « en donnant le quart d'écu. » On lit, sur le même sujet, dans une lettre du 3 novembre 1652 (*manuscrits de Lenet*, tome X, folios 159 et suivants) : « M. le cardinal de Retz prê-

avis que l'on me donnoit de toutes parts multiplièrent[1], je n'allai plus au Louvre[2] : en quoi je fis, à mon opinion, une faute; car je crois[3] que cette circonstance détermina plus la Reine à me faire arrêter que toutes les autres. Je dis seulement que je le crois, parce que[4], pour le bien savoir, il seroit nécessaire de savoir au préalable si M. le cardinal Mazarin avoit ordonné que l'on m'arrêtât, ou si simplement il l'approuva quand il vit que l'on y[5] avoit réussi. Je ne le sais pas précisément, les gens de la cour même m'en ayant depuis parlé[6] fort différemment.

Lionne m'a toujours assuré[7] le second. Quelqu'un, dont je ne me souviens pas, m'a dit[8] qu'il avoit ouï[9] le

cha vendredi à Saint-Germain de l'Auxerrois, où Leurs Majestés et la cour étoient; il affecta particulièrement de parler contre les ambitieux. Il prêche demain à Saint-Jacques de la Boucherie; il a fort cabalé pour que le Roi y allât, et je crois qu'il ira. J'espère qu'il parlera contre les séditions; mais il a beau prêcher, ses affaires n'en vont pas mieux jusqu'ici. N'ayant eu aucune part au traité de Monsieur d'Orléans, au contraire l'ayant voulu empêcher, la cour ne le considère plus guère, et on parle de [lui] faire faire un voyage à Rome. »

1. Se multiplièrent. (1837-1866.) — Pascal, cité par M. Littré, a employé de même *multiplier*, neutralement, pour dire « augmenter en nombre, » dans un autre sens que celui de génération : « Les expériences multiplièrent continuellement. » (*Du Vide*, Préface.) — *Donnoit*, un peu avant, corrige *donna*.

2. *Louvre* remplace, à la marge, *Palais-Royal*, biffé dans le texte.

3. *Crois*, en interligne, au-dessus de *suis persuadé*, raturé.

4. Devant *parce que*, est effacé *car*.

5. Retz avait mis d'abord : *quand il vit qu'elle* (la Reine); il a effacé la dernière syllabe *le* et ajouté *on y* dans l'interligne.

6. Parlé depuis. (1837-1866.)

7. *Assuré* remplace, à la marge, *dit*, effacé dans le texte et surmonté dans l'interligne du même mot *assuré*, biffé également; un peu plus loin, *dont je ne me souviens pas* est aussi à la marge.

8. M'a assuré. (1837-1866.)

9. *Ouï*, en interligne, au-dessus de *su (sceu)*, biffé.

contraire de M. le Tellier. Ce qui est constant est[1] que, sans une circonstance que vous allez voir, je n'eusse plus[2] été au Louvre ; que je me fusse tenu sur mes gardes, et que, nonobstant les ordres de M. de Pradelle, j'eusse apparemment embarrassé le théâtre au moins assez longtemps pour attendre des nouvelles de M. le cardinal Mazarin[3]. Tout le monde me le conseilloit, et je me souviens que M. d'Haqueville[4] me dit un soir avec colère : « Vous avez bien gardé votre maison trois semaines pour Monsieur le Prince[5] ; est-il possible que vous ne la puissiez garder trois jours pour le Roi ? »

Voici ce qui m'en empêcha. Mme de Lesdiguières, que j'avois sujet de croire être très-bien avertie, et qui l'étoit en effet très-bien d'ordinaire, me pressa extrêmement d'aller au Louvre, en me disant que, si j'y pouvois aller en sûreté, il falloit que je convinsse que ce seroit beaucoup le meilleur pour moi, par la raison de la bienséance, et cætera. Je[6] convins de la proposition, mais je

1. Ce qui est constant, c'est. (1837-1866.)

2. Ici *plus* corrigé en *pas*, ou *pas* en *plus* ; le mot *Louvre*, qui vient après, est, comme plus haut, à la marge, remplaçant *Palais-Royal et*, effacé dans le texte.

3. Mme de Motteville (tome IV, p. 36) dit qu'il y avait deux mois que le Roi et la Reine attendaient « une bonne occasion » pour exécuter un dessein nécessaire à leur repos. Mademoiselle de Montpensier écrit, de son côté (tome II, p. 234), que « depuis que l'on avoit pris ce dessein, on avoit été quelques jours sans l'exécuter, parce qu'il (Retz) ne venoit guère au Louvre. Car quand l'on y entre, l'on n'échappe guère, et rien n'est si véritable qu'un vers de *Nicomède*, qui est une tragédie de Corneille, qui fut mise au jour aussitôt après la liberté de Monsieur le Prince, où il y a :

Quiconque entre au Palais porte sa tête au Roi. »

4. Voyez au tome III, p. 125 et note 6.

5. Voyez au tome III, p. 303-305.

6. *Je* corrige *J'en* ; à la ligne suivante, *Il* effacé devant *N'y a-t-il*.

ne convins pas de la sûreté. « N'y a-t-il que cette considération qui vous en empêche? reprit-elle. — Non, lui répondis-je. — Allez-y donc demain, me dit-elle; car nous savons le dessous des cartes[1]. » Ce dessous des cartes étoit qu'il s'étoit tenu un conseil secret, dans lequel, après de grandes contestations, il avoit été résolu que l'on s'accommoderoit avec moi et que l'on me donneroit même satisfaction pour mes amis. Je suis très-assuré que Mme de Lesdiguières ne me trompoit point; je ne le suis pas moins[2] que M. le maréchal de Villeroi ne trompoit point Mme de Lesdiguières. Il fut trompé lui-même, et, par cette raison, je ne lui en ai jamais voulu parler[3].

J'allai ainsi au Louvre le 19 de décembre[4], et j'y

---

1. Dans l'original : *Chartes*.
2. Le ms. Caf. omet les mots : *je ne le suis pas moins*.
3. On lit, d'autre part, dans les *Mémoires de Gui Joli* (p. 85), que Caumartin, revenu de Poitou, « la veille de cette fatale visite, » c'est-à-dire le 18 décembre, se rendit, en compagnie de Joli lui-même, chez le cardinal de Retz, pour le dissuader d'aller au Louvre, mais qu'il demeura ferme, « quoique la princesse Palatine, trois heures avant qu'il sortît, lui envoyât dire encore une fois, par le baron de Pennacors (*parent de Retz, Gui Joli*, p. 76), qu'elle le conjuroit de ne rien précipiter, et de demeurer chez lui pendant quelques jours, en attendant la réponse du cardinal Mazarin, qui lèveroit toutes les difficultés[a]. »
4. Le jeudi, sur les neuf heures, accompagné de quelques personnes. « Dans l'incertitude de ce qui pouvoit arriver, dit *Gui Joli* (p. 85), le Cardinal eut la précaution de brûler lui-même tous ses papiers, et de remettre sa cassette entre les mains de Joli, où il ne restoit que ses chiffres. Il ne garda dans ses poches qu'une lettre du roi d'Angleterre (*voyez ci-après*, p. 451) et la moitié d'un sermon qu'il devoit prêcher à Notre-Dame le dernier dimanche de l'Avent, comme il avoit déjà fait le premier. » Au sujet du sermon du premier dimanche de l'Avent, on lit dans la *Gazette* du 7 décembre

---

[a] On a vu ci-dessus (p. 438) et *Gui Joli* dit également (p. 84 et 85) que Retz avait écrit à « l'évêque de Châlon, son ami, pour le prier de faire savoir au cardinal Mazarin les dispositions où il étoit de l'aller trouver, en tel lieu qu'il voudroit, pour traiter lui-même avec lui, et convenir ensemble de leurs faits. »

fus[1] arrêté, dans l'antichambre de la Reine, par M. de Villequier, qui étoit capitaine des gardes en quartier[2]. Il s'en fallut très-peu que M. d'Haqueville ne me sauvât. Comme[3] j'entrai dans le Louvre, il se promenoit dans la cour; il me joignit à la descente de mon carrosse, et il vint avec moi chez Mme la maréchale de Villeroi, où j'allai attendre qu'il fût jour chez le Roi. Il m'y quitta[4], pour aller en haut, où il trouva Montmège[5], qui lui dit que tout le monde disoit que j'allois être arrêté. Il descendit en diligence pour m'en avertir et pour me faire sortir par la cour[6] des cuisines, qui répondoit justement à l'appartement de Mme de Villeroi[7]. Il ne m'y trouva plus;

(p. 1140) : « Le 1er du courant, le cardinal de Retz, qui avoit, quelques jours auparavant, splendidement traité le roi de la Grande-Bretagne, prêcha fort éloquemment en l'église Notre-Dame. »

1. Et je fus. (1837-1866.)
2. Le P. Rapin (tome I, p. 516) dit que Retz « fut arrêté par le marquis de Villequier, capitaine des gardes et fils du maréchal d'Aumont. » Voyez, au tome III, p. 197 et note 2.
3. *Comme* est précédé de *C*, corrigé en *J'en[trai]*, effacé. — Comme j'entrois. (Ms. Caf.)
4. Il me quitta. (*Ibidem*.)
5. Qui fut capitaine des Cent-Suisses, au commencement de l'année suivante. Voyez la *Muze historique*, p. 350.
6. Par la porte. (1859, 1866.)
7. « Étant arrivés, ils montèrent d'abord (*Retz et ceux qui l'accompagnaient*) à l'appartement du maréchal de Villeroy, d'où l'on envoya savoir ce que le Roi faisoit; et comme on rapporta que Sa Majesté sortoit de sa chambre pour aller chez la Reine, le Cardinal partit, et, au bas de l'escalier, il rencontra le Roi, qui lui dit en partant : « Ah! vous voilà donc, Monsieur le Cardinal; je vous sou- « haite le bonjour. » Le Roi entra ensuite dans la chambre de la Reine, qui, voyant paroître le cardinal de Retz, lui dit assez brusquement : « Monsieur le Cardinal, on m'a dit que vous avez été « malade; on le voit bien à votre visage; mais il paroît pourtant « assez bon pour juger que le mal n'a pas été grand. » La conversation finit là, sans que Sa Majesté lui dît un seul mot pendant le reste du temps qu'il fut en sa présence. Cette espèce d'indifférence l'obligea de sortir un peu plus tôt qu'il n'avoit dessein de faire;

mais il ne m'y manqua que[1] d'un moment, et ce moment m'eût infailliblement donné la liberté. J'en ai la même obligation à M. d'Haqueville; mais je suis assuré que, de l'humeur[2] et de la cordialité dont il est, il n'en eut pas la même joie[3]. M. de Villequier me mena dans son appartement[4], où les officiers de la bouche[5] m'apportèrent à dîner. L'on trouva très-mauvais à la cour que j'eusse bien mangé, tant l'iniquité et la lâcheté des courtisans est extrême. Je ne trouvai pas bon que l'on m'eût fait retourner mes poches, comme l'on fait aux coupeurs des bourses : M. de Villequier eut ordre de faire cette cérémonie, qui n'étoit pas ordinaire. L'on n'y trouva qu'une lettre du roi d'Angleterre, qui me chargeoit de tenter du côté de Rome si l'on ne lui pourroit point donner quelque assistance d'argent[6]. Ce nom de

---

mais à peine fut-il hors de la porte qu'il fut joint par M. de Villequier, qui, l'ayant tiré vers une fenêtre de l'autre chambre, lui dit qu'il l'arrêtoit de la part du Roi ; et, marchant à son côté, il lui fit prendre le chemin de sa chambre. Étant près d'y entrer, le Cardinal se tourna vers ceux qui l'avoient suivi, et leur dit qu'ils n'avoient qu'à se retirer, et qu'il étoit arrêté. Cela se passa sur les onze heures du matin. » (*Mémoires de Gui Joli*, p. 85.) Voyez aussi le récit, un peu différent, du *P. Rapin*, tome I, p. 515 et 516.

1. *De*, au lieu de *que*, par mégarde, dans l'autographe.
2. De l'honneur. (Ms. Caf.) — 3. La mémoire. (*Ibidem*.)
4. Dans un appartement. (1837-1866.)
5. La bouche du Roi comprenait sept offices, placés sous les ordres du Grand Maître : le gobelet, la cuisine-bouche, la paneterie, l'échansonnerie-commun, la cuisine-commun, la fruiterie, la fourrière. Voyez le *Dictionnaire historique des institutions de la France*, par M. Chéruel, à l'article Maison du Roi.
6. « Le lord Clarendon, dit Musset Pathay (*Recherches historiques sur le cardinal de Retz*, note de la page 83), rend compte, dans son *Histoire des guerres civiles d'Angleterre* (tome III, p. 511), du contenu de cette lettre. Elle était relative à un projet du cardinal de Retz, qui voulait que le roi d'Angleterre fît, pour remonter sur son trône, quelques tentatives du côté de l'Italie.... Cette lettre est curieuse par les moyens proposés au Roi. »

lettre[1] d'Angleterre se répandit dans la basse-cour; il fut relevé par un homme de qualité, au nom duquel je me crois obligé de faire grâce, à la considération de l'un de ses frères qui est de mes amis. Il crut faire sa cour de le gloser[2], d'une manière qui fut[3] odieuse. Il sema le bruit que cette lettre étoit du Protecteur[4]. Quelle bassesse !

L'on me fit passer, sur les trois[5] heures, toute la grande galerie du Louvre, et l'on me fit descendre par le pavillon de Mademoiselle[6]. Je trouvai un carrosse du Roi, dans lequel M. de Villequier monta avec moi et cinq ou six officiers des gardes du corps. Le carrosse fit douze ou quinze pas du côté de la Ville, mais il tourna tout d'un coup à la porte de la Conférence[7]. Il étoit escorté par M. le maréchal d'Albret[8], à la tête des gendarmes ; par M. de la Vauguion[9], à la tête des chevaux-

1. *De lettre*, en interligne.
2. De la gloser. (1837-1866.)
3. *Fut* remplace *parut*, biffé.
4. *Protecteur* est une de ces anticipations fréquentes chez Retz. C'est le 16 décembre 1653, près de quatre ans après la mort de Charles I, qu'Olivier Cromwell fut proclamé chef de l'État, avec le titre de Protecteur. — M. Guizot, dans son *Histoire de la République d'Angleterre et de Cromwell* (tome I, p. 256, note 1), parle d'un semblable anachronisme qui s'est glissé dans une lettre du comte d'Estrades, de février 1652.
5. Il y a 3, en chiffre, au-dessus de 4, effacé ; *toute*, qui suit, est aussi en interligne, pour remplacer *le long de*, effacé de même ; *et*, après *Louvre*, a été ajouté après coup.
6. Appelait-on ainsi, en ce temps-là, le pavillon du Louvre où Mademoiselle était née ? voyez les *Mémoires* de cette princesse, tome I, p. 4.
7. Voyez au tome II, p. 131 et note 2.
8. Voyez au tome III, la note 4 de la page 258.
9. M. de Vauguion. (1837-1866.) — Dans l'original, *la* est ajouté en interligne. — Jacques de Stuer de Caussade, comte de la Vauguyon, chevalier des Ordres, lieutenant général des armées du Roi, mort en 1671.

légers ; et par M. de Vennes[1], lieutenant-colonel du régiment des Gardes, qui y commandoit huit compagnies. Comme l'on vouloit gagner la porte Saint-Antoine, il y en avoit deux ou trois autres devant lesquelles il falloit passer[2]; il y avoit à chacune un bataillon des Suisses, qui avoient les piques baissées vers la Ville. Voilà bien des précautions[3], et des précautions bien inutiles. Rien ne branla dans la Ville. La douleur et la consternation y parurent; mais elles n'allèrent pas jusques au mouvement, soit que l'abattement du peuple fût en effet trop grand, soit que[4] ceux qui étoient bien intentionnés pour moi perdissent le courage, ne voyant personne à leur tête. L'on m'en a parlé depuis diversement. Le Houx[5], boucher, mais homme de crédit dans le peuple et de bon sens, m'a dit que toute la boucherie de la place aux Veaux[6] fut sur le point de prendre les armes, et que, si M. de Brissac ne lui eût dit que l'on [me] feroit tuer si l'on les prenoit[7], il eût fait les barricades[8], dans tout ce

1. Il a déjà été question du « bonhomme Vennes » au tome II, p. 21.
2. On voit dans le Plan de Paris de Gomboust (1656) qu'il y avait sept portes entre les deux ici nommées, celle de la Conférence et celle de Saint-Antoine ; mais on s'explique que le chemin par lequel on a conduit Retz ne l'ait fait passer que devant deux ou trois.
3. Dans l'original, *bien de précautions;* devant *précautions*, est biffé *préparat[ifs?]*.
4. Une *l* biffée après *soit que;* à la ligne suivante, *voyants*, avec accord.
5. Voyez au tome II, p. 561 et note 3.
6. La place aux Veaux, où s'est tenu longtemps le marché aux veaux, commençait au bout du pont Marie et au coin de la rue des Nonains-d'Hyères et s'étendait jusqu'à la rue Geoffroy-Lasnier. En 1646, le marché aux veaux fut transféré sur le quai des Ormes, et en 1774, près des Bernardins.
7. Si on me prenoit. (1859, 1866.)
8. Des barricades. (1837-1866.)

quartier-là[1], avec toute sorte de facilité[2]. L'Espinai[3] m'a confirmé la même chose de la rue Montmartre. Il me semble que M. le marquis de Château-Regnaut, qui se[4] donna bien du mouvement, ce jour-là, pour émouvoir le peuple, m'a dit qu'il n'y avoit pas trouvé jour; et je sais bien que Malcler[5], qui courut pour le même dessein les ponts de Notre-Dame et de Saint-Michel, qui étoient fort à moi, y trouva les femmes dans les larmes, mais les hommes dans l'inaction et dans la frayeur[6]. Personne du monde ne peut juger de ce qui fût arrivé, si il y eût eu[7] une épée tirée. Quand il n'y en a point de tirée dans ces rencontres, tout le monde juge qu'il n'y pouvoit rien avoir; et si il n'y eût point eu de barricades à la prise de M. Broussel, l'on se seroit moqué de ceux qui auroient cru qu'elles eussent été seulement possibles.

J'arrivai à Vincennes entre huit et neuf heures du soir[8], et, M. le maréchal d'Albret m'ayant demandé, à la descente du carrosse, si je n'avois rien à faire savoir au Roi, je lui répondis que je croirois manquer au respect que je lui devois si je prenois cette liberté. L'on me mena dans une grande chambre, où il n'y avoit[9] ni tapisserie, ni lit; celui que l'on y apporta, sur les onze heures, étoit de taffetas de la Chine, étoffe peu propre pour[10] un ameublement d'hiver. J'y dormis[11] très-bien, ce que l'on

1. Dans tout ce quartier. (Ms. Caf.)
2. De facilités. (1859, 1866.)
3. Pour l'Espinai, voyez au tome I, p. 140 et note 2; pour Château-Regnaut (ici *Château-Renaud*), au tome III, p. 303 et note 5.
4. Entre *se* et *donna*, est biffé *tr*.
5. Voyez au tome III, p. 304 et note 4.
6. Et la frayeur. (1837-1866.) — 7. S'il y avoit eu. (*Ibidem.*)
8. La *Gazette* (p. 1176), moins exactement sans doute, dit « sur les trois heures après midi. »
9. *Il n'y avoit* est suivi de *ni lit*, biffé, et récrit plus loin.
10. *Ne* effacé après *pour*. — 11. Je dormis. (1837-1866.)

ne doit pas attribuer[1] à fermeté, parce que le malheur fait naturellement cet effet en moi. J'ai éprouvé, en plus d'une occasion[2], qu'il m'éveille le jour et qu'il m'assoupit la nuit. Ce n'est pas force[3], et je l'ai connu après que je me suis bien examiné moi-même, parce que j'ai senti que ce sommeil ne[4] vient [que] de l'abattement où je suis, dans les moments où la réflexion que je fais sur ce qui me chagrine n'est pas divertie par les efforts que je fais pour m'en garantir. Je trouve une satisfaction sensible à me développer, pour ainsi parler, moi-même, et à vous rendre compte des mouvements les plus cachés et les plus intérieurs de mon âme.

Je fus obligé de me lever, le lendemain, sans feu, parce qu'il n'y avoit point de bois pour en faire, et les trois exempts que l'on avoit mis auprès de moi eurent la bonté de m'assurer[5] que je n'en manquerois pas le lendemain[6]. Celui qui demeura seul à ma garde le prit pour lui, et je fus quinze jours, à Noël[7], dans une chambre grande comme une église, sans me chauffer. Cet exempt s'appeloit Croisat; il étoit Gascon, et il avoit été, au moins à ce que l'on disoit[8], valet de chambre de M. Servien. Je ne crois pas que l'on eût pu trouver encore sous

1. Après *attribuer*, est biffé *en moi;* et *l'infort[une]*, à la suite de *parce que*.
2. En cette occasion. (1837-1866.)
3. Force d'esprit. (1719-1828.)
4. *Ne* a été ajouté en interligne ; mais Retz a oublié de mettre *que* après *vient*.
5. Devant *m'assurer*, est biffé *m'a*.
6. On voit par les *Mémoires de Claude Joli* (p. 165) que la garnison ordinaire du château et donjon de Vincennes fut alors accrue d'un certain nombre de gardes du corps, de la première compagnie, commandée par le comte de Noailles.
7. *A Noël*, en interligne ; plus loin, après *église*, est effacé *sa[ns]*.
8. Avoit été, à ce que l'on disoit. (Ms. Caf.)

le ciel un autre[1] homme fait comme celui-là. Il me vola mon linge, mes habits, mes souliers; et j'étois obligé de demeurer quelquefois[2] dans le lit huit ou dix jours, faute d'avoir de quoi m'habiller. Je ne crus pas que l'on me pût faire un traitement pareil sans un ordre supérieur et sans un dessein formé de me faire mourir de chagrin[3]. Je m'armai contre ce dessein et je me résolus à[4] ne pas mourir, au moins de cette sorte de mort. Je me divertis, au commencement, à faire la vie de mon exempt, qui, sans exagération, étoit aussi fripon que Lazarille de Tormes et que le Buscon[5]. Je l'accoutumai[6] à ne me plus tourmenter, à force de lui faire connoître que je ne me tourmentois de rien. Je ne lui témoignai jamais aucun chagrin, je ne me plaignis de quoi que ce soit, et je ne lui laissai pas seulement voir que je m'aperçusse de ce qu'il disoit pour me fâcher, quoiqu'il ne proférât pas un mot qui ne fût à cette intention. Il fit travailler à un petit[7] jardin de deux ou trois toises, qui étoit dans la cour du donjon; et comme je lui demandai[8] ce qu'il en prétendoit faire, il me répondit que son dessein étoit d'y planter des asperges : vous remarquerez qu'elles ne viennent qu'au bout de trois ans. Voilà l'une[9] de ses plus

---

1. *Autre*, à la marge; *encore*, qui précède, est en interligne.
2. J'étois quelquefois obligé de demeurer. (1837-1866.)
3. Voyez ce que Gui Joli dit, de son côté (p. 90), sur cet exempt, qu'il appelle *du Croisat*.
4. Au lieu d'*à*, Retz avait mis d'abord *de*, qu'il a effacé.
5. Deux héros de romans espagnols, du genre picaresque, dont il avait paru des traductions françaises (en 1560, 1620, 1633). Ils sont nommés tous deux au vers 185 de l'*Illusion* de P. Corneille (acte I, scène III) : voyez la note de M. Marty-Laveaux.
6. Je l'accoutumois. (1859, 1866.) — Dans l'original, le *me* qui suit *ne* est en interligne.
7. *Petit* manque dans le ms. Caf.
8. Je lui demandois. (1837-1866.)
9. Voilà une. (*Ibidem.*)

grandes douceurs; il y en avoit tous les jours une vingtaine de cette force. Je les buvois[1] toutes avec douceur, et cette douceur l'effarouchoit, parce qu'il disoit que je me moquois de lui.

Les instances du chapitre et des curés de Paris, qui firent pour moi tout ce qui étoit en leur pouvoir, quoique mon oncle, qui étoit le plus foible des hommes[2] et, de plus, jaloux jusques au ridicule de moi[3], ne les appuyât que très-mollement[4], leurs instances, dis-je, obligèrent la cour à s'expliquer[5] des causes de ma prison, par la bouche de Monsieur le Chancelier[6], qui, en la présence du Roi et de la Reine, dit à tous ces corps que Sa Majesté ne m'avoit fait arrêter que pour mon propre bien, et pour m'empêcher d'exécuter ce que l'on avoit sujet de croire que j'avois dans l'esprit. Monsieur le Chancelier m'a dit, depuis mon retour en France, que ce fut lui qui fit trouver bon à la Reine qu'il donnât ce tour à son discours, sous prétexte d'éluder plus spécieusement la demande, que faisoit l'Église de Paris en corps, ou que

1. Beaucoup d'éditions anciennes remplacent *buvois* par *avalois*.
2. Gui Joli insiste (p. 86) sur la « nonchalance » et même la « lâcheté » montrée en cette occasion par François de Gondy, archevêque de Paris, animé « d'une jalousie ridicule » contre son neveu. Omer Talon (p. 515) dit que ce prélat, malgré une « inimitié capitale, » ne laissa pas de satisfaire à la bienséance. L'un et l'autre rapportent dans leurs *Mémoires* (*ibidem*) que les amis de Retz et le chapitre de Paris, dans le dessein d'émouvoir le peuple, firent exposer, plusieurs jours durant, le saint sacrement. Gui Joli ajoute que « le chapitre et les curés étoient résolus de fermer Notre-Dame et toutes les églises, si l'Archevêque les eût voulu appuyer : ce qui auroit causé un étrange désordre, d'autant plus que le parti de Monsieur le Prince étoit devenu beaucoup plus considérable. »
3. Jaloux de moi jusqu'au ridicule. (1859, 1866.)
4. *Ne les appuyât que très-mollement*, à la marge.
5. Devant *des*, est biffé *sur*.
6. Le Chancelier était Seguier : voyez *le Chancelier Pierre Seguier...*, par R. Kerviler, p. 305. Molé était garde des Sceaux.

l'on me fît mon procès, ou que l'on me rendît la liberté ; et il ajoutoit que son véritable dessein avoit été de me servir, en faisant que la cour avouoit¹ ainsi² mon innocence, au moins pour les faits passés.

Il est³ vrai que mes amis prirent un grand avantage de cette réponse, qui fut relevée de toutes ses couleurs, en deux ou trois libelles très-spirituels. M. de Caumartin fit, dans cette occasion et dans les suivantes, tout ce que l'amitié la plus véritable et tout ce que l'honneur le plus épuré peuvent produire. M. d'Haqueville y redoubla ses soins et son⁴ zèle pour moi. Le chapitre de Notre-Dame fit chanter tous les jours⁵ une antienne publique et expresse pour ma liberté⁶. Aucun des curés ne me manqua, à la réserve de celui de Saint-Barthélemy⁷. La Sorbonne se signala ; il y eut même beaucoup de religieux qui se déclarèrent. Monsieur de Châlon⁸ échauffoit les cœurs et les esprits, et par sa réputation et par son exemple. Ce soulèvement obligea la cour à me traiter un peu mieux que dans les commencements. L'on me donna des livres, mais par compte, et sans papier ni encre ; et⁹ l'on m'accorda un valet de chambre¹⁰, et un médecin, à

1. Et il ajouta.... que la cour avouât. (1837-1866.)
2. *Ainsi*, en interligne, au-dessus d'*au moins*, effacé ; *pour* est biffé après *innocence*; *faits* est écrit deux fois et biffé la première.
3. Devant *vrai*, est effacé *vra[i]*.
4. Devant *zèle*, est raturé *af[fection]*.
5. Fit tous les jours chanter. (1837-1866.)
6. Le chapitre ordonna, écrit *Gui Joli* (p. 86), « que l'on diroit tous les jours, à la fin de l'office, un psaume en chant lugubre, avec une oraison pour sa liberté. »
7. L'église Saint-Barthélemy était située rue de la Barillerie, dans la Cité actuelle. Le curé de cette paroisse s'appelait Rouillé : voyez *Gui Joli*, p. 128.
8. Voyez au tome I, p. 264, note 3. — *C'est[oit]* est biffé devant *M. de Chaalon* (sic).
9. *Et* a été ajouté après coup.
10. Nous voyons dans les *Mémoires du P. Rapin* (tome II, p. 225)

propos duquel[1] je suis bien aise de ne pas omettre une circonstance qui est remarquable. Ce médecin, qui étoit homme de mérite et de réputation dans sa profession, et qui s'appeloit Vacherot[2], me dit, le jour qu'il entra à Vincennes[3], que M. de Caumartin l'avoit chargé de me dire que Goisel, cet avocat qui avoit prédit la liberté de M. de Beaufort, l'avoit [assuré][4] que j'aurois la mienne dans le mois de mars, mais qu'elle seroit imparfaite, et que je ne l'aurois entière et pleine qu'au mois d'août[5]. Vous verrez par les suites[6] que le[7] présage fut juste.

que ce valet de chambre, qui servait aussi de cuisinier à Retz, s'appelait *Noël*.

1. Après *duquel*, est biffé *il*.
2. *Et qui s'appeloit Vacherot*, à la marge.
3. On lit dans une lettre de Gui Patin à Spon (tome II, p. 73 et 74) : « Le cardinal de Retz a cherché un médecin qui se voulût enfermer avec lui. Enfin il a trouvé M. Vacherot, qui a consenti, moyennant quatre mille livres par an. Ce cardinal ne perdra pas tout son argent. M. Vacherot est savant, d'un riche entretien et de bonne compagnie. Il boit assez volontiers, emplit son capuchon, et par après il dit merveille. » Ce Vacherot, « homme fidèle et sincère », dit le P. Rapin (tome II, p. 225), fut plus tard emprisonné pour avoir favorisé l'évasion de Retz. Il mourut à Commercy en 1664, âgé de soixante-deux ans.
4. Retz a sauté un mot, très-vraisemblablement celui que nous suppléons. Quelques lettres : *j'a l'en*, ont été biffées devant *j'aurois*.
5. Gui Joli rapporte aussi (p. 96) la prédiction de cet avocat, qu'il appelle *Goiset*. « Écrivant à un des amis du Cardinal, il lui disoit de se consoler et de prendre patience ; que la prison du Cardinal ne seroit pas longue ; qu'il y auroit plusieurs négociations pour sa liberté, dont il ressentiroit les premiers effets au mois de mars 1654[a], mais qu'elle ne seroit pleine que vers le 15 octobre (*Retz dit au mois d*'août) de la même année : ce qui fut confirmé par l'événement. » Mme de Motteville, dans ses *Mémoires* (tome II, p. 60), mentionne la prédiction de Goïsel (*sic*) relative au duc de Beaufort, et l'appelle un astrologue.
6. Par la suite. (1837-1866.) — 7. *Le* substitué à *ce*.

a C'est à cette date que Retz fut transféré du château de Vincennes au château de Nantes.

Je m'occupai fort à l'étude dans tout le cours de ma prison de[1] Vincennes, qui dura quinze mois, et au point que les jours ne me suffisoient pas et que j'y employois même les nuits. Je fis un étude particulier[2] de la langue latine, qui me fit connoître que l'on ne s'y peut jamais trop appliquer[3], parce que c'est un étude qui comprend toutes les autres[4]. Je travaillai sur la grecque, que j'avois fort aimée autrefois, et à laquelle je retrouvai[5] encore un nouveau goût. Je composai, à l'imitation de Boëce[6], une *Consolation de théologie*, par laquelle je prouvois[7] que tout homme qui est prisonnier[8] doit essayer d'être le *vinctus in Christo*, dont parle saint Paul[9]. Je ramassai, dans une manière de *silva*[10], beaucoup de matières différentes, et entre autres[11] une application[12], à l'usage de

1. *Du* corrigé en *de*.
2. Pour le genre du mot *étude*, Retz se conforme au latin, comme le veut Malherbe : voyez le *Lexique* de cet auteur.
3. Qu'on ne peut jamais trop s'y appliquer. (1837-1866.)
4. Toutes les autres langues, c'est-à-dire surtout, outre le français, les deux langues étrangères que, dans ce temps-là, on apprenait le plus en France, à savoir l'italien et l'espagnol.
5. Je trouvai. (Ms. Caf.)
6. Le célèbre ministre du roi Goth Théodoric, qui, disgracié sur la fin de sa vie, fut jeté en prison à Pavie et mis à mort en 525. Dans sa prison il composa le livre si célèbre au moyen âge, intitulé : *de Consolatione philosophiæ*. C'est un dialogue mêlé de prose et de vers, qui a été plusieurs fois traduit en français; notamment, dès 1483, par Jean de Meung.
7. Je prouvai. (1837-1866.)
8. Après *prisonnier*, est biffé *pour*; puis *est*[re?], après *doit*.
9. Saint Paul se nomme *vinctus Christi Jesu* et *vinctus Jesu Christi*, « le captif de Jésus-Christ, » dans l'*Épître à Philémon* (versets 1 et 9), et une autre fois *vinctus Christi*, dans l'*Épître aux Éphésiens* (chap. III, verset 1). Ailleurs, dans la même *Épître aux Éphésiens* (chapitre IV, verset 1), il s'appelle *vinctus in Domino*, « captif dans le Seigneur. » — Dans l'original, *Cristo*. — *Victus in Christo*. (1837-1866.)
10. *Silva*, « forêt », au sens de mélanges; Stace a réuni sous le titre de *silvæ*, au pluriel, cinq livres de poésies diverses.
11. Retz a écrit : *en autres*. — 12. Devant *à*, est biffé un *d*.

SECONDE PARTIE. [1653] 461

l'Église de Paris, de ce qui étoit contenu dans le livre des actes de celle[1] de Milan, dressé par les cardinaux Borromées[2], et j'intitulai cet ouvrage : *Partus Vincennarum*[3]. Mon exempt n'oublioit rien[4] pour troubler la tranquillité de mes études et pour tenter de me donner du chagrin. Il me dit un jour que le Roi lui avoit commandé de me faire prendre l'air et de me mener[5] sur le haut du donjon. Comme il crut que j'y avois pris du divertissement[6], il m'annonça, avec une joie qui paroissoit dans ses yeux, qu'il avoit reçu un contre-ordre; je lui répondis qu'il étoit venu tout à propos, parce que l'air, qui étoit trop vif au-dessus du donjon, m'avoit fait mal à la tête. Quatre jours après, il me proposa de descendre au jeu de paume, pour y voir jouer mes gardes; je le priai de m'en excuser[7], parce qu'il me sembloit que l'air y devoit être[8] trop humide. Il m'y força en me disant que le Roi, qui avoit plus de soin de[9] ma santé que je ne le

1. *Celles*, au pluriel, dans l'original.
2. Les cardinaux saint Charles Borromée et son cousin germain Frédéric Borromée, successivement archevêques de Milan. La première partie des *Acta Ecclesiæ Mediolanensis* parut du vivant de saint Charles, la seconde seulement après sa mort. Le pape Paul V appelait ce recueil « un trésor de doctrine et de la vraie discipline ecclésiastique. »
3. « L'enfantement, la production de Vincennes. » Voyez au tome I, p. 27 et note 1. En renvoyant à cette note, nous croyons devoir ajouter qu'au lieu de supposer que le *Partus Vincennarum* était l'histoire, en latin, de la vie du Cardinal, M. Feillet aurait dû dire que cette vie pouvait être une des pièces contenues dans la *silva* ou le recueil des mélanges de Vincennes : c'était tout ce que permettait d'induire ce passage des *Mémoires*.
4. N'oublia rien. (1837-1866.)
5. *Me mener* est précédé du mot *donner*, biffé, devant lequel Retz a laissé, par mégarde, un *me* devenu inutile.
6. Que j'y avois du divertissement. (1837-1866.)
7. De m'en dispenser. (1837 et 1843.) — 8. Y étoit. (1837-1866.)
9. Plus soin de. (*Ibidem*.) — Dans l'original, il y a, par mégarde, *que*, au lieu de *de*, devant *ma santé*.

croyois, lui avoit commandé de me faire faire exercice[1]. Il me pria de l'excuser à son tour de ce qu'il ne m'y faisoit plus descendre, pour « quelque considération[2], ajouta-t-il, que je ne vous puis dire. » Je m'étois mis, pour vous dire le vrai, assez au-dessus de toutes ces petites chicaneries[3], qui ne me touchoient point dans le fond et pour lesquelles je n'avois que du mépris; mais je vous confesse que je n'avois pas la même supériorité d'âme pour la substance (si l'on se peut servir[4] de ce terme) de la prison; et la vue de me trouver tous les matins, en me réveillant, entre les mains de mes ennemis, me faisoit assez sentir[5] que je n'étois rien moins que stoïque. Ame[6] qui vive ne s'aperçut de mon chagrin; mais il fut extrême par cette unique raison[7] ou déraison, car c'est en effet de l'orgueil humain; et je me souviens que je me disois, vingt fois le jour, à moi-même que la prison d'État[8] étoit le plus sensible de tous les malheurs sans exception[9]. Je ne connoissois pas encore assez celui des [10] dettes.

1. De me faire faire de l'exercice. (1837-1866.)

2. De l'excuser.... s'il ne m'y faisoit.... pour quelques considérations. (*Ibidem.*)

3. De ces chicaneries. (1837 et 1843.) — De ces petites chicaneries. (1859, 1866.)

4. Si l'on peut se servir. (1837-1866.)

5. Me faisoit sentir. (*Ibidem.*)

6. *Ame* est précédé d'un *I*, biffé.

7. Devant *ou*, est effacé : *qui est.*

8. *D'État* est écrit en interligne; après *moi-même*, qui précède, est raturé ce tâtonnement : *de qu'après le malheur de debvoir celui de.*

9. Les quatre derniers mots de cette phrase et toute la suivante sont ajoutés en marge. Retz avait mis d'abord dans son texte : *de tous sans exception;* il a biffé les deux premiers mots, en laissant par mégarde les deux derniers.

10. *Des* a été effacé, puis récrit. — Celui de mes dettes. (Ms. Caf.)

Vous[1] avez déjà vu que je divertissois mon ennui par mon étude[2]. J'y joignois quelquefois[3] du relâchement. J'avois des lapins sur le haut du donjon, j'avois des tourterelles dans une[4] des tourelles, j'avois des pigeons dans l'autre. Les continuelles instances de l'Église de Paris faisoient que l'on m'accordoit, de temps en temps, ces petits divertissements; mais l'on les troubloit toujours par mille et mille chicanes[5]. Ils ne laissoient pas de m'amuser, et d'autant plus agréablement, que je les avois aussi-prévus[6] mille et mille fois, en faisant réflexion à quoi je me pourrois occuper, si il m'arrivoit jamais d'être arrêté. Il n'est pas concevable combien l'on se trouve soulagé quand l'on rencontre, dans les malheurs où l'on tombe, les consolations, quoique petites, que l'on s'y est imaginées par avance.

Je ne m'occupois[7] pas si fort à ces diversions, que je ne songeasse avec une extrême application à me sauver; et le commerce que j'eus[8] toujours au dehors, et sans discontinuation, me donnoit lieu d'y pouvoir penser, et avec espérance et avec fruit.

Le neuvième jour de ma prison, un garde, appelé Carpentier, s'approcha de moi comme son camarade dormoit[9]

---

1. Devant cette phrase est biffé : *Je divertissois*. — Voyez ci-dessus, p. 460.

2. Par mes études. J'y joignis. (1843-1866.)

3. *Quelquefois*, à la marge.

4. Dans l'une. (1843-1866.)

5. Chicaneries. (1837-1866.) — Retz a corrigé *chicaneries* en *chicanes*.

6. Que je les avois prévus. (1837-1866.) — *Aussi* est en interligne dans l'original; *prévu* (*préveu*), sans accord; et de même, vers la fin de l'alinéa, *imaginé*.

7. Je ne m'occupai. (Ms. Caf.) — Je ne m'occupois pourtant pas si fort. (1837-1866.)

8. Que j'avois. (1837-1866.)

9. Après *dormoit*, est biffé : *et il*.

(il y en avoit toujours deux qui me gardoient[1] à vue, et même la nuit), et il me mit un billet dans la main, que je reconnus d'abord pour être de celle de Mme de Pommereux. Il n'y avoit dans le billet[2] que ces paroles : « Faites-moi réponse; fiez-vous au porteur. »

Ce[3] porteur me donna un crayon et un petit morceau de papier, dans lequel j'accusai la réception[4] du billet. Mme de Pommereux avoit trouvé habitude[5] à la femme de ce garde, et elle lui avoit donné cinq cents écus pour ce premier billet. Le mari étoit accoutumé à[6] cette manière de trafic[7], et il n'avoit pas été inutile à la liberté de M. de Beaufort[8]. Il est mort, lui et toute sa famille; j'en parle, par cette considération, plus librement. Comme tout ce qui est écrit peut être vu, par des accidents imprévus[9], permettez-moi, je vous supplie, de ne point entrer dans le détail de tous les autres commerces

1. Il y en avoit toujours un d'eux qui me gardoit. (1837-1866.) Le ms. Caf. donne, comme nous, le vrai texte : *deux qui me gardoient;* deux lignes plus loin, il omet *pour.*
2. Dans ce billet. (1843-1866.) — 3. *Il* est effacé devant *Ce.*
4. J'assurai la réception. (1837-1866.) — M. Littré, à l'article ACCUSER, 10°, cite de la locution que nous rétablissons d'après l'autographe, un exemple de Bossuet, un de Mme de Sévigné, tous deux avec l'article. M. Tamizey de Larroque nous en indique deux semblables de Guez de Balzac.
5. *Habitude*, au sens d'accès : voyez *Furetière.* — Avec la femme. (1837-1866.) — Dans l'original, une lettre biffée devant *habitude.*
6. Après *à*, est biffé : *ce com[merce].* — Le mari avoit été accoutumé. (1837-1866.)
7. Mme de Pommereuil « en usa si généreusement dans cette rencontre, qu'elle engagea ses bijoux et ses pierreries pour le service du Cardinal, pendant que ses parents refusoient de faire la moindre dépense ou démarche pour le soulager. » (*Gui Joli*, p. 87.)
8. On peut lire dans les *Mémoires de Mme de Motteville* (tome II, p. 57-60) le récit très-circonstancié de l'évasion du duc de Beaufort, accompli le jour de la Pentecôte, 1ᵉʳ juin 1648, après cinq ans de captivité.
9. Ce commencement de phrase est omis dans le ms. Caf.

que j'eus après celui-là, et dans lesquels il faudroit nommer des gens qui vivent encore. Il suffit que je vous dise que, nonobstant le changement de trois exempts et de vingt-quatre gardes du corps, qui se succédèrent dans le cours de ces quinze mois[1] les uns aux autres, mon commerce ne fut jamais interrompu et qu'il fut toujours aussi réglé que l'est celui de Paris à Lion[2].

Mme de Pommereux et[3] MM. de Caumartin et d'Haqueville m'écrivoient réglément deux fois la semaine, et je leur faisois réglément réponse deux fois la semaine[4]. Voici les différentes[5] matières de ce commerce. Elles tendoient toutes à ma liberté. La voie la plus courte étoit celle de se sauver de prison. Je fis pour cela deux entreprises, dont l'une me fut suggérée par mon médecin, qui étoit homme de mathématique[6]. Il prit la pensée de limer la grille d'une petite fenêtre[7] qui étoit dans la chapelle où j'entendois la messe, et d'y attacher une espèce de machine avec laquelle je fusse, à la vérité, descendu, même assez aisément[8], du troisième étage du donjon; mais, comme ce[9] n'eût été que la moitié du chemin de fait et qu'il eût fallu remonter l'enceinte[10],

1. Pendant le cours de quinze mois. (1837-1866.)
2. Et qu'il fut aussi réglé que celui de Paris à Lyon. (1859, 1866.)
3. Le mot *et* a été ajouté à la marge.
4. M'écrivoient deux fois la semaine, et deux fois la semaine je leur faisois réponse. (Ms. Caf.)
5. *Différentes* est à la marge.
6. De mathématiques. (1843-1866.)
7. Retz a écrit, par inadvertance : *la grille qui étoit à la grille d'une petite fenêtre*. Plusieurs éditions anciennes ont changé le premier *grille* en *barre*. Le ms. Caf. donne : *limer la grille qui étoit à la fenêtre d'une petite chapelle*; deux lignes plus bas, il omet *assez*.
8. Descendu même aisément. (Ms. Caf.) — Descendu assez facilement. (1837-1866.)
9. *Ce* est en interligne, au-dessus de *je*, biffé.
10. Après *l'enceinte*, est effacé : *d'où il eût été moins [facile?] très-*

de laquelle d'ailleurs l'on n'eût pu redescendre, il quitta cette pensée, laquelle étoit effectivement impraticable[1], et nous nous réduisîmes à une autre, qui ne manqua que parce qu'il ne plut pas à la Providence de la faire réussir. J'avois remarqué, dans le temps que l'on me menoit sur la tour[2], qu'il y avoit tout au haut un creux dont je n'ai jamais pu deviner l'usage. Il étoit plein à demi de pierrailles, mais l'on pouvoit y descendre et s'y cacher. Je pris sur cela la pensée de choisir[3] le temps que mes gardes seroient allés dîner[4] et que Carpentier seroit de jour, d'enivrer[5] son camarade, qui étoit un vieillard appelé Toneille[6], qui tomboit comme mort dès qu'il avoit bu deux verres[7] de vin, ce que Carpentier avoit éprouvé plus d'une fois, et[8] de me servir de ce moment pour monter au haut de la tour sans que l'on s'en aperçût, et pour me cacher dans le trou dont je vous viens de parler[9], avec[10] quelques pains et quelques bouteilles

---

difficile; la suite : *de laquelle.... redescendre,* est ajoutée à la marge. — Le ms. Caf. omet *de* devant *fait,* puis *d'ailleurs.*

1. Qui étoit en effet impraticable. (1837-1866.)
2. Devant *la tour,* est biffé : *le hault de;* les mots : *tout au haut,* sont en interligne ; plus loin, *devenir,* par inadvertance, au lieu de *deviner;* pour *pierrailles,* Retz a écrit *pierralles.*
3. *Choisir,* en interligne, au-dessus de *prendre,* effacé ; plus loin, *mes,* devant *gardes,* est aussi au-dessus de la ligne sur *les corps* [*de garde ?*], biffé.
4. Seroient à dîner. (1843-1866.)
5. Et d'enivrer. (1837-1866.) — Dans l'autographe, devant *d'enivrer,* Retz avait écrit d'abord : *de donner un du soporific* (sic), mots qu'il a biffés, sauf *de,* oublié. Plus loin, les mots : *qui étoit un vieillard,* sont à la marge.
6. Toneville. (1837-1866.) — Dans le ms. H et beaucoup d'éditions anciennes, *Tourville.*
7. *Vers,* dans l'autographe. — 8. Cet *et* a été ajouté à la marge.
9. Dont je viens de vous parler. (1837-1866.)
10. Devant *quelques pains,* est biffé : *quelques pa*[*ins*] ; et, plus loin, *de* après *possibilité.*

d'eau et de vin. Carpentier convenoit de la possibilité et même de la facilité de ce premier pas, qui étoit d'autant plus aisé, que les deux gardes qui le devoient relever, lui et son camarade, avoient toujours eu[1] l'honnêteté de ne point entrer dans ma chambre et de demeurer à la porte jusques à ce qu'ils[2] pussent juger que je fusse éveillé; car je m'étois accoutumé à dormir[3] l'après-dînée, ou plutôt à faire semblant de dormir. Ce n'est pas qu'il ne leur fût ordonné[4] de ne m'y laisser jamais seul; mais il y a toujours des gens qui sont plus honnêtes les uns que les autres. Carpentier devoit attacher des cordes à la fenêtre de la galerie par laquelle M. de Beaufort s'étoit sauvé[5], et jeter dans le fossé une machine de tissu que M. Vacherot avoit travaillée la nuit dans sa chambre, par le moyen de laquelle l'on eût pu croire que je me fusse élevé au-dessus de la petite muraille que l'on y avoit faite depuis la sortie de M. de Beaufort. Il devoit en même temps donner l'alarme comme si il m'avoit vu passer dans la galerie, et montrer son épée teinte de sang, comme si même il m'eût blessé en me poursuivant[6]. Toute la garde fût accourue au bruit; l'on eût trouvé les cordes à la fenêtre; l'on eût vu la machine et du sang dans le fossé; huit ou dix cavaliers eussent[7] paru le pistolet à la main dans le bois, comme pour me recevoir; il y en eût eu un qui fût sorti des portes avec une calotte rouge sur la tête; ils se seroient séparés, et celui

1. *Eu* est ajouté au-dessus de la ligne.
2. *Est[imassent?]* est biffé devant *pussent*.
3. Accoutumé de dormir. (Ms. Caf.)
4. Ce n'est pas qu'il leur fût ordonné. (1837-1866.)
5. « Cette galerie est plus basse que le donjon..., mais néanmoins fort haute, selon la profondeur des fossés, sur quoi elle regarde des deux côtés. » (*Mme de Motteville*, tome II, p. 58.)
6. Ici est biffé : *faire veoir les chordes et la machine*.
7. Par mégarde, *eurent*, dans l'original.

qui auroit eu la calotte rouge auroit tiré du côté de Mézières[1]; l'on eût tiré le canon à Mézières, trois ou quatre jours après[2], comme si j'y fusse[3] effectivement arrivé. Qui eût pu s'imaginer que j'eusse été dans le trou[4]? L'on n'eût pas manqué de lever la garde du bois de Vincennes et de n'y laisser que des mortes-payes[5] ordinaires, qui eussent fait voir, pour deux sols, à tout Paris et la fenêtre et les cordes, comme ils firent celles de M. de Beaufort. Mes amis y fussent venus par curiosité[6] comme tous les autres; ils m'eussent habillé en femme, en moine, comme il vous plaira, et j'en fusse sorti sans qu'il y eût seulement[7] ombre de soupçon ni de difficulté.

Je ne crois pas qu'il y eût eu rien au monde de si ridicule pour[8] la cour, si elle eût été attrapée en cette manière. Elle est si extraordinaire, qu'elle en paroît impossible. Elle étoit même facile; et je suis convaincu qu'elle auroit infailliblement réussi, si un garde appelé l'Escarmouceré[9] ne l'eût rompue par un incident que la pure fortune y jeta. L'on l'envoya à la place d'un autre qui tomba malade; et, comme c'étoit un homme dur[10],

1. Après *Mézières*, est effacée cette phrase, récrite deux lignes plus bas : *Qui eût pu s'imaginer que j'eusse été dans le trou?* — Retz rappelle un peu plus loin (p. 471) que Bussy-Lameth était gouverneur de Mézières, et que le marquis de Noirmoutiers l'était de Charleville et du Mont-Olympe.

2. *Trois ou quatre jours après*, à la marge.

3. Comme si je fusse. (1837-1866.) — 4. Dans ce trou. (*Ibidem.*)

5. On appelait *mortes-payes* les soldats qui ne faisaient pas de service, et qui néanmoins touchaient la solde. — Retz a écrit en un seul mot : *mortepaies*.

6. A *par curiosité*, le ms. H substitue : *en carrosse*.

7. Sans qu'il y eût eu seulement. (1837-1866.)

8. *Pour*, en interligne, sur *à*, biffé.

9. L'Escarmouche. (1837-1866.)

10. Le ms. Caf. omet *dur*.

vieux et exact, il dit à l'exempt qu'il ne concevoit pas comme[1] il ne faisoit pas mettre une porte à l'entrée du petit escalier qui monte à la tour. Elle y fut posée le lendemain au matin, et ainsi mon entreprise fut rompue. Ce même garde m'assura le soir, en bonne amitié, qu'il m'étrangleroit si il plaisoit à Sa Majesté de le[2] lui commander.

Je n'étois pas si attaché aux moyens de me tirer de moi-même[3] de la tour de Vincennes, que je ne pensasse[4] aussi à ceux qui pouvoient obliger mes ennemis à[5] m'en tirer. L'abbé Charrier, qui partit pour Rome, dès[6] le lendemain que je fus arrêté, y trouva le pape Innocent irrité jusques à la fureur[7], et sur le point de lancer les foudres sur[8] les auteurs d'une action sur laquelle les exemples des cardinaux[9] de Guise[10], Martinusius et Cle-

1. Qu'il ne concevoit pas comment. (1837-1866.) — Dans l'original, *pas*, en interligne, après *faisoit*.
2. Le ms. Caf. n'a pas *le*, devant *lui*.
3. Au moyen de me tirer moi-même. (1837-1866.)
4. Que je pensasse. (1859, 1866.)
5. *A*, en interligne, sur *de*, effacé.
6. Le ms. Caf. omet *dès*.
7. Voyez, sur le voyage à Rome de l'abbé Charrier et sur la conduite d'Innocent X en cette circonstance, les *Mémoires du P. Rapin*, tome I, p. 509-512 et p. 521-525.
8. Après *sur*, est biffé : *une action;* puis *que*, après *action;* les mots : *sur laquelle*, sont à la marge.
9. Les éditions de 1837-1866 donnent : « du cardinal de Guise », et, d'une façon vraiment inintelligible, elles mettent à la suite, soit entre crochets, soit entre parenthèses : « Martinier et Clesel ».
10. Après le meurtre de Louis de Lorraine, archevêque de Reims, cardinal de Guise, aux états de Blois (décembre 1588), Henri III envoya à Rome Jérôme de Gondy, membre illustre de la branche aînée de la famille de notre auteur, et le marquis de Pisani, avec mission de demander au pape Sixte-Quint l'absolution pour cet assassinat. On peut voir dans l'*Histoire ecclésiastique* de Fleury (1731, in-4°, tome XXXV, p. 241 et suivantes) le mauvais accueil qui fut

sel¹ marquoient ses devoirs. Il s'en expliqua, avec un très-grand ressentiment², à l'ambassadeur de France. Il envoya M. Marini, archevêque d'Avignon³, en qualité de nonce extraordinaire, pour ma liberté. Le Roi prit, de son côté, l'affaire avec hauteur ; il défendit⁴ à Monsi-

fait par le Pape à cette demande. Le 24 mai 1589, Sixte-Quint publia un monitoire où il citait le Roi à comparaître devant lui, en personne ou par procureur capable, dans soixante jours, pour rendre compte du meurtre du cardinal de Guise, et le menaçait d'excommunication si, dans dix jours, il ne rendait la liberté au cardinal de Bourbon et à l'archevêque de Lyon. (*Ibidem*, p. 262 et 263.)

1. George Martinusius, évêque de Waradin et archevêque de Strigonie, nommé cardinal en octobre 1551, et mis à mort au mois de décembre de la même année, par ordre du frère puîné de Charles-Quint, Ferdinand I, roi des Romains. Au mois d'avril de l'année suivante, le pape Jules III « fulmina excommunication majeure contre Ferdinand et contre les auteurs, fauteurs et ministres de cet assassinat. » (Fleury, *Histoire ecclésiastique*, tome XXX, p. 433.) — Les mots : *et de Clesel de*, sont biffés devant *Martinusius;* puis encore *de Clesel*, devant *Clesel; marquoient ses*, qui suit, est effacé et récrit. A la phrase suivante, il y a quelques lettres raturées après *Il*. — Dans le ms. Caf., *lui marquoient*. — Melchior Clesel (Klesselius), évêque de Vienne, sous l'empereur Mathias, cardinal en 1616, avait été arrêté en 1618 et emprisonné dans un monastère. Transporté ensuite au château Saint-Ange par l'ordre du pape Grégoire XV, il fut jugé, déclaré innocent et rétabli sur son siége épiscopal, où il mourut en 1630.

2. Après *ressentiment*, est biffé : *sur ce*. — L'ambassadeur de France à Rome était le commandeur Henri d'Estampes de Valencé : voyez au tome III, p. 350 et note 2 ; et, dans les *Mémoires du P. Rapin* (tome II, p. 57), la copie d'une dépêche, en date du 17 février 1653, envoyée par cet ambassadeur au secrétaire d'État de Brienne.

3. Dominique Marini, né à Rome en 1599, reçu dans l'ordre des frères prêcheurs en 1615, professeur de théologie au couvent de la rue Saint-Honoré à Paris, puis archevêque d'Avignon en 1648, mort en 1669. — L'archevêque d'Avignon. (1837-1866.)

4. Il commanda. (Ms. Caf.) — Retz a écrit *défen* (*deffen*) à la fin de la page, et oublié de mettre *dit* à la suivante.

SECONDE PARTIE. [1653]   471

gnor Marini de ne point passer Lion[1]. Le Pape craignit d'exposer son autorité et celle de l'Église à la fureur d'un insensé ; il usa de ce mot en parlant à l'abbé Charrier[2] et en lui ajoutant : « Donnez-moi une armée, et je vous donnerai un légat. » Il étoit difficile de lui donner cette armée ; mais il n'eût pas été impossible, si ceux qui étoient obligés d'être mes amis en cette occasion, ne m'eussent point manqué.

Vous avez vu dans le deuxième volume de cet ouvrage, que Mézières étoit dans mes intérêts, par l'amitié que Bussi-Lamet avoit pour moi, et que Charleville et le Mont-Olimpe y[3] devoient être, parce que M. de Noirmoutier tenoit ces deux places de moi[4]. Vous y avez vu[5] aussi que ce dernier m'avoit manqué, lorsque M. le cardinal Mazarin rentra en France. Il crut se justifier en disant à tout le monde qu'il me serviroit envers tous et contre tous[6], en ce qui me seroit personnel ; et, comme il y a peu de chose qui le soit[7] davantage que la prison, il se joignit publiquement avec Bussi-Lamet, aussitôt que je fus arrêté, et ils écrivirent ensemble une lettre au Cardinal, par laquelle ils lui déclarèrent[8] qu'ils ne se

---

1. « Ce prélat fut arrêté à Valence par une lettre de cachet que le doyen de Saint-Jean de Lyon (*Charles de Besserel*) eut ordre de lui rendre pour l'empêcher de passer outre. » (*Mémoires du P. Rapin*, tome I, p. 524.)

2. En parlant à l'abbé Charrier du cardinal Mazarin. (Ms. Caf.) — L'addition n'est pas inutile.

3. *Y* (*i*) est en interligne ici, et, à la ligne suivante, après *Vous*; le premier au-dessus d'*en*, biffé. — Dans le ms. Caf., *et Mont-Olympe*, sans *le*.

4. Voyez au tome II, p. 286 et note 4 ; *ibidem*, p. 595 et note 1.

5. Ci-dessus, p. 53. — Vous avez vu aussi. (1837-1866.)

6. Envers et contre tous. (1843-1866.)

7. Dans l'autographe : *peu de choses qui le soit*.

8. *Témoignoient*, changé, par des corrections assez mal faites, en *déclarèrent*.

pourroient pas empêcher[1] de se porter à toutes sortes d'extrémités, si l'on me retenoit plus longtemps en prison. Ces trois[2] places, qui sont inattaquables quand elles sont d'un même parti, étoient d'une extrême importance dans un temps où Monsieur le Prince, qui, dès la première nouvelle qu'il eut de ma détention, déclara qu'il feroit sans exception tout ce que mes amis souhaiteroient pour ma liberté, où Monsieur le Prince, dis-je, offrit à ces deux gouverneurs de faire marcher toutes les forces d'Espagne à leur secours[3]; où Belle-Isle, dont M. de Rais étoit le maire[4], n'étoit pas à mépriser, à cause de l'Angleterre, dont la France n'étoit nullement assurée dans ce moment-là[5], et où Bordeaux et Brouage tenoient encore pour Monsieur le Prince[6]. Beaucoup de gens sont persuadés qu'il y avoit de quoi former une affaire considérable, c'est-à-dire qu'il y avoit assez d'étoffe, et en[7] ce que vous venez d'en voir et en beaucoup d'autres choses[8] de

1. Ne pourroient pas s'empêcher. (1837-1866.)
2. Le chiffre 3 est en interligne, au-dessus de *deux*, biffé.
3. Voyez sur ces offres de Condé et sur celles de son frère Conty, les *Mémoires de Gui Joli*, p. 88.
4. Étoit le maitre. (1837-1866.) Il y a bien *maire* dans l'autographe ; Retz a-t-il sauté une lettre ? — Sur le duc de Retz, frère aîné du Coadjuteur, et sur Belle-Isle, voyez au tome I, p. 143 et notes 1 et 3.
5. Mazarin s'était décidé, en décembre 1652, dit M. Guizot (*Histoire de la République d'Angleterre et de Cromwell*, tome I, p. 263), « à reconnaître la république, » mais « sans en recueillir à l'heure même le fruit. » Le parlement d'Angleterre maintenait entre la France et l'Espagne sa flottante neutralité. (*Ibidem*, p. 262.)
6. Bordeaux ne fut réduit qu'en 1653. Quant à Brouage, il était encore à ce moment au pouvoir du comte de Dognon (voyez ci-dessus, p. 8, note 7, et tome III, p. 68 et note 1), qui ne tarda pas à faire son accommodement moyennant le bâton de maréchal.
7. *En*, au-dessus de la ligne, pour remplacer *de*, biffé ; plus loin, devant *en beaucoup*, il y a encore un *de*, effacé.
8. Et en beaucoup de choses. (1837-1866.)

cette nature, par exemple en la disposition du vicomte d'Hostel, qui étoit dans Béthune[1], et qui eût assurément branlé[2] pour moi, si il eût vu la partie bien faite. Le malheur fut qu'il n'y eut personne qui sût bien tailler cette étoffe. M. le duc de Rais avoit bonne intention, mais il n'étoit pas capable d'un grand dessein, et, de plus, sa femme[3] et son beau-père le retenoient. M. de Brissac[4], qui avoit eu commandement de se retirer chez lui, ne savoit primer en rien[5]. M. le duc de Noirmoutier eût été le plus entreprenant, mais il fut gagné d'abord par Mme de Chevreuse et par Laigue, auxquels le Cardinal dit, en termes exprès, qu'ils lui répondroient des actions de leur ami, et que, si il tiroit[6] un coup de pistolet, ils verroient l'un et l'autre ce qui leur en arriveroit. M. de Noirmoutier, qui n'avoit pas d'ailleurs, comme vous avez

1. Béthune, ville de l'Artois (Pas-de-Calais), qui devint définitivement française par la paix des Pyrénées (1659).
2. *Branlé*, en interligne.
3. Catherine de Gondi : voyez au tome I, p. 92 et note 2.
4. Voyez au tome I, p. 91 et note 8, et p. 92 et note 5.
5. Gui Joli raconte dans ses *Mémoires* (p. 88) qu'après l'arrestation du Coadjuteur, il se rendit à Machecoul, où étaient le duc et la duchesse de Retz avec le vieux duc, père de notre auteur, et où se rendit aussi le duc de Brissac. Là on délibéra sur ce qu'il y avait à faire, et l'on parla beaucoup d'agir; « mais, ajoute Joli, tous leurs beaux discours se terminèrent dans une partie de chasse, où il se trouva près de cent gentilshommes du Poitou qui buvoient fort bien, et qui, le verre à la main, disoient devoir faire des régiments, dont on ne parla plus le lendemain qu'ils retournèrent chez eux. Les ducs de Retz et Brissac crurent aussi faire beaucoup en écrivant une lettre au Roi sur la détention du cardinal de Retz, s'imaginant que cette épître produiroit un grand effet. Cependant ils avoient si grande peur qu'elle ne leur fit des affaires à la cour, qu'ils passèrent trois ou quatre jours à en examiner les syllabes, les points et les virgules. Joli eut bien de la peine à trouver des termes et des expressions assez foibles pour s'accommoder à leur goût. »
6. De leurs amis, et que s'ils tiroient. (1837-1866.)

vu, trop d'amitié pour moi[1], se rendit aux instances de ses amis et à celles de sa femme, qui n'est pas une des merveilles de son sexe[2], et il donna parole à la cour qu'il ne me donneroit que des apparences, et qu'il ne feroit rien en effet : il tint sa parole. M. le maréchal[3] de Villeroi donna avis de cet engagement de M. de Noirmoutier avec la cour à Mme de Lesdiguières, le quatorzième jour de ma prison. Il ne traversa en rien le siége de Stenai, que le Roi fit en ce temps-là[4] ; il éluda toutes les propositions de Monsieur le Prince, et il se contenta de parler et d'écrire toujours en ma faveur et de tirer force coups de canon quand l'on buvoit à ma santé. Il eût eu pourtant peine à soutenir longtemps ce personnage, si Bussi-Lamet, qui avoit de l'esprit et de la décision, eût vécu ; et il[5] dit à Malcler[6], qui y avoit été envoyé de la part de mes amis, ces propres mots : « Noirmoutier veut amuser le tapis, mais je le ferai parler françois, ou je lui surprendrai sa place. » Le pau-

1. Voyez ci-dessus, p. 471, et, sur le rôle joué en cette occasion par la duchesse de Chevreuse et le marquis de Laigues, lequel se souciait peu de compromettre sa charge de capitaine des gardes du duc d'Anjou, les *Mémoires de Gui Joli*, p. 89.

2. Qui n'est pas une merveille de son sexe. (1837-1866.) — Plusieurs éditions anciennes ont changé *merveilles* en *meilleures*. — Renée-Julie Auberi, qu'il avait épousée en 1642. — *Et*, qui suit *sexe*, a été ajouté après coup, dans l'original, et mis, par mégarde, avant la virgule.

3. Toute cette phrase est ajoutée, sans signe de renvoi, à la marge du manuscrit autographe. Elle manque dans les ms. H et Caf. et dans toutes les anciennes éditions.

4. Stenai ne fut pris que l'année suivante, par Fabert, le 6 août 1654 : voyez les *Mémoires de Montglat*, p. 299 et 300, et la *Muze historique*, p. 523, 525 et 528.

5. Plusieurs éditions anciennes ont substitué *celui-ci* à cet *il* qui, d'après le tour de la phrase, se rapporterait à *Noirmoutier*, mais qui, d'après le sens, tient la place de *Bussi*.

6. Voyez au tome III, p. 304 et note 4.

vre homme mourut d'apoplexie la nuit même. Le chevalier de Lamet[1], qui étoit major dans la place, y étant demeuré le maître par cette mort, le vicomte, son frère aîné, s'y jeta, et il y demeura[2] très-fidèlement dans mes intérêts. L'abbé de Lamet, leur cousin et le mien[3], et qui étoit mon maître de chambre[4], n'en bougea, et il m'y servit aussi avec tout le zèle possible ; mais enfin, une place ne pouvant[5] rien sans l'autre, l'on n'agit point, et Mézières, Charleville et le Mont-Olimpe furent pour moi, et ne firent rien pour moi. Il ne laissa pas de m'en coûter une bonne somme de deniers, que M. de Rais prêta pour la subsistance de la garnison. J'en ai payé depuis et le capital et les intérêts, qui montent à beaucoup : je ne me[6] ressouviens pas de la quantité[7].

Vous pouvez juger que tout ce détail, dont j'étois ponctuellement informé, n'étoit pas la moindre de mes occupations dans ma prison[8] ; mais l'une de mes principales applications y étoit de cacher que j'en fusse[9] informé ; et je me souviens que M. de Pradelle, qui commandoit les compagnies des gardes suisses et françoises qui étoient dans le château[10], et qui avoit permission de

1. Sur le chevalier de Lameth, sur son frère le vicomte, sur leur cousin l'abbé de Lameth, et sur la parenté des Lameth avec Retz, voyez au tome II, la note 2 de la page 335.

2. Et il demeura. (1837-1866.)

3. *Et le mien*, à la marge ; plus bas, après *chambre*, est biffé *m'y*.

4. On appelait *maître de chambre* le premier officier de la maison d'un cardinal.

5. Me servit.... ne pouvoit. (Ms. Caf.)

6. *Me* corrige *m'en*.

7. D'après les *Mémoires du P. Rapin* (tome II, p. 217) Retz aurait aussi reçu de fortes sommes de Port-Royal, « tant pour fournir du secours à ses besoins que du fond à son ambition. »

8. Après *prison*, est effacé *que je*.

9. *Fus*, à la fin de la ligne, au lieu de *fusse*.

10. « Pradelle, dit Gui Joli (p. 90), étoit la créature de Servien,

me voir aussi bien que M. de Maupeou de Noisi, qui étoit aussi capitaine aux gardes[1], je me souviens, dis-je, que M. de Pradelle me dit, un jour, qu'il étoit au désespoir d'être obligé de m'apprendre une nouvelle qui m'affligeroit, qui étoit la mort de M. de Bussi-Lamet, et que, bien que je la susse aussi bien que lui, j'en fis le surpris, et qu'après avoir[2] fait semblant d'y rêver[3] un peu, je lui répondis : « J'en suis très-affligé, et je n'y trouve qu'une consolation, qui est qu'il n'a au moins rien fait, devant que de mourir, contre le service du Roi. J'appréhendois toujours qu'il ne s'emportât[4] à cause de l'amitié qu'il avoit pour moi. » Je lui vis de la joie dans les yeux à ces paroles, parce qu'il en inféra que je n'avois aucune nouvelle dans ma prison ; et l'un de mes gardes me dit qu'il l'avoit ouï parler à Noisi avec exultation[5] sur ce fondement, et qu'il lui avoit dit : « Au moins, la cour ne se plaindra pas de nous, et ne dira pas que celui-ci écrit comme saint Thomas[6]. » C'est ce que M. le cardinal Mazarin avoit dit, en se plai-

qui lui fit donner exprès la commission de garder le cardinal de Retz à Vincennes, pour se servir de lui afin de ménager l'esprit du prisonnier et lui inspirer les sentiments qu'il souhaiteroit sur l'article de la démission. »

1. René de Maupeou, seigneur de Noisy, premier du nom, avait quatre fils dans le régiment des Gardes françaises, dont l'un, capitaine dans ce régiment, fut tué, ainsi qu'un de ses frères, lieutenant dans sa compagnie, au siége de Valenciennes, en 1656. Voyez le *Dictionnaire de la Noblesse*, de la Chenay des Bois.

2. Bussi-Lameth. Quoique je la susse.... et après avoir. (1837-1866.)

3. De rêver. (Ms. Caf.)

4. Devant *s'emportât*, est biffé *s'emp* ; à la ligne suivante, *de la* est au-dessus d'*une*, effacé.

5. Avec exaltation. (1837-1866.)

6. Hyperbole proverbiale pour dire « écrit beaucoup, écrit sans cesse. » Saint Thomas d'Aquin, l'auteur de la *Somme*, est assurément l'un des hommes qui ont le plus écrit.

gnant que Bar[1] n'avoit pas gardé assez exactement Monsieur le Prince. Ce M. de Pradelle eut la bonté de me consoler[2], dans la même conversation, de l'appréhension que j'avois que l'on ne fît quelque chose à Mézières contre le service du Roi, et il m'assura que la place étoit entre les mains du commandant que Sa Majesté y avoit envoyé. Vous observerez, s'il vous plaît, que j'avois reçu un billet, la veille, du vicomte de Lamet, qui me marquoit qu'il en étoit le maître, et qu'il m'en rendroit bon compte. Je reçus toutefois pour bon ce qu'il plut à Pradelle de me dire sur cela[3], et sur la plupart des discours de cette nature que l'on fait sans cesse aux prisonniers d'État. Je dis la plupart, parce qu'il y en eut quelques-uns[4] à l'égard desquels je ne pus agir ainsi. Par exemple, Pradelle, qui ne me parloit pour l'ordinaire que du beau temps et des choses[5] qui étoient arrivées devant que j'eusse[6] été arrêté, s'avisa[7] un jour de m'annoncer l'heureux retour de M. le cardinal Mazarin à Paris[8]; il embellit son récit de tous les ornements qu'il crut qui me pouvoient déplaire, et il exagéra, même avec emphase, la réception magnifique qui lui avoit été faite à l'Hôtel de Ville[9]. Je la sa-

1. Voyez au tome III, p. 118 et note 2.
2. *Me consoler*, en interligne, au-dessus de *m'assurer*, biffé.
3. De cela. (1843-1866.) — Il semble que Retz ait eu une distraction; la phrase manque de suite. Il y a ici une lacune, d'une page environ, dans quelques éditions anciennes.
4. Dans l'original, *quelqu'ns* (sic).
5. *Choses* remplace *affaires*, biffé.
6. Avant que j'eusse. (1837-1866.)
7. Devant *s'avisa*, est biffé : *m'an[nonça]*.
8. Mazarin, qui était à Sedan, revint à Paris le 3 février 1653.
9. Voyez à ce sujet les *Mémoires de Montglat* (p. 286), qui rapporte que le Roi alla au-devant du Cardinal jusqu'au Bourget, « où l'ayant fait mettre dans son carrosse, il le mena saluer la Reine au Louvre, laquelle étoit dans un excès de joie qui ne se pouvoit

vois déjà¹, et que M. Vedeau² l'avoit harangué avec une bassesse incroyable. Je répondis froidement à M. de Pradelle que je n'en étois point surpris³. Il reprit : « Et vous n'en serez pas même fâché, Monsieur, quand vous saurez l'honnêteté que Monsieur le Cardinal a pour vous ; il m'a commandé de vous venir assurer de ses très-humbles services, et de vous supplier de croire qu'il n'oubliera rien pour vous servir. » Je ne fis pas semblant d'avoir pris garde à ce compliment, et je lui fis je ne sais quelle question sur un sujet qui n'avoit aucun rapport à celui-là. Il y rentra, et, comme il me pressa de lui répondre, je lui dis que, dès la première parole, je lui aurois témoigné ma reconnoissance, si je n'étois persuadé que le respect qu'un prisonnier doit au Roi ne lui permet pas de s'expliquer de quoi que ce soit qui regarde sa liberté, que lorsqu'il a plu à Sa Majesté de la lui rendre. Il m'entendit ; il m'exhorta à répondre à Monsieur le Cardinal plus obligeamment, et il ne me persuada pas.

Voici une occasion plus considérable, dans laquelle je n'eus pas plus de facilité. Les avis que M. le cardinal Mazarin avoit de Rome⁴, et l'émotion des esprits, qui paroissoit et qui croissoit même à Paris⁵, touchant ma prison, l'obligèrent à donner au moins quelques démonstrations touchant ma liberté ; et il se servit pour

exprimer. » Voyez aussi dans l'ouvrage de M. Cousin, *Mme de Longueville pendant la Fronde*, l'intéressant chapitre intitulé : *Triomphe de Mazarin*.

1. Je le savois déjà. (1837-1866.)
2. Le conseiller François Vedeau, dont il a déjà été question au tome II, p. 132.
3. Après *surpris*, est effacé : *et qu[e]*.
4. Ici une ligne biffée : *l'obligèrent à faire au moins quelque.* — Sur ce qui se passait à Rome, voyez ci-dessus, p. 469-471.
5. Dans plusieurs éditions anciennes : *en Poitou et à Paris*.

cet effet de la crédulité de Monsignor Bagni[1], nonce en France, homme de bien et d'une naissance très-relevée[2], mais facile et tout propre à être trompé. Il me l'envoya, accompagné de MM. de Brienne[3] et le Tellier, pour me proposer et ma liberté et de grands avantages, en cas que je voulusse donner ma démission de la coadjutorerie de Paris. Comme j'avois été averti par mes amis de cette démarche[4], je la reçus avec un discours très-étudié et très-ecclésiastique, qui fit même honte au pauvre Monsignor Bagni, et qui lui attira ensuite une fort rude réprimande de Rome. Ce discours, qui m'avoit été envoyé par M. de Caumartin, et qui étoit fort beau et fort juste, fut imprimé dès le lendemain[5]. La cour en fut touchée au vif. Elle changea et mon exempt et mes gardes; mais, comme je vous l'ai dit ci-dessus[6], la providence de Dieu ne m'abandonna pas, et elle fit que ces changements n'altérèrent point du tout mon commerce.

Comme[7] je fus revenu de mon exil, la Reine, mère du

1. Voyez au tome I, p. 284 et note 1; au tome III, p. 109 et note 3; et la *Muze historique de Loret*, lettre *spéciale*, p. 349. — Il se servit à cet effet.... Monsignor Ragni. (1837-1866.)

2. *Très* est ajouté dans l'interligne. — Très-élevée. (1837-1866.)

3. Avec MM. de Brienne. (Ms. Caf.) — Voyez au tome III, p. 236, note 4.

4. De cette demande. (Ms. Caf.)

5. Rapprochez des *Mémoires de Gui Joli*, p. 90 et 91. — Le discours a été imprimé sous ce titre : *La Réponse de Mgr le Cardinal de Retz faite à Monsieur le Nonce du Pape et à MM. de Brienne et le Tellier, secrétaires d'État*. C'est une pièce rare, de 8 pages in-8º. Voyez la *Bibliographie des Mazarinades*, nº 3402.

6. Il a dit plus haut (p. 465) que, malgré ces changements, « *son* commerce ne fut jamais interrompu. » — Le ms. Caf. omet *ci-dessus*; deux lignes plus bas, il donne *n'interrompirent*, pour *n'altérèrent*; un peu plus loin, il construit : *nommer jamais;* à l'alinéa suivant, il remplace *minuties* par *bagatelles*.

7. Cet alinéa et le suivant sont encore omis dans plusieurs des anciennes éditions.

Roi, me pressa un jour extrêmement, à Fontainebleau, de lui en compter le détail, sur la parole qu'elle me donnoit, avec serment, de ne jamais nommer aucun de ceux qui y avoient eu part; et[1] je m'en défendis, en la suppliant de ne me pas commander de m'expliquer sur une chose dont la révélation pourroit nuire à tous ceux qui, dans les siècles à venir, pourroient être prisonniers. Cette raison la satisfit.

Voilà bien des minuties qui ne sont pas dignes de votre attention; mais, comme elles composent[2] un petit détail qui donne l'idée du manége de ces prisons d'État, dont peu de gens se sont avisés de traiter, je n'ai pas cru qu'il fût mal à propos de les toucher. En voici encore deux.

Les instances du chapitre de Notre-Dame obligèrent la cour à permettre à un de son corps d'être auprès de moi, et l'on choisit pour cet emploi un chanoine de la famille de MM. de Bragelonne[3], qui avoit été nourri au collége auprès de moi, et auquel même j'avois donné ma prébende. Il ne trouva pas le secret de se savoir ennuyer, ou plutôt il s'ennuya[4] trop dans la prison, quoiqu'il s'y fût enfermé avec joie pour l'amour de moi. Il y tomba dans une profonde mélancolie. Je m'en aperçus, et je fis ce qui étoit en moi pour l'en faire

1. *Et*, en interligne.
2. *Composent*, à la marge, remplace *concernent*, biffé dans le texte.
3. Il y a bien Mrs de Bragelonne, au pluriel, dans l'autographe. Le *Tableau* que nous avons souvent cité *du parlement de Paris* dit, en parlant du président, qu'il nomme un magistrat « de médiocre suffisance, » que le chevalier de Bragelonne le gouverne : cela suffit à expliquer le pluriel. Ce chanoine, de la famille du président de Bragelonne, de la seconde chambre des Enquêtes, était, dit Gui Joli (p. 90), « un homme fort timide et fort foible. » Tallemant des Réaux (tome V, p. 223) dit, d'Étienne de Bragelonne, qu'il « étoit de longue main au Coadjuteur, qui l'avoit fait chanoine. »
4. Il s'ennuyoit. (1837-1866.)

sortir; mais il ne voulut jamais m'écouter sur cela. La fièvre double-tierce le saisit, et il se coupa[1] la gorge avec un rasoir au quatrième accès[2]. L'unique honnêteté que l'on eut eue[3] pour moi, dans tout le cours de ma prison, fut que l'on ne me dit le genre de sa mort dans tout le temps que je fus à Vincennes, et je ne l'appris que par M. le premier président de Bellièvre, le jour que l'on me tira du donjon de Vincennes[4] pour me transférer[5] à Nantes. Mais le tragique de cette mort fut commenté par mes amis, et ne diminua pas la compassion du peuple à mon égard. Cette compassion ne diminuoit pas non plus les frayeurs de Monsieur le Cardinal; elles le portèrent jusques à prendre la pensée de me transférer à Amiens, à Brest, au Havre de Grâce. J'en fus avertis, je fis le malade[6]. L'on envoya Vesou[7] pour voir si effectivement je l'étois. L'on m'a parlé différemment de son rapport. Ce qui empêcha ma translation fut la mort de Monsieur l'Archevêque, qui émut à un point tous les esprits[8], que la cour pensa plus à les adoucir qu'à les effaroucher. La manière dont je fus servi en ce rencontre a du prodige.

1. Le saisit, il se coupa. (1837-1866.)
2. Voyez encore sur cet incident les *Mémoires de Gui Joli*, p. 90 et note 1, et la *Muze historique* de Loret, lettre *endormie*, p. 403.
3. Ce participe, qui semble de trop, est bien dans l'original (*eu*, sans accord); à la ligne suivante, il y a bien aussi, *ne* devant *me dit*, pour *ne.... pas* ou *ne.... point*.
4. *De Vincennes*, à la marge.
5. Transporter. (1837-1866.) — Voyez ci-après, p. 493-496.
6. Voyez la *Muze* de Loret (p. 421), et une lettre de Gui Patin, en date du 21 octobre 1653, tome III, p. 15.
7. Est-ce le médecin que nous trouvons plusieurs fois mentionné dans les *Lettres de Mme de Sévigné?* Voyez, entre autres endroits, au tome V, p. 12 et 13, où elle dit à sa fille que Vesou lui défend d'aller à Vichy.
8. A un point les esprits. (1859, 1866.)

Mon oncle mourut à quatre heures du matin[1] ; à cinq l'on prit possession de l'Archevêché en mon nom, avec une procuration de moi en très-bonne forme[2] ; et M. le Tellier, qui vint à cinq et un quart dans l'église, pour s'y opposer de la part du Roi, y[3] eut la satisfaction d'entendre que l'on fulminoit mes bulles dans le jubé. Tout ce qui est surprenant émeut les peuples. Cette scène l'étoit au dernier point, n'y ayant rien de plus extraordinaire que l'assemblage de toutes les formalités nécessaires à une action de cette espèce, dans un temps où l'on ne croyoit pas qu'il fût possible d'en observer une seule. Les curés s'échauffèrent encore plus qu'à leur ordinaire ; mes amis souffloient le feu ; les peuples ne voyoient plus leur archevêque ; le Nonce, qui croyoit[4] avoir été doublement joué par la cour, parloit

---

1. Le 21 mars 1654.
2. Gui Joli dit (p. 92) qu'elle avait été signée du Cardinal[a] à Vincennes, « quoiqu'elle parût avoir été passée avant la détention. » Il ajoute : « Cette procuration portoit en substance que le Cardinal.... donnoit charge au sieur de Labour, son aumônier (chez *Claude Joli*, p. 166, « *Pierre le Beure* »), de prendre pour lui possession de l'Archevêché, en cas de mort de Monsieur son oncle. » D'après Claude Joli (*ibidem*), Roger, « notaire apostolique et greffier des insinuations, » s'était introduit dans la chambre de Retz, avec la procuration, « déguisé en garçon tapissier, portant des pièces de tapisserie, qu'il y tendit en la place de celles qui y étoient, et qu'il fit remporter, après avoir donné le moyen au Cardinal de signer. »
3. *Y*, devant *eut*, semble avoir été ajouté après coup ; plus loin, quelques lettres biffées, après *fulminoit*; après *bulles*, est effacé : *du haut du jubé*. — Sur le jubé de Notre-Dame, qui datait de la seconde moitié du treizième siècle et fut démoli, à la fin du dix-septième, par le cardinal de Noailles, voyez le *Dictionnaire raisonné de l'architecture française* de M. Viollet le Duc, à l'article Chœur.
4. Devant *croioit*, est biffé *croio*[*it*] ; et *cardinal* devant *nonce;* à la ligne suivante, *la cour* est en interligne, sur : *le cardinal*, effacé.

a Gui Joli se contredit dans une note de la page 93, où il dit que la signature de Retz fut contrefaite par un principal de collége nommé le Houx.

fort haut et menaçoit de censures. Un petit livre fut mis au jour, qui prouvoit qu'il falloit fermer les églises. Monsieur le Cardinal eut peur, et comme ses peurs alloient toujours à négocier, il négocia[1] : il n'ignoroit pas l'avantage que l'on trouve à négocier avec des gens qui ne sont point informés; il croyoit, la moitié des temps[2], que j'étois de ce nombre; il le crut en celui-là, et il me fit jeter cent et cent vues de permutations, d'établissements, de gros clochers, de gouvernements, de retour dans les bonnes grâces du Roi, de liaison solide avec le ministre.

Pradelle et mon exempt[3] ne parloient du soir au matin[4] que sur ce ton. L'on me donnoit bien plus de liberté qu'à l'ordinaire; l'on ne pouvoit plus souffrir que je demeurasse dans ma chambre, pour peu qu'il fît beau sur le donjon. Je ne faisois pas semblant de faire seulement réflexion sur ces changements, parce que je savois par mes amis le dessous des cartes[5]. Ils me

1. Ici est effacé : *et comm[e]* ; plus loin, *trouve* est en interligne, au-dessus de : *a toujours*, biffé.
2. La moitié du temps. (1837-1866.)
3. Cet exempt s'appelait Claude du Flos, sieur d'Avanton (en Poitou) : voyez ci-après, p. 492 et 493, et ce qui est dit de lui dans les *Mémoires de Gui Joli*, p. 91-95.
4. Du matin au soir. (1837-1866.)
5. Malgré toutes les précautions prises par la cour, Retz n'était pas moins bien informé, que l'avait été en 1650 le prince de Condé, de tout ce qui se passait au dehors et des affaires qui le concernaient. On voit notamment dans les *Mémoires de Claude Joli* (p. 166) que les amis de notre auteur avaient imaginé des signes ingénieux pour lui faire savoir, dès qu'elle aurait lieu, la mort de son oncle : « l'un desquels étoit le son de certaines cloches qui sont dans les tours de Notre-Dame, que l'on feroit sonner d'une manière extraordinaire, et la répétition qu'on feroit faire à la sonnerie de l'horloge de la Sainte-Chapelle du château de Vincennes, qui annonceroit deux fois de suite une même chose. On dit aussi qu'il en fut averti par le prêtre, qui, en disant la messe devant lui, et en éle-

mandoient que je me tinsse couvert, et que je ne m'ouvrisse[1] en façon du monde, parce qu'ils étoient informés, à n'en pouvoir douter, que quand l'on viendroit à fondre la cloche[2], l'on ne trouveroit rien de solide, et que la cour ne songeoit qu'à me faire expliquer sur la possibilité de ma démission, afin de refroidir et le clergé et le peuple. Je suivis ponctuellement l'instruction de mes amis, et au point que M. de Noailles[3], capitaine des gardes en quartier, m'étant venu trouver de la part du Roi et m'ayant fait un discours très-éloigné de ses manières et de son inclination honnête et douce (car le Mazarin l'obligea[4] de me parler en aga des janissaires[5] beaucoup plus qu'en officier d'un roi chrétien[6]), je le priai de trouver bon que je lui fisse ma réponse par écrit. Je ne me ressouviens pas des paroles, mais je sais bien qu'elle marquoit[7] un souverain mépris pour les menaces et pour les promesses, et une résolution inviolable de ne point quitter l'archevêché de Paris[8].

vant sa voix plus haut qu'à l'ordinaire, le nomma dans le canon de la messe *Joannes-Franciscus-Paulus, antistes noster*, le nom de Paul le distinguant de son oncle. » Voyez, au tome I, la note 2 de la page 90.

1. Et que je n'ouvrisse. (1843-1866.)

2. La locution proverbiale : *fondre la cloche*, signifie, dit Furetière, « terminer une affaire, prendre la dernière résolution. »

3. Navailles. (1837-1866.) — *Noialles* (sic), dans l'original. Voyez ci-dessus, p. 455 et note 6.

4. Devant *obligea*, Retz a mis *l'* en interligne, au-dessus d'un *m*, biffé.

5. « L'aga des janissaires, dit Furetière, est un des premiers officiers de la Porte. »

6. D'un roi Très-chrétien. (1837-1866.)

7. Qu'elles marquoient. (*Ibidem.*)

8. Voyez le récit, un peu différent, de *Gui Joli*, qui raconte fort en détail, dans ses *Mémoires* (p. 93 et 94), cette entrevue de Retz et du comte (depuis duc) de Noailles. La *Gazette* se contente de dire (28 mars, p. 307) : « Le 22, le comte de Noailles, capitaine des

SECONDE PARTIE. [1654]   485

Je reçus, dès le lendemain, une lettre de mes amis, qui me marquoient l'effet admirable que ma réponse, qu'ils firent imprimer toute la nuit, avoit fait dans les esprits, et qui me donnoient[1] avis que M. le premier président de Bellièvre[2] devoit, le jour suivant, faire une seconde tentative. Il y vint effectivement[3], et il m'offrit, de la part du Roi, les abbayes de Saint-Lucien de Beauvais, de Saint-Mars de Soissons, de Saint-Germain d'Auxerre, de Barbeau, de Saint-Martin de Pontoise, de Saint-Aubin[4] d'Angers, et d'Orkan[5], « pourvu, ajouta-t-il, que vous renonciez à l'archevêché de Paris et que.... » (Il s'arrêta à ce mot, en me regardant et en me disant : « Jusques ici je vous ai parlé comme ambassadeur de

gardes du corps, alla au bois de Vincennes donner avis au cardinal de Retz de la mort de l'Archevêque, son oncle. »

1. Qui me marquoit.... et qui me donnoit. (1837-1866.)

2. M. le président de Bellièvre. (*Ibidem.*) — Il y a bien dans l'autographe *premier* (*Pre^r*, à la fin d'une ligne). Bellièvre, nous l'avons dit (p. 426, note 5), était premier président depuis le mois d'avril 1653. — Après *devoit*, qui suit, est biffé *venir*.

3. Le P. Rapin (tome II, p. 224) rapporte aussi cette démarche du premier président de Bellièvre, mais en la plaçant le même jour que celle du comte de Noailles. Voyez-en le récit détaillé dans *Gui Joli*, p. 94 et 95.

4. Entre *Saint* et *Aubin*, est biffé *Mi*.

5. Sur les abbayes d'Orkan (ici encore Retz a écrit *Orcan*) et de Saint-Lucien de Beauvais, que Mazarin avait déjà offertes à Retz, en novembre 1650, voyez, au tome III, p. 10 et note 2, et p. 165 et note 3. Saint-Lucien, Saint-Aubin (mentionné au tome I, p. 240), Saint-Germain, Saint-Martin étaient de l'ordre de Saint-Benoît ; les abbayes de Barbeaux (dans le diocèse de Sens, près de Fontainebleau) et d'Orkan étaient de l'ordre de Cîteaux. Les trois premières et Barbeaux valaient chacune, vers le milieu du dix-huitième siècle (voyez *Expilly*), environ vingt mille livres de rente ; Orkan, près de vingt-cinq mille. C'eût été, on le voit, un beau présent. Nous ne trouvons pas dans la liste des abbayes du diocèse de Soissons, du *Gallia christiana*, une abbaye de Saint-Mars. Retz a sans doute voulu dire : Saint-Médard, abbaye qui rapportait à l'abbé commendataire environ cinquante mille livres?

bonne foi, je vas commencer à me moquer du Sicilien[1], qui est assez sot pour m'employer à une proposition de cette sorte; ») « et pourvu donc, continua-t-il, que vous donniez douze de vos amis pour cautions que vous ratifierez[2] votre démission dès le premier moment que vous serez en liberté. Ce n'est pas tout, ajouta-t-il, il faut que je sois de ces douze[3], qui seront MM. de Rais, de Brissac, de Montrésor, de Caumartin, d'Haqueville, et cætera. »

« Écoutez-moi, reprit-il tout d'un coup, et ne me répondez point, je vous supplie, que je ne vous aie parlé tant qu'il[4] m'aura plu. La plupart de vos amis sont persuadés que vous n'avez qu'à tenir ferme, et que la cour vous donnera votre liberté, en se contentant de se défaire de vous et de vous envoyer à Rome. Abus[5]! Elle veut, *in ogni modo*[6], votre démission. Quand je dis la cour, j'entends le Mazarin ; car la Reine est au désespoir que l'on pense seulement à vous tirer de prison. Le Tellier dit qu'il faut que Monsieur le Cardinal ait perdu[7] le sens. L'abbé Foucquet est enragé, et Servien n'y consent que parce que les autres sont d'un avis contraire. Il[8] faut donc supposer pour incontestable qu'il n'y a que le Mazarin qui veuille votre liberté, et qu'il ne la veut que parce qu'il croit qu'il se venge suffisamment en vous

1. Voyez, au tome III, la note 1 de la page 250.
2. Que vous ratifiiez. (1859, 1866.)
3. Après *douze*, est biffé am[is] ; puis *et cæte*[ra] après *Caumartin*. — De ces douze, MM. de Rais. (Ms. Caf.)
4. *Vous*, biffé après *qu'il* ; le *m'* qui précède *aura* a été ajouté après coup.
5. *Abus*, c'est-à-dire *erreur* ; ils s'abusent, se trompent.
6. C'est-à-dire, de toute façon. — Le ms. H omet les mots : « Abus! Elle veut », remplace par le latin *omni* l'italien *ogni*, et *votre démission* par *vestræ demissionis*.
7. Dans l'original, *aie perdu*.
8. Après *Il*, est biffé *fau*[*lt*], à la fin d'une ligne.

faisant perdre l'archevêché de Paris. C'est au moins l'excuse qu'il prend; car, dans le fond, ce n'est pas ce qui le détermine, ce n'est que la peur[1] qu'il a, dans ce moment, du Nonce, du chapitre, des curés, du peuple[2]; je dis dans ce moment de la mort de Monsieur l'Archevêque, qui, tout au plus, peut produire un soulèvement qui, n'étant point appuyé, tombera[3] à rien. Je soutiens, de plus, qu'il n'en produira point; que le Nonce menacera et ne fera rien; que le chapitre fera des remontrances et qu'elles seront inutiles; que les curés prôneront et qu'ils en demeureront là[4]; que le peuple criera et qu'il ne prendra pas les armes. Je vois tout cela de près, et que ce qui en arrivera sera d'être transféré ou au Havre ou à Brest, et de demeurer entre les mains et à la disposition de vos ennemis, qui en useront dans les suites comme il leur plaira. Je sais bien que le Mazarin n'est pas sanguinaire, mais je tremble quand je pense que Noailles vous a dit que l'on étoit résolu d'aller vite et de prendre les voies dont[5] les autres États avoient donné[6] tant d'exemples[7]; et ce qui me fait trembler est la résolution que l'on a eue de parler ainsi. Les grandes âmes disent quelquefois, pour leurs fins, de ces sortes de choses sans les faire; les basses ont plus de peine à les dire qu'à les faire.

1. La peine. (1837-1866.) — Les ms. H et Caf. et toutes les anciennes éditions ont la vraie leçon *peur*.
2. Et du peuple. (Ms. Caf.)
3. Devant *tombera*, est effacée la première syllabe du mot : *tom*.
4. Et en demeureront là. (1837-1866.)
5. *Dont* en interligne, sur *que*, biffé.
6. Dans l'autographe, *donnés*, avec accord fautif; à la ligne suivante, *eu*, sans accord; puis un peu plus loin, *leur fins*.
7. Le Cardinal a cité plus haut (p. 469), comme exemples de meurtres de prélats, ceux de Guise et de Martinusius; mais le premier prélat n'était pas d'un autre État. Le meurtre le plus fameux qui vienne à la pensée est celui de Thomas Becket.

« Vous croyez que la conclusion que je vas tirer de tout¹ ce que je viens de vous dire sera qu'il faut que vous donniez votre démission. Nullement. Je suis venu ici pour vous dire que vous êtes² déshonoré si vous donnez votre démission ; et que c'est en cette occasion où vous êtes obligé de remplir, au péril de votre vie, et de votre liberté, que vous estimez assurément plus que votre vie, la grande attente où tout le monde est sur votre sujet. Voici l'instant où vous devez, plus que jamais, mettre en pratique les apophthegmes dont nous vous avons tant fait la guerre : je ne compte le fer et le poison pour rien ; rien ne me touche que ce qui est dans moi ; l'on meurt également partout. Voilà justement comme il faut³ répondre à tous ceux⁴ qui vous parleront de votre démission. Vous⁵ vous en êtes acquitté dignement jusques ici, et l'on auroit tort de s'en plaindre ; je n'en aurois pas moins, si je prétendois de vous obliger à changer de sentiment. Ce n'est pas ce que je vous demande : ce que je souhaite est que vous me disiez bonnement si, en cas que vous puissiez avoir votre liberté pour une feuille de chêne⁶, vous consentirez⁷ à l'accepter. »

Je souris à cette parole. « Attendez, me dit-il ; je vas vous faire avouer qu'il n'est pas impossible. Une démis-

---

1. *Tout* est en interligne.
2. Retz a écrit *être* (*estre*), pour *êtes* (*estes*).
3. Comment il faut. (1859, 1866.)
4. A ceux. (1837-1866.)
5. Après *Vous*, est biffé : *l'avez f[ait]* ; et, à la ligne suivante, *to[rt]*, après *auroit*.
6. « Payer en feuilles de chêne, payer en effets sans valeur. » (*Dictionnaire de M. Littré.*) — « On dit proverbialement que la monnoie du diable est des feuilles de chêne, qu'il fait paroître comme de l'or. » (*Dictionnaire de Furetière*, article CHESNE.)
7. Vous consentiez. (1837-1866.)

sion de l'archevêché de Paris, datée du bois de Vincennes, est-elle bonne ? — Non, lui répondis-je ; mais vous voyez aussi que l'on ne s'en contente pas et que l'on veut des cautions pour la ratification¹. — Et si je vois jour, reprit le Premier Président, à ce que l'on ne vous demande plus de cautions, qu'en direz-vous²? — Je donnerai demain ma démission, » lui répondis-je. Il m'expliqua en cet endroit tout ce qu'il avoit fait ; il me dit qu'il ne s'étoit jamais voulu charger d'aucune proposition³ jusques à ce qu'il eût connu clairement, et que l'intention véritable du Cardinal étoit de me donner ma liberté⁴, et que sa disposition étoit pareillement de se relâcher des conditions qu'il avoit demandées pour la sûreté de ma démission; qu'il n'y en avoit aucune qui ne lui fût venue dans l'esprit; que sa première pensée⁵ avoit été d'exiger une promesse par écrit du chapitre, des curés de la Sorbonne⁶, qui s'engageassent à ne me plus reconnoître⁷, en cas que je refusasse de la⁸ ratifier lorsque je serois en liberté; que la seconde avoit été de me faire mener au Louvre, d'y assembler tous les corps ecclésiastiques de la Ville, de m'obliger à donner ma parole au Roi en leur présence. Enfin il n'y⁹ a sorte

1. Voyez ci-dessus, p. 486.
2. Qu'en dites-vous ? (1837-1866.)
3. D'aucunes propositions. (*Ibidem.*) — Plus loin, *et*, après *clairement*, est en interligne dans l'original.
4. La liberté. (1837-1866.)
5. Que la première pensée. (*Ibidem.*)
6. Des curés et de la Sorbonne. (*Ibidem.*) — Il n'y a pas de virgule après *curés*, dans l'original. Est-ce un oubli? ou bien Retz a-t-il voulu dire : « des curés docteurs de Sorbonne » ? — A la ligne suivante, devant *refusasse*, est biffé : *vinsse à réussir de me*.
7. A ne plus me reconnoître. (1843-1866.)
8. *La*, en interligne.
9. *N'y* (*ni*) est effacé et récrit.

d'impertinence[1], ajouta le Premier[2] Président de laquelle il ne se soit avisé pour satisfaire sa défiance.

« Vous le voyez, par ce que je viens de vous en[3] dire, qui ne fait pourtant pas la moitié de ce que j'en ai vu. Comme je le connois, je ne l'ai contredit sur rien[4]. Toutes ces[5] ridicules visions se sont évanouies d'elles-mêmes. Celle des douze cautions, qui est à la vérité plus praticable que les autres, subsiste encore ; mais elle se dissipera comme les autres, pourvu que vous demeuriez ferme à ne la pas accepter. Je la disputerai avec opiniâtreté contre vous, vous la refuserez avec fermeté, comme croyant qu'elle vous est honteuse, et nous ferons venir[6] le Sicilien à un autre expédient, qu'il prendra, parce qu'il le croira très-propre à vous tomber[7]. Cet expédient est de vous confier ou à M. d'Hocquincourt ou à[8] M. le maréchal de la Meilleraie, jusques à ce que le Pape ait reçu votre démission. Le Cardinal croira qu'elle est sûre, si le Pape l'accepte ; et il est

---

1. D'entreprise. (1837-1866.) — D'impertinence, ajouta-t-il, de laquelle. (Ms. Caf.)

2. *Premier* (*p^r*) a été ajouté après coup (voyez ce qui est dit ci-dessus dans la note 2 de la page 485) ; à la suite de *Président*, est biffé *qu'i*[*l*].

3. Le ms. Caf. omet *en*.

4. Ici un tâtonnement effacé : *que quand il concluoit à ne don-*[*ner?*] *d'a*[*utre?*] *quand*.

5. Après *toutes ces*, est biffé *imagination*[*s*] ; et, après *visions*, quelques mots : *sont tombées par*.

6. *Venir* est en interligne, au-dessus de *tomber*, raturé ; après *Sicilien*, est biffé *dans* ; le mot *à*, qui suit, a été ajouté après coup ; *une* corrigé en *un*, et *vue* effacé après *autre*.

7. Tel est bien le texte. Dans le ms. Caf. : « à vous faire tomber dans le piége ». — Faut-il, avec tous les éditeurs, changer *tomber* en *tromper*?

8. M^r *d'* a été ajouté après coup devant *Hoquincour* (sic) ; ensuite la préposition *à* corrige *au* ; et M^r *le*, qui suit, est en interligne.

si ignorant de nos mœurs qu'il me le disoit encore hier[1]. »

Je pris la parole en[2] cet endroit, et je dis à Monsieur le Premier Président : que l'expédient ne valoit rien, parce que le Pape ne l'accepteroit pas[3] : « Qu'importe? me repartit-il[4], c'est le pis qui nous puisse arriver; et, pour remédier à ce pis, il faut, quand l'on vous fera cette proposition, que vous stipuliez que[5], quoi qui arrive, vous ne pourrez jamais être remis entre les mains du Roi que sur mon billet; et j'en prendrai un bien signé de celui qui se chargera de votre garde. Vous devez vous fier en moi. Mettez-vous en l'état que je vous marque : j'ai un pressentiment que Dieu pourvoira au reste. »

Nous discutâmes à fond la matière; nous examinâmes tout ce qui se pouvoit imaginer sur le choix qui se devoit faire de M. d'Hocquincourt ou de M. de la Meilleraie; nous convînmes de tous nos faits, et il sortit de Vincennes les larmes aux yeux, en disant à M. de Pradelle : « Je trouve une opiniâtreté invincible : je suis au désespoir. Ce n'est pas l'Archevêché qui le tient. Il ne s'en soucie plus; mais il croit que son honneur est blessé par les propositions que l'on lui fait de cautions, de garantie. Il ne se rendra jamais; je ne veux plus me mêler de tout ceci; il n'y a rien à faire. »

Pradelle, qui étoit bien plus à l'abbé Foucquet qu'au

---

1. Ces derniers mots : *qu'il me le disoit*, etc., manquent dans le ms. Caf.

2. *En* corrige *à*.

3. Afin, dit Claude Joli (p. 167), de ne pas donner « un titre d'exemple aux puissances séculières, pour arracher, quand il leur plairoit, des évêques de leurs siéges. »

4. Répondit-il. (Ms. Caf.)

5. Après *stipuliez que*, il y a une ligne et demie effacée : *si le Roi ne ne reçoit pas votre démission, vous ne pourrez.* — Quoi qu'il arrive. (1837-1866.)

Cardinal, et qui savoit que l'abbé Foucquet ne vouloit en[1] aucune manière ma liberté, lui porta en diligence ces bonnes nouvelles, et il en reçut aussi, en même temps[2], la commission de me faire entrevoir[3], sans affectation, dans les conversations qu'il avoit avec moi, l'archevêché de Reims[4] et des récompenses immenses, afin que, lorsque l'on m'en proposeroit de moindres, je me tinsse plus ferme et que ma fermeté aigrît encore davantage[5] le Mazarin. Je m'aperçus de ce jeu[6] avec assez de facilité, en joignant ce que je savois de sûr par M. de Bellièvre et par mes amis et ce que j'apprenois[7] de différent par Pradelle et par d'Avanton, qui étoit mon exempt[8]. Celui-ci, qui étoit uniquement dépendant de M. de Noailles, son capitaine[9], qui n'y entendoit aucune finesse et qui n'alloit qu'au service du Roi, ne me grossissoit rien. L'autre, dont le but étoit de m'empêcher d'accepter le parti[10] que l'on me feroit, par l'espérance qu'il me feroit[11] concevoir d'en obtenir de plus considérables, continuoit à me jeter des lueurs éclatantes. Je me résolus de répondre par l'art à l'artifice : je dis à d'Avanton

1. Devant *aucune*, est biffé : *façon d[u monde?]*.
2. Cette bonne nouvelle, et il reçut en même temps. (1843-1866.)
3. *Entrevoir* est précédé de *voir* (*veoir*), effacé.
4. Reims (*Rheins*) a été biffé, puis récrit. — Le titulaire de l'archevêché de Reims était, depuis 1651, Henri de Savoie-Nemours : voyez, au tome I, la note 1 de la page 236. Il n'avait pas reçu les ordres sacrés, se démit de ce siége en 1657, et épousa la fille du duc de Longueville.
5. Toujours davantage. (Ms. Caf.)
6. *Assez*, biffé, après *jeu;* à la ligne suivante, *de sûr*, à la marge.
7. A ce que j'apprenois. (1837-1866.)
8. Voyez ci-dessus, p. 483 et note 3.
9. Devant *qui*, est biffé *et*.
10. *Parti* remplace, à la marge, *offres*, biffé dans le texte après *le* (sic).
11. Qu'il me faisoit. (1837-1866.)

que je ne concevois pas la manière d'agir de la cour; que, quoique je fusse dans les fers, je ne les trouvois pas assez pesants pour souhaiter de les rompre par toutes voies[1]; qu'enfin il falloit agir avec sincérité avec tout le monde, et avec les prisonniers comme avec les autres; que l'on me faisoit, en même temps, des propositions toutes opposées[2]; que Monsieur le Premier Président m'offroit sept abbayes; que M. de Pradelle me montroit[3] des archevêchés. D'Avanton, qui, dans le vrai, ne vouloit que le bien de l'affaire, ne manqua pas de rendre compte à son capitaine de mes plaintes. M. le cardinal Mazarin, qui avoit pris une frayeur mortelle des curés[4] et des confesseurs de Paris, et qui, par cette considération, brûloit d'impatience de finir, en fut outré contre Pradelle; il l'en gourmanda au dernier point; il soupçonna le vrai, qui étoit qu'il agissoit par les ordres de l'abbé Foucquet; et le chagrin qu'il eut de voir qu'il trouvoit, dans les siens même, des obstacles à ses volontés, contribua beaucoup, à ce que[5] M. de Bellièvre me dit dès le lendemain, à le faire conclure à ce que je donnasse ma démission, datée du donjon de Vincennes; que le Roi me pourvût des sept abbayes que je vous ai nommées; que je fusse remis entre les mains de M. le maréchal de la Meilleraie[6], pour être gardé par lui dans le château de Nantes, et pour être remis en liberté aussitôt qu'il auroit plu à Sa Sainteté d'accepter ma démission[7]; que, quoi qu'il pût arriver de

1. Par toutes les voies. (1859, 1866.)
2. Tout opposées. (1837-1866.)
3. Devant *montroit*, est biffé *faisoi[t voir]*; puis *bien*, après *vouloit*.
4. Après *curés*, est biffé : *de Paris*, récrit plus loin.
5. *Le*, effacé, après *que*.
6. Le maréchal de la Meilleraye était, depuis 1632, lieutenant général en Bretagne.
7. *Et*, biffé après *démission*.

cette démission, je ne pourrois jamais être remis entre les mains de Sa Majesté, qu'après que M. le premier président de Bellièvre auroit écrit de sa main à M. le maréchal de la Meilleraie qu'il l'agréoit ; et que, pour plus grande sûreté[1] de cette dernière clause, le Roi signeroit de sa main un papier par lequel il permettroit à M. le maréchal de la Meilleraie de donner cette promesse par écrit à M. le premier président de Bellièvre[2]. Tout cela fut exécuté, et, le lundi saint[3], l'un et l'autre me vinrent prendre à Vincennes et ils me menèrent ensemble, dans un carrosse du Roi, jusques au Port-à-l'Anglois[4].

Comme le maréchal étoit tout estropié de la goutte, il ne put monter jusques à ma chambre, ce qui donna le temps à M. de Bellièvre, qui m'y vint prendre, de me dire, en descendant les degrés, que je me gardasse bien de donner une parole que l'on m'alloit demander. Le maréchal, que je trouvai au bas de l'escalier, me la demanda effectivement, de ne me point sauver[5]. Je lui répondis que les prisonniers de guerre donnoient des paroles, mais que je n'avois jamais ouï dire que l'on en exigeât des prisonniers d'État. Le maréchal se mit en colère et il me dit[6] nettement qu'il ne se chargeroit donc pas de ma personne. M. de Bellièvre, qui n'avoit pas pu, devant mon exempt, devant Pradelle et devant mes

1. Pour la plus grande sûreté. (1843-1866.) — Dans l'original, après *dernière*, est biffé un tâtonnement : *ca clause* ; puis *feroit*, après *le Roi*.
2. L'acte de démission fut signé en double expédition et dressé par deux notaires, qui attendaient le résultat de la conférence, « cachés dans un carrosse à la porte du château. » (*Mémoires de Gui Joli*, p. 95.)
3. Le 30 mars de cette année 1654.
4. Voyez, au tome II, p. 317 et note 5.
5. C'étoit de ne me point sauver. (1837-1866.)
6. Et me dit. (1859, 1866.)

gardes, s'expliquer avec moi du détail¹, prit la parole, et il dit² : « Vous ne vous entendez pas ; Monsieur le Cardinal ne refuse pas de vous donner sa parole, si vous voulez vous y fier absolument et ne lui donner auprès de lui aucune garde³ ; mais, si vous le gardez, Monsieur, à quoi vous serviroit cette parole ? car tout homme que l'on garde en est quitte. »

Le Premier Président jouoit à jeu sûr, car il savoit que la Reine avoit fait promettre au maréchal qu'il me feroit toujours garder à vue. Il regarda M. de Bellièvre, et il lui dit : « Vous savez si je⁴ puis faire ce que vous me proposez ; allons, continua-t-il en se tournant vers moi⁵, il faut donc que je vous garde, mais ce sera d'une manière de laquelle vous ne vous plaindrez jamais⁶. »

Nous sortîmes ainsi, escortés des gendarmes, des chevaux-légers et des mousquetaires du Roi ; et les gardes de M.⁷ le cardinal Mazarin, qui, à mon opinion, n'eussent pas dû être de ce cortége, y parurent même avec éclat⁸.

1. En détail. (1859, 1866.)
2. Et me dit. (*Ibidem.*)
3. Aucuns gardes. (*Ibidem.*)
4. *Le*, biffé devant *puis*.
5. Le ms. Caf. omet : *en se tournant vers moi*.
6. L'éditeur de 1837 insère ici dans le texte, entre crochets, la lettre du Roi au maréchal de la Meilleraye, une promesse du maréchal envers Retz, et la déclaration de Retz témoignant qu'il est satisfait de cette promesse.
7. Escortés de gendarmes, de chevau-légers et de mousquetaires du Roi ; et des gardes de M. (1837-1866.) — L'édition de 1859, 1866 ajoute, en outre, *de Vincennes*, après *ainsi*.
8. « On peut dire qu'une escorte si nombreuse n'avoit pas trop l'air de liberté et ressembloit assez à un changement de prison. » (*Gui Joli*, p. 96.) — D'après le *P. Rapin* (tome II, p. 230), « on prit prétexte de l'ôter (*Retz*) de Vincennes, parce que le Roi vouloit aller à la chasse dans le bois de Vincennes : ce qu'il fit dès le lendemain que le cardinal de Retz en fut parti, et il y demeura

Nous quittâmes le Premier Président au Port-à-l'Anglois, et nous continuâmes notre route jusques à Beaugenci¹, où nous nous embarquâmes après avoir changé d'escorte. La cavalerie retourna à Paris; et Pradelle, qui avoit pour enseigne Morel, qui est présentement, ce me semble, à Madame, se mit dans notre² bateau, avec une compagnie du régiment des gardes, qui suïvoit dans un autre. L'exempt, les gardes du corps, la compagnie du régiment me quittèrent le lendemain que je fus arrivé à Nantes, et je demeurai purement à la garde de M. le maréchal de la Meilleraie, qui me tint parole, car l'on ne pouvoit³ rien ajouter à la civilité avec laquelle il me garda. Tout le monde me voyoit; l'on me cherchoit même tous les divertissements possibles; j'avois presque tous les soirs la comédie. Toutes les dames de la ville s'y trouvoient; elles y soupoient souvent⁴.

quelques jours. » On lit dans la *Gazette* du 4 avril (p. 331) : « Le 31 [mars] Sa Majesté prit le divertissement de la chasse à Versailles, et le 1ᵉʳ du courant au bois de Vincennes, d'où ce jour-là, le cardinal de Retz étant sorti par ordre du Roi, lequel y avoit envoyé exprès le premier président du Parlement, le maréchal de la Meilleraye et le marquis de Villequier, capitaine des gardes du corps, il alla coucher à Chilly*a*, pour se rendre ensuite au château de Nantes, où il doit demeurer quelque temps. »

1. Beaugency, sur la Loire (Loiret), alors chef-lieu de bailliage dans la généralité d'Orléans. — Dans l'original, *Boisgenci*.
2. *Notre* suit *mon*, biffé.
3. *Pouvoit* remplace, à la marge, *peut*, effacé dans le texte.
4. « Le cardinal de Retz, dit Gui Joli (p. 96), étoit logé au second étage dans une chambre où il couchoit, avec quatre soldats, qui passoient toutes les nuits à la porte de sa chambre, et une sentinelle dans la cour sous ses fenêtres. Il est vrai que, pendant le jour, il avoit la liberté de se promener dans le château et dans une allée en terrasse qui avoit vue sur la rivière, sur la motte Saint-Pierre et sur le faubourg; mais il n'y alloit jamais

a Chilly-Mazarin (Seine-et-Oise), canton de Longjumeau, à vingt et un kilomètres de Versailles.

Mme[1] de la Vergne, qui avoit épousé en secondes noces M. le chevalier de Sévigné[2], et qui demeuroit en Anjou, avec son mari, m'y vint voir et y amena Mlle de la Vergne, sa fille, qui est présentement Mme de la Fayette. Elle étoit fort jolie et fort aimable, et elle[3] avoit, de plus, beaucoup d'air de Mme de Lesdiguières. Elle me plut beaucoup; la vérité[4] est que je ne lui plus guère[5], soit qu'elle n'eût pas d'inclination pour moi, soit que la défiance que sa mère et son beau-père lui avoient donnée, dès Paris[6], même avec application, de mes inconstances et de mes différentes amours, la missent en garde contre moi. Je me consolai de sa cruauté avec la facilité qui m'étoit assez naturelle; et la

qu'il n'y fût suivi de deux gardes, qui avoient ordre de l'observer, sans parler de deux sentinelles qui étoient toujours au bout de cette allée, éloignés l'un de l'autre environ de soixante pas. Ainsi le maréchal ne négligeoit rien pour s'assurer de sa personne, dont il avoit répondu à la cour; mais il faut avouer aussi qu'à cela près il lui faisoit tout le bon traitement qu'il pouvoit desirer. Outre la bonne chère, qui étoit parfaite, il avoit soin de faire venir au château toutes les meilleures compagnies d'hommes et de femmes de la ville et de la province. Il lui donnoit souvent la comédie; il donnoit à jouer tous les jours, et jouoit lui-même un fort gros jeu. Il laissoit une entière liberté au cardinal de Retz de voir tous ses amis et tous ses domestiques, jusqu'à ce qu'il se retirât dans sa chambre vers les onze heures du soir. »

1. Les dix-sept lignes suivantes, qui correspondent à un signe de renvoi marqué dans le texte, se trouvent sur un feuillet supplémentaire de l'autographe, lequel est placé, quoique paginé 2585 *bis*, avant le 2585ᵉ, et suivi d'un feuillet blanc.

2. Sur Mme de la Vergne et sur Mme de la Fayette (dans l'original *Faiete*), nommée ci-après, voyez ci-dessus, p. 148 et note 2; sur le chevalier de Sévigné, au tome II, p. 135 et note 1.

3. *Elle*, répété par mégarde; après *avoit*, est biffé *beau[coup]*.

4. Et la vérité. (1843-1866.)

5. Le ms. Caf. a, de plus, après *guère* : « soit que sa dévotion, qui étoit grande en ce temps-là, s'y opposât. »

6. *Dès Paris*, à la marge.

liberté que M. le maréchal de la Meilleraie me laissoit avec les[1] dames de la ville, qui étoit à la vérité très-entière, m'étoit d'un fort grand[2] soulagement. Ce n'est pas que[3] l'exactitude de la garde ne fût égale à l'honnêteté. L'on ne me perdoit jamais de vue que quand j'étois retiré dans ma chambre; et[4] l'unique porte qui étoit à cette chambre étoit gardée par six gardes, jour et nuit. Il n'y avoit qu'une fenêtre très-haute[5], qui répondoit de plus[6] dans la cour, dans laquelle il y avoit toujours un grand[7] corps de garde, et celui qui m'accompagnoit toutes les fois que je sortois, composé de ces six hommes dont j'ai parlé ci-dessus, se postoit sur la[8] terrasse d'une tour dont il me voyoit[9] quand je me promenois dans un petit jardin, qui est sur une manière de bastion ou de ravelin qui répond sur l'eau[10]. M. de Brissac, qui se trouva[11] dans le château de Nantes, à la descente du carrosse, et MM. de Caumartin, Haqueville[12], abbés de Pontcarré et Amelot[13], qui y vinrent bientôt

1. Quelques lettres biffées devant *dames*.
2. Retz avait voulu écrire d'abord : *de très-grand*; il a corrigé *de* en *d'un*, et biffé *très*.
3. *Ce n'est pas que*, à la marge; plus loin, *ne fût*, en interligne, sur *estoit*, biffé. — Avec les dames de la ville, qui, étant à la vérité très-entière, m'étoit d'un fort grand soulagement. L'exactitude de la garde fut égale. (1837-1866.)
4. Après *et*, est biffé : *cette chambre qui n'avoit*; à la ligne suivante, *gardée* est précédé de *toujours*, effacé.
5. Après *haute*, est biffé *au* et une autre lettre.
6. *De plus*, à la marge.
7. Un très-grand. (Ms. Caf.)
8. *La*, en interligne, au-dessus d'*une*, effacé.
9. D'une tour d'où il me regardoit. (1837-1866.) — Le ms. Caf. a aussi *d'où*, au lieu de *dont*.
10. Voyez la note 4 de la page 496.
11. Que je trouvai. (Ms. Caf.)
12. Sur d'Haqueville, voyez au tome III, p. 125 et note 6.
13. Pierre Camus de Pontcarré, fils et frère de conseillers au Par-

après[1], furent plus étonnés de l'exactitude de la garde, qu'ils ne furent satisfaits de la civilité, quoiqu'elle fût très-grande. Je vous confesse que j'en fus moi-même fort embarrassé[2], particulièrement quand j'appris, par un courrier de l'abbé Charrier, que le Pape ne vouloit point agréer ma démission : ce qui me fâcha beaucoup, parce que l'agrément du Pape ne l'eût pas validée, et m'eût toutefois donné ma liberté. Je dépêchai en diligence à Rome Malcler[3], qui a l'honneur d'être connu de vous, et[4] je le chargeai d'une lettre par laquelle j'expliquois au Pape[5] mes véritables intérêts; je[6] donnai de plus une instruction très-ample à Malcler, par laquelle je lui marquois tous les expédients de concilier la dignité du Saint-Siége avec l'acceptation de cette démission. Rien ne put persuader Sa Sainteté, elle demeura inflexible. Elle crut qu'il y alloit trop de sa réputation[7] de consentir, même pour un instant, à une violence

---

lement, prieur de Saint-Trojan, aumônier du Roi, mort en 1684. Son nom se trouve déjà au tome II, p. 261 ; il est souvent question de lui dans les *Lettres de Mme de Sévigné*, sous le nom du gros abbé. — Le second abbé, car il y a bien *abbés* au pluriel dans l'original, est probablement Michel Amelot de Gournay, reçu conseiller au Parlement en 1648, nommé abbé de l'abbaye du Guay de Launay, diocèse du Mans, en 1656, puis successivement évêque de Lavaur et archevêque de Tours, mort en 1687, à l'âge de soixante-trois ans.

1. *Qui y vinrent bientôt après* est à la marge, de même que la fin de la phrase : *quoiqu'elle fût très-grande.*
2. Après *embarrassé*, est biffé : *quand j'appri[s]*, récrit plus loin.
3. Voyez au tome III, p. 304 et note 4. On peut s'étonner que ce soit ici, et non à la première mention de Malcler, que Retz ajoute : « qui a l'honneur d'être connu de vous. »
4. Il y a *de*, effacé, après *et*.
5. Après *Pape*, est raturé un tâtonnement : *ce la vérité* (?) *d*....
6. Après *je*, une *l* effacée.
7. Retz avait écrit d'abord : *son hon[neur]* ; il a mis *sa* au-dessus de *son*, effacé, et biffé *hon*.

aussi¹ injurieuse à toute l'Église, et elle dit ces propres paroles à l'abbé Charrier et à Malcler, qui la pressoient² les larmes aux yeux : « Je sais bien que mon agrément ne valideroit³ pas une démission qui a été extorquée par la force ; mais je sais bien aussi qu'il me déshonoreroit, quand l'on diroit que je l'ai donné à une démission qui est datée d'une prison⁴. »

Vous croyez aisément que cette⁵ disposition du Pape m'obligeoit à de sérieuses réflexions, qui furent même, dans la suite, encore plus éveillées⁶ par celles du maréchal de la Meilleraie. Il étoit⁷ de tous les hommes le plus bas à la cour, et la nourriture qu'il avoit prise à celle de M. le cardinal de Richelieu⁸ avoit fait de si fortes impressions dans son esprit, que, bien qu'il eût beaucoup d'aversion pour la personne de M. le cardinal Mazarin, il trembloit dès qu'il entendoit nommer son nom⁹.

1. *Aussi*, en interligne.
2. Qui pressoient le Pape. (1837-1866.)
3. *Valideroit* remplace, à la marge, *validera*, effacé dans le texte, et *une* est en interligne, sur *la*, également biffé ; plus loin, après *qui*, sont biffés les mots : *est datée d'une prison*, que Retz a récrits plus loin.
4. Voyez ci-dessus, p. 494 et note 2.
5. *Cette*, en interligne, au-dessus de *la*, effacé ; à la ligne suivante, trois lettres biffées entre *qui* et *furent*.
6. *Éveillées*, répété et biffé la première fois.
7. C'étoit. (Ms. Caf.) — Dans l'original, *Il* est en interligne, sur *C'*, raturé.
8. Dont il était le cousin germain : voyez au tome I, p. 106 et note 7.
9. « Le cardinal de Retz, dit Gui Joli (p. 97), affectoit de marquer au maréchal une confiance sans réserve, en lui communiquant toutes les lettres qu'il recevoit de Rome, dont Joli lui portoit les originaux après les avoir déchiffrés, et mis en interligne le véritable sens : ce qu'il continua pendant un assez long temps, et jusqu'à ce qu'il arrivât des choses qui ne se pouvoient pas montrer. » Joli ajoute qu'en retour la Meilleraye montrait assez sou-

SECONDE PARTIE. [1654]   501

Je ne fus pas deux jours entre ses¹ mains, que je ne m'aperçusse² de cet esprit de servitude, et qu'il ne s'aperçût lui-même qu'il s'étoit engagé dans une affaire qui [se] pourroit³ rendre difficile dans l'événement. Ses frayeurs redoublèrent à la première nouvelle⁴ qu'il eut que l'on incidentoit à Rome. Il m'en parut ému au delà de ce que la bienséance même l'eût pu permettre⁵. Quand le Cardinal lui eut mandé qu'il savoit de science certaine que la difficulté que faisoit le Pape venoit de moi, il ne se put plus contenir; il m'en fit des reproches, et, au lieu de recevoir mes raisons, qui étoient fondées sur la pure et simple vérité, il affecta de croire, ou plutôt de vouloir croire, que je la lui déguisois. Je me le tins pour dit, et je ne doutai plus qu'il ne se préparât⁶ des prétextes pour me rendre à la cour, quand il lui conviendroit de le faire. Cette conduite est ordinaire à tous ceux

vent à Retz les dépêches de la cour, « pour lesquelles il lui arrivoit plus d'une fois de s'emporter contre le cardinal Mazarin dans les termes les plus injurieux..., en présence du cardinal de Retz et de Joli, disant qu'il étoit plus grand frondeur qu'ils n'avoient jamais été, et qu'il haïssoit le cardinal Mazarin cent fois plus qu'eux ; mais ils ne croyoient de cela que ce qu'il en falloit croire. » On sait que le fils de la Meilleraye, Armand-Charles, qui était, depuis 1648, grand maître de l'artillerie, épousa, quelques années plus tard (1661), la nièce favorite de Mazarin, Hortense Mancini, et que le ministre, dont il prit même le nom et les armes, le fit son principal légataire. Nous voyons dans une lettre de Loret (p. 473) que, dès le 7 mars 1654, on s'apprêtait à négocier ce mariage.

1. *Ces* corrigé en *ses*.
2. Que je m'aperçus. (1837.) — Que je ne m'aperçus. (1843-1866.)
3. Après *pourroit*, est biffé *en*. — Qui pouvoit me rendre. (1837-1866.) — Il y a aussi *pouvoit* dans le ms. Caf.
4. A la nouvelle. (1859, 1866.)
5. Au delà même de ce que la bienséance eût pu permettre. (1837-1866.)
6. Déguisois. Je ne doutois plus alors qu'il ne préparât. (1843-1866.)

qui ont plus d'artifice que de jugement ; mais elle n'est pas sûre à ceux qui ont plus d'impétuosité que de bonne foi. J'en fis faire l'expérience au Maréchal, car je le fis expliquer[1] ses intentions en l'échauffant insensiblement : il se[2] trahit soi-même, en me les découvrant avec beaucoup d'imprudence, en présence de tout ce qui étoit avec nous dans la cour du château. Il me lut une lettre, par laquelle l'on lui écrivoit que l'on avoit donné avis à la cour que je promettois à Monsieur, qui étoit à Blois, de lui ménager M. le maréchal de la Meilleraie, et au point que je ne désespérois pas qu'il ne lui donnât retraite au Port-Louis[3]. Je lui dis qu'il auroit tous les jours de ces tire-laisses[4], et que la cour, qui n'avoit songé qu'à apaiser[5] Paris en m'en éloignant, ne songeoit plus qu'à me tirer de ses mains par ses artifices. Il se tourna de mon côté comme un possédé, et il me dit

1. Je lui fis expliquer. (Ms. Caf.) — *Ses intentions* est omis dans les éditions de 1837-1866.
2. *Les* corrigé en *se.*
3. *Port-Louis*, place forte de Bretagne, avec port et citadelle, construite sous Louis XIII, à qui elle doit son nom, à l'embouchure du Blavet, à cinq kilomètres sud de Lorient; c'est aujourd'hui un chef-lieu de canton du Morbihan. — Il y a ici, dans l'original, *Fort-Louis*; mais, plus loin, nous trouvons deux fois *Port-Louis.* Dans les *Lettres de Mme de Sévigné*, nous rencontrons aussi les deux orthographes : aux tomes III (p. 523) et IV (p. 53), *Fort-Louis ;* et au tome IX (p. 151, etc.), *Port-Louis.*
4. Qu'il auroit toujours de ces tracasseries. (1837-1866.) — *Tire-laisses*, leçon de l'original, confirmée par le ms. Caf. et par la première édition (1717), est un vieux terme de moquerie, emprunté d'un ancien jeu, et « dont on se sert, dit Furetière, à l'égard de ceux qui croyoient faire quelque profit ou quelque butin et qui sont obligés de l'abandonner; on le dit aussi d'un appât qu'on donne à certaines gens pour les faire entrer en quelque affaire dont ils ne tireront aucun avantage. »
5. Devant *apaiser*, est biffé *me tirer ;* et *ne songeoi[t]*, après *Paris.* — En m'éloignant. (Ms. Caf.) — En m'éloignant, ne songeroit. (1837-1866.)

d'une voix haute et animée : « En un mot, Monsieur, je veux bien que vous sachiez que je ne ferai pas la guerre au Roi pour vous. Je tiendrai fidèlement ma parole ; mais aussi faudra-t-il que Monsieur le Premier Président tienne celle qu'il a donnée au Roi[1]. » Je joignis à ces sentences[2] un petit voyage de quinze jours[3] qu'il fit, deux jours après, au Port-Louis, et l'affectation qu'il eut d'envoyer à la Meilleraie[4] Madame sa femme[5], qui n'étoit revenue de Paris que huit ou dix jours auparavant, et je me résolus de penser tout de bon à me sauver.

Monsieur le Premier Président, à qui la cour avoit déjà fait une manière [de] tentative, m'en pressoit[6], et Montrésor me fit donner un petit billet, par le moyen d'une dame de Nantes[7] : « Vous devez être conduit à Brest, dans la fin du mois, si vous ne vous sauvez. » La chose étoit très-difficile. Le préalable fut[8] d'amuser le Maréchal en lui faisant croire, aussitôt qu'il fut revenu

1. D'après Gui Joli (p. 99), ce fut au duc de Brissac, frère de sa femme, qui le sondait sur ses intentions, que la Meilleraye répondit « qu'il n'étoit ni en humeur ni en état de faire la guerre au Roi. »
2. A ces circonstances. (1837-1866.)
3. *De quinze jours*, à la marge.
4. Terre et seigneurie du Poitou (diocèse de la Rochelle), érigée plus tard (1663) en duché-pairie en faveur du maréchal de la Meilleraye.
5. Voyez au tome I, p. 134 et note 2.
6. Selon Gui Joli (p. 98), ces instances de Bellièvre allèrent jusqu'à dire « nettement que le meilleur parti pour le cardinal de Retz étoit de venir droit à Paris au sortir de Nantes, de révoquer sa démission, de prendre possession en personne, et de faire le serment de fidélité au Parlement : à quoi il promettoit d'aider de tout son pouvoir, répondant presque de l'événement. »
7. D'une dame de Nantes, qui portoit ces paroles. (Ms. Caf.) — D'une dame de Nantes, où il y avoit. (1837-1866).
8. Le préalable étoit. (Ms. Caf.)

du Port-Louis[1], que Rome commençoit à s'adoucir ; et Joli lui faisoit voir des déchiffrements qui paroissoient fort naturels[2]. Je connus encore en cette occasion que les gens les plus défiants sont souvent[3] les plus dupes[4]. Je m'ouvris ensuite à M. de Brissac, qui faisoit de temps en temps des voyages à Nantes, et qui me promit de me servir. Comme il avoit un fort grand équipage, il marchoit toujours avec beaucoup de mulets[5], et l'on lui faisoit la guerre qu'il[6] en avoit presque autant pour sa garde-robe que le Roi. Cette quantité de coffres[7] me donna la pensée qu'il ne seroit pas impossible que je me fourrasse dans l'un de ces bahuts. L'on le fit faire exprès un peu[8] plus grand qu'à l'ordinaire. L'on fit un trou par le dessous, afin que je pusse respirer. Je l'essayai même, et il me parut que ce moyen étoit praticable, et d'autant plus aisé qu'il étoit simple et qu'il n'étoit pas même nécessaire de le communiquer à beaucoup de gens. M. de Brissac l'avoit extrêmement[9] approuvé ; il fit un voyage de trois ou quatre jours à Machecoul[10], qui le changea absolument.

1. *Aussitôt qu'il fut revenu du Port-Louis*, à la marge.
2. Voyez ci-dessus la note 9 de la page 500.
3. Sont très-souvent. (1837-1866.)
4. Les plus dupés. (Ms. Caf.) — Les lacunes deviennent de plus en plus fréquentes et longues dans les éditions anciennes. Ici, dans plusieurs, manquent deux phrases, depuis *Le préalable;* plus loin (p. 507 et 508), dans presque toutes, les trente dernières lignes environ de l'alinéa qui finit par « en cet endroit »; plus loin encore, p. 508, le commencement de l'alinéa : « Il me semble que.... » dans celles qui ont omis le premier morceau indiqué : *Le préalable*, etc.
5. La fin du mot est peu lisible; on peut hésiter entre *mulets* et *mules*.
6. Et on lui faisoit la guerre de ce qu'il. (1843-1866.)
7. Après *coffres*, est biffé : *et de bahuts (bahus)*.
8. *Un peu* manque dans le ms. Caf.
9. Entièrement. (1837-1866.)
10. Aujourd'hui chef-lieu de canton de la Loire-Inférieure, ar-

Il s'ouvrit de ce projet à Mme de Rais et à Monsieur son beau-père[1] ; ils l'en dissuadèrent : celle-là[2], à mon avis, par la haine qu'elle avoit pour moi, et celui-ci par son tour d'esprit naturel, qui, nonobstant beaucoup de parties qu'il avoit d'un très-grand seigneur, alloit toujours au mal. M. de Brissac revint donc à Nantes convaincu, à ce qu'il disoit, que j'étoufferois dans ce bahut[3], et touché, à la vérité, du scrupule que l'on lui avoit donné que, si il faisoit une action de cette nature, il violeroit trop ouvertement le droit d'hospitalité[4]. Je n'oubliai rien pour lui persuader qu'il violeroit[5] aussi beaucoup celui de l'amitié, si il me laissoit transférer à Brest[6], m'en pouvant empêcher. Il en convint, et il me donna parole et qu'il n'iroit plus à Machecoul et qu'il me serviroit pour[7] ma liberté en tout ce qui ne regarderoit pas le dedans du château. Nous prîmes toutes nos mesures sur un plan que je me fis à moi-même, aussitôt que le premier m'eut manqué.

Je vous ai déjà dit que je m'allois quelquefois promener sur une manière de ravelin, qui répond sur la rivière de Loire[8] ; et j'avois observé que, comme nous

rondissement de Nantes, à trente-huit kilomètres de cette ville : voyez au tome I, p. 96.

1. On a vu (tome I, p. 92 et note 5) que le duc de Brissac avait épousé en 1645 la fille cadette du duc de Retz (voyez *ibidem*, la note 8 de la page 91), Marguerite de Gondi.
2. *Celle-là* corrige *celle-ci*, qui lui-même corrigeait déjà *l'un* ; et, à la ligne suivante, *celui-ci* suit *celui-là*, biffé.
3. Ici encore *bahu*, dans l'original.
4. Le droit de l'hospitalité. (1837-1866.)
5. Qu'il violoit. (Ms. Caf.)
6. Devant *Brest*, sont biffées les quatre premières lettres du mot : *Bres*.
7. *Pour*, en interligne, au-dessus d'*en*, effacé.
8. Voyez ci-dessus, p. 498 et note 10.

étions au mois d'août, la rivière[1] ne battoit pas contre la muraille et laissoit un petit espace de terre entre elle et le bastion[2]. J'avois aussi remarqué qu'entre le jardin qui étoit sur ce bastion et la terrasse sur laquelle mes gardes demeuroient quand je me promenois, il y avoit une porte que Chalucet[3] y avoit fait mettre pour empêcher les soldats d'y aller manger son verjus[4]. Je formai sur ces observations mon dessein, qui fut de tirer, sans faire semblant de rien, cette porte après moi, qui, étant à jour par des treillis, n'empêcheroit pas les gardes de me voir[5], mais qui les empêcheroit au moins de pouvoir venir à moi; de me faire descendre par une corde que mon médecin[6] et l'abbé Rousseau[7], frère de mon intendant, me tiendroient, et de faire trouver des chevaux

1. *Qui*, biffé, après *rivière*. — Au mois d'août, elle ne battoit pas. (1837-1866.)
2. Espace de terre jusqu'au bastion. (*Ibidem.*)
3. Dans l'original, *Chaslucet*. Tallemant des Réaux mentionne, aux tomes II (p. 223 et 224) et IV (p. 404 et 405), Jean-François de Bonnin, marquis de Chalusset, et le nomme, ici « gouverneur », là « lieutenant du château de Nantes. » — Dans les *Mémoires de Gui Joli* (p. 99), le nom est écrit *Chalausse*.
4. Son fruit. (Ms. H.) — Son raisin. (1837-1866.) — Le ms. Caf. a la vraie leçon *verjus*, que les éditions de 1718 C, D, E ont défigurée en *venier*.
5. Qui, étant à jour, n'empêchoit pas les gardes de me voir par les intersis (*sic*) des barreaux. (Ms. Caf.)
6. Vacherot : voyez ci-dessus, p. 459 et 467 ; et ci-après, p. 514, note 6, le récit de Gui Joli.
7. « Homme fort affectionné, dit Gui Joli (p. 99), puissant de corps, et très-capable de bien exécuter ce à quoi on vouloit l'employer. » On lui écrivit tout exprès de venir de Paris. — Tallemant des Réaux (tome V, p. 229-231) parle des deux frères, l'intendant du Cardinal et l'abbé, à propos d'une querelle avec Ménage. Il confirme en ces termes (p. 230) l'épithète de *puissant de corps* de Gui Joli : « Son frère, l'abbé, qui est un vrai crocheteur, lui donna en même temps (donna à Ménage) un coup de poing à assommer un bœuf. »

au bas du ravelin et pour moi et pour¹ quatre gentilshommes que je faisois état de mener avec moi. Ce projet étoit d'une exécution très-difficile. Il ne se pouvoit exécuter qu'en plein jour, entre deux sentinelles qui n'étoient qu'à trente pas l'une de l'autre, à la portée du demi-pistolet de mes six gardes², qui me pouvoient tirer à travers des barreaux de la porte. Il falloit que les quatre gentilshommes qui devoient venir avec moi et favoriser mon évasion fussent bien justes à se trouver au bas du ravelin, parce que leur apparition pouvoit aisément donner de l'ombrage³. Je ne me pouvois pas passer d'un moindre nombre, parce que j'étois obligé de passer par une place qui est toute proche et qui étoit le promenoir ordinaire des gardes du Maréchal. Si mon dessein n'eût été que de sortir de prison, il eût suffi d'avoir les égards nécessaires⁴ à tout ce que je viens de vous marquer ; mais, comme il s'étendoit plus loin, et que j'avois formé celui d'aller droit à Paris et d'y paroître⁵ publiquement⁶, j'avois encore d'autres précautions à observer, qui étoient, sans comparaison, plus difficiles. Il falloit que je passasse, en diligence, de Nantes à Paris, si je ne voulois être arrêté par les chemins, où les courriers du maréchal de la Meilleraie ne manqueroient pas de donner l'alarme ; il falloit que je prisse mes mesures à Paris même, où il m'étoit⁷ aussi

1. Après *pour*, est biffé : *ceux qui*.
2. Plus clairement dans le ms. Caf. : « à la portée d'un demi-pistolet et qu'à la vue de mes six gardes. » — A la suite, il y a bien dans l'original : *à travers des*, et non *au travers des*.
3. Après *ombrage*, est effacé : *Il ne*.
4. Les regards nécessaires. (1837-1866.)
5. Mais il s'étendoit plus loin, et j'avois formé.... et de paroître. (*Ibidem*.)
6. Voyez ci-dessus, la note 6 de la page 503.
7. Le *m'* devant *étoit*, et plus loin *me*, devant l'*étoit*, ont été ajou-

important que mes amis fussent avertis de ma marche, qu'il me l'étoit que les autres n'en fussent point informés. Voilà bien des cordes, dont la moindre qui eût manqué eût déconcerté la machine. Je vous rendrai compte de leur effet après que j'aurai fait une réflexion qui me paroît nécessaire en cet endroit.

Il me semble que je vous ai déjà dit ailleurs[1] que tout ce qui est[2] fort extraordinaire ne paroît possible, à ceux qui ne sont capables que de l'ordinaire, qu'après qu'il est arrivé. Je[3] l'ai observé cent et cent fois; et je suis trompé si Longinus, ce fameux chancelier de la reine Zénobie, ne l'a remarqué devant moi. J'ai une réminiscence obscure que je l'ai lu dans son divin ouvrage : *de Sublimi genere*[4]. Il n'y eût rien eu de plus extraordinaire, dans notre siècle, que le succès d'une évasion comme la mienne, si il se fût terminé[5] à me rendre maître de

tés après coup. A la fin de la phrase, Retz a écrit, par inadvertance, *informées.*

1. Retz a dit ci-dessus (p. 137), dans un sens analogue : « Tout ce qui est haut et audacieux est toujours justifié, et même consacré par le succès. » Voyez encore ci-après, p. 509 et 510.

2. Que ce qui est. (1837-1866.) — Le ms. Caf. place après *possible* les derniers mots de la phrase : « qu'après qu'il est arrivé, à ceux, etc. »

3. *Je* corrige *J'ai.*

4. Cassius Longinus, rhéteur et philosophe, né en Syrie au commencement du troisième siècle de notre ère; il eut pour disciple le fameux Porphyre. Devenu, vers la fin de sa vie, secrétaire de la reine de Palmyre, Zénobie, il fut mis à mort par ordre de l'empereur Aurélien, lorsque celui-ci se fut emparé de Palmyre et eut anéanti l'éphémère grandeur de cette princesse d'Orient. — Nous n'avons point retrouvé dans le traité *du Sublime*, qu'on a longtemps attribué à Longin, mais dont il est fort douteux qu'il soit l'auteur, la réflexion que Retz croyait y avoir lue. On peut rapprocher du grand titre moderne de *chancelier*, par lequel le Cardinal désigne Longin, celui de « ministre d'État considérable, » que Boileau lui donne dans la préface de sa traduction dudit traité.

5. Si elle se fût terminée. (1837-1866.)

la capitale du Royaume en[1] brisant mes fers. Je ne me dus pas cette pensée : ce fut Caumartin qui me la donna. Je l'embrassai avec ardeur; et ce qui me fait croire qu'elle n'étoit ni extravagante ni impraticable fut et[2] que M. le premier président de Bellièvre, qui avoit un intérêt considérable qu'elle ne s'entreprît pas sans qu'il y eût[3] espérance d'y réussir, l'approuva, et qu'aussitôt que Monsieur le Chancelier et Servien, qui étoient à Paris, surent que j'y marchois, ils ne pensèrent tous deux qu'à me quitter la place et à s'enfuir[4]. Ce fut le premier mot que Servien, qui n'étoit pas timide, proféra, quand il reçut la lettre de M. le maréchal de la Meilleraie. Joignez à cela le *Te Deum* qui fut chanté dans Notre-Dame pour ma liberté[5], et les feux de joie qui furent faits en beaucoup de quartiers de la Ville, quoique l'on ne me vît pas, et jugez de l'effet que j'avois lieu d'espérer de ma présence.

En voilà assez pour répondre à ceux qui m'ont blâmé de mon entreprise, et je les supplie[6] seulement de s'examiner bien eux-mêmes et de se demander, dans leur intérieur, si ils eussent cru que la déclaration que je fis en plein Parlement contre M. le cardinal Mazarin, le lendemain de la bataille de Rethel[7], eût réussi comme

1. Devant *en*, est biffé *au*.
2. *Et*, en interligne.
3. Sans qu'il n'y eût. (1859, 1866.) — De réussir. (Ms. Caf.)
4. Et à se sauver. (1837-1866.)
5. *Te Deum* « où plus de six cents personnes avoient assisté, » dit Gui Joli (p. 106). Voyez les détails donnés sur cette démonstration par le P. Rapin, tome II, p. 232 et 233. — Pour ma liberté à Notre-Dame. (1837-1866.)
6. *De*, effacé, après *supplie*.
7. Ou, plus exactement, le surlendemain du jour (18 décembre 1650) où la nouvelle de la bataille de Rethel, livrée le 15 du même mois, parvint à Paris : voyez au tome III, p. 207 et p. 211-214.

elle fit¹, si l'on la leur eût proposée un quart d'heure devant qu'elle réussit. Je suis persuadé que presque tout ce qui s'est entrepris de grand est de cette espèce; je le suis, de plus, qu'il est souvent nécessaire de le hasarder; mais je le suis encore qu'il étoit judicieux, dans l'occasion dont il s'agit, parce que le pis du pis étoit de faire une action de grand éclat, que j'eusse poussée², si j'y eusse trouvé lieu, et à laquelle³ j'eusse donné un air de modération et de sagesse, si le terrain ne m'eût pas paru aussi ferme que je me l'étois imaginé; car mon projet étoit de n'entrer à Paris qu'avec toutes les apparences d'un esprit de paix, de déclarer, et au Parlement et à l'Hôtel de Ville, que je n'y allois que pour prendre possession de mon archevêché; de prendre effectivement cette possession dans mon église; de voir ce que ces spectacles produiroient⁴ dans l'esprit d'un peuple échauffé par l'état des choses; car Arras étoit assiégé par Monsieur le Prince⁵. Le Roi, qui m'eût vu dans Paris, n'eût pas apparemment fait attaquer les lignes comme il fit⁶; les serviteurs de Monsieur le Prince, qui étoient en bon nombre dans la Ville, se seroient certainement joints à mes amis⁷; la fuite de Monsieur

1. Comme elle le fit. (1843-1866.)
2. Devant *poussée*, est biffé : *pu pousser*.
3. *A laquelle* suit *que*, effacé.
4. Ce que ce spectacle produiroit. (1843-1866.)
5. Le 3 juillet 1654 l'archiduc Léopold et le prince de Condé avaient mis le siége devant Arras; mais leurs lignes d'investissement furent forcées le 25 août par Turenne, Hocquincourt et la Ferté, et les Espagnols furent obligés de se retirer : voyez les *Mémoires de Montglat*, p. 300-302, et la *Muze historique* de Loret, p. 519-535.
6. Comme il le fit. (1837-1866.)
7. Gui Joli (p. 107) dit que Condé, informé de l'évasion de Retz, et croyant qu'il s'acheminait vers Paris, eut la pensée de marcher droit sur la capitale, « ne doutant point qu'il n'y trouvât

le[1] Chancelier et de M. Servien auroit[2] fait perdre cœur aux mazarins; la collusion[3] de M. le premier président de Bellièvre m'auroit été d'un avantage signalé. M. Nicolaï[4], premier président de la chambre des Comptes[5], a dit depuis que, comme il n'y avoit pas eu contre moi une seule ombre de formalité observée[6], sa compagnie n'auroit pas hésité un moment à faire à l'égard de ma possession tout ce qui dépendoit d'elle. J'aurois connu, en faisant ces[7] premières démarches, jusques où j'aurois dû et pu porter les secondes. Si, comme je l'ai dit ci-dessus, j'eusse[8] rencontré le chemin plus embarrassé que je ne l'aurois cru, je n'avois qu'à faire un pas en arrière, à traiter l'affaire purement[9] en ecclésiastique et me retirer[10] après ma prise de possession, à Mézières, où deux cents chevaux m'eussent passé avec toute sorte de facilité, toutes les troupes du Roi étant éloignées[11]. Le vicomte de Lamet étoit dedans[12], et Noirmoutier

la plupart des bourgeois disposés à le recevoir, » mais que les Espagnols n'y voulurent entendre.

1. Mr le est en interligne, et de, qui précède, corrige du.

2. Après auroit, est biffé : esté le.

3. L'entente secrète qu'il y avait entre Retz et Bellièvre : voyez plus haut, p. 485 et suivantes.

4. Voyez ci-dessus, p. 209, note 5. Gui Joli dit aussi (p. 98) que l'on s'était assuré du premier président de la chambre des Comptes. — Nicolaï est à la marge; et le, biffé, devant premier.

5. De la cour des Comptes. (1843-1866.)

6. De formalités observées. (1837-1866.)

7. Ces, en interligne, après les, effacé.

8. Une lettre biffée après j'eusse.

9. Que je l'aurois cru.... à traiter purement l'affaire. (1837-1866.)

10. Me retirer et ensuite ma sont en interligne, l'un au-dessus de passer, et l'autre au-dessus de la, biffés.

11. Occupées qu'elles étaient au siége d'Arras, le grand événement militaire du jour : voyez ci-dessus, p. 510, note 5. — Dans l'original, étants éloignées.

12. Voyez plus haut, p. 471.

même, quoique accommodé sous main¹ à la cour, comme vous avez vu ci-devant, eût été obligé de garder de grandes mesures avec moi, et pour ne se pas² déshonorer tout à fait dans le monde, et pour la considération même de son intérêt particulier, parce que Charleville et³ le Mont-Olimpe ne sont que comme un rien sans Mézières. Il avoit, de plus, en quelque façon, renoué avec moi⁴, depuis que j'étois sorti de Vincennes ; et, comme il croyoit que j'aurois au premier jour ma liberté, il avoit pris cet instant pour se raccommoder avec moi et pour m'envoyer Branchecour, capitaine d'infanterie dans la garnison de Mézières. Il m'apporta une lettre signée de lui et du vicomte de Lamet⁵ ; et ils m'écrivoient tous deux comme étant et ayant toujours été dans mes intérêts, et y voulant⁶ vivre et mourir. Un billet séparé du vicomte me marquoit que M. le duc de Noirmoutier⁷ affectoit de faire le zélé pour moi plus que jamais, pour couvrir le passé par un éclat⁸ qui, en l'état où étoient les choses, ne le pouvoit plus, au moins selon son opinion, commettre avec la cour⁹. Comme Mézières n'est pas considérable sans Charleville et sans

1. *Soubsmain*, en un seul mot. — Quoique accoutumé sous main. (1843-1866.)
2. Avec moi, pour ne se pas. (1837-1866.)
3. Après *et*, est biffé *Mesières* (sic) ; puis *comme* après *sont*. — Rapprochez du mot de Vauban cité au tome II, note 1 de la page 595.
4. Renoué en quelque façon avec moi. (1837-1866.)
5. Après *Lamet*, est biffé : *qui me pr.*
6. Dans l'autographe, *étants et ayants.... voulants.*
7. Le marquisat de Noirmoutier avait été érigé en duché-pairie au mois de mars 1650. Au tome II, dans les années 1648 et 1649, Retz a plusieurs fois désigné Louis de la Trémoille par le titre de marquis de Noirmoutier ; la baronnie était devenue marquisat dès 1584.
8. Devant *éclat*, est raturé *ecl*, à la fin d'une ligne.
9. *Avec la cour* corrige *à la cour*, biffé.

le Mont-Olimpe, je n'y eusse pu[1] rien faire de grand, dans la défiance où j'étois de Noirmoutier ; mais j'y eusse[2] toujours trouvé de quoi me retirer ; et c'étoit justement ce dont j'avois le plus de besoin, dans l'occasion de laquelle je vous parle. Tout ce plan fut renversé en un moment, quoique aucune des machines sur lesquelles il étoit bâti n'eût manqué.

Je me sauvai un samedi 8 d'août, à cinq heures du soir ; la porte du petit jardin se referma après moi presque naturellement ; je descendis, un bâton entre les jambes, très-heureusement, du bastion, qui avoit quarante pieds de haut. Un valet de chambre, qui est encore à moi, qui s'appelle Fromentin, amusa mes gardes en les faisant boire. Ils s'amusoient eux-mêmes à regarder un jacobin[3] qui se baignoit et qui, de plus, se noyoit. La sentinelle, qui étoit à vingt pas de moi, mais en lieu d'où elle ne pouvoit pourtant[4] me joindre, n'osa me tirer, parce que, lorsque je lui vis compasser sa mèche[5], je lui criai que je le ferois pendre si il tiroit, et il avoua, à la question, qu'il crut, sur cette menace, que le Maréchal étoit de concert avec moi. Deux petits pages qui se baignoient, et qui, me voyant[6] suspendu à

1. *Faire* est effacé après *pu*, *bon* devant *grand*, et *en l'esta[t]* à la suite de *grand*.
2. *Eusse* est en interligne, au-dessus de *trouvé*, biffé ; devant *j'y*, qui précède, est raturé : *j'eusse* ; le participe *trouvé* est récrit à la marge. — Mais j'y eusse toujours tiré de quoi. (1843-1866.) — Ce dont j'avois le plus besoin. (1837-1866.)
3. Un dominicain. Les religieux de cet ordre étaient ainsi appelés, non-seulement à Paris, mais dans tout le Royaume, d'une chapelle du titre de Saint-Jacques, faisant partie de la maison située dans la rue du même nom, où ils s'étaient établis dès le treizième siècle.
4. Ne pouvoit pourtant pas. (1843-1866.)
5. Lorsque je le vis compasser la mèche. (1837-1866.)
6. Dans l'autographe : *voyants*.

la corde, crièrent que je me sauvois, ne furent pas écoutés, parce que tout le monde s'imagina qu'ils appeloient les gens au secours du jacobin qui se baignoit[1]. Mes quatre gentilshommes se trouvent[2] à point nommé au bas du ravelin, où ils avoient fait semblant de faire abreuver leurs chevaux[3], comme si ils eussent voulu aller à la chasse. Je fus à cheval moi-même devant qu'il y eût eu[4] seulement la moindre alarme, et, comme j'avois quarante-deux relais posés entre Nantes et Paris, j'y serois[5] arrivé infailliblement le mardi à la pointe du jour, sans un accident que je puis dire avoir été le fatal et le décisif du reste de ma vie. Je vous en rendrai compte après que je vous aurai parlé d'une circonstance qui est importante, en ce qu'elle marque le peu de confiance que l'on doit prendre aux chiffres[6].

1. Qui se noyoit. (1843-1866.)
2. Se trouvèrent. (1837-1866.) — Retz peut bien avoir mis *se trouvent* par mégarde.
3. Dans l'original, *leur chevaux.*
4. Avant qu'il y eût eu. (1837-1866.) — Le ms. Caf. omet *seulement.*
5. Quarante relais.... je serois. (1837-1866.)
6. Nous croyons devoir transcrire ici, malgré sa longueur, le récit fait par Gui Joli (p. 101 et 102) des premiers incidents qui marquèrent l'évasion de Retz :

« Cependant la Bade, écuyer du duc de Brissac, étant arrivé à Nantes..., avec un cheval pour le Cardinal, il envoya donner avis à Joli, qui l'alla trouver aussitôt dans une maison du faubourg de Richebourg, et qui lui apprit que le duc de Brissac et le chevalier de Sévigné ne manqueroient pas de se trouver, à six heures du soir, au rendez-vous sur la rivière, à quatre lieues de Nantes : dont le Cardinal ayant été averti, il résolut de se sauver sur les cinq heures du soir, qui étoit le temps où il avoit coutume de se promener sur la terrasse. De sorte que, toutes choses ayant été disposées pour cela, l'abbé Rousseau, qui s'étoit chargé de le descendre, se rendit au château avec la corde et la sangle, enveloppé dans son manteau, de manière à ne point être remarqué sans en être averti ; et afin qu'il ne manquât ni de conseil, ni de courage, ni de secours, on

J'en avois un avec Madame la Palatine, que nous appelions l'*indéchiffrable*, parce qu'il nous avoit toujours

lui donna pour adjoint le sieur Vacherot, médecin de la faculté de Paris, qui étoit attaché, depuis longtemps, à la personne du cardinal de Retz, homme résolu, de sang-froid, et capable de tempérer par sa prudence et par sa sagesse l'emportement et la vivacité de l'abbé Rousseau. Il fut aussi arrêté que Fromantin et Imbert, l'un chirurgien, et l'autre valet de chambre du Cardinal, qui avoient coutume de le suivre à la promenade, auroient quelques bouteilles de vin pour faire boire la sentinelle, qui seule pouvoit voir ce qui se passoit à l'endroit par où le Cardinal devoit se sauver.

« Toutes ces mesures prises, le cardinal de Retz fit venir le sieur Salmonet, prêtre écossois, homme savant et de mérite[a], qui demeuroit avec lui depuis longtemps, et le sieur Montet son frère, qui depuis a été tué en Alsace, lieutenant-colonel du régiment écossois de Douglas, le sieur de Boisguérin, gentilhomme breton, attaché au Cardinal, et le sieur de Beauchesne, ancien domestique de la maison, tous braves gens et fort résolus, auxquels il déclara le dessein qu'il avoit de se sauver, les priant de faire tout ce que Joli leur diroit. Ils répondirent tous à cette proposition avec de grandes expressions de joie et d'approbation, à la réserve de Salmonet, qui s'étant mis à pleurer, fit ce qu'il put pour détourner le Cardinal de cette résolution, en lui représentant fortement les suites fâcheuses qui pourroient en arriver. Cela fit impression sur l'esprit de son frère Montet, qui, quoique très-brave, se mit aussi à faire des réflexions. Mais, le Cardinal les ayant écoutés froidement sans s'émouvoir et sans changer de sentiment, ils sortirent enfin tous, trois à quatre heures après, pour s'aller botter, et se tenir prêts à monter à cheval, lorsque cinq heures sonneroient au château, pour se trouver avec la Bade, écuyer du duc de Brissac, au lieu du rendez-vous, qui étoit l'abreuvoir de tous les chevaux du quartier, et qui répondoit au bout de la terrasse. Mais, comme de l'abreuvoir on ne découvroit point l'endroit par où devoit descendre le Cardinal, à moins d'entrer fort avant dans la rivière, on chargea le sieur Paris, ecclésiastique, de se tenir dans un pré de l'autre côté de l'eau, et de jeter son chapeau trois fois en l'air lorsqu'il verroit le Cardinal prêt à descendre. Cela pensa tout gâter, Paris ayant oublié de faire le signal et n'ayant pensé qu'à se sauver.

---

[a] L'Écossais Salmonet a été mentionné au tome III, p. 37 et note 5. Boisguérin, Beauchesne, Montet, Paris, qui figurent également dans ce récit de Joli, sont nommés plus loin dans celui du Cardinal.

paru que l'on ne le pouvoit pénétrer qu'en sachant le mot dont l'on seroit convenu. Nous y avions une confiance

Mais ce qui embarrassa le plus Joli et ceux qui attendoient avec lui fut que le cardinal de Retz, intimidé, au moment de l'exécution, par Salmonet, qui étoit auprès de lui, ne se rendit sur la terrasse qu'un gros quart d'heure après que l'horloge eut sonné; et les remontrances de ce trembleur opérèrent si bien, que le Cardinal dit à Imbert d'aller dire à Joli de remettre la chose au lendemain. Mais Imbert dit franchement que cela ne pouvoit plus se différer; que l'affaire étoit sue de trop de gens pour n'être pas découverte, si on temporisoit davantage; que la seule présence de l'écuyer du duc de Brissac, avec le cheval de main, dont le Maréchal ne manqueroit pas d'être informé, suffisoit pour cela ; que le lendemain étoit un dimanche, jour auquel toute la ville avoit coutume de se promener sur la motte qui étoit au pied de la terrasse; qu'après tout il iroit avertir Joli de ce changement, s'il le lui commandoit absolument; mais qu'après cela il lui déclaroit qu'il ne rentreroit pas au château, et qu'il ne croyoit point que Joli fût assez fou pour demeurer à Nantes plus longtemps, attendu qu'il y alloit de leur vie.

« Enfin Imbert parla si bien et si à propos, que le cardinal de Retz résolut enfin de sortir de sa chambre, suivi du sieur Vacherot, et de l'abbé Rousseau, qui portoit sous sa soutane tous les ustensiles nécessaires, Salmonet s'étant retiré au même temps, pour aller continuer ses lamentations dans sa chambre. Imbert et Fromantin suivirent aussi le Cardinal. Étant arrivés, Son Éminence fit semblant d'avoir soif et dit à Imbert de lui aller chercher à boire : ce qu'il fit en diligence. Après que le Cardinal eut bu, en se retournant, il fit signe à Fromantin et à Imbert. Tous deux ensemble dirent aux gardes qu'il falloit vider la bouteille et boire à la santé de Son Éminence ; et, feignant de craindre qu'il ne le sût, ils les tirèrent derrière une tour, où ils se mirent à boire. Cependant le Cardinal, ayant quitté sa simarre rouge, la mit sur un bâton entre deux créneaux, de manière à faire croire aux sentinelles, quand ils seroient retournés à leurs factions, qu'il regardoit à son ordinaire ceux qui se promenoient sur la motte Saint-Pierre. S'étant ensuite placé sur l'escarpolette, et fait lier la corde avec la sangle, qui le prenoit en écharpe de dessus une épaule par-dessous l'autre, assujettissant la corde le long de l'estomac, il monta en cet équipage sur un créneau, d'où l'abbé Rousseau et le sieur Vacherot le dévalèrent heureusement jusqu'au pied du mur. A l'aspect de cette manœuvre, le sieur Paris, s'étant mis à fuir sans avoir fait son signal, donna belle

si abandonnée, que nous n'avions jamais douté d'écrire familièrement, par les courriers ordinaires, nos secrets les plus importants et les plus cachés[1]. Ce fut par ce chiffre que j'écrivis à Monsieur le Premier Président que je me sauverois le 8 d'août[2]; ce fut par ce chiffre que Monsieur le Premier Président me manda que je me sauvasse à toute risque[3]; ce fut par ce chiffre que je donnai les ordres nécessaires pour régler et pour placer mes relais; ce fut par ce chiffre que nous convînmes, Anneri, Laillevaux et moi, du lieu où la noblesse du Vexin[4] me devoit joindre pour entrer avec moi dans Paris[5]. Monsieur le Prince, qui avoit un des meilleurs déchiffreurs du monde, qui s'appeloit, ce me semble, Martin, me tint ce chiffre six semaines à Bruxelles[6], et il me le rendit, en m'avouant que ce[7] Martin lui avoit confessé qu'il étoit indéchiffrable. Voilà de grandes preuves pour la qualité d'un chiffre[8]. Il fut dégradé, quelque temps après, par Joli, qui, quoique non déchiffreur de profession, en trouva la clef en rêvant, et me l'ap-

peur à Joli et aux autres qui s'impatientoient à l'abreuvoir. Mais la Fontaine, valet de Joli, et celui de Rousseau, qui étoient aussi placés de manière à voir ce qui se passoit, le rassurèrent aussitôt par leurs signes. » Voyez aussi les *Mémoires de Claude Joli*, p. 167 et 168, et ceux *du P. Rapin*, tome II, p. 231.

1. Voyez ci-dessus, p. 334, note 1.
2. Le ms. Caf. ajoute, après *août* : « quoique je lui eusse déjà mandé de bouche [par] Malclère (*sic*). »
3. Ce fut par ce chiffre qu'il me manda que je me sauvasse à toutes risques. (1837 et 1843.) — A tous risques. (1859, 1866.)
4. Sur Anneri et la noblesse du Vexin, voyez au tome III, p. 486 et note 4. — *Vexin me* est écrit deux fois et biffé la première.
5. A Paris. (1837-1866.)
6. Qui, si je m'en souviens, s'appeloit Martin, le tint six semaines à Bruxelles. (1859, 1866.)
7. Devant *Martin*, est biffé *Mart*.
8. Pour la qualité du chiffre. (1837-1866.)

porta à Utrecht, où j'étois pour lors[1]. Pardonnez-moi, je vous supplie, cette petite digression, qui peut ne pas être inutile[2]. Je reprends le fil de ma narration.

Aussitôt que je fus à cheval, je pris la route de Mauve[3], qui est, si je ne me trompe, à cinq lieues de Nantes, sur la rivière, et où nous étions[4] convenus que M. de Brissac et M. le chevalier de Sévigné m'attendroient[5] avec un bateau pour la passer. La Ralde, écuyer de M. le duc de Brissac[6], qui marchoit devant moi, me dit qu'il falloit galoper d'abord pour[7] ne pas donner le temps aux gardes du Maréchal de fermer la porte d'une petite rue du faubourg où étoit leur quartier[8], et par laquelle il falloit nécessairement passer. J'avois un des meilleurs chevaux du monde, et qui avoit[9] coûté mille écus à M. de Brissac. Je ne lui abandonnai pas tou-

---

1. On voit par les *Mémoires de Gui Joli* (p. 139) que ce fut en l'année 1658 que le cardinal de Retz alla voir le prince de Condé à Bruxelles. Notre auteur vivait alors en Hollande, tour à tour à la Haye, à Rotterdam, à Utrecht, mais particulièrement dans cette dernière ville, où il habitait « une auberge qui avoit pour enseigne : *Kleine Poortje* (la petite porte), dont la servante nommée *Annetje*, ou Nanon, occupoit une assez bonne place dans le cœur du Cardinal. »

2. Je vous prie, cette petite digression, qui ne sera pas inutile. (1837-1866.)

3. Mauves, commune de la Loire-Inférieure, située sur la rive droite de la Loire, à dix-sept kilomètres nord-est de Nantes. — Le ms. Caf., d'après une rédaction probablement antérieure, remplace *de Mauve* par ces mots : « d'un lieu dont j'ai oublié le nom, qui est, etc. »

4. *Étions*, en interligne, sur *avions*, effacé.

5. Après *m'attendroient*, est biffé *pour*.

6. Gui Joli l'appelle *la Bade* : voyez ci-dessus, la note 6 de la page 514.

7. *Pour* est écrit deux fois et raturé la première.

8. *Où étoit leur quartier*, à la marge ; *et*, qui suit, en interligne. — Il s'agit du faubourg de Richebourg, situé à l'est de la ville : voyez le *Dictionnaire d'Expilly*, tome V (1768), p. 21 et 23.

9. Devant *coûté*, est biffé le commencement du mot : *coust*.

SECONDE PARTIE. [1654] 519

tefois¹ la main, parce que le pavé étoit très-mauvais et très-glissant ; mais un gentilhomme à moi, qui s'appeloit Boisguérin, m'ayant crié² de mettre le pistolet à la main, parce qu'il voyoit deux gardes du Maréchal, qui ne songeoient pourtant pas à nous, je l'y mis effectivement ; et en le présentant³ à la tête de⁴ celui de ces gardes qui étoit le plus près de moi, pour l'empêcher de se saisir de la bride de mon cheval, le soleil, qui étoit encore haut, donna dans la platine ; la réverbération fit peur à mon cheval, qui étoit vif et vigoureux ; il fit un grand soubresaut, et il retomba⁵ des quatre pieds. J'en fus quitte pour l'épaule gauche qui se rompit⁶ contre la borne d'une porte. Un gentilhomme⁷ à moi, appelé Beauchesne, me releva ; il me remit⁸ à cheval ; et, quoique je souffrisse des douleurs effroyables et que je fusse obligé de me tirer les cheveux, de temps en temps, pour m'empêcher de m'évanouir, j'achevai ma course de cinq lieues devant que Monsieur le Grand⁹

1. Pas tout à fait. (1717.)
2. Boisguérin, ayant crié. (1837-1866.) — Dans l'original, *mettre* est précédé de *pr[endre]*, biffé.
3. Effectivement en le présentant. (1837-1866.)
4. Les mots : *la tête de*, sont ajoutés en marge.
5. Devant *retomba*, est biffé *reto*. — 6. Qui se démit. (Ms. Caf.)
7. Un autre gentilhomme. (1837-1866.)
8. *Remit* remplace, à la marge, *remonta*, biffé dans le texte. — Me releva et me remit. (1837-1866.)
9. C'est-à-dire le fils du maréchal de la Meilleraye (voyez ci-dessus, p. 500 et note 9), qui se mit à la poursuite du fugitif avec deux ou trois cents chevaux, dit Gui Joli (p. 103); « mais comme, ajoute-t-il, tant de monde ne pouvoit pas aller si vite, ils n'arrivèrent au lieu où il avoit passé la rivière que trois heures après ; et n'y ayant point trouvé de bateau, ceux qui avoient servi au passage ayant été percés et coulés à fond de l'autre côté de l'eau, le Grand Maitre voulut tenter de passer à la nage avec dix ou douze gardes ; mais il en fut détourné par un gentilhomme qui avoit été page dans la maison de Retz, qui lui représenta qu'il seroit inutile

Maître, qui me suivoit à toute bride avec tous les cocus[1] de Nantes, au moins si l'on en veut croire la chanson de Marigni, m'eût pu joindre. Je trouvai au lieu destiné M. de Brissac et M. le chevalier de Sévigné, avec le bateau. Je m'évanouis en y entrant. L'on me fit revenir en me jetant un verre d'eau sur le visage. Je voulus remonter à cheval quand nous eûmes passé la rivière ; mais les forces me manquèrent, et M. de Brissac fut obligé de me faire mettre dans une fort grosse meule de foin, où il me laissa avec un gentilhomme à moi, appelé Montet[2], qui me tenoit entre ses bras. Il emmena avec lui Joli, qui[3], seul avec Montet, m'avoit pu suivre[4], les chevaux des[5] trois autres ayant manqué ; et il tira droit à Beaupréau[6], en dessein[7] d'y assembler la noblesse pour me venir tirer de ma meule de foin.

Cependant qu'elle se mettra en état de cela, je me sens obligé de vous raconter deux ou trois actions particulières

et même dangereux de passer de l'autre côté, puisque le duc de Brissac se mêloit de l'affaire et qu'il n'auroit pas manqué d'assembler ses amis. »

1. Tel est bien le texte, confirmé par le ms. Caf. ; toutes les éditions antérieures remplacent *cocus* par *coureurs*. — Sur Marigny, voyez au tome II, p. 127 et note 4. Quoique aidés fort obligeamment par MM. les conservateurs de la Bibliothèque nationale, nous n'avons pu retrouver, ni dans les recueils imprimés, ni dans les manuscrits, la chanson à laquelle Retz fait ici allusion.

2. Montet, Écossais, frère de Salmonet, « qui depuis, dit Gui Joli (p. 101), a été tué en Alsace, lieutenant-colonel du régiment écossois de Douglas. »

3. Après *qui*, est biffé ce tâtonnement : *avoit r sui[vi]*.

4. Avec Montet, avoit pu suivre. (1837-1866.)

5. *Chevaux des* a été ajouté en marge, où il est suivi de 4, effacé ; le chiffre 3 a été ajouté après coup dans le texte, devant *autres*. — Les chevaux des autres. (1837-1866.)

6. Il a déjà été question au tome I (p. 93 et note 1) du château de Beaupréau, qui appartenait au duc de Brissac.

7. A dessein. (1837-1866.)

de mes pauvres domestiques, qui ne méritent pas d'être oubliées[1]. Paris, docteur de Navarre[2], qui avoit donné le signal, avec son chapeau, aux quatre gentilshommes qui me servirent en cette occasion, fut trouvé sur le bord de l'eau par Coulon, écuyer du Maréchal, qui le prit, en lui donnant même quelques gourmades. Le docteur ne perdit point le jugement, et il dit à Coulon, d'un ton niais et normand : « Je le dirai à Monsieur le Maréchal que vous vous amusez à battre un pauvre prêtre, parce que vous n'osez vous prendre à Monsieur le Cardinal, qui a de bons pistolets à l'arçon de sa selle. » Coulon prit cela pour bon, et il lui demanda où j'étois. « Ne le voyez-vous pas, répondit le docteur, qui entre dans ce village ? » Vous remarquerez, s'il vous plaît, qu'il m'avoit vu passer l'eau. Il se sauva ainsi, et il faut avouer que cette présence d'esprit n'est pas commune. En voici une de cœur qui n'est pas moindre. Celui pour qui le docteur me voulut[3] faire passer, quand il dit à Coulon que j'entrois dans un village[4] qu'il lui montroit étoit ce Beauchesne dont je vous ai parlé ci-dessus, dont le cheval étoit outré[5], et qui n'avoit pu[6] me suivre. Coulon, le prenant pour moi, courut à lui, et, comme il se voyoit soutenu par beaucoup de cavaliers qui étoient près de le joindre, il l'aborda le pistolet à la main. Beauchesne

1. Deux ou trois actions de mes pauvres domestiques, qui ne méritent pas d'être oubliés. (1837-1866.)
2. C'est-à-dire du collége de Navarre.
3. Me vouloit. (1837-1866.)
4. Après *village*, Retz avait mis d'abord *qui estoit*; il a ensuite changé *qui* en *qu'il*, écrit *lui* au-dessus d'*e* à la fin de la ligne, biffé *stoit* à la ligne suivante, et mis *montroit* à la marge.
5. « Outrer un cheval, c'est, dit l'Académie dès sa première édition (1694) et encore dans sa dernière (1835), le pousser au delà de ses forces. »
6. Et il n'avoit pu. (1837-1866.)

l'arrêta sur cul[1] en la même posture, et il eut la fermeté de s'apercevoir, dans cet instant[2], qu'il y avoit un bateau[3] à dix ou douze pas de lui. Il se jeta dedans, et cependant qu'il arrêtoit Coulon, en lui montrant un de ses pistolets, il mit l'autre à la tête du batelier[4] et le força de passer la rivière. Sa résolution ne le sauva pas seulement, mais elle contribua à me faire sauver moi-même, parce que le Grand Maître, ne trouvant plus ce bateau[5], fut obligé d'aller passer l'eau beaucoup plus bas.

Voici une autre action, qui n'est pas de même espèce, mais qui servit encore davantage à ma liberté. Je vous ai déjà[6] dit qu'aussitôt que l'abbé Charrier m'eut mandé que le Pape refusoit d'admettre ma démission, je dépêchai Malcler pour en solliciter l'agrément[7]. La cour lui joignit Gaumont[8], qui portoit l'original de cette démission à M. le cardinal d'Est[9], avec ordre de la solliciter, parce qu'il n'y avoit plus d'ambassadeur de France

---

1. Voyez la même locution ci-dessus, p. 176. — S'arrêta sur eux. (1837-1866.) — Avec la même posture. (1859, 1866.)
2. Le ms. Caf. omet *dans cet instant*.
3. Après *bateau*, sont biffés les mots : *avec un passager* (dans l'acception de *passeur*); voyez la note qui suit.
4. *Batelier*, en interligne, au-dessus de *passager*, biffé.
5. Le bateau. (ms. Caf.)
6. Le ms. Caf. omet *déjà*.
7. Voyez ci-dessus, p. 499.
8. Sans doute André de Gaumont, sieur du Saussay, père de Jean de Gaumont, qui fut maître des requêtes en 1711. Voyez le manuscrit 14018 du fonds français, *Maîtres des Requêtes*, f° 416, v°. — Sur cette mission de Gaumont, voyez Gui Joli, p. 97.
9. Retz avait d'abord écrit, par mégarde, *de Rais*; il a corrigé *de* en *d'est* (sic), et effacé *Rais*. — Renaud d'Est, fils d'Alphonse, duc de Modène, et d'Élisabeth de Savoie, né en 1618, cardinal en 1641, mort en 1673. Le Roi le nomma, en 1653, à l'évêché de Montpellier, dont bientôt il se démit, sans avoir eu l'institution canonique; il fut le chef de la faction de France au conclave de 1655.

à Rome. Gaumont s'étant trouvé fatigué à Lion et y ayant pris[1] la résolution de s'aller embarquer à[2] Marseille, Malcler continua dans celle de prendre la route des montagnes; et, comme elle est la plus courte, Gaumont jugea à propos de lui remettre le paquet adressé à M. le cardinal d'Est. Sa simplicité fut grande, comme vous voyez, et il n'avoit pas étudié, de plus, la maxime que j'ai toujours pratiquée, et que j'ai toujours enseignée à mes gens : de ne jamais compter, dans les grandes affaires, la fatigue, le péril et la dépense[3] pour quelque chose. Il s'en trouva mal en ce rencontre. L'original de la démission ne se trouva plus dans le paquet, qui se retrouva toutefois très-bien fermé. Quand Gaumont s'en plaignit, Malcler, qui étoit d'ailleurs plus brave que lui, se plaignit de lui-même de son méchant artifice. Ce contre-temps donna lieu au Pape de laisser en doute[4] le cardinal d'Est, si l'inaction de Rome procédoit ou de la mauvaise volonté de Sa Sainteté envers la cour, ou du défaut de l'original de la démission. Malcler avoit ordre de supplier le Pape, en mon nom, en cas qu'il ne la voulût pas admettre, d'amuser le tapis afin de me donner le temps de me sauver[5]. Il lui en donna de plus, cômme vous voyez, un beau prétexte. Le cardinal d'Est, qui fut amusé lui-même, amusa aussi lui-même le Mazarin. Les instances de celui-ci vers le Maréchal, pour me remettre entre les mains du Roi[6],

1. Et ayant pris. (1837-1866.)
2. *A*, en interligne; après *Malcler*, il y a une ligne effacée : *se servit de ce moyen pour lui.* — De prendre celle. (Ms. Caf.)
3. *Le péril et la dépense*, à la marge. — Les fatigues. (1837-1866.)
4. Après *doute*, est effacé *si*.
5. Ici est biffé ce tâtonnement : *Il lui en donna. La seule et uni-[que] affaire pour moi.*
6. *Pour me remettre entre les mains du Roi*, à la marge. — Pour me mettre. (1837-1866.)

en furent moins fréquentes et moins vives, et j'eus la satisfaction de devoir au zèle et à l'esprit[1] de deux de mes gens (car l'abbé Charrier eut aussi part à cette intrigue) le temps, que j'eus, par ce moyen, tout entier, de songer[2] et de pourvoir à ma liberté. Je reviens à ma meule de foin[3].

J'y demeurai caché plus de sept heures, avec une incommodité que je ne puis vous exprimer. J'avois l'épaule rompue et[4] démise; j'y avois une contusion terrible; la fièvre me prit sur les neuf heures du soir; l'altération[5] qu'elle me donnoit étoit encore cruellement augmentée par la chaleur du foin nouveau. Quoique je fusse sur le bord de la rivière, je n'osois boire, parce que, si nous fussions sortis de la meule, Montet et moi, nous n'eussions eu personne pour raccommoder le foin qui eût paru remué et qui eût donné lieu, par conséquent, à ceux qui couroient après moi d'y fouiller. Nous n'entendions que des cavaliers qui passoient à droit[6] et à gauche. Nous reconnûmes même Coulon[7] à sa voix. L'incommodité de la soif est incroyable et inconcevable à qui ne l'a pas éprouvé[8]. M. de la Poise-Saint-Offanges[9], homme de qualité du pays, que M. de Brissac avoit averti en passant chez lui, vint, sur les deux heures[10] après minuit, me prendre dans cette meule de

1. *L'esprit* remplace *la sages[se]*, effacé.
2. Devant *songer*, est biffé *po[urvoir]*.
3. A la meule de foin. (1837-1866.)
4. Le ms. Caf., qui, plus haut (voyez p. 519, note 6), a changé *rompit* en *démit*, omet ici conséquemment *rompue et*.
5. Du soir, et l'altération. (1837-1866.) — Dans l'original, il y a *est[oit]*, biffé, après *altération*.
6. A droite. (1837-1866.) — 7. Devant *à sa*, est biffé *et du*.
8. *Éprouvé*, sans accord; *éprouvé cela*.
9. Voyez *Gui Joli*, p. 104.
10. Sur les trois heures. (1843-1866.)

foin, après¹ qu'il eut remarqué qu'il n'y avoit plus de cavalerie² aux environs. Il me mit sur une civière à fumier, et il me fit porter par deux paysans dans la grange d'une maison qui étoit à lui, à une lieue de là. Il m'y ensevelit encore dans le foin; mais, comme j'y avois de quoi boire, je m'y trouvois³ même délicieusement⁴.

M. et Mme⁵ de Brissac m'y vinrent prendre au bout de sept ou huit heures, avec quinze ou vingt chevaux, et ils me menèrent à Beaupréau⁶, où je trouvai l'abbé de Bélesbat⁷ qui les y étoit venu voir, et où je ne demeurai qu'une nuit, et jusques à ce que⁸ la noblesse fût assemblée. M. de Brissac étoit fort aimé dans tout le pays; il mit ensemble, dans ce peu de temps, plus

1. Dans cette meule, après. (1837-1866.)
2. Qu'il n'y avoit plus de cavaliers. (*Ibidem.*)
3. Je m'y trouvai. (*Ibidem.*)
4. Gui Joli, dont le récit est plus circonstancié, rapporte (p. 104) que le cardinal de Retz et lui allèrent d'abord au château même de la Poise, où le concierge les fit descendre, avec une petite provision de pain et de vin, « au bas d'une tour, par une trappe qui ne paroissoit point, étant couverte d'un grand coffre, » et que ce fut le lendemain seulement, au point du jour, qu'ils se rendirent à une ferme voisine, appartenant à la Poise. Là, ajoute-t-il, on fit « une petite loge » dans un tas de foin, où le Cardinal et Joli demeurèrent jusqu'à l'entrée de la nuit.
5. *Et Mme* à la marge; après *Brissac*, est biffé : *y vint avec 30 ou 40 sur les;* plus bas, il y a *ne*, effacé devant *trouvai*. — Me vinrent prendre. (1837-1866.)
6. Claude Joli a inséré dans ses *Mémoires* (p. 168 et 169) les lettres, datées « proche Beaupréau, le 8 août 1654, » que Retz adressa au chapitre de Notre-Dame et aux curés de Paris, pour leur donner avis de sa liberté.
7. Henry Hurault de l'Hospital, sieur de Belesbat (*Beslebat*, dans le manuscrit autographe), conseiller au parlement de Paris, puis maître des requêtes; il mourut en 1684. C'était le frère de Mme de Choisy, dont Retz a parlé plus haut : voyez au tome I, p. 187 et note 2. Tallemant des Réaux lui a consacré une *historiette*, tome V, p. 384-389.
8. Qu'une nuit, jusqu'à ce que. (1859, 1866.)

de deux cents¹ gentilshommes. M. de Rais qui l'étoit encore plus dans son quartier², le joignit, à quatre lieues de là, avec trois cents. Nous passâmes presque à la vue de Nantes, d'où quelques gardes du Maréchal sortirent pour escarmoucher. Ils furent repoussés vigoureusement³, jusque dans la barrière, et nous arrivâmes à Machecoul, qui est dans le pays de Rais, avec toute sorte de sûreté⁴. Je ne manquai pas, dans ce bonheur, de chagrins domestiques. Mme de Brissac, qui s'étoit portée en héroïne dans tout le cours de cette action, me dit, en me quittant et en me donnant une bouteille d'eau impériale⁵ : « Il n'y a que votre malheur qui m'ait empêchée⁶

1. Après *deux cents*, est biffé *ou*.
2. *Qui l'étoit encore plus dans son quartier*, à la marge.
3. Le ms. Caf. omet *vigoureusement*.
4. Sur Machecoul et le pays de Retz ou Rais, voyez au tome I, p. 95 et note 4, et p. 96 et note 3. — Cette seconde partie du voyage du Cardinal se fit tout autrement que la première. Retz était couché fort à l'aise, dans un bon carrosse, sur deux matelas. Le duc de Brissac avait fait les choses « en grand seigneur » (*Gui Joli*, p. 104), et cette marche de nuit, éclairée par des pages et des domestiques portant des flambeaux, avait fort bon air. « En cet équipage, on arriva vers la pointe du jour à un bourg appelé Montaigu, où l'on trouva le duc de Retz, frère du Cardinal, avec sept à huit cents chevaux : de sorte que, les deux troupes étant jointes ensemble, il y avoit plus de douze cents hommes à cheval, tant maîtres que valets, la plupart des gentilshommes de la province s'étant offerts de très-bonne grâce. On trouva aussi à Montaigu et sur toute la route les paysans sous les armes, de sorte que ces Messieurs, voyant leur partie si bien faite, jugèrent à propos de se faire voir au maréchal de la Meilleraye en passant à la vue de Nantes, d'où ils continuèrent leur marche jusqu'à Machecoul, où ils arrivèrent le mardi 11 août sur les cinq heures du soir, et où toute cette noblesse fut traitée magnifiquement pendant que le cardinal de Retz y demeura. » (*Ibidem*, p. 105.)
5. Eau impériale, « espèce d'eau-de-vie », dit M. Littré, distillée sur plusieurs sortes d'herbes et d'épices. Le *Dictionnaire de Furetière* (1690) en donne la composition.
6. *Empêché*, sans accord, dans l'autographe.

d'y mettre du poison. » Elle se prenoit à moi de la perfidie que M. de Noirmoutier m'avoit faite sur son sujet, et de laquelle je vous ai parlé dans le second volume [1]. Mais il est impossible que vous conceviez combien je fus touché de cette parole, et je sentis, au delà de tout ce que je vous en puis exprimer, qu'un cœur bien tourné est [2] sensible, jusques à l'excès de la foiblesse, aux plaintes d'une personne à laquelle il croit être obligé.

Je ne le fus pas, à beaucoup près tant, à la dureté de Mme de Rais et de Monsieur son père. Ils ne purent s'empêcher de me témoigner leur mauvaise volonté, dès que je fus arrivé. Celle-là se plaignit de ce que je ne lui avois pas confié mon secret, quoiqu'elle ne fût partie [3] de Nantes que la veille que je me sauvai. Celui-ci pesta assez ouvertement contre l'opiniâtreté que j'avois à ne me pas soumettre aux volontés du Roi, et il n'oublia rien pour persuader à M. de Brissac de me porter à envoyer à la cour la ratification de ma démission [4]. La vérité est que l'un et l'autre mouroient de peur du maréchal de la Meilleraie, qui, enragé qu'il étoit et de mon évasion [5] et encore plus de ce qu'il avoit été abandonné de toute la noblesse, menaçoit de mettre tout le pays de Rais à feu et à sang [6]. Leur frayeur alla jusques au

1. *Et de laquelle.... second* (2) *volume*, à la marge. — Voyez, sur cette perfidie de Noirmoutiers, au tome II, p. 594 et 595.
2. Devant *sensible*, est effacé ce tâtonnement : *sensible aux à l'obligation qu'il a.*
3. *Partie* remplace *sortie*, biffé ; plus haut, M^r est raturé devant *Celle-là*.
4. Retz, au contraire, fit dresser en bonne forme, par les notaires de Machecoul, un acte de révocation de sa démission, et l'envoya, signé de lui, à Paris, « pour s'en servir dans le besoin. » (*Gui Joli*, p. 105.)
5. *Évasion* est répété et biffé la première fois.
6. Il « juroit, dit Gui Joli (p. 104), et s'emportoit à toute heure, avec tant de fureur, qu'il s'arrachoit la barbe et les cheveux. »

point que de s'imaginer[1] ou de vouloir faire croire que mon mal n'étoit que délicatesse, qu'il n'y avoit rien de démis, et que j'en serois quitte pour une contusion. Le chirurgien affidé de M. de Rais le disoit à qui le vouloit entendre, et qu'il étoit bien rude que j'exposasse, pour une délicatesse, toute ma maison, qui alloit être investie au premier jour dans Machecoul. J'étois cependant dans mon lit, où je sentois des douleurs incroyables et où je ne pouvois pas seulement me tourner[2]. Tous ces discours m'impatientèrent au point que je pris la résolution de quitter ces gens-là et de me jeter dans Belle-Isle, où je pouvois au moins me faire transporter par mer[3]. Le trajet étoit fort délicat, parce que M. le maréchal de la Meilleraie avoit fait prendre les armes à toute la côte. Je ne laissai pas de le hasarder.

Je m'embarquai au port de la Roche[4], qui n'est qu'à une petite demi-lieue de Machecoul, sur une chaloupe que la Gisclaie, capitaine de vaisseau et bon homme de mer, voulut[5] piloter lui-même. Le temps nous obligea de mouiller au Croisic[6], où nous courûmes fortune d'être

1. Jusqu'au point de s'imaginer. (1859, 1866.)
2. Gui Joli (p. 105) convient que Retz « ne se plaignoit pas sans sujet, tout son bras, depuis l'épaule jusqu'au coude, étant noir comme de l'encre. » Il ajoute que le Cardinal fut examiné par un vieux chirurgien du duc de Retz, appelé du Brocard, homme fort ignorant, qui ne s'aperçut pas que l'épaule était démise et traita le mal tout de travers, de sorte que Retz « demeura estropié pour toute sa vie. » Voyez ci-après, p. 541.
3. On a vu ci-dessus, p. 472, et tome I, p. 143, note 3, que Belle-Isle, vendu plus tard au surintendant Foucquet, appartenait alors à la famille de Retz.
4. Dans la nuit du 14 août, dit Gui Joli (p. 105). — L'embarquement eut lieu à la Roche-Bernard, petite ville maritime du Morbihan, arrondissement de Vannes, sur la Villaine, à trois lieues de son embouchure dans l'Océan.
5. Devant *voulut*, est biffé *pilot*[a].
6. Le Croisic, ville et port de Bretagne (Loire-Inférieure, arron-

découverts par une chaloupe qui nous vint reconnoître la nuit. La[1] Gisclaie, qui savoit la langue et les pays, s'en démêla fort bien. Nous nous remîmes à la voile le lendemain à la pointe du jour, et nous découvrîmes, quelque temps après, une barque longue de Biscaïens[2], qui nous donnèrent chasse. Nous la prîmes[3], à la considération de M. de Brissac, qui n'eût pas pris plaisir d'être mené en Espagne, parce qu'il ne se sauvoit pas de prison comme moi, et que l'on eût pu, par conséquent, lui tourner à crime[4] ce voyage. Comme la barque longue faisoit force de vent sur nous et que même elle nous le gagnoit[5], nous crûmes que nous ne ferions que mieux de nous jeter à terre dans l'île de Rais[6]. La barque fit quelque mine de nous y[7] suivre; elle bor-

---

dissement de Savenay), un peu au nord-ouest de l'embouchure de la Loire, dans un petit golfe.

1. *La* a été ajouté après coup devant *Gisclaie;* plus loin, devant *pays,* on peut hésiter entre *le* et *les;* mais nous croyons qu'il y a plutôt *les.*

2. *Biscai,* biffé, devant *Biscaïens* (dans l'original, *Biscains*). — La biscaïenne, dit M. Littré, est une « embarcation dont l'avant et l'arrière se terminent en pointe. » La France était alors en guerre avec l'Espagne : voyez ci-dessus (p. 510 et note 5) la mention du siége d'Arras.

3. C'est-à-dire nous prîmes la chasse, la fuite. — Il y a un *p* effacé après *prîmes.* — Nous prîmes la fuite. (1837-1866.)

4. Lui tourner en crime. (*Ibidem.*)

5. Faisoit force de voile sur nous, et que même elle nous gagnoit le vent. (Ms. Caf.)

6. « En un lieu, dit Gui Joli (p. 105 et 106), où il y avoit une église ruinée, nommée Saint-Jacques. » Le Cardinal fut obligé de demeurer à terre, caché, depuis midi jusqu'à huit heures du soir, « dans un monceau d'ardoises, de peur d'être découvert par les gens du pays. » — Il paraît qu'on désignait quelquefois le duché de Rais ou Retz par le nom d'*île.* « La mer d'un côté et la Loire de l'autre forment Rais en île, » dit Thomas Corneille dans son *Dictionnaire géographique et historique.*

7. *Y* (*i*) est biffé, puis récrit.

deya[1] assez longtemps à notre vue, après quoi elle reprit la mer. Nous nous y remîmes la nuit, et nous arrivâmes à Belle-Isle à la petite pointe du jour [2].

Je souffris tout ce que l'on peut souffrir dans ce trajet, et j'eus besoin de toute la force de ma constitution, pour défendre [3] et pour sauver de la gangrène une contusion aussi grande que la mienne, et à laquelle je n'appliquai jamais d'autre remède que du sel et du vinaigre.

Je ne trouvai pas à Belle-Isle les mêmes dégoûts qu'à Machecoul; je n'y trouvai pas [4], dans le fond, beaucoup plus de fermeté. L'on s'imagina, au pays de Rais, que le commandeur de Neufchaise [5], qui étoit à la Rochelle, auroit ordre, au premier jour, de m'investir dans Belle-Isle. L'on y apprit que le Maréchal faisoit appareiller deux barques longues à Nantes. Ces avis étoient bons et véritables ; mais il s'en falloit bien qu'ils fussent si pressants que l'on les croyoit. Il falloit du temps [6] pour les rendre tels, et plus qu'il ne m'en eût fallu [7] pour me remettre. La frayeur qui étoit à Machecoul inspira de l'indisposition à Belle-Isle, et je commençai à m'en apercevoir, en ce que l'on [8] commença à croire que je n'avois pas en effet l'épaule démise, et que la douleur

---

1. C'est-à-dire gouverna alternativement d'un côté et de l'autre, comme dit M. Littré, qui ne cite du mot que cet exemple. Ce terme de marine n'est ni dans *Furetière* (1690), ni dans l'*Académie* de 1694.

2. Le 27 août, sur les onze heures du matin, si nous en croyons Gui Joli (p. 106).

3. *Du*, biffé, après *défendre*.

4. Le même dégoût...; mais je n'y trouvai pas. (1837-1866.)

5. Sur le commandeur de Neufchaise, ou plutôt de Neuchèse, qui fut nommé vice-amiral et intendant général de la marine le 7 mai 1661, voyez M. Chéruel, *Histoire de l'administration monarchique en France* (1855), tome I, p. 81 et suivantes.

6. Après *du temps*, est effacé : *et plus que po[ur]*.

7. Et plus qu'il n'en eût fallu. (1837-1866.)

8. Et je m'en aperçus, en ce que l'on. (*Ibidem*.)

que je recevois de ma contusion faisoit que je m'imaginois que mon mal étoit plus grand qu'il ne l'étoit en effet. L'on ne se peut imaginer le chagrin que l'on a de ces[1] sortes de murmures, quand l'on sent qu'ils sont injustes[2]. Ce qui est vrai est que ce chagrin change bientôt de nature, parce que[3] l'on n'est pas longtemps sans s'apercevoir qu'ils ne sont[4] que les effets ou de la frayeur ou de la lassitude. Il[5] entroit de l'une et de l'autre dans ceux dont je vous parle en ce lieu.

Le chevalier de Sévigné, homme de cœur, mais intéressé, craignoit que l'on ne lui rasât sa maison, et M. de Brissac, qui croyoit avoir suffisamment[6] réparé la paresse, plutôt que la foiblesse, qu'il avoit témoignée dans le cours de ma prison, étoit bien aise de finir, et de ne pas[7] exposer son repos à une agitation à laquelle l'on ne voyoit plus de fin. Je n'avois pas moins d'impatience qu'eux de les voir hors d'une affaire à laquelle ils n'étoient plus engagés[8] que pour l'amour de moi. La différence est que je ne croyois pas le péril si pressant[9], ni pour eux ni pour moi, que je ne pusse au moins, à mon opinion[10], prendre le temps et de me faire traiter et de me pourvoir d'un bâtiment raisonnable pour naviguer.

1. Après *de ces*, est biffé : *sortes de soupçons qui.*
2. Voyez ci-dessus, la note 2 de la page 528.
3. *Parce que* remplace *quand*, biffé.
4. Que ces murmures ne sont. (Ms. Caf.)
5. *Y(i)*, effacé après *Il*. — Il y entroit. (Ms. Caf.) — Il en tenoit de l'une et de l'autre. (1837-1866.)
6. *Suffisamment*, à la marge.
7. *Pas* est en interligne, au-dessus de *plus*, effacé; plus loin, devant *repos*, est biffé *sa maison ou* (*ou* corrigé en *son*), et, après *repos*, les mots : *plutôt que sa fortune;* devant *une*, qui suit, est encore raturé : *l'agi[tation]*.
8. Point engagés. (1859, 1866.)
9. A la suite de *pressant*, est biffé : *que je n'eu[sse].*
10. Que je ne pusse, à mon sens. (1843-1866.)

Ils me voulurent persuader de passer en Hollande, sur un [1] vaisseau de Hambourg qui étoit à la rade, et je ne crus pas que je dusse confier ma personne à un inconnu qui me connoissoit, et qui me pouvoit mener à Nantes comme en Hollande. Je leur proposai de me faire venir une frégate [2] de corsaires de Biscaie, qui étoit mouillée à notre vue, à la pointe de l'île, et ils appréhendèrent de se criminaliser [3] par ce commerce avec les Espagnols. Tant fut procédé, que je m'impatientai de toutes les alarmes que l'on prenoit [4], ou que l'on vouloit prendre à tous les moments, et que je [5] m'embarquai sur une barque de pêcheur, où il n'y avoit que cinq mariniers de Belle-Isle, Joli, deux gentilshommes à moi, dont l'un s'appeloit Boisguérin [6] et l'autre Sales [7], et un valet de chambre que mon frère [8] m'avoit prêté. La barque

---

1. Devant *vaisseau*, est biffé *basti[ment]*; à la suite, *qui étoit à la rade* est ajouté en marge.

2. Je lui proposai de me faire venir cette frégate. (1837-1866.)

3. C'est-à-dire de se rendre criminels. — M. Littré ne cite du mot pris dans cette acception que cet exemple de Retz. Dès le dix-septième siècle, l'*Académie* (1694) lui donne uniquement le sens technique de changer un procès civil en un procès criminel. — De criminaliser. (1837-1866.)

4. Belle-Isle cependant avait été mis en état de défense. « On ne laissoit pas, par provision, dit Gui Joli (p. 106), de se mettre en état de se défendre autant qu'il étoit possible; et le duc de Retz ayant fait faire la revue à tous les habitants de l'île, qui se trouvèrent environ neuf cents hommes, il leur fit promettre de se jeter tous dans le fort, au premier coup de canon, avec la garnison ordinaire, qui étoit de cent cinquante hommes, et les quarante gentilshommes qui avoient suivi le Cardinal. »

5. *M'impatientai*, biffé, après *je*. — Et que je m'embarquai enfin sur une barque de pêcheurs. (1837-1866.)

6. Voyez ci-dessus, p. 519, et le récit de Gui Joli donné en note, p. 514-517.

7. De la maison angevine d'Aubigné-Brient.

8. Son frère aîné, Pierre de Gondi, qui avait pour beau-père son cousin germain le duc de Retz : voyez au tome I, p. 92.

étoit chargée de sardines, ce qui nous vint assez à propos, parce que nous n'avions que fort peu d'argent. Mon frère m'en avoit envoyé; mais l'homme qui le portoit avoit été arrêté par les garde-côtes[1]. Monsieur son beau-père n'avoit pas eu l'honnêteté de m'en[2] offrir. M. de Brissac me prêta quatre-vingts pistoles, et celui qui commandoit dans Belle-Isle, quatre[3]. Nous quittâmes nos habits; nous prîmes de méchants haillons de quelques soldats de la garnison, et nous nous mîmes à la mer à l'entrée de la nuit, en dessein de prendre la route de Saint-Sébastien, qui est dans le Guipuscoa[4]. Ce n'est pas qu'elle ne fût assez longue pour un bâtiment de cette nature; car il y a de Belle-Isle à Saint-Sébastien quatre-vingts fort grandes lieues; mais c'étoit le lieu le[5] plus proche de tous ceux où je pouvois aborder avec sûreté[6]. Nous eûmes un fort gros temps toute la nuit. Il calma[7] à la pointe du jour, mais ce calme ne nous donna

---

1. « *Garde-côte*, dit Furetière (1690), vaisseau armé en guerre qui croise la mer le long des côtes, pour la préserver de la pillerie des pirates et escorter les vaisseaux marchands. Il y a aussi sur terre des capitaines *garde-côtes* distribués le long des côtes de la mer pour veiller à la conservation de la côte et empêcher les descentes dans une certaine étendue de pays, dépendante de leur capitainerie. »

2. *M'en* est en interligne sur *nous en* (de ces deux mots, Retz n'a biffé que *nous*); et, de même précédemment, *M*[r], devant *son beau-père*.

3. *Quarante*, dans les mss. H, Caf. et dans toutes les éditions antérieures à la nôtre, sauf celle de 1859, 1866; mais il y a bien *quatre* dans l'original. — Rapprochez tout ce morceau du récit plus détaillé de Gui Joli (p. 107 et 108).

4. Saint-Sébastien, port de mer et place forte, est le chef-lieu du Guipuzcoa, qui fait partie des provinces basques.

5. Les mots : *lieu le*, sont ajoutés en interligne.

6. En sûreté. (Ms. Caf.)

7. Faut-il prendre le verbe au sens neutre : « Le temps devint calme » ? ou le considérer comme un impersonnel : « Il y eut, il se

pas beaucoup de joie, parce que[1] notre boussole, qui étoit unique, tomba, par je ne sais quel accident, dans la mer[2].

Nos mariniers, qui se trouvèrent fort étonnés[3] et qui d'ailleurs étoient assez ignorants, ne savoient où ils étoient, et ne prirent de route que celle qu'un vaisseau qui nous donna la chasse nous força de courir. Ils[4] reconnurent à son garbe[5] qu'il étoit turc et de Salé[6]. Comme il brouilla ses voiles[7] sur le soir, nous jugeâmes qu'il craignoit la terre, et que, par conséquent, nous n'en pouvions être loin[8]. Les petits oiseaux, qui se venoient

fit du calme »? M. Littré cite un exemple de Malherbe (tome I, p. 273), où il considère *calmer* comme verbe neutre, mais où ce mot pourrait bien être employé avec l'ellipse de *se*, ordinaire autrefois aux infinitifs des verbes réfléchis construits comme régimes d'autres infinitifs. C'est de cette seconde manière qu'il est expliqué, avec raison croyons-nous, dans le *Lexique de Malherbe*, p. xxviii, 7°.

1. Après *parce que*, on lit : *nous nous aperçûmes que*, effacé.
2. Tomba dans la mer par je ne sais quel accident. (1837-1866.) — Retz a écrit *boussoule*.
3. Qui se trouvèrent étonnés. (1837-1866.)
4. Après *Ils*, est biffé *le*.
5. Garbe « s'est dit pour *galbe* au sens de mode de construction et d'apparence d'un vaisseau. » (*Dictionnaire de M. Littré.*) — Furetière donne au mot le sens plus général d' « apparence extérieure d'une chose, » et dit qu'il ne s'emploie plus guère que dans le burlesque.
6. *Salé* est écrit deux fois et biffé la première. Salé (Sala) est un port du Maroc, à l'ouest de Fez, à l'embouchure de la Bouregreb ; les navires de Salé étaient autrefois des corsaires aussi redoutés du commerce que ceux d'Alger.
7. Brouiller, embrouiller les voiles, c'est les ferler ou les joindre ensemble. C'est ainsi que M. Littré, après Furetière, explique la locution « embrouiller les voiles ». Le simple, *brouiller*, n'est cité, dans cette acception, ni par l'un ni par l'autre dictionnaire.
8. Nous ne pouvions en être loin. (1859, 1866.) — A la nuit, dit également Gui Joli (p. 108), cette frégate « brouilla ses voiles, craignant apparemment d'approcher trop près de terre. »

percher[1] sur notre mât, nous le marquoient[2] d'ailleurs assez. La question étoit quelle terre ce pouvoit être, car nous craignions autant celle de France que les Turcs[3]. Nous bordeyâmes[4] toute la nuit dans cette incertitude; nous y demeurâmes tout le lendemain, et un vaisseau[5] dont nous voulûmes nous approcher pour nous en éclaircir nous tira, pour toute réponse, trois volées de canon. Nous avions fort peu d'eau et nous appréhendions d'être chargés en cet état[6] par un gros[7] temps, auquel il y avoit déjà quelque apparence. La nuit fut assez douce et nous aperçûmes, à la pointe du jour, une chaloupe à la mer. Nous[8] nous en approchâmes avec beaucoup de peine, parce qu'elle appréhendoit que nous ne fussions corsaires[9]. Nous parlâmes espagnol et françois à trois hommes qui étoient dedans; ils n'entendoient[10] ni l'une ni l'autre langue. L'un d'eux se mit à crier : *San-Sébastien*, pour nous donner à connoître qu'il en étoit; nous lui montrâmes de l'argent, et nous lui répondîmes : *San-Sébastien*, pour lui faire entendre[11] que c'étoit où nous voulions aller. Il se mit dans notre barque, et il nous y conduisit, ce qui lui fut aisé[12] parce que nous n'en étions pas fort éloignés[13].

1. Qui venoient se percher. (1837-1866.)
2. Marquèrent. (Ms. Caf.)
3. Que celle des Turcs. (1837-1866.)
4. Voyez ci-dessus, p. 530 et note 1.
5. Après *vaisseau*, est biffé *qu*.
6. En cet endroit. (1837-1866.)
7. Après *gros*, est effacé *de*.
8. A la suite de *Nous*, on lit ces mots raturés : *lui fîmes un signal qui est usité à la côte de Re* (sic).
9. *Des*, biffé, devant *corsaires*.
10. Mais ils n'entendirent. (1837-1866.)
11. Pour lui faire connoître. (*Ibidem.*)
12. Ce qui lui fut bien aisé. (1859, 1866.)
13. Gui Joli dit (p. 108) que le Cardinal débarqua à Saint-Sébas-

Nous ne fûmes pas plutôt arrivés que l'on nous demanda notre charte-partie[1], qui est si nécessaire à la mer, que tout homme qui y navigue[2] sans l'avoir est pendable, et sans autre forme[3] de procès. Le patron de notre barque n'avoit pas fait cette réflexion, croyant que je n'en avois pas de besoin. Le défaut de ce papier, joint aux méchants habits que nous avions, obligea les gardes du port à nous dire que nous avions la mine d'être pendus le lendemain au matin. Nous leur répondîmes que nous étions connus de M. le baron de Vateville[4], qui

tien, « avec ceux de sa suite, le 12 septembre. » On lit dans la *Muze historique*, à la date du 19 (p. 545) :

> Monsieur le cardinal de Retz,
> Dont la personne est hors des rets,
> Ayant fait sur les ondes bleues
> Environ deux cent trente lieues
> (Ce m'a conté certain chrétien),
> A pris terre à Saint-Sébastien,
> De l'Espagne ville frontière ;
> Et, pour achever sa carrière,
> Au jugement de maint esprit,
> Il ira, possible, à Madrid,
> A Rome, à Milan, à Florence ;
> Mais il seroit bien mieux en France.

1. On appelle charte-partie (dans l'original *charge-partie*) l'acte qui constate le louage de tout ou partie d'un navire. « Ce mot, dit le *Dictionnaire de M. Littré*, vient d'un ancien usage : au lieu de faire le double de l'acte, on le coupait en deux parties, dont les deux contractants gardaient chacun une. *Partie* est ici le participe passé du verbe *partir*, partager. »

2. Qui navige. (1717, 1718 C, D, E.)

3. Est pendable, sans autre forme. (1837-1866.)

4. Le baron Charles de Vateville était un gentilhomme de la Franche-Comté, province alors dépendante de l'Espagne, « homme d'esprit, d'expédients, plein d'invention et d'adresse, » dit Lenet (p. 293), qui raconte tout au long dans ses *Mémoires* l'intervention de cet agent de Philippe IV dans les troubles de la seconde Fronde. C'est ce Charles de Vateville, qui, en 1661, eut à Londres, où il était ambassadeur d'Espagne, ce fameux démêlé pour la pré-

SECONDE PARTIE. [1654] 537

commandoit pour le roi d'Espagne dans le Guipuscoa. Ce mot fit[1] [que] l'on nous mit dans une hôtellerie et que l'on nous donna un homme qui mena Joli à M. de Vateville, qui étoit au Passage[2], et qui d'abord jugea par ses habits tous déchirés qu'il étoit un imposteur. Il ne le lui témoigna pourtant pas, à tout hasard, et il vint me voir, dès le lendemain au matin, dans mon hôtellerie. Il me fit[3] un fort grand compliment, mais embarrassé, et d'un homme qui avoit accoutumé, au poste où il étoit, de voir souvent des trompeurs. Ce qui commença à l'assurer[4] fut l'arrivée de Beauchesne, que j'avois dépêché à Paris de Beaupréau, et[5] que mes amis me renvoyèrent en diligence, aussitôt qu'ils eurent appris que[6] je m'étois embarqué pour Saint-Sébastien. Il le trouva si bien informé des nouvelles, qu'il eut lieu de croire que ce n'étoit pas[7] un courrier supposé, et il l'en trouva même beaucoup mieux instruit qu'il n'eût voulu[8], car ce fut lui qui lui apprit que l'armée de France avoit forcé celle d'Espagne dans les lignes d'Arras[9], et cet avis, que M. de Vateville fit passer en diligence à Madrid[10],

séance avec le comte d'Estrades, ambassadeur de Louis XIV : voyez les *Mémoires de Louis XIV* (édition Dreyss, tome I, p. 532-540), et ceux *de Mme de Motteville* (tome IV, p. 296-301).

1. *Ce mot fit* est à la marge, pour remplacer : *L'on se* (un mot illisible) *de nous moque*[r], biffé dans le texte ; plus loin, *que*, devant *l'on nous donna*, et *homme*, après *soldat*, qui est raturé, sont en interligne.

2. Port aujourd'hui à demi ensablé, à huit kilomètres est-nord-est de Saint-Sébastien.

3. Il me fit alors. (1837-1866.) — 4. A le rassurer. (*Ibidem.*)

5. Les mots : *que j'avois dépêché à Paris de Beaupréau et*, sont à la marge.

6. Qu'ils surent à Paris que. (Ms. Caf.) — Qu'ils surent que. (1837-1866.)

7. Qu'il n'étoit pas. (*Ibidem.*)

8. Qu'il n'eût souhaité. (*Ibidem.*)

9. Voyez ci-dessus, p. 510 et note 5.

10. Ici et plus bas Retz écrit *Madrit*.

fut le premier que l'on y eut de cette défaite. Beauchesne me l'apporta avec une diligence incroyable, sur une frégate de ¹ corsaire biscaïen, qu'il trouva à la pointe de Belle-Isle et qui fut ravi de se charger de sa personne et de son passage, sachant qu'il me ² venoit chercher à Saint-Sébastien. Mes amis me l'envoioient ³ pour m'exhorter à prendre le chemin de Rome, plutôt que celui de Mézières, où ils appréhendoient que je ne voulusse me jeter ⁴. Cet avis étoit certainement le plus sage; il n'a pas été le plus heureux par l'événement. Je le suivis sans hésiter, quoique ce ne fût pas sans peine.

Je connoissois assez la cour de Rome pour savoir que le poste d'un réfugié et d'un suppliant n'y est pas agréable ; et mon cœur, qui étoit piqué au jeu contre M. le cardinal Mazarin, étoit plein de mouvements qui m'eussent porté, avec plus de gaieté, dans les lieux où jeusse pu donner un champ plus libre à mes ressentiments. Je n'ignorois pas que je ne ⁵ pouvois pas espérer de M. le duc de Noirmoutier tout ce qui me conviendroit peut-être dans les suites ; mais je n'ignorois pas non plus ⁶ qu'étant le maître dans Mézières, comme je l'y étois, et m'y rendant en personne, il n'étoit pas impossible que je n'engageasse M. de Noirmoutier,

1. *De* corrige *d'un;* Retz a écrit *biscaie,* pour *biscaïen;* après ce mot, est biffé : *qu'il avoit.* — Cette « frégate de corsaire biscaïen » est-elle la même que celle dont il est parlé ci-dessus, p. 532 ? Il n'y a rien ici qui le fasse entendre.

2. *Me*, en interligne.

3. Après *l'envoioient,* est effacé : *et pour m'informer de la route* (?) *des Espagnols et.*

4. Ici est biffé : *C'étoit assurém[ent]* ; plus loin, après *sage,* les mots : *je ne*, sont corrigés en *il n'a;* après *n'a,* est effacé : *sus (sceus) d.*

5. Devant *pouvois,* est biffé *me,* et un *d* et deux autres lettres après *pas.*

6. Après *plus,* est raturé *qu.*

qui enfin gardoit les apparences[1] avec moi, et qui même, aussitôt qu'il eut appris ma liberté, m'avoit dépêché un gentilhomme, en commun avec le vicomte de Lamet, pour m'offrir retraite dans leurs places[2]. Mes amis ne doutoient pas que je ne la trouvasse, et même très-sûre, dans Mézières. Ils craignoient qu'elle ne fût pas de la même nature à Charleville, et, comme la situation de ces places fait que l'une sans l'autre n'est pas fort considérable[3], ils crurent que, vu la disposition de M. de Noirmoutier, je ferois mieux de ne[4] faire aucun fondement pour ma retraite. Je répète encore ici ce que je vous ai déjà dit[5], que je ne sais si il n'y[6] eut pas lieu[7] de mieux espérer, non pas de la bonne intention de Noirmoutier, mais de l'état où il se fût trouvé lui-même. Le conseil de mes amis l'emporta sur mes vues. Ils me représentèrent que l'asile naturel[8] d'un cardinal et d'un évêque persécuté étoit le Vatican; mais il y a des temps dans lesquels il n'est pas malaisé de prévoir que ce qui devroit servir d'asile[9] peut facilement devenir un lieu d'exil. Je le prévis et je le choisis. Quelque événement que ce choix ait eu, je ne m'en suis jamais repenti, parce qu'il eut pour principe la déférence que je rendis[10] aux conseils de ceux à qui

1. *Apparences*, en interligne, au-dessus de : *mesures publiques*, biffé ; *aussitôt qu'il eut appris ma liberté*, à la marge.
2. Dans l'original, *leur places*; à la suite, on lit : *Je n'eus*, effacé.
3. Voyez ci-dessus, p. 512 et note 3.
4. Après *ne*, sont biffés les mots : *me pas*.
5. Ci-dessus, p. 512. — 6. *Avoit pas de*, effacé, à la suite de *n'y*.
7. S'il n'y eût pas eu lieu. (Ms. Caf.)
8. *Naturel*, à la marge; puis les mots : *cardinal et d'un*, sont en interligne, au-dessus d'*évêque*, évidemment par mégarde, puisque ces quatre mots sont déjà dans le texte.
9. Un tâtonnement : *dev[ient]*, biffé, devant *peut*; plus bas, *Je le preveus* (sic), dans l'autographe.
10. *Je rendis*, en interligne, sur *j'eus*, effacé ; de même, *conseils*,

j'avois obligation[1]. Je l'estimerois davantage si il avoit été l'effet de ma modération, et du desir de n'employer[2] à mon rétablissement que les voies ecclésiastiques.

ne tint pas aux Espagnols que je ne prisse un autre parti. Aussitôt que M. de Vateville m'eut reconnu pour le cardinal de Rais, ce qu'il fit en huit ou dix heures, et par les circonstances que je vous ai marquées et par un secrétaire bordelois qu'il avoit, qui m'avoit vu à Paris plusieurs fois, il me mena chez lui, dans un appartement qui étoit au plus haut étage, et il m'y tint si couvert que, quoique M. le maréchal de Gramont, qui n'étoit qu'à trois lieues de Saint-Sébastien[3], eût donné avis à la cour, par un courrier exprès, que j'y étois arrivé, il fut trompé lui-même le jour suivant, au point d'en avoir dépêché un autre pour s'en dédire. Je fus trois semaines

au-dessus d'*avis*, biffé ; *aux*, qui précède, corrige *au*. — Que je rendis au conseil. (1837-1866.)

1. Après *obligation*, il y a ces tâtonnements raturés : *Je* (non effacé par mégarde) *r*.... *Je l'* (ces deux mots, en interligne) *estimerois de plus* (ces deux mots, à la marge) *si je l'avois fait sur* (ce dernier mot, non biffé) *si je J'estimerois d'autant*.

2. Devant *n'employer*, est biffé : *ne me servir que ;* puis *de* a été répété par mégarde. — Et du desir de m'employer à mon rétablissement par les voies ecclésiastiques. (1837-1866.)

3. A supposer que le maréchal de Gramont (voyez, au tome I, p. 143, note 4), gouverneur de Navarre, de Béarn et de Bayonne, se trouvât à ce moment à la frontière de son gouvernement, il eût été à environ vingt kilomètres de Saint-Sébastien [a] ; mais on sait que les lieues par lesquelles on comptait autrefois étaient, en mainte contrée, notablement plus longues que nos lieues de quatre kilomètres. On voit par les *Mémoires de Gramont*, et dans la notice placée en tête de l'édition Michaud et Poujoulat (p. 232), que le maréchal « ne fut pas employé dans les armées de 1650 à 1657. » — Sur la campagne de cette année 1654 en Espagne, voyez les *Mémoires de Montglat*, p. 299 et 300, et ceux *de Gourville*, p. 515 et 516.

[a] De Bayonne, où il résidait d'ordinaire, il y a, par le chemin de fer, cinquante-cinq kilomètres.

dans un lit sans me pouvoir remuer, et le chirurgien du baron de Vateville, qui étoit fort capable, ne voulut point[1] entreprendre de me traiter, parce qu'il étoit trop tard. J'avois l'épaule absolument démise, et il me condamna à être estropié pour tout le reste de ma vie[2]. J'envoyai Boisguérin au roi d'Espagne, auquel j'écrivis, pour le supplier de me permettre de passer par ses États pour aller à Rome[3]. Ce gentilhomme fut reçu et de Sa Majesté[4] Catholique et de dom Louis de Haro[5] au delà de tout ce que je vous en puis exprimer. L'on[6] le dépêcha dès le lendemain ; l'on lui donna une chaîne de huit cents écus ; l'on m'envoya[7] une litière du corps, et l'on m'envoya en diligence dom Cristoval de Crassembac[8], Allemand, mais espagnolisé et secrétaire des langues, très-confident de dom Louis. Il n'y a point d'efforts[9] que ce secrétaire ne fît pour m'obliger d'aller à Madrid. Je m'en défendis par l'inutilité dont ce voyage seroit au service du roi catholique, et par l'avantage que mes ennemis en prendroient contre moi. L'on ne comprenoit point ces raisons, qui étoient pourtant, comme vous voyez, assez bonnes, et, comme je m'en étonnois, Vateville, qui, en présence du secrétaire, avoit été de son avis, même avec véhémence, me dit : « Ce

1. Ne voulut pas. (1837-1866.)
2. D'être estropié. (*Ibidem*.) — Voyez ci-dessus, p. 528 et note 2.
3. *A Rome* est précédé d'*en Ita*[*lie*] ; Retz a oublié de biffer *en*.
4. Fut reçu de Sa Majesté. (1837-1866.)
5. *D'haro* (sic), dans l'autographe. — Le célèbre ministre d'État qui conclut, en 1659, avec Mazarin, la paix des Pyrénées. Il mourut en 1661, en sa soixante-troisième année.
6. *Lui*, biffé, après *L'on*.
7. L'on me dépêcha ensuite. (Ms. Caf.)
8. « Don Christoval de Crassemberg, Allemand, et principal secrétaire de don Louis de Haro. » (*Gui Joli*, p. 109.) — *Dom* a été ajouté après coup dans l'original.
9. Il n'y a point d'effort. (1837-1866.)

voyage coûteroit cinquante mille écus au roi, peut-être[1] l'archevêché de Paris à vous : il ne seroit bon à rien ; et cependant il faut que je parle comme[2] l'autre, ou je serois brouillé à la cour. Nous agissons sur le pied de Philippe II[3], qui avoit pour maxime d'engager toujours les étrangers par des démonstrations publiques. Vous voyez comme nous l'appliquons : ainsi du reste. » Cette parole est considérable, et je l'ai moi-même appliquée depuis, plus d'une fois, en faisant réflexion sur la conduite du conseil d'Espagne. Il m'a paru, en plus d'une occasion, qu'il pèche autant par l'attachement trop[4] opiniâtre qu'il a à ses maximes générales, que l'on pèche en France par le mépris que l'on fait et des générales et des particulières.

Quand dom Cristoval vit qu'il ne me pouvoit pas persuader[5] d'aller à Madrid, il n'oublia rien[6] pour m'obliger à m'embarquer sur une frégate de Dunkerque, qui étoit à Saint-Sébastien, et il me fit des offres immenses, en cas que je voulusse aller en Flandres traiter avec Monsieur le Prince, me déclarer[7] avec Mézières, Charleville et le Mont-Olimpe. Il avoit raison de[8] me proposer ce parti, qui étoit en effet du service du Roi son maître. Vous avez vu celles que j'eus[9] de ne le pas accepter. Ce qui fut très-honnête est[10] que tous mes refus

---

1. Et peut-être. (1837-1866.)
2. Après *comme*, est raturé ce tâtonnement : *je l'au[tre]*.
3. Dans l'original, *filippes* 2 ; plus bas, le mot *pour* est en interligne, sur *des*, biffé ; en outre, une *s* a été effacée à la fin de *maxime*.
4. Le ms. Caf. omet *trop*.
5. Qu'il ne pouvoit pas me persuader. (1837-1866.)
6. *N'oublia rien*, en interligne, sur *entreprit de m'ob[liger]*, biffé. Plus loin, Retz écrit encore *Duncherche*.
7. Et me déclarer. (1837-1866.) — 8. Après *de*, est biffé *croi[re?]*.
9. Celle que j'eus. (1837-1866.)
10. Ce qui fut très-honnête, c'est. (1837 et 1843.)

n'empêchèrent pas qu'il ne me fît apporter un petit coffre de velours vert, dans lequel il y avoit quarante mille écus en pièces de quatre. Je ne crus pas les devoir recevoir[1], ne faisant rien pour le service du roi catholique ; je m'en excusai, sur ce titre, avec tout le respect que je devois ; et, comme je n'avois, ni pour moi ni pour les miens, ni linge, ni habit[2], et que les quatre cents écus que je tirai de la vente de mes sardines furent presque consommés[3] en ce que je donnai aux gens de M. de Vateville, je le[4] priai de me prêter quatre cents pistoles, dont je lui fis ma promesse, et que je lui ai rendues depuis[5].

Après que je me fus un peu rétabli, je partis de Saint-Sébastien[6] et je pris la route de Valence pour m'embarquer à Vinaros[7], où dom Cristoval me promit que dom Juan d'Autriche[8], qui étoit à Barcelone, m'envoiroit[9] et une frégate et une galère. Je passai, dans une litière du corps, du roi d'Espagne, toute la Navarre, sous

1. Devoir les recevoir. (1837-1866.)
2. Ni habits. (*Ibidem.*) — Dans l'original, *j'empruntai* est biffé, après *habit*; la suite : *et que les quatre cents écus.... Mr de Vatteville*, est à la marge. Le ms. H change 400 en *quarante*.
3. Consumés. (1837-1866.)
4. *Le*, ajouté après coup, dans la ligne ; après *priai*, est biffé : Mr *de Vatteville*. Retz écrit tantôt *Vateville*, tantôt, comme ici, *Vatteville*.
5. *Et que je lui ai rendus* (sic) *depuis*, à la marge.
6. Le 1er octobre 1654. (*Gui Joli*, p. 110.)
7. « On arriva le 14 octobre à un bourg du royaume de Valence, sur le bord de la mer, nommé Vivaros (sic). » (*Ibidem.*) — Vinaroz est un petit port de mer du royaume de Valence, au sud de l'embouchure de l'Èbre. Le duc de Vendôme y mourut en 1712.
8. Fils du roi Philippe IV, et d'une comédienne, dit Moréri (à l'article AUTRICHE), né en 1629, mort en 1679. Il fut grand prieur de Castille et général des armées de son père.
9. U[*ne*], biffé devant *et*.

le nom de marquis[1] de Saint-Florent, sous la conduite d'un maître d'hôtel de Vateville, qui disoit que j'étois un gentilhomme de Bourgogne[2], qui allois[3] servir le Roi dans le Milanois[4]. Comme j'arrivai à Tudelle[5], ville assez considérable, qui est au delà de Pampelune, je trouvai le peuple assez ému. L'on y faisoit, la nuit, des feux et des corps de garde. Les laboureurs des environs s'étoient soulevés[6], parce que l'on leur avoit défendu la chasse. Ils étoient entrés dans la ville, ils y avoient fait beaucoup de violence[7], et ils y avoient même pillé quelques maisons. Un corps de gardes, qui fut posé[8], à dix heures du soir, devant l'hôtellerie[9] dans

1. Du marquis. (1837-1866.)
2. De la comté de Bourgogne (haute Bourgogne ou Franche-Comté, capitale Besançon), qui appartenait alors à l'Espagne. On sait que, conquis deux fois sous le règne de Louis XIV, en 1668 et en 1674, ce pays nous resta définitivement par la paix de Nimègue (1678).
3. Il y a bien ainsi : *qui allois*, dans l'original.
4. « Il voyageoit, dit Gui Joli (p. 110), en équipage d'homme de guerre. » — Joli, Boisguérin, de Salles et du Brocard suivaient la litière du Cardinal, montés sur des mulets. C'était le maître d'hôtel du baron de Vateville qui faisait la dépense du voyage. « Le premier jour, ils allèrent coucher à Tolosette, à quatre lieues de Saint-Sébastien ; et le lendemain, à la dînée, ils rencontrèrent quelques marchands françois qui reconnurent fort bien le Cardinal et Joli, quelque soin qu'on prît de se cacher d'eux. Le reste du voyage se passa assez agréablement, à la réserve des lits, qui sont rares en Espagne, même dans les hôtelleries, où il faut porter tout ce dont on a besoin. » (*Gui Joli, ibidem.*)
5. Sur l'Èbre, à soixante kilomètres sud de Pampelune. — Pampelune (Pamplona), place forte sur l'Arga et chef-lieu de la province de Navarre.
6. Devant *soubslevés* (sic), il y a *révoltés*, biffé. Le premier membre de la phrase suivante manque dans le ms. Caf.
7. Et ils y avoient fait beaucoup de violences. (1837-1866.)
8. Qui fut posté. (*Ibidem.*)
9. *L'hôtellerie* remplace, à la marge, *le logis*, biffé dans le texte ; plus bas, *laquelle* corrige *lequel*.

laquelle je logeois, commença à me donner quelque soupçon que l'on n'en eût pris de moi; mais une litière du Roi, avec les muletiers de¹ sa livrée, me rassuroit. Je vis entrer, à minuit, un certain dom Martin, dans ma chambre², avec une épée fort longue et une grande rondache à la main. Il me dit qu'il étoit le fils du logis, et qu'il me venoit avertir que le peuple étoit fort ému; qu'il croyoit que je fusse un François qui fût venu³ pour fomenter la révolte des laboureurs⁴; que l'alcade ne savoit lui-même ce qui en étoit; qu'il étoit à craindre que la canaille ne prît ce prétexte pour me⁵ piller et pour m'égorger; et que le corps de garde même qui étoit⁶ devant le logis commençoit à murmurer et à s'échauffer.

Je priai dom Martin de leur faire voir, sans affectation, la litière du Roi, de leur faire parler les muletiers⁷, de les mettre en conversation⁸ avec dom Pedro, maître d'hôtel de M. de Vateville. Il entra justement dans ma chambre à ce moment⁹, pour me dire que c'étoient des *endemoniados*¹⁰, qui n'entendoient ni rime ni raison, et qu'ils l'avoient menacé lui-même de le massacrer. Nous passâmes ainsi toute la nuit, ayant pour sérénades une multitude de voix confuses qui chantoient, ou qui plu-

1. Le ms. Caf. omet : *les muletiers de*.
2. Je vis entrer dans ma chambre, à minuit. (1859, 1866.)
3. Que j'étois un François venu. (1837-1866.) — Plus loin, dans l'original, il y a *qu'ils*, corrigé en *que* devant *l'alcade*, et, plus bas encore, la conjonction *et*, effacée devant *qu'il*.
4. Gui Joli (p. 110) dit, au contraire, « pour châtier les séditieux. »
5. Ici trois lettres biffées.
6. Le corps de garde qui étoit même. (1837-1866.)
7. De leur faire parler aux muletiers. (*Ibidem.*)
8. *Conservation*, par mégarde, dans l'original.
9. En ce moment. (1837-1866.)
10. Mot espagnol : des endiablés, des possédés.

tôt hurloient[1] des chansons contre les François. Je crus, le lendemain au matin, qu'il étoit à propos de faire voir à ces gens-là[2], par notre assurance[3], que nous ne nous tenions pas pour François; et je voulus sortir pour aller à la messe. Je trouvai[4] sur le pas de la porte[5] une sentinelle qui me fit rentrer assez promptement, en me mettant le bout de son mousquet dans la tête, et en me disant qu'il avoit ordre de l'alcade de me commander, de la part du Roi[6], de me tenir dans mon logis. J'envoyai dom Martin à l'alcade[7] pour lui dire qui j'étois, et dom Pedro y alla avec lui. Il me vint trouver en même temps[8]; il quitta sa[9] baguette à la porte de ma chambre; il mit un genou en terre en m'abordant[10], il baisa le bas de mon justaucorps; mais il me déclara qu'il ne pouvoit me laisser sortir, qu'il n'en eût[11] ordre du comte de San-Estevan, vice-roi de Navarre, qui étoit à Pampelune. Dom Pedro y alla avec un officier de la ville, et il en revint avec beaucoup d'excuses. L'on me

1. Ou plutôt qui hurloient. (1837-1866.)
2. Après *ces gens-là*, est biffé : *que nous*; plus haut, deux lettres sont effacées dans l'interligne, avant *matin;* plus bas, *voulus* est aussi en interligne, sur *sortis*, corrigé en *sortir*.
3. Pour notre sûreté. (Ms. Caf.)
4. A la messe, et je trouvai. (1837-1866.)
5. Sur le bas de la porte. (*Ibidem.*)
6. *De la part du Roi* est omis dans les éditions de 1837-1866.
7. *Lui*, biffé, après *l'alcade.*
8. A la suite d'*en même temps*, sont raturés ces mots, récrits en partie plus loin : *il mit son genou en terre, il me baisa le bas de mon juste au corps* (sic).
9. Retz avait corrigé *sa* en *son*, correction qu'expliquent les tâtonnements qui suivent, et qu'il a maintenue par mégarde; à la suite viennent une *R* majuscule corrigée en *B*, et le mot *baston*, effacés; *baguette* est écrit en interligne, après ce dernier mot.
10. A terre, et en m'abordant. (1837-1866.)
11. *N'en eût*, en interligne, au-dessus de *reçût*, effacé. — Qu'il n'eût. (1837-1866.)

donna cinquante mousquetaires d'escorte, montés sur des ânes, qui m'accompagnèrent jusques à Cortes[1].

Je continuai mon chemin par l'Aragon, et j'arrivai à Saragosse, qui est la capitale[2] de ce royaume, grande et belle ville. Je fus surpris, au dernier[3] point, d'y trouver que tout le monde parloit françois dans les rues. Il y en a, en effet, une infinité[4], et particulièrement d'artisans, qui sont plus affectionnés à l'Espagne que les naturels du pays[5]. Le duc de Montéléon, Néapolitain, de

1. Ville de la haute Navarre, sur la frontière de l'Aragon, proche de l'Èbre. — Nous donnons à l'*Appendice* un extrait d'une relation à peu près contemporaine du voyage de Retz, intitulée : *Voyage d'Espagne curieux, historique et politique fait en l'année 1655, dédié à S. A. R. Mademoiselle.* Paris, 1666, un volume in-4°. Dans ce morceau, l'auteur, que Barbier, dans son *Dictionnaire des ouvrages anonymes et pseudonymes*, dit être Aarsens de Sommerdyck, raconte, à sa manière, ce qui arriva au Cardinal dans la ville de Tudela, et lui attribue, au sujet de la nouvelle de l'avantage remporté par les Français à Arras (voyez ci-dessus, p. 537 et 538), une habileté peu patriotique dont il n'a eu garde de se vanter dans ses *Mémoires*.

2. A Saragosse, capitale. (1837-1866.) — Dans l'original, *Arragon* et *Sarragosse*. — Saragosse (Zaragoza), capitale de l'Aragon, sur l'Èbre, fameuse par le siége qu'elle soutint contre les Français, en 1808 et 1809.

3. Le mot *dernier* est ajouté en marge.

4. C'est-à-dire, une infinité de Français. La phrase est incorrecte, mais le sens évident.

5. Gourville, à une date un peu postérieure, constate aussi dans ses *Mémoires* (p. 553) la quantité considérable de Français établis en Espagne. A Madrid, rémouleurs, savetiers et porteurs d'eau sont, dit-il, Français ; la Guienne envoie, en outre, au delà des Pyrénées un grand nombre d'ouvriers ruraux, moissonneurs et batteurs en grange. « L'Espagne en général, ajoute-t-il (*ibidem*), est fort dépeuplée, non-seulement par ceux qui vont aux Indes, mais encore par les levées qui se font pour envoyer des troupes à Milan, Naples, Sicile et Pays-Bas, où la plupart de ceux qui y vont se marient ou y meurent ; et l'Espagne se peuple de François qui y vont, qui s'y marient et y demeurent. Aussi disoit-on dans ce temps-là (*en 1669*) qu'il y avoit deux cent mille François répandus

[la] maison de Pignatelli[1], vice-roi[2] d'Aragon, m'envoya, à trois ou quatre lieues au-devant de moi, un gentilhomme, pour me dire qu'il y fût[3] venu lui-même avec toute la noblesse, si le Roi son maître ne lui eût mandé[4] d'obéir à l'ordre contraire qu'il savoit que je lui en donnerois. Ce compliment, fort honnête, comme vous voyez, fut accompagné de mille et mille galanteries, et de tous les rafraîchissements imaginables, que je trouvai à Saragosse. Permettez-moi, s'il vous plaît, de m'y arrêter un peu, pour vous rendre compte de quelques circonstances qui m'y parurent assez curieuses[5]. L'on trouve[6], devant que d'entrer dans la ville de ce côté-là, l'Alcasar des anciens rois maures, qui est[7] présentement à l'Inquisition. Il y a auprès une allée d'arbres, dans laquelle je vis un prêtre qui se promenoit. Le gentilhomme du Vice-Roi me dit que ce prêtre étoit le curé d'Osca[8], ville très-ancienne en Aragon, et que ce curé

dans toute l'Espagne, dont au moins vingt mille dans la seule ville de Madrid. »

1. Le voyageur de 1655 dont nous venons de parler s'exprime en ces termes (chapitre XXXIII, p. 282) au sujet du duc de Montéléon : « C'est un des principaux seigneurs de Naples, qui, dans les dernières révolutions de cette ville, devint suspect aux Espagnols, bien qu'aux premières il les eût utilement servis. Pour se guérir de la jalousie qu'il leur donnoit, ils l'ont fait venir en Espagne, et, pour couvrir mieux leur défiance, ils l'ont fait vice-roi d'Aragon. »

2. Un *d* biffé, devant *d'Arragon*.

3. *Fût* en interligne, au-dessus de *seroit*, biffé ; à la ligne suivante, *eût* suit *avoit*, également biffé.

4. Ne lui eût commandé. (1859, 1866.)

5. Me parurent curieuses. (1837 et 1843.)

6. L'on y trouve. (1837-1866.)

7. Par mégarde, *s'est*, dans l'original. — A la suite, dans le ms. Caf. : « la maison de l'Inquisition ».

8. Probablement Huesca, l'antique Osca, avec un évêché qui date du sixième siècle, à quarante-quatre kilomètres nord-est de Sara-

faisoit la quarantaine pour avoir enterré, depuis trois semaines, son dernier paroissien qui étoit effectivement le dernier de douze mille personnes mortes de la peste dans sa paroisse.

Ce même gentilhomme du Vice-Roi me fit voir tout ce qu'il y avoit de remarquable à Saragosse, toujours sous le nom de marquis de Saint-Florent. Mais il ne[1] fit pas la réflexion que *Nouestra Sennora del Pilar*[2], qui est un des plus célèbres sanctuaires de toute l'Espagne[3], ne se pouvoit pas voir sous ce titre. L'on ne montre jamais à découvert cette image miraculeuse qu'aux souverains et qu'aux cardinaux[4]. Le marquis de Saint-Florent n'étoit ni l'un ni l'autre, de sorte que, quand l'on me vit dans le balustre[5] avec mon justaucorps de velours

---

gosse : voyez la *Géographie universelle* de Malte-Brun, revue par M. É. Cortambert, tome VII, p. 221 et 222, et Guibert : *Dictionnaire géographique et statistique*, 1863. — Après *Osca* ou *Occa* (le mot nous laisse quelque doute), est biffé *ancienne*.

1. On liroit plutôt *ni* (*n'y*).

2. Nous conservons l'orthographe de Retz. — « L'église la plus renommée de Saragosse est *Nuestra Señora del Pilar* (Notre-Dame du Pilier). Elle est près de l'Èbre, et dans une chapelle il y a un pilier qui porte la Vierge, tenant le petit Jésus entre ses bras et parée de plusieurs dons.... Cette chapelle n'a point d'autre jour que la lumière des lampes, au nombre de plus de soixante, dont il y en a plusieurs aussi grosses et aussi larges qu'un muid. Ce pilier, qui est une colonne de marbre, paroit un peu par derrière la chapelle, à travers une petite grille, où l'on va le baiser par dévotion. On dit que, saint Jacques ayant été envoyé en Espagne pour y convertir les peuples à la foi chrétienne, et ne pouvant en attirer que très-peu dans Saragosse, la Vierge lui apparut sur cette colonne. » (*Dictionnaire historique et géographique* de Th. Corneille.)

3. D'Espagne. (Ms. Caf.) — Dans l'autographe, *toutes*, avec l'*s* biffée.

4. Et aux cardinaux. (1837-1866.)

5. C'est-à-dire de l'autre côté de la balustrade servant de clôture à l'image miraculeuse de la Vierge.

noir et ma cravate[1], le peuple infini qui[2] étoit accouru de toute la ville[3] au son de la cloche, qui ne sonne que pour cette cérémonie, crut que j'étois le roi d'Angleterre. Il y avoit, je crois, plus de deux cents carrosses de dames, qui me firent cent et cent galanteries, auxquelles je ne répondois[4] que comme un homme qui ne parloit pas trop bien espagnol. Cette église est belle en elle-même, mais les ornements et les richesses en sont immenses, et[5] le trésor magnifique. L'on m'y montra un homme qui servoit à allumer les lampes, qui y sont en nombre prodigieux, et l'on me dit que l'on l'avoit vu[6] sept ans, à la porte de cette église, avec une seule jambe. Je l'y vis avec deux. Le doyen, avec tous les chanoines[7], m'assurèrent que toute la ville l'avoit vu comme eux, et que, si je voulois attendre encore deux jours, je parlerois à plus de vingt mille hommes, même[8] de dehors, qui l'avoient vu comme ceux de la ville. Il avoit recouvert[9] sa jambe, à ce qu'ils disoient[10], en se frottant de l'huile de ses lampes. L'on célèbre tous les ans[11] la fête de ce miracle avec un concours incroyable, et il est vrai qu'encore à une journée de Saragosse je trouvai les grands

1. La cravate, dit Furetière, « est une espèce de collet que portent les hommes quand ils sont en habit de campagne, ou (*comme ici Retz*) en justaucorps. »

2. Après *qui*, est biffé *y (i)*.

3. Qui étoit accouru de la ville. (1843-1866.)

4. Je ne répondis. (1837-1866.)

5. *Et*, à la marge. — 6. Qu'on l'y avoit vu. (1837-1866.)

7. Avec les chanoines. (1859, 1866.)

8. *Qui*, biffé, devant *même*.

9. On disait assez souvent autrefois *recouvert*, pour *recouvré*. Voyez plusieurs exemples dans le *Lexique de Malherbe*.

10. A ce qu'il disoit. (1837-1866.)

11. Après *ans*, est biffé ce tâtonnement : *l'ann[iversaire] ceste gran-[de]*. — A la suite, devant *miracle*, les éditeurs de 1837 et de 1843 ajoutent dans leur texte : *prétendu*.

chemins couverts et remplis[1] de gens de toute qualité qui y couroient[2].

J'entrai de l'Aragon[3] dans le royaume de Valence, qui se peut dire, non pas seulement le pays le plus fin[4], mais encore le plus beau jardin du monde. Les grenadiers, les orangers, les limoniers[5] y font les palissades des grands chemins[6]. Les plus belles et les plus claires eaux du monde leur servent de canaux. Toute[7] la campagne, qui est émaillée d'un million de fleurs différentes[8] qui flattent la vue[9], y exhale un million d'odeurs différentes qui charment l'odorat. J'arrivai ainsi à Vinaros[10], où dom Fernand Carillo Quatralve[11], des galères[12] de Naples, me joignit, le lendemain, avec la patronne

1. *Et remplis* est omis dans les éditions de 1837-1866; elles changent ensuite *toute qualité* en *toute sorte de qualités*.

2. *Courroient* (sic) en interligne, au-dessus de *venoient*, biffé.

3. J'entrai de Saragosse. (Ms. Caf.)

4. *Non pas seulement*, à la marge; *fin* écrit deux fois et biffé la première. Comparez cet emploi du mot *fin* à l'anglais *fine*, beau. « L'ordinaire de nos anciens, dit Pasquier (*Recherches*, 756), cité par M. Littré, étoit d'employer le mot de *fin*, pour *bon*, en toutes les occurrences qui se présentoient. » — Le plus sain. (1837-1866.)

5. Les limonadiers. (1859, 1866.)

6. Après *chemins*, est biffé : *et toute la campagne*.

7. *Toute*, déjà écrit à la fin d'une page, commence la suivante.

8. De différentes fleurs. (1837-1866.) — *Y* (*i*) biffé, devant *est émaillée*.

9. *Qui flattent la vue*, à la marge; *exale* (sic), en interligne, sur *jette* (*iette*), effacé.

10. Le 14 octobre, dit Gui Joli, p. 110.

11. Gui Joli (*ibidem*) le nomme « chef d'escadre », et le qualifie « jeune homme fort bien fait et fort sage. »

12. Devant *galères*, est biffé *Esquade;* deux lignes plus loin, le mot est écrit *esquoade*. — Où don Fernand-Carillo-Quatralve Zuatra, général des galères. (1837-1866.) — *Zuatra* est aussi dans le ms. Caf.; plusieurs éditions anciennes substituent ce mot à *Quatralve*, que la 1re édition (1717) remplace par *général*.

de cette escouade[1], belle et excellente galère, et renforcée de la meilleure partie de la chiorme[2] et de la soldatesque de la capitane[3], que l'on avoit presque désarmée pour cet effet. Dom Fernand me rendit une lettre de dom Juan d'Autriche, aussi belle et aussi galante que j'en aie jamais vu. Il me donnoit le choix de cette galère ou d'une frégate de Dunkerque[4], qui étoit à la même plage, et qui étoit montée de trente-six pièces de canon. Celle-ci étoit plus sûre[5] pour passer le golfe de Léon[6], dans une saison aussi avancée, car nous étions dans le mois d'octobre. Je choisis la galère et vous verrez que je n'en fis pas mieux.

Dom Cristoval de Cardonne, chevalier de Saint-Jacques[7], arriva à Vinaros un quart d'heure après dom Fernand Carillo, et il me dit que M. le duc de Montalte, vice-roi de Valence, l'avoit envoyé pour m'offrir tout ce qui dépendoit de lui; qu'il savoit que j'avois refusé ce que le roi catholique m'avoit offert à Saint-Sébastien[8]; qu'il n'osoit, par cette raison, me presser[9]

1. *Escouade* est pris ici au sens d'*escadre*. Les deux mots viennent de l'italien *squadra*, brigade. Ce qui en prouve l'identité, c'est qu'on a dit *escadre* pour troupe, comme Retz dit *escouade* pour flotte.

2. M. Littré fait remarquer qu'on a dit autrefois *chiorme* pour *chiourme*, et cite un exemple de *la Pharsale* de Brébeuf. Le mot est répété et biffé la première fois.

3. C'est-à-dire de la principale galère de l'escadre; d'après Furetière, on l'appelait plus anciennement *capitainesse*.

4. Dans l'original, *Dunquerche*, et, plus haut, *Austriche*.

5. Plus propre. (Ms. Caf.)

6. Le golfe de Lion. *Leon* est l'orthographe de l'original et de plusieurs des premières éditions; les Espagnols disent *golfo Leone*. A la ligne suivante, Retz avait mis d'abord *au mois;* il a biffé *mois*, corrigé *au* en *dans*, et récrit *le mois* à la suite.

7. Et « parent de dom Louis de Haro, » dit Gui Joli, p. 110. — *Arriv*[a], biffé, devant *chevalier*.

8. Voyez ci-dessus, p. 543. — 9. Me prier. (Ms. Caf.)

de recevoir ce que le *pagador*[1] des galères avoit ordre de m'apporter; mais que, comme il savoit que la précipitation de mon voyage[2] ne m'avoit pas permis de me charger de beaucoup d'argent, que j'étois fort libéral et que je[3] ne serois pas fâché de faire quelque régal à la chiorme, il[4] espéroit que je ne refuserois pas quelque petit rafraîchissement[5] pour elle. Ce rafraîchissement consistoit en six grandes caisses pleines de toutes sortes de confitures de Valence, de douze douzaines de paires de gants d'Espagne, exquis, et d'une bourse de senteur dans laquelle il y avoit deux mille pièces d'or, fabrique des Indes, qui revenoient à deux mille deux cents ou trois cents pistoles[6]. Je reçus le présent sans en faire[7] aucune difficulté, en lui répondant que, comme je ne me trouvois pas en état de servir Sa Majesté Catholique, je croirois[8] que je manquerois à mon devoir, en toute manière[9], si je recevois les grandes sommes qu'elle avoit eu la bonté de me faire apporter à Saint-Sébastien et offrir à Vinaros; mais que je croirois[10] aussi manquer au respect que je devois à un aussi grand mo-

1. Le payeur. Ce mot espagnol est fort mal écrit; c'est le ms. Caf. qui nous aide à le déchiffrer. Dans beaucoup d'éditions antérieures et dans le ms. H : *pagueloi*.

2. Après *voyage*, est biffé un *d*; plus loin, Retz écrit *régale*, et, comme plus haut, *chiorme*; puis il corrige *caisses* en *quaisses* : pour ce dernier mot, M. Littré cite plusieurs exemples de cette orthographe et de celle de *quesse*.

3. *Voudrois*, biffé, après *que je*.

4. *Espéroit* est précédé de *me*, effacé.

5. Quelques petits rafraîchissements. (1837-1866.)

6. La fin de la phrase : *qui revenoient.... pistoles*, est à la marge; *qui* est biffé dans le texte, après *Indes*.

7. Le ms. Caf. omet : *en faire*.

8. Retz a corrigé *ma*, commencement de *manquerois*, en *croirois*. — Je croyois. (Ms. Caf. et 1837-1866.)

9. En toutes manières. (*Ibidem.*)

10. *Manquerois*, biffé devant *croirois*.

narque, si je n'acceptois le dernier[1] présent dont il lui plaisoit de m'honorer. Je le reçus donc, mais je donnai[2], devant que de m'embarquer, les confitures au capitaine[3] de la galère, les gants à dom Fernand, et l'or à dom Pedro pour M. le baron de Vateville, en lui écrivant que, comme il m'avoit dit plusieurs fois qu'il étoit assez[4] embarrassé à cause de l'excessive dépense qui y étoit nécessaire à faire achever[5] l'Amiral des Indes d'Occident, qu'il faisoit construire à Saint-Sébastien, je lui envoyois un petit grain d'or[6] pour soulager son mal de tête[7] : c'est ainsi qu'il appeloit[8] le chagrin que la fabrique de ce vaisseau lui donnoit. Ma manière d'agir en ce rencontre fut un peu outrée. J'eus raison de donner les rafraîchissements de victuailles au capitaine[9] ; il étoit indifférent de retenir les gants d'Espagne ou de les donner à dom Fernand ; il eût été de la bonne conduite de retenir[10] les deux mille et tant de pistoles. Les Espagnols ne me l'ont jamais pardonné, et ils ont toujours attribué à

1. *Dernier*, à la marge.
2. *Donnai* est suivi des mots : *le lendemain*, raturés.
3. Dans l'original, *capitaines* et *galères*, avec les *s* biffées.
4. *Assez*, en interligne.
5. Pour faire achever. (1837-1866.)
6. *Un petit grain d'or*, en interligne, au-dessus de ces mots, biffés : *cette petite pillule, de sorte.* — Quelques éditions anciennes ont changé « un petit grain d'or » en « un petit garçon » ; et d'autres, quelques lignes plus loin, « gants d'Espagne » en « grands d'Espagne ».
7. Le récit de l'auteur n'est pas ici d'accord avec celui de Gui Joli (p. 110). « On trouva dans une des caisses, dit celui-ci, plusieurs bourses pleines d'or, que le Cardinal refusa encore une fois, n'ayant voulu accepter que les gants et les senteurs, qu'on estimoit plus de deux mille écus, qu'il donna ensuite à don Fernando de Carillo. »
8. D'abord *rappeloit*; l'*r* est biffée.
9. Il y a ici une ligne et demie, biffée, de tâtonnements : *Je n'eus pas tort dû renvoier l'or à M. de Crist*[*oval?*].
10. *Retenir*, en interligne.

mon aversion pour leur nation ce qui n'étoit en moi, dans la vérité, qu'une¹ suite de la profession que j'avois toujours faite² de ne prendre de l'argent de personne.

Je m'embarquai, à la seconde garde de la nuit³, avec un gros temps, mais qui ne nous⁴ incommodoit pas beaucoup, parce que nous avions vent⁵ en poupe. Nous faisions quinze milles par heure et nous arrivâmes, le lendemain, devant le jour⁶, à Maiorque. Comme⁷ il y avoit de la peste en Aragon, tout ce qui venoit de la côte d'Espagne étoit bandi⁸ à Maiorque. Il y eut beaucoup d'allées et de venues pour nous faire donner pratique⁹, à laquelle le magistrat de la ville s'opposoit avec vigueur. Le Vice-Roi, qui n'est pas à beaucoup près si absolu en cette île que dans les autres royaumes d'Espagne, et qui avoit eu ordre¹⁰ du Roi son maître de me faire toutes les honnêtetés possibles, fit tant, par ses

1. *Qu'une* corrige *que la*.
2. Que j'ai toujours faite. (1837-1866.)
3. La nuit divisée en gardes, comme par les Romains en quatre veilles (*vigiliæ*).
4. Après *nous*, un *ne* de trop, en interligne.
5. Nous avions le vent. (1837-1866.)
6. Gui Joli dit (p. 111) que « la galère.... mouilla, sur les cinq heures du soir, dans une petite anse vis-à-vis de Majorque, » mais que Son Éminence ne mit pied à terre que le lendemain.— Mayorque (*Maillorque* dans l'original, en espagnol *Mallorca*), l'île principale et centrale du groupe des Baléares, situé à l'est du royaume de Valence ; le chef-lieu, bâti au fond du golfe du même nom, avait abandonné, dit la Martinière, dans son *Dictionnaire géographique*, le nom de Palma, pour prendre celui de l'île même.
7. Après *Comme*, est effacé : *Nous a*.
8. *Bandi* est aussi l'orthographe de Furetière : voyez au mot Ban. En espagnol *bandido* et en italien *bandito* signifient *banni*. — Étoit banni. (Ms. H.) — Étoit conduit. (1837-1866.)
9. Terme de marine : liberté de communiquer, d'aborder, de débarquer.
10. Qui avoit reçu ordre. (1837-1866.)

instances, que l'on me permit, à moi¹ et aux miens, d'entrer dans la ville, à condition de n'y point coucher. Cela vous paroît sans doute assez extravagant², parce que l'on porte le mauvais air dans une ville quoique l'on n'y couche pas. Je le dis, l'après-dînée, à un cavalier maiorquain, qui me répondit ces propres paroles³, que je remarquai, parce qu'elles se peuvent appliquer⁴ à mille rencontres que l'on fait dans la vie : « Nous ne craignons pas que vous nous apportiez du mauvais air, parce que nous savons bien que vous n'êtes pas passé à Osca⁵; mais, comme vous en avez approché⁶, nous sommes bien aises de faire, en votre personne, un exemple qui ne vous incommode point et qui nous accommode pour les suites. » Cela, en espagnol, est plus substantiel et même plus galant qu'en françois.

Le Vice-Roi, qui étoit un comte aragonois dont j'ai oublié le nom, me vint prendre sur le môle⁷ avec cent ou six-vingts⁸ carrosses pleins de noblesse, et la mieux faite qui soit en Espagne. Il me mena à la messe⁹ au Seo¹⁰

1. Devant *à moi*, est biffé *d'entrer*, récrit un peu plus loin.
2. Sans doute extravagant. (1859, 1866.)
3. Ces paroles. (Ms. Caf.) — *Maillorquain*, dans l'original.
4. Que je remarque, parce qu'elles peuvent s'appliquer. (1837-1866.)
5. Voyez ci-dessus, p. 548 et note 8.
6. *Comme vous en avez approchés* (sic), à la marge. — Passés.... comme vous vous en êtes approchés. (1837-1866.)
7. *Môle*, en interligne, au-dessus de *pont* ou *port*, biffé. — Sur le midi. (Ms. Caf.) — Sur la rade. (1837-1866.)
8. En chiffres, dans l'original, « 100 ou 120 »; dans le ms. Caf. : *six-vingts*.
9. *A la messe* est omis dans les éditions de 1843-1866.
10. Le *Dictionnaire espagnol-français* de Taboada donne *Seo* comme un terme aragonais s'employant pour dire *cathédrale*. On dit aussi *Seu* : de là *la Seo d'Orgel* ou *la Seu d'Urgel*. — Dans l'original, *Seo* est en interligne sur *Dôme*, biffé; par une confusion fort explicable, l'allemand *Dom* ou l'italien *duomo*, au sens de *cathédrale*, était venu

(l'on appelle de ce nom[1] les cathédrales en ce pays-là[2]), où je vis trente ou quarante femmes de qualité, plus belles l'une que l'autre, et[3] ce qui est de merveilleux est[4] qu'il n'y en a point de laides dans toute l'île; au moins elles y sont très-rares. Ce sont pour la plupart des beautés fort délicates et des teints de lis et de roses. Les femmes du bas peuple, que l'on voit dans les rues, sont de cette espèce; elles ont une coiffure particulière, qui est fort jolie. Le Vice-Roi me[5] donna un magnifique dîner dans une superbe[6] tente de brocard d'or, qu'il avoit fait élever sur le bord de la mer. Il me mena[7] après entendre une musique dans un couvent de filles, qui ne cédoient point en beauté aux dames de la ville. Elles chantèrent à la grille, à l'honneur de leur saint, des airs et des paroles plus galantes et plus passionnées que ne sont les chansons[8] de Lambert. Nous

d'abord à la pensée de notre auteur. A la suite, les mots mis entre parenthèses : *l'on appelle*, etc., sont à la marge, sans signe de renvoi. — Toutes les éditions antérieures à la nôtre donnent *au Leo*; le ms. Caf. a seul la vraie leçon. Il faut convenir que, dans l'autographe, on peut, pour l'initiale, hésiter entre *S* et *L*. — Th. Corneille dit, dans son *Dictionnaire*, que la cathédrale de Palma « regarde la mer, qui en est si proche que les matelots peuvent entendre la messe sans sortir de leurs navires. »

1. On appelle ainsi. (1837-1866.)
2. En ces pays-là. (Ms. Caf.)
3. *Et* a été ajouté après coup ; à la ligne suivante, *a*, devant *point*, est en interligne, au-dessus du même mot, corrigé en *en*.
4. Les unes que les autres, et ce qui est de merveilleux, c'est. (1837-1866.)
5. Devant *donna*, est biffé *mena*, que nous trouvons un peu plus bas.
6. *De* est écrit, par mégarde, devant *tente*.
7. Il y a *aux*, biffé après *mena*.
8. *Les chansons* remplace en interligne, le mot *ceux*, biffé dans le texte. — Michel Lambert, célèbre musicien, élève de Niert, né en 1610, mort en 1696. Il fut maître de la musique de la chambre du Roi; sa fille épousa le célèbre compositeur Lulli : voyez l'*his-*

allâmes nous promener, sur le soir, aux environs de la ville, qui sont les plus beaux du monde et tout pareils aux campagnes du royaume de Valence. Nous revînmes chez la Vice-Reine, qui étoit plus laide qu'un démon, et qui, étant assise sous un grand dais et toute brillante[1] de pierreries, donnoit un merveilleux lustre à soixante dames qui étoient auprès d'elle, et qui avoient été choisies entre les plus belles de la ville. L'on me ramena, avec cinquante flambeaux de cire blanche[2], dans la galère, au son de toute l'artillerie des bastions, et d'une infinité de hautbois et de trompettes. J'employai à[3] ces divertissements les trois jours que le mauvais temps m'obligea de passer à Maiorque.

J'en partis le 4, avec un vent frais et[4] en poupe; je fis cinquante grandes lieues en douze[5] heures et j'entrai fort heureusement, devant la nuit[6], au Port Mahon, qui

toriette de Lambert dans *Tallemant des Réaux*, tome VI, p. 195-202, et les notes de M. Paulin Paris, *ibidem*, p. 204-206. On lit dans le *Discours de l'abbé Paul Tallemant touchant la vie de Bensserade* (1697) que « presque toutes les belles paroles sur lesquelles le petit Michel, qu'on a appelé depuis Lambert, faisoit des airs, étoient composées par Bensserade. »

1. Devant *brillante*, est effacé *couverte*.

2. Retz avait mis d'abord : *aux flambeaux;* il a changé *aux* en *avec*, et ajouté 50 dans l'interligne ; à la suite, les mots : *de cire blanche*, sont à la marge ; à la ligne suivante, *d'un* (sic) corrige *de mille*, suivi de *trompet[tes]*, biffé. — *Hautbois* est écrit en deux mots : *hault bois*.

3. *J'employai à* corrige *je passai dans;* plus bas, Retz écrit encore *Maillorque*.

4. *Et* est ajouté en interligne ; plus haut, après *le 4*, est biffé : *à la pointe du jour*, que Retz avait corrigé en *avec le jour;* en outre, au-dessus de *jour*, est effacé *nuit*. — Un vent frais en poupe. (1843-1866.)

5. Le chiffre 12 remplace, à la marge, le chiffre 13, effacé dans le texte.

6. Avant la nuit. (1837-1866.)

SECONDE PARTIE. [1654]   559

est le plus beau de la Méditerranée¹. Son embouchure est fort étroite, et je ne crois pas que deux galères à la fois y pussent passer en voguant. Il s'élargit tout d'un coup et fait un bassin oblong, qui a² une grande demi-lieue de large³ et une bonne lieue de long. Une grande montagne, qui l'environne de tous les côtés⁴, fait un théâtre qui, par la⁵ multitude et par la hauteur des arbres dont elle est couverte, et par les ruisseaux qu'elle jette avec une abondance prodigieuse⁶, ouvre mille et mille scènes qui sont sans exagération plus surprenantes que celles de l'Opéra⁷. Cette même montagne, ces arbres,

---

1. De toute la Méditerranée. (Ms. Caf.) — Port-Mahon est le chef-lieu de l'île de *Minorque*, la plus orientale des Baléares.

2. *Bien* est biffé après *qui a;* puis *demi* ajouté en marge ; *près d'*, effacé devant *une bonne lieue;* et *bonne* est en interligne.

3. Un bassin qui a une grande lieue de large. (Ms. Caf.)

4. De tous côtés. (1859, 1866.)

5. *La* corrige *les*, et est suivi de *a...f*, effacé ; plus bas, *les* devant *ruisseaux*, est en interligne, au-dessus de *mille et mille*, biffé.

6. Le baron Baude (*l'Algérie*, tome I, 1841, in-8°, p. 13) dit de Minorque : « Ses côtes ne présentent, particulièrement du côté de Mahon, que des collines sèches et dépouillées, et si le cardinal de Retz n'a pas tiré de son imagination les eaux jaillissantes dont il a enchanté ce paysage, nulle part les funestes effets du déboisement des montagnes ne se sont plus clairement manifestés. »

7. On voit par les *Mémoires de Mme de Motteville* (tome I, p. 312), et par ceux du grand maître de la garde-robe *Montglat* (p. 176), que la « comédie à machines et en musique, à la mode d'Italie », avait été introduite en France dès 1647. Cette année, écrit Monglat, « on fit venir de Rome une signora Leonora pour chanter devant la Reine, et un signor Torelli pour faire des machines avec des changements de théâtre en perspective ; et on manda des comédiens, qui représentèrent en musique la pièce d'*Orphée*, dont les machines coûtèrent plus de quatre cent mille livres. » On peut voir dans la *Gazette* du 8 mars 1647 (p. 201-212) la description (qui remplit ce numéro tout entier) de la *Représentation naguères faite devant Leurs Majestez dans le Palais-Royal*, de la tragi-comédie d'Orphée *en musique et vers italiens.* La Bibliothèque nationale (collection Dupuy, vol. 775, p. 80) possède une lettre du cardinal Mazarin au marquis de

ces rochers[1] couvrent le port de tous les vents, et, dans les plus grandes tempêtes, il est toujours aussi calme qu'un bassin de fontaine et aussi uni qu'une glace. Il est partout d'une égale profondeur, et les galions des Indes y donnent fond[2] à quatre pas de terre. Véritablement, pour comble de toute perfection, ce port est dans l'île de Minorque, qui donne encore plus de chairs et de toute sorte[3] de victuailles nécessaires[4] à la navigation que celle de Maiorque ne produit de grenades, d'oranges et de limons.

Le temps grossit extrêmement après que nous fûmes[5] entrés dans ce port, et au point que nous fûmes obligés d'y demeurer quatre jours. Nous en fîmes pourtant quatre partances; mais le[6] vent nous refusa toujours. Dom Fernand Carillo, qui étoit homme de qualité[7], jeune de vingt-quatre ans, fort honnête et fort civil, chercha à me donner tous les divertissements que l'on pouvoit trouver en ce beau lieu. La chasse y étoit la plus belle du monde en toute sorte de gibier, et la pêche en profusion. En voici une manière qui est particulière, ce me semble, à ce port. Il prit cent Turcs de la chiorme, il les mit de rang, il leur fit tenir à tous un

---

Fontenay, ambassadeur à Rome, écrite d'Amiens, le 22 mai 1647, en faveur de « la Signora Anna Francesca Costa, qui a, sans flatterie, donné telle satisfaction à la Reine et à toute la cour, dans la représentation qui fut faite au carnaval de la comédie en musique d'*Orphée*, que, etc. »

1. Devant *couvre* (sic), est biffé : *deffen[dent]* ; puis, après *calme*, les mots : *et aussi uni*, récrits plus loin.

2. C'est-à-dire, y peuvent mouiller, jeter l'ancre. — Dans l'autographe : *donnent fonte*; c'est aussi la leçon du ms. H.

3. Toutes sortes. (1837-1866.)

4. Un *q* biffé après *nécessaires*.

5. *Fûmes* suit *eusm[es]*, biffé. — Dans le port. (1837-1866.)

6. Après *le*, est raturé *t[emps?]*.

7. Après *qualité*, est effacé ce tâtonnement : *m et*.

SECONDE PARTIE. [1654]

câble¹ d'une prodigieuse grosseur; il fit plonger quatre de ces esclaves, qui attachèrent ce câble à une fort grosse pierre, et² la tirèrent après, à force de bras, avec leurs compagnons, au bord de l'eau. Ils n'y réussirent qu'après des efforts incroyables; ils n'eurent guère moins de peine à casser cette pierre à coups de marteau. Ils trouvèrent dedans sept ou huit écailles, moindres que des huîtres en grandeur, mais d'un goût sans comparaison plus relevé. L'on les fit cuire dans leur eau, et le manger en est délicieux³.

Le temps s'étant adouci, nous fîmes voile pour passer le golfe de Léon⁴, qui commence en cet endroit. Il a cent lieues de long et quarante de large, et il est extrêmement dangereux, tant à cause des montagnes de sable que l'on prétend qu'il élève et qu'il roule quelquefois, que parce qu'il n'y a point de port sous vent⁵. La côte de Barbarie, qui le borne d'un côté, n'est

1. *Câble* remplace, à la marge, *chable*, biffé dans le texte; à la ligne suivante, il y a de même *cha[ble]*, biffé devant *câble*.
2. *Qui* est effacé devant *la*.
3. Notre savant naturaliste, M. Émile Blanchard, de l'Académie des sciences, que nous avons consulté sur ce passage, nous apprend qu'il y a deux familles de mollusques, à coquille bivalve, qui creusent les pierres et les roches : les lithophages et les pholades. Ces dernières passent pour avoir un goût très-fade; les mots : *manger délicieux*, et de plus la circonstance que les écailles sont « moindres que des huîtres en grandeur, » prouvent qu'il s'agit de lithophages. Cette famille comprend plusieurs genres : il y a beaucoup d'apparence que les coquillages ici mentionnés appartenaient au genre des pétricoles, peut-être à l'espèce dite pétricole lamelleuse, commune dans la Méditerranée. On croit assez généralement qu'une sécrétion acide facilite aux lithophages la perforation de la pierre, sur laquelle le mollusque fait tourner l'extrémité de sa coquille à la manière d'un vilebrequin.
4. Ici encore, *le golfe de Leon*, dans l'original et dans plusieurs des premières éditions.
5. C'est-à-dire du côté opposé à celui d'où vient le vent. — Plu-

pas abordable; celle de Languedoc, qui le joint de l'autre, est très-mauvaise; enfin le trajet[1] n'en est pas agréable pour des galères, pour peu que la saison soit avancée, et elle l'étoit beaucoup, car nous étions fort proches de la Toussaints, qui fait[2] toujours à la mer de grands coups de vent. Dom Fernand de Carillo, qui étoit un des hommes d'Espagne le plus aventurier[3], m'avoua qu'une médiocre frégate[4] eût été meilleure, en ce rencontre, que la plus forte galère. Il se trouva, par l'événement, que la moindre felouque eût été aussi bonne que la meilleure frégate. Nous passâmes le golfe en trente-six heures, avec le plus beau temps du monde et avec un vent qui, ne laissant pas de nous servir, ne nous obligeoit presque[5] pas à mettre sur les bougies de la chambre de poupe ces lanternes de verre dont on les couvre. Nous entrâmes ainsi dans le canal qui est entre la Corse et la Sardaigne[6]. Dom Fernand Carillo, qui vit quelques nuages[7] qui lui faisoient appréhender changement de temps, me proposa de donner fond[8] à Porto-Condé[9], qui est un port déshabité dans la Sardaigne :

sieurs éditions anciennes changent *sous vent* en l'adverbe *souvent*, par lequel ils commencent la phrase suivante.

1. Devant *n'en*, est biffé *n'est*. — 2. Qu'il fait. (1837-1866.)
3. Les plus aventuriers. (*Ibidem.*)
4. Furetière dit que la frégate est « un petit vaisseau à rames moindre que le brigantin, » et que celui-ci est « un vaisseau de bas bord, qui va à voiles et à rames, et qui est sans couverte. Quant à la felouque, c'est, dit-il, « un petit vaisseau à six rames,... dont on se sert sur la Méditerranée,... le moindre de tous les vaisseaux à rames. »
5. *Pas* biffé, devant *presque*. — 6. Le détroit de Bonifacio.
7. A la suite de *nuages*, est effacé : *à la mer*.
8. Dans l'original, comme plus haut (p. 560 et note 2), *donner fonte*, leçon que gardent ici les éditions de 1837-1866, quoique, la première fois, elles aient remplacé *fonte* par *fond*.
9. Retz écrit ici *Porto Condi*; plus loin, trois fois, *Porto Condé*,

ce que j'agréai. Son appréhension s'étant évanouie[1] avec les nuages, il changea d'avis pour ne pas perdre le beau temps, et ce fut un grand bonheur pour moi; car M. de Guise, qui alloit à Naples sur l'armée navale de France, étoit mouillé à Porto-Condé avec six galères[2]. Dom Fernand Carillo, qui le sut deux jours[3] après, me dit qu'il se fût moqué de ces six galères, parce que la sienne, qui avoit quatre cent cinquante hommes de chiorme, se fût aisément tirée d'affaire; mais c'eût été toujours[4] une affaire dont un homme qui se sauve de prison se passe encore plus facilement qu'un autre. La forteresse de Saint-Boniface[5], qui est en Corse et aux Génois, tira[6] quatre coups de canon en nous voyant, et, comme nous en passions trop loin pour en être salués, nous jugeâmes qu'elle nous faisoit quelque signal, et il étoit vrai, car

---

dans cette phrase, *Sardagne;* un peu plus haut, *Sardaigne*. — Porto-Conte, province d'Alghero, sur un petit golfe. (Guibert, *Dictionnaire géographique et statistique*.)

1. *Évanouie* remplace, à la marge, *dissipée*, biffé dans le texte.
2. Henri de Guise (voyez au tome I la note 1 de la page 170), récemment sorti des prisons d'Espagne (voyez ci-dessus, p. 370 et note 2), et plein « d'imaginations chimériques », comme dit Montglat (p. 303), venait d'obtenir de Louis XIV la permission de tenter avec une flotte française une expédition contre Naples. « Il fit voile le 6 d'octobre (*ibidem*), et, quelques jours après, le mauvais temps écarta les vaisseaux d'avec les galères, qui furent contraintes de s'arrêter aux îles Saint-Pierre, proche de la Sardaigne. » L'expédition, accueillie à coups de canon par les Napolitains, fut contrainte de revenir bien vite en France.
3. *Deux jours*, en interligne, sur *trois ou* et quelques autres lettres, biffés; deux lignes plus bas, *sol* est effacé devant *chiorme*.
4. C'eût toujours été. (1837-1866.) — *C'eust*, dans l'original, corrige *c'estoit*.
5. San-Bonifacio est situé à la pointe sud-est de la Corse, sur le détroit du même nom : voyez ci-dessus, p. 562 et note 6. Le traité par lequel la république de Gênes céda la Corse à la France est du 15 mai 1768.
6. *Tira*, récrit après un autre *tira* (?), biffé.

elle nous avertissoit qu'il y avoit des ennemis à Porto-Condé.

Nous ne le prîmes pas ainsi, et nous crûmes qu'elle nous vouloit faire connoître qu'une petite[1] frégate que nous voyions devant nous, au sortir du canal, étoit turquesque[2], comme elle en avoit le garbe[3]. Dom Fernand prit fantaisie de l'attaquer, et il me dit qu'il me donneroit, si je lui permettois, le plaisir d'un combat, qui ne dureroit qu'un quart d'heure. Il commanda que l'on[4] donnât chasse à la frégate, qui paroissoit effectivement faire force de voile[5] pour s'enfuir. Le pilote, qui n'avoit d'attention qu'à cette frégate, en manqua pour un banc de sable, qui ne paroît pas véritablement au-dessus de l'eau, mais qui étoit[6] si connu qu'il est même marqué dans les cartes[7] marines. La galère toucha. Comme il n'y a rien à la mer de si dangereux, tout le monde s'écria[8] : *Misericordia!* Toute la chiorme se leva pour essayer de se déferrer[9] et de se jeter à la nage. Dom Fernand Carillo, qui jouoit au piquet avec Joli, dans la chambre de poupe, me jeta la première épée qu'il trouva devant lui, en me criant que je la[10] tirasse ; il tira la sienne, et il sortit sur la coursie[11], chargeant à coups

1. *Petite*, en interligne.
2. Ce vieil adjectif se trouve dans le *Trésor de Nicot* (1606), où il est expliqué ainsi : « tenant de façon, mode ou naturel du Turc, comme un cimeterre turquesque. »
3. Voyez ci-dessus, p. 534 et note 5.
4. Après *l'on*, est effacé : *allât à la fr[égate]*.
5. De voiles. (1837-1866.)
6. Qui ne paroissoit pas.... mais qui est. (*Ibidem.*)
7. Sur les cartes. (Ms. Caf.) — Retz, à son ordinaire, écrit *chartes*.
8. Cria. (1837-1866.)
9. On sait que les esclaves rameurs étaient enchaînés.
10. Devant *tirasse*, est effacé : *misse à la mai[n]*.
11. Il y a bien *coursie* dans l'original. Furetière donne les deux formes *la coursie* ou *le coursier*, et les définit ainsi : « passage qui est

d'estramaçon¹ tout ce qu'il trouvoit devant lui. Tous les officiers et toute la soldatesque² firent la même chose, parce qu'ils appréhendoient³ que la chiorme, où il y avoit beaucoup de Turcs, ne relevassent la galère, c'est-à-dire⁴ ne s'en rendissent les maîtres, comme il est arrivé quelquefois en de semblables occasions. Quand tout le monde se fut remis en sa place, il me dit, de l'air du monde le plus froid et le plus assuré : « J'ai ordre, Monsieur, de vous mettre en sûreté, voilà mon premier soin. Il y faut pourvoir. Je verrai, après cela, si la galère est blessée. » En proférant cette dernière parole, il me fit prendre à fois de corps⁵ par quatre esclaves, et il me fit porter dans la felouque. Il y mit avec moi trente mousquetaires espagnols, auxquels il commanda de me mener sur un petit écueil qui paroissoit à cinquante⁶ pas de là, et où il n'y avoit place que pour quatre ou cinq personnes. Les mousquetaires étoient dans l'eau jusques à la

entre les bancs des forçats depuis la poupe jusqu'à la proue. » — Le ms. Caf. porte : « le coursier », leçon que nous trouverons plus bas dans notre texte. — L'édition de 1837 donne *la Courni* (sic). — Toute la fin de la phrase, depuis : *en me criant*, inclusivement, est omise dans les éditions de 1843-1866.

1. Estramaçon, « épée droite, longue et à deux tranchants, » dit M. Littré.

2. Et la soldatesque. (1837-1866.)

3. Retz, après avoir corrigé, dans le texte même, la finale *èrent* en *oient*, a, pour plus de clarté, écrit *oient* au-dessus.

4. C'est-à-dire qu'ils. (1837-1866.)

5. Locution vieillie, remplacée aujourd'hui par celle-ci : « à bras-le-corps. » M. Littré cite, dans son *Dictionnaire* (article Fois, 2°), cet exemple tiré de Retz. Il suppose que *fois de corps* est une corruption pour *faux-du-corps*, partie de la taille qui est au-dessous des côtes. Dans l'original, on peut hésiter entre *foi* et *fois*; pourtant *fois* est la lecture la plus probable; dans le ms. Caf. on liroit plutôt *foie*; dans les éditions de 1837-1866 on a imprimé *foi*.

6. Devant *pas*, est biffé *l*, et, plus loin, *pas*, devant *place*; puis encore, dans la phrase suivante, *qu'il n'y*, après *vis*.

ceinture : ils me firent pitié ; et, quand je vis que la galère n'étoit pas blessée, je les y voulus renvoyer ; mais ils me dirent que si les Corses[1] qui étoient sur le rivage me voyoient sans une bonne escorte, ils ne manqueroient pas de me venir piller et égorger[2]. Ces barbares s'imaginent que tout ce qui fait naufrage est à eux.

La galère ne se trouva pas blessée[3], ce qui fut une manière de prodige. L'on ne laissa pas d'être plus de deux heures à la relever. La felouque me vint reprendre, et je remontai sur la galère. Comme nous sortions du canal, nous aperçûmes encore la frégate, qui, voyant que la galère ne la suivoit plus, avoit repris sa route. Nous lui donnâmes chasse, elle la prit[4]. Nous la joignîmes en moins de deux heures, et nous trouvâmes, en effet, qu'elle étoit turquesque[5], mais entre les mains des Génois, qui l'avoient prise sur le Turc[6] et qui l'avoient armée. Je fus, pour vous dire le vrai[7], très-aise que l'aventure se fût terminée ainsi. Cette guerre ne[8] me plaisoit pas ; elle n'étoit pas grande, mais une égratignure[9] qui me fût arrivée l'eût pu rendre ridicule. Dom Fernand Carillo, qui étoit un jeune homme fort brave, me la proposa, et je n'eus pas la force de l'en refuser[10], quoique je visse bien que c'étoit une imprudence. Le temps se chargeant un peu, l'on crut qu'il étoit à propos d'entrer

1. Le ms. H change *Corses* en *corsaires*.
2. Voyez le récit de cet incident dans les *Mémoires de Gui Joli*, p. 111.
3. La galère ne fut pas blessée. (1837-1866.)
4. Voyez ci-dessus, p. 529 et note 3.
5. Voyez ci-dessus, p. 564 et note 2.
6. Sur les Turcs. (1837-1866.)
7. Pour vous dire vrai. (*Ibidem.*)
8. *Ne* termine une page et est répété au commencement de la suivante.
9. *L'eût* biffé, devant *qui*.
10. De la lui refuser. (1837-1866.)

dans Porto-Vecchio[1], qui est un port déshabité de la Corsègue[2]. Un trompette du gouverneur génois d'un fort qui en est assez proche vint nous avertir, de la part de son capitaine, que M. de Guise étoit, avec six galères de France, à Porto-Condé ; qu'apparemment il nous avoit vus passer et qu'il pourroit nous venir la même nuit surprendre sur le fer[3].

Nous résolûmes de nous remettre[4] à la mer, quoique le temps commençât à être fort gros et qu'il y eût même quelque péril à sortir la nuit de Porto-Vecchio, parce qu'il a, à sa bouche[5], un écueil de rocher qui jette un courant assez fâcheux. La bourrasque augmenta avec la lune, et nous eûmes une des plus grandes tempêtes qui se soient peut-être jamais vues à la mer. Le pilote royal des galères de Naples, qui étoit sur notre galère et qui naviguoit depuis cinquante ans, disoit qu'il n'avoit jamais rien vu de pareil. Tout le monde étoit en prières, tout le monde se confessoit, et il n'y eut que dom Fernand Carillo, qui se communioit[6] tous les jours, quand il étoit

---

1. Grande baie, sur la côte orientale de la Corse, vers la pointe du Sud. « Dans le fond de cette baie, vers le sud-ouest, dit la Martinière, dans le *Grand Dictionnaire géographique* (1768), il y a une citadelle en assez mauvais ordre, située sur le haut d'une colline. » Th. Corneille (1708) mentionne un « bon bourg » de ce nom situé sur cette baie : c'est aujourd'hui un chef-lieu de canton, et, dit Guibert (*Dictionnaire géographique et statistique*), le *Portus syracusanus* des anciens.

2. Le *Trésor de la langue françoise* de Nicot (1606) donne *Corsègue* (du latin *Corsica*) comme synonyme de *Corse*.

3. Sur le fer, terme de marine, pour dire : à l'ancre. — Nous venir surprendre la même nuit sur le fer. (1837-1866.)

4. La syllabe initiale *re* a été ajoutée après coup.

5. Retz avait mis d'abord : *à son entrée* ; il a corrigé *son* en *sa*, et écrit *bouche*, en interligne, au-dessus d'*entrée*, biffé ; un peu plus loin, *plus* est effacé après *eûmes*.

6. Qui communioit. (1837-1866.) — *Communier* a le double sens actif et neutre : « communier les fidèles, » c'est donner la commu-

à terre, et qui étoit d'une piété angélique, il n'y eut, dis-je, que lui, qui ne¹ se jetât aux pieds des prêtres avec empressement. Il laissoit² faire les autres ; mais il ne fit rien en son particulier, et il me dit à l'oreille : « Je crains bien que toutes ces confessions, que la seule peur produit, ne vaillent rien. » Il demeura toujours sur le tabernacle³, donnant les ordres⁴ avec une froideur admirable ; et en donnant du courage⁵, mais doucement et honnêtement, à ces vieux soldats du terce⁶ de Naples, qui faisoient⁷ paroître un peu d'étonnement, je me souviens⁸ toujours qu'il les appela *sennores soldados de Carlos quinto*⁹.

Le capitaine¹⁰ particulier de la galère, qui s'appeloit

nion aux fidèles. Le réfléchi *se communier* est pris au sens passif et traduit le latin *communicari*, dont l'article Communio du *Glossaire de du Cange* cite divers exemples dans l'acception de *communier*, neutre, recevoir la communion.

1. *Se jetât* est précédé du verbe *fît*, biffé, à la suite duquel *ne* est répété par mégarde ; deux lignes plus loin, *en* est effacé devant *rien*.
2. *Les* effacé, devant *laissoit*.
3. Tabernacle, « terme de la marine des galères, dit M. Littré. Lieu d'environ six pans (*empans*) de long et élevé d'un degré au-dessus du reste ; c'est la place d'où le capitaine faisait le commandement. »
4. A donner ses ordres. (1837 et 1843.) — Donnant ses ordres. (1859, 1866.)
5. *Donnant du courage*, en interligne, sur *faisant reproche*, biffé ; à la suite, les finales *ment* des deux adverbes sont aussi ajoutées dans l'interligne, la première sur *doux*, corrigé en *douce*.
6. *Tercio*, en espagnol veut dire régiment ; on disait le *tercio*, et en francisant, comme l'a fait Retz, le *terce*, de Naples, de Piémont, en parlant de régiments au service d'Espagne. Le ms. Caf. donne : *du serce de Naples*; le ms. H : *à un vieux Terce de Naples*.
7. A un vieux soldat des terres de Naples, qui faisoit. (1837-1866.)
8. Il me souvient. (Ms. Caf.)
9. Seigneurs soldats de Charles-Quint. — *Appela* est en interligne, sur *dit*, biffé ; et *les*, qui précède, corrige *leur*.
10. *De* biffé, après *capitaine*.

Villanueva[1], se fit apporter, au plus fort du danger, ses manches en broderie et son écharpe rouge, en disant qu'un véritable Espagnol devoit mourir avec la marque de son Roi. Il[2] se mit dans un grand fauteuil, et il donna un coup de pied dans les mâchoires[3] à un pauvre Néapolitain qui, ne pouvant se tenir sur le coursier[4], marchoit à quatre pattes en criant : *Sennor*[5] *dom Fernando, por l'amor de Dios, confession*. Le capitan, en le frappant, lui dit : *Enemigo de Dios, pides confession*[6]? Et, comme je lui représentois que la[7] preuve n'étoit pas bonne, il me répondit que *este veillaco*[8] scandalisoit toute la galère. Vous ne vous pouvez imaginer[9] l'horreur d'une grande tempête ; vous vous en pouvez

---

1. Willaumes. (1837-1866.) — Tout cet alinéa est ajouté, avec un renvoi correspondant, sur un feuillet intercalaire, portant le nº 2682 *bis*, placé après la page 2680, et suivi d'un feuillet blanc.

2. Devant *Il*, est biffé *Un* ; puis, après *fauteuil*, ce tâtonnement : *a au qu'il*.

3. Dans la mâchoire. (1837-1866.)

4. Dans l'autographe, par mégarde, *cousier*, précédé de *la*, corrigé en *le*. Sans doute Retz avait d'abord voulu mettre, comme plus haut, le synonyme *la coursie* : voyez p. 564, note 11.

5. *Por* biffé, devant *Sennor*.

6. Seigneur dom Fernando, pour l'amour de Dieu, confession. — Ennemi de Dieu, tu demandes confession? Le verbe *pedir*, demander, fait bien au présent de l'indicatif *pido, pides*, comme écrit Retz. — Le ms. Caf. donne en français la prière du Napolitain : « Dom Fernando, pour l'amour de Dieu, confession. »

7. *La*, correction de *le*, est suivi de deux lettres effacées ; plus loin, après *répondit*, est encore effacé *qu'il que*.

8. *Este vellaco* (*veillaco*), ce bélître, ce maraud. Retz marque par l'addition d'un *i* les *l* mouillées. Ce mot espagnol paraît être moins usité qu'autrefois ; nous l'avons cherché en vain dans quelques dictionnaires modernes ; mais nous le trouvons, avec le sens qu'il a ici, dans le *Tesoro de las dos lenguas francesa y española* de César Oudin (1607). — Toutes les éditions antérieures ont à *este veillaco* substitué : *ce vieillard*.

9. Vous ne pouvez vous imaginer. (1837-1866.)

imaginer aussi peu le ridicule. Un observantin[1] sicilien prêchoit, au pied de l'arbre[2], que saint François lui avoit apparu et l'avoit assuré que nous ne péririons pas. Ce ne seroit jamais fait, si j'entreprenois de vous décrire les frayeurs et les impertinences que l'on voit en ces rencontres[3].

Le grand péril ne dura que sept heures ; nous nous mîmes ensuite un peu à couvert sous la Pianouse[4]. Le temps s'adoucit, et nous gagnâmes Porto-Longoné[5]. Nous y passâmes la Toussaints et[6] la fête des Morts, parce que le vent[7] nous étoit contraire pour sortir du port. Le gouverneur espagnol m'y fit toutes les civilités[8] imaginables, et, comme il vit que le mauvais temps continuoit, il me conseilla d'aller voir Porto-Ferrare[9], qui est dans l'île d'Elbe aussi bien que Porto-Longoné.

1. Religieux cordelier de l'Observance. Il y avait les cordeliers de la grande et de la petite observance.
2. « L'*arbre* d'un navire est le grand mât, qu'on appelle arbre de mestre sur la Méditerranée. » (*Dictionnaire de Furetière.*)
3. Voyez le récit de cette tempête dans *Gui Joli*, p. 111 et 112.
4. Pianosa, île voisine de l'île d'Elbe, à deux ou trois lieues au sud, sous laquelle mouilla également, en 1646, la flotte française qui allait assiéger Porto-Longone, dont il est question à la ligne suivante : voyez les *Mémoires du maréchal du Plessis*, p. 383 et 384. — *Il* biffé, après *Pianouse*.
5. Petite ville forte de la côte orientale de l'île d'Elbe, appartenant alors au roi d'Espagne. Le maréchal du Plessis (p. 383) vante l'excellente position de cette place, « où toute une armée navale peut être fort à couvert. » — Retz accentue partout l'*e* final de ce nom, comme plus haut, celui de *Porto-Condé*.
6. Le ms. Caf. omet les mots : *la Toussaints et.*
7. *Vent*, en interligne, sur le même mot, biffé.
8. Toutes les honnêtetés. (1837-1866.)
9. Porto-Ferrajo, autre port fortifié de l'île d'Elbe ; la ville, dit Montglat (p. 172), se nomme Cosmopoli ; c'était une possession du grand-duc de Toscane. — Retz écrit ici *Porto-Ferrare*, et plus bas, *Porto-Ferrara*.

Il n'y a que cinq milles de l'une[1] à l'autre par terre, et j'y allai à cheval.

Je vous ai tantôt dit qu'il n'y a rien de si agréable[2], dans le théâtre rustique de l'Opéra, que la scène du Port-Mahon[3]; et je vous puis dire présentement[4], avec autant de vérité, qu'il n'y a rien de si pompeux, dans les représentations les plus magnifiques que vous en ayez vues[5], que tout ce qui paroît de cette place[6]. Il faudroit être homme de guerre pour vous la décrire, et je me contenterai de vous dire que sa force passe sa magnificence; elle est l'unique imprenable qui soit au monde, et le maréchal de la Meilleraie en convenoit. Il l'alla visiter après qu'il eut pris Porto-Longoné[7], dans le temps de la Régence, et, comme il étoit impétueux, il dit au commandeur Grifoni, qui y commandoit pour le Grand-Duc, que la fortification étoit bonne, mais que, si le Roi son maître lui commandoit de l'attaquer, il lui en rendroit bon compte en six semaines. Le commandeur Grifoni lui répondit que Son Excellence prenoit un trop long terme, et que le Grand-Duc étoit si fort serviteur du Roi, qu'il ne faudroit qu'un moment. Le Maréchal eut honte de son emportement, ou plutôt de sa bruta-

1. Après *l'une*, est biffé *et;* les mots : *par terre, et j'y allai à cheval*, sont à la marge.

2. *Agréable* suit *beau*, effacé; plus loin, *théâtre rustique* est en interligne, au-dessus de ces mots, biffés : *scènes champêtres*, premier jet qui explique bien l'expression « théâtre rustique »; *scènes* est précédé de *les*, qui a été corrigé en *le*.

3. Voyez ci-dessus, p. 559 et note 7.

4. Dire maintenant. (1837-1866.)

5. Que vous en avez vues. (*Ibidem*.)

6. De Porto-Ferrajo.

7. A la suite de *Longoné*, est biffé : *après l*. — Porto-Longone fut pris par la Meilleraye au mois d'octobre 1646 : voyez les *Mémoires de Montglat*, p. 172 et 173, et surtout ceux *du maréchal du Plessis*, déjà cités, p. 383-386.

lité, et il la répara¹ en disant : « Vous êtes un galant homme, Monsieur le Commandeur, et je suis un sot. Je confesse que votre place est imprenable. » Le Maréchal me fit ce² conte à Nantes, et le Commandeur me le confirma à Porto-Ferrare, où il commandoit encore quand j'y passai.

Le vent nous ayant permis de sortir de Porto-Longoné, nous prîmes terre à Piombin, qui est dans la côte de Toscane³. Je quittai, en ce lieu⁴, la galère, après avoir donné aux officiers⁵, aux soldats et à la chiorme tout ce qui me restoit d'argent⁶, sans excepter la chaîne d'or que le roi d'Espagne avoit donnée à Boisguérin⁷. Je la lui achetai, et je la revendis au facteur du prince Ludovisio, qui est prince de Piombin. Je ne me réservai que neuf pistoles, que je crus me pouvoir mener jusques à Florence⁸.

Je suis obligé de dire, pour la vérité, que jamais gens ne méritèrent mieux des gratifications que ceux qui

1. Et la répara. (1843-1866.)
2. Devant *conte*, est biffé *compte*.
3. Le 3 novembre 1654, dit Gui Joli (p. 112). — Piombino (Retz écrit *Piombin*), ville forte de Toscane, située de l'autre côté d'un bras de mer, dit canal de Piombino, sur une langue de terre avançant dans la mer, donnait son nom à un petit pays appartenant en souveraineté au prince Ludovisio, qui avait épousé Constance Panfili, nièce du pape Innocent X, et qui mourut en 1665. Cette place, comme Porto-Longone, avait été prise par la Meilleraye en 1646.
4. Dans ce lieu. (1837-1866.)
5. Après *officiers*, est biffé : *et à la chiorme;* les mots : *aux soldats et à la chiorme*, qui suivent, sont à la marge.
6. Après *argent*, est effacé : *à la réserve de 9 pis[toles]*; à la ligne suivante, Retz a écrit *chésne* (sic), et laissé *donné* sans accord.
7. A la suite de *Boisguérin*, est raturé : *et que;* le *la* qui suit *Je*, est en interligne. — Sur Boisguérin, voyez ci-dessus, p. 514, note 6, et p. 541.
8. *Florance*, dans l'autographe.

étoient sur cette galère. Leur discrétion à mon égard n'a peut-être jamais eu d'exemple. Ils étoient plus de six cents hommes, dont il n'y en avoit pas un qui ne me connût; il n'y en eut jamais un seul qui en donnât seulement, ni[1] à moi, ni [à] aucun autre, la moindre démonstration[2]. Leur reconnoissance fut égale à leur discrétion. Celle que je leur avois témoignée de leur honnêteté[3] les toucha tellement, qu'ils pleuroient tous quand je[4] les quittai pour prendre terre à Piombin[5].

C'est où je termine le troisième volume et[6] la seconde partie de mon Histoire, parce que ce fut proprement le lieu où je recouvrai ma liberté, laquelle, jusque-là, avoit été traversée[7] par beaucoup d'aventures. Je vas travailler au reste[8] du compte que je vous dois de ma vie, et qui en contiendra la troisième et dernière partie.

1. Devant *ni*, qui corrige *ne*, est biffé *et;* la préposition *à* est en interligne; l'*à* suivant manque; et Retz a écrit, par inadvertance, *aucune*, pour *aucun*.
2. Ni à aucun autre, de démonstration. (1837-1866.)
3. De leurs honnêtetés. (*Ibidem.*)
4. Un mot : *descendis*, effacé après *je*.
5. Ce fut là, dit Gui Joli (p. 112), que le cardinal de Retz « se démasqua et se laissa connoître. »
6. C'est en cet endroit où se termine. (1837 et 1843.) — Les mots : *le troisième volume et,* sont omis dans l'édition de 1859, 1866.
7. Avoit été hasardée. (1837-1866 et les éditions anciennes.)
8. La plupart des éditions anciennes omettent la dernière phrase, dont la fin, depuis *reste*, est écrite transversalement à la marge de gauche de la page 2686 du tome III du manuscrit autographe; c'est à cette page que finit la seconde partie des *Mémoires*.

APPENDICE

APPENDICE.

I. — Page 338, note 6.

Nous avons dit que nous donnerions en appendice la harangue qu'on s'était hâté de fabriquer sous le nom du Coadjuteur. Mais en y regardant de plus près, en la trouvant si pitoyable, on peut le dire, si insignifiante à tous égards, et incorrecte au point d'en être souvent inintelligible, nous avons jugé que nous ne pouvions déshonorer d'un tel morceau notre édition de Retz. Ceux de nos lecteurs qui seraient curieux de voir cette contrefaçon, par trop invraisemblable, pour une œuvre attribuée à un homme de tant d'esprit, la trouveront à la Bibliothèque nationale, sous la cote $\frac{Lb37}{3056}$. Elle est intitulée :

Harangue faite au Roi par Monseigneur le cardinal de Retz, en présence de Monseigneur le nonce du Pape, assisté de Messieurs du clergé, pour la paix générale. — *Faite à Compiègne, le onzième septembre* 1652.

II. — Page 345, note 5.

LA VÉRITABLE RÉPONSE DU ROI A LA HARANGUE DU CARDINAL DE RETZ ET MM. DU CLERGÉ[1].

Le Roi a eu très-agréable que le clergé de sa bonne ville de Paris, dont Sa Majesté fait une singulière estime, lui ait envoyé donner, par ses députés, de nouvelles preuves de son affection et de sa fidélité dans la conjoncture présente. Sa Majesté en a reçu d'autant plus de satisfaction, qu'Elle se promet que ceux de leurs corps qui ont la direction des consciences de ses peuples, tâcheront

---

1. Compiègne, chez Julien Courant, imprimeur ordinaire du Roi, 1652, in-4°, 7 pages. — Bibliothèque nationale, $\frac{Lb37}{3008}$.

toujours de leur apprendre, autant par leurs enseignements que par leur exemple, le respect et l'obéissance que la parole et la loi de Dieu, dont ils sont les interprètes, obligent les sujets de rendre à leur souverain. Sa Majesté prend le Ciel à témoin qu'Elle n'a point de plus violent désir dans l'âme que de redonner la paix à ses sujets, pour parvenir ensuite à celle de toute la chrétienté, et qu'Elle n'a rien omis jusqu'ici de tout ce qui a été en son pouvoir pour faire jouir de l'une et de l'autre tous ceux que Dieu a mis sous sa conduite.

La bonté avec laquelle Sa Majesté s'est disposée à pardonner toutes les offenses qui lui ont été faites, et à publier une amnistie générale de tout ce qui a été entrepris contre son autorité pendant ces mouvements, a fait voir clairement qu'Elle ne refuse pas de sacrifier ses intérêts plus sensibles pour le repos public. Elle ne desire pas avec moins d'impatience de retourner en sa ville de Paris, pour y rétablir la tranquillité et le bonheur dont elle a accoutumé de jouir quand elle est honorée de la présence de son Roi. Sa Majesté a déjà pris résolution de s'en rapprocher et a donné ordre de préparer son château de Saint-Germain, pour y aller, avec sa cour, au premier jour ; mais il est très-nécessaire que les bons sujets de ladite ville, pour se mettre en état de profiter de ce bien, se délivrent des obstacles qui les en ont privés jusqu'à présent, et qu'ils n'y souffrent plus le pouvoir violent de ceux qui, pour faire durer les troubles qu'ils ont excités, n'ont autre but que de tenir toujours les principaux membres de l'État séparés de leur chef. Les soins qu'ils ont pris ci-devant, quand Sa Majesté a été proche de ladite ville, de faire redoubler les gardes aux portes, de rompre les ponts, d'occuper et de fortifier les passages, et de tenir toujours des gens de guerre entre la cour et Paris, ont fait connoître évidemment quel est leur dessein et combien il importe aux habitants de ladite ville, pour leur propre bien, de s'y opposer généreusement.

Sa Majesté a sujet d'espérer que, dans une occasion si importante à leur repos et au salut de tout l'État, ils témoigneront le même courage et la même affection que leurs prédécesseurs, quand, méprisant tous les périls et les forces d'une faction beaucoup plus puissante que celle d'aujourd'hui, qui avoit la religion pour prétexte, ils chassèrent ceux qui opprimoient leur liberté et se délivrèrent des ennemis étrangers et domestiques qui vouloient empêcher le roi Henri le Grand d'entrer en possession de la ville capitale de son royaume. Sa Majesté ayant déjà fait, de sa part, tout ce qu'on pouvoit desirer d'Elle avec raison, pour la sûreté de ceux à qui les fautes passées pourroient avoir donné quelque sorte d'appréhension, ne peut croire que l'exécution d'un si glorieux et si utile dessein, comme est celui de remettre la plus noble ville de l'Europe en l'état où elle doit être, puisse être plus longtemps retardée par aucune considération, ni que des sujets fidèles comme les habitants de ladite ville, qu'Elle aime tendrement, veuillent différer davantage de se rendre heureux, par le défaut de certaines formalités où ils n'ont point d'intérêt, dont celui qui a droit de commander ne peut se départir sans faire préjudice à sa dignité, et auxquelles, de leur part, ils auroient tort de s'arrêter, puisqu'ils peuvent trouver leur gloire et leur sûreté dans leur obéissance. »

Fait à Compiègne, le 13ᵉ jour de décembre 1652.

Signé : Louis.

Et plus bas : DE GUENEGAUD.

III. — Page 547, note 1.

EXTRAIT D'UN VOYAGE FAIT EN ESPAGNE EN 1655.

On nous raconta (*à Tudela*) que le cardinal de Retz, après s'être sauvé de France, passant de Saint-Sébastien au royaume de Valence, où il vouloit s'embarquer pour l'Italie, fut arrêté et gardé fort étroitement en cette ville. Il y arriva en litière avec assez petit train ; l'alcalde (*sic*), qui se promenoit alors sur le pont, envoya demander qui il étoit, mais, ne voulant pas être connu, il refusa de dire son nom et ses qualités ; aussitôt l'alcalde lui envoya des gardes et le fit arrêter dans l'hôtellerie où il étoit allé mettre pied à terre. Ce procédé le surprit, et il ne savoit que juger d'un tel traitement en un pays où il croyoit avoir mis en sûreté cette liberté qu'il venoit de recouvrer, pour ne la pas perdre en même temps qu'il commençoit de la goûter. Il dépêche un homme à Pampelune, écrit au vice-roi ce qui lui étoit arrivé, et le supplie de punir l'insolence de ce juge et de le délivrer de ses mains : l'alcalde de son côté envoie au vice-roi et au Conseil de Navarre un procès-verbal de ce qu'il avoit fait, suivant le dû de sa charge, croyant éviter par là le blâme que l'on pourroit lui donner d'avoir plutôt agi par curiosité et par caprice qu'avec jugement et raison. Mais tout ce qu'avança son écrit fut qu'il retarda d'un jour l'élargissement du Cardinal, et que ce vice-roi, ayant été obligé d'assembler le Conseil de Navarre, y fit résoudre en même temps le châtiment de ce téméraire, qui fut absolument déposé de sa charge et chassé pour quelque temps de la ville, où le Cardinal, ayant été connu, reçut ensuite mille civilités, et quand il en partit, il fut accompagné de tous les principaux avec beaucoup d'honneur et de respect. En même temps, on eut avis que les François avoient forcé les lignes et chassé les Espagnols de devant Arras; mais il soutint si fortement que cela ne pouvoit être qu'il laissa partout une impression du contraire, qui dure encore parmi le peuple. Pedro Miranda, ou un de ses hommes qui se trouva alors à Tudela, lui fit voir ce que l'on lui en écrivoit de Paris, mais il persista toujours à dire qu'il étoit impossible, et combattit par toutes les raisons qu'il put la nouvelle qu'il en avoit. Il étoit aisé à voir qu'il vouloit caresser les Espagnols par cette flatterie et qu'il ne se soucioit pas que le temps la détruisit, pourvu qu'on lui en fît meilleur visage partout où il passeroit, reconnoissant par là qu'il étoit entièrement entré dans leurs intérêts; aussi l'artifice et le soin qu'il apporta à décréditer cette fâcheuse nouvelle, en un pays où l'on fait tout ce que l'on peut pour cacher ce qui n'est pas à l'avantage de l'État, le fit mieux recevoir partout où il passa; car ce bon office qu'il rendoit au Roi, en semant ainsi un bruit contraire à celui qui couroit, s'étendit jusques à Madrid, où chacun écoutoit à l'envi que le Cardinal les avoit désabusés de ce que l'on publioit de la défaite de l'armée de Flandre devant Arras. Cela obligea le ministre d'ordonner de nouveau qu'on lui fît bon accueil partout où il passeroit, et de commander au duc de Montalte, vice-roi de Valence, de ne rien oublier de ce qui pourroit contribuer à ce qu'il sortît d'Espagne fort content de la réception et de l'honneur qu'on lui auroit faits. (*Voyage d'Espagne curieux, historique et politique fait en l'année* 1655 [par Aarsens de Sommerdyck], Paris, 1666, chapitre xxxvi, p. 305-307.)

TABLE DES MATIÈRES

CONTENUS DANS LE QUATRIÈME VOLUME.

Avertissement... 1

MÉMOIRES.

   Seconde partie (suite et fin)........................ 3

   Appendice.

      I. Note sur une fausse harangue attribuée au cardinal de Retz.................................... 577

      II. La véritable réponse du Roi à la harangue du cardinal de Retz et MM. du clergé............. 577

      III. Extrait d'un voyage fait en Espagne en 1655.... 579

FIN DE LA TABLE DES MATIÈRES.

15582. — PARIS, TYPOGRAPHIE LAHURE
Rue de Fleurus, 9

www.ingramcontent.com/pod-product-compliance
Lightning Source LLC
Chambersburg PA
CBHW070402230426
43665CB00012B/1213